# Simone de Beauvoir

# A velhice

TRADUÇÃO **Maria Helena Franco Martins**

PREFÁCIO **Andréa Pachá**

*4ª edição*

EDITORA
NOVA
FRONTEIRA

Título original: *La vieillesse*


Editora Nova Fronteira Participações S.A.
Av. Rio Branco, 115 – Salas 1201 a 1205 – Centro – 20040-004
Rio de Janeiro – RJ – Brasil
Tel.: (21) 3882-8200

Imagem de capa: Photo Researchers / Colaborador - Getty Images

DADOS INTERNACIONAIS DE CATALOGAÇÃO
NA PUBLICAÇÃO (CIP)

B385v

Beauvoir, Simone de, 1908-1986
A velhice/ Simone de Beauvoir; traduzido por Maria Helena Franco Martins; prefácio por Andréa Pachá. - 4. ed. - Rio de Janeiro: Nova Fronteira, 2024.
608 p.; 15,5 x 23 cm

Título original: *La vieillesse*
ISBN: 9786556408491

1. Literatura francesa. I. Martins, Maria Helena Franco. II. Título.

CDD: 843
CDU: 8821.133.1

André Felipe de Moraes Queiroz – Bibliotecário – CRB-4/2242

Conheça outros livros da autora:

**Simone de Beauvoir,** em suas memórias, nos dá a conhecer sua vida e obra. Quatro volumes foram publicados entre 1958 e 1972: *Memórias de uma moça bem-comportada*, *A força da idade*, *A força das coisas* e *Balanço final*. A estes se uniu a narrativa *Uma morte muito suave*, de 1964. A amplitude desse empreendimento autobiográfico encontra sua justificativa numa contradição essencial ao escritor: a impossibilidade de escolher entre a alegria de viver e a necessidade de escrever; de um lado, o esplendor do contingente; do outro, o rigor salvador. Fazer da própria existência o objeto de sua obra era, em parte, solucionar esse dilema.

Simone de Beauvoir nasceu em Paris, a 9 de janeiro de 1908. Até terminar a educação básica, estudou no Curso Désir, de rigorosa orientação católica. Tendo conseguido o certificado de professora de filosofia em 1929, deu aulas em Marseille, Rouen e Paris até 1943. *Quando o espiritual domina*, finalizado bem antes da Segunda Guerra Mundial, só veio a ser publicado em 1979. *A convidada*, de 1943, deve ser considerado sua estreia literária. Seguiram-se então *O sangue dos outros*, de 1945, *Todos os homens são mortais*, de 1946, *Os mandarins* — romance que lhe valeu o Prêmio Goncourt em 1954 —, *As belas imagens*, de 1966, e *A mulher desiludida*, de 1968.

Além do famoso *O segundo sexo*, publicado em 1949 e desde então livro de referência do movimento feminista mundial, a obra teórica de Simone de Beauvoir compreende numerosos ensaios filosóficos, e por vezes polêmicos, entre os quais se destaca *A velhice*, de 1970. Escreveu também para o teatro e relatou algumas de suas viagens ao exterior em dois livros.

Depois da morte de Sartre, Simone de Beauvoir publicou *A cerimônia do adeus*, em 1981, e *Cartas a Castor*, em 1983, o qual reúne uma parte da abundante correspondência que ele lhe enviou. Até o dia de sua morte, 14 de abril de 1986, colaborou ativamente para a revista fundada por ambos, *Les Temps Modernes*, e manifestou, de diferentes e incontáveis maneiras, sua solidariedade total ao feminismo.

# Sumário

# Prefácio

— ANDRÉA PACHÁ —

**Embora envelhecer seja um destino** único para os que não morrem jovens, o preâmbulo já adverte: o homem, seja na infância, na juventude, na maturidade ou na velhice, não vive jamais em estado natural. Os fenômenos que se relacionam à existência são impostos pela sociedade em que se vive.

Assim, Simone de Beauvoir inicia a desconstrução da velhice idealizada por Cícero, que na Roma do século anterior ao nascimento de Cristo, em um elogio ao envelhecimento, e enxergando-o do lugar de um homem longevo, poderoso, sábio e respeitado, tentava tranquilizar os que temiam a sua chegada, afirmando que "a vida segue um curso muito preciso e a natureza dota cada idade de qualidades próprias. Por isso a fraqueza das crianças, o ímpeto dos jovens, a seriedade dos adultos, a maturidade da velhice são coisas naturais que devemos apreciar cada uma em seu tempo".*

Sem romantismo, nem falsas expectativas, a autora escolhe mergulhar nas diversas velhices e na devastação provocada pelo desgaste do corpo e da mente, e pela proximidade da morte, com permanente preocupação em contextualizar o cenário na desigualdade econômica e social que nos estrutura. A deterioração da velhice é inescapável, mas depende de inúmeros fatores que influenciarão mais ou menos o conjunto da existência. "Para os privilegiados a quem a própria situação deixa uma margem de liberdade, isso depende muito da maneira pela qual o sujeito retoma o controle do seu destino."

Com a coragem já conhecida de outras obras, e com a densidade de uma intelectual comprometida com a racionalidade, com o humanismo e especialmente com o feminismo, na primeira parte do livro Simone investiga a velhice sob perspectivas distintas, passeando pela biologia, história, sociologia, antropologia, e dedica a segunda parte da obra à descrição da experiência do idoso com o tempo, com o próprio

* Cícero, Marco Túlio. *Saber envelhecer seguido de Lélio, ou A amizade*. Tradução de Paulo Neves. Porto Alegre: L&PM, 2011, p. 11.

corpo, com as angústias e subjetividades. Nenhum desses estudos, segundo ela, conseguirá definir a velhice, diante da multiplicidade dos aspectos que a envolvem.

"A velhice é particularmente difícil de assumir, porque sempre a consideramos uma espécie estranha: será que me tornei, então, uma outra, enquanto permaneço eu mesma?", indaga ela, enquanto nos convida ao desvelamento dessa experiência, escancarando a etapa final da vida que costuma ficar adormecida no futuro, até que nos surpreenda.

Em 1970, quando a primeira edição da obra foi publicada, a velhice era ignorada pela sociedade, que não acreditava em ninguém com mais de trinta anos. De lá para cá, muita coisa mudou.

Estatisticamente, estamos envelhecendo. A maior longevidade possibilitada pela ciência e pela tecnologia, além de introduzir novos conflitos e roupagens aos preconceitos, como o etarismo, tem exigido novos olhares para as necessidades dos idosos e idosas, demandando investimentos com moradia, saúde, cuidado, mobilidade, acolhimento e escuta. Nesse contexto, o livro demonstra a essencialidade do pensamento de Simone, que, visionária, foi capaz de nos presentear com uma bússola a orientar nossas ações e percepções.

Passado mais de meio século, Simone continua tirando a velhice do armário, se antecipando, como sempre, ao futuro que se anunciava, sendo a referência mais importante para pensar as múltiplas questões que envolvem o envelhecimento, quer na perspectiva científica, quer na produção literária.

Embora Beauvoir perceba a dificuldade de descrever o idoso enquanto objeto da ciência, uma vez que é impossível limitar a pluralidade de experiências em um único conceito, ela identifica o processo de deterioração que compromete a autonomia, inquietação que já transparecia nos contos que integram *A mulher desiludida*, publicado três anos antes.

Não há mesmo idealização possível para o envelhecimento, demonstra a autora, enquanto exibe os impactos causados pelo acúmulo de tempo, que é concreto, inexorável e deixa marcas visíveis, impossíveis de mascarar.

Se já não era simples pensar na velhice há cinco décadas, é ainda mais difícil nesses tempos de consumo, utilitarismo e narcisismo, potencializados pela linguagem redutora de redes sociais que negam a dor, a tristeza e o desamparo, estabelecendo parâmetros de juventude incompatíveis com a vida humana. Elas remetem à falsa indicação de que para ser aceito como velho, nos dias de hoje, o sujeito deve permanecer jovem, se recusando a tornar visível o processo de envelhecimento, negando as doenças e repelindo a finitude.

Simone, nesta obra, nos auxilia a compreender a subjetividade que envolve o envelhecimento, dando voz a um grupo etário invariavelmente segregado e silenciado. Pela compreensão nítida do preconceito e das dores de envelhecer, a autora não faz concessões, mas estabelece um compromisso com a realidade, que pode se transformar em ferramenta necessária para que se garanta o direito fundamental à dignidade e à autonomia, até o fim.

Se a todos é permitido o direito de errar, de fazer escolhas que não necessariamente se adequem aos desejos da maioria dos familiares, de se relacionar afetivamente, ainda que vivenciando relacionamentos infelizes em certos casos, de protagonizar, enfim, a própria vida, por que subtrair dos idosos a experiência poderosa de humanamente conviver com limitações e impotências?

Meu encontro com *A velhice*, de Simone de Beauvoir, aconteceu quando me preparava para publicar meu livro de crônicas, *Velhos são os outros*. Nunca mais a obra deixou minha cabeceira e a ela retorno sempre que a ação do tempo me inquieta.

Ali, conversando com Simone, conclui que "todos envelhecemos. E que sempre haverá mais tempo adiante. Os que estão atrás não nos alcançarão, e nós não alcançaremos os que nos antecedem. Nessa estrada que não terminará enquanto existirmos, seguiremos velhos, olhando para outros velhos e nos sentindo menos velhos".*

Simone, de alguma forma, nos convida à vida, esse "sistema instável no qual, a cada instante, o equilíbrio se perde e se reconquista". Inércia é sinônimo de morte, afirma ela. "Mudar é a lei da vida."

* Pachá, Andréa. *Velhos são os outros*. Rio de Janeiro: Intrínseca, 2018, p. 13.

# Introdução

**Quando Buda era ainda o** príncipe Sidarta, encerrado por seu pai num magnífico palácio, dele escapuliu várias vezes para passear de carruagem nas redondezas. Na primeira saída, encontrou um homem enfermo, desdentado, todo enrugado, encanecido, curvado, apoiado numa bengala, titubeante e trêmulo. Espantou-se, e o cocheiro lhe explicou o que era um velho: "Que tristeza", exclamou o príncipe, "que os seres fracos e ignorantes, embriagados pelo orgulho próprio da juventude, não vejam a velhice! Voltemos rápido para casa. De que servem os jogos e as alegrias, se eu sou a morada da futura velhice?"

Buda reconheceu num velho seu próprio destino porque, nascido para salvar os homens, quis assumir a totalidade de sua condição. Nisso diferia deles: os homens eludem os aspectos de sua natureza que lhes desagradam. E, estranhamente, a velhice. A América riscou de seu vocabulário a palavra morto: fala-se de caro ausente; do mesmo modo, ela evita qualquer referência à idade avançada. Na França de hoje, este é também um assunto proibido. Quando, no fim de *Sob o signo da História* (*La Force des choses*), enfrentei este tabu, quanta celeuma provoquei! Admitir que eu estava no limiar da velhice era dizer que esta espreitava todas as mulheres e que já se apoderara de muitas delas. Com gentileza ou com raiva, um grande número de pessoas, sobretudo pessoas idosas, repetiram-me insistentemente que "velhice, isso não existe!". Há apenas pessoas menos jovens do que outras, e nada mais. Para a sociedade, a velhice aparece como uma espécie de segredo vergonhoso, do qual é indecente falar. Sobre a mulher, a criança, o adolescente, existe em todas as áreas uma abundante literatura; fora das obras especializadas, as alusões à velhice são muito raras. Um autor de histórias em quadrinhos teve que refazer uma série inteira porque havia incluído entre seus personagens um casal de avós: "Risque os velhos", ordenaram-lhe.[1] Quando eu digo que trabalho num ensaio sobre a velhice, quase sempre as pessoas exclamam: "Que ideia!... Mas você não é velha!... Que tema triste..."

---

[1] Relatado por François Garrigue. *Dernières Nouvelles d'Alsace,* 12 de outubro de 1968.

Aí está justamente por que escrevo este livro: para quebrar a conspiração do silêncio. A sociedade de consumo, observa Marcuse, substituiu a consciência infeliz por uma consciência feliz e reprova qualquer sentimento de culpa. É preciso perturbar sua tranquilidade. Com relação às pessoas idosas, essa sociedade não é apenas culpada, mas criminosa. Abrigada por trás dos mitos da expansão e da abundância, trata os velhos como párias. Na França, onde a proporção de velhos é a mais elevada do mundo — 12% da população tem mais de 65 anos — eles são condenados à miséria, à solidão, às deficiências, ao desespero. Nos Estados Unidos, seu destino não é mais feliz. Para conciliar esta barbárie com a moral humanista que professa, a classe dominante adota a posição cômoda de não considerar os velhos como homens. Se lhes ouvíssemos a voz, seríamos obrigados a reconhecer que é uma voz humana; eu forçarei meus leitores a ouvir essa voz. Descreverei a situação que se reservou aos velhos e a maneira como eles a vivem; direi tudo aquilo que — desvirtuado pelas mentiras, pelos mitos, pelos clichês da cultura burguesa — se passa realmente em suas cabeças e em seus corações.

A atitude da sociedade para com os velhos é, por outro lado, profundamente ambígua. Em geral, ela não encara a velhice como uma fase da idade nitidamente marcada. A crise da puberdade permite traçar entre o adolescente e o adulto uma linha de demarcação que é arbitrária apenas dentro de limites estreitos: com 18 anos, com 21 anos, os jovens são admitidos na sociedade dos homens. Quase sempre os "ritos de passagem" envolvem esta promoção. O momento em que começa a velhice é mal definido, varia de acordo com as épocas e lugares. Não se encontram em parte alguma "ritos de passagem" que estabeleçam um novo estatuto.[2]

—✦—

Em política, o indivíduo conserva durante toda a sua vida os mesmos direitos e os mesmos deveres. O Código Civil não faz qualquer distinção entre um centenário e um quadragenário. Os juristas consideram que, fora dos casos patológicos, a responsabilidade penal dos idosos é

[2] As festas celebradas em certas sociedades no dia em que o indivíduo completa 60 ou 80 anos não têm o caráter de uma iniciação.

tão integral quanto a dos jovens.[3] Os velhos não são considerados uma categoria à parte e, por outro lado, isso não lhes agradaria; existem livros, publicações, espetáculos, programas de televisão e de rádio destinados às crianças e aos adolescentes; aos velhos, não.[4] Em todos esses planos eles são incorporados aos adultos mais jovens. Entretanto, quando se decide sobre seu estatuto econômico, parece que se considera pertencerem a uma espécie estranha: os velhos não têm nem as mesmas necessidades nem os mesmos sentimentos que os outros homens, já que nos basta conceder-lhes uma miserável esmola para nos sentirmos desobrigados com relação a eles. Os economistas e os legisladores credenciam essa ilusão cômoda, quando deploram o peso que os não ativos representam para os ativos: como se estes últimos não fossem futuros não ativos e não assegurassem seu próprio futuro ao instituir o amparo aos idosos. Os sindicalistas, por sua vez, não se enganam: quando apresentam suas reivindicações, nelas reservam um grande espaço para o problema da aposentadoria.

Os velhos que não constituem qualquer força econômica não têm meios de fazer valer seus direitos: o interesse dos exploradores é o de quebrar a solidariedade entre os trabalhadores e os improdutivos, de maneira que estes últimos não sejam defendidos por ninguém. Os mitos e os clichês postos em circulação pelo pensamento burguês se aplicam em mostrar o velho como um outro. "É com adolescentes que duram um número bastante grande de anos que a vida faz velhos", observa Proust; eles conservam as qualidades e os defeitos do homem que continuam a ser. Isto, a opinião quer ignorar. Se os velhos manifestam os mesmos desejos, os mesmos sentimentos, as mesmas reivindicações que os jovens, eles escandalizam; neles, o amor, o ciúme parecem odiosos ou ridículos, a sexualidade repugnante, a violência irrisória. Devem dar o exemplo de todas as virtudes. Antes de tudo, exige-se deles a serenidade; afirma-se que possuem essa serenidade, o que autoriza o desinteresse por sua infelicidade. A imagem sublimada deles mesmos que lhes é proposta é a do Sábio aureolado de cabelos brancos, rico de experiência e venerável, que domina de muito alto a condição

[3] O procurador-geral Mornet abriu seu requisitório contra Pétain lembrando que a justiça não levava absolutamente em consideração as idades. Faz já alguns anos que os "inquéritos de personalidade" que precedem o processo podem sublinhar a idade do acusado: mas apenas como uma particularidade entre outras.

[4] *La Bonne Presse* acaba de lançar uma publicação destinada aos idosos: ela se limita a dar informações e conselhos práticos.

humana; se dela se afastam, caem no outro extremo: a imagem que se opõe à primeira é a do velho louco que caduca e delira e de quem as crianças zombam. De qualquer maneira, por sua virtude ou por sua abjeção, os velhos situam-se fora da humanidade. Pode-se, portanto, sem escrúpulo, recusar-lhes o mínimo julgado necessário para levar uma vida de homem.

Levamos tão longe este ostracismo que chegamos a voltá-lo contra nós mesmos; recusamo-nos a nos reconhecer no velho que seremos: "De todas as realidades, [a velhice] é, talvez, aquela de que conservamos por mais tempo, ao longo da vida, uma noção puramente abstrata", observou, com propriedade, Proust. Todos os homens são mortais: eles pensam nisso. Um grande número deles fica velho: quase nenhum encara com antecedência este avatar. Nada deveria ser mais esperado e, no entanto, nada é mais imprevisto que a velhice. Quando lhes perguntamos sobre seu futuro, os jovens, sobretudo as moças, interrompem a vida no máximo aos 60 anos. Algumas dizem: "Eu não chego lá, vou morrer antes." E outras, até mesmo: "Eu me mato antes." O adulto se comporta como se não tivesse que ficar velho nunca. Muitas vezes, o trabalhador fica estupefato quando soa a hora da aposentadoria: a data já estava fixada de antemão, ele a conhecia, devia ter-se preparado para enfrentá-la. O fato é que — a não ser que fosse seriamente politizado — até o último momento esse saber lhe permanecera estranho.

Chegada a hora, e mesmo quando esta já se aproxima, preferimos geralmente a velhice à morte. Entretanto, a distância, é esta última que consideramos com mais lucidez. Ela faz parte de nossas possibilidades imediatas, ameaça-nos em qualquer idade; acontece-nos roçá-la de leve; muitas vezes temos medo dela. Ao passo que não é num instante que ficamos velhos: quando jovens, ou na força da idade, não pensamos, como Buda, que já somos habitados pela nossa futura velhice: ela está separada de nós por um tempo tão longo que, aos nossos olhos, confunde-se com a eternidade; este futuro longínquo nos parece irreal. E depois, os mortos não são nada; pode-se experimentar uma vertigem metafísica diante deste nada, mas de uma certa maneira ele tranquiliza, não causa problemas. "Eu não estarei mais aqui": conservo minha identidade neste desaparecimento.[5] Aos 20 anos, aos 40 anos, imaginar-me velha é imaginar-me uma outra. Há algo de amedrontador em toda metamorfose. Quando criança, eu ficava estupefata e até mesmo angustiada, sempre que me dava conta de que um dia

---

[5] Com muito mais razão, esta identidade é garantida aos que creem ter uma alma imortal.

me transformaria em gente grande. Mas o desejo de preservar a própria identidade é geralmente compensado na juventude pelas consideráveis vantagens do estatuto de adulto. Ao passo que a velhice aparece como uma desgraça: mesmo nas pessoas que consideramos conservadas, a decadência física que ela traz salta aos olhos. Pois a espécie humana é aquela em que as mudanças causadas pelos anos são as mais espetaculares. Os animais descamam, enfraquecem-se, não se metamorfoseiam. Nós, sim. Nosso coração se aperta quando, ao lado de uma bela jovem, percebemos seu reflexo no espelho dos anos futuros: sua mãe. Os índios nambiquaras, relata Lévi-Strauss, usam uma única palavra para dizer "jovem e bonito" e uma para "velho e feio". Diante da imagem que os velhos nos propõem de nosso futuro, permanecemos incrédulos; uma voz dentro de nós murmura absurdamente que aquilo não vai acontecer conosco; não será mais a nossa pessoa quando aquilo acontecer. Antes que se abata sobre nós, a velhice é uma coisa que só concerne aos outros. Assim, pode-se compreender que a sociedade consiga impedir-nos de ver nos velhos nossos semelhantes.

Paremos de trapacear; o sentido de nossa vida está em questão no futuro que nos espera; não sabemos quem somos, se ignorarmos quem seremos: aquele velho, aquela velha, reconheçamo-nos neles. Isso é necessário, se quisermos assumir em sua totalidade nossa condição humana. Para começar, não aceitaremos mais com indiferença a infelicidade da idade avançada, mas sentiremos que é algo que nos diz respeito. Somos nós os interessados. Essa infelicidade denuncia contundentemente o sistema de exploração no qual vivemos. O velho incapaz de suprir suas necessidades representa sempre uma carga. Mas nas coletividades onde reina uma certa igualdade — no interior de uma coletividade rural, em alguns povos primitivos — o homem maduro, mesmo não querendo sabê-lo, sabe, entretanto, que amanhã sua condição será aquela que ele destina hoje ao velho. Este é o sentido do conto de Grimm, do qual encontramos versões em todos os meios rurais. Um camponês dá de comer a seu pai separado da família, numa pequena gamela de madeira; surpreende o filho catando pequenos tocos de pau: "É para você, quando ficar velho", diz a criança. Imediatamente o avô recupera seu lugar na mesa comum. Entre seu interesse a longo prazo e seu interesse imediato, os membros ativos da coletividade inventam soluções conciliatórias. A urgência das necessidades obriga alguns primitivos a matar seus velhos parentes, com o risco de ter mais tarde a mesma sorte. Nos casos menos extremos, a precaução e os sentimentos filiais temperam o egoísmo. No mundo capitalista, o interesse a longo prazo não conta mais: os privilegiados que decidem o destino da massa não temem partilhá-lo. Quanto aos sentimentos humanitários, a despeito das tagarelices hipócritas, eles não intervêm. A economia é baseada no lucro; é a este, na prática, a que toda a civilização está subordinada: o material humano só interessa enquanto produz. Depois, é jogado fora. "Num mundo em mutação, em que as máquinas têm vida muito curta, não é necessário que os homens sirvam durante um tempo demasiadamente longo. Tudo que ultrapassa 55 anos deve ser descartado como refugo", disse, recentemente,[6] durante um congresso, o doutor Leach, antropólogo de Cambridge.

A palavra "refugo" diz bem o que quer dizer: contam-nos que a aposentadoria é o tempo da liberdade e do lazer; poetas gabaram "as delícias do porto".[7] São mentiras deslavadas. A sociedade impõe à imensa maioria dos velhos um nível de vida tão miserável que a expressão "velho e pobre" constitui quase um pleonasmo; inversamente, a maior parte dos indigentes é de velhos. O lazer não abre ao aposentado possibilidades novas; no momento em que é, enfim, libertado das pressões, o indivíduo vê-se privado de utilizar sua liberdade. Ele é condenado a vegetar na solidão e no enfado, decadência pura. O fato de que um homem nos últimos anos de sua vida não seja mais que um marginalizado evidencia o fracasso de nossa civilização: esta evidência nos deixaria engasgados se considerássemos os velhos como homens, com uma vida atrás de si, e não como cadáveres ambulantes. Os que denunciam esse sistema mutilador que é o nosso deveriam trazer à luz esse escândalo. É concentrando os esforços no destino dos mais desafortunados que se chega a abalar uma sociedade. Para demolir o sistema das castas, Gandhi atacou o problema da condição dos párias; para destruir a família feudal, a China comunista emancipou a mulher. Exigir que os homens permaneçam homens em sua idade mais avançada implicaria uma transformação radical. Impossível obter esse resultado através de algumas reformas limitadas que deixariam o sistema intacto: é a exploração dos trabalhadores, é a atomização da sociedade, é a miséria de uma cultura reservada a um mandarinato que conduzem a essas velhices desumanizadas. Elas mostram que é preciso retomar tudo, desde o início. É por isso que a questão passa tão cuidadosamente em silêncio; é por isso que urge quebrar esse silêncio: peço aos meus leitores que me ajudem a fazê-lo.

---

[6] Escrito em dezembro de 1968.

[7] A expressão é de Racan.

# Preâmbulo

**Falei até aqui da velhice,** como se esta palavra representasse uma realidade bem definida. Na verdade, quando se trata de nossa espécie, não é fácil circunscrevê-la. Ela é um fenômeno biológico: o organismo do homem idoso apresenta certas singularidades. A velhice acarreta, ainda, consequências psicológicas: certos comportamentos são considerados, com razão, como característicos da idade avançada. Como todas as situações humanas, ela tem uma dimensão existencial: modifica a relação do indivíduo com o tempo e, portanto, sua relação com o mundo e com sua própria história. Por outro lado, o homem não vive nunca em estado natural; na sua velhice, como em qualquer idade, seu estatuto lhe é imposto pela sociedade à qual pertence. O que torna a questão complexa é a estreita interdependência desses diferentes pontos de vista. Sabe-se hoje que é abstrato considerar em separado os dados fisiológicos e os fatos psicológicos: eles se impõem mutuamente. Veremos que, na velhice, essa relação é particularmente evidente: ela é, por excelência, o domínio do psicossomático. Entretanto, o que chamamos a vida psíquica de um indivíduo só se pode compreender à luz de sua situação existencial; esta última tem, também, repercussões em seu organismo; e inversamente: a relação com o tempo é vivida diferenciadamente, segundo um maior ou menor grau de deterioração do corpo.

Enfim, a sociedade destina ao velho seu lugar e seu papel levando em conta sua idiossincrasia individual: sua impotência, sua experiência; reciprocamente, o indivíduo é condicionado pela atitude prática e ideológica da sociedade em relação a ele. Não basta, portanto, descrever de maneira analítica os diversos aspectos da velhice: cada um deles reage sobre todos os outros e é afetado por eles; é no movimento indefinido desta circularidade que é preciso apreendê-la.

É por isso que um estudo sobre a velhice deve tentar ser exaustivo. Sendo meu objetivo essencial o de trazer à luz o que é, hoje em dia, o destino das pessoas velhas, talvez cause espanto o fato de eu dedicar tantas páginas à condição que lhes é reservada nas comunidades ditas primitivas e à sua situação nos diferentes momentos da história humana. Mas se a velhice, enquanto destino biológico, é uma realidade que transcende a história, não é menos verdade que este destino é vivido de maneira variável segundo o contexto social; inversamente: o sentido ou o não sentido de que se reveste a velhice no seio de uma sociedade coloca toda essa sociedade em questão, uma vez que, através dela, desvenda-se o sentido ou o não sentido de qualquer vida anterior. Para julgar a nossa coletividade, é necessário confrontar as soluções que ela escolheu com as que outras adotaram, através do tempo e do espaço. Essa comparação permitirá determinar o que a condição do velho comporta de inelutável, em que medida e a que preço poderiam ser amenizadas suas dificuldades e qual é, portanto, a parte de responsabilidade para com o idoso que se pode atribuir ao sistema no qual vivemos.

Toda situação humana pode ser encarada em exterioridade — tal como se apresenta a outrem — ou em interioridade, enquanto o sujeito a assume, ultrapassando-a. Para outrem, o velho é o objeto de um saber; para si mesmo, ele tem de seu estado uma experiência vivida. Na primeira parte deste livro, adotarei o primeiro ponto de vista. Examinarei o que a biologia, a antropologia, a história, a sociologia contemporânea nos ensinam sobre a velhice. Na segunda, eu me esforçarei para descrever a maneira pela qual o homem idoso interioriza sua relação com o próprio corpo, com o tempo, com os outros. Nenhum desses dois estudos nos permitirá definir *a* velhice; constataremos, ao contrário, que ela assume uma multiplicidade de aspectos, irredutíveis uns aos outros. Tanto ao longo da história como hoje em dia, a luta de classes determina a maneira pela qual um homem é surpreendido pela velhice; um abismo separa o velho escravo e o velho eupátrida, um antigo operário que vive de pensão miserável e um Onassis. A diferenciação das velhices individuais tem ainda outras causas: saúde, família etc. Mas são duas categorias de velhos (uma extremamente vasta, e outra reduzida a uma pequena minoria) que a oposição entre exploradores e explorados cria. Qualquer afirmação que pretenda referir-se à velhice em geral deve ser rejeitada porque tende a mascarar este hiato.

Uma questão se impõe imediatamente. A velhice não é um fato estático; é o resultado e o prolongamento de um processo. Em que consiste esse processo? Em outras palavras, o que é envelhecer? Esta ideia está ligada à ideia de mudança. Mas a vida do embrião, do recém-nascido, da criança é uma mudança contínua. Caberia concluir daí, como fizeram alguns, que nossa existência é uma morte lenta? É evidente que não. Um tal paradoxo desconhece a essencial verdade da vida; esta é um sistema instável no qual, a cada instante, o equilíbrio se perde e se reconquista: é a inércia que é sinônimo de morte. Mudar é a lei da vida. É um certo tipo de mudança que caracteriza o envelhecimento: irreversível e desfavorável — um declínio. O gerontologista americano Lansing propõe a seguinte definição de envelhecimento: "Um processo progressivo de mudança desfavorável, geralmente ligado à passagem do tempo, tornando-se aparente depois da maturidade e desembocando invariavelmente na morte."

Mas uma dificuldade logo nos intercepta: o que significa a palavra "desfavorável"? Ela implica um julgamento de valor. Não há progresso ou regressão, a não ser em relação a um objetivo visado. A partir do dia em que seu desempenho no esqui foi inferior ao de suas sucessoras mais jovens, Marielle Goitschel teve que se considerar velha, no plano esportivo. É no seio do empreendimento de viver que se estabelece a hierarquia das idades, e o critério é muito mais incerto. Seria preciso saber qual o objetivo a que visa a vida humana para determinar quais as transformações que a afastam e quais as que a aproximam desse objetivo.

O problema é simples se considerarmos no homem apenas seu organismo. Todo organismo tende a subsistir. Para isto, é necessário restabelecer seu equilíbrio cada vez que este é comprometido, defender-se das agressões exteriores, ter sobre o mundo o mais vasto e mais firme domínio. Nessa perspectiva, as palavras: favoráveis, indiferentes, nocivos têm um sentido claro. Desde o nascimento até a idade de 18 a 20 anos, o desenvolvimento do organismo tende a aumentar suas chances de sobrevida: ele se fortifica, torna-se mais resistente, seus recursos aumentam, suas possibilidades se multiplicam. O conjunto das capacidades físicas do indivíduo está no auge de seu desenvolvimento em torno dos 20 anos. Durante os 20 primeiros anos, a mutação do organismo é, portanto, considerada, em sua totalidade, benéfica.

Certas mudanças não acarretam nem melhoria, nem diminuição da vida orgânica — são indiferentes. Assim, a involução do timo que ocorre na primeira infância; a dos neurônios cerebrais, cuja quantidade é imensamente superior às necessidades do indivíduo.

Muito cedo se produzem mudanças desvantajosas. A amplitude da margem de acomodação reduz-se a partir dos 10 anos. O limite de altura dos sons audíveis baixa antes mesmo da adolescência. Uma certa forma de memória bruta se enfraquece a partir dos 12 anos. Segundo Kinsey, a potência sexual do homem decresce depois dos 16 anos. Essas perdas, muito limitadas, não impedem o desenvolvimento infantil e juvenil de seguir uma linha ascendente.

Depois dos 20 anos, e sobretudo a partir dos 30, esboça-se uma involução dos órgãos. Caberia, desde esse momento, falar em envelhecimento? Não. No homem, o próprio corpo não é natureza pura. As perdas, as alterações, os enfraquecimentos podem ser compensados por montagens, por automatismos, um saber prático e intelectual. Não se falará de envelhecimento enquanto as deficiências permanecerem esporádicas e forem facilmente contornadas. Quando adquirem importância e se tornam irremediáveis, então o corpo fica frágil e mais ou menos impotente: pode-se dizer, sem equívoco, que ele declina.

A questão torna-se mais complexa se considerarmos o indivíduo integralmente. Começa-se a declinar depois de se ter atingido um apogeu: onde situar tal apogeu? Apesar de sua interdependência, o físico e o moral não seguem uma evolução rigorosamente paralela. Moralmente, um indivíduo pode ter sofrido perdas consideráveis antes que se esboce sua degradação física; ao contrário, é possível que, ao longo dessa decadência, ele realize ganhos intelectuais importantes. A que aspecto atribuiremos maior valor? Cada um dará uma resposta diferente, segundo sua tendência a valorizar mais as aptidões corporais ou as faculdades mentais, ou um equilíbrio entre umas e outras. É a partir de tais opções que os indivíduos e as sociedades estabelecem uma hierarquia das idades: não há nenhuma que seja universalmente aceita.

A criança sobrepuja o adulto pela riqueza de suas possibilidades, pela imensidade de suas aquisições, pelo frescor de suas sensações: será o bastante para estimar que, tornando-se mais velha, ela se degrade? Consta que esta tenha sido, até certo ponto, a opinião de Freud: "Pensem no contraste entristecedor que existe entre a inteligência radiante de uma criança bem-desenvolvida e a fraqueza intelectual de um adulto médio", escreveu ele. É a ideia frequentemente desenvolvida por Montherlant: "O gênio da infância, quando se extingue, é para sempre. Diz-se sempre que é de uma lagarta que nasce a borboleta; quando se trata do homem, é a borboleta que se transforma em lagarta", diz Ferrante, em *A Rainha Morta*.

Ambos tinham razões pessoais — muito diferentes, para um e para outro — de valorizar a infância. A opinião deles não é, em geral, compartilhada. A própria palavra "maturidade" indica que habitualmente se atribui ao homem feito a preeminência sobre a criança e o jovem: ele adquiriu conhecimentos, experiências, capacidades. Sábios, filósofos, escritores situam geralmente o apogeu do indivíduo no meio de sua vida.[8] Alguns dentre eles consideram a própria velhice a época privilegiada da existência: ela traz, pensam eles, experiência, sabedoria e paz. A vida humana não conheceria declínio.

Definir o que é para o homem progresso ou regressão supõe que se tome como referência um determinado fim; mas nenhum é dado *a priori*, no absoluto. Cada sociedade cria seus próprios valores: é no contexto social que a palavra "declínio" pode adquirir um sentido preciso.

Essa discussão confirma o que eu disse acima: a velhice não poderia ser compreendida senão em sua totalidade; ela não é somente um fato biológico, mas também um fato cultural.

---

[8] Segundo Hipócrates, ele o atinge aos 56 anos. Aristóteles crê que a perfeição do corpo se completa aos 35 anos e a da alma aos 50. Segundo Dante, chega-se à velhice aos 45 anos. É geralmente aos 65 anos que as sociedades industriais de hoje aposentam os trabalhadores. Chamarei velhos, anciães, idosos, as pessoas de 65 anos em diante. Quanto aos outros, quando me referir a eles, especificarei quantos anos têm.

# Primeira parte

# O ponto de vista da exterioridade

# I

## — VELHICE E BIOLOGIA —

**Acabamos de ver: no plano** biológico, a noção de declínio tem um sentido claro. O organismo declina quando suas chances de subsistir se reduzem. Em todos os tempos, os homens tomaram consciência da fatalidade dessa alteração. Sabemos que desde a Antiguidade procuraram suas causas. A resposta dependeu da ideia que a medicina, considerada em seu conjunto, fazia da vida.

No Egito e em todos os povos antigos, a medicina se confundiu com a magia. Na Grécia antiga, ela não se separou logo da metafísica religiosa ou da filosofia. É somente com Hipócrates que conquista sua originalidade: torna-se uma ciência e uma arte; edifica-se pela experiência e pelo raciocínio. Hipócrates retomou a teoria pitagórica dos quatro humores: sangue, fleuma, bile amarela, bile negra; a doença resulta de uma ruptura do equilíbrio entre eles; a velhice também. Ela começava aos 56 anos, segundo o médico grego. É ele o primeiro a comparar as etapas da vida humana às quatro estações da natureza, e a velhice ao inverno. Em muitos de seus livros e, em particular, em seus aforismos, recolheu observações exatas sobre os velhos. (Eles têm menos necessidade de comida que os jovens. Sofrem de dificuldades respiratórias, de catarros que acarretam acesso de tosse, sofrem de disúria, de dores nas articulações, de doenças dos rins, de vertigens, de apoplexia, de caquexia, de prurido generalizado, de sonolência; expelem água pelos intestinos, pelos olhos, pelas narinas; frequentemente têm catarata; sua vista é fraca, ouvem mal.) Em todos os domínios, ele aconselha aos velhos a moderação, mas também sugere que não interrompam suas atividades.

A sucessão de Hipócrates foi medíocre. Aristóteles impôs seus pontos de vista, que eram fundados na especulação e não na experiência; a condição da vida era, segundo ele, o calor interior, e ele associava a senescência a um resfriamento. Roma herdou noções através das quais os gregos haviam explicado os fenômenos orgânicos: temperamentos, humores, crase, pneuma. Na Roma de Marco Aurélio, os conhecimentos médicos não eram mais avançados do que na Grécia de Péricles.

Foi no século II que Galeno fez uma síntese geral da medicina antiga. Ele considera a velhice como intermediária entre a doença e a saúde. Ela não é exatamente um estado patológico: entretanto, todas as funções fisiológicas do velho ficam reduzidas ou enfraquecidas. Ele explica esse fenômeno conciliando a teoria dos humores e a do calor interior. Este último se nutre dos primeiros: extingue-se quando o corpo se desidrata e os humores se evaporam. Em sua *Gerocomica*, Galeno dá conselhos de higiene que foram respeitados na Europa até o século XIX. Ele pensa que, segundo o princípio *contraria contrariis*, é preciso aquecer e umidificar o corpo do velho: é necessário que ele tome banhos quentes, que beba vinho e também que seja ativo. Prodiga-lhe conselhos dietéticos detalhados. Cita como exemplo o velho médico Antíoco que, aos 80 anos, ainda visitava seus doentes e participava de assembleias políticas, e o velho gramático Telefos, que conservou uma bela saúde até quase 100 anos.

Durante séculos, a medicina não fez outra coisa senão parafrasear a obra de Galeno. Autoritário, certo de sua infalibilidade, ele triunfou num momento em que se preferia crer a discutir. Vivia, sobretudo, numa época e num meio no qual o monoteísmo vindo do Oriente se afirmava contra o paganismo. Suas teorias estão impregnadas de religiosidade. Ele crê na existência de um Deus único. Considera o corpo o instrumento material da alma. Os Patronos da Igreja adotaram seus pontos de vista, assim como os judeus e os árabes islâmicos. É por isso que, durante toda a Idade Média, o desenvolvimento da medicina foi quase nulo: consequentemente, a velhice permaneceu muito mal conhecida. Entretanto, Avicena — também discípulo de Galeno — fez, no século XI, observações interessantes sobre as doenças crônicas e as perturbações mentais dos anciãos.

Os escolásticos apegaram-se à comparação da vida a uma chama nutrida pelo óleo da lâmpada: é uma imagem mística, já que a alma era frequentemente representada na Idade Média por uma chama. No plano profano, a grande preocupação dos médicos é menos de curar do que de prevenir. A escola de Salerno, onde nasceu e se desenvolveu a medicina ocidental, aplica-se em elaborar "regimes de saúde e de longevidade". Uma abundante literatura se desenvolve sobre este tema. No século XIII, Roger Bacon, que considerava a velhice uma doença,[9] es-

[9] Concordava com a opinião expressa por Terêncio, na Antiguidade.

creveu para Clemente VI uma higiene da velhice na qual reservava um grande espaço à alquimia. Entretanto, ele é o primeiro a ter a ideia de corrigir a visão com lentes de aumento. (Fabricaram-se essas lentes na Itália, pouco depois de sua morte, em 1300. O uso de dentes postiços já era conhecido entre os etruscos. Na Idade Média, esses dentes eram retirados dos cadáveres de animais ou de jovens.) Até o fim do século XV, todas as obras sobre a velhice são tratados de higiene. A escola de Montpellier redige também "regimes de saúde". No fim do século XV, produz-se na Itália um renascimento da ciência paralelo ao das artes. O médico Zerbi escreve uma *Gerontocomia* que é a primeira monografia dedicada à patologia da velhice. Mas ele não inventa nada.

O ramo da medicina que faz um imenso progresso no início do Renascimento é a anatomia. Durante mil anos, fora proibido dissecar o corpo humano. Isso se torna possível, de maneira mais ou menos aberta, no fim do século XV. É notável, mas não surpreendente, que o criador da anatomia moderna tenha sido Leonardo da Vinci: enquanto pintor, ele se interessara apaixonadamente pela representação do corpo humano e desejava conhecê-lo com exatidão. "Eu, para ter consciência verdadeira e plena do corpo humano, já dissequei mais de dez cadáveres", escreveu ele. Com efeito, no fim de sua vida, já tinha dissecado mais de trinta, entre os quais cadáveres de velhos. Leonardo desenhou muitos rostos e corpos de velhos; representou também, a partir de suas próprias observações, os intestinos e as artérias deles. (Anotou também, por escrito, as mudanças anatômicas que observara, mas esses textos só vieram a ser conhecidos mais tarde.)

A anatomia continua a progredir com Vesálio, que é seu grande mestre. Mas as outras disciplinas estacionam. A ciência permanece imbuída de metafísica. O humanismo tenta lutar contra a tradição, mas sem chegar a liberar-se desta. No século XVI, Paracelso, preocupado em ser moderno, redige seus livros em alemão e não em latim. Revela certas intuições novas e notáveis, mas afogadas em teorias confusas. Segundo ele, o homem é um "composto químico" e a velhice resulta de uma autointoxicação.

Até então, as obras dedicadas à velhice só se preocupavam com higiene preventiva: sobre o diagnóstico e a terapêutica não se encontravam senão indicações esparsas. David Pomis, médico veneziano, foi o primeiro que tratou estas questões com ordem e clareza. Algumas de suas descrições senis são muito exatas e avançadas, particularmente a da hipertensão arterial. No século XVII, há numerosas obras sobre a velhice, mas despidas de interesse. No século XVIII, Galeno conserva ainda discípulos, entre os quais Gerard Van Swieten. Este encara a velhice como uma espécie de doença incurável; zomba dos remédios inspirados pela alquimia ou pela astrologia; descreve com exatidão algumas das mudanças anatômicas que a velhice acarreta. Entretanto, a ascensão da burguesia, o racionalismo e o mecanicismo aos quais aquela se alia levam à criação de uma nova escola: a iatrofísica. Borelli e Baglivi introduzem na medicina as ideias de La Mettrie: o corpo é uma máquina, um conjunto de cilindros, de fusos, de rodas. O pulmão é um fole. Eles retomam, portanto, as teorias dos mecanicistas da Antiguidade sobre a velhice:[10] o organismo degrada-se como se gasta uma máquina que serviu durante muito tempo.[11] Esta tese conservou defensores até o século XIX, e foi mesmo nesse momento que esteve mais em voga. Mas a noção de "desgaste" permaneceu sempre muito vaga. Por outro lado, Stahl inaugura a teoria conhecida pelo nome de vitalismo: existiria no homem um princípio vital, uma entidade, cujo enfraquecimento acarretaria a velhice, e o desaparecimento, a morte.

Entre os seguidores da tradição e os dos sistemas modernos havia muitas disputas vãs. A medicina tinha graves dificuldades teóricas. Não se satisfazia mais com a velha patologia dos humores e não tinha ainda descoberto novas bases. Encontrava-se num impasse. Entretanto, empiricamente, ela progredia. As autópsias tinham-se multiplicado, a anatomia fizera grandes progressos. O estudo da velhice beneficiava-se disso. Na Rússia, Fischer, diretor do serviço de saúde, rompeu com Galeno e descreveu sistematicamente a involução senil dos órgãos. Seu livro marcou época, apesar de suas insuficiências. A enorme obra do italiano Morgagni, publicada em 1761, foi também muito importante. Ela estabelece pela primeira vez uma correlação entre os sintomas clínicos e as observações feitas durante as autópsias. Uma parte da obra era dedicada à velhice.

---

[10] Entre outros, Demócrito e Epicuro.

[11] A associação é inteiramente errônea; os órgãos, longe de se desgastarem, mantêm-se enquanto funcionam; se suspendem suas atividades, atrofiam-se.

Na última década, surgiram três livros sobre o tema, antecipando-se às descobertas dos séculos XIX e XX. O médico americano Rush publicou um grande estudo fisiológico e clínico, baseado em suas observações. O alemão Hufeland reuniu também num tratado numerosas observações interessantes e desfrutou de grande popularidade. Ele era vitalista. Imaginava que cada organismo fosse dotado de uma certa energia vital que se esgotava com o tempo. A obra mais importante foi a de Seiler, lançada em 1799: ela era inteiramente dedicada à anatomia dos velhos; apoiava-se em autópsias. Esta obra carece de originalidade, mas foi, durante dezenas de anos, um instrumento de trabalho dos mais apreciados, sendo utilizada até meados do século XIX.

No início do século XIX, os médicos de Montpellier continuavam ligados ao vitalismo.[12] Entretanto, a medicina começava a se beneficiar do progresso da fisiologia e de todas as ciências experimentais. Os estudos sobre a velhice tornaram-se precisos e sistemáticos. Rostan, em 1817, estudou a asma dos velhos: descobriu a relação desta com uma perturbação cerebral. Prus, em 1840, escreveu o primeiro tratado sistemático sobre as doenças da velhice.

É a partir de meados do século XIX que — sem ainda levar este nome — a geriatria começa realmente a existir. Ela foi favorecida na França pela criação de vastos asilos onde se reuniam muitos velhos. A *Salpêtrière* era o maior asilo da Europa; abrigava oito mil doentes, dos quais entre dois e três mil eram velhos, que também eram em grande número em Bicêtre.[13] Tornou-se, portanto, fácil coletar dados clínicos sobre os idosos. Pode-se considerar a *Salpêtrière* o núcleo da primeira instituição geriátrica. Charcot pronunciou, ali, conferências célebres sobre a velhice; publicadas em 1866, essas conferências tiveram enorme repercussão. Muitos tratados sobre higiene, estereotipados e sem interesse, apareceram então. Mas a medicina preventiva, no conjunto, cedeu lugar à terapêutica. A partir de então, surgiu a preocupação de curar os velhos. Tanto mais que estes se tornaram cada vez mais numerosos,

---

[12] A teoria dos humores fora abandonada, mas persistia num plano mítico. Faraday, numa conferência célebre, comparou a velhice e a morte à chama de uma vela que vacila e se apaga. A imagem permanece viva até hoje.

[13] Localidade do Sena, onde existe outro importante asilo para velhos e doentes mentais. (N. T.)

primeiro na França e depois em outros países: os médicos viram aumentar entre seus clientes o número de doenças degenerativas que se desenvolvem numa situação senil. Já antes do livro de Charcot tinham sido publicados, em 1847, uma obra de Pennock e, em 1852, um tratado de Réveillé-Parise. Nessas obras, os autores estudavam a frequência do pulso e o ritmo da respiração nas pessoas idosas. Geist, entre 1857 e 1860, publicou uma boa síntese da literatura geriátrica lançada na Alemanha, na França e na Inglaterra.

No fim do século XIX e no século XX, multiplicaram-se as pesquisas. Boy-Tessier em 1895, Rauzier em 1908, Pie e Bamamour em 1912 lançaram na França grandes obras de síntese. Muito importantes, também, foram, na Alemanha, a obra de Bürger, na América os tratados de Minot e de Metchnikoff, os dois publicados em 1908, e o do zoologista Child, em 1915. Como nos períodos anteriores, alguns sábios esperavam ainda explicar através de uma causa única o processo da senescência. Ao fim do século XIX, alguns sustentaram que ela se devia à involução das glândulas sexuais. Brown-Séquard, professor do Collège de France, injetou em si mesmo, aos 72 anos, extratos de testículos de cobaias e de cães: sem resultado durável. Voronoff, também professor do Collège de France, inventou de enxertar em homens idosos glândulas de macacos: fracasso. Bogomoletz pretendeu fabricar um soro rejuvenescedor à base de hormônios: fracasso. Por seu lado, Metchnikoff retomou sob uma forma moderna a ideia de que a senilidade resultaria de uma autointoxicação. No início do século XX, numa fórmula que fez fortuna, Cazalis afirmou: "Temos a idade de nossas artérias"; ele considerava a arteriosclerose o fator determinante do envelhecimento. A ideia mais difundida era a de que este provém de uma diminuição do metabolismo.

É o americano Nascher que é considerado o pai da geriatria. Nascido em Viena — na época um centro importante de estudos sobre a velhice — foi para Nova York ainda criança e ali estudou medicina. Visitando um asilo com um grupo de estudantes, ouviu uma velha queixar-se de diversas perturbações ao professor. Este explicou-lhe que sua doença era a idade avançada. "Que se pode fazer?", perguntou Nascher. "Nada." Nascher ficou tão impressionado com essa resposta, que se dedicou ao estudo da senescência. De volta a Viena, visitou uma casa de velhos; espantou-se com a longevidade e a boa saúde deles. "É porque nós tratamos os pacientes idosos como os pediatras tratam as crianças", disseram-lhe seus colegas. Isto o levou a criar um ramo especial da medicina que batizou de geriatria. Em 1909, ele publicou seu primeiro programa; em 1912, fundou a Sociedade de Geriatria de Nova York e publicou em 1914 um novo livro sobre a questão; teve dificuldade em encontrar um editor: o assunto não era considerado interessante.

Ao lado da geriatria, desenvolveu-se recentemente uma ciência que chamamos hoje em dia de gerontologia: ela não estuda a patologia da velhice, mas o próprio processo do envelhecimento. No início do século, as pesquisas biológicas sobre a velhice não eram mais que o subproduto de outros trabalhos: examinando a vida das plantas e dos animais, o interesse era subsidiariamente voltado para as mudanças por eles sofridas com a idade. Enquanto a juventude e a adolescência se constituíam no objeto de numerosas obras especializadas, a velhice não era estudada por ela mesma, em parte por causa dos tabus que assinalei.[14] Era uma questão desagradável. Entre 1914 e 1930, ela não inspirou trabalhos importantes, a não ser os de Carrel, cujas concepções foram amplamente difundidas na França; ele retomava a ideia de que a velhice uma autointoxicação devida aos produtos do metabolismo das células.

A situação mudou daí em diante. Nos Estados Unidos, o número de pessoas idosas havia duplicado entre 1900 e 1930, e duplicou novamente entre 1930 e 1950; a industrialização da sociedade acarretou a concentração de um grande número desses velhos nas cidades e disso resultaram problemas graves: inúmeras pesquisas foram feitas para procurar a solução. Elas chamaram a atenção para os velhos e provocaram o desejo de conhecê-los. A partir de 1930, desenvolveram-se as pesquisas em biologia, em psicologia e em sociologia. Elas evoluíram da mesma maneira em outros países. Em 1938, realizou-se em Kiev uma conferência nacional sobre a senescência. No mesmo ano, foi publicada na França a grande obra de síntese de Bastaï e Pogliatti, e na Alemanha é lançado o primeiro periódico especializado. Em 1939, um grupo de sábios ingleses e de professores de medicina decidiu fundar um clube

---

[14] O gerontologista americano Birren indica que pesquisas sobre a velhice podem "provocar um mal-estar". Entretanto — diz ele — hoje em dia, a ciência não leva tal fato em consideração.

internacional de pesquisas sobre a velhice. Nos Estados Unidos, publicou-se o livro monumental de Cowdry, *Problems of Ageing*.

Durante a guerra, tornou-se mais lento o ritmo dos trabalhos. Mas estes foram retomados assim que ela terminou. Em 1945, uma sociedade de gerontologia foi criada nos Estados Unidos, e em 1946 editou-se ali o segundo periódico dedicado à velhice. Em todos os países, essas publicações se multiplicaram. Na Inglaterra, Lord Nuffield criou a Nuffield Foundation, que dispõe de fundos consideráveis: ela estuda a geriatria e também a condição dos velhos na Grã-Bretanha. Na França, sob o incentivo de Léon Binet, os estudos sobre a velhice ganharam novo impulso. Uma associação internacional de gerontologia foi criada, em 1950, em Liège; ela promoveu congressos nessa cidade, nesse mesmo ano; depois, em 1951, em Saint Louis, no Missouri; em 1954, em Londres, e muitos outros a seguir. Num grande número de países formaram-se sociedades de estudos. Em 1954, um índice bibliográfico sobre a gerontologia levantado nos Estados Unidos indicava 19.000 referências. Segundo o doutor Destrem, seria necessário agora dobrar essa cifra. No que concerne à França, a Sociedade Francesa de Gerontologia constituiu-se em 1958. No mesmo ano, foi criado o Centro de Estudos e Pesquisas Gerontológicas, dirigido pelo professor Bourlière, tratados importantes foram publicados na França; o de Graillye Destrem, em 1953, o de Binet e Bourlière, em 1955. A *Revue Française de Gérontologie* foi fundada em 1954. Enfim, uma comissão especial de higiene social constituiu-se em Paris para fazer face aos problemas da velhice. Nos Estados Unidos, a Universidade de Chicago publicou em 1959 e em 1960 três tratados que são verdadeiras súmulas sobre a velhice, de um ponto de vista individual e social, na América e na Europa ocidental.

A gerontologia desenvolveu-se em três planos: biológico, psicológico e social. Em todos esses domínios ela é fiel a um mesmo posicionamento positivista; não se trata de explicar por que os fenômenos se produzem, mas de descrever sinteticamente, com a maior exatidão possível, suas manifestações.

—✦—

A medicina moderna não pretende mais atribuir uma causa ao envelhecimento biológico: ela o considera inerente ao processo da vida, do mesmo modo que o nascimento, o crescimento, a reprodução, a morte. As experiências feitas por McCay com ratos[15] inspiraram um interessante comentário do doutor Escoffier-Lambiotte: "O envelhecimento e, depois, a morte, não estão, portanto, relacionados com um certo nível de desgaste energético, com um número dado de batimentos cardíacos, mas sobrevêm quando um determinado programa de crescimento e de maturação chegou a seu termo." Isto é, a velhice não é um acidente mecânico; à semelhança da morte, que, segundo Rilke, "cada um traz em si, como o fruto traz sua semente", parece que cada organismo já contém desde o início sua velhice, inelutável consequência de sua completa realização.[16]

Estima-se hoje que este é um processo comum a todos os seres vivos. Acreditou-se, até recentemente, que as próprias células eram imortais: apenas suas combinações se alteravam ao longo dos anos. Carrel defendera esta tese e pensava tê-la demonstrado. Mas experiências recentes revelaram que as células também se modificam com o tempo. Segundo o biólogo americano Orgel, a idade acarretaria enfraquecimentos no sistema que normalmente determina e planifica com precisão a produção de proteínas celulares. Entretanto, essas pesquisas de ordem bioquímica estão ainda pouco avançadas.

No homem, o que caracteriza fisiologicamente a senescência é o que o doutor Destrem chama "uma transformação pejorativa dos tecidos". A massa dos tecidos metabolicamente ativos diminui, enquanto aumenta a dos tecidos metabolicamente inertes: tecidos intersticiais e fibroesclerosados; eles são objeto de uma desidratação e de uma degeneração gordurosa. Há uma diminuição marcada da capacidade de regeneração celular. O progresso do tecido intersticial sobre os tecidos nobres é principalmente surpreendente no nível das glândulas e do

---

[15] McCay demonstrou que os ratos cujo crescimento foi retardado na juventude por uma "restrição calórica alimentar" vivem muito mais tempo que os ratos alimentados normalmente. Um dos ratos subalimentados atingiu quase o dobro da duração de vida média do grupo de controle.

[16] Na verdade, acidentes e desvios de todo tipo podem interromper a vida antes que o programa seja cumprido, principalmente no homem: no seu caso, seria abstrato estudar isoladamente seu destino biológico, já que ele não vive nunca em estado natural e a sociedade na qual se insere comanda seu desenvolvimento.

sistema nervoso. Ele acarreta uma involução dos principais órgãos e um enfraquecimento de certas funções que não cessam de declinar até a morte. Fenômenos bioquímicos se produzem: aumento do sódio, do cloro, do cálcio; diminuição do potássio, do magnésio, do fósforo e das sínteses proteicas.

A aparência do indivíduo se transforma e permite que se possa atribuir-lhe uma idade, sem muita margem de erro. Os cabelos embranquecem e se tornam rarefeitos; não se sabe por quê: o mecanismo da despigmentação do bulbo capilar permanece desconhecido; os pelos embranquecem também, enquanto em certos lugares — no queixo das mulheres velhas, por exemplo — começam a proliferar. Por desidratação e em consequência da perda de elasticidade do tecido dérmico subjacente, a pele se enruga. Os dentes caem. Em agosto de 1957, contavam-se nos Estados Unidos 21,6 milhões de desdentados, ou seja, 13% da população. A perda dos dentes acarreta um encolhimento da parte inferior do rosto, de tal maneira que o nariz — que se alonga verticalmente por causa da atrofia de seus tecidos elásticos — aproxima-se do queixo. A proliferação senil da pele traz um engrossamento das pálpebras superiores, enquanto se formam papos sob os olhos. O lábio superior míngua; o lóbulo da orelha aumenta. Também o esqueleto se modifica. Os discos da coluna vertebral empilham-se e os corpos vertebrais vergam: entre 45 e 85 anos o busto diminui dez centímetros nos homens e quinze nas mulheres. A largura dos ombros se reduz e a da bacia aumenta; o tórax tende a tomar uma forma sagital, sobretudo nas mulheres. A atrofia muscular e a esclerose das articulações acarretam problemas de locomoção. O esqueleto sofre de osteoporose: a substância compacta do osso torna-se esponjosa e frágil; é por este motivo que a ruptura do colo do fêmur, que suporta o peso do corpo, é um acidente frequente.

O coração não muda muito, mas seu funcionamento se altera; perde progressivamente suas faculdades de adaptação; o sujeito deve reduzir suas atividades para poder poupá-lo. O sistema circulatório é atingido; a arteriosclerose não é a causa da velhice, mas é uma de suas características mais constantes. Não se sabe exatamente o que a provoca: desequilíbrios hormonais, dizem uns; uma tensão sanguínea excessiva, dizem outros; pensa-se em geral que a causa principal é uma perturbação do metabolismo dos lipídios. As consequências são variáveis. Por vezes, a arteriosclerose atinge o cérebro. Em todo caso, a circulação cerebral torna-se mais lenta. As veias perdem sua elasticidade, o débito cardíaco decresce, a rapidez da circulação diminui, a pressão sobe. É preciso observar, aliás, que a hipertensão, tão perigosa para o adulto, pode ser muito bem suportada pelo homem idoso. O consumo de oxigênio do cérebro reduz-se. A caixa torácica torna-se mais rígida e a capacidade respiratória, que é de 5 litros aos 25 anos, cai para 3 litros aos 85. A força muscular diminui. Os nervos motores transmitem com menor velocidade as excitações, e as reações são menos rápidas. Há involução dos rins, das glândulas digestivas, do fígado. Os órgãos dos sentidos são atingidos. O poder de acomodação diminui. A presbiopia é um fenômeno quase universal entre os velhos; e a vista "cansada" faz com que a capacidade de discriminação decline. Também diminui a audição, chegando frequentemente até a surdez. O tato, o paladar, o olfato têm menos acuidade que outrora.

A involução das glândulas de secreção endócrinas é uma das consequências mais gerais e mais manifestas da senescência; ela é acompanhada de uma involução dos órgãos sexuais. Sobre este particular, alguns fatos precisos foram demonstrados.[17] No homem idoso, não há anomalia especial dos espermatozoides; em teoria, a fecundação do óvulo pelo esperma senil é indefinidamente possível. Não existe lei geral sobre a interrupção da espermatogênese, mas apenas casos particulares. Entretanto, a ereção é duas ou três vezes mais lenta do que na juventude. (As ereções matinais que se observam, mesmo numa idade muito avançada, não têm um caráter sexual.) Ela pode ser conservada por muito tempo sem ejaculação, devendo-se esse controle, ao mesmo tempo, à experiência do coito e a uma redução da intensidade da resposta sexual. Depois do orgasmo, a detumescência é extremamente rápida, e o homem idoso permanece refratário a novas excitações durante muito mais tempo que o jovem. Nos jovens, a ejaculação se desenvolve em duas etapas: o lançamento do fluido seminal na uretra prostática; seu progresso através da uretra até o meato uretral e até o exterior; na primeira fase, o sujeito sente que a ejaculação vai produzir-se inevitavelmente. O homem idoso, em geral, não sente nada disso; as duas etapas são reduzidas a uma única e ele tem muitas vezes a impressão de uma

[17] Em particular por Masters e Johnson, em 1966: *As reações sexuais.*

sudorese, mais que de uma polução. Com a idade, as possibilidades de ejaculação e de ereção diminuem e até desaparecem. Mas a impotência não acarreta sempre a extinção da libido.

Na mulher, a função reprodutora é brutalmente interrompida numa idade relativamente jovem. Fato único no processo de senescência, que se desenvolve continuamente em todos os outros planos, produz-se, em torno dos 50 anos, um corte brusco: a menopausa. Acontece a interrupção do ciclo ovariano e da menstruação e os ovários se esclerosam; a mulher não pode mais ser fecundada. Há o desaparecimento dos esteroides[18] sexuais e a involução dos órgãos sexuais.

Um preconceito corrente é o de que os velhos dormem mal. Na realidade, segundo uma pesquisa realizada nos asilos franceses em 1959, eles dormem mais de sete horas por noite. Entretanto, em muitos deles se constatam distúrbios do sono. Ou têm dificuldade de dormir, ou acordam cedo, ou seu sono é entrecortado por breves despertares; as razões dessas anomalias podem ser fisiológicas, biológicas ou psicológicas. Depois dos 80 anos, quase todos dormitam durante o dia.

O conjunto da involução orgânica do homem idoso acarreta uma perda de energia da qual ninguém escapa; o esforço físico só lhe é permitido dentro de estreitos limites. Ele resiste melhor às infecções do que os jovens, mas seu organismo depauperado defende-se mal das agressões do mundo exterior: a involução dos órgãos reduz a margem de segurança que permite resistir a essas agressões. Certos médicos chegam a associar a velhice a uma doença: foi o que fez recentemente[19] a célebre geriatra romena, a doutora Aslan, numa entrevista que deu na Itália. Eu não creio que essa confusão seja legítima; a doença é um acidente; a velhice é a própria lei da vida. Entretanto, a expressão: "velho e deficiente" é quase um pleonasmo. "Esta síntese das deficiências, o envelhecimento", escreveu Péguy. Samuel Johnson disse: "Minhas doenças são uma asma, uma hidropisia e, o que é menos curável, setenta e cinco anos." Um doutor perguntava a uma velha que usava óculos: "Que tem, minha senhora? Presbiopia ou miopia?" "Eu tenho velhice, doutor."

---

[18] Produtos das glândulas endócrinas.

[19] Escrito em outubro de 1969.

Há uma relação de reciprocidade entre velhice e doença; esta última acelera a senilidade, e a idade avançada predispõe a perturbações patológicas, particularmente aos processos degenerativos que a caracterizam. É muito raro encontrar o que poderíamos chamar de "velhice no estado puro". As pessoas idosas são acometidas de uma polipatologia crônica.

Se considerarmos uma centena de doentes idosos e uma centena de doentes jovens, a proporção dos que consultam médicos ou compram medicamentos é muito mais elevada entre estes últimos. Por outro lado, os velhos constituem apenas aproximadamente 12% da população. Entretanto, na França, nos hospitais, eles representam um terço das internações e, num determinado dia, mais da metade dos doentes, pois permanecem mais tempo do que os outros. Na América, em 1955, embora os velhos representassem apenas um doze avos da população, um quinto dos leitos hospitalares era ocupado por eles. Uma pesquisa feita na Califórnia, em 1955, mostrou que o número das consultas médicas aumentava com a idade. Elas eram 50% mais numerosas entre os velhos do que no conjunto da população, e duas vezes mais entre as mulheres idosas do que entre os homens velhos. Assim, são as mulheres que se encontram em maioria nos hospitais. Elas vivem mais do que os homens, mas, durante toda a sua existência, ficam doentes com maior frequência.[20] No conjunto, nos Estados Unidos, o número de doentes crônicos é, em média, quatro vezes maior entre as pessoas idosas do que entre as outras. Pesquisas feitas na Austrália e na Holanda revelaram resultados análogos.

Os distúrbios de que sofrem as pessoas idosas são sobretudo "indisposições maldefinidas" e reumatismos. Uma estatística americana dá como principais doenças senis: a artrite, os reumatismos, as doenças do coração. Outra estatística: doenças do coração, artrite, reumatismo, nefrite, hipertensão, arteriosclerose. Outra ainda: distúrbios da coordenação, reumatismos, doenças respiratórias, digestivas e nervosas. O doutor Vignat, estudando velhos hospitalizados em Lyon, descobriu que

[20] Nos Estados Unidos, o National Health Survey demonstrou que, no ano de 1957-58, as pessoas de 45 a 64 anos tinham permanecido imobilizadas por doenças, em média, durante 25 dias; as de mais de 65 anos, durante 50 dias; além de 75 anos, durante 72 dias.

sofriam, em ordem decrescente, de doenças cardiovasculares, respiratórias, mentais, de marasmo biológico, de doenças vasculares, neurológicas, de câncer,[21] de distúrbios do aparelho locomotor, de perturbações digestivas. Sendo a velhice por excelência o domínio do psicossomático, as doenças orgânicas dependem também estreitamente de fatores psicológicos.

Na verdade, em inúmeros casos, dissociar as duas séries de causas é impossível. Por exemplo, no que concerne aos acidentes, relativamente frequentes entre os velhos. Eles são resultantes de certos comportamentos que põem em jogo faculdades intelectuais — atenção, percepção — e atitudes afetivas: indiferença, abandono, má vontade. Mas, por outro lado, explicam-se em grande parte por problemas de orientação, vertigens, rigidez dos músculos, fragilidade do esqueleto. Convém, portanto, assinalá-los aqui. No grupo examinado pelo National Health Survey, 33% dos homens e 23% das mulheres tinham tido um acidente que acarretara um dia ou mais de incapacidade. Entre 45 e 55 anos, conta-se, para cada 100.000 pessoas, uma média de 52 acidentes por ano; acima de 75 anos, a média sobe para 338. Trata-se sobretudo de quedas dentro de casa: por vezes, elas causam a morte. Os velhos são também vítimas do trânsito, porque se deslocam com dificuldade e enxergam mal. Muitos deles renunciam a sair.

Certas pesquisas dão informações otimistas sobre a saúde dos velhos: mas seria preciso saber qual o sentido exato atribuído pelos pesquisadores às palavras. Segundo o relatório apresentado nos Estados Unidos por Sheldon, em 1948, de 471 pessoas de mais de 60 anos, apenas 29,3% situavam-se abaixo do normal; entre estas últimas, encontravam-se muitos octogenários: 2,5% deles estavam acamados, 8,5% não saíam de casa, 22% só se deslocavam nas redondezas imediatas, 46% dos sujeitos eram inteiramente normais e havia 24,5% surpreendentemente vigorosos. Muito bem. Mas a que norma se refere Sheldon? Seria a mesma que ele teria aplicado a um quadragenário? É evidente que

[21] O câncer não tem relação com a idade enquanto doença. Se ele acontece em geral entre os 50 e 80 anos, é por causa do modo de ação dos agentes cancerígenos. A taxa de mortes devidas ao câncer é elevada porque hoje em dia a medicina combate eficazmente um grande número de outras doenças, mas ainda não conseguiu vencer esta.

não. Uma informação mais precisa é fornecida por uma pesquisa feita em Sheffield, em 1955: de 476 pessoas de mais de 61 anos, 54,9% das mulheres e 71,2% dos homens estavam ainda em plena atividade. Encontraram-se resultados análogos em 1954 e 1957, na Holanda. A atividade implica, efetivamente, uma certa dose de saúde. Mas muitas razões, psicológicas e sociais, podem levar a prolongá-la, mesmo num estado de deterioração física.

O que todas as observações evidenciam são importantes diferenças entre os sujeitos de uma mesma idade. A idade cronológica e a idade biológica estão longe de coincidir sempre: a aparência física informa mais que os exames fisiológicos sobre a nossa idade. Esta não pesa da mesma maneira sobre todos os ombros. A senescência, diz o gerontologista americano Howell, "não é uma ladeira que todos descem com a mesma velocidade. É uma sucessão de degraus irregulares onde alguns despencam mais depressa que outros".[22] Há uma doença, a "progéria", que faz envelhecerem prematuramente todos os órgãos do paciente.[23] Em 12 de janeiro de 1968, morreu no hospital de Chatham, no Canadá, uma criança de 10 anos que tinha toda a aparência exterior de uma mulher de 90 anos. Um de seus irmãos morrera da mesma doença, aos 11 anos. O doutor Dénard-Toulet citou-me o caso de uma mulher que morreu aos 45 anos, em consequência da involução senil de seus órgãos. Fora desses casos muito raros, o declínio é acelerado ou retardado por inúmeros fatores: a saúde, a hereditariedade, o meio, as emoções, os hábitos passados, o nível de vida. Ele toma formas diferentes de acordo com a ordem de degradação de tais ou tais funções. Por vezes, é um processo contínuo; em outros casos, o sujeito, que até então aparentava exatamente a idade que tinha ou até menos, sofre bruscamente "um ataque de velhice". Quando há doença, *stress*, luto, fracasso grave, não são os órgãos que se deterioram bruscamente: a construção que dissimulava suas insuficiências desmorona. O sujeito tinha realmente sofrido em seu corpo a involução senil, mas conseguira compensá-la

[22] "As medidas do próprio tempo podem ser, para certas pessoas, aceleradas ou retardadas", observou Proust.

[23] A existência dessa doença sugere a de um agente de envelhecimento desconhecido, mas bem definido. Talvez fosse possível, portanto, se chegássemos a descobri-lo, impedir, ou pelo menos retardar consideravelmente, sua ação.

por automatismos ou comportamentos conscientes: de repente, ele se torna incapaz de recorrer a essas defesas e sua velhice latente se revela. Esta queda moral repercute sobre os órgãos e pode levar à morte. Citaram-me o caso de uma mulher de 63 anos, muito bem conservada, que suportava corajosamente o tratamento de dores violentas que sofria. Tendo-lhe um interno comunicado, irrefletidamente, que não se curaria nunca, envelheceu vinte anos de repente, e suas dores aumentaram. Uma grande contrariedade, como, por exemplo, um processo perdido, pode transformar um homem de 60 anos num indivíduo senil, tanto física quanto moralmente.

Se nenhum choque desse tipo se produz, se a saúde permanece boa, acontece, ao contrário, que o sujeito consegue compensar as capacidades perdidas até uma idade avançada. Graças a uma técnica experimentada, a um exato conhecimento de seu corpo, alguns desportistas conservam sua forma durante muito tempo. Ted Meredith, jogador de futebol de renome internacional, aos 52 anos ainda foi convocado para a seleção. Eugène Lenormand, com 63 anos, ainda fazia exibições de natação; com 56 anos, Borotra era campeão mundial de tênis.

Antigamente, havia um contraste flagrante entre a evolução mental do sujeito e sua evolução física. Montesquieu deplorou esse divórcio: "Infeliz condição dos homens! Mal o espírito chega à maturidade, o corpo começa a enfraquecer!" Delacroix observa em seu *Diário*: "Essa desarmonia singular que a idade traz entre a força do espírito e o enfraquecimento do corpo, que também é consequência da idade, impressiona-me sempre e me parece uma contradição nos decretos da natureza."

Os progressos da medicina modificaram a situação. Protegido contra um grande número de deficiências e de doenças, o corpo aguenta firme durante muito mais tempo. Enquanto o espírito conserva o equilíbrio e o vigor, consegue-se geralmente manter o sujeito em boa saúde física: esta fica prejudicada quando o moral se abate. Inversamente: se a vida fisiológica se degrada gravemente, as faculdades intelectuais são atingidas. Em todo caso, elas padecem das transformações corporais. As mensagens são transmitidas menos rapidamente e deformadas pela má qualidade dos receptores. O funcionamento do cérebro é menos flexível; vimos que o consumo de oxigênio se reduz; ora, a suboxigenação do sangue acarreta uma diminuição da memória imediata e da retenção, um retardamento dos processos ideativos, uma irregularidade nas operações mentais fáceis, violentas reações emocionais: euforia ou depressão. Pode-se considerar a senescência um exemplo dessa "amputação difusa" de que fala Goldstein a propósito dos acidentes cerebrais pós-traumáticos. Também neste caso há perda de células cerebrais. Como estas são abundantes, se a situação não exige do sujeito um esforço excessivo, ele a enfrenta com facilidade. Mas se há desequilíbrios em sua vida, ele se arrisca a catástrofes. Em todo caso, o esforço intelectual o deixa cansado; a capacidade de trabalho e de atenção diminuem, pelo menos a partir dos 70 anos.

Em suas pesquisas sobre a psicologia da velhice, os gerontologistas adotam os mesmos métodos que os utilizados no estudo da fisiologia. Tratam o sujeito do ponto de vista do exterior. Baseiam-se essencialmente na psicometria. É uma disciplina que me parece das mais contestáveis. O indivíduo submetido a um teste se encontra numa situação artificial e os resultados obtidos são puras abstrações, bem diferentes da realidade prática e viva. Na verdade, as reações intelectuais de um homem dependem do conjunto de sua situação: sabe-se bem que os conflitos familiares podem tornar aparentemente idiota um estudante considerado até então precoce. Quando, mais adiante, eu estudar a psicologia dos velhos, irei fazê-lo numa perspectiva global, ligando-a a um contexto biológico, existencial, social, segundo o princípio de circularidade que mencionei. Por enquanto, já que pretendo dar aos meus leitores uma ideia exata dos trabalhos realizados pelos gerontologistas, devo indicar quais são os métodos que estes utilizam e os resultados aos quais julgam ter chegado.

Em 1917, pretendeu-se determinar, no exército americano, o nível mental dos cadetes: para isso, elaboraram-se os primeiros testes de inteligência. Em seguida, os estudos desse tipo multiplicaram-se. Em 1927, Willoughby retomou certos testes utilizados no exército americano e a eles submeteu um grupo de famílias que viviam nas cercanias da Universidade de Stanford. Jones e Conrad, em 1925-26, reúnem resultados obtidos na Nova Inglaterra, após o exame de 1.191 sujeitos. As pesquisas prosseguem na América, na Alemanha, na Inglaterra. Em 1955, na França, Suzanne Pacaud estudou as reações de 4.000 funcionários da rede ferroviária, de 25 a 50 anos, e de aprendizes de 12 anos e meio a 15 anos e meio. Recentemente, o professor Bourlière preparou, em Saint-Périne, uma "bateria de testes" para medir as faculdades intelectuais. Por exemplo, pede-se ao sujeito que descubra erros numa série de desenhos; que trace num labirinto o trajeto que permite sair o mais rapidamente possível; que termine desenhos incompletos; que grupe ou separe os semelhantes e diferentes; que sublinhe os sinônimos, indicando as nuances que os distinguem; que maneje as associações de letras e de números (teste do código); que reproduza de cor figuras geométricas; que reaja a um sinal; que responda "verdadeiro" ou "falso" a afirmações que concernem ao comportamento e à personalidade; que faça desenhos espelhados. Constata-se que a memória imediata não é atingida; a memória concreta (relacionada com dados bem conhecidos) decai entre 30 e 50 anos, assim como a memória lógica. A mais alterada é a memória que implica a formação de novas associações, como, por exemplo, a aquisição de uma língua. Aliás, há grandes diferenças, de acordo com o grau de cultura dos sujeitos. Testes de memória feitos em Groningue, com 3.000 pessoas, mostram que, em todos, esse tipo de memória decresce com a idade avançada. Entretanto, isso se dá em menor grau entre os intelectuais do que entre os trabalhadores manuais, e em menor grau entre os antigos operários especializados do que entre aqueles que não possuem qualquer especialização, ocorrendo ainda a mesma relação entre as pessoas que ainda trabalham e as aposentadas.

No que se refere às reações motoras, é aos 25 anos que elas são mais prontas e precisas; sua rapidez e exatidão diminuem a partir dos 35 anos, e mais ainda após os 45. Quanto à rapidez das operações mentais, há progresso até os 15 anos, estabilização de 15 a 35 anos e, em seguida, diminuição. O sujeito de mais de 60 anos reage mal aos testes de inteligência em que o tempo é medido: se, ao contrário, nenhum limite lhe é imposto, ele pode equiparar-se ao adulto e até ultrapassar este último. As pessoas idosas têm muita dificuldade de se adaptar às situações novas; elas reorganizam facilmente coisas conhecidas, mas resistem às mudanças. Adquirir o que se chama um *set* — isto é, uma atitude, uma orientação do espírito — exige-lhes um grande esforço: elas são escravas de hábitos adquiridos anteriormente, falta-lhes flexibilidade. Uma vez o *set* incorporado, dificilmente o abandonam. Mesmo diante de problemas para cuja solução absolutamente não convém mais aquele *set*, agarram-se a ele. Suas possibilidades de aprendizagem encontram-se, portanto, muito reduzidas. Toda faculdade que implica uma adaptação declina a partir dos 35 anos, sobretudo se não se faz uso dela: observação, abstração e síntese, integração, estruturação. O cálculo mental e a organização espacial ficam prejudicados, assim como o raciocínio lógico. Quanto ao vocabulário, os resultados dos testes são controvertidos. Entre as pessoas incultas, ele empobrece depois dos 60 anos; mantém-se, e às vezes chega mesmo a se enriquecer, entre os sujeitos de nível intelectual elevado. No conjunto, estando os conhecimentos bem assimilados, o vocabulário, a memória imediata ou remota das palavras e dos números não se alteram. Existe, em suma, no indivíduo, um potencial fluido, adaptativo, que envelhece, e uma fração cristalizada de mecanismos adquiridos que não envelhece.

Do conjunto de testes e de estatísticas emerge uma importante conclusão: quanto mais elevado é o nível intelectual do indivíduo, mais fraco e lento é o decréscimo de suas faculdades. Se ele continua a exercitar sua memória e sua inteligência, pode conservá-las intactas. Voltarei a este ponto, que não se pode explicar sem associar a inteligência do indivíduo ao seu cuidado com a vida, a seus interesses neste mundo, ao conjunto de seus projetos. Limitemo-nos, por enquanto, a assinalar que certas pessoas muito idosas mostram-se mais eficazes do que certos jovens. Com efeito, muitos trabalhos intelectuais podem ser realizados sem limite de tempo. A profissão, a técnica, o julgamento, a organização das tarefas podem compensar o enfraquecimento da memória, a perda de energia, a dificuldade de se adaptar. Muitas pessoas idosas permanecem ativas e lúcidas até a hora derradeira.

Entretanto, como o organismo do velho está ligado ao seu psiquismo, este último é frágil: os casos de doença mental são mais frequentes no idoso do que nos jovens.[24] Segundo um relatório do Instituto Nacional de Saúde Mental dos Estados Unidos, em cada 100.000 sujeitos de uma mesma faixa etária, o número de doentes mentais é de 2,3 abaixo de 15 anos, 76,3 entre 25 e 34 anos, 93 entre 35 e 54 anos, 236,1 entre os velhos. Na Suécia, em 7 milhões de habitantes, há 9.000 casos de demência senil, no sentido estrito da palavra. Nos Estados Unidos, o número de doentes mentais, entre 1904 e 1950, quadruplicou, no conjunto, e o número de admissões de velhos nos hospitais

---

[24] Estudarei esses casos mais adiante, quando já tiver examinado a condição dos velhos em seu conjunto.

psiquiátricos é nove vezes mais considerável: em parte porque se hesita menos em recorrer a esses hospitais. Na Suécia, não houve mudança nos últimos 25 anos. Hoje em dia, os velhos são menos desfavorecidos; contam-se entre eles menos inválidos presos ao leito. Acontece mesmo que, se compararmos várias faixas etárias, encontraremos entre os mais velhos uma aparência de antideclínio: é que, para viver tanto tempo, foi preciso, no início, um potencial de saúde excepcional. Isso não impede que, via de regra, a partir de um certo momento, qualquer indivíduo se encontre enfraquecido. Quando se fala de "bela velhice", de "velhice vigorosa" significa que o homem idoso encontrou seu equilíbrio moral e físico, e não que seu organismo, sua memória, suas capacidades de adaptação psicomotora sejam os de um homem jovem. Nenhum homem que vive muito tempo escapa à velhice; é um fenômeno inelutável e irreversível.

A velhice desemboca sempre na morte. Mas raramente ela acarreta a morte sem que intervenha um elemento patológico. Schopenhauer diz ter conhecido pessoas extremamente idosas que se teriam extinguido sem uma causa precisa. O professor Delore conta a história de uma centenária que chegou a pé ao hospital e pediu uma cama para morrer, pois sentia-se muito fatigada. Morreu no dia seguinte, e a autópsia não revelou nenhum problema orgânico. Mas é um caso quase único. As mortes ditas "naturais" — em oposição às mortes por acidente — são, de fato, provocadas por deterioração orgânica.

A longevidade do homem é superior à dos outros mamíferos. Em fontes confiáveis, encontrei apenas um sujeito que ultrapassara os 105 anos: Antoine-Jean Giovanni, que vivia na aldeia de Grossa, e cuja idade era 108 anos.[25] Acredita-se, embora não se possa ter como certo, que a hereditariedade tenha influência direta ou indireta na longevidade; muitos outros fatores intervêm, sendo o primeiro deles o sexo: em todas as espécies animais, as fêmeas vivem mais tempo que os machos; na França, as mulheres vivem, em média, sete anos mais que os homens. A seguir, influem as condições de crescimento, de alimentação, de meio e as condições econômicas.

---

[25] Fato notificado no *France-Soir*, no início de 1969. A.-J. Giovanni nascera em 1° de agosto de 1860 em Zicavo, na Córsega, e passara toda a sua vida em Grossa. Ver Apêndice I: *Os centenários*.

Estas exercem influência muito importante na senescência. Os gerontologistas o demonstraram ao longo de inúmeras pesquisas. A que se realizou em Sheffield, já mencionada por mim, mostrou que a saúde dependia estreitamente do nível de vida. É também o que emerge do estudo feito pela equipe do professor Bourlière sobre camponeses e pescadores bretões. Pretende-se que o meio rural é mais fecundo em belas velhices do que as cidades: na verdade, todos os sujeitos examinados estavam em condições muito menos satisfatórias do que parisienses abastados da mesma idade.[26]

Esta influência dos fatores econômicos nos indica os limites da gerontologia, enquanto esta define biologicamente a senescência individual. Os resultados aos quais conduz são do maior interesse: impossível compreender a velhice sem se reportar à gerontologia. Mas esses resultados não podem bastar-se. No estudo da velhice, representam apenas um momento abstrato. A involução senil de um homem produz-se sempre no seio de uma sociedade; ela depende estreitamente da natureza dessa sociedade e do lugar que nela ocupa o indivíduo em questão. O próprio fator econômico não poderia ser isolado das superestruturas sociais, políticas e ideológicas de que está revestido; considerado de maneira absoluta, o nível de vida não passa, ainda, de uma abstração; com recursos idênticos, um homem pode ser considerado rico no meio de uma sociedade pobre, e pobre no meio de uma sociedade rica. Para compreender a realidade e a significação da velhice, é, portanto,

---

[26] Um estudo levado a efeito em Marselha, em 1969, pelo professor Desanti, tendo por objeto dezessete mil segurados da previdência, mostrou que os grupos profissionais não envelhecem da mesma maneira. Esse estudo leva a classificá-los por ordem de desgaste crescente:

- professores do ensino primário, secundário e técnico;
- profissionais de nível superior;
- profissionais de nível médio;
- agentes paramédicos e sociais;
- funcionários de escritório e funcionários municipais;
- motoristas, representantes de venda, desempregados;
- patrões;
- pessoal de serviço;
- contramestres, operários qualificados, operários especializados;
- operários sem qualquer qualificação.

indispensável examinar o lugar que é destinado aos velhos, que representação se faz deles em diferentes tempos, em diferentes lugares. O interesse desse confronto, já disse, é que ele permitirá, se não dar, ao menos entrever uma resposta para esta questão essencial: o que há de inelutável na condição do velho? Em que medida a sociedade é responsável por ela? Começaremos nosso exame pelas sociedades que chamamos sem história ou "primitivas".

# II

## — OS DADOS DA ETNOLOGIA —

**Não há coletividade humana,** por mais rude que seja, que não possua uma certa cultura; as atividades que o homem exerce usando instrumentos por ele fabricados constituem um trabalho a partir do qual se estabelece ao menos um embrião de organização social. Não tentemos, portanto, imaginar o que seria para ele uma velhice *natural*. Mas — se bem que, mesmo nesse caso, a palavra "natureza" se preste a controvérsias — pode-se observar o que se passa com os animais. Em muitas espécies — e principalmente entre as mais evoluídas —, os animais idosos e experimentados gozam de grande prestígio; eles transmitem aos outros informações que adquiriram ao longo de sua experiência. A posição que cada um ocupa no grupo está na razão direta do número de anos de vida. Os zoologistas relataram algumas observações curiosas a esse respeito. Entre as gralhas,[27] se um pássaro jovem manifesta medo, os outros não fazem caso; mas, se um velho macho dá o alarme, todos voam. São as velhas gralhas experimentadas que ensinam as outras a conhecer seus inimigos. Os colaboradores do zoologista Yerkes ensinaram um jovem chimpanzé a pegar bananas manipulando um aparelho complicado: nenhum de seus congêneres tentou imitá-lo. Fez-se passar pelo mesmo aprendizado um chimpanzé idoso, portanto de categoria superior: todos os outros o observaram e o imitaram. Por princípio eles não imitam senão os congêneres de uma categoria superior.

É particularmente interessante observar o que se passa entre os animais que nos são mais próximos — os antropoides. Em todas as hordas, o macho idoso representa um papel dominador em relação às fêmeas e aos jovens. Por vezes, um grupo inteiro de machos detém o poder e partilha as fêmeas; outras vezes há apenas um chefe e este consente na partilha. Nos dois casos, eles não suscitam agressividade e morrem de morte natural. Mas pode acontecer também que o macho mais idoso se aproprie das fêmeas, de quem os jovens só se aproximam clandestinamente, correndo o risco de sofrer severas punições. Robusto ainda aos 50 anos, o macho defende as fêmeas e as crianças contra as feras, quando estas

---

[27] No original, *chouca* — espécie de gralha pequena. (N.T.)

as atacam. Quando crescem e ficam mais fortes, os jovens se rebelam contra ele. Espreitam-no. Ele se enfraquece. Seus dentes, que são a arma mais temível, quebram-se e apodrecem.

Quando os jovens sentem que chegou o momento, seja porque uma luta contra uma fera o esgotou, seja porque o idoso vai cumprir seu destino, o mais velho daqueles jovens atira-se contra ele. Muitas vezes mata-o ou o fere mortalmente. Mesmo se for levemente atingido, o velho sente-se vencido, tem medo. Deixa o grupo, cuja liderança é tomada por seu agressor e, daquele momento em diante, vai viver uma vida solitária. Tem dificuldade de se alimentar e definha. Muitas vezes, então, torna-se presa das feras. Ou apanha doenças mortais, ou fica deficiente e incapaz de suprir suas necessidades; morre de fome. O macho idoso ainda está robusto quando os mais jovens se desembaraçam dele. E não representa uma carga para a comunidade, em parte porque ainda é ativo, em parte porque se pode considerar que vive numa sociedade de abundância: dada a riqueza da natureza na qual a horda evolui e a facilidade com a qual se desloca, o problema de alimentação não se coloca para ele. Se o velho macho é maltratado — como acontecerá com seu sucessor — é porque ele monopolizou as fêmeas e tiranizou os jovens. Em nenhum caso as velhas símias são mortas: a horda assume o seu sustento.

Veremos que, como em muitas outras espécies, nas sociedades humanas, a experiência e os conhecimentos acumulados são um trunfo para o velho. Veremos também que ele é muitas vezes expulso, mais ou menos brutalmente, da coletividade. Entretanto, o drama da idade não se produz, então, no plano sexual, mas no plano econômico. O velho não é, como entre os antropoides, o indivíduo que não é mais capaz de lutar, mas aquele que não pode mais trabalhar e que se tornou uma boca inútil. Sua condição nunca depende simplesmente dos dados biológicos: fatores culturais intervêm. Para o antropoide monopolizador de fêmeas, a velhice é um mal absoluto que o põe à mercê de seus semelhantes e o impede de se defender contra as agressões exteriores. Ela acarreta uma morte brutal ou o definhamento solitário. Ao passo que, nas comunidades humanas, esse flagelo natural, a velhice, está integrado numa civilização que tem sempre, nem que seja num grau muito fraco, a característica de uma *antiphysis*, e que pode, portanto, modificar profundamente o seu sentido. Assim, em certas sociedades, veem-se os velhos monopolizarem as mulheres, graças a um prestígio que os defende contra a violência.

Entretanto, qualquer que seja o contexto, permanecem os dados biológicos. Para cada indivíduo, a velhice acarreta uma degradação que ele teme. Ela contradiz o ideal viril ou feminino adotado pelos jovens e pelos adultos. A atitude espontânea é a de recusá-la, uma vez que se define pela impotência, pela feiura, pela doença. A velhice dos outros inspira também uma repulsa imediata. Essa reação elementar subsiste mesmo quando os costumes a reprovam. Aí está a origem de uma contradição da qual encontraremos inúmeros exemplos.

Toda sociedade tende a viver, a sobreviver; exalta o vigor e a fecundidade, ligados à juventude; teme o desgaste e a esterilidade da velhice. É o que emerge, entre outras coisas, dos trabalhos de Frazer. Em muitas coletividades, diz ele, venera-se o chefe como a encarnação da divindade que habitará o corpo de seu sucessor, depois de sua morte: mas se essa encarnação se encontra, então, enfraquecida pela idade, não poderá mais proteger eficazmente a comunidade: é preciso, portanto, matar o chefe antes que comece o declínio. Frazer explica assim o assassinato do sacerdote de Nemi, na Antiguidade, e o que se podia observar ainda entre os shiluques do Nilo branco, no começo do século: aos primeiros sinais de doença, de fraqueza ou de impotência, o chefe era morto.[28] Assim, matava-se o pontífice do Congo, o Chitumé, quando sua saúde

[28] Evans Pritchard contesta a interpretação de Frazer. A nação está dividida, diz ele, em duas regiões: o sul e o norte; em cada uma delas existe uma linhagem real e o rei é escolhido alternativamente em uma e em outra. Ele é a encarnação do grande antepassado em quem se reúnem os interesses das antigas partes da nação. Na ideia de regicídio manifesta-se, ao contrário, a fragmentação da sociedade. Significa que, se uma desgraça acontece ao país, ela é atribuída a uma diminuição do poder do rei e que se encoraja um príncipe de uma outra linhagem a se rebelar, então, contra ele. Efetivamente rebeliões ocorrem quando sobrevém um desastre e o rei morre de forma violenta. A realeza encarna uma contradição entre o cargo e a pessoa — contradição resolvida pelo regicídio tradicional. Esta explicação é mais complexa que a de Frazer, mas não a desmente. O enfraquecimento não está diretamente ligado ao envelhecimento, mas este pode ser alegado para justificar a rebelião cuja possibilidade constante está inscrita na organização social. Isso não impede que, nas duas teses, a velhice seja afetada por uma conotação negativa.

parecia afetada: se morresse naturalmente, com o esgotamento de suas forças, o deus se teria extinguido com ele e o mundo seria, em breve, aniquilado. Assim, matava-se o rei de Calicute. Abatido em pleno vigor, o chefe transmite a seu sucessor uma alma vigorosa.

Segundo Frazer, crenças análogas levam os velhos, nas ilhas Fiji e em muitos outros lugares, a buscarem voluntariamente a morte: eles creem que sobreviverão com a idade que tiverem quando deixarem este mundo; não esperam, portanto, pela decrepitude, que seria seu quinhão por toda a eternidade.

É preciso relacionar esses costumes com o hábito de "enterrar vivo" que, segundo vários observadores, praticam os *dinkas*.[29] Certos velhos, cujo papel é tão importante que se pode considerar que deles depende a sobrevivência da comunidade — fazedores de chuva, mestres da lança de pesca —, assim que dão sinais de debilidade, são enterrados vivos, em cerimônias das quais participam voluntariamente. Acredita-se que, se dessem naturalmente o último suspiro, em vez de guardá-lo no interior de seu corpo, a vida da comunidade se extinguiria com eles. As festas mortuárias, ao contrário, constituem, para a coletividade, uma espécie de renascimento, um rejuvenescimento do princípio vital.

A passagem do tempo acarreta desgaste e enfraquecimento; esta convicção se manifesta nos mitos e nos ritos de regeneração que representam um papel tão importante em todas as sociedades de repetição: os antigos, os primitivos e mesmo as sociedades rurais mais avançadas; o que as caracteriza é que nelas a técnica não avança: a passagem do tempo não é concebida como prenúncio de um futuro, mas como o distanciamento da juventude; trata-se de reencontrar essa juventude. Muitas mitologias supõem que, se a natureza e a raça humana têm a força de viver e de se perpetuar, é porque num certo momento a juventude lhes foi devolvida: o mundo antigo foi aniquilado e surgiu o atual. É o que imaginavam os babilônios: um dilúvio tragou a humanidade, e a terra, emergindo das ondas, foi novamente povoada. O mito se repete na Bíblia. Noé recomeça Adão, os animais da arca substituem os do Éden e o arco-íris indica a abertura de uma nova era. Os povos que habitam hoje as imediações do Pacífico creem que a terra foi inundada em consequência de uma falha ritual: o clã atribui a própria origem a

[29] Povo de aproximadamente 900.000 indivíduos que habita o sul do Sudão.

um ser legendário que teria escapado à catástrofe. A terra dos egípcios, periodicamente fertilizada pelas enchentes do Nilo, sugeriu-lhes a ideia de uma regeneração permanente: Osíris, deus da vegetação, morria todos os anos com as colheitas e renascia quando germinava o grão, em todo o fresco vigor de uma juventude indefinidamente ressuscitada.[30]

Inúmeros ritos tinham ou têm ainda por objetivo apagar o passado durante um certo ciclo: pode-se então recomeçar uma existência livre do peso dos anos. Entre os babilônios, durante a cerimônia do ano-novo, lia-se o poema da Criação. Entre os hititas, reatualizava-se o combate da serpente contra o deus Teshup e a vitória que permitiu a este ordenar e governar o mundo. Em muitos lugares, o fim do ano velho é marcado por festas nas quais ele é liquidado: é queimado simbolicamente; apagam-se os fogos e acendem-se outros; desencadeiam-se orgias que fazem retornar ao caos primordial. A derrubada das hierarquias sociais — as Saturnais — tendia também à negação da ordem estabelecida: a sociedade e o mundo se dissolvem e são recriados, então, em seu frescor original. Essas festas se desenrolam tanto ao longo do ano quanto no seu início: as festas da primavera conferem a esta estação o sentido de um rejuvenescimento cósmico. O advento de um soberano é frequentemente considerado a abertura de uma nova era. O imperador da China, ao subir ao trono, fixava um novo calendário: a ordem antiga desmoronava e nascia uma outra. É a ideia da regeneração que explica no Japão um dos costumes do culto xintoísta: os templos xintoístas devem ser periodicamente reconstruídos em sua totalidade, e seus móveis e sua decoração inteiramente renovados. Em particular, o grande templo de Ise, o próprio centro da religião, é reedificado a cada vinte anos; depois da primeira operação, levada a efeito pela imperatriz Jito (686-689), ele foi refeito cinquenta e nove vezes, assim como a grande ponte que lhe dá acesso e os quatorze templos subsidiários. Os templos xintoístas manifestam ativamente a relação de consanguinidade que liga o indivíduo ao mundo inteiro: reconstruir o edifício é

[30] Sonhando com uma idade de ouro, em que a espécie humana teria escapado à morte, os bambaras supõem que a vida seria então um perpétuo retorno da velhice à infância. Os velhos subiam numa árvore sagrada e cortavam as veias; depois desciam, exangues. Os jovens arrancavam-lhes os pelos e espancavam-nos. Eles perdiam os sentidos e voltavam a ser crianças de sete anos.

impedir que o tempo enfraqueça essa ligação. Mais significativas ainda são as cerimônias descritas por Frazer, nas quais as coletividades fingiam expulsar de seu seio a velhice. Na Itália, na França e na Espanha, no quarto domingo da Quaresma, procedia-se ao "serramento da velha mulher": fingia-se serrar em dois uma velha de verdade. A última dessas falsas execuções ocorreu em Pádua, em 1747. Em outros casos, queimavam-se realmente manequins que representavam velhos.

Num plano mítico, as sociedades repetitivas temem, portanto, o desgaste da natureza e das instituições e dele se defendem. Não se trata, para elas, de caminhar em direção a um futuro novo, mas de conservar intacto, reanimando-o ritualmente sem cessar, um passado reverenciado sobre o qual se modela o presente.

O problema é inteiramente diferente quando a comunidade se vê às voltas com indivíduos de carne e osso: ela deve estabelecer com estes relações reais. Tida como detestável, a velhice é expulsa. Mas quando o velho não expressa o envelhecimento do grupo — o que geralmente acontece — não há, *a priori*, razão para suprimi-lo. Seu estatuto se estabelecerá empiricamente segundo as circunstâncias. Tornado improdutivo pela idade, ele representa uma carga. Mas, como já disse, ao decidir sobre seu destino, o adulto, em certas sociedades, escolhe seu próprio futuro; leva em consideração seu interesse a longo prazo. É possível também que ligações afetivas muito fortes o prendam a seus velhos parentes. Por outro lado, o homem idoso adquiriu com os anos qualificações que podem torná-lo muito útil. Mais complicada que as sociedades animais, a comunidade humana primitiva tem ainda mais necessidade de um saber que só a tradição oral pode transmitir. Se, graças à sua memória, o idoso é depositário da ciência, se conserva a lembrança do passado, ele suscita o respeito. Enfim, já tem um pé no mundo dos mortos: isso lhe destina o papel de intercessor entre a terra e o além; confere-lhe, também, poderes temíveis. Esses fatores interferem para definir seu estatuto. Observemos, por outro lado, que, entre os primitivos, os que chegam aos 65 anos são raros: seu número raramente ultrapassa 3% da população. Em geral, consideram-se idosas e mesmo muito idosas as pessoas de 50 anos. Neste capítulo, chamarei velhos, idosos, anciãos, aqueles que a coletividade considera como tais, e que, na maior parte dos casos, o são, biologicamente.

Para estudar sua condição, irei apoiar-me nos trabalhos dos etnólogos. Utilizei essencialmente os *Human relation area files*, que me foram gentilmente comunicados pelo Laboratório de Antropologia Social. As informações coletadas são, por vezes, muito antigas, por vezes incompletas, ou de valor duvidoso. É preciso, portanto, proceder aqui com prudência. Raros são os observadores que, ao descrever uma comunidade, adotam seus valores. Percebem e julgam essa comunidade a partir de sua própria civilização, sem imaginar que se possa deliberadamente assumir um distanciamento das próprias normas e costumes. Raros também são aqueles que organizam sinteticamente suas observações a propósito da velhice; eles próprios também não estão muito interessados nisso; comunicam fatos muitas vezes ininteligíveis, quando não contraditórios. Vou tentar associar os dados que se possuem sobre a condição dos velhos à estrutura de conjunto da comunidade. Sei que uma amostragem corre o risco de ser arbitrária, mas a estatística não o é menos, e não esclarece nada. Ao passo que, através de aproximações e de contrastes, pode-se esperar pôr em evidência relações significativas.

Suas condições de vida fazem com que os primitivos sejam quer caçadores, quer coletores, quer criadores de gado, ou camponeses; as duas primeiras categorias são nômades, e a terceira, sedentária; há também seminômades — criadores que têm diferentes pontos de permanência e agricultores que desbravam sucessivamente diversas partes da floresta. É a partir do modo de trabalho e do meio que irei classificá-los, e não de acordo com sua situação geográfica: há mais analogias entre os coletores da Austrália e da África, do que entre estes últimos e os camponeses africanos.

—✦—

Há, frequentemente, muita distância entre os mitos criados por uma coletividade e seus reais costumes. Esse fato é particularmente evidente no que concerne ao papel dos velhos nas sociedades primitivas. Entre as mais desfavorecidas, muitas exaltam miticamente a velhice. Entre os esquimós, inúmeras lendas relatam o salvamento milagroso de um velho: um terrível castigo abate aqueles que haviam tramado desembaraçar-se dele. Em outros relatos, as pessoas idosas são descritas como poderosos mágicos, inventores, curandeiros. Muitas vezes os primitivos representam os deuses como grandes velhos cheios de vigor e sabedoria. Entre os esquimós, a deusa Nerwik é uma mulher muito velha que vive embaixo d'água, com os espíritos dos mortos; por vezes, ela se recusa a proteger os caçadores de focas, até que um xamã venha pentear sua cabeleira. Em outros lugares, é uma velha mulher que controla os ventos. Entre os hopis, uma velha mulher-aranha foi quem inventou o artesanato. Os exemplos são abundantes. Mas vamos ver que a prática não é, de modo algum, influenciada por essas fábulas.

A extrema pobreza conduz à imprevidência: o presente comanda, o futuro lhe é sacrificado. Quando o clima é duro, as circunstâncias difíceis, os recursos insuficientes, a velhice dos homens assemelha-se muitas vezes à dos bichos. Era o que ocorria entre os iacutos que viviam uma vida seminômade no nordeste siberiano; eles criavam gado e cavalos; suportavam invernos glaciais e verões tórridos. A maior parte deles passava fome durante toda a vida.

Nesta civilização rudimentar, os conhecimentos e a experiência não podiam servir para nada. A religião mal existia. A magia tinha um papel: o xamanismo florescia.[31] A revelação e a iniciação ao xamanismo ocorrem geralmente numa idade pouco avançada: mas os poderes adquiridos não diminuem com o tempo. Entre os anciãos, só os velhos xamãs eram respeitados. A família era patriarcal. O pai era o dono dos rebanhos. Ele exercia sobre seus filhos uma autoridade absoluta, podia vendê-los ou matá-los; muitas vezes livrava-se das filhas. Se o filho insultava o pai ou lhe desobedecia, este o deserdava. Enquanto permanecia vigoroso, o pai tiranizava a família. Tão logo enfraquecia, seus filhos lhe extorquiam seus bens e mais ou menos deixavam-no morrer. Maltratados na infância, não tinham qualquer piedade para com os velhos pais. Um iacuto, a quem se recriminava por maltratar sua velha mãe,

---

[31] A fronteira entre a magia e a religião é bastante incerta. Todas duas pretendem dominar as forças naturais. Segundo Mauss, a religião nunca as usa senão para o bem da coletividade; a magia tem frequentemente uma dimensão social, mas também pode deturpar os poderes sobrenaturais em benefício do indivíduo capaz de captá-los, e por vezes de maneira maléfica. Segundo Lévi-Strauss, a religião é uma humanização das leis naturais, e a magia uma naturalização das ações humanas: são dois componentes, funcionando sempre em conjunto, e dos quais só varia a dosagem. Toda magia comporta pelo menos uma parcela de religião. A sobrenatureza só existe para uma humanidade que se atribui poderes sobrenaturais e que confere à natureza os poderes de sua sobre-humanidade.

respondeu: "Ela que chore! Que passe fome! Fez-me chorar mais de uma vez e lamentava a comida que me dava. Espancava-me por nada." Segundo Trostchansky, que viveu vinte anos em exílio entre os iacutos, os velhos eram expulsos da coletividade e reduzidos à mendicância; ou então os filhos os transformavam em escravos, espancavam-nos e os forçavam a trabalhar duro. Um outro observador, Sieroshevski, relata: "Mesmo em casas abastadas, vi esqueletos vivos, enrugados, seminus ou completamente nus, escondendo-se em cantos de onde não saíam senão na ausência de estranhos, para se aproximar do fogo e disputar com as crianças os restos de comida." É pior ainda quando se trata de parentes afastados. "Deixam-nos morrer lentamente num canto, de frio e de fome, não como homens, mas como bichos." Para escapar desse horrível destino, muitas vezes esses velhos pediam aos filhos que os matassem com uma facada no coração. Penúria alimentar, baixo nível de cultura, ódio dos pais engendrado pela severidade patriarcal: tudo conspirava contra os velhos.

Encontrava-se uma situação análoga entre os ainos, do Japão, antes que fossem influenciados pela civilização japonesa. A sociedade daquele povo era também muito rudimentar; o clima era muito frio e sua alimentação — à base de peixe cru — insuficiente. Dormiam no chão, possuíam poucos utensílios, caçavam ursos e pescavam. A experiência das pessoas idosas lhes era de pouca utilidade. Sua religião era um grosseiro animismo: não havia templos nem cultos; contentavam-se em erguer, em homenagem aos deuses, ramos de salgueiro a que chamavam *inau*, e que eram considerados sagrados. Sabiam alguns cantos, mas não tinham festas, nem cerimônias. Sua principal e quase única distração era a de se embriagar. Os velhos não tinham, portanto, tradições a transmitir. Enfim, as mães negligenciavam seus filhos que, após a puberdade, não manifestavam qualquer afeição por elas. Quando os pais envelheciam, eram deixados de lado. As mulheres eram tratadas como párias durante toda a sua vida, trabalhando arduamente, não participando das orações e vendo seu destino piorar com o correr dos anos. Landor[32] relatou sua visita a uma cabana, em 1893: "Ao aproximar-me descobri uma massa de cabelo e duas garras, quase como magros pés

---

[32] *Alone with the hairy Ainu.* O livro de Batchelor, mais benevolente do que o de Landor, traça mais ou menos o mesmo quadro a respeito dos ainos.

humanos, com longas unhas curvas; algumas espinhas de peixe estavam espalhadas pelo chão, e havia sujeira amontoada naquele canto; o cheiro era medonho. Ouvi uma respiração por baixo da massa de cabelos. Toquei-os, afastei-os e, com um grunhido, dois magros braços ossudos estenderam-se para mim, tomando minha mão... ela não tinha mais do que pele e osso, e seus longos cabelos e suas longas unhas a tornavam assustadora... Era quase cega, surda, muda; aparentemente, sofria de reumatismo, que endurecera braços e pernas; trazia marcas de lepra. Era horrível, repugnante e humilhante olhar para ela. Não era nem maltratada nem cuidada pelas pessoas da aldeia, ou por seu filho, que morava na mesma cabana; mas tornara-se um rebotalho, e como tal era tratada; de tempos em tempos, jogavam-lhe um peixe."

Quando a miséria é extrema, torna-se um fator determinante: sufoca os sentimentos. Os sirionos, que vivem na floresta boliviana, nunca matam seus recém-nascidos, apesar de muitos deles terem pés aleijados; amam os filhos, e são correspondidos. Mas esse povo seminômade é constantemente vítima da fome. Eles vivem em estado selvagem, quase nus, sem ornamentos, sem instrumentos; dormem em redes, fabricam arcos, mas não possuem canoas e se deslocam a pé. Nem mesmo sabem mais fazer fogo: transportam-no com eles. Não têm animais domésticos. Durante a estação das chuvas, encafuam-se em cabanas poeirentas; cultivam algumas plantas, mas comem principalmente legumes e frutos selvagens. Na estação da seca, pescam e caçam. Não têm mitos, nem feitiçaria; não sabem contar nem medir o tempo. Não têm organização social nem política; ninguém exerce as funções de juiz. Brigam muito por questões de alimentação: cada um luta por sua vida. Esse tipo de existência é tão penoso que, desde os 30 anos, as forças começam a decrescer; aos 40 anos, o indivíduo está gasto. Então os filhos negligenciam os pais; nas distribuições de alimentos, esquecem-nos. As pessoas idosas andam lentamente, atrapalham as expedições. Holmberg conta que, às vésperas de um deslocamento coletivo, "minha atenção foi atraída por uma velha mulher que estava deitada, doente, numa rede, demasiado enferma para falar. Perguntei ao chefe da aldeia o que iam fazer dela. Ele me mandou procurar o marido, que me disse que a deixariam morrer ali... No dia seguinte, todo o povo da aldeia partiu sem querer lhe dizer adeus... Três semanas mais tarde... encontrei a rede e os restos da doente".

Menos desprovidos de recursos que os sirionos, os fangs, que, em número de aproximadamente 127.000, habitam a parte superior do Gabão, vivem na insegurança. Mais ou menos evangelizados e aculturados pelos brancos, estão numa fase de transição entre os costumes que perderam, e que não lhes convêm mais, e uma ética moderna que ainda não foi elaborada.

Durante muito tempo, tiraram sua subsistência de conquistas guerreiras e econômicas: os mais velhos detinham o poder político, mas era um conselho de jovens que dirigia as expedições. A mobilidade que estas impunham impediu o estabelecimento de uma organização hierárquica, fazendo com que esse povo constitua ainda hoje uma sociedade em que os chefes mudam continuamente. Partiram para várias aldeias, que muitas vezes se deslocam. Atualmente, suas principais atividades são a caça e a pesca. Há também um campesinato sedentário, que cultiva principalmente o cacau e que goza de certa prosperidade. Em todas essas comunidades, os mais respeitados são os mais ricos. Sua religião — em grande parte destruída pelo cristianismo — era fundada num culto aos antepassados, que se realizava por intermédio de seus crânios, que eram conservados num cesto; a posse do cesto conferia o poder; a ela se chegava quer por filiação, quer graças a capacidades intelectuais e morais: a idade era um trunfo, embora menor que as capacidades, e mesmo assim com a condição de que não fosse muito avançada. O chefe da família é o mais velho dos adultos ativos. Os velhos pais moram com ele e conservam uma certa autoridade moral enquanto permanecem "homens de verdade" e "mulheres de verdade". Entretanto, as mulheres nunca desfrutam de muita autoridade: cada vez mais, são puros instrumentos de reprodução e de produção; quando velhas, as que são tidas como feiticeiras são temidas, o que traz o risco de que o povo se volte contra elas; seu declínio começa cedo: no momento em que não podem mais ter filhos. Ao passo que o homem está no apogeu quando os netos nascem e vivem sob seu teto, por volta dos 50 anos. Em seguida, quando as forças diminuem, os mais velhos perdem todo o prestígio. Os fangs consideram que a vida humana segue uma curva ascendente da infância à maturidade; depois, decai até o nível mais baixo, para subir de novo após a morte. A riqueza e conhecimentos de magia podem compensar o enfraquecimento senil. Mas, no conjunto, os velhos são afastados da vida pública; levam uma vida marginal, e não se tem com eles nenhuma consideração. Decrépitos, são desprezados ao ponto de não se utilizar seu crânio nas cerimônias do culto. Se não têm filhos, sua condição é muito dura. Mesmo entre os convertidos ao cristianismo, eles são negligenciados e miseráveis, sobretudo as viúvas. Outrora, eram abandonadas na floresta, durante as migrações. Agora, quando uma aldeia se muda para outro lugar, o que acontece com frequência, os velhos são deixados para trás, numa completa miséria. Aceitam seu destino e diz-se até que gracejam a respeito. Alguns se declaram "cansados da vida", se fazem queimar vivos. Por vezes, são seus herdeiros que se livram deles.

Os tongas não são nômades; esses bantos instalaram-se na costa leste da África do Sul, em terras áridas. A população é dispersa. O solo pertence ao chefe que o distribui aos membros da comunidade; cada um é o dono dos frutos do trabalho que ele próprio realiza ou que manda suas esposas executarem, sendo um grande número de tarefas rituais reservado às mulheres. Cultivam milho, frutos, legumes, criam bois e cabras. Caçam e pescam. Fazem cerâmica e um pouco de escultura em madeira. Seu folclore compreende danças e cantos. Conhecem períodos de abundância, mas também privações de fome devidas às inundações ou às nuvens de gafanhotos. As refeições são feitas em comum. Servem-se primeiro os maridos, depois as crianças, depois as mulheres; em princípio, partilha-se com os deficientes e os velhos. Estes são pouco considerados. Economicamente desfavorecidos, não inspiram afeição. As crianças vivem, dos 3 aos 14 anos, com os avós, que as deixam crescer ao acaso; têm sempre fome, roubam, e a iniciação dos meninos é uma prova muito severa. Em seguida, os jovens dos dois sexos vivem juntos numa cabana que lhes é reservada. Tem pouca ligação com os pais, e rancor para com a geração que os criou com negligência. Quando adultos, mostram-se grosseiros com as pessoas idosas. As próprias crianças, condenadas a coabitar com seus avós, não gostam dos velhos: zombam deles e comem sua parte da comida. Os tongas não têm quase nenhuma tradição cultural e social: a memória dos mais velhos não serve para nada. A religião é rudimentar. É o irmão mais velho que, na família, faz sacrifícios aos antepassados; estes aparecem de vez em quando nos sonhos; são interrogados por meio de "ossos divinatórios". Velhas mulheres cantam e dançam em certas cerimônias, de maneira muitas vezes obscena. Não são mais sujeitas a certos tabus: apenas elas e as meninas impúberes podem comer a carne do cervo morto em sacrifício.

Umas e outras escapam à maldição de seu sexo, sem, entretanto, pertencer à comunidade dos homens. Em virtude dessa situação singular, a velha não precisa temer certos perigos sobrenaturais: procuram-na para purificar a aldeia e as armas dos guerreiros. Mas quando não pode mais trabalhar na terra (mantém-se obstinadamente nessa atividade até que as forças a abandonem), torna-se uma carga, e sua decrepitude é desprezada. Muitas vezes, os homens idosos celebram as cerimônias. Isso não basta para conferir-lhes prestígio. Os tongas mais respeitados são os mais gordos, mais fortes, mais ricos; para enriquecer, o homem casa-se com várias mulheres, pois são principalmente elas que trabalham; então, o esposo tem comida em abundância, oferece festins aos filhos, recebe forasteiros, é admirado, respeitado e tem muita influência. Mas quando um indivíduo já viu suas esposas morrerem, quando está enrugado, mirrado, enfraquecido, pobre, não é mais que um rebotalho e um fardo que é suportado com impaciência. Raros são aqueles a quem os filhos manifestam alguma dedicação. No conjunto, sua condição é infeliz, e eles se queixam disso. Quando a aldeia se desloca, abandonam-se os velhos. Durante as guerras, um grande número deles morre. Nos momentos de pânico, enquanto os outros fogem, eles se escondem nos bosques; ou bem o inimigo os encontra e os massacra, ou morrem de fome.

Entretanto, a maior parte das sociedades não deixa os velhos morrerem como bichos.[33] Sua morte é cercada de um cerimonial para o qual se reivindica, ou se finge reivindicar seu consentimento. É o que se passava,[34] por exemplo, entre os *koriaks*, que viviam na Sibéria do norte, em condições tão duras quanto os iacutos. Seus únicos recursos eram os rebanhos de renas, que conduziam através da estepe; os invernos são rigorosos; as longas marchas esgotam as pessoas idosas. Era raro que um deles desejasse sobreviver ao desaparecimento de suas forças. Matavam-nos, como se matavam também os doentes incuráveis. Parecia normal que os *koriaks* tivessem prazer de se gabar de sua habilidade: indicavam

---

[33] Em sua obra de síntese, publicada em 1945 — *The Role of the Aged in Primitive Society* —, Simmons indica que, em 39 tribos estudadas sob este ponto de vista, a negligência e o abandono dos velhos eram comuns em 18, não somente entre os nômades, mas também nas sociedades sedentárias.

[34] Somos muito mal informados sobre a condição atual dos primitivos que vivem na Sibéria.

os lugares do corpo onde o golpe de lança ou faca é fatal. O assassinato ocorria na presença de toda a comunidade, após complicadas cerimônias.

Entre os *chuckchees*, tribos da Sibéria que tinham relações com os traficantes brancos, aqueles que viviam da pesca tinham muita dificuldade em se alimentar. Matavam, ao nascer, as crianças deformadas ou que pareciam difíceis de criar. Alguns velhos haviam conseguido fazer comércio e adquirir um pequeno capital; eram respeitados. Os outros constituíam-se numa carga, e se fazia com que sua existência fosse tão penosa, que eram facilmente persuadidos a escolher a morte. Promovia-se, em sua honra, uma grande festa, na qual tomavam parte: comia-se foca, bebia-se uísque, cantava-se, tocava-se tambor. O filho, ou o irmão mais jovem, insinuava-se por trás do condenado e o estrangulava com um osso de foca.

Entre os hopis, entre os índios *creek* e *crow*, entre os bosquimanos da África do Sul, era costume conduzir o velho para uma cabana construída propositalmente longe da aldeia, deixar nela um pouco de água e de comida e abandonar o ancião. Entre os esquimós, cujos recursos são muito precários, pede-se aos velhos para deitar na neve e ali esperar a morte; ou, durante uma expedição de pesca, faz-se com que sejam esquecidos sobre uma banquisa; ou então são trancados num iglu, onde morrem de frio. Os esquimós de Angmassalik, na Groenlândia, tinham o costume de se matar quando sentiam que se haviam transformado numa carga para a comunidade. Numa determinada noite, faziam uma espécie de confissão pública, e dois ou três dias depois entravam em seu caiaque e deixavam o lugar, para nunca mais voltar.[35] Paul-Émile Victor conta que um aleijado, incapaz de entrar no seu caiaque, pedira que o jogassem no mar, já que a morte por imersão seria o caminho mais curto para passar para o outro mundo. Seus filhos obedeceram, mas as roupas fizeram com que flutuasse. Uma das filhas, que o amava muito, disse-lhe, com muita ternura: "Pai, mergulha a cabeça, o caminho será mais curto."

Muitas sociedades respeitam as pessoas idosas enquanto estão lúcidas e robustas, mas livram-se delas quando se tornam decrépitas e senis. É o que ocorre entre os hotentotes, que levam uma vida seminômade, na África. Cada família possui sua cabana e seus rebanhos, e

---

[35] Segundo R. Gessain.

as ligações entre seus membros são estreitas. As palavras "avô", "avó" são termos de amizade que se utilizam fora de qualquer parentesco; as sagas e os contos manifestam a reverência que se faz às pessoas idosas. O desgaste vem cedo: aos 50 anos, já se está velho. Então, não podendo mais trabalhar, os idosos são sustentados. Sua experiência e seu saber servem à comunidade. São consultados pelo Conselho, que leva sua opinião em consideração. Sua idade os protege contra os poderes sobrenaturais, o que lhes permite representar na vida social um papel singular e muito importante. Em particular, eles presidem os rituais de passagem. O indivíduo que se encontra numa situação de transição — viuvez recente, convalescença — não pertence mais a nenhum grupo; está em perigo, e é perigoso; ele é *inau*. Apenas as pessoas que percorreram todas as idades da vida, que estão além do bem e do mal, podem aproximar-se impunemente dele e o reintegrar à comunidade. É preciso, ainda, que sejam da mesma categoria que o *inau*: o viúvo se ocupará do viúvo; o que esteve gravemente doente e se curou, do convalescente. Para a iniciação dos adolescentes, todas as pessoas velhas são qualificadas. Assim, é graças aos velhos que se mantém a coesão da comunidade. Isso não impede que, quando a perda de suas faculdades os torna inúteis, sejam negligenciados. E até mesmo — pelo menos até o início do século passado[36] — seus filhos reivindicavam o direito de livrar-se deles e eram sempre autorizados a fazê-lo. O filho oferecia um festim à aldeia, que fazia suas despedidas ao velho; içava-se este último sobre um boi e uma escolta o conduzia a uma cabana afastada, onde era abandonado com um pouco de comida. Morria de fome, ou era morto por animais selvagens. Isso era costume sobretudo entre os pobres, mas, por vezes, também entre os ricos, porque se atribuía aos velhos — sobretudo às mulheres — poderes mágicos, e porque se tinha medo deles.

Os *ojibwas* do norte, que vivem perto do lago Winnipeg, são hoje em dia muito influenciados pela civilização branca. Mas, no início do século, conservavam ainda seus antigos costumes e havia um flagrante contraste entre os estatutos dos homens de idade ainda robustos e o destino dos "decrépitos". Esse povo vive numa região em que os invernos são frios, mas o clima é salubre e o solo, rico: há arroz, legumes,

[36] Os relatos que mencionam esse costume são anteriores a 1900.

frutas. As famílias se reúnem, no verão, em acampamentos de 50 a 200 pessoas, e se dispersam no inverno para caçar, em grupos, animais cujas peles vendem. As crianças são muito bem tratadas; só são desmamadas aos 3 ou 4 anos, e as mães as levam com elas para todos os lugares. São tratadas com muita ternura, não sendo nunca castigadas; vivem em completa liberdade. De maneira geral, nesta sociedade ninguém zomba de ninguém. Cuida-se pacientemente dos doentes. A preocupação de não ofender o vizinho vem, em parte, da desconfiança que ele inspira: teme-se a feitiçaria. A religião tende sobretudo a proteger contra os malefícios e a servir aos interesses individuais.

Os avós vivem geralmente com os pais e os aconselham. É um deles que escolhe o nome do recém-nascido. Têm com os netos "relações de brincadeira": os avôs tratam os netos como iguais e as avós fazem o mesmo com as netas; implicam uns com os outros e se prestam favores. Isso não impede que as crianças respeitem os avós: são ensinados a honrar todos os velhos. Estes fazem parte do Conselho, no qual têm assento também os adultos, que lhes manifestam deferência. Esse respeito é bastante exterior e verbal. Entretanto, em algumas tribos, existe "uma grande sociedade de medicina" que estuda as ervas: pensa-se que algumas delas trazem saúde e longevidade. Os jovens são introduzidos e iniciados nessa sociedade pelos anciãos. Julga-se que estes possuem grandes poderes mágicos e podem ser perigosos. Por vezes, celebram cerimônias, atuando como sacerdotes. É entre eles que se recrutam os "apregoadores", que, à noite, anunciam o programa de trabalho do dia seguinte e dão conselhos. Admira-se a longevidade, contanto que seja acompanhada de uma boa saúde. Acredita-se que esta se consiga pela virtude e pelo uso de certas ervas.

Quando chegam a idade muito avançada e a incapacidade, há grandes diferenças de tratamento, de acordo com as famílias; mas frequentemente os velhos são negligenciados e até mesmo os jovens roubam a comida que lhes é destinada. Pensa-se que perderam seu poder mágico, e se deixa de temê-los. Chegava-se mesmo a abandoná-los numa cabana, longe da aldeia, ou numa ilha deserta. Se algum de seus parentes quisesse socorrê-los, era escarnecido e impedido de fazê-lo. Esses velhos preferiam, em geral, ser mortos solenemente. Dava-se uma festa, fumava-se o cachimbo da paz, cantava-se um canto de morte, dançava-se, cantava-se de novo, e o filho matava o pai com um golpe de *tomahawk*.

Os etnólogos tendem a afirmar que os velhos se resignam facilmente com a morte que lhes é infligida: é o costume, seus filhos não podem agir de outra maneira: talvez eles mesmos tenham matado, outrora, seus pais; e até mesmo sentem-se honrados com a festa que se realiza em sua homenagem. Em que medida este otimismo é justificado? É difícil saber. Sobre essa questão, os documentos são extremamente raros. Encontrei dois. O primeiro é o belíssimo romance japonês, *Narayama*, no qual, inspirando-se em fatos reais, Fukazawa evoca o fim de uma velha mulher. Em certos rincões do Japão, e até uma época recente, as aldeias eram tão pobres que, para sobreviver, era-se obrigado a sacrificar os velhos: eles eram transportados para as montanhas chamadas "montanhas da morte", sendo ali abandonados.

No início do relato, O'Rin, uma velha quase septuagenária, de abnegação e piedade exemplares, amada por seu filho Tappei, ouve cantar na rua o canto de Narayama;[37] nele se diz que, quando se passam três anos, envelhece-se três anos: com isso, pretende-se fazer com que os velhos entendam que o tempo da "peregrinação" se aproxima. Na véspera da festa dos Mortos, os que "devem ir à montanha" convocam as pessoas da aldeia que já conduziram seus pais para aquele local; é a única grande festa do ano: come-se arroz branco, o mais precioso dos alimentos, e se bebe vinho de arroz. O'Rin resolve celebrar sua festa naquele ano. Já fez todos os preparativos e, além disso, seu filho vai se casar de novo: haverá uma mulher para cuidar da casa. O'Rin ainda está vigorosa, trabalha, conservou todos os dentes; isso chega a ser, para ela, motivo de preocupação especial: numa aldeia onde falta comida, é uma vergonha ser capaz ainda, na sua idade, de devorar o que quer que seja. Um de seus netos fez uma canção na qual zomba dela, chamando-a de "velha de trinta e três dentes" — todas as crianças cantam a canção. O'Rin consegue quebrar dois dentes com pedradas, mas as zombarias não param. O mais velho de seus netos casa-se: agora há duas mulheres jovens em casa, ela se sente inútil e pensa cada vez mais na peregrinação. O filho e a nora choram quando lhes anuncia a decisão. A festa acontece. Ela espera que lá em cima neve: isso significará que será bem acolhida pelo além. De madrugada, instala-se sobre uma tábua que Tappei carrega nas costas. De acordo com o costume, deixam a aldeia às escondidas e

[37] É o nome da montanha onde se abandonam os velhos: a montanha dos pinheiros.

não trocam palavra. Começam a subir a montanha. Ao aproximar-se do cume, pode-se ver, ao pé dos rochedos, cadáveres e esqueletos. Corvos rondam por ali. O cume da montanha está coberto de ossadas. O filho pousa a velha mãe no solo; ela estende ao pé do rochedo uma esteira que trouxe, coloca sobre ela uma bola de arroz, sentando-se, em seguida. Não pronuncia uma palavra, mas faz grandes gestos para expulsar o filho. Este se afasta, chorando. Enquanto ele desce, a neve começa a cair, fazendo com que volte, para advertir a mãe. Também neva lá no alto: a velha está toda envolta em flocos brancos, e salmodia uma oração. Ele grita-lhe: "Está nevando, é sinal de boa sorte." De novo ela lhe faz sinal para que parta, e ele vai embora. Ama ternamente a mãe, mas o amor filial se desenvolve no quadro que a sociedade lhe fornece; já que a necessidade impôs esse costume, é transportando O'Rin para o alto da montanha que se mostra um filho dedicado.

Contrastando com essa morte de acordo com a tradição e abençoada pelos deuses, o romance conta a do velho Matayan, que passou dos 70 anos, mas que não prepara sua partida para a montanha. Seu filho, entretanto, quer livrar-se dele. Amarra o pai com uma corda de palha, no dia da festa de Narayama. O velho corta a corda com os dentes, rompendo assim a "relação" com o filho, com a comunidade, com os deuses; foge. Mas o filho apodera-se dele. No dia seguinte, quando Tappei desce, vê, à beira de um precipício, um velho atado da cabeça aos pés: seu filho o jogara no abismo, como se fosse um velho saco, e os corvos se abatem sobre o vale. É uma morte ignominiosa. O filho agiu como um criminoso, mas o pai mereceu essa sorte ao pretender fugir ao costume determinado pelos deuses.

Seria interessante saber se é comum ou não os velhos sacrificados reagirem do mesmo modo que Matayan, isto é, por medo e revolta. Se Fukasawa lhe reserva em seu romance um lugar tão importante, é porque a atitude de Matayan devia ser, se não excepcional, pelo menos representativa. Talvez a exceção fosse a edificante submissão de O'Rin.

Há um documento surpreendente que prova que os velhos muitas vezes amaldiçoaram seu infeliz destino: é a epopeia dos nartes, que se criou há muito tempo entre os ossetos, e que a tradição oral transmitiu aos *tcherkesses*. Certas passagens[38] descrevem a angústia dos velhos diante

---

[38] Relatadas por Dumézil em *Mythes et épopée.*

da execução que os ameaçava. Os nartes eram os antepassados míticos dos ossetos, que lhes atribuíram seus próprios costumes. Segundo a epopeia dos nartes, estes se repartiam em três famílias, escalonadas do cume até o sopé de uma montanha. Os do alto eram guerreiros e os de baixo, "ricos". No meio, encontravam-se os alegatae, caracterizados por sua inteligência, e que detinham as mais altas dignidades. Todos os nartes se reuniam em suas casas para deliberações de interesse público e para banquetes que tinham caráter religioso. Durante a festa, os anciãos das três famílias designadas pela "assembleia do assassinato dos velhos" eram mortos por envenenamento ou espancamento. Plínio, o Velho e Pompônio Mela contam que, entre os citas, aparentados com os ossetos do norte, praticava-se o assassinato dos velhos. Se a *satietas vitae* não os convencia a se jogarem do alto de um certo rochedo no mar, eram empurrados à força. A epopeia narte descreve um caso análogo de morte voluntária: "Urizmaeg envelhecera. Tornara-se alvo da chacota dos jovens nartes, que cuspiam nele e limpavam em suas roupas a sujeira das flechas... O ancião resolveu morrer. Degolou seu cavalo, mandou fazer um saco com a pele dele, enfiou-se dentro e foi jogado ao mar." Mas geralmente não se tinha o consentimento dos velhos que se costumava matar: eles se submetiam à lei comum fundada na religião e no direito. Os anciãos eram respeitados e representavam um papel importante, mas, quando atingiam uma idade muito avançada, os nartes, conta a epopeia, "amarravam-nos num berço, como uma criancinha e, para adormecê-los, cantavam o canto do berço".

A nora ao sogro:

*"Dorme, dorme, meu príncipe pai.*
*Dorme, dorme, meu papaizinho,*
*Se não dormires, meu papaizinho,*
*Mandarei levar-te para os Aleg."*

A nora à sogra:

*"Dorme, dorme, minha princesa,*
*Dorme, dorme, princesa mamãe.*

*Se não dormires, minha velha mamãe,*
*Mandarei levar-te para os Aleg."*

A velha:

*"Não me mandes para os Aleg, ah, minha princesa de ouro!*
*Lá eles matam os velhos..."*

Em outra cena, um velho dialoga com sua mulher.

A mulher:

*"Essa nora malvada que causa tristeza!*
*Oxalá não te levem para os Aleg!*
*Quem é levado para os Aleg*
*Do alto da montanha eles jogam no vale."*

O marido:

*"Cala a boca ao menos uma vez!*
*Se não pensam em levar-me, tanto farás que me levarão.*
*O que muito se repete acaba acontecendo, dizem.*
*Ah, se eu tivesse podido fugir de ti, de uma vez por todas!"*

(Aos homens que vêm justamente para levá-lo.)

*"Lançai-me à goela das feras, para que me devorem."*

Uma outra cena conta a última querela entre dois velhos esposos:

"O chefe da assembleia de matadores de velhos perguntou: 'Qual de vós é o mais velho?' 'É a mulher, naturalmente, a mais velha', disse o homem, falando entredentes. Então a velhinha não aguentou mais e desandou a falar, sacudindo as correias do berço, a ponto de rompê-las: 'Ah! Deus me castigou! Pode alguém falar como tu falas? Quando chega a hora de nos matarem, ele diz que sou eu a mais velha... Se não acreditais em mim, olhai nossos dentes: os meus ainda não se foram, e os dele já se foram duas vezes, três vezes...'

"Quando os membros da assembleia olharam os dentes dos dois, decidiram que o marido era o mais velho. Levaram-no, enquanto resmungava, fizeram-no beber cerveja e jogaram-no no vale."

Os ossetos de hoje, que respeitam os idosos, modificaram certos episódios da epopeia. Apresentam-se os assassinatos de velhos como conspirações criminosas, e não como a aplicação de um costume ancestral. No meio do festim, chega um jovem herói que salva o ancião.

Há povoados muito pobres, nos quais não se eliminam os velhos: é interessante, comparando-os com os exemplos precedentes, compreender de onde vem essa diferença. Contrariamente aos do litoral, os *chukchees* do interior respeitam os idosos. Como os *koriaks*, eles conduzem os rebanhos de renas através das estepes do norte; sua existência é tão rude, que ficam decrépitos cedo, mas o enfraquecimento senil não acarreta uma decadência social. As ligações de família são muito estreitas. É o pai que governa e que possui os rebanhos; conserva a propriedade deles até a morte. Por que esse poder econômico lhe é outorgado? É que, de uma maneira ou de outra, aí se encontra o interesse do conjunto da comunidade, seja porque os adultos mais jovens rejeitam a ideia de se verem um dia espoliados, seja porque desse modo estaria garantida uma estabilidade social que julgam desejável. Em particular — e talvez seja o caso, aqui —, o velho representa frequentemente um papel importante nas prestações matrimoniais; possuir rebanhos — ou terras — significa que está encarregado de reparti-los entre seus genros e filhos, de acordo com o costume. Não sendo propriamente proprietário, ele é o mediador entre os beneficiários legais de suas riquezas. Não se cogita, portanto, de que essas riquezas lhe sejam extorquidas por algum daqueles beneficiários, como acontece muitas vezes entre povos tão rudes quanto os iacutos. De qualquer modo, as riquezas de que o velho permanece detentor lhe conferem grande prestígio. Pode acontecer que, já quase em estado de extrema senilidade, ainda dirija o acampamento: é ele quem decide sobre as migrações e sobre o local do acampamento de verão. Quando se muda de acampamento, os velhos sentam-se nos trenós com os outros; se não há neve, os jovens os transportam sobre os ombros. Um deles, conta Bogoras, dirigia-se todo ano, na primavera, ao rio Wolverene para comprar utensílios aos comerciantes das aldeias árticas. Comprava a torto e a direito, trazendo facas de mesa, em vez de facas de caça. Os jovens riam gentilmente: "Velho louco!... Mas, que fazer? É um velho." Bogoras cita um sexagenário coxo, apoiado em muletas, que permanecia dono do rebanho e da casa. Todo ano ia à feira e gastava quase todo o dinheiro comprando álcool. Nem por isso era menos respeitado.

— ✦ —

Os *yahgans*, que vivem[39] em número de aproximadamente 3.000, na costa da Terra do Fogo, contam-se entre os povos mais primitivos que se conhecem: não possuem machados, nem anzóis, nem utensílios de cozinha, nem cerâmica. Não fazem provisões[40] e são, portanto, obrigados a viver o dia a dia; não têm jogos, nem cerimônias, nem religião verdadeira; apenas uma vaga crença num ser supremo e no poder dos xamãs. Possuem, ainda assim, cães e canoas. Vivem como nômades, sobre a água, caçando e pescando. Têm uma saúde robusta, mas sua condição é extremamente precária: quase sempre têm fome e passam todo o tempo a procurar alimentos. São distribuídos em famílias conjugais que, durante períodos de inatividade, grupam-se em acampamentos que não são, entretanto, governados por nenhuma autoridade superior. A ninguém cabe exercer o papel de juiz. Têm muitos filhos, que adoram e que são sua razão de viver; os avós também amam seus netos. Não se pratica o infanticídio, a não ser que a mãe tenha sido abandonada pelo marido, ou que o recém-nascido seja disforme, anormal: este caso é muito raro. Meninos e meninas são muito bem tratados, amam ternamente seus pais e, no acampamento, fazem questão de morar na mesma cabana que estes. Esse amor permanece quando

[39] Descrevo-os no presente, mas eles já não existem mais, nos dias de hoje. Essas observações datam do fim do século passado.

[40] Armazenar comida implica já um alto grau de civilização. A comunidade pode, então, propor-se outros objetivos além da subsistência. Veremos que os incas possuíam imensos celeiros.

os pais são muito velhos, e todas as pessoas idosas são respeitadas. A comida é partilhada por toda a comunidade: os velhos são os primeiros a serem servidos; dá-se a eles o melhor lugar na cabana. Não são nunca deixados sozinhos, há sempre um filho que cuida deles. Nunca são alvo de zombaria. Ouvem-se seus conselhos. Se são inteligentes e honestos, têm uma grande influência moral. Há velhas viúvas que são chefes de família, e são obedecidas cegamente. A experiência das pessoas idosas serve à comunidade: elas sabem como obter alimentos e executar as tarefas domésticas. São elas que transmitem e fazem respeitar a lei não escrita. Dão bom exemplo, educam e, se necessário, punem aqueles que se comportam mal.

Essa condição se inscreve num conjunto harmonioso. Os *yahgans* são notavelmente adaptados ao seu duro ambiente. Amam a companhia de seus semelhantes, frequentam-se entre si, ajudam-se uns aos outros e acolhem de bom grado os forasteiros. A luta pela vida, entre eles, é difícil, mas desprovida de azedume egoísta. Chegam a praticar a eutanásia para abreviar o sofrimento de um moribundo. Mas é preciso que o estado deste seja desesperador e que todos estejam de acordo.

Os observadores que descreveram os costumes dos *yahgans* não explicaram seu caráter idílico. Mas o fato é que o caso desse povo não é o único. Entre os aleútes, também, apesar da precariedade de sua condição, o destino dos velhos é feliz. A razão disso é, sem dúvida, o valor que se dá à sua experiência e sobretudo o amor recíproco que une filhos e pais. Os aleútes são mongóis, bem-constituídos e robustos, que habitam as ilhas Aleutas. Deslocam-se em canoas e vivem da pesca; comem baleia e cabeças de peixes fermentadas. Não fazem provisões e, apesar de disporem de poucos alimentos, desperdiçam-nos: têm resistência e podem ficar sem comida durante dias. Partilham-na com toda a comunidade. Vivem em choças. Em seus trabalhos são lentos, mas hábeis e infatigáveis. Têm uma boa memória; são capazes de imitar o artesanato russo e de jogar xadrez. Alguns observadores consideraram-nos preguiçosos: é que eles não têm os mesmos valores das sociedades mercantis: não têm vontade de acumular bens; respeitam-se os ricos por causa da habilidade técnica que lhes permitiu enriquecer, mas não por suas posses. Entretanto, as joias das mulheres são muito valiosas; às vezes, fazem-se expedições para ir procurar cristal de rocha ou outros minerais preciosos. Os aleútes promovem festas: danças, representações, festins. Têm pouca religião, mas creem no poder dos xamãs. Entre eles, o infanticídio é muito raro. Devotam um profundo amor às crianças: faz-se tudo por estas, dá-se a elas tudo o que há de melhor. Pode acontecer que um homem se mate de desespero, se perde seu filho ou seu sobrinho. Reciprocamente, os filhos adoram seus pais, e se aplicam em amenizar os últimos anos de vida deles; abandoná-los é uma desonra; deve-se ajudá-los, partilhar tudo com eles, se necessário sacrificar-se por eles; os filhos devotam-se, em particular, à mãe, mesmo que esta esteja aleijada e decrépita. Tratando bem os pais, ouvindo os conselhos deles, haverá recompensa: a pesca será frutuosa e se chegará à velhice. Chegar à velhice é dar um grande exemplo à posteridade. Os grandes velhos instruem a juventude: cada aldeia possuía um ou dois velhos que educavam os jovens; esses anciãos eram ouvidos com respeito, mesmo que já dissessem coisas sem nexo. São encarregados de vigiar o calendário (trocar o lugar do fósforo que indica o dia do mês). As mulheres idosas cuidam dos doentes; confia-se nelas. No conjunto, estabeleceu-se um feliz equilíbrio entre a economia e o amor filial. A natureza oferece recursos suficientes para que os pais possam alimentar bem seus filhos e para que tenham tempo de cuidar deles; reciprocamente, os filhos não deixam que falte nada a seus velhos pais.

—✦—

As sociedades examinadas até aqui dispõem apenas de técnicas rudimentares; a religião e mesmo a magia ocupam nelas pouco espaço. Quando a vida econômica requer um saber mais rico, quando é menos árdua a luta contra a natureza, permitindo um certo distanciamento desta, a magia e a religião florescem; o papel do velho torna-se, então, mais complexo: ele pode ser detentor de grandes poderes. O caso mais típico é o dos arandas: antes da chegada dos missionários, eles haviam estabelecido uma verdadeira gerontocracia. Os arandas são caçadores coletores que vivem quase nus nas florestas da Austrália. Em geral, são bem-nutridos, embora passem por períodos difíceis. Cada família compreende um homem, uma ou mais esposas, filhos e cães; grupos totêmicos reúnem várias famílias. Pratica-se o infanticídio quando a mãe é incapaz de criar o recém-nascido porque amamenta outro; matam-se os gêmeos;[41] pode acontecer, também, que se mate uma criança pequena para que outra mais velha e de saúde mais fraca possa ser alimentada (e a mãe toma parte no festim). Mas as crianças poupadas são muito bem tratadas. As mães são generosas. Nunca recusam o seio ao lactente e só o desmamam muito tarde; deixam-se as crianças muito livres, e é numa idade mais adiantada que são obrigadas a respeitar os tabus sexuais. Entretanto, a iniciação é muito dolorosa. Os membros mais respeitados da comunidade são os "homens de cabelos grisalhos". Os "quase mortos", muito decaídos para levar uma vida consciente e ativa, são bem alimentados, cuidados, acompanhados,[42] mas não têm mais influência. Ao passo que os "grisalhos" representam um papel de primeiro plano. Sua experiência prática é necessária para a prosperidade do grupo. Com efeito, os caçadores coletores têm necessidade de saber um sem-número de coisas: o que é ou não comestível, por quais sinais se reconhece a presença de inhames, como descobrir as águas ocultas, como preparar certos alimentos de maneira a tirar-lhes as propriedades nocivas. Há um golpe de vista, uma habilidade manual que só se adquire com uma longa prática. Se, além de tudo isso, homens idosos conhecem as tradições sagradas — cantos, mitos, cerimônias, costumes tribais — então sua autoridade é imensa. O saber entre os primitivos é inseparável da magia; o conhecimento das propriedades das coisas permite sua utilização segundo as leis da causalidade racional e segundo suas afinidades mágicas, ao mesmo tempo; por outro lado, as técnicas estão indissoluvelmente ligadas a ritos mágicos, sem os quais elas seriam ineficazes. O saber dos "grisalhos" coincide com a posse de um poder mágico: um e outro crescem com a idade. Ao se tornarem *yenkons*, quase incapazes, eles atingem o apogeu. São capazes de fazer com que adoeçam grandes grupos de indivíduos e são temidos. Não são mais restritos aos tabus alimentares.[43] Com efeito, eles estão, de certo modo, além da condição humana, e imunizados contra os poderes sobrenaturais que a ameaçam. O que é interditado ao homem normal —

---

[41] É um costume difundido, o de matar os dois gêmeos, ou um só. A anomalia amedronta.

[42] Embora a caça e a colheita exijam incessantes deslocamentos e uma grande mobilidade, os velhos são abandonados quando se tornam um fardo incômodo.

[43] Encontra-se este traço num grande número de sociedades.

no seu próprio interesse, e no da comunidade — não lhes é proibido. Sua condição excepcional os designa para cumprir um papel religioso. Aquele que a idade aproxima do além é o melhor mediador entre este mundo e o outro. São as pessoas idosas que dirigem a vida religiosa, e esta representa a totalidade da vida social. Esses idosos possuem os objetos sagrados utilizados nas cerimônias e são os únicos a terem o direito de tocar nos *Churinga*, pedras sagradas que simbolizam ao mesmo tempo os ancestrais míticos e os totens. Essas pedras são tanto mais valiosas quanto mais antigas: aproximam mais a comunidade viva dos heróis dos tempos passados. As cerimônias durante as quais são expostas são conduzidas pelos velhos, que recebem manifestações da maior deferência: durante essas festas, os jovens só falam se os anciãos lhes dirigem a palavra. Os idosos devem instruir seus descendentes: transmitem-lhes cantos, mitos, ritos, mas guardam para si certos segredos.[44] Os ritos de passagem lhes submetem os jovens, que têm medo deles. Fortes restrições de alimentação são impostas aos jovens, em benefício dos velhos. Em certas tribos, para fortificar os idosos, os jovens lhes doam sangue, que é tirado de uma veia do braço, das costas da mão ou da parte de baixo das unhas; rega-se o corpo dos anciãos com este sangue, ou então eles o bebem. Por seus conhecimentos sobre as cerimônias, por suas atividades rituais e por seus cantos, os velhos recebem alimentos de presente. Sua riqueza e seu prestígio os designam para serem os chefes da comunidade. Esta é dirigida, em princípio, pelo mais idoso. Entretanto, se suas faculdades declinam, ele não conserva senão o poder nominal: é substituído, pouco a pouco, por um suplente mais jovem. Pede conselho aos homens de sua idade. Mesmo nas tribos em que a chefia se transmite hereditariamente — e em que o chefe pode, portanto, ser jovem — são os anciãos os verdadeiros chefes. Eles arbitram as querelas, indicam os lugares onde devem ser instalados novos acampamentos, organizam os festins. Nada pode ser feito sem seu consentimento. Até recentemente, aproveitavam esta autoridade para se apropriar das mulheres. Exigiam que todas as jovens lhes fossem reservadas. O móvel era menos sexual do que econômico e social. As moças devem casar-se quando atingem a puberdade, e aos rapazes cabe esperar a iniciação. O velho e sua velha

[44] Para punir os jovens que trabalham com os brancos, eles se recusam a instruí-los, o que faz com que se percam muitas tradições.

esposa têm interesse sobretudo em que uma mulher jovem cuide de sua alimentação. A velha dizia: "O pobre velho precisa ter uma esposa que lhe traga mel e água." Os jovens não encontravam com quem se casar.

Técnica, magia, religião constituem o essencial da cultura nas sociedades primitivas. Estes três domínios estão intimamente ligados, aparentando-se a magia ao mesmo tempo com a técnica e com a religião. Estas últimas são benéficas para a comunidade; a magia é ambivalente. Entre os arandas, o "grisalho" triunfa nos três campos. Ele é precioso por ser detentor do saber, e por estar apto para as funções religiosas. Por seus poderes mágicos, inspira ao mesmo tempo respeito e medo.

Entre os zandes, do Sudão, encontra-se um esquema análogo, mas ali a magia predomina e é, antes de tudo, no medo que o homem idoso funda seu domínio. Esse povo vive na savana, de caça, de pesca, de colheita de frutos e cereais, e de cultivo: milho, mandioca, batata-doce, banana. A carne de caça é abundante. Eles têm um artesanato bastante desenvolvido. Creem em um deus, Mbori. Mas sua preocupação mais constante é a feitiçaria. Pensam que cada indivíduo possui um poder que chamam de *mangu*: trata-se de substância que tem uma relação com o fígado e que aumenta com os anos. Os homens idosos possuem, como entre os arandas, conhecimentos úteis, sendo também feiticeiros mais poderosos; têm menos escrúpulos que os outros em usar de malefícios, pois a proximidade da morte os torna mais indiferentes aos riscos de represálias. Resulta daí que o controle da comunidade está em suas mãos. Pede-se-lhes que abençoem as expedições de caça: estas fracassariam se lhes lançassem um feitiço. A benevolência dos idosos é comprada através de distribuição de carnes de animais, quando a caça foi frutuosa. Outrora, o filho era estreitamente subordinado ao pai. Os anciãos aproveitavam-se da situação para se apropriar das mulheres, de tal modo que ficava difícil para um jovem casar-se. Neste ponto, as coisas mudaram um pouco, em consequência dos contatos com os brancos.

Provavelmente, sob a influência destes, há diferenças de crenças entre a jovem e a antiga geração. Esta atribui sempre a morte a um malefício. Quando o morto é muito idoso, pensa-se que ele esgotou o tempo que lhe era concedido na terra e que bastou um *mangu* muito fraco para matá-lo. Por vezes, atribui-se a morte a Deus. Diz-se: "Mbori o levou"; a vida é comparável a um bastão que Mbori vai roendo pouco a pouco: quando chega ao fim, a vida se extingue; mas não sem a intervenção de um feiticeiro de quem a família procura vingar-se. Os jovens, entretanto, ligam a morte à decrepitude. Dizem do morto: "Ele já teve a sua parte." Creem na feitiçaria, mas a morte de um velho lhes parece natural, não merece que se faça muito caso dela. Dizem isso na intimidade, com cinismo, enquanto cumprem seus deveres públicos para com os mortos.

O papel da magia é considerável entre os índios do Grande Chaco — xoratis, matacos, tobas — tribos seminômades, que vivem dos frutos abundantes nas florestas e da criação de avestruzes. Satisfazem-se com pouco e não armazenam provisões porque confiam no amanhã: não lhes faltarão alimentos. O chefe é um homem idoso, eleito pelos mais idosos dentre os pais de família quando morre o chefe precedente; seu poder é mais nominal que real. É principalmente por causa do caráter sagrado que a idade lhe confere, que o velho tem influência. Sobrevivendo facilmente, esses índios têm tempo de reservar um lugar importante para a vida religiosa: são os velhos que a dirigem. Estes não estão mais sujeitos aos tabus alimentares. São temidos por causa de seus poderes mágicos: são capazes de enfeitiçar seus inimigos. Pensa-se que, depois de mortos, transformam-se em maus espíritos: quando esses índios dizem ter visto espíritos maus, é sempre sob a forma de um velho. Creem que a nocividade aumenta com os anos: quando o velho fica fraco e incapaz, é morto com uma flechada no coração e seu cadáver é queimado. Parece que — como nas histórias de zumbis — com esse total aniquilamento do corpo, impede-se sua transformação em fantasma.

A ligação entre o saber e o poder mágico é muito aparente entre os navajos, e assegura a certos velhos uma grande autoridade. Trata-se de uma sociedade complexa, de cultura muito desenvolvida e influenciada pelos brancos, com os quais são mantidos contatos permanentes.[45] Os navajos habitam, no noroeste do Arizona, um vasto território árido, mas fertilizado por irrigações e chuvas abundantes. Têm cavalos, rebanhos e, de acordo com as estações, reúnem-se em dois ou três pontos de permanência. É uma sociedade de abundância. Comem pão, carne e conservas compradas aos brancos. Possuem belas vestimentas ornadas de prata e turquesas; trabalham a prata, tecem e pintam. Poesia, cantos,

[45] Vendem aos brancos os produtos de seu artesanato e compram deles objetos manufaturados etc.

danças e as artes da imaginação são muito desenvolvidos entre eles. A família é matrilinear e as mulheres são tratadas com consideração. Seus rebanhos são muitas vezes mais importantes que os de seus maridos. Avós e netos têm relações calorosas; os pais da mãe, sobretudo, participam da educação das crianças. Por vezes, a partir de 9 ou 10 anos, estas vivem com seus avós e lhes prestam serviços. O neto tem com seu avô "relações de brincadeira". Desafiam-se na corrida: o vencedor ganha uma sela de cavalo. Muitas vezes é o jovem que propõe as provas ao avô: rolar na neve, saltar um fosso. O jovem zomba gentilmente do velho.[46] Os avós tratam admiravelmente as crianças. Entretanto, as tarefas às quais estas se veem submetidas suscitam muitas vezes ressentimento.

Essa sociedade civilizada e próspera cuida de todos os fracos, deficientes, inadaptados. Ocupa-se dos velhos com atenção, mesmo que estes estejam decrépitos ou em estado de senilidade avançada. Alguns deles, às vezes, perdendo o juízo, deixam suas casas e começam a vagabundear; são conduzidos de volta ao lar. Entretanto, compensa-se com um desabafo o respeito que se é obrigado a testemunhar aos idosos. Os jovens e os homens maduros caçoam dos que estão debilitados e titubeantes: fazem-no às escondidas, por medo de vingança. Na verdade, a idade faz com que os velhos passem do domínio profano ao sagrado, e grandes poderes sobrenaturais lhes são atribuídos, principalmente aos homens. Durante um processo movido contra 222 feiticeiros, contavam-se entre estes 38 mulheres todas velhas e 184 homens, dos quais 122 velhos. Todos são temidos. Não se ousa recusar hospitalidade a um velho, por mais importuno que seja. Mas muitos deles não têm nenhuma influência, ficam à margem da sociedade. Um velho ignorante é pouco considerado. Respeitam-se acima de tudo os cantores, capazes de conservar e de transmitir a memória das tradições: contos, mitos, ritos, cerimônias, danças, fórmulas. Olha-se para eles como para seres sagrados que possuem imensos poderes. Graças à sua memória, asseguram a continuidade da comunidade através dos tempos. Mas também os "cantos" têm o valor de encantações mágicas; permitem fazer literalmente a chuva e o bom tempo, curar doenças, adivinhar o futuro. Esses cantos constituem propriedade pessoal daquele que os conhece;

[46] Roheim vê nesse costume uma maneira de transferir para o avô a agressividade que geralmente os filhos manifestam para com os pais.

os jovens a quem os ensina lhes dão presentes: cavalos, quantias em dinheiro. Recebem ainda presentes quando utilizam sua ciência em benefício de um indivíduo, de um grupo ou da coletividade.

É na sua velhice que um cantor é mais considerado. Os velhos cantores são, portanto, duplamente poderosos: pelo número de anos de vida e pela ciência. São os membros mais ricos da comunidade. Situam-se no mais alto grau da escala social.

Depois de morto, o velho torna-se um fantasma perigoso: é uma crença comum a todos os primitivos a de que os mortos subsistem sob a forma de fantasmas mais ou menos temíveis. Mas, enquanto para os índios do Grande Chaco, quanto mais idoso é o morto, mais se deve temer sua maldade póstuma, há entre os navajos uma crença inversa, na qual insistiram muito todos os observadores. Se um indivíduo morre tendo "esgotado sua vida", isto é, sem dor, em estado de senilidade — sem poder mais andar ou fazer o que quer que seja sem a ajuda de outrem —, isso é uma grande sorte para ele e para sua família; nada é mais desejável, pois não será um fantasma. Reencarnará e viverá de novo, chegando a ser suficientemente velho para renascer: sem fim. Nem sua agonia, nem seu enterro serão cercados dos ritos habituais, destinados a proteger a família e a comunidade contra o espírito do defunto. Os próprios parentes encarregam-se do enterro, como de uma tarefa doméstica qualquer, e não observam o luto costumeiro. Isto sugere que, segundo os navajos — e certamente segundo os outros primitivos —, a malignidade do fantasma tem sua fonte num rancor: morto a contragosto, e não por vontade própria, o defunto vinga-se; sua agressividade é dirigida sobretudo contra a família: entre os navajos, os fantasmas que se veem são sempre aqueles das pessoas ligadas aos vivos por laços de parentesco. Se um homem se vai porque cumpriu seu tempo, pacificamente, não terá do que se vingar. Entre os navajos, a morte de um lactente muito pequeno — menos de um mês — também não tem consequências inquietantes: ele ainda não viveu o bastante para tornar-se um fantasma.

Os jivaros também constituem uma sociedade próspera; vivem na floresta tropical, ao pé dos Andes, de horticultura, de caça e de pesca. Os homens caçam, as mulheres trabalham a terra: esta é fértil, a caça abunda, nunca falta comida. Fazem tecelagem e fabricam elegantes cerâmicas. Não têm vida política; as famílias são dispersas; amam muito as crianças, suprimindo apenas as anormais. Os homens idosos são respeitados. Foi graças à sua experiência que a ciência dos animais e das plantas e também a farmacologia puderam desenvolver-se. Transmitem mitos e canções. Além dessa sabedoria, possuem um poder sobrenatural que só faz aumentar, mesmo na decrepitude. São as pessoas mais idosas da família que dão os nomes às crianças: integram o recém-nascido na vida familiar. Os velhos interpretam os sonhos dos jovens e procedem à sua iniciação; ensinam-lhes o uso dos narcóticos e do tabaco. Homens e mulheres idosos — sem serem sacerdotes — dirigem as cerimônias e as festas religiosas. O passatempo favorito dos jivaros é a guerra: o chefe da expedição é, em geral, um homem bastante idoso. Às vezes, os velhos guerreiros levam para suas casas prisioneiras escolhidas nas tribos inimigas; dormem com elas, que, entretanto, frequentemente os enganam com homens mais moços; então, espancam-nas, chegando, por vezes, a matá-las. Entre os jivaros também se teme a vingança póstuma dos anciãos. Maltratados, eles reencarnariam em alguma fera perigosa (jaguar, anaconda...) e voltariam para punir os culpados.

Entre os lelês, tribo que habita uma área de florestas e savanas próxima do Congo, as prerrogativas dos homens idosos eram consideráveis até por volta de 1930. A tribo era muito menos rica do que a dos bushongs, que vivia bem perto, em condições análogas: agricultura, caça, pesca, tecelagem. O solo é ali um pouco mais pobre, a estação seca um pouco mais longa, mas essas diferenças não bastam para explicar a do nível de vida; esta última provinha essencialmente do contexto social. Os etnólogos que observaram os bushongs no início do século relatam que eles trabalham menos, e com técnicas mais rudimentares. Não procuram o sucesso individual, em parte porque temem ser invejados, mas principalmente porque não é a acumulação de bens, mas sim a idade que confere prestígio. A divisão do trabalho autoriza-os apenas a um pequeno número de tarefas; só que praticam a poligamia; apropriam-se das mulheres, que trabalham para eles; os genros também lhes devem prestar serviços. Os jovens só têm direito a uma esposa coletiva: em troca de vestimentas tecidas, o homem idoso faz presente de uma de suas filhas à classe jovem de uma aldeia, e essa classe inteira passa, assim, a ser seu genro. Não há colaboração amistosa entre as classes de idade. Os jovens não devem rivalizar com os velhos; o homem idoso tem o monopólio do ofício que exerce: tocar tambor, forjar, esculpir madeira.

Num dado momento, ensina esse ofício a um jovem que, dali em diante, será o detentor do monopólio, e se aposenta.

Nenhum alto cargo político é destinado aos velhos, mas eles possuem um poder religioso que lhes assegura grandes privilégios. Para conservá-los, empenham-se com muito zelo em permanecer necessários à comunidade. Guardam o segredo dos ritos, das cerimônias, dos remédios; no interior de seu próprio clã, são os únicos a conhecerem as dívidas contraídas por uns e outros, assim como as negociações de casamento: esse saber é indispensável ao bom andamento dos negócios. Entretanto, têm necessidade dos jovens, que são os únicos que têm força física suficiente para caçar, pescar e carregar as bagagens dos europeus. Quando se sentem maltratados, os jovens ameaçam partir. Os velhos punem os indisciplinados recusando-lhes mulheres, excluindo-os do culto. A despeito desse conflito, estabelece-se um certo equilíbrio. Os jovens sabem que os velhos acabarão por morrer, o que fará com que herdem viúvas e tenham acesso aos privilégios da idade avançada. Tudo se passa como se os lelês tivessem sacrificado seu padrão de vida geral para estabelecer uma espécie de previdência social que garantisse sua velhice. Por volta de 1949, a situação havia mudado bastante: os jovens tinham-se convertido ao cristianismo; eram protegidos pelas missões e pelo governo. Casavam-se com jovens cristãs e trabalhavam para os europeus. As classes de idade quase não existiam mais.

Entre os tivs, é a contribuição cultural dos velhos a fonte de seus privilégios. Os tivs são bantos que, na Nigéria, cultivam a terra, fazem um pouco de criação de gado, caçam, colhem plantas úteis, tecem e fabricam cerâmicas. Criam muito livremente seus filhos que, quando grandes, trabalham com os pais. São também muito ligados aos avós, que muitas vezes lhes transmitem sua experiência religiosa e mágica. É a idade adulta que se considera a mais completa; o calor é seu apanágio, enquanto o corpo das crianças e dos velhos é frio. Diz-se dos grandes velhos que eles "acabam o próprio corpo". (Entretanto, nem a incapacidade nem a dessecação senis lhes parecem ligadas à velhice: atribuem a primeira à magia e a segunda a uma doença.) Oficialmente, respeitam-se todos os anciãos, mas estes só têm real influência se forem possuidores de conhecimentos e capacidades: do contrário, não lhes é confiada nenhuma função; a alimentação lhes é garantida, são tratados com polidez, mas não passam de um zero à esquerda. A família é patriarcal: seu chefe é o homem mais idoso, se tiver as qualidades necessárias. O chefe da comunidade é também o mais idoso, com a mesma condição: não possuindo aquelas qualidades, tem um título, mas nenhuma autoridade verdadeira. Os que fazem bons julgamentos, que falam bem, que conhecem as genealogias e os rituais são encarados como sábios e conduzem o povo. Eles "sabem das coisas" e controlam as forças mágicas. Zelam pela fertilidade da terra. Todas as atividades sociais — tratados, paz e guerra, heranças, processos — dependem da magia e estão, portanto, em suas mãos.[47] Curam os doentes; arbitram as querelas; mantêm as estruturas sociais. Próximos dos antepassados, representam um grande papel religioso e proferem oráculos. Os tivs veneram pedras sagradas; são velhas mulheres que cozinham os alimentos que se oferecem a estas últimas; mulheres e homens idosos dirigem as cerimônias. Quando os velhos perdem sua força e suas capacidades, retiram-se da vida social; não têm mais que um papel honorário, ou mesmo não têm mais qualquer papel. Alguns conservam funções religiosas. Pode acontecer que um velho se canse da vida: reúne seus parentes e distribui seus fetiches antes de se matar.

—✦—

É também no respeito que sua sabedoria inspira que, entre os kikuyus, os homens idosos assentam sua autoridade. Trata-se de bantos que vivem no sopé e nas encostas do monte Quênia; eram mais de um milhão em 1948 e tiveram muitos contatos com a civilização moderna: foram escravos de fazendeiros europeus. Vivem de agricultura e de criação de animais. A chave de sua civilização é o sistema tribal que repousa no grupo familiar; trabalha-se em comum no seio da Grande Família. Os kikuyus atribuem grande importância às "classes de idade", que compreendem todos os homens circuncidados no mesmo ano: a classe mais antiga tem preeminência sobre as outras. Há ligações estreitas entre avós e netos. Eles pertencem simbolicamente ao mesmo grupo etário. A avó chama o neto de "meu marido" e o avô chama a neta de "minha esposa". As crianças respeitam os pais, e a maldição de

[47] A magia manifesta aqui o caráter coletivo que Mauss lhe reconheceu. Não se suspeita que o indivíduo seja capaz de distorcê-la em benefício próprio.

um pai ou de uma mãe é o pior dos infortúnios: nenhuma purificação pode apagá-lo. Quando os pais ficam velhos, assume-se o seu sustento e se cuida bem deles. O velho sem filhos é ajudado pelos dos vizinhos e os encara como se fossem seus próprios filhos. A organização militar está nas mãos dos jovens. A geração dos anciãos governa os negócios públicos. Uma geração governa durante vinte ou trinta anos: depois abdica, em favor da geração seguinte, no decorrer de uma cerimônia que é chamada de *itwika*. A geração compreende, portanto, todas as classes de idade entre dois *itwika*. Um homem cujos filhos foram todos circuncidados e cuja mulher passou da idade de procriar não governa mais os negócios públicos, mas tem acesso ao mais alto grau da hierarquia social, e faz parte do conselho supremo. Este tem altas funções religiosas. Para entrar no conselho, é preciso passar por uma iniciação.[48] Os iniciados têm o direito de oferecer sacrifícios aos deuses e aos espíritos dos antepassados; apagam as máculas rituais; amaldiçoam os maus: sua maldição é temível. Fixam a data da circuncisão e do *itwika*. Exercem o papel de juízes porque se acredita que estão livres das paixões e julgam com imparcialidade. Há também um conselho de velhas mulheres encarregadas de manter os costumes e de punir os jovens delinquentes, além de deterem um poder mágico. Homens e mulheres de idade têm um papel essencial nas cerimônias de iniciação. Consideram-se os velhos como "Santos Homens", serenos e desprendidos do mundo. Sua influência depende de suas capacidades e também de suas riquezas. De maneira geral, pensa-se que são sábios: "Um velho bode não cospe por qualquer coisa", diz-se; e também: "Os velhos não mentem." As mulheres idosas são muito respeitadas quando não têm mais dentes; os kikuyus julgam que elas são "cheias de inteligência" e as enterram com pompa, em vez de abandonarem seus cadáveres às hienas.

Muitas vezes é graças à sua memória que os idosos têm acesso a uma condição privilegiada. É o que acontece entre os miaos, que vivem numa grande altitude, nas florestas e nos matagais da China e da

---

[48] Esta iniciação não é um "rito de passagem" análogo à iniciação pela qual passam todos os adolescentes numa sociedade. É uma instrução reservada a uma elite. É preciso ter atingido um certo estágio da existência para poder ter acesso a ela e tornar-se membro do conselho supremo. A iniciação não sanciona a mudança de idade enquanto tal.

Tailândia. Estes povos tinham começado a desenvolver uma alta cultura e tiveram sua evolução sustada, provavelmente, por guerras. A família é patriarcal: o filho não deixa o lar paterno antes dos 30 anos. Em princípio, o chefe da casa tem direito de vida e de morte sobre todos os seus membros; na verdade, as relações entre pais e filhos são muito boas; eles se consultam mutuamente. Os miaos têm muitos filhos; os avós cuidam dos netos. Mulheres, crianças e idosos são muito bem tratados. Se um destes fica isolado, por ter sobrevivido a seus descendentes, coloca-se sob a proteção de um grande chefe de família: é sempre aceito, apesar de se constituir numa carga. Pensa-se que a alma dos mortos vive na casa e a protege, reencarnando nos recém-nascidos. Respeitam-se os anciãos, sobretudo na medida em que são eles que transmitem as tradições; sua memória dos antigos mitos lhes vale um grande prestígio. São os guias e os conselheiros da coletividade. As decisões políticas são executadas pelos jovens, cuja aprovação é, portanto, necessária; mas geralmente eles se conformam com a vontade dos anciãos.

O papel da memória é ainda mais manifesto entre os mendes, cuja organização política tem suas raízes num passado longínquo. Trata-se de um povo muçulmano, que contava aproximadamente com 572.000 membros em 1931[49] e que vive em Serra Leoa. As famílias são patriarcais e várias gerações habitam sob o mesmo teto. O chefe de família é o homem mais idoso. É o primeiro a ser servido quando estão à mesa, partilhando, em primeiro lugar, com os indivíduos de sua geração. Há duas classes bem definidas. A superior é constituída pelos descendentes dos caçadores e dos guerreiros, que foram os primeiros a ocupar a terra; compreende os chefes e suas famílias; os mais idosos são chamados de "grandes". A segunda compreende os recém-chegados e os descendentes de escravos. Os primeiros possuem a terra, que o pai lega ao filho mais velho. Os segundos são apenas ocupantes. O proprietário tem direito aos serviços de todo o pessoal da casa; essas pessoas fazem o trabalho da fazenda, cultivam o arroz, fabricam óleo de palma, caçam e pescam. As roupas do grupo são tecidas pelo proprietário. À frente de cada grupo há um chefe que é uma pessoa idosa: não necessariamente o mais idoso, mas o que tem mais influência; pode ser uma mulher, se seu marido já estiver morto, e se a personalidade dele tiver sido marcante.

[49] Hoje em dia, provavelmente, são em número de mais de um milhão.

Quando fica senil, o chefe é substituído por um regente. Só a memória permite dizer a que classe pertence um indivíduo. Aquele que aspira à liderança deve conhecer a história do lugar, as genealogias, as biografias dos fundadores e de seus descendentes, e este saber lhe é necessariamente legado pelos mais velhos. São eles que detêm as tradições, e é neles, portanto, que repousa a organização política. Por outro lado, os mendes vivem em estreita intimidade com os espíritos dos antepassados mais próximos: os das duas gerações precedentes. São chamados de "avós", e se considera que participam da vida familiar. Estando mais próximos dos antepassados que o resto da comunidade, representam o papel de mediadores entre esta e aqueles. É o membro mais idoso da família que dirige o culto. E um conselheiro muito ouvido em todas as questões religiosas. Em todos os campos sua influência é muito grande.

—✦—

Os velhos representam um papel menor entre os povos que são suficientemente avançados para não acreditarem na magia e para não darem muita importância à tradição oral. É assim entre os lepchas que vivem no Himalaia; eles sabem ler e praticam o lamaísmo; trabalham nas plantações de chá; cultivam milho, arroz, milho miúdo; criam gado e caçam. No que concerne à comida e à bebida, seu padrão de vida é muito elevado. A família é patriarcal; as crianças são felizes e amam seus pais. No interior da família, a idade é respeitada. Faz-se as pessoas recuarem uma geração por respeito. Chamam-se os sogros de avô e avó, e os irmãos mais velhos de pai e mãe. Atribui-se a qualificação de "velho" a alguém para marcar respeito. As crianças cercam de cuidados seus velhos parentes. O destino de um ancião que tem muitos descendentes é muito feliz. Admira-se sua saúde, sua prosperidade; é considerado uma espécie de talismã. As pessoas oferecem-lhe presentes, na esperança de se apropriar de suas virtudes. Mas se o velho não tem filhos, nem força para trabalhar, não passa de um traste; na melhor das hipóteses, é tratado com polidez, mas encarado como um flagelo. A atitude é a mesma com relação aos dois sexos. G. Gorer, que passou algum tempo entre os lepchas, conta que lhe apontaram um velho muito piedoso, mas desprezado porque não sabia ler; não tinha filhos e estava coberto de chagas. Todos zombavam dele, dizia-se que estaria melhor se morresse: "Por que você não morre enquanto os europeus estão aqui, para que possam assistir aos seus funerais?" Nessa sociedade, o único trunfo dos velhos é o amor de seus filhos; eles não têm nenhum valor por si mesmos.

Já conhecemos inúmeros casos nos quais os velhos se encontravam na mais alta ou na mais baixa situação da escala social. Isso dependia de suas capacidades e de sua fortuna. Um exemplo contundente de discriminação devida à riqueza é o dos thaãs. São budistas que vivem nas fronteiras do Yunã e de Burma. Dividem a vida humana em quatro períodos: a passagem de um a outro é marcada por um serviço religioso, o *Paã*. Para atingir o quarto grau, é preciso, quando os filhos já estão criados, celebrar o *grande Paã*; é uma longa cerimônia, acompanhada de cantos, danças, jogos, procissões, sacrifícios, e que dura pelo menos três dias. Sendo extremamente cara, só os ricos podem arcar com essas despesas. Se têm recursos, celebram-na não apenas uma vez, mas várias, e seu prestígio cresce. O número de anos de vida não basta para conferir uma superioridade social: mas um homem que se arruinou por celebrar doze vezes o *grande Paã* é venerado. Seu título de *Paga* não lhe confere nenhum poder político ou econômico; mas consumindo ritualmente sua fortuna, ele se coloca no ápice da hierarquia social.

Existem sociedades prósperas e equilibradas, nas quais a idade não constitui nem uma decadência, nem uma fonte de prestígio. É o que iremos constatar em três exemplos, aliás, muito diversos.

Os cunas, em número de 25.000, vivem no Panamá, na costa e nas ilhas do Atlântico, onde o clima é temperado, embora por vezes as aldeias sejam varridas por maremotos. Esse povo se desloca na floresta virgem em canoas. Dotados de saúde robusta, muitos chegam ao centenário. Habitam as aldeias e trabalham em grupos; as mulheres trabalham em casa e nos campos; os homens pescam, caçam, abatem árvores; fazem ricas colheitas: milho, bananas, coco, que comerciam. As mulheres guardam o dinheiro que, entre outras coisas, permite aos homens comprarem barcos a motor; as mulheres e crianças usam belos trajes; os homens vestem-se à europeia. São todos muito cuidadosos, tomam banho frequentemente, suas casas e ruas são muito limpas. Têm uma cultura bastante avançada: cantos, um sistema de cálculo, duas linguagens esotéricas reservadas aos chefes e aos xamãs, um esboço de escrita. A religião é sumária: honram-se somente deuses e espíritos ligados à saúde do corpo.

Os xamãs e os homens-médicos defendem as pessoas contra as doenças. As famílias são conjugais e reunidas num grupo matrilocal que tem na cabeça o marido da mais velha das irmãs. Têm muitos filhos. Graças à sua boa saúde, as pessoas idosas e mesmo as muito idosas continuam a levar uma existência ativa; as mulheres velhas têm a responsabilidade da casa: fazem o comércio do coco. São os homens idosos que se especializam nas questões religiosas, mas não tiram disso nenhum prestígio particular. A idade não confere nenhum valor particular, a menos que seja acompanhada de inteligência e de experiência. Obedece-se ao chefe de família, em geral idoso, se ele tem capacidade. Ao chefe da aldeia, que preside as assembleias, pede-se antes de tudo que seja instruído: a idade não conta senão até certo ponto. No conjunto, os velhos têm a mesma condição que os mais jovens, não constituem problema particular.

Os incas tiveram uma história. Em um século, conquistaram e perderam um império. Entretanto, sua civilização era repetitiva e repousava em tradições orais. Das civilizações arcaicas, a dos incas é uma das que melhor conhecemos. É interessante ver o lugar que nela ocupam os velhos.

Os incas tinham costumes brutais, mas técnicas e uma organização social notavelmente desenvolvidas. Os homens passavam uma grande parte do tempo guerreando e tratavam os prisioneiros com selvageria. Agricultores notáveis, que sabiam transformar montanhas em terraplenos, adubavam a terra com guano; cultivavam a batata, o milho, cereais e uma profusão de plantas; tinham domesticado a lhama e a alpaca e seus rebanhos prosperavam; conservavam o grão em vastos entrepostos. Exploravam minas de ouro, de prata, de chumbo, de mercúrio. Haviam realizado grandes obras hidráulicas: canais, reservatórios, eclusas. Seis grandes estradas atravessavam o território; pontes suspensas de corda eram lançadas sobre os rios. Haviam construído magníficos edifícios: cidades, palácios, templos. O artesanato era muito desenvolvido, trabalhando-se, entre outras coisas, ouro e prata. A vida econômica era ativa. Havia feiras nas quais os camponeses trocavam seus produtos. As terras eram divididas em três lotes: um era dedicado ao Sol, o segundo pertencia ao inca, e o último às castas superiores, que mandavam os camponeses fazerem o cultivo.

O que havia de mais notável em sua civilização é que era uma civilização de pleno emprego. A partir dos 5 anos, todos deveriam tornar-se úteis. Os homens eram repartidos em dez classes e as mulheres em outras dez; em nove dessas classes, o grupamento se fazia pela idade, enquanto a restante compreendia todos os deficientes. Cada categoria tinha suas tarefas e devia servir o melhor possível à comunidade. A categoria mais respeitada era a dos guerreiros, que tinham de 25 a 50 anos de idade e estavam a serviço do rei e dos senhores; alguns eram enviados às minas. Casavam-se por volta dos 35 anos; as mulheres, em torno dos 33 anos. Antes dos 25, devia-se obedecer aos pais e assisti-los, e servir os caciques. A partir dos 9 anos, as meninas e as moças serviam à família, teciam e cuidavam dos rebanhos.

A idade não suprimia a obrigação de trabalhar. Depois dos 50 anos, os homens ficavam isentos do serviço militar e de todas as tarefas penosas. Mas tinham que trabalhar na casa do chefe e nos campos. Conservavam sua autoridade na família. As mulheres de mais de 50 anos teciam vestimentas para a comunidade; entravam para o serviço das mulheres ricas como guardiãs, cozinheiras etc. Dos 80 anos em diante, todos ficavam surdos, e não faziam outra coisa senão comer e dormir. Mesmo assim, entretanto, eram utilizados. Fabricavam cordas e tapetes, tomavam conta das casas, criavam coelhos e patos, catavam folhas e palha; as mulheres teciam e fiavam, tomavam conta da casa, ajudavam a criar as crianças e continuavam a servir às mulheres ricas, supervisionando as jovens criadas. Quando tinham terras, nada lhes faltava; caso contrário, viviam de caridade, acontecendo o mesmo aos homens; eram-lhes fornecidos alimentos e roupas, cuidava-se de suas cabras; se ficavam doentes, eram tratados. De maneira geral, os homens idosos eram temidos e obedecidos. Podiam aconselhar, ensinar, dar bons exemplos, pregar o bem, ajudar no serviço do deus. Serviam como guardiães das mulheres jovens. Tinham o direito de chicotear meninos e meninas, se estes não se mostrassem dóceis.

Não se pode considerar os habitantes de Bali primitivos: eles tiveram, durante séculos, uma alta civilização. Esta foi preservada, graças ao isolamento da ilha, de qualquer influência estrangeira. Os holandeses governavam-na através da aristocracia, que explorava as populações rurais, mas que não modificou sua estrutura social, nem seu modo de vida. Uma cultura arcaica manteve-se ali até os nossos dias, transmitida pela tradição oral, uma vez que os balineses não sabiam escrever nem ler. Estamos, portanto, autorizados a colocar essa sociedade ao lado das que não têm história.

Os balineses cultivam o arroz, e elevaram essa cultura a um grau de perfeição não atingida por nenhum outro povo. Possuem gado de qualidade, porcos, aves. Frutos, legumes, produtos da terra são variados e abundantes, e vendidos em grandes feiras que acontecem frequentemente. As aldeias são bem construídas e bem conservadas; o artesanato é muito desenvolvido, assim como a música, a poesia, a dança e o teatro. O povo respeita a aristocracia, que não se mistura com ele. Na prática, cada aldeia é uma pequena república, dirigida por uma assembleia da qual devem fazer parte todos os homens casados que possuem uma casa ou uma terra. Os chefes são geralmente eleitos, mas às vezes a hereditariedade conta. Eles representam na terra a autoridade dos deuses: controlam as terras, as casas, toda a vida social. As ligações do indivíduo com a comunidade são muito estreitas: a maior punição que se pode infligir a um de seus membros é a de expulsá-lo. São hospitaleiros e demonstram grande cortesia com os outros. Muito inteligentes, têm corpos elegantes e são extremamente cônscios disso: seus gestos são refletidos e harmoniosos. Prestam-se de bom grado aos papéis que lhes são destinados: criança, adolescente, mulher, adulto, velho.

As crianças são mimadas e acariciadas pelos pais e avós. A idade é respeitada, embora não confira virtude mágica. Nos conselhos, a posição ocupada por cada um eleva-se com os anos. Todo mês, os anciãos da aldeia reúnem-se e compartilham um festim com seus deuses. Esses deuses estão próximos dos homens e os visitam de bom grado. Os balineses têm uma religião sincrética e penetrada de animismo, que tomaram de empréstimo às Índias, à China e a Java. Eles adoram o sol, a lua, a água e todos os princípios de fertilidade. Um culto se desenvolveu em torno do arroz. Creem na existência de fantasmas que exercem poderes maléficos contra os vivos.

Conta-se, em Bali, que outrora, numa aldeia perdida nas montanhas, os velhos eram sacrificados e devorados. Numa certa época, não restava mais um só deles, e as tradições se perdiam. Quis-se construir uma grande sala para abrigar o Conselho. Entretanto, examinando os troncos de árvores abatidas para esse fim, ninguém soube distinguir a parte do alto da de baixo: poderiam desencadear-se catástrofes se fosse invertido o sentido dos pedaços. Um jovem disse que, se lhe prometessem não mais comer os velhos, ele saberia resolver o problema.

A promessa foi feita. O jovem trouxe seu avô, que conservara escondido e que ensinou à comunidade a distinguir a parte de baixo da do alto.

Os habitantes da aldeia protestam, afirmando que tal costume nunca existiu. De qualquer modo, em toda a região os velhos são respeitados: em grande parte porque, tendo sua vida sido próspera, eles escapam à decadência senil. Permanecem com boa saúde por muito tempo; não ficam curvos nem desajeitados; conservam o domínio do corpo, a desenvoltura adquirida na juventude. As mulheres de 60 anos, e até mais velhas, têm, ainda, uma bela silhueta e a força necessária para carregar na cabeça pesados cântaros de água, cestos de frutos que pesam cerca de 20 quilos. Os balineses não cessam de trabalhar, a menos que sejam acometidos de enfermidades muito graves; pensam que a ociosidade seria perigosa para sua saúde física e moral, e que se arriscariam a ser atacados por forças sobrenaturais. A atividade das mulheres chega mesmo a crescer com a passagem dos anos: viu-se que mulheres com mais de 60 anos dirigiam todo o pessoal da casa e executavam, elas próprias, a maior parte das tarefas. Os homens idosos trabalham pouco, discutem, mascam bétele. Entretanto, têm inúmeras obrigações: dirigem a associação da aldeia, são médicos, contadores de histórias, ensinam aos jovens a poesia, a arte. Muitas vezes, também, levam os patos aos campos. Representam um grande papel nas cerimônias religiosas. Há homens e mulheres muito idosos que são excelentes dançarinos. Entram em transe, proferem oráculos. O papel dos idosos é muito importante, tanto o das mulheres quanto o dos homens, pois as distinções de sexo são abolidas com a idade. Pede-se a opinião dos idosos sobre tudo. Ao se tornarem muito velhos e incapazes, são chamados de avô e avó. Quando já estão desdentados, são encarados como próximos das criancinhas; pensa-se que vão logo reencarnar sob a forma de um recém-nascido. Perdem, então, a influência, mas continuam a ser bem alimentados e bem tratados. Mesmo fraco e incapaz, um velho pode ser o sacerdote de um templo: deve ter, entretanto, um assistente mais jovem e sua função se torna honorária.

Não parece que se tenha medo dos idosos. Entretanto, Ranga, a feiticeira que come crianças, é representada, nas peças mágicas, como uma velha monstruosa, de seios caídos, coberta de cabelos brancos que lhe caem até os pés. Seu papel é representado por um velho ator: graças à sua idade, ele escapa ao espírito maléfico da feiticeira que encarna.

O material de que pude dispor não me permitiu destacar um fator ao qual, no que toca à condição dos velhos, os etnólogos atribuem uma extrema importância: é a organização social. Certas comunidades são hordas, bandos, grupamentos pouco estruturados. Mas quando os clãs ou as tribos se fixam num certo território — o que implica que a sociedade se torna agrícola — muitas vezes é necessário determinar precisamente as diferentes linhagens, a fim de definir os direitos de sucessão, as trocas matrimoniais, as relações com os indivíduos. A linhagem remete ao ancestral, é validada por este, e é seu prolongamento. Os antepassados não são remetidos ao passado; a comunidade — família, clã, tribo —, a quem pertence a terra, compreende tanto os mortos quanto os vivos; funda misticamente seus direitos nos direitos dos mortos, de quem se considera herdeira. Pensa-se, às vezes, que o antepassado reencarna num recém-nascido de sua descendência, de tal maneira que as novas gerações ressuscitam as antigas. Não se pratica o culto dos antepassados em todas as sociedades de linhagem: é, entretanto, o que acontece mais frequentemente. O ancestral é um espírito benfazejo que habita sob o teto de seus descendentes ou que, pelo menos, lhes é propício, se lhe é prestado o culto que lhe é devido. É o homem idoso que deve dirigir as cerimônias e os sacrifícios com os quais é homenageado. Mais próximo do antepassado que os jovens, destinado a se tornar por sua vez um antepassado, o idoso é dotado de um caráter sagrado. Sua linhagem encarna nele, e é graças a ele que se podem estabelecer relações corretas com as outras linhagens: é o símbolo do artesão da ordem. Existe, portanto, em tais sociedades, uma imagem bem determinada do velho, e um estatuto lhe é oficialmente reconhecido. Ao passo que nas hordas e nos bandos — como nas sociedades industriais modernas — seu estatuto é contingente. Varia de um grupo a outro e no interior do grupo.

—✦—

Vê-se que, no que toca à condição dos velhos nas sociedades primitivas, é preciso abster-se de simplificar. Não é verdade que em toda parte se faça o velho "cair de maduro", também não é justo alimentar uma imagem idílica do destino dos idosos. Esse destino se explica pelos fatores que indicamos de passagem, e dos quais precisamos agora destacar o papel e as relações.

Salta aos olhos que o velho tem mais condições de subsistir nas sociedades ricas do que nas pobres, nas sedentárias mais do que nas nômades. No que diz respeito às sedentárias, coloca-se apenas um problema de sustento; no que se refere aos nômades, além deste problema, há ainda outro, mais difícil — o do transporte. Mesmo que gozem de certa abastança, esta não é conseguida senão graças a interessantes deslocamentos: se os idosos não conseguem seguir, são abandonados. Nas sociedades agrícolas, a mesma relativa abundância seria suficiente para alimentá-los. Entretanto, a situação econômica não é, absolutamente, determinante: em geral, trata-se de uma opção que a sociedade faz, e que pode ser influenciada por diferentes circunstâncias. O fato é que, apesar da rudeza de sua existência, os *chukchees* do interior organizam-se para levar os velhos com eles, quando se deslocam. Em compensação, sociedades agrícolas que não contam entre as mais miseráveis deixam, com indiferença, seus velhos morrerem de fome.

Poder-se-ia supor que, nas sociedades desfavorecidas, a magia e a religião intervêm em favor dos velhos. Mas não. Precisamente porque vivem na urgência, não desenvolvem quase nenhuma cultura religiosa. A magia não é, nessas sociedades, um "conhecimento das coisas", mas um conjunto de receitas grosseiras, de propriedade dos xamãs. Quando velhos, estes são respeitados, mas a velhice não confere poder mágico. Às vezes, também, a religião existe, mas ela homologa e sacramenta o costume imposto pelas necessidades; num mesmo movimento, a comunidade instaura os costumes necessários à sobrevivência e os justifica ideologicamente: viu-se um exemplo disso nos nartas; em *Narayama*, O'Rin pensa obedecer à vontade dos deuses.

Uma proteção mais eficaz é a que assegura aos velhos pais o amor dos filhos. Roheim sublinhou a correspondência entre a felicidade da primeira idade e a da última. Sabe-se que importância tem, no desenvolvimento ulterior de sua personalidade, a maneira como uma criança foi tratada. Frustrada na alimentação, na proteção, na ternura, cresce no rancor, no medo e até mesmo no ódio; quando adulta, suas relações com os outros são agressivas: negligenciará seus velhos pais quando estes forem incapazes de se bastarem. Ao contrário, quando os pais alimentam bem os filhos e os mimam, fazem deles indivíduos felizes, abertos, benevolentes, nos quais se desenvolvem sentimentos altruístas: em particular, serão apegados aos seus ascendentes; reconhecem que têm deveres em relação a estes, e cumprem esses deveres. Em todos os casos que examinei — muito mais numerosos do que os que citei —, encontrei apenas um no qual crianças felizes tornam-se adultos cruéis para com seus velhos pais: é o dos *ojibwas*. Enquanto os iacutos e os ainos — entre os quais a infância é maltratada — negligenciam de maneira selvagem os velhos, os *yahgans* e os aleútes — que vivem mais ou menos nas mesmas condições, mas entre os quais a criança é um rei — veneram os seus. Entretanto, muitas vezes os idosos são vítimas de um círculo vicioso: uma penúria demasiadamente grande leva os adultos a alimentar mal as crianças e a negligenciá-las. Notemos, também, que o amor filial toma a forma que lhe impõem o costume e a religião. O filho testemunha seu respeito e sua afeição pelos pais realizando o mais escrupulosamente possível as cerimônias durante as quais estes são levados à morte.

Os velhos poderiam esperar sobreviver se conservassem sua força de trabalho. Mas se foram mal alimentados, mal cuidados, se estão gastos pelo trabalho, ficam incapazes cedo: aqui também se estabelece muitas vezes um círculo vicioso, nefasto para eles.

É raro, nas comunidades pobres, o velho possuir bens que lhe permitam sustentar-se. Entre os caçadores coletores, a propriedade não existe: eles nem mesmo fazem provisões de comida. Entre os pastores e os agricultores, essa propriedade é muitas vezes coletiva: o indivíduo possui apenas os frutos do trabalho que executa, ou que manda suas mulheres executarem; se sobrevive a elas, ou se elas se tornam incapazes, se ele próprio não pode mais trabalhar — ou se o costume lhe proíbe um labor reservado ao outro sexo —, fica em total privação. Por vezes, o chefe da família é o dono de seu rebanho e de sua terra; mas, quando suas forças enfraquecem, seus herdeiros lhe tomam essas propriedades e até mesmo se livram dele, para se tornarem mais depressa os donos delas. Vimos apenas dois casos em que os homens idosos permaneciam proprietários: entre os *chukchees* do interior e entre alguns *chukchees* muito raros do litoral, que haviam comerciado com os brancos.

Pode-se concluir que a opção mais habitual das sociedades, agrícolas ou nômades, cujos recursos são insuficientes, é a de sacrificar os velhos.

Sobre a maneira pela qual lhes é imposto esse destino, ignora-se a verdade. Os informantes e sociólogos tendem a afirmar que os velhos morrem alegremente: invoquei testemunhos literários que permitem duvidar disso.

Quando uma sociedade goza de certa margem de segurança, pode-se supor, *a priori*, que sustenta seus velhos: é do interesse dos adultos preparar seu próprio futuro. O encadeamento das circunstâncias, em vez de constituir um círculo vicioso, conta num sentido favorável: as crianças são bem tratadas e tratarão bem seus pais; uma alimentação e uma higiene favoráveis defendem o indivíduo de uma decrepitude precoce. A cultura desenvolve-se e, graças a ela, as pessoas idosas podem adquirir uma grande influência. A magia constitui, então, um sistema de pensamento que se aproxima de uma ciência.

Os primitivos reconhecem uma "vocação mágica" nos indivíduos diferenciados por alguma singularidade: os aleijados, os criminosos etc. A velhice é também uma espécie à parte. Mas é sobretudo por sua memória que os velhos, neste campo, tornam-se indispensáveis; este fato é bem evidenciado pela lenda que relatei: sem tradição, a coletividade seria incapaz de exercer suas atividades. Estas não exigem apenas as técnicas que os adultos poderiam reinventar: devem obedecer a prescrições rituais que não estão inscritas, no presente, nas coisas, mas são impostas pelo passado, e conhecidas apenas pelos anciãos. Com troncos de árvores, pode-se sempre fazer construções: mas se não se dispõem esses troncos de uma certa maneira, não indicada pela prática, catástrofes poderão ser desencadeadas. Impossível atirar flechas eficazmente se são ignoradas as encantações que as conduzem ao alvo. São os velhos que detêm o segredo de tudo isso, e só se desfazem dele com prudência: viu-se como, entre os lelês, os velhos se preocupam em que a tribo tenha necessidade deles: só tardiamente comunicam seu saber.

Sendo necessário, o velho torna-se perigoso porque pode distorcer o saber mágico em seu benefício. Sua ambivalência tem também uma outra causa: próximo da morte, está próximo do mundo sobrenatural. Nesse ponto, o pensamento dos primitivos é hesitante. A não ser no caso das crianças bem novas, a morte, para eles, não aparece nunca como natural. Mesmo na velhice mais avançada, ela resulta de um malefício.[50] Entretanto, eles sabem perfeitamente que o velho vai logo morrer, a tal ponto que o chamam de "quase morto". Neste momento, ele escapa à condição humana: é um fantasma em *sursis* e está imunizado contra os fantasmas. A relação com o ascendente morto é concebida como ambivalente: em

---

[50] A não ser quando, entre os navajos, um velho "esgotou sua vida".

muitas sociedades, ele é o ancestral que quer bem a seus descendentes. Em todas, é um fantasma e, enquanto tal, é temido. Em quase toda parte, os fantasmas são tidos como responsáveis pelo que acontece de mau com o indivíduo e com o clã. Sua sobrevivência é incerta: ao cabo de um tempo mais ou menos longo, dissipam-se, e não sobra mais nada deles. Mas enquanto subsistem, é preciso tentar conciliá-los através de ritos, de sacrifícios, ou, pelo menos, proteger-se contra eles. Em todas as situações nas quais são ameaçadores — passagem de um grupo a outro, de uma idade a outra, mácula devida a uma infração ritual — só o velho pode esconjurá-los. Ele passou do mundo profano ao mundo sagrado: e isto significa que ele próprio tem poderes análogos aos do fantasma que será em breve.

É assim que o velho inspira, ao mesmo tempo, respeito e medo. Nas sociedades em que a magia está mais próxima da feitiçaria do que de uma ciência, em que os fantasmas são muito temidos, é o último sentimento que prevalece. Ele permite aos homens idosos ter acesso a posições elevadas e até tiranizar os jovens. Entretanto, a atitude não é a mesma com relação ao "grisalho" e ao grande velho. A longevidade inspira, às vezes, admiração. Ela prova que a pessoa soube levar a vida com sabedoria, e se torna, então, um exemplo. Para ter resistido a todas as provas naturais e sobrenaturais, é preciso ser dotado de uma virtude mágica singular. Entretanto, quando chega a decrepitude, muitos pensam que esta virtude se enfraquece com as outras faculdades, e o medo não protege mais o indivíduo. Outros imaginam, ao contrário, que o poder mágico só faz aumentar com os anos. Aí, ainda, duas atitudes são possíveis. O terror que inspira enquanto vivo, ou preventivamente, enquanto futuro fantasma, vale ao velho o privilégio de ser tratado com consideração, mesmo no estado de extrema incapacidade. Ou então, a escalada que o torna cada vez mais perigoso, hoje e no futuro, é apressadamente abreviada: ele é morto, e seu cadáver aniquilado. Nas ilhas Trobriand — na Polinésia — e em certos rincões do Japão, os adultos comiam os velhos que atingiam uma certa idade; assim, assimilavam sua sabedoria, ao mesmo tempo que os impediam de se tornarem feiticeiros, e depois adivinhos demasiadamente poderosos. Enquanto sacerdote ou oficiante, o velho não tem ambivalência. Seu papel é positivamente da mais alta importância. Aí, ainda, é graças à sua memória que ele se qualifica. É através dele que se transmitem as cerimônias, ritos, danças e cantos necessários à celebração do culto. Ensina todo esse ritual aos outros, mas ele próprio é particularmente designado por este saber para sua execução. Dispõe-se a isso, também, pelo motivo já visto: é ele o intercessor entre este mundo e o mundo sobrenatural.

Enquanto detentor das tradições, intercessor, protetor contra as potências sobrenaturais, o homem idoso assegura, através do tempo e no momento presente, a coesão da comunidade. Muitas vezes é ele o encarregado de integrar nela o recém-nascido, escolhendo um nome para este. É possível, também, no caso de haver uma organização política complexa, que seja o idoso quem assegure o funcionamento desta: apenas ele tem a memória das genealogias, que permitirá destinar a cada indivíduo ou a cada família seu justo lugar.

O conjunto dos serviços que os velhos prestam graças ao seu conhecimento das tradições lhes vale, geralmente, além do respeito, a prosperidade material. São recompensados com presentes. Particularmente importantes são os que recebem dos neófitos aos quais transmitem seus segredos. Aí está a fonte mais segura da riqueza individual. Esta só aparece nas sociedades suficientemente prósperas para terem uma cultura desenvolvida, e entre os sujeitos que, por outro lado, possuem grande prestígio.

Entretanto, nas sociedades ainda mais avançadas, a influência das pessoas idosas diminui. Nessas sociedades, acredita-se menos nos fantasmas, e até mesmo na magia: não se tem mais medo dos "quase mortos". É na sua contribuição cultural positiva que reside o prestígio dos velhos. E ele perde muito de seu valor nas comunidades em que a técnica se dissocia da magia, e mais ainda naquelas que conhecem a escrita.

Quando uma sociedade é harmoniosamente equilibrada, assegura aos velhos um lugar decente, confiando-lhes trabalhos adaptados às suas forças. Mas não os privilegia mais.

A velhice não tem o mesmo sentido nem as mesmas consequências para os homens e para as mulheres. Apresenta para estas últimas uma vantagem particular: depois da menopausa, a mulher não é mais sexuada; torna-se a homóloga da menina impúbere e escapa, como esta, a certos tabus alimentares. As proibições que pesavam sobre ela, por causa da mácula mensal, são suspensas. Pode tomar parte nas danças, beber, fumar, sentar-se ao lado dos homens. Os fatores que contam a favor dos velhos machos intervêm também para lhes assegurar certos benefícios. Nas sociedades matrilineares, sobretudo, seu papel cultural, religioso, social e político é muito importante. Nas outras, sua experiência tem um certo valor. Atribuem-se às mulheres poderes sobrenaturais que lhes podem conferir prestígio, mas que também podem voltar-se contra elas. Em geral, seu estatuto permanece inferior ao dos homens. São mais negligenciadas e abandonadas com mais facilidade.

Em muitas sociedades, homens e mulheres idosos têm estreita relação com as crianças. Há uma relação entre a impotência do lactente e a do decrépito: essa impotência se evidencia na epopeia dos nartes, de quem se conta que amarravam os velhos em berços. O lactente mal emerge dos limbos, os velhos vão ali mergulhar: para os navajos, o bebê, que mal vive, e o ancião, que quase não vive mais, morrem sem ressentimento e não se tornam mais fantasmas. Praticamente, são todos bocas inúteis e bagagens incômodas: tribos muito pobres, sobretudo nômades, praticam ao mesmo tempo o infanticídio e o assassinato dos velhos. Pode acontecer que o último costume seja encontrado sem o primeiro. Mas não o inverso, uma vez que a criança, que representa o futuro, tem prioridade sobre o velho, que não passa de decadência pura. Um e outro são parasitas, o que acarreta às vezes rivalidade entre eles, em caso de penúria: as crianças roubam as partes dos velhos. Mas se estes têm prestígio, graças a severos tabus alimentares, apropriam-se de uma boa parte da comida. Muitas vezes, netos e avós são estreitamente associados: pertencem simbolicamente a uma mesma classe de idade; a educação dos primeiros é confiada aos avós, a quem prestam serviços. Na criança, repousam as esperanças do futuro; o velho, ancorado ao passado, é detentor do saber; precisa formar seus herdeiros, que assegurarão sua sobrevivência graças à memória deles, através do culto dos antepassados, ou engendrando mulheres nas quais o velho se instalará para renascer. É essa ligação que cimenta, através do tempo, a unidade da coletividade. Na prática, o velho, exonerado das tarefas dos adultos, tem tempo para se ocupar dos jovens que, por sua vez, têm tempo para prestar a seus avós os serviços que estes reivindicam. Esta troca de favores é acompanhada de relações lúdicas; em virtude de sua incapacidade prática e também porque são indivíduos marginais, liberados, como tais, de muitas pressões sociais, crianças e velhos distanciam-se da seriedade dos adultos: brincam juntos, participam de jogos, lançam-se desafios.

O velho, entre os primitivos, é verdadeiramente “o Outro”, com a ambivalência que o termo carrega. Outra, a mulher é tratada nos mitos masculinos ao mesmo tempo como um ídolo e como um capacho.

Assim — por outros motivos e de uma outra maneira —, o velho nessas sociedades é um sub-homem e um super-homem. Incapaz, inútil, é também o intercessor, o mágico, o sacerdote: fica aquém ou além da condição humana, e muitas vezes nas duas situações ao mesmo tempo.

Como em todas as sociedades, estas atitudes são vividas de maneira singular e contingente. O destino dos idosos depende em grande parte de suas capacidades, do prestígio e das riquezas que essas capacidades lhes proporcionaram; o dos privilegiados difere do destino do homem comum. De acordo com os grupos e as famílias, há igualmente diversidade de tratamentos. A teoria e a prática nem sempre estão de acordo; às vezes, zomba-se da velhice na intimidade, ao mesmo tempo que se cumprem os deveres com relação a ela. O inverso, sobretudo, é frequente: honram-se verbalmente os velhos e, na prática, deixa-se que pereçam.

O fato mais importante a sublinhar é que o estatuto do velho nunca é conquistado por ele, mas lhe é outorgado. Mostrei em *O segundo sexo* que, quando as mulheres tiram de seu poder mágico um grande prestígio, é aos homens, na verdade, que o devem. A mesma observação vale para os velhos, em relação aos adultos. A autoridade daqueles funda-se no medo ou no respeito que inspiram: no dia em que os adultos se libertam, os anciãos não têm mais nenhum trunfo. Isso ocorreu muito frequentemente no contato com a civilização dos brancos. Os zandes e os arandas não se apropriam mais das mulheres. Alguns jovens — os laos da África, por exemplo — deixaram suas aldeias, onde sustentavam os velhos pais, para ir procurar emprego nas cidades. Os jovens lelês libertaram-se do jugo dos anciãos, convertendo-se ao cristianismo e trabalhando para os europeus.

Nos lugares onde a autoridade dos velhos continua a se afirmar, isso ocorre porque o conjunto da comunidade quer manter suas tradições através deles. A coletividade decide o destino dos idosos segundo suas possibilidades e seus interesses: eles estão sujeitos a esse destino, mesmo quando ainda se julgam os mais fortes.[51]

[51] Simmons parece dizer o contrário, mas, na verdade, não é assim. O que ele mostra é que, sendo estabelecido um estatuto, certos velhos conseguem melhor que os outros explorá-lo em seu benefício: obstinam-se em trabalhar, encontram um meio de se tornarem úteis etc. Mas o estatuto, em si mesmo, é sempre estabelecido pelo conjunto da comunidade.

Por mais sumário que seja, este estudo basta para demonstrar até que ponto a condição do velho depende do contexto social. Ele tem um destino biológico que acarreta fatalmente uma consequência econômica: torna-se improdutivo. Mas sua involução é mais ou menos precipitada segundo os recursos da comunidade: em algumas delas, a decrepitude começa aos 40 anos, em outras aos 80. Por outro lado, quando uma sociedade é relativamente próspera, certas opções lhe são permitidas: é diferente para o homem de idade ser considerado um fardo incômodo, ou ser integrado a uma comunidade cujos membros decidiram sacrificar até certo ponto suas riquezas para garantir sua velhice. Não é mais apenas a situação material do velho que está em jogo, mas também o valor que lhe é reconhecido: ele pode ser bem tratado e desprezado, ou bem tratado e venerado e temido. Este estatuto depende dos objetivos perseguidos pela coletividade. Disse que a palavra "declínio" só tem sentido se relacionada com um certo fim do qual nos aproximamos ou nos distanciamos. Se um grupo procura apenas sobreviver ao dia a dia, tornar-se uma boca inútil é declinar. Mas se, misticamente ligado aos ancestrais, deseja uma sobrevivência espiritual, então ele encarna o velho, que pertence ao mesmo tempo ao passado e ao além; até mesmo a maior decadência física pode então ser considerada como o apogeu da vida. Com maior frequência, este apogeu situa-se na idade "grisalha", e a decrepitude é encarada como um declínio; mas nem sempre é isso que ocorre.

É o sentido que os homens conferem à sua existência, é seu sistema global de valores que define o sentido e o valor da velhice. Inversamente: através da maneira pela qual uma sociedade se comporta com seus velhos, ela desvela sem equívoco a verdade — muitas vezes cuidadosamente mascarada — de seus princípios e de seus fins.

As soluções práticas adotadas pelos primitivos com relação aos problemas que os velhos lhes colocam são muito diversas: pode-se matá-los, deixar que morram, conceder-lhes um mínimo vital, assegurar-lhes um fim confortável, ou mesmo honrá-los e cumulá-los de atenções. Veremos que os povos ditos civilizados lhes aplicam os mesmos tratamentos: apenas o assassinato é proibido, quando não é disfarçado.

# III

## — A VELHICE NAS SOCIEDADES HISTÓRICAS —

**Estudar a condição dos** velhos através das diversas épocas não é uma empresa fácil. Os documentos de que dispomos só raramente fazem alusão a esse assunto: os idosos são incorporados ao conjunto dos adultos. Das mitologias, da literatura e da iconografia destaca-se uma certa imagem da velhice, variável de acordo com os tempos e os lugares. Mas que relação essa imagem sustenta com a realidade? É difícil determinar. A imagem da velhice é incerta, confusa, contraditória. Importa observar que, através dos diversos testemunhos, a palavra "velhice" tem dois sentidos diferentes. E uma certa categoria social, mais ou menos valorizada segundo as circunstâncias. E, para cada indivíduo, um destino singular — o seu próprio. O primeiro ponto de vista é o dos legisladores, dos moralistas; o segundo, o dos poetas; quase sempre, eles se opõem radicalmente um ao outro. Moralistas e poetas pertencem sempre às classes privilegiadas, e esta é uma das razões que tira de suas palavras uma grande parte de seu valor: eles dizem sempre apenas uma verdade incompleta e, muito frequentemente, mentem. Entretanto, como os poetas são mais espontâneos, são mais sinceros. Os ideólogos forjam concepções da velhice de acordo com os interesses de sua classe.

Uma outra observação impõe-se logo: é a de que é impossível escrever uma história da velhice. A História implica uma circularidade. A causa que produz um efeito é, por sua vez, modificada por este. A unidade diacrônica que se desenvolve através deste encadeamento possui um certo sentido. A rigor, pode-se falar de uma história da mulher, pois esta foi o símbolo e o espaço de certos conflitos masculinos: entre sua própria família e a de seu marido, por exemplo. Na aventura humana, ela nunca foi sujeito, mas, pelo menos, foi pretexto e móvel; sua condição evoluiu segundo uma linha caprichosa, mas significativa. O velho, enquanto categoria social, nunca interveio no percurso do mundo.[52] Enquanto conserva uma eficácia, ele permanece integrado à coletividade e não se distingue dela: é um adulto macho de idade avançada. Quando perde suas capacidades, aparece como outro; torna-se, então, muito mais radicalmente que a mulher, um puro objeto; ela é necessária à sociedade; ele não serve para nada: nem valor de troca, nem reprodutor, nem produtor, não passa de uma carga. Acabamos de ver que seu estatuto lhe é outorgado: não supõe nunca, portanto, qualquer evolução. O problema negro, como já foi dito, é um problema dos brancos; o da mulher, um problema masculino: entretanto, ela luta para conquistar a igualdade e os negros se batem contra a opressão. Os velhos não têm arma nenhuma, e seu problema é estritamente um problema de adultos ativos. Estes decidem de acordo com seu próprio interesse, prático e ideológico, sobre o papel que convém conferir aos anciãos.

Mesmo nas sociedades mais complexas que aquelas que examinamos, é possível que este papel seja importante, apoiando-se os homens maduros na velha geração, contra a turbulência dos jovens. Essa velha geração se recusará a ser destituída do poder que recebeu; se algum dia quiserem arrancá-lo dela, irá servir-se desse mesmo poder para tentar conservá-lo. Através das mitologias, das crônicas, das literaturas, encontra-se um eco desses confrontos. Fatalmente, os anciãos acabam por ser vencidos, uma vez que constituem uma minoria ineficaz, e só tiram sua força da maioria que os utiliza.

Se o problema da velhice é uma questão de poder, esta questão não se coloca senão no interior das classes dominantes. Até o século XIX, nunca se fez menção aos "velhos pobres"; estes eram pouco numerosos e a longevidade só era possível nas classes privilegiadas; os idosos pobres não representavam rigorosamente nada. A história, assim como a literatura, passa por eles radicalmente em silêncio. A velhice não é, numa certa medida, desvendada senão no seio das classes privilegiadas. Um outro fato salta aos olhos: trata-se aí de um problema de homens. Enquanto experiência pessoal, a velhice concerne tanto a eles quanto às mulheres, e mesmo mais ainda a estas últimas, pois vivem mais tempo. Mas quando se faz da velhice um objeto de especulação, considera-se

[52] É bem verdade que, individualmente, mulheres e velhos representaram papéis ativos.

essencialmente a condição dos machos. Primeiro, porque são eles que se exprimem nos códigos, nas lendas e nos livros; mas sobretudo porque a luta do poder só interessa ao sexo forte. Entre os macacos, os jovens arrebatam o poder do velho macho; só ele é morto, enquanto as velhas símias são poupadas.

As sociedades que têm uma história são dominadas pelos homens; as mulheres jovens e velhas podem até disputar a autoridade na vida privada; na vida pública, seu estatuto é idêntico; são eternas menores. Ao contrário, a condição masculina modifica-se ao longo do tempo. O rapaz torna-se um adulto, um cidadão, e o adulto, um velho. Os machos formam classes de idade cuja fronteira natural é imprecisa, mas a sociedade pode atribuir a essas classes limites precisos, como faz hoje, ao fixar a idade da aposentadoria. Passar de uma classe à outra pode significar uma promoção ou uma queda.

Tanto a etnologia como a biologia mostram que a contribuição positiva dos idosos para a coletividade é sua memória e sua experiência que, no campo da repetição, multiplicam suas capacidades de execução e de julgamento. O que lhes falta é a força e a saúde; é também a faculdade de se adaptar à novidade e, com muito mais razão, de inventar. Pode-se presumir, *a priori*, que os adultos se apoiarão nos velhos, nas sociedades fortemente organizadas e repetidoras. Nas sociedades divididas, nos períodos conturbados ou revolucionários, a juventude tomará a dianteira. O papel que os homens de idade representam privadamente, na família, reflete o que o Estado lhes confere. Examinando através do tempo a condição dos velhos, teremos uma confirmação desse esquema.

—✦—

Nas páginas que se seguem, limitar-me-ei a estudar as sociedades ocidentais. Uma exceção, entretanto, se impõe: a China, em virtude da condição singularmente privilegiada que esta nação proporcionou aos velhos.

Em nenhum país a civilização foi, durante tanto tempo, tão estática nem tão fortemente hierarquizada quanto na China. Era uma civilização hidráulica, que exigia um poder centralizado e autoritário; dadas as condições geográficas e econômicas, não se tratava, para a população, de evoluir, mas de sobreviver; a administração limitava-se a conservar tudo como sempre fora. Essa população era composta de letrados, cuja qualificação e cujas responsabilidades aumentavam com os anos: no cume, encontravam-se, automaticamente, os mais antigos. Esta posição elevada refletia-se no seio da família. Tendo regulamentado rigorosamente as relações entre superiores e inferiores, Confúcio modelou à imagem da coletividade o microcosmo que deu a esta como base: a família. Toda a casa devia obediência ao homem mais idoso. Não havia contestação prática de suas prerrogativas morais, pois a cultura intensiva que se pratica na China exige mais experiência do que força. Os costumes não introduziam na família nenhum princípio de contradição, uma vez que a mulher devia obediência a seu marido e não tinha nenhum recurso contra ele. O pai tinha direito de vida e de morte sobre seus filhos, e frequentemente suprimia as filhas ao nascerem; ou, mais tarde, vendia-as como escravas. O filho devia obedecer ao pai e o mais moço ao mais velho. Os casamentos eram impostos aos jovens, que se casavam sem nunca se terem encontrado; continuavam submissos aos ascendentes do rapaz. A autoridade do patriarca não diminuía com a idade. Mesmo a mulher, embora duramente oprimida, gozava da promoção devida à idade: quando velha, seu estatuto era muito mais elevado que o dos jovens dos dois sexos; tinha influência preponderante na educação dos netos, que geralmente tratava com muita dureza. Vingava-se nas noras da opressão que sofrera da própria sogra. O respeito se estendia, fora dos limites da família, a todos os idosos: muitas vezes as pessoas fingiam-se mais velhas do que realmente eram, para ter direito a atenções. O quinquagésimo aniversário era uma data na vida de um homem. Entretanto: depois dos 70 anos, os homens deixavam seus cargos oficiais a fim de se prepararem para a morte. Embora conservassem a autoridade, deixavam ao filho mais velho o comando da casa. Venerava-se neles o ancestral a quem logo se renderia um culto. Essa autoridade dos anciãos era suportada com resignação ou desespero — como testemunha a literatura, particularmente as antigas óperas — pelos jovens, que não tinham nenhum meio de se liberar delas, a não ser o suicídio, frequente sobretudo entre as mulheres jovens. Confúcio justificava moralmente essa autoridade, associando a velhice à posse da sabedoria: "Aos 15 anos, eu me aplicava ao estudo da sabedoria; aos 30, consolidei-o; aos 40, não tinha mais dúvidas; aos 60, não havia mais nada no mundo que me pudesse chocar; aos 70, podia seguir os desejos do meu coração sem transgredir a lei moral."

Na verdade, os grandes velhos eram pouco numerosos, uma vez que as circunstâncias não favoreciam a longevidade. No taoismo, esta aparecia como uma virtude em si mesma. O ensinamento de Laotseu situa nos 60 anos o momento em que o homem pode liberar-se de seu corpo através do êxtase, e se tornar um santo. No neotaoismo chinês, o objetivo supremo do homem é a busca da "longa vida". Todos os pais do taoismo fazem alusão a isso. Tratava-se de uma disciplina quase nacional. O indivíduo podia chegar pela ascese e pelo êxtase a uma santidade que o protegia contra a própria morte. A santidade era a arte de não morrer, a absoluta posse da vida. A velhice era, portanto, a vida sob sua forma suprema. Imaginava-se que, se durasse muito tempo, ela acabaria em apoteose. Chuangtseu evoca velhas crenças quando conta que "fatigados do mundo depois de mil anos de vida, os homens superiores elevam-se à categoria de gênios".

—✦—

Na literatura chinesa, algumas vezes os jovens deploram a opressão de que são vítimas. Mas a velhice nunca é denunciada como um flagelo. Em compensação, no Ocidente, o primeiro texto conhecido dedicado à velhice traça desta um quadro sombrio; este texto encontra-se no Egito e foi escrito em 2500 a.C. por Ptah-hotep, filósofo e poeta: "Como é penoso o fim de um velho! Ele se enfraquece a cada dia; sua vista cansa, seus ouvidos tornam-se surdos; sua força declina; seu coração não tem mais repouso; sua boca torna-se silenciosa e não fala mais. Suas faculdades intelectuais diminuem, e lhe é impossível lembrar-se hoje do que aconteceu ontem. Todos os seus ossos doem. As ocupações que até recentemente causavam prazer só se realizam com dificuldade, e o sentido do paladar desaparece. A velhice é o pior dos infortúnios que pode afligir um homem. O nariz entope, e não se pode mais sentir nenhum odor."

Essa enumeração desolada das deficiências da velhice será encontrada em todas as épocas, e é importante sublinhar a permanência desse tema. Se o sentido e o valor dados à velhice variam com as sociedades, nem por isso ela deixa de permanecer um fato que transcende a História, suscitando um certo número de reações idênticas. Organicamente, a velhice é, sem dúvida, um declínio e, como tal, a maior parte dos homens a temeu. Os próprios egípcios já acalentavam a esperança de vencê-la. Pode-se ler, num papiro: "Início do livro sobre o modo de transformar um velho num jovem." Aconselha-se a consumir glândulas frescas retiradas de jovens animais. Nos dias de hoje, também encontramos este sonho de rejuvenescimento.

O povo judeu é conhecido pelo respeito de que cercou a velhice. Qual será a parte do mito e qual a da realidade nos relatos recolhidos na Bíblia a partir do século IX? É difícil determinar. Esses relatos inspiram-se, ao mesmo tempo, em antigas tradições orais e na situação presente. Naquela época, os hebreus tinham se instalado na Palestina; os nômades haviam se tornado agricultores; a velha civilização tribal, familiar e patriarcal transformara-se. Existem classes sociais: os ricos são ao mesmo tempo os juízes, os detentores do poder administrativo, os donos do comércio e os que emprestam dinheiro. Os autores dos livros santos conservam a nostalgia do passado e projetam nele os valores que desejam ver reconhecidos por seus contemporâneos. Embora se encontrem entre eles os ecos de uma antiquíssima filiação matrilinear, descrevem uma sociedade patriarcal, na qual os grandes ancestrais, aos quais atribuem idades fabulosas, eram os eleitos e os porta-vozes de Deus. Consideram a longevidade a suprema recompensa da virtude. "Se observardes os preceitos que vos dito", diz Deus, no *Deuteronômio*, "então vossos dias na terra que o Eterno jurou dar a vossos pais serão tão numerosos quanto serão os dias dos céus sobre a terra". "O temor do Eterno aumenta os dias, mas os anos dos maus serão abreviados", lê-se nos *Provérbios*. "Os cabelos brancos são uma coroa de honra: é no caminho da Justiça que essa coroa é encontrada", lê-se, ainda, no mesmo livro. Abençoada por Deus, a velhice exige obediência e respeito: "Tu te levantarás diante dos cabelos brancos e honrarás a pessoa do velho", prescreve o *Levítico*. Os mandamentos de Deus exigem dos filhos que honrem pai e mãe. Se um filho se recusa a obedecer ao pai e se todas as tentativas para fazê-lo ceder forem vãs, o pai — diz o *Deuteronômio* — deverá levá-lo aos anciãos da cidade: "E todos os homens de sua cidade o apedrejarão e ele morrerá." Seria interessante saber se esses castigos foram efetivamente infligidos. O certo é que, para que tenham sido prescritos, é preciso que a docilidade das crianças tenha sido menos absoluta do que na China: a sociedade era muito menos rigorosamente organizada, e dava mais espaço ao individualismo. Os anciãos representavam, ali, um papel político. Segundo *Números*, Javé teria dito a Moisés: "Reúne-me setenta dentre os anciãos de Israel. Eles levarão contigo a carga deste povo, e não estarás mais só para carregá-la." Ignoramos se tal conselho realmente existiu. A Bíblia relata também que Roboão foi punido por não ter mais ouvido os anciãos que lhe aconselhavam a generosidade para com Israel: as tribos oprimidas se desligaram da casa de Davi. Provavelmente, todas essas tradições são invocadas para apoiar o costume. Na Palestina, como em todas as sociedades agrícolas avançadas, os anciãos tinham certamente um papel importante na vida pública, e, enquanto conservava algum vigor físico e moral, o homem mais idoso da família a governava. Josefo, sob Antíoco, o Grande (223-181), fala de uma *Gerúsia* presidida pelo grande sacerdote, e onde dominava a aristocracia sacerdotal; é o Sinédrio. Parece que este só apareceu nos últimos séculos. Era composto de 70 membros: os príncipes dos sacerdotes (grandes sacerdotes tirados de seus cargos), os representantes das 24 classes sacerdotais dos escribas, doutores da lei e anciãos do povo. Era o tribunal supremo. Ele editava as leis e intervinha nas relações com os ocupantes romanos. Controlava tudo o que dizia respeito à religião, isto é, praticamente tudo. Os anciãos tinham, portanto, um papel importante. Mas considerava-se que o juiz perfeito não devia ser nem jovem demais, nem velho demais.

Há, na Bíblia, apenas um episódio que associa à idade avançada não a virtude, mas o vício; ele se encontra numa obra tardiamente composta — entre 167 e 164 a.C. — a saber, o *Livro de Daniel*.[53] É a célebre história de Suzana e dos dois velhos. Estes últimos, juízes respeitados pelo chefe da casa, apaixonam-se pela beleza da mulher deste. Uma tarde, escondem-se no jardim para surpreendê-la no banho. Ela lhes recusa seus favores e, por vingança, eles dizem tê-la visto dormir com um jovem. Consideram-se verdadeiras essas acusações, e Suzana é condenada à morte. Mas Daniel, ainda muito jovem, salva-a, interrogando separadamente os dois juízes, cujos testemunhos se contradizem. São eles, então, os condenados à morte.[54] Talvez, naquela época, se experimentasse um

---

[53] Este episódio é suprimido na Bíblia protestante. Certamente em virtude do imenso respeito de que os puritanos cercam os velhos.

[54] *Livro de Daniel*; cap. XIII.

ressentimento contra os velhos, alguns dos quais abusavam das riquezas, das altas funções e do respeito de que eram cercados.

O *Eclesiastes* — obra enigmática, de data incerta e certamente compósita — contrasta com o restante do pensamento judeu. Encontra-se aqui um exemplo contundente da oposição que assinalei entre a atitude oficial da sociedade com relação à velhice e as reações espontâneas que ela inspira aos poetas. Dentre os infortúnios do homem, o *Eclesiastes* conta a idade avançada, e sua descrição da decrepitude é de uma crueldade amarga, se lida segundo a interpretação do exegeta judeu Jastrow:

"Lembra-te de teu criador durante os dias de tua juventude, antes que cheguem os dias maus e que se aproximem os anos em que dirás: Não experimento mais nenhum prazer. Antes que se obscureçam o Sol e a luz, a Lua e as estrelas, e que as nuvens retornem após a chuva (diminuição de acuidade visual, extinção das forças intelectuais): tempo em que os guardiães da casa (os braços) tremem, quando os homens fortes (as pernas) se curvam, quando os que moem (os dentes) param porque se enfraqueceram, quando os que olham pelas janelas (os olhos) estão obscurecidos, quando os dois batentes da porta se fecham para a rua (perturbações da digestão e da micção), quando diminui o barulho da mó (surdez), quando as pessoas se levantam ao canto dos passarinhos (mau dormir, despertar matinal), quando se enfraquecem todas as filhas do canto (perturbações da palavra), quando se teme tudo que é alto (o ofegar das subidas), quando se tem terrores ao longo do caminho, quando a amendoeira floresce (cabelos brancos), quando o gafanhoto se torna pesado (diminuição da potência genital)... antes que o cordão de prata se desprenda (desvio da coluna vertebral), que o vaso de ouro se parta, que o balde se despedace na fonte e que a roda se quebre na cisterna (insuficiência do fígado e dos rins)..."

Sobre o lugar dos velhos entre os outros povos da Antiguidade, somos muito mal informados. Embora a relação entre os costumes e a fábula seja das mais incertas, não se pode deixar, nesta penúria, de interrogar as mitologias: a maior parte delas trata a velhice do ângulo do conflito das gerações. A civilização mais antiga que conhecemos é a de Sumer e Akkad. Segundo ela, na origem havia, em primeiro lugar, Apsu, deus da água, e Tiamet, deusa do mar. De seu casamento, nasceram Mumu (o tumulto das ondas), depois Lahmu e Iahamu, que, unindo-se, engendraram Anshar, o céu, e Kishar, a terra. Estes engendraram Anu,

Bel Marduk, Ea e outras divindades da Terra e dos Infernos. Estes jovens deuses perturbaram com seu tumulto o repouso do velho Apsu, que se queixou a Tiamet: os dois tramaram renegar sua descendência. Mas Ea apossou-se de Apsu e de Mumu. Tiamet gerou então enormes serpentes e uma quantidade de monstros; confiou o comando destes a um dos deuses ao qual estava ligada — Quingu. Os outros deuses nomearam Marduk seu rei; ele desafiou Tiamet para um combate e matou-a.[55] Em seguida, organizou o mundo e criou a humanidade. Encontra-se uma sequência análoga entre os fenícios, de acordo com as pranchetas de Ras-Lhamas. Filone de Biblos, no fim do século primeiro de nossa era, nos transmitiu um eco de suas crenças. Conta como Krono mutilou seu pai, Epigeios, que toma, em seguida, o nome de Urano. O esquema está de acordo com o que encontramos em inúmeras religiões: na origem do mundo, existe uma divindade uranista, princípio único que permanece longínquo, abstrato, sem relação com os homens, que não a cultuam. O Sagrado desce, a seguir, a uma pluralidade de divindades concretas, que estão em relação direta com o mundo e que os homens adoram através de sacrifícios, orações, cerimônias. Mas é significativo que esta passagem tome aqui o aspecto de uma filiação, estando o ancestral afastado do mundo governado por seus descendentes.

Entre os gregos, Urano também não é mais uma simples entidade abstrata: ele aparece como o grande fecundador, mas também como o pai desnaturado e destruidor. Há uma querela entre as gerações, que termina com o triunfo dos jovens. Essa mitologia foi influenciada pela dos fenícios — seria interessante saber a que realidade ela correspondia. Encontram-se na história e na literatura gregas inúmeros ecos dos conflitos que opuseram os jovens aos anciãos, os filhos aos pais. Existiriam esses conflitos nos tempos em que se formaram os mitos? Caberia supor que os velhos eram dotados de um prestígio de que mais tarde foram despojados? Ou os jovens que possuíam a realidade do poder teriam retomado e enriquecido mitos que justificavam sua preeminência? Não temos meios de escolher entre essas hipóteses. Contentar-nos-emos em examinar os dados de que dispomos, no domínio dos mitos e no domínio dos fatos.

---

[55] Este assassinato simboliza, provavelmente, a passagem de uma sociedade matriarcal a uma sociedade patriarcal.

Segundo Hesíodo, antes de tudo foi Caos, depois Geia e Eros. Geia "concebeu um ser igual a ela mesma, capaz de cobri-la inteira — Urano". De seus abraços nasceu a segunda geração — a dos Uranidas, que compreendia: 1º, os Titãs e as Titânides, em número de doze; 2º, os três Ciclopes; 3º, os três Hecatônquiros, que tinham, cada um, cem braços e cinquenta cabeças. Geia odiava Urano por causa de sua inesgotável fecundidade e este detestava seus filhos. Assim que nasciam, ele os escondia no seio de Geia, isto é, sepultava-os na terra. Revoltada, Geia criou um metal duro e cortante, o aço, fez com ele uma foice e ordenou a seus filhos que castrassem o pai. Só Krono obedeceu e castrou Urano com a foice. O grande ancestral, Urano, é, pois, descrito pelos gregos como um procriador desordenado, um soberano tirânico e odioso. Seu filho Krono, tendo-lhe tomado o poder, desposou a irmã, Reia. Tiveram muitos filhos. Mas o próprio Krono — talvez porque tivesse castrado seu pai e desconfiasse dos filhos — detestava-os e os devorava. Reia escondeu seu caçula, Zeus, entregando a Krono, em lugar do filho, uma grande pedra enfaixada. Quando cresceu, Zeus investiu contra seu pai. Fê-lo vomitar os filhos engolidos; declarou guerra a Krono, assim como aos irmãos deste, os Titãs. Foi ajudado nesta guerra pelos Cem-Braços. Depois de uma horrível refrega — a Titanomaquia — os Titãs sucumbiram.

Entretanto, Geia fora fecundada pelo sangue de Urano mutilado, e dera à luz os Gigantes. Estes — meio-irmãos de Krono e, portanto, pertencentes à mesma geração — levantaram-se contra Zeus. Píndaro, o Primeiro, relatou esta Gigantomaquia da qual Zeus saiu vencedor, vencendo também Tifeu.

Existem inúmeras variantes desses acontecimentos míticos. O que é interessante é a ideia geral que inspirou esses relatos: os antigos deuses, ao envelhecerem, tornam-se cada vez mais maldosos e pervertidos — ou, pelo menos, sua malevolência tirânica torna-se cada vez mais intolerável, e acaba por suscitar uma revolta que os destrona. Doravante, quase todos os deuses que reinam no mundo são jovens. Constituem exceções apenas Caronte, o barqueiro dos Infernos, que os gregos representavam como um velho hediondo ou, pelo menos, lúgubre, e algumas divindades marinhas: Nereu, o "velho do mar", filho de Pontos e de Geia, bom e silencioso; seu irmão, Fórcis, "velho que domina as ondas", diz Homero; Proteu, "o velho do mar", filho de Urano e de

Tétis. Pode-se citar também as Greias, megeras horríveis que, juntas, possuíam apenas um dente e um olho que passavam de uma à outra.

Algumas outras indicações sobre a atitude dos antigos gregos com relação à velhice nos são fornecidas pelas raras narrativas míticas nas quais ela aparece. A lenda de Filêmon e Báucis põe em cena um casal idoso: sua generosa hospitalidade, sua fidelidade conjugal lhes valem uma longa velhice feliz e uma metamorfose que eterniza seu amor. São suas virtudes que são recompensadas, e a longevidade representa aqui uma vitória contra a morte — vitória, aliás, precária: é preciso um milagre de Zeus para salvá-los para sempre. O mito de Tirésias estabelece uma relação — que encontramos frequentemente — entre a idade, a cegueira e a luz interior. Tornado cego pela cólera de Hera, Tirésias recebeu de Zeus, em compensação, o dom da profecia; dava respostas infalíveis a todas as perguntas. Foi assim que os gregos imaginaram também o velho Homero cego: o poeta, assim como o profeta, é tanto mais inspirado quanto menos o mundo exterior existe para ele. As lendas mais significativas são as de Títono e Éson. A primeira mostra que a decrepitude parecia aos gregos um flagelo pior que a própria morte. Aurora, obtendo para seu esposo a imortalidade, esqueceu de pedir que esta fosse acompanhada de uma eterna juventude; por mais que o alimentasse de ambrosia, ele caiu na decrepitude; solitário, miserável, encarquilhou-se e secou a tal ponto, que os deuses misericordiosos o transformaram em cigarra. Na história de Éson, rejuvenescido no limiar da morte pelos sortilégios de sua nora Medeia, expressa-se o velho sonho de uma eterna juventude. Essa história é simétrica à de Títono: a imortalidade não é nada sem a juventude; ao contrário, eternizar a juventude seria para o homem a felicidade suprema. Existiam, entre os gregos, várias fontes de juventude, das quais a mais célebre era a de Cáratos, perto de Náuplia.

O que era, na realidade, a condição dos velhos na Grécia antiga? Enquanto, até épocas bastante recentes, as sociedades se livravam (e não apenas em Esparta) das crianças disformes ou mal nascidas, nada autoriza a pensar que as pessoas idosas algum dia tenham sido eliminadas. Parece que, segundo a semântica, na alta Antiguidade, a ideia de honra ligou-se à de velhice. *Géra*, *géron*: as palavras que designam a idade avançada significam também o privilégio da idade, o direito da ancianidade, a deputação. Em seu estudo *Kouroi et Kouretes*, examinando os vestígios da civilização grega arcaica, Jeanmaire chega à mesma conclusão: as antigas instituições ligavam a ideia de honra à de velhice. Nos tempos heroicos, o chefe da Pólis, o rei, era assistido por um conselho de anciãos, mas estes, segundo Homero, tinham apenas um papel consultivo. O rei lhes confiava também, por vezes, a tarefa de exercer a justiça — nem sempre se desempenhavam bem dessa tarefa, e seus equívocos desencadeavam catástrofes naturais.

Segundo Homero, entretanto, a velhice está associada à sabedoria, e é encarnada em Nestor, o conselheiro supremo; o tempo lhe conferiu a experiência, a arte da palavra, a autoridade. Entretanto, ele aparece como fisicamente enfraquecido. E não é ele quem assegura aos gregos a vitória. Só um homem na força da idade seria capaz de inventar um artifício mais eficaz do que todas as táticas tradicionais. Ulisses sobrepuja de longe Nestor, e também seu pai, Laerte, que lhe cedeu a realeza. Do mesmo modo, Príamo é eclipsado por Heitor. Pode-se inferir que os velhos tiveram um papel mais honorífico que eficaz enquanto a Grécia viveu num regime feudal. Era preciso o vigor físico de Ulisses para expulsar os pretendentes que Laerte, por sua fraqueza, era obrigado a suportar. Veremos isso quando estudarmos a Idade Média: quando a propriedade não é garantida por instituições estáveis, mas merecida e defendida pela força das armas, os velhos são relegados à sombra; o sistema repousa nos jovens, são eles que possuem a realidade do poder. Por outro lado, Homero zomba dos demogerontes de Troia. Ele evoca o "limiar maldito da velhice". Num hino que lhe é atribuído, Afrodite diz: "Os deuses também odeiam a velhice."

No século VII, a colonização de um novo mundo traz uma revolução econômica. Não mais apenas a propriedade imobiliária, mas também a indústria, o comércio e o dinheiro são fontes de riqueza. A aristocracia muda de caráter. A classe que lhe era inferior — a dos demiurgos — artesãos, trabalhadores independentes — enriquece. A Pólis é dominada por uma plutocracia. A realeza é abolida ou não conserva mais que um caráter honorífico. A Pólis é pequena e pouco povoada: de 5.000 a 10.000 cidadãos — aos quais se acrescentam os escravos, os metecos que não têm direito político. A constituição da Pólis revestiu-se de diferentes formas — que foram mudando à medida que os ricos enriqueciam, que os pobres empobreciam, que a luta de classes se exacerbava. Fosse ela uma oligarquia, uma tirania ou uma democracia, havia sempre à sua frente um Conselho. É muito significativo que, nas oligarquias — necessariamente autoritárias e conservadoras, já que uma minoria de ricos desejava conservar o poder —, os Conselhos fossem sempre *Gerúsia*. Entrava-se neles tarde, e neles se permanecia até a morte. Era assim em Éfeso, em Crótona, em Creta, em Cnido e em muitos outros lugares. Na Élida, havia 90 gerontes; havia 80 em Corinto. As oligarquias barravam aos jovens o acesso às magistraturas importantes. Tratava-se de manter a ordem estabelecida: temia-se a ambição dos homens jovens, seu espírito de iniciativa.

A velhice era, portanto, em muitas das antigas cidades, uma qualificação. Mas enquanto avatar individual, ela não era amada: os poetas o testemunham.

Entre os gregos, observa Burckhardt, "a velhice ocupa um lugar totalmente especial no conjunto das queixas inspiradas pela vida terrestre". Na Jônia voluptuosa e hedonista, Minermo, sacerdote em Cólofon, exprime, por volta de 630 a.C., os sentimentos de seus concidadãos; ele canta os prazeres, a juventude, o amor; e detesta a velhice: "Que vida, que prazeres, sem Afrodite de ouro?" Ele lamenta Títono: "Infeliz dele! Foi com um mal imortal que os deuses o atingiram!" Repete sem cessar que preferiria morrer a envelhecer: "Como as folhas que a estação das flores faz brotar sob os raios do sol, durante um fugidio instante gozamos a flor de nossa juventude, e logo as negras Parcas nos cercam, uma trazendo a dolorosa velhice e a outra, a morte. O fruto da juventude não tardou a apodrecer: mal dura o tempo da luz do dia. E uma vez atingido esse termo, a vida se torna pior que a morte. Aquele que um dia foi belo, quando passou a hora da juventude, faz pena até a filhos e amigos." E ainda: "Quando a juventude desaparece, mais vale morrer que viver. Pois muitos infortúnios apoderam-se da alma humana: destruição do lar, miséria, morte dos filhos, deficiências, não há ninguém a quem Zeus não envie infortúnios em abundância." E ainda: "Uma vez chegada a dolorosa velhice, que torna o homem feio e inútil, as inquietações malignas não deixam mais seu coração e os raios do sol não lhe trazem nenhum reconforto. Ele é antipático às crianças e as mulheres o desprezam. Foi assim que a velhice foi doada por Zeus — cheia de dores." Desejava não chegar à velhice: "Pudesse eu, sem doença e sem tristeza, encontrar aos 60 anos a Parca e a morte." No caso de Arquíloco, sacerdote de Tasos, vê-se aparecer um tema que será explorado ao longo dos séculos: enamorado desprezado,[56] ele prediz à cruel sua decadência futura: "Tua pele já fenece, e a triste velhice nela já cava seus sulcos." Teógnis de Mégara desola-se: "Infeliz de mim! Desgraça! Ó juventude! Ó velhice que tudo altera! Esta se avizinha; aquela distancia-se." Como Minermo, Anacreonte, também ele originário da Jônia, cantou, no século VI, o amor, o prazer, o vinho, as mulheres; envelhecer é perder tudo o que fazia a doçura de viver; ele descreve com dor o reflexo que seu espelho lhe devolve: cabelos fanados, têmporas grisalhas, dentes estragados, e se lamenta da morte próxima. O otimismo de Píndaro parece muito mais acadêmico. Durante toda a sua vida, havia sido oportunista. Tebano, por ocasião da batalha de Salamina, preconizou a colaboração; em seguida, cantou a liberação de sua pátria. Rico, célebre, tinha o mais alto conceito de si mesmo, e lhe convinha suscitar inveja, mais do que piedade. Declarou que a idade avançada era para si uma fonte de calmas satisfações: agradecia aos deuses por lhe terem concedido glória e fortuna.

Já vimos: à atitude dos poetas diante dessa aventura individual que é, para eles, a velhice, opõem-se as ideologias que consideram esta última uma categoria social. É assim que Sólon rejeita a ideia melancólica que Minermo faz da idade avançada. Ele lhe responde que é desejável viver até 80 anos: "Eu não cesso de aprender, enquanto avanço na minha velhice." É que seu sistema de valores era bem diferente. A volúpia e os prazeres pouco contavam, para ele. Seu problema era político. Pretendia arbitrar entre os eupátridas e os tetas: na verdade, ele favoreceu a aristocracia. Como todos os conservadores, desejava apoiar-se nos anciãos e reservar a estes um grande espaço na constituição da Pólis.

Entre os privilegiados, a condição dos velhos está ligada ao regime da propriedade. Quando esta não repousa mais na força, mas é firmemente garantida pela lei e institucionalizada, a pessoa do proprietário não é mais essencial e se torna indiferente; ela fica alienada à sua propriedade, através da qual é respeitada. Não se levam em conta suas capacidades individuais, mas seus direitos. Pouco importa, portanto, que ele seja velho, débil, e até incapaz. Como a riqueza geralmente aumenta todos os anos, não são mais, portanto, os jovens, mas sim os mais idosos

---

[56] Ele celebra a beleza de Néuboudé, filha de um notável, que desejava desposar; mas o pai opôs-se a esse casamento.

que ocupam o topo da escala social. Foi o que aconteceu nas cidades gregas, quando estas se dotaram de instituições estáveis. Entre os eupátridas, os interesses da propriedade e os da velhice confundiram-se.

Sabe-se que, em Esparta, a velhice era honrada. A casta dos militares — que se chamavam os "iguais", embora houvesse entre eles grandes desigualdades de fortuna — era mantida por um sem-número de não cidadãos, ilotas e periecos. Era um vasto acampamento onde os adultos levavam, até os 60 anos, a vida de caserna; homens e mulheres eram submetidos a uma implacável disciplina. Liberados de suas obrigações militares, os homens de 60 anos ou mais estavam como que predestinados a manter a ordem que lhes fora imposta; toda a casta dos exploradores, e particularmente os grandes proprietários, estava interessada em conservar o *status quo*. É normal que essa sociedade oligárquica, opressiva e estática, tenha confiado, em grande parte, o poder aos cidadãos que eram ao mesmo tempo os mais velhos e os mais ricos; era entre eles que eram escolhidos os 28 membros da *Gerúsia*. Eles se reuniam a convite dos éforos — cinco magistrados mais jovens —, que exerciam, assim, um certo controle sobre eles; apesar disso, entretanto, o poder estava nas mãos dos mais velhos e mais ricos. Os anciãos, encarregados de formar a juventude, inculcavam nesta o respeito à idade avançada.

Em Atenas, as leis de Sólon conferiram todo o poder às pessoas idosas; o Areópago, que governava os negócios públicos, era composto de antigos arcontes. Enquanto o regime permaneceu aristocrático e conservador, a velha geração manteve suas prerrogativas, perdidas quando Clístenes estabeleceu a democracia. Mas essa geração não deixou de se defender. Encontram-se em Tucídides, em Isócrates, os ecos de uma querela das gerações. As pessoas idosas conservaram alguns poderes. Quando filhos eram acusados de maus procedimentos com relação a seus pais — recusa de cuidados necessários, pancadas e feridas —, os juízes aos quais a questão era levada deviam ter mais de 60 anos. Esta idade era também exigida aos exegetas encarregados de interpretar o direito. Por outro lado, reconheciam-se em certos velhos dos dois sexos faculdades sobrenaturais. Por vezes, eles apareciam em sonho, revelavam verdades ou davam conselhos úteis. Outras vezes, eram solicitados a interpretar sonhos e oráculos. Sua autoridade, entretanto, enfraquecia-se bastante, e na vida privada manifestava-se pouco respeito por eles. Xenofonte queixa-se: "Quando, então, os atenienses, a exemplo dos lacedemônios, respeitarão os mais velhos, eles, que começam a desprezar os anciãos nos próprios pais?" Segundo um relato feito por Cícero em *De Senectute*, chegando um velho ateniense atrasado aos jogos públicos, seus concidadãos se recusaram a lhe ceder um lugar; os deputados da Lacedemônia levantaram-se e o fizeram sentar-se, o que provocou aplausos da Assembleia. Um espartano disse, então: "Parece que os atenienses sabem o que é preciso fazer, mas não querem fazê-lo." Essa atitude parece, de fato, desconcertante. O que nos revela, sobre esse assunto, a literatura?

A tragédia não reflete os costumes com exatidão; por razões estéticas, sendo todos os seus protagonistas dotados de uma dimensão sobre-humana, ela concede grandeza e nobreza aos anciãos. Entretanto, a tristeza destes tem acentos mais sinceros do que os elogios convencionais que lhes são outorgados.

"Nós, velha carne, insolventes,
ali deixados pela expedição,
permanecemos, a guiar
com nossos bastões nossa força pueril;
pois a jovem seiva do coração,
quando começa a brotar, é como se fora senil;
Ares ali não tem lugar. Que é um velho?
Seca a sua folhagem
Caminha ele com três pés e,
não mais forte que uma criança,
qual um sonho em pleno dia, divaga",

diz o Corifeu, no *Agamêmnon*, de Ésquilo. Em *Os persas*, os velhos falam com angústia de suas barbas brancas.

"Quando se é velho — escreve Sófocles — a razão se extingue, a ação torna-se inútil e se tem vãs preocupações." Entretanto, ele mostrou magnificamente quanta grandeza pode aliar-se a essa miséria. Aos 89 anos, em *Édipo em Colona*, ele pinta Édipo, chegando ao termo de sua vida, vagabundo, miserável, cego.

"Tende piedade do pobre fantasma de Édipo
Pois este velho corpo não é mais ele."

"Meu corpo não tem mais forças para caminhar só
sem alguém que o conduza."

Ele conservou paixão, cólera e ódio contra seus filhos e uma calorosa ternura por suas filhas:

"Mesmo morrendo
Não serei demasiado infeliz se estiverdes perto de mim."

Entretanto, no plano profano, Édipo não passa da sombra de si próprio. O que ele ignora é que se tornou um personagem sagrado: assim era visto pelo público desde sua entrada em cena; a beleza da tragédia reside no contraste entre a aparente degradação de Édipo e o caráter sobrenatural que, sem que ele o soubesse, os deuses lhe conferiram.

O território que o acolheu conquista, graças a ele, o favor dos deuses: é um Salvador e morre em apoteose. Assim, é magnificamente posta em evidência a ambivalência da idade avançada: é uma fonte de infortúnios e aparece como deplorável; entretanto, para certos indivíduos, revestia-se, entre os gregos, de um aspecto sagrado.

Eurípides, revelando uma visão pessimista da existência, vê a velhice sob cores sombrias. Em *Alceste*, Admeto reprova asperamente seu pai por não consentir em morrer em seu lugar. Exclama, com cólera:

"A acreditarmos nos velhos, eles chamam a morte, a idade acabrunha-os, viveram demais. São palavras! Assim que a morte se aproxima, ninguém mais quer partir, e a idade não mais é pesada."

Em *Hécuba*, a velha rainha se faz sustentar pelas outras cativas:

"Vinde, minhas filhas, conduzi a velha até a frente da morada.
... Vinde tomar-me, carregar-me, ajudar-me, vinde sustentar meu corpo enfraquecido.
E eu, apoiando minha mão na muleta do vosso cotovelo dobrado,
Farei meus passos menos lentos."

Em *As troianas*, ela maldiz sua impotência; interpela-se: "Inútil zangão!" Entretanto, do mesmo modo que Édipo, ela se reveste de um caráter sagrado. A fraqueza física e o infortúnio não fazem mais que ressaltar sua grandeza sobre-humana.

Em *Íon*, o velho escravo queixa-se de andar com dificuldade, e Jocasta, em *Os fenícios*, anda com passos cambaleantes. Entretanto, pela boca de Jocasta, Eurípides defende a velhice:

"Nem tudo é desprezível na velhice,
Eteócles, meu filho — a experiência bem tem a dizer sua
palavra, mais sábia que a palavra dos jovens."

Com efeito, ela dá bons conselhos, que não são seguidos.

Mas é uma visão pessimista da idade avançada que triunfa, em Eurípides. Um coração geme: "Nós, os velhos, não somos mais que um rebanho, uma aparência, perambulamos como imagens de sonho, não temos mais bom senso, por mais inteligentes que pensemos ser."

Na tragédia, o velho é sujeito: é apresentado tal como existe por si mesmo. Quando, cinquenta anos depois de Eurípides, desabrocha com Aristófanes, a comédia toma o velho como objeto. O público ateniense continuou a comover-se com a grandeza de Édipo e de Hécuba; mas ria com gosto diante do espetáculo de velhos ridículos.

Nas suas comédias, Aristófanes defende teses políticas e morais — Atenas era então governada por Cléon, um demagogo que combatia a influência das classes superiores e praticava uma política belicista. Respeitador da aristocracia, ligado às velhas tradições, Aristófanes detesta Cléon e todas as inovações que ele introduzira na cidade: o espírito de partido, as denúncias, os processos, a guerra e também a filosofia. A velhice tem apenas um papel secundário nas intrigas, cujo objetivo é o de denunciar as taras da época. A atitude de Aristófanes com relação aos idosos é, portanto, variável.

Conservador, ele reivindica o respeito aos anciãos. Em *Os acarnenses*, sem dissimular a decadência dos velhos, toma o partido destes contra os jovens: aos primeiros, deve ser feita justiça, em nome dos serviços que prestaram à República. Na boca dos velhos, põe estas palavras: "Nós, os anciãos, os ancestrais, temos muito de que nos queixar de nossos concidadãos. Longe de termos recebido de vós a recompensa e o tratamento dignos de nossas façanhas nos combates navais, sofremos um destino miserável. Na nossa idade, vós nos arrastais até os tribunais; permitis que jovens oradores, fedelhos inexperientes, zombem de nós, ao passo que não valemos mais nada, com nossa surdez e nossa elocução trêmula... Velhice caduca, permanecemos diante das leis gravadas nas tábulas de pedra, sem perceber mais que as sombras da justiça." Os velhos indignam-se longamente porque os jovens advogados os importunam e os fazem cair em armadilhas.

Entretanto, em outras peças, Aristófanes não hesita em zombar dos idosos; a idade é, para ele, um recurso cômico. É um velho que, em *As nuvens*, solicita a Sócrates a ciência do raciocínio injusto que lhe permitirá afastar seus credores. O público ria dos sofistas, mas também desse aluno demasiado decrépito para aprender o que quer que fosse, e que manda seu filho instruir-se em seu lugar. Este último aproveita as lições de Sócrates e espanca o pai, demonstrando-lhe que tem razão em fazê-lo. Aristófanes inaugura aí o tema, tão repetido a seguir, do velho injuriado e espancado. Em *As vespas*, Aristófanes investe contra uma instituição que encarava como um flagelo: o processo. O regime considerava suspeitos os cidadãos ricos ou poderosos, e movia contra estes inúmeros processos. Os juízes eram recrutados no conjunto dos cidadãos. Cléon fixara em três óbolos a quantia que estes recebiam cada vez que julgavam. Os atenienses abastados não estavam interessados neste ganho, e se recusavam a tomar assento no tribunal. Os heliastas eram, portanto, gentalha, e os julgamentos refletiam o espírito das classes inferiores. Aristófanes estava de acordo com as classes superiores ao detestá-los: teria ficado satisfeito se milhares de juízes inúteis deixassem de ser alimentados. Esses juízes eram frequentemente velhos, uma vez que os homens mais jovens ficavam retidos por suas ocupações.

São, portanto, velhos sem fortuna que, no início da peça, Cléon incita a condenar Laques, que ele acusa de malversações e de venalidade: havia, na verdade, solidariedade entre o demagogo e seus juízes. O velho Filocléon[57] não está entre eles porque seu filho, Bdelicléon,[58] o prendeu, para impedi-lo de participar do julgamento. Mas ele escapa, e faz um grande elogio dos tribunais, elogio que, na verdade, é uma sátira. Seu filho contra-ataca e convence os velhos heliastas. Mas não convence o pai, que faz questão de ir julgar. O filho o prende novamente, e o faz julgar um processo no qual o acusado é um cão. Depois, tenta

[57] Este nome significa "o que ama Cléon".

[58] Este nome significa "o que detesta Cléon".

distraí-lo. Mais rico que o pai, leva este último a banquetes. O velho se embriaga, faz cenas, delira, espanca os escravos, leva para casa uma dançarina de flauta completamente nua, a quem acaricia lubricamente. E passa a noite em danças absurdas. É o jovem que, na peça, encarna o bom senso. Os velhos heliastas são desconsiderados, enquanto criaturas de Cléon.

O mesmo ocorre em *Lisístrata*. É uma peça contra a guerra. Aristófanes teria desejado que Atenas acertasse a paz com a Lacedemônia, enquanto Cléon continuava as hostilidades. Aristófanes imagina que todas as mulheres da cidade se recolheram na cidadela para sustar a guerra. Os velhos partilham o ponto de vista de Cléon e tentam retomar a cidadela. A belicosidade deles os torna odiosos, e, além disso, cobrem-se de ridículo: impotentes, atormentam as jovens, provocando o sarcasmo destas. Aristófanes os caricatura também em *Pluto*.

Por que o público aplaudia? A maior parte deste público era composta de pequenos proprietários de terras, que viviam nas redondezas de Atenas e se compraziam em ver os homens da cidade ridicularizados. Também eles eram hostis à demagogia de Cléon. Os velhos de Atenas, tradicionalmente respeitáveis e dotados de uma certa autoridade, eram, aos olhos daquela gente, culpados de colaborar com o inimigo, fazendo com que este ganhasse seus processos e apoiando sua política conquistadora. Notemos que, em duas ocasiões, o velho aparece num papel de pai ridículo: provavelmente os filhos, sofrendo por terem que obedecer ao chefe de família, regozijavam-se ao vê-lo injuriado.

Aristófanes fustiga também a lubricidade dos velhos: aí está um tema que será incansavelmente explorado ao longo dos séculos, em particular no teatro cômico. Por que este traço parece ao adulto particularmente repugnante? Seria porque o velho é ainda capaz de fazer amor, ou porque não é mais capaz? No primeiro caso, ele aparece como um rival que a fortuna e o prestígio tornam temível; e depois, fere os adultos no seu narcisismo, que é quase sempre um componente do amor, mesmo venal: dissociado da juventude, do vigor, da sedução, o ato sexual é rebaixado à categoria de pura função animal; a mulher que se entrega desvaloriza os abraços de seus parceiros mais jovens. Mas é sobretudo o velho libidinoso e impotente que revolta os homens na força da idade: ele encarna o fantasma que persegue os mais viris. Os psicanalistas consideram que o complexo de castração nunca é inteiramente liquidado; a visão de um velho impotente reaviva no homem a ameaça que tanto amedrontara outrora o menino. Pode-se dizer, em outras palavras, que o adulto macho nunca fica isento de ansiedade, no que diz respeito ao seu vigor sexual; ele detesta imaginar que chegará o dia em que conservará desejos, sem ser capaz de saciá-los. Odeia, no velho, o que percebe como sua própria condição futura; repudia essa condição através do riso: pode facilmente convencer-se de que nunca se parecerá com o personagem grotesco que evolui na cena.

Há poucas mulheres idosas em Aristófanes, e as que aparecem não têm destaque; pode-se apenas assinalar algumas alcoviteiras e, na *Assembleia das mulheres*, três velhas que disputam os favores de um belo jovem.

Menandro, que, cem anos mais tarde, sucedeu Aristófanes nas boas graças do público, também não demonstra ternura para com a velhice. Segundo ele, mais vale não atingir uma idade demasiado avançada:

"Aquele que dura além da conta morre desgostoso; sua velhice é penosa e ele passa necessidade. Perambulando aqui e ali, encontra inimigos; conspira-se contra ele. Não partiu em tempo; não teve uma bela morte."[59]

Também Menandro considera melancólico o fato de um velho pretender ter uma vida sexual: "Não poderia haver um ser mais infeliz do que um velho enamorado, a não ser um outro velho que ama. Aquele que deseja usufruir aquilo que o abandona — disso, é o tempo a causa — como poderia não ser infeliz?"

Para Menandro — e este tema também será frequentemente retomado — a velhice aparece como uma força maléfica que investe contra os indivíduos a partir do exterior: "Velhice, tu que és a inimiga do gênero humano, és tu que devastas toda a beleza das formas, tu transformas o esplendor dos membros em peso e a rapidez em lentidão."

"Uma vida longa é coisa penosa. Ó pesada velhice! Nada tens de bom para os mortais, mas pródigas dores e males. E, no entanto, todos nós almejamos alcançar-te, e nos esforçamos para ir ter contigo."

Nas comédias de Menandro que chegaram até nós — seja em fragmentos originais, seja através de Terêncio — encontram-se inúmeros personagens de velhos. Em *Sâmia*, o autor trata do problema das gerações. O "herói positivo" é Dêmea, um velho afetuoso, generoso, que

---

[59] *Fragmentos.*

ama seu filho e vê com tristeza dissiparem-se as ilusões que alimentava sobre este. Mas permanece sereno em meio às contrariedades. Niceratos, ao contrário, é um dos ancestrais de toda uma linhagem de velhos maldosos, avaros, rudes. Há um casal de velhos análogos em *O algoz de si mesmo*, que Terêncio retomou e desenvolveu. Na *Mulher de cabelos cortados*, o velho Pateco parece-se com Dêmea; é um sábio, bom, moderado, sensível. Em compensação, há no *Teoforumeno* um velho enfadonho — Cratos; e nos *Epitrepontes*, um velho avaro, ríspido, detestável — Esmícrine. Menandro foi mais longe que Aristófanes ao caracterizar o personagem do velho ridículo e insuportável, que iria ganhar, a seguir, tão grande popularidade. Mas sua perspectiva apresentava nuanças; ele pensava que a idade avançada também podia ser acompanhada de sabedoria e bondade.

Platão e Aristóteles refletiram sobre a velhice e chegaram a conclusões opostas. A concepção de Platão está estreitamente ligada a suas opções políticas. Quando escreveu *A República*, sua experiência lhe inspirava aversão à oligarquia e à tirania, fazendo com que criticasse severamente os homens, os costumes políticos, o espírito público da democracia ateniense: considerava esta última anárquica, condenando seu igualitarismo. Essa democracia não respeitava suficientemente as competências. Platão estimava a "timocracia" de Esparta, mas deplorava que Esparta escolhesse para magistrados não os homens mais sábios, mas aqueles que a guerra formara. A Pólis ideal, segundo ele, é aquela que garante a felicidade do homem; mas a felicidade é a virtude, e a virtude emana do conhecimento da verdade. Apenas os homens que saíram da caverna, que contemplaram as ideias, são, portanto, indicados para governar. Só estarão capacitados para isso após uma educação que deve começar na adolescência e frutificará plenamente aos 50 anos. A partir dessa idade, o filósofo possui a verdade e se torna, então, guardião da Pólis. O reinado das "competências", que Platão almeja, é, portanto, ao mesmo tempo, uma gerontocracia. Sua filosofia o autorizava a desprezar o declínio físico do indivíduo. Com efeito, segundo ele, a verdade do homem reside na sua alma imortal, que se aparenta às ideias: o corpo não passa de uma aparência ilusória. A princípio, Platão não viu na união do corpo com a alma senão um entrave; mais tarde, julgou que a alma pode explorar o corpo em seu benefício sem, no entanto, ter necessidade dele. As decadências da idade não atingem o corpo; e até mesmo, se os apetites e o vigor do corpo decrescem, a alma fica mais livre dele. Jovem ainda, quando escreve *A República*, Platão põe na boca de Céfalos um elogio da velhice: "Quanto mais se enfraquecem os outros prazeres — os da vida corporal tanto mais crescem, em relação às coisas do espírito, minhas necessidades e alegrias." E Sócrates acrescenta que somos instruídos no contato com os velhos. É verdade — observa Céfalos — que, quando se juntam, a maioria dos velhos se derrama em queixumes sobre os prazeres da juventude e se desola com os ultrajes de que são cobertos por seus parentes. Céfalos relembra que Sófocles, entretanto, ao falar das coisas do amor, disse: "Foi com a maior satisfação que me evadi, como se me tivesse evadido da casa de um amo loucamente selvagem." Céfalos aprova essas palavras: "A velhice... faz nascer em nós um imenso sentimento de paz e de liberação." A concepção espiritualista que se exprime aqui contradiz radicalmente a dos autores satíricos, no que toca à sexualidade dos velhos: a libido desapareceria com o vigor sexual; graças a essa harmonia, o velho teria acesso a uma serenidade interdita aos homens que ainda são presas de seus instintos. A despeito de inúmeros desmentidos, essa ideia perpetuou-se até nossos dias, pelo que comporta de tranquilizador: ela permite afastar a desagradável e inquietante imagem do velho lúbrico.

Estabelecido o valor da velhice, Platão conclui: "Os mais idosos devem mandar e os jovens, obedecer." Entretanto, ele acrescenta ao critério da idade o do valor. Em sua *República*, os corregedores, que controlam todos os magistrados, têm de 50 a 75 anos. Os guardiães de leis, cujo papel é muito importante, têm de 50 a 70 anos. Os homens de mais de 60 anos não participam mais dos cantos e das bebedeiras dos banquetes. Mas presidem esses banquetes, impedem os excessos e fazem uso da palavra para tratar dos assuntos morais que inspiram os cantos.

Aos 80 anos, Platão volta longamente à questão em *As leis*; ele insiste muitas vezes nas obrigações dos filhos para com seus velhos pais, com quem devem falar respeitosamente, colocando suas riquezas e a própria pessoa a serviço deles. Presta-se um culto aos antepassados mortos; o futuro ancestral já é sagrado: "Não podemos possuir nenhum objeto de culto mais digno de respeito do que um pai ou um avô, uma mãe ou uma avó oprimidos pela velhice."

A filosofia de Aristóteles o leva a conclusões muito diferentes. A alma, para ele, não é puro intelecto; até mesmo os animais possuem uma alma, que tem relação necessária com o corpo; o homem só existe através da união dos dois: ela é a forma do corpo, e os males que afetam este último atingem o indivíduo todo. É preciso que o corpo permaneça intacto para que a velhice seja feliz: "Uma bela velhice é aquela que tem a lentidão da idade, mas sem deficiências. Ela depende ao mesmo tempo das vantagens corporais que se poderia ter, e também do acaso", escreve Aristóteles na *Retórica.* Ele admite, nas *Éticas*, que o sábio é capaz de suportar com magnanimidade todas as vicissitudes. Entretanto, os bens do corpo e os bens exteriores são necessários ao bem do espírito. Estima que o homem progride até os 50 anos. É preciso ter atingido uma certa idade para possuir a *frenosis*, esta sabedoria prudente que permite conduzir-se com equidade, e para ter acumulado experiência, saber incomunicável porque vivenciado — e não abstrato. Entretanto, a seguir, o declínio do corpo acarreta o do indivíduo inteiro. Em *Retórica,* Aristóteles pinta a juventude com as cores mais risonhas: calorosa, apaixonada, magnânima — e a velhice apresenta-se, para ele, em todos esses pontos, como o oposto: "Porque viveram inúmeros anos, porque muitas vezes foram enganados, porque cometeram erros, porque as coisas humanas são, quase sempre, más, os velhos não têm segurança em nada, e seu desempenho em tudo está manifestamente aquém do que seria necessário." Eles são reticentes, hesitantes, temerosos. Por outro lado: "Têm mau gênio, pois, no fundo, ter mau gênio é supor que tudo está pior. Estão sempre supondo o mal em virtude de sua desconfiança e desconfiam de tudo por causa de sua experiência da vida." São mornos, tanto nos amores como nos ódios. São mesquinhos porque foram humilhados pela vida. Falta-lhes generosidade. São egoístas, pusilânimes, frios. São impudentes: desprezam a opinião. "Vivem mais da lembrança do que da esperança." Tagarelam, repisam o passado. Seus arrebatamentos são vivos, mas sem força. Parecem moderados porque não têm desejo, mas apenas interesses. É para esses interesses que vivem, e não para a beleza. Estão abertos à piedade, não por grandeza de alma, mas por fraqueza. Lamentam-se, e não sabem mais rir.

O que há de particularmente interessante nessa descrição, que se inspira não numa tese *a priori*, mas em observações extensas e pertinentes, é a ideia de que a experiência não é um fator de progresso, mas de involução. Um velho é um homem que passou toda uma longa vida a se enganar, e isto não lhe poderia conferir superioridade sobre os mais jovens, que não acumularam tantos erros quanto ele.

Também Aristóteles critica em *Política* a *Gerúsia* de Esparta: "Uma soberania passageira para as decisões importantes é uma instituição bem contestável, pois tanto a inteligência quanto o corpo têm sua velhice, e a educação recebida pelos gerontes não é de qualidade tal que o próprio legislador não desconfie da virtude deles." Aristóteles acusa os gerontes de se deixarem frequentemente corromper e de prejudicarem o interesse público. Aconselha a ligar os velhos ao sacerdócio. Não se pedirá a eles outra coisa a não ser sábios conselhos e sentenças corretas.

Sua concepção da velhice leva Aristóteles a afastar do poder os idosos, por ver neles indivíduos enfraquecidos. Por outro lado, sua política, muito diferente da de Platão, não coloca intelectuais, mas uma polícia à frente da Pólis; o ideal seria que todos os cidadãos fossem homens de alta virtude, e que, em sistema de rodízio, cada um governe e seja governado. Mas está aí apenas um sonho de perfeição impossível de se realizar. Se levarmos em consideração a realidade, a melhor constituição — pensa Aristóteles — será aquela que puder conciliar com a democracia uma forte dose de oligarquia. O título para o exercício do poder será a virtude militar de uma classe média: é a ela que caberá manter a ordem. Mas os militares são homens jovens, ou na força da idade. Não será entre velhos que se recrutará a polícia de uma Pólis. É ao mesmo tempo por razões psicológicas, e de acordo com suas concepções sociais, que Aristóteles afasta os idosos do governo.

A atitude melancólica dos gregos diante da velhice é reencontrada, no século I d.C., em Plutarco. Ele tinha uma experiência pessoal, pois morreu aos 80 anos. Filósofo, moralista, tendo se tornado muito piedoso ao fim de sua vida — era sacerdote em Delfos —, é um representante do que se chamou médio platonismo. Mas está mais próximo, aqui, da severidade de Aristóteles do que do otimismo platônico. Compara a velhice a um triste outono.[60] Escreve: "Ora, parece que o outono é como a velhice do ano que completa sua revolução: pois a umidade ainda não veio, e o calor se foi, ou não mais é forte e, sinal de frigidez e de secura, este outono predispõe os corpos às doenças. Ora, será ne-

[60] O que é insólito, pois, para os antigos, o outono era a estação da abundância: *Pomifer automnus*.

cessário que a alma se conforme e sinta disposições do corpo e que, estando os espíritos enrijecidos e embrutecidos, a virtude de adivinhar se ofusque e se embace, assim como, nada mais, nada menos um espelho todo embaçado de névoa?"

—✦—

Esse pessimismo prolonga-se com Luciano até o século II de nossa era.[61] Num epigrama, ele interpela uma mulher idosa: "Podes tingir teus cabelos, mas não tingirás jamais a velhice, jamais farás desaparecer as rugas de tuas faces... Jamais carmim ou cerusa farão de Hécuba uma Helena." Em *Diálogos dos mortos*, Luciano espanta-se, como Eurípides, diante da obstinação com a qual os velhos apegam-se à vida, fazendo deles, em duas ou três ocasiões, um retrato cruel: "Um velho decrépito, que não tem mais que três dentes, que mal vive, que, para andar, apoia-se em quatro escravos, cujo nariz destila um contínuo muco, cujos olhos estão cheios de remelas, insensível a todas as volúpias, um sepulcro animado, objeto da zombaria da juventude."

Uma vez mais o infeliz velho deficiente, meio morto, suscita não a piedade ou o horror, mas os risos. Já se viu o motivo.

A iconografia grega está de acordo com a literatura. Em vasos do século V e dos séculos seguintes, pode-se ver Hércules combatendo a velhice: ela é representada por um anão macilento, ou por um personagem minguado, enrugado, quase calvo. Por vezes, também, é uma figura de grande altura, dotada de longos cabelos e de uma barba, que, de joelhos, dirige súplicas a Hércules. No século IV, Demétrio esculpiu uma Lisímaca que era uma velha pavorosa.

—✦—

Que existe uma estreita relação entre a condição do velho e a estabilidade da sociedade, a história romana o demonstra. É provável que os antigos romanos tivessem o hábito de se livrar dos velhos afogando-os,

---

[61] Luciano pertence ao mundo antigo. Cético, satírico, irreligioso, não conheceu o cristianismo senão para zombar dele.

pois se falava em enviá-los *ad pontem*, e os senadores eram chamados *depontani*.

—✦—

Deve ter havido, como em quase todas as sociedades, um radical contraste entre o destino dos velhos que pertenciam à elite e os que faziam parte da massa. Mais tarde, em todo caso, enquanto os recém-nascidos continuam a ser abandonados ao arbítrio do páter-famílias, não se cogita mais de atentar contra a vida dos velhos. Já mencionei quanto estes são respeitados enquanto proprietários, quando a propriedade privada é garantida pela lei. Foi o que ocorreu quando as instituições romanas se encontraram solidamente estabelecidas. A propriedade tomava diversas formas. Os bens de um patrício romano eram, em primeiro lugar, suas terras. Mas ele possuía também casas de aluguel e, por vezes, ações de grandes companhias financeiras que financiavam os impostos e as obras públicas. Os cavaleiros formavam uma aristocracia financeira; emprestavam dinheiro a taxas usurárias. O comércio, enfim, era fonte de riquezas. Em todos esses campos, a fortuna de um cidadão era geralmente mais vasta ao fim de uma vida que se tivesse dedicado a administrá-la. Entre os ricos, contavam-se inúmeros velhos, e seus bens eram uma das fontes de prestígio.

Foram os ricos que, primeiro, detiveram o poder: o Senado era composto de ricos proprietários fundiários, que haviam chegado ao fim de suas carreiras de magistrados. Até o século II a.C., a República é poderosa, coerente, conservadora; nela, reina a ordem, e os privilégios da fortuna são consideráveis; é governada por uma oligarquia; esta favorece a velhice, com cujas tendências conservadoras se afina. As prerrogativas do Senado são imensas. Ele dirige toda a diplomacia romana. Tem o poder sobre todos os comandos militares. Cada chefe de exército é assistido por tenentes recrutados no seio do Senado e pelo próprio Senado. Este administra as finanças e julga os delitos graves: traição, prevaricação. Não se chega às altas magistraturas senão numa idade bastante avançada: a "carreira das honras" é cuidadosamente regulamentada, a tal ponto que é impossível fazer uma carreira fulgurante. Por outro lado, o voto dos velhos tem mais peso que o dos outros cidadãos. Vota-se, em Roma, por centúrias: as centúrias de *seniores*, com igual valor eleitoral, compreendem muito menos indivíduos do que as de *juniores*; a maioria legal não corresponde, portanto, à maioria numérica, e os homens idosos levam vantagem.

Esta situação política apoia-se numa ideologia que tem suas raízes numa economia essencialmente rural. Os camponeses desconfiam da novidade, e a virtude essencial para os romanos era a *permanência*. O *mores majorum* (o costume dos ancestrais) tinha força de lei, e postulava a crença na sabedoria arcaica. Os ancestrais permaneciam presentes na família: os manes voltavam do inferno em certos dias, e era preciso apaziguá-los através de sacrifícios. Devia-se obedecer a eles, respeitando as tradições. A permanência era garantida pela *pietas*, exigida de todo cidadão, com relação à pátria, aos magistrados, e particularmente com relação ao próprio pai.

Um problema se põe para os historiadores: essa sociedade tradicionalista, que parece votada à estagnação, realizou, entretanto, ao longo dos séculos, a conquista do mundo. Os guerreiros não formavam uma casta, não detinham privilégios; e, no entanto, o imperialismo romano não parou de se desenvolver, sob a direção do Senado. Por quê?

As respostas dos historiadores são hesitantes. Ao final da República, a conquista havia criado as condições materiais e morais de uma anarquia que impelia à conquista. Mas como terá essa engrenagem começado a funcionar? Alega-se a avidez de um povo camponês; uma preocupação de segurança; o orgulho romano; o desejo de enriquecer; ambições individuais. O certo é que a expansão militar se fez serva da expansão econômica. Através dos saques acumulados, das indenizações de guerra, dos tributos exigidos, Roma enriqueceu consideravelmente. O que é surpreendente, também, é o caráter da conquista: ela é lenta, muito lenta mesmo, se a compararmos à conquista de Alexandre. A não ser no fim da República, a conquista romana não se realizou através de indivíduos de papel social e político marcante: os generais, mesmo gloriosos, permanecem simples servidores de Roma. A obra coletiva, dirigida pelo Senado, isto é, por homens idosos, prossegue metodicamente, continuamente, sem se opor à *permanência* da ordem estabelecida; durante vários séculos, ela não perturba esta ordem.

A situação privilegiada dos velhos afirma-se no interior da família. O poder do páter-famílias é quase sem limites. Ele tem os mesmos direitos sobre as pessoas do que sobre as coisas: matar, mutilar, vender.

Esse poder não se extingue senão com a morte, ou com a *capitis diminutio*, que — em casos extremamente raros — eliminava o cidadão da vida civil. Um filho que batia no pai era considerado um *monstrum*; não pertencia mais à sociedade dos homens; era declarado *sacer*, isto é, era rejeitado do mundo e condenado à morte. Se um jovem quisesse casar-se, era exigido não apenas o consentimento do pai, mas também o do avô, se este ainda fosse vivo: isto prova que o patriarca conservava sua autoridade até o fim.

Apesar de seus poderes teóricos, tornou-se cada vez mais excepcional o fato de o pai vender o filho como escravo. Parece que os costumes e o hábito restringiam o exercício de sua autoridade. A matrona romana tinha muita influência no lar,[62] e esta divisão do poder devia contar a favor dos filhos. A relação da literatura com os costumes é ambígua. Mas se os velhos tivessem sido tão poderosos e respeitados quanto na China, não se admitiria que Plauto os tivesse injuriado tanto em cena, e com tanto sucesso. As atelanas tinham retomado dos gregos o personagem do velho ridículo: este aparecia nelas com os nomes de Casnar e Pappus. Plauto lhes concede um papel essencial. Concebe sempre este personagem como um pai que, com sua avareza, atrapalha os prazeres do filho, com quem entra em rivalidade, demonstrando o mesmo caráter lúbrico que aparece em Aristófanes; utiliza suas riquezas e artimanhas sórdidas para roubar ao filho a mulher que ama: pode, por exemplo, comprar essa mulher, dando-a em casamento a um escravo que, na noite de núpcias, lhe cederá o lugar no leito. Mas suas maquinações sempre fracassam, graças a um outro escravo matreiro que vem em socorro do filho; é desmascarado; sua mulher — sempre feia e rabugenta — dirige-lhe amargas reprimendas. É objeto da zombaria do pessoal da casa e de toda a vizinhança. Tal é o tema da *Asinária*, em que Demeneto é um senador debochado, humilhado por sua mulher, desprezado pelos escravos, desacreditado pelo filho, injuriado por uma cortesã. Em *Casina*, Estálinon se enche de perfumes para agradar à jo-

---

[62] Graças ao fato de pertencer tanto ao clã paterno quanto ao do marido, a matrona podia apelar para um contra o outro. A partir do momento em que recebeu um dote do pai, ela adquiriu uma perfeita independência econômica. Presente no lar, dirigindo o trabalho dos escravos, representou um importante papel na educação dos filhos.

vem que seu filho ama; no leito onde pensa encontrá-la, substituem-na por um homem. Este é também o tema do *Mercador*. Nas *Báquis*, dois velhos esforçam-se por arrancar seus filhos dos braços de cortesãs, e são eles que caem na libertinagem.

Mesmo quando os velhos são honestos e amáveis, sua idade basta para que apareçam como objeto de escárnio; em *Epídico*, os dois velhos não são nem viciosos nem maus; entretanto, o cômico da peça vem do fato de que o dinheiro lhes é subtraído por um escravo astucioso. Em *O fantasma*, divertimo-nos ao ver o bravo Teurópidas tapeado por um escravo dedicado aos deboches de seu filho.

Plauto criou inúmeros personagens de velhos simpáticos. Apesar de sua avareza abjeta, Euclíon, na *Aululária*, mostra-se no fim um bom pai, afetuoso e liberal; um de seus amigos, tão idoso quanto ele, honesto e afável, desposa sua filha sem dote. Em *Pseudolo*, em *O Rústico*, em *Trinumus*, em *O Cartaginês*, os velhos que aparecem em cena são sorridentes, inteligentes e bons. O velho mais realizado é o do *Soldado fanfarrão*. O personagem odioso é o militar, homem na força da idade; Periplectômeno, ao contrário, é um sábio, espirituoso, alegre, bom para os jovens, jovem de coração e conhecedor da arte de viver. Ajuda o enamorado da heroína a protegê-la contra o soldado fanfarrão. Ao fazer, sorrindo, seu próprio retrato, indica as esquisitices que a velhice deve evitar: "À mesa, não perturbo as pessoas com gritarias sobre as questões públicas; jamais, durante uma refeição, insinuo a mão sob o vestido de uma mulher que não é minha; não me apresso a tirar os pratos de meus vizinhos nem a tomar a taça antes deles; o vinho jamais me excita a procurar querela no meio de um banquete." Este velho é o único, no teatro de Plauto, que nunca se casou: felicita-se por não ter mulher nem filho. Há apenas um velho — em *Os Menecmos* — que se queixa da idade: "Mercadoria ruim, os maus anos que vos curvam as costas; quantos incômodos e dores trazem com eles!"

O papel das mulheres velhas é restrito: esposas rabugentas, velhas cortesãs mais ou menos alcoviteiras não contam. É sobretudo o páter-famílias que Plauto põe em questão. É provável que os jovens se ressentissem com amargor do poder dele: era quem tinha o controle do dinheiro e dispunha da sorte dos jovens, que sentiam prazer em desabafar, ao vê-lo caricaturado. Talvez, também, jovens e homens maduros suportassem mais o fato de serem governados por velhos: o Demeneto da *Asinária* não é apenas um pai, mas também um velho senador. Entretanto, aos tiranos lúbricos e ridículos, Plauto opõe velhos amáveis; a idade avançada, em si, é respeitável: os indivíduos se mostram indignos desse respeito se abusam da autoridade para satisfazer os próprios vícios. Plauto não toma, sem reserva, o partido dos filhos: estes são frequentemente debochados, interesseiros e egoístas.

Mais culto, mais refinado, Terêncio tratou com mais seriedade e com mais nuanças o problema do conflito entre as gerações. Em *Ândria*, inspirada em Menandro, os personagens de velho são simpáticos, mas descorados. Têm destaque bem maior no *O algoz de si mesmo*. Os dois heróis, com mais de 60 anos, são ricos e autoritários. Menedemo, violento, passional, opôs-se ao casamento de seu filho, que partiu para a Ásia, onde se engajou no exército. O pai, desesperado, faz-se, por remorso, um "carrasco de si mesmo", infligindo-se trabalhos exaustivos. Cremes, também em conflito com seu filho, é um falso filósofo que tem sempre a boca cheia de termos grandiloquentes;[63] persegue a mulher, que vale mais que ele, e se deixa enganar pelos escravos. O filho de Cremes, meio mau-caráter, queixa-se: "Como os pais são juízes iníquos para com os jovens! Eles gostariam que fôssemos, desde a infância, velhos tolos e assanhados." Até o fim da peça, a magnanimidade e a generosidade de Menedemo e a força de seu amor pelo filho não diminuem, até mesmo quando se inquieta com o comportamento deste e teme — sem razão — ser arruinado por ele.

Encontra-se uma dupla análoga nos *Adelfos*. Dêmea teve dois filhos. Confiou um a seu irmão Micião, que não é casado. Micião é cheio de indulgência e bondade, ama e compreende a juventude. Seu filho adotivo também o adora; todos o amam. Dêmea, tão duro com os outros como consigo mesmo, maltrata seu filho, que se rebela contra ele. No fim, ele compreende e se transforma: "Eu também quero que meus filhos me amem." Em *Fórmion*, o pai do herói, Dérnifon, é um homem autoritário e colérico. Faz cenas pavorosas quando sabe que seu filho se casou na sua ausência. Quer forçá-lo a romper.

---

[63] Foi ele quem disse: "Sou um homem, e nada do que é humano me é estranho"; mas diz isso porque quer meter o nariz na vida do vizinho, que se espanta com sua curiosidade.

Mais didático que Plauto, Terêncio ensina aos pais o comportamento que devem ter, se quiserem ser felizes e tornar os filhos felizes. Procura menos ridicularizar os velhos do que preveni-los. De seu teatro também se pode concluir que os jovens suportavam com impaciência uma autoridade que, aliás, era limitada pela pressão da opinião.

É surpreendente constatar que, com a decadência do sistema oligárquico, os privilégios dos velhos diminuem, e depois desmoronam. A partir dos Gracos, não há mais maioria governamental estável, mas apenas maiorias de coalizão. O fracasso da reforma agrária[64] e da reforma italiana[65] condena à morte o regime republicano. A conquista romana acarreta, finalmente, uma decomposição política e social. Durante essa época agitada, o Senado perde pouco a pouco seus poderes que passam às mãos dos militares, isto é, de homens jovens. Os magistrados libertam-se da autoridade do conselho. Uma vez instaurado o poder pessoal, a influência do Senado não faz mais que diminuir. O imperador, que é um homem jovem, governa praticamente sem ele, que é destituído de suas funções políticas e administrativas. Por volta de 271, com Galiano, o Senado perde também seus privilégios financeiros e monetários. Ao mesmo tempo, o poder do páter-famílias restringiu-se. Os direitos sobre as pessoas cessaram de ser incorporados aos direitos sobre as coisas. O exercício do direito de vida e de morte foi considerado um assassinato. Libertou-se automaticamente o escravo idoso ou deficiente que o dono deixava sem auxílio.

É nessa perspectiva que se deve ler o *De Senectute*, de Cícero. Aos 63 anos, senador, ele compõe uma defesa da velhice para provar que a autoridade do Senado, há muito abalada, deve ser reforçada. Na época em que escreve, os nobres e os ricos não acreditavam em mais nada, a não ser em seus prazeres e ambições; mas em público assumiam uma máscara e respeitavam os valores aceitos. É nesses valores que Cícero vai apoiar-se. Particularmente, desde que começara a decadência do

[64] Que visava à distribuição de terras ao corpo cívico romano.

[65] Que teria consistido em distribuir terras aos italianos, concedendo-lhes o direito de permanência.

Senado, o estoicismo introduzira-se em Roma de maneira deformada. Os senadores o tinham transformado numa ideologia conservadora: o mundo está em harmonia; tudo que é natural é bom; cada elemento deve satisfazer-se com o lugar que lhe é destinado no seio do todo; é preciso respeitar o *status quo*, e deixar os privilégios para os privilegiados. Encontram-se os ecos dessas ideias cômodas em *De Senectute.*

"Na extrema miséria, a velhice não pode ser suportável, nem mesmo para um sábio", admite Cícero. Mas os miseráveis não podem ser senadores: é destes últimos que se trata. Cícero quer demonstrar que a idade, longe de desqualificá-los, aumenta suas capacidades. Para isso, finge dar a palavra a Catão, o Velho, que, aos 80 anos, ainda estava em plena posse de suas faculdades. A velhice tem má reputação — reconhece Catão; mas isso se dá em consequência de preconceitos que ele vai empenhar-se em destruir.

A velhice não produz mais nada — diz-se. É falso. As grandes coisas realizam-se "através do conselho, da autoridade, da sábia maturidade da qual a velhice, longe de estar despojada, encontra-se, ao contrário, mais abundantemente provida". "Os Estados sempre foram arruinados pelos jovens e salvos e restaurados pelos velhos." Catão nega que estes últimos fiquem enfraquecidos: "O velho conserva todo o seu espírito, desde que não renuncie a exercitá-lo e a enriquecê-lo." Cícero cita Sófocles, Homero, Hesíodo, Simônidas, Isócrates, Górgias, Pitágoras, Demócrito, Platão e muitos outros, como apoio a esta afirmação. Ele refuta a opinião de Cecílio,[66] que dizia: "O que acho de mais deplorável na velhice é sentir que, nessa idade, somos odiosos aos jovens."

Em segundo lugar, o velho — diz-se — perde as forças. Mas a força física não é nada. Milone — ao queixar-se de seus braços: "Ah! Eles já estão mortos!" — não desperta mais que desprezo. "Por mais fraco e abatido que esteja um homem que dá lições de sabedoria e de virtude, será sempre considerado por mim um afortunado." Catão declara que, passados 80 anos, ele permanece vigoroso e bem-disposto. Há velhos com saúde má; mas também há jovens nessa situação. "Esta imbecilidade da velhice, a que se chama vulgarmente segunda infância, não se

---

[66] Cecílio, autor de comédias, morto em 166 a.C., escrevia também: "Por Deus, velhice, quando me levares contigo, não me tragas nenhum outro mal — tua vinda já é o bastante."

percebe em todos os velhos, mas naqueles que têm, naturalmente, um espírito pobre."

Cícero retoma, a seguir, o lugar-comum exposto na *República*: diz-se que o velho experimenta poucos prazeres: isto significa que está livre das paixões e dos vícios, e este é o mais invejável dos privilégios. Para compensar a benéfica impotência do velho, Catão lhe propõe os prazeres da mesa, os da conversa, o estudo, a literatura, a agricultura. Afirma, simuladamente: "Quando se está privado daquilo que não se deseja, a privação não é tão dolorosa." Mas a verdade é que podemos sentir muito mais vivamente a mutilação que mata em nós o desejo do que a frustração de um prazer. Ter perdido um sentido é mais desolador do que não poder sempre saciá-lo.

Catão afirma também, esquecendo as observações muito pertinentes de Aristóteles, que os defeitos imputados à velhice não vêm da idade, mas do caráter: nos *Adelfos*, há um velho encantador e outro detestável. Catão tira daí uma conclusão edificante: a velhice é amável e feliz quando completa uma vida virtuosa.

Chega a ponto, enfim, de usar um argumento tão aberrante quanto o que se segue: a morte atinge tanto os jovens quanto os velhos, e a prova disso é que estes últimos são muito raros. Por outro lado, a velhice não tem nada de temível: "Tudo que é natural deve ser tido como bom." Esta conclusão, inspirada no estoicismo, teria podido dispensar Catão de escrever seu tratado, já que a velhice é tão natural quanto a morte.

A cem anos de distância, Sêneca sustenta — muito mais brevemente e por razões análogas — ideias idênticas às de Cícero, nas *Epístolas a Lucílio*. Sêneca era um dos homens mais ricos do seu tempo. Exilado por Cláudio, anistiado por Messalina, tornando-se preceptor de Nero; quando este subiu ao trono utilizou sua influência para fazer renascer a autoridade do Senado contra a de Agripina. Participou da partilha da fortuna de Britânico, tornou-se cônsul e usou de todos os meios para fazer prevalecer sua política. Foi cúmplice do assassinato de Agripina. Por volta de 62, pediu aposentadoria; Nero negou-a. Sêneca era uma garantia para a opinião senatorial que ele representava junto a Nero. Continuou a fazer esse papel de refém,[67] mas de-

[67] Até que, implicado na conspiração de Pisão, foi condenado à morte.

senvolveu menos atividades e permaneceu a maior parte do tempo encerrado em casa. É então, com a idade de 61 anos, que escreve as *Epístolas*. Professava o estoicismo, sob a forma desvirtuada que descrevi. Este otimismo interesseiro e sua atitude política a favor do Senado lhe inspiram suas observações sobre a velhice. Esta é boa, como tudo que é natural, e não acarreta nenhuma decadência: "Acolhamos bem a velhice, amemo-la; ela abunda em doçuras, se dela soubermos tirar partido. Só os frutos passados têm todo o seu sabor. É uma época delicada, aquela na qual deslizamos no declive dos anos, num movimento que ainda não tem nada de brutal... Se quisermos, o próprio fato de não sentir a necessidade vem substituir o prazer" (*Epístola* 12). E na *Epístola* 20: "A alma está no seu verdor e desabrocha, por não ter mais com o corpo grande comércio."

Já vimos quais os interesses que inspiraram a Sólon, Platão, Cícero e Sêneca esses elogios que os privilegiados condescendentemente retomaram de século em século, pretendendo ver neles verdades. O ponto de vista objetivo do sábio é muito diferente. Plínio, o Velho, julga enunciar verdades estabelecidas, quando escreve, sem insistir: "A brevidade da vida é certamente o maior benefício da natureza. Os sentidos embotam-se, os membros se entorpecem, a visão, a audição, as pernas, até os dentes e os instrumentos da digestão nos antecedem na morte."

Os poetas eram também muito mais sinceros que os moralistas, porque não esperavam nenhum benefício de seus versos. Cícero estava morto e Sêneca ainda não nascera quando Horácio e Ovídio escrevem suas obras. Jovens ainda, encaram a velhice não como uma condição geral, mas como uma aventura individual, e exalam o amargor que ela lhes inspira. Horácio retoma um tema caro aos poetas jônicos: como eles, canta o vinho, as mulheres, os prazeres; com a velhice, desaparece tudo que fazia a doçura de viver. Fala da "velhice melancólica". Escreve: "A triste velhice chega, banindo os amores folgazões e o sono fácil." Descreve o ciclo das estações, da alegre primavera ao frio inverno,[68] e conclui: "Ao menos as rápidas estações reencontram nos céus sua renovação; quanto a nós, assim que descemos até onde repousam o piedoso Eneias, Tulo, Anco, não somos mais que cinza e poeira."

---

[68] Ele retoma de Hipócrates um tema que será indefinidamente repisado, até nossos dias.

Ovídio está entre aqueles que veem no tempo e na velhice uma força devastadora: "Ó tempo, grande devastador, e tu, velhice invejosa, juntos destruís todas as coisas e, roendo lentamente com vossos dentes, consumis, afinal, todas as coisas numa morte lenta."

Ninguém descreveu com mais selvageria a feiura da velhice do que Juvenal. Na 10ª sátira, ele previne os homens contra os desejos imprudentes; um deles é o de almejar viver muito tempo:

"A que sequência de males — e que males! — uma longa velhice não está sujeita! Em primeiro lugar, este rosto deformado, hediondo, irreconhecível; em lugar de pele, este couro vil, estas faces caídas, estas rugas semelhantes às que uma mãe símia coça, em torno da velha boca, nas florestas sombrias de Tabarca... Os velhos são todos parecidos; sua voz treme, e os membros também; nem mais um fio de cabelo no crânio polido; o nariz é úmido como o das criancinhas. Para mastigar o pão, o pobre velho só tem gengivas sem dentes. É um tal encargo para a mulher, para os filhos e para si próprio, que causaria aversão a um Cossus, o captador de testamentos. Seu paladar entorpecido não lhe permite mais saborear como outrora os vinhos e as iguarias. Quanto ao amor, faz muito tempo que o esqueceu... Entre os velhos, um tem dor no ombro, outro no rim, outro na coxa. Este perdeu dois olhos e inveja os caolhos... O velho não tem mais a posse de sua própria cabeça. O preço de uma longa vida são as perdas constantemente renovadas, os lutos contínuos e a velhice em trajes negros, em meio a uma eterna tristeza."

Decadência biológica, deficiências, mutilações, nada compensa, neste quadro, as misérias da velhice. Juvenal o concluiu com uma ideia que ninguém ainda exprimira: envelhecer é ver morrer aqueles que nos são caros, é ser condenado ao luto e à tristeza.[69]

Os poetas latinos denunciaram com particular violência a feiura da mulher velha. Horácio, nos *Epodos*, descreve com repugnância uma velha louca de amor, e também não é mais benevolente com a feiticeira Canídia. A aparência da mulher idosa é hedionda: "Teu dente é preto. Uma antiga velhice cava rugas em tua fronte... teus seios são flácidos como as mamas de uma jumenta." Ela cheira mal: "Que suor,

[69] Victor Hugo inspirou-se nestes versos. O tema foi espontaneamente retomado por inúmeros escritores.

que horrível perfume se desprende, por todo lado, dos seus membros flácidos." Ovídio, em *Os tristes*, evoca com uma crueldade temperada de melancolia o futuro rosto da mulher amada;[70] ele diz a Perila: "Esses traços encantadores se alterarão com o desgaste dos anos; fanada pelo tempo, essa fronte ficará sulcada de rugas; essa beleza se tornará a vítima da impiedosa velhice que, passo a passo, sem ruído, avança. Dir-se-á: ela era bela. E tu hás de desolar-te, de acusar teu espelho de infidelidade." Ovídio faz um retrato mais severo da feiticeira Dípsis, velha alcoviteira que, graças a seus malefícios, "conspurca os amores pudicos". Arantes, que Próprio invectiva, é também uma velha alcoviteira repugnante: "Através de sua pele, podem-se contar todos os seus ossos. Salivas sanguinolentas passam pelas cavidades de seus dentes." Marcial, em seus *Epigramas*, maltrata todos os velhos, mas particularmente as mulheres: "Tu, Vetusilta, viste trezentos cônsules, e não tens mais que três cabelos e quatro dentes..." Taís tem um cheiro pior de que uma jarra de pisoeiro, do que uma ânfora estragada pela salmoura podre. Já que o destino da mulher é ser, aos olhos do homem, um objeto erótico, ao tornar-se velha e feia ela perde o lugar que lhe é destinado na sociedade: torna-se um *monstrum* que suscita repulsa e até mesmo medo; do mesmo modo que para certos primitivos, ao cair fora da condição humana, a mulher assume um caráter sobrenatural: é uma mágica, uma feiticeira com poderes sobrenaturais.

Apesar dessas invectivas, é, ainda assim, contra os homens idosos que se desencadeia, quase sempre, a sátira: contra os que possuem autoridade e fortuna. A leitura dos autores gregos e latinos confirma o que adiantei no início deste capítulo: as obras deles não abrem nenhum espaço para os velhos destituídos de importância social.[71] O que está em questão é o poder detido pela antiga geração. Com relação a esta última, a atitude dos homens maduros é ambígua: apoiam-se na velha geração para manter uma ordem vantajosa para sua classe; respeitam no velho rico os direitos sagrados da propriedade. Entretanto, invejam o estatuto que

---

[70] Tema que já encontramos nos poetas gregos.

[71] Em *Íon*, há um velho escravo: mas ele criou a heroína, Creusa, que o considera seu pai. Nele, encara-se a continuidade da casa. É o confidente de Creusa, seu conselheiro, o executor de seus desígnios. É um ser relativo, que tira sua importância da princesa a quem é devotado. Não tem existência pessoal.

eles próprios conferem institucionalmente ao homem idoso e, na vida diária, odeiam os indivíduos que se beneficiam desse estatuto.

Entre os gregos, a tragédia nimba os velhos de uma aura quase sobrenatural, o que não ocorre entre os romanos. Tanto na cultura grega como na romana, os autores cômicos e os poetas satíricos denunciam o contraste entre os privilégios econômicos e políticos das pessoas idosas e sua degradação física: esses autores indignam-se — e o público com eles — com o fato de se concederem a essas decadências humanas o direito de deliberar, de julgar, de governar a coisa pública, de reinar sobre toda a família. Em *Pluto*, os velhos que se dirigem à Assembleia para decidir a sorte da República são quase incapazes de andar.

São os jovens, sobretudo, que acham injusto que a deterioração senil não seja sancionada socialmente. Nas peças de Plauto, aplaude-se quando velhos simpáticos se deixam enganar pelos filhos. Cecílio declara que os jovens detestam os velhos. Luciano diz que eles são o "objeto das zombarias da juventude". Certamente, os jovens suportavam a autoridade dos velhos com inveja, ressentimento e ódio. A violência de Juvenal só se explica pelo fato de ele se fazer o porta-voz da opinião. Cícero chama de "preconceitos" as ideias que se têm da velhice; mas reconhece que, em geral, ela é detestada. Ridícula aos olhos dos autores cômicos e do público deles, a velhice é, para os poetas, uma potência destruidora cujos golpes ele temem. Os moralistas que a defendem fazem-no por razões políticas. Aristóteles, cujos interesses não estavam em jogo, fez da velhice um sombrio retrato.

—✦—

Dois fatos marcam o fim do mundo antigo: a invasão dos bárbaros e o triunfo do cristianismo. Qual seria, entre os bárbaros, a condição dos velhos? As indicações são pobres. Em suas mitologias, reencontramos a ideia de uma batalha das gerações que resulta em vantagem para os jovens. Era assim na Escandinávia. Segundo os poetas e cantadores islandeses, na origem do Universo havia um bloco de gelo. Do gelo nasceu um gigante, Ymir; enquanto ele dormia, um gigante e uma giganta apareceram sob sua axila esquerda. O gelo deu, assim, origem a uma vaca que, lambendo os blocos de geada, deu à luz um ser vivo, Buri, que teve um filho, Bor; este desposou Bestia, filha do casal engendrado por Ymir, e da união dos dois nasceram três deuses, Odin, Vili e Vie. Estes mataram Ymir, e os gigantes foram todos afogados no sangue dele, menos Bergelmir, que se salvou com sua mulher. Os deuses criaram o mundo e o governaram.

A mitologia germânica afirma também a preeminência da juventude, invocando o *crepúsculo dos deuses*. Depois de terem reinado sobre o mundo muito tempo, o poderoso Odin e todos os antigos deuses confrontam-se, num combate, com deuses novos. Estes vencem, todos os outros perecem, e o Universo é aniquilado. A terra é tragada. Depois, o mundo ressuscita; aparece um jovem Sol, filho do antigo. A terra emerge das ondas. Alguns indivíduos que tinham conseguido sobreviver engendram uma nova humanidade. Até mesmo para os deuses, chega um momento em que o desgaste do tempo os obriga a ceder o lugar. Entre os eslavos, é pacificamente que o primeiro deus, Svarog, o Céu, transmite o poder a seus filhos, o Sol e o Fogo.

A história propriamente dita fornece poucas informações sobre os povos conquistados por Roma e sobre os invasores bárbaros. César diz que os gauleses matavam os doentes e as pessoas idosas que desejavam morrer. Procópio relata o mesmo sobre os hérulos. Sobre a maior parte dos bárbaros, hordas guerreiras e conquistadoras que viviam apenas para lutar, podia-se provavelmente dizer o que Amiano-Marcelino disse dos alanos: "Morrer de velhice, ou por um acidente, é um opróbrio e uma covardia que eles cobrem de horríveis ultrajes." Em tais sociedades, os velhos deviam ser pouco numerosos e desprezados. Pode-se presumir que sua vida permaneceu difícil quando as hordas guerreiras se fixaram no solo. Entre os germanos, a solidariedade familiar era muito estreita, o que implica que as "bocas inúteis" eram sustentadas. Mas um fato preciso mostra que, ao envelhecer, um indivíduo sofria uma desvalorização: trata-se da compensação pecuniária exigida no caso do assassinato de um homem livre. No século VI, o direito visigótico reivindicava:

60 soldos de ouro para uma criança de um ano;
150 para um rapaz de 15 a 20 anos;
300 para um homem de 20 a 50 anos;
200 para um homem de 50 a 65 anos;
100 para um homem de mais de 65 anos;
250 para uma mulher de 15 a 40 anos;
200 para uma mulher de 40 a 60 anos.

No direito burgúndio, o preço era: 300 soldos de ouro, entre 20 e 50 anos; 200, entre 50 e 65; 150, acima de 65. A lei sálica reivindicava o mesmo preço para os homens de todas as idades.

O outro acontecimento que marca o fim do mundo antigo é o triunfo do cristianismo: ele se impôs no seio do Império Romano, expandiu-se entre os bárbaros, tornou-se a ideologia do Ocidente. Terá ele conseguido abrandar os costumes e, em particular, terá melhorado o destino dos velhos? Podemos duvidar disso. O cristianismo não consegue expandir-se senão abandonando seu ideal primitivo de fraternidade e solidariedade. Já no século III, o espírito mundano causa estragos entre os cristãos. A nova religião não tem quase nenhuma influência nos costumes. Em Roma, em 374, ela faz interditar o infanticídio, mas não chega a proibir o abandono das crianças; não proíbe a escravidão. Só conseguiu fazer-se adotar por diferentes povos, dobrando-se aos costumes destes: os costumes dos germanos contaminaram particularmente o cristianismo. Os chefes eclesiásticos homologaram uma regressão da espiritualidade: os cultos dos santos ressuscitam as superstições pagãs.

Praticamente degradado pelos costumes dos povos que converteu, o cristianismo foi herdeiro ideológico do pensamento antigo. Começou por opor-se a este. No começo, não teve nada a ver com o classicismo greco-latino; dirigia-se às classes mais humildes e menos cultas. Mas, a partir do século III, a Igreja assimilou a cultura clássica, ao mesmo tempo em que a atomizava e deformava. Vimos que, salvo raras exceções, essa cultura fazia da velhice uma ideia muito sombria. Encontramos o eco disso no grande compilador que foi santo Isidoro de Sevilha.[72] Segundo *O grande proprietário de todas as coisas* — enciclopédia publicada em 1556, que compila os textos dos escritores do Baixo Império —, santo Isidoro distinguia sete idades na vida (por analogia com os dias da semana). A juventude dura de 35 a 45 ou 50 anos. Depois, é *senecte*. "Depois dessa idade, vem a velhice que, segundo uns, dura até 70 anos, e, segundo outros, não tem mais limite, até a morte. Velhice, segundo Isidoro, é assim chamada porque nela as pessoas amesquinham-se, pois os velhos não têm mais tanto bom senso como outrora, e caducam, na sua velhice."

[72] Nascido em Cartagena, em 560; morto em 636.

Em um ponto, a contribuição da Igreja foi positiva. Ela criou, a partir do século IV, asilos e hospitais. Em Roma e Alexandria, garantiu o sustento dos órfãos e doentes. Considerava a esmola um dever, relembrando-o insistentemente. Os velhos devem ter se beneficiado dessas caridades, mas nunca são mencionados explicitamente.

O fim da alta Idade Média, que os ingleses chamaram *the dark age*, foi um período de destruição e de confusão. "São apenas cidades despovoadas, mosteiros derrubados ou incendiados, campos reduzidos à solidão... Por outro lado, o poderoso oprime o fraco, e os homens assemelham-se aos peixes do mar que, atropeladamente, devoram-se uns aos outros", declaravam, em 909, os bispos da província de Reims. Lamentações semelhantes repercutem nos séculos IX e X. A vida material era muito mais rude do que no mundo antigo. As técnicas haviam regredido, as castas tinham se degradado, as cidades se haviam despovoado; a sociedade tinha se ruralizado e as classes médias haviam desaparecido. O trabalho da terra era muito rude, e um homem idoso não podia participar dele. Nessa época, também não se percebe que a religião tenha podido melhorar o destino dos velhos. O cristianismo retomava, em princípio, a tradição do *Decálogo*, o qual ordena que se honrem os pais; mas, na verdade, o culto da família não tinha lugar numa época em que o ideal era ascético e antimundano. "Abandonarás teu pai e tua mãe para me seguir", disse o Cristo. Uma minoria de cristãos fugia do século; praticavam o celibato, refugiavam-se em desertos ou trancavam-se em conventos. Os outros conformavam-se aos costumes. Para estes, a religião era feita apenas de práticas exteriores: clérigos e leigos resgatavam através de devoções suas vidas desregradas. Acreditava-se no poder do diabo, na feitiçaria; respeitavam-se os tabus sexuais e alimentares baseados em superstições. Os tribunais seculares e até mesmo eclesiásticos utilizavam ordálios para fazer seus julgamentos.

Durante o Baixo Império e a alta Idade Média, os velhos foram mais ou menos excluídos da vida pública: os jovens conduziam o mundo. Dividida, conturbada, ameaçada, guerreira, a sociedade era regida bem mais pelo acaso das armas do que por instituições estáveis. O homem experiente tinha aí muito pouco espaço. No século VII, Khindaswintz foi eleito rei aos 79 anos pelos visigodos e deu à coroa seu prestígio. Carlos Magno reinou até os 72 anos. São as únicas exceções que conheço. Até mesmo os papas, nesta época, são, na maioria, homens jovens. Gregório I, o primeiro verdadeiro chefe da Igreja universal, foi eleito papa em 590, com a idade de 50 anos, e morreu aos 64; era relativamente idoso. Mas até o século VIII, os papas foram jovens romanos de boa família, destinados à Igreja porque eram pobres e órfãos. A seguir, como os papas possuíam riquezas materiais e um grande poder, os nobres cobiçaram o trono pontifical. Nos séculos IX e X, eles impuseram à Igreja chefes que eram, em geral, jovens, e que eram depostos pouco tempo depois de sua eleição. A duração média do pontificado não atingia três anos. Durante 60 anos — durante o período que se chamou "Pornocracia" — o papado foi dominado por mulheres. Aconteceu que se nomearam papas cardeais muito velhos; mas João XII foi eleito papa com 16 anos, Bento IX aos 12 anos, Gregório V aos 23. Velhos ou jovens, de qualquer maneira não passavam de joguetes nas mãos de uma aristocracia poderosa.

Graças a uma feliz expansão econômica, por volta do ano 1000, a civilização emerge das trevas. A sociedade feudal — cujas origens remontam ao século VIII, época em que aparece a vassalagem — organiza-se. O homem idoso tem apenas, nessa sociedade, um papel apagado. A administração de um feudo exige que se seja capaz de defendê-lo com a espada. O vassalo deve a seu senhor o serviço das armas. É preciso "que ele tenha armas e cavalos, que, salvo se estiver impedido pela velhice, tome parte na hoste e nas cavalgadas, nos pleitos e nas cortes".[73] A ligação de vassalagem subsiste até a morte, e não é quebrada quando a idade torna o cavaleiro incapaz: mas este é, entretanto, relegado à sombra. A hereditariedade do feudo aparece na França desde o século X; é o filho que, armado cavaleiro no devido tempo, defende o feudo e serve ao senhor. É ele também que, quando for necessário, vingará pelas armas a honra da linhagem. Considerava-se a sociedade dividida em três ordens: os que oram, os que se batem, os que trabalham; colocava-se a espada acima do trabalho, e até mesmo da oração; é o guerreiro ativo, o adulto na força da idade, que ocupa a frente da cena.

É o que confirma a literatura da época. Os heróis das canções de gesta são adultos, ou mesmo pessoas muito jovens. Nos romances corteses, a ideia de envelhecimento não intervém. Os heróis são dotados de uma grande longevidade, e os anos vividos não pesam. Em *Morte de Artur*, o

[73] Costumes catalães.

rei ultrapassou 100 anos; Lancelote, Guinevra, Gauvain têm entre 60 e 80 anos, e se comportam, em todos os aspectos, como se estivessem na força da idade. O mesmo ocorre hoje nos romances da "série negra", nas histórias em quadrinhos: a idade é abstrata. As aventuras dos heróis são bastante numerosas e duram tempo suficiente para encher um século; e, no entanto, esses heróis permanecem para sempre fixados numa juventude imutável.

A literatura da alta Idade Média não se interessa pelos velhos. Encontramos apenas uma importante exceção: Carlos Magno. Quando era vivo, os que o cercavam — sobretudo Alcuíno e Angilberto — tinham se empenhado em criar uma lenda em torno dele. Alcuíno o compara a um leão; mostra-nos Carlos Magno aclamado pela terra, pelo mar, pelos pássaros, por todos os animais, e até mesmo pelos astros. Compara esse príncipe "como jamais se viu igual, desde o começo do mundo" a João Batista, o Precursor; Angilberto o descreve partindo para a guerra, "a fronte coberta por um capacete de ouro e o corpo revestido por uma armadura brilhante, montando um grande cavalo, a cabeça inteira ultrapassando a altura dos companheiros". Ele próprio havia tomado o nome de Davi, com quem se identificava. Até mesmo os secos *Annales* contam sobre Carlos Magno uma quantidade de fatos miraculosos. Logo depois de sua morte, o maravilhoso cristão apoderou-se dele. Os alemães transformaram-no num santo. Na França, enquanto se acentuava a decadência carolíngia, sua figura foi, por contraste — e também por propaganda —, cada vez mais idealizada. Setenta anos depois de sua morte, o monge de Saint-Gall escreve sua biografia, numa sequência de episódios edificantes e ingênuos. Um texto composto em Espoleto em 897 o descreve como "o terrível, o formidável Carlos". Seus olhos lançam tais clarões que, na sua presença, as pessoas desmaiam. Sua sagacidade permite-lhe penetrar todos os enigmas. Entretanto, o mesmo texto o descreve também como um pândego, que se diverte em preparar farsas para os que o rodeiam. Os jogos fisionômicos que acompanham suas falas e suas ações dão-lhe um caráter caricatural, seja por estourar em risadas descontroladas, seja por esfregar as orelhas ou inflar as narinas.

No século X, compõem-se, nos mosteiros, inúmeras narrativas que apresentam Carlos Magno ocupado em perseguir sem trégua os infiéis. No século XI, em *La Geste du Roi* (e num grande número de outros ciclos), ele aparece como um magnífico velho de barba florida, cercado de uma veneração quase religiosa. Uma *Vie de Charlemagne* descreve-o grande, robusto, barba e cabelos brancos, olhos brilhantes; ele vive até a idade de 200 anos. Entretanto, opõe-se a esta imagem uma outra, na qual se exprime a atitude antimonárquica dos barões. Em *Le Pelerinage à Jérusalem,* no século XII, o imperador é um velho "cúpido" e "assanhado". Em outras gestas, o herói é um grande feudatário, e Carlos — em quem se confundem vários soberanos carolíngios — é injusto, fraco, caprichoso, joguete dos "louvadores", e acaba por ser punido.

A passagem dos poderes do pai enfraquecido pela idade a seu filho inspirou, no século XI, a primeira parte das lendas transcritas anteriormente na Espanha, sob o nome de *Romancero del Cid.* A mais antiga versão escrita data do fim do século XV, mas a tradição remonta à época em que viveu o Cid, pequeno nobre que serviu a Sancho II, depois a Afonso VI; caído em desgraça e exilado por este em 1081, ele se tornou uma espécie de *condottiere*, conquistou, por sua conta, o distrito de Valência e sustou uma segunda invasão dos mouros, salvando, assim, a Espanha. O início do *Romancero* nos descreve Don Diego Lainez, que se desola com a desonra de sua linhagem: disputou uma lebre com os galgos do conde Lozano — o primeiro conselheiro do rei e o melhor de seus capitães — e o conde ultrajou-o. A honra exige que essa afronta seja vingada. "Sabendo que lhe faltam forças para a vingança, e que é muito velho para manejar a espada, não consegue dormir à noite e não pode provar as iguarias." Só tem uma saída: fazer com que um dos quatro filhos lave o ultraje. Convoca estes últimos, um após outro, apertando-lhes a mão direita entre as suas. "Sentindo a honra ofendida emprestar vigor, a despeito dos anos e dos cabelos brancos, a seu sangue sem calor e aos nervos enferrujados", ele apertou tão violentamente aquelas mãos, que os três mais velhos gemeram: "Basta." O último filho, Ruy Diaz de Bivar, pulou de cólera: "Se não fôsseis meu pai!", disse ele, com voz ameaçadora. Chorando de alegria, o velho encarregou-o de vingá-lo. O Cid desafiou o conde e cortou-lhe a cabeça. Por esse feito, suplantou seu pai, que lhe passou, ele próprio, seus poderes, dizendo--lhe: "Senta-te aqui, à cabeceira da mesa, pois quem carrega tal cabeça[74] será o cabeça de minha casa."

---

[74] A cabeça cortada do conde.

Esta história, que teve imensa popularidade, ilustra as relações entre nobres, velhos e jovens na sociedade feudal. O bom cavaleiro é um atleta "ossudo", "membrudo", de corpo "bem-talhado", dotado de um vigoroso apetite, que ama a guerra, a caça, os torneios. As qualidades exaltadas pelas canções de gesta são a bravura e a generosidade. O herói admirado é o que não mede esforços na luta: dá seu sangue por seu senhor. Defende a viúva e o órfão, vem em socorro dos fracos, lança desafios aos rivais. Também joga sua fortuna pela janela; um cronista conta uma curiosa competição de desperdício: um cavaleiro manda semear com moedas de prata um terreno arado; um outro, "por jactância", manda queimar vivos trinta de seus cavalos. Exaltar esses valores — heroísmo, magnificência — é exaltar a juventude: são valores que não podem estar encarnados em velhos de sangue gelado, de nervos enferrujados.

Mesmo entre os plebeus, a dureza da civilização afasta os velhos da vida ativa. Os mercadores são, então, "pés poeirentos", caravaneiros que circulam "com a espada na sela", expostos a inúmeros perigos. De muitos burgueses, poderíamos dizer que eram "muito poderosos nas armas". O declínio físico obrigava, portanto, o homem de idade a se aposentar.

Nos meios rurais, se o pai pretendia manter sua autoridade, os jovens insurgiam-se contra ele. Havia frequentes disputas. Muitas vezes, o filho deixava o lar paterno. Mas na maior parte dos países da Europa, e notadamente na Inglaterra, o pai era suplantado pelo filho na chefia da casa. Chegando a uma certa idade, fraco demais para trabalhar na terra, ele a cedia ao filho mais velho. Depois que recebia essa herança, este se casava; a jovem mulher substituía sua sogra e o velho casal se transportava para o quarto que lhe era tradicionalmente reservado; na Irlanda, este quarto é chamado "quarto do oeste". O pai destituído de seus bens era frequentemente muito maltratado por seus herdeiros. A lenda do rei Lear era muito popular na Inglaterra da Idade Média, porque ilustrava uma história corrente. Encontram-se também ecos disso nos contos recolhidos na Alemanha pelos irmãos Grimm. Quanto aos velhos que não tinham família, ou que esta não podia sustentar, eram socorridos pelo senhor, ou pelo mosteiro; os monges tinham enfermarias onde recolhiam doentes e indigentes. Nas cidades, a Corporação vinha em auxílio dos membros que ficavam incapazes de trabalhar. A Corporação encarregava-se essencialmente de eliminar a concorrência: ela era frequentemente secundada por uma confraria religiosa que atendia às necessidades dos carentes, em caso de doença ou falecimento. Mas, no conjunto, esses auxílios eram totalmente insuficientes. Os velhos eram reduzidos à mendicância, que, por falta de outros recursos, foi mais tolerada naquela época do que em qualquer outra.

A situação dos velhos, em todos os setores da sociedade, aparece, portanto, como extremamente desfavorecida. Tanto entre os nobres quanto entre os camponeses a força física prevalecia: os fracos não tinham lugar. A juventude constituía uma classe de idade de considerável importância. Os jovens faziam um aprendizado e passavam por uma iniciação: no que se refere ao jovem nobre, ao ser armado, tornava-se cavaleiro; os jovens camponeses eram submetidos a provas, durante cerimônias campestres. Por exemplo, saltar por cima das fogueiras de São João. A classe dos velhos, enquanto tal, não existia.

Nas difíceis condições em que se debate essa sociedade, ela também não pode mais dar-se o luxo de se preocupar com o destino das crianças; interessa-se pelos jovens, que sobreviveram às doenças infantis e em quem se encarna o futuro, e não pelos pequeninos, em sua maior parte condenados a uma morte próxima. Por outro lado, a infância, por assim dizer, não existe. Mal saem da barra da saia de suas mães, as crianças são imediatamente tratadas como pequenos adultos, seja para fazerem o aprendizado militar, seja para se sujeitarem ao trabalho rural. Há muitas "infâncias" nas canções de gesta, mas é preciso não nos iludirmos: trata-se das primeiras experiências de rapazes muito jovens, mas que já são pequenos homens. Até o século XIII ou XIV — quando aparece a burguesia — apenas o adulto é considerado.

Durante esse período, os jovens continuam a conduzir o mundo. Com exceção de Barba-Ruiva, que governou até 68 anos — no século XII — o chefe supremo do Império Germânico foi sempre um homem na força da idade. Quando, em 1073, Gregório VII reconquistou a autonomia para o papado, também os papas começaram a ser, quase sempre, jovens: a época exigia deles, em sua luta contra o Império, vigor, coragem, decisão. Entre eles, encontram-se velhos; Celestino III começou seu pontificado aos 85 anos; mas Inocêncio III foi eleito aos 37 anos.

Apenas Veneza constitui exceção. O doge era velho. Submetida a Bizâncio e depois tornando-se sua vassala, seu "muito humilde duque" vira sua autoridade crescer; a princípio eleito pelo povo, seu poder, depois transmitido hereditariamente, foi tirânico até o começo do século XI. Mas havia entre ele e a aristocracia antagonismos por vezes sangrentos. A aristocracia tornou-se cada vez mais poderosa: adquiriu grandes riquezas, graças à acumulação das heranças e ao comércio. Procurou restringir a autoridade ducal, em benefício de uma república patrícia. A lei de 1031 aboliu o regime autoritário; o doge foi eleito não pelo povo, mas pela nobreza: ele devia prestar um juramento que o comprometia com ela. A partir da metade do século XII, ele não pôde mais decidir sobre a paz nem sobre a guerra, nem concluir qualquer tratado, sem o acordo do Colégio dos Quarenta. Não administrou mais as finanças, não escolheu mais os juízes nem os funcionários públicos. Podia, ocasionalmente, conduzir as operações militares e comandar a frota: no fim do século XII, Dandolo, eleito doge aos 84 anos, cego, ganhou fama atacando vitoriosamente Constantinopla.[75] Mas ele era apenas o servidor do patriciado. A seguir, o papel do doge tornou-se unicamente decorativo; ele possuía grandes títulos, um traje magnífico; era encarregado de representar pomposamente a República, sobretudo aos olhos dos embaixadores estrangeiros. Mas não tinha nenhum poder. Não passava do "primeiro, do mais vigiado, do mais obediente dos servidores da República". Ninguém era mais apropriado do que um velho para preencher essa função; enfraquecido pela idade, prisioneiro de antigos hábitos, podia renunciar mais facilmente do que um jovem a tomar qualquer iniciativa e a satisfazer-se com as aparências da grandeza. Em contrapartida, numa sociedade em que as riquezas são garantidas pela lei, a velhice pode conferir um prestígio suplementar aos ricos: era o caso em Veneza, que honrava a velhice precisamente porque lhe era útil colocar um velho no ápice das honras. A idade não impediu Marino Faliero de conspirar, em 1354, contra a aristocracia.[76] Mas, no conjunto, o sistema foi bem-sucedido: os doges foram os dóceis servidores do patriciado. Salvo André Dandolo,

---

[75] Aos 96 anos, ele recusou o trono do Império do Oriente e morreu doge aos 97 anos.

[76] Tinha 76 anos. Foi decapitado.

eleito aos 36 anos, no século XIV, todos os doges eram velhos. Não governavam.

—✦—

A preeminência da juventude, em particular a passagem dos poderes do pai ao filho — tal como atesta a lenda do Cid —, influenciou profundamente a ideologia que domina a Idade Média: o cristianismo. Desde os primeiros séculos da Igreja, nas camadas populares, mas não necessariamente para os teólogos, a figura central da nova religião é o Cristo. A Trindade é mais difícil de pensar; as pessoas se ligam mais às figuras do Pai e do Filho e à sua relação: o segundo destronou o primeiro. Durante o período apostólico, o cristianismo foi, antes de tudo, a religião do Cristo: ele não faz com que se esqueça o Pai, mas é sobretudo o Filho que se invoca. A Igreja é o "corpo do Cristo". É sua carne e seu sangue que estão presentes na Eucaristia, e é com eles que se comunga. A missa e os sacramentos definem-se a partir do Cristo. A moral inspira-se em seu ensinamento. É ele que as pinturas das catacumbas representam simbolicamente: é o Bom Pastor, Orfeu descido aos Infernos, um cordeiro, uma fênix, um peixe (cujo nome em grego constitui um acróstico de Jesus). E representado também como um homem imberbe, de cabelos louros. Nas igrejas, também, é evocado sob a forma de um moinho ou de um lagar místico, de uma vinha, de um cacho de uvas, de um leão, de uma águia, de um unicórnio.

Esta supremacia do filho sobre o pai afirma-se cada vez mais a partir do século XI. É ele que se esculpe no tímpano das igrejas: no século XII, é apresentado em sua glória, é o Rei dos Reis. No século XIII, humaniza-se. Pintam-se Meninos Jesus, e sobretudo Cristos em cruzes, coroados de espinhos. Os pintores reproduzem todos os episódios de sua vida. Ora, ele morreu na força da idade. De repente, o Eterno, que não tinha idade, passa a ser pintado como um velho; imagina-se que ele se assemelhe aos patriarcas nos quais reconhecia sua imagem, uma vez que lhes delegava seus poderes. É mais ou menos relegado ao passado, à origem do mundo e ao céu longínquo. Torna-se o Senhor, o "Chefe da Fortaleza Celeste", tão distante quanto o senhor feudal em seu castelo. Os iluminadores muitas vezes o representaram nas Bíblias ilustradas; pode-se vê-lo também em figuras piedosas populares. Tem sempre uma barba branca. Mas os pintores, menos ingênuos, não se aventuraram a representá-lo senão tardiamente, e rarissimamente.[77] Em geral, limitam-se a indicar, emergindo das nuvens, uma barba branca e a mão que, ao mesmo tempo, abençoa e ameaça. Certas esculturas representam a Trindade: nelas, Deus é representado sob a forma de um velho barbudo, que sustenta seu filho. Todas essas imagens, entalhadas ou pintadas, não fazem mais que tornar sensível a evolução que, nas representações populares, destronou cada vez mais radicalmente o Pai, em benefício do Filho.[78] Que nos ensina a literatura dos séculos XII e XIII sobre a velhice? Muito pouca coisa. Como nos séculos precedentes, ela não se interessa pelo assunto. Na medida em que os clérigos fazem alusão à velhice, sua atitude permanece negativa com relação a esta. Por volta de 1150, Hugo de Orleans, predecessor dos goliardos — clérigos errantes que, em seus poemas, cantavam o vinho e o amor —, depois de ter cantado os prazeres da vida, lamenta-se de seu declínio: tinha, então, 60 anos.

*"Dives eram et dilectus*
*Inter pares praeelectus*
*Modo curvat me senectus*
*Et aetati sum confectus."*

---

[77] Que eu saiba, Masaccio fez isso, em Florença. Miguel Ângelo, no teto da Sistina, dotou-o — como seu Moisés — ao mesmo tempo de uma barba branca e de músculos de atleta, já que é o todo-poderoso Criador. Foi também pintado por Ticiano, por Tintoretto, por um pintor de Ferrara, por Filippino Lippi, em Roma, por Cranach, no *Jardim do Éden:* é um velho barbudo, ainda empertigado e vigoroso. Rafael pintou-o aparecendo a Moisés, na sarça ardente. Em Cosimo Rosselli e em dois ou três outros, podemos vê-lo nas nuvens, entregando a Moisés as Tábuas da Lei.

[78] É interessante notar que, no Oriente, o salvador dos homens, Buda, atravessou todas as idades da vida, e é na sua última que atinge o cume da perfeição: morre aos 80 anos. No Ocidente, o Salvador está plenamente realizado entre 30 e 33 anos, idade na qual morre. Viu-se que, na mitologia antiga, os antigos deuses também foram suplantados por seus filhos, homens na força da idade.

Relembrando, no século XV, as ideias que haviam sido correntes na Idade Média, *O grande proprietário de todas as coisas* nos diz: "A última parte da velhice é chamada *senies* em latim, e em francês não tem outro nome a não ser *vieillesse*. O velho é cheio de tosses, e de escarros, e de lixo, até a hora de voltar à cinza e ao pó de onde foi tirado."

Em 1265, Philippe de Novare fala dos "quatro tempos da idade do homem"; cada um desses tempos compõe-se de dois períodos de dez anos. "A vida dos velhos não é mais que trabalho e dor", diz ele, concluindo que, depois dos 80 anos, não nos resta mais nada a não ser desejar a morte. A Idade Média comprazia-se em estabelecer correspondências entre as diversas regiões do mundo; compararam-se, então, os "quatro tempos" aos quatro elementos e às quatro estações. Estabelecem-se também relações, nos calendários populares, entre os meses e as idades da vida. Um poema do século XIII, muitas vezes reimpresso nos séculos XIV e XV, comenta esse calendário:

"Do mês que vem após setembro
que chamamos mês de outubro
dizem que tem 60 anos, e não mais.
Fica, então, velho e encanecido
E lhe deve, pois, ocorrer
Que o tempo o leva a morrer."

Assinalei que o cristianismo não havia penetrado no pensamento popular, que guardou suas raízes pagãs. Este pensamento exprime-se no folclore. No folclore alemão, do qual os irmãos Grimm recolheram o essencial, o velho aparece, às vezes, como um homem cheio de experiência, que conhece segredos preciosos. Na maior parte dos casos, é um indivíduo lamentável.

Um conto transcrito pelos irmãos Grimm propõe uma curiosa interpretação das idades da vida. Deus havia destinado 30 anos de vida ao homem e a todos os animais; o asno, o cão e o macaco conseguiram que ele cortasse 18 anos, 12 anos e 10 anos do número fixado, pois uma vida tão longa lhes parecia penosa; o homem é menos sábio que os animais: o desatino deste ser que se pretende racional é um dos temas favoritos do folclore. O homem não entendeu que a longevidade teria que ser paga com a decrepitude. Pediu um prolongamento; conseguiu os 18 anos do asno, os 12 do cão, os 10 do macaco: "Tem, portanto, 70 anos de vida. Os 30 primeiros anos são seus, e passam rápido... Chegam, então, os 18 anos do asno, durante os quais ele tem que carregar nos ombros fardos e mais fardos; é ele quem fornece ao moinho o trigo que alimenta os outros... Depois, vêm os 12 anos do cão, durante os quais não faz outra coisa senão grunhir, arrastando-se de um canto a outro, pois não tem mais dentes para morder... Passado esse tempo, não lhe restam mais, para terminar, do que os 10 anos do macaco. Não tem mais a cabeça boa, fica meio esquisito, faz coisas estranhas que provocam o riso e a zombaria das crianças." Assim, se a velhice do homem é mais longa e mais penosa do que a dos animais, é ele o responsável por isso: condenou a si próprio, por sua irrefletida avidez.

Nesses contos, a mulher velha — cuja feminilidade já a torna suspeita — é sempre um ser maléfico. Se alguma vez pratica o bem, é que, na verdade, seu corpo não passa de um disfarce — do qual se despoja, aparecendo como uma fada resplandecente de juventude e de beleza. As verdadeiras velhas são — como nos poetas latinos — fêmeas de ogros, feiticeiras malvadas e perigosas. A misoginia da Idade Média se exprime em todos os personagens de velhas mulheres que encontramos na literatura: a das fábulas satíricas — em particular a de *La male femme qui conchia la prude femme* — e a Velha do *Roman de la Rose*. Vimos que eram mulheres velhas expulsas ou mortas simbolicamente nos campos e nos burgos, para livrar a sociedade da velhice. No Roussillon, a Quaresma era simbolizada por um manequim que representava uma velha mulher, a *patorra*, que tinha sete pés (as sete semanas da Quaresma) e era queimada no dia da Páscoa.

É preciso observar, por outro lado, que, tanto entre os homens quanto entre as mulheres eram muito raras pessoas de idade avançada. No povo, praticamente não eram encontradas. Para os camponeses, dadas as condições de vida, 30 anos já representavam muita idade. Uma fábula satírica do século XIII, que gaba os méritos de uma fonte da juventude, afirma: "Logo não haverá mais homem velho de cabelos brancos, nem, também, mulher velha, encanecida e grisalha, ainda que tenha atingido a idade de 30 anos."

À semelhança da Antiguidade, a Idade Média também acalentou o sonho de uma vitória sobre a velhice. A ideia de rejuvenescimento esteve sempre presente. Um romance medieval cujo herói é Alexandre, o Grande, o *Alexandrecita*, descreve um lago mágico que rejuvenesce aqueles que nele mergulham e, em *Le Livre des merveilles*, Jean de Mandeville conta a história de uma fonte da juventude oculta na floresta indiana. Mas a lenda transmitiu-se sobretudo através da tradição oral. Nos escritos, o tema nunca é central. Toma a forma de um talismã que rejuvenesce: fruto, odre cheio de ar, elixir de longa vida. Quase sempre, encontra-se o sonho da juventude associado ao da Ilha da Vida, a ilha de Avalon, onde não se morre e onde também não se envelhece. No *Perce-forest*, os personagens principais são transportados para a ilha de Avalon, enquanto estão ainda em plena força, e conservam a juventude durante uma ou duas gerações. Em seguida, voltam para morrer no reino bretão. Assim que tocam o solo, tomam o aspecto dos velhos que seriam, se suas vidas se tivessem desenrolado normalmente.

No que diz respeito à velhice, como, de resto, com relação a um grande número de assuntos, a iconografia da Idade Média é mais rica do que sua literatura: ela diz muito mais a uma humanidade ainda analfabeta. Já se viu: o destronamento de Deus Pai pelo Filho manifesta-se com a maior evidência nas artes plásticas, que representam velhos com bastante frequência. Os escultores propõem para os pórticos das igrejas estátuas de velhos barbudos: velhos do Apocalipse[79] profetas, ou santos veneráveis. Nas imagens piedosas, os eremitas, os anacoretas eram muitas vezes representados como homens descarnados, com longas barbas, e muito velhos. O tema das idades da vida apareceu, pela primeira vez, no século VIII, num afresco da Arábia. Depois, no século XII, nos capitéis do batistério de Parma: a velhice é representada por um trabalhador agrícola que repousa ao lado de sua enxada. No palácio dos doges — onde a velhice era necessariamente honrada — e em Pádua, no afresco dos Eremitani, a velhice se encarna num sábio barbudo, sentado diante de sua escrivaninha, junto ao fogo. Mas a imagem popular que a Idade Média criou e que se impôs nos séculos seguintes é menos serena: é a do Velho-Tempo, alado e descarnado, que segura

[79] No Apocalipse, 24 velhos vestidos de túnica branca e coroados de ouro rodeavam o Cristo. Pensa-se que eles correspondem aos 24 signos do zodíaco, representados, na Babilônia, por velhos, porque, presidindo as 24 horas do dia, eles encarnavam o tempo. Manuscritos ilustrados do Apocalipse inspiraram os escultores que frequentemente representam esses velhos. Viam-se neles sábios conselheiros.

uma foice. A assimilação das duas noções parece óbvia, uma vez que a velhice resulta da acumulação dos anos. Entretanto, Erwin Panofsky mostra em seus *Ensaios de iconologia* que esta relação não existiu sempre. Na Antiguidade, o tempo é representado por duas séries de imagens. As primeiras sublinham sua fugacidade. É Kairós, a Oportunidade, o momento que marca uma virada na vida do homem ou da humanidade. Ele é representado por um personagem fugindo rapidamente; ou então, num equilíbrio precário que anuncia uma certa mudança — tal como a Fortuna em sua roda, com a qual o tempo se confundiu a partir do século XI. A segunda série sublinha seu caráter fecundo: é Aion, princípio criador, fertilidade infinita. O tempo passa, mas, ao passar, ele cria. Os antigos sublinharam a ambivalência do tempo. Ao ouvir pronunciar, em Olímpia, o elogio do tempo "no qual se aprende e no qual se recorda", o pitagórico Paron protestou: indagou se não era no tempo que se dava o esquecimento, e proclamou-o o rei da ignorância. Vimos que os poetas evocaram a sua força devastadora. A poesia grega fala frequentemente do "Tempo de cabelos grisalhos". Entretanto, a representação plástica do tempo não evoca jamais, na Antiguidade, o declínio nem a destruição.

Plutarco foi o primeiro a assinalar a contaminação que se produziu entre o nome grego do tempo — Crono, e o de Krono, o mais temível dos deuses. Krono, que devorava seus filhos, significava, segundo ele, o Tempo, e os neoplatônicos aceitaram essa assimilação, mas dando uma interpretação otimista do tempo. Segundo eles, Krono é o *Nós*, o pensamento cósmico, "o pai de todas as coisas", "o sábio velho construtor". Krono era sempre representado segurando na mão uma foice, considerada, na época, um instrumento de agricultura, símbolo de fertilidade.

Na Idade Média, essa imagem desmoronou. É que, então, o tempo é considerado uma causa de declínio. O macrocosmo, assim como o microcosmo — o homem — passa por seis idades, à semelhança dos dias da semana.[80] A última idade à qual o mundo chegou — pensa-se — é a da decrepitude. Encontra-se esta ideia tanto num vulgarizador, como Honorius Augustodunensis, quanto em santo Tomás de Aquino. *Mundus senescit*: é o que pensava o cristianismo primitivo, face às tribulações

---

[80] Algumas vezes, distinguem-se sete idades; outras, quatro.

do Baixo Império — concepção que legou a seus herdeiros, a qual se exprime no início de *La Vie de Saint-Alexis*, no século XI:

"Já foi bom o século, não mais terá tal valor;
Velho já está, e frágil, tudo já declina,
Pior tudo está, o bem não mais se faz."

Na versão feudal do século XII, lê-se:

"Bom foi o século no tempo dos anciãos
E, por ter mudado, perdeu seu valor
Não será mais tal como nossos antepassados...
Frágil é a vida, muito não durará."

A mesma ideia é largamente desenvolvida na versão do século XIII:

"Está próximo o fim, no meu entendimento."

No século XII, Othon de Frersing escreve, na sua *Crônica*: "Vemos o mundo desfalecer, e exalar, por assim dizer, o último suspiro da extrema velhice." Na mesma época, as miniaturas do *Liber Floridus*[81] manifestam o sucesso dessa concepção. São Norberto chegava a pensar que sua geração veria o fim do mundo.

No século XIII, Hugues de Saint-Victor escreve: "O fim do mundo chega, e o curso dos acontecimentos já atingiu o extremo do Universo." Ao envelhecer, o mundo encolhe, e os próprios homens ficam mirrados; não são mais do que crianças e anões — diz, na mesma época, Guiot de Provins. Esta ideia, encontrada entre os goliardos, é largamente desenvolvida nos *Carmina Burana*: "A juventude não quer aprender mais nada, a ciência está decadente, o mundo inteiro anda às avessas, cegos conduzem outros cegos... Tudo se desviou do caminho." Dante põe na boca de seu antepassado Cacciaguida lamentações sobre a decadência das cidades e das famílias. O mundo se reduz, tal como uma capa, em torno da qual "o Tempo circula com suas tesouras". Raras são as pessoas que veem nesse envelhecimento uma vantagem. Bernard de

[81] Compilação desordenada, atribuída a Lambert, cônego de Saint-Omer.

Chartres disse: "Somos anões montados nos ombros de gigantes, mas vemos mais longe do que eles." Este otimismo não é partilhado. O que a Idade Média percebe ao longe não tem nada de encorajador: é, para muitos, o reinado do Anticristo. Anunciada no Apocalipse, essa figura foi desenvolvida no século VIII por um monge chamado Pierre, depois por Adson, no século X, e no século XI por Albuíno, que adapta ao Ocidente as predições feitas no século IV pela sibila de Tibur. O teatro religioso tinha tornado a figura do Anticristo familiar a todos. Uma figura antagônica nascera: a do "rei justo", de um messias terrestre, que inauguraria um *millenium* de felicidade. Mas essa crença era pouco difundida. A Idade Média estava convencida de que, em consequência do pecado original, a humanidade estava destinada a uma infelicidade que só poderia agravar-se com o tempo. Penetrados desta ideia desencorajadora, os homens que dirigiam a sociedade limitavam-se a governar no dia a dia, sem visualizar nenhum futuro político preciso. Ninguém esperava da História uma melhoria. As esperanças da Idade Média eram intemporais: era preciso libertar-se da vida terrestre e preparar a salvação. O Tempo arrastava o mundo para a decadência, e logo para o fim.

Por esse contexto, explica-se que a imagem do tempo se tenha transformado sob a influência dos astrólogos. O nome romano de Krono, Saturno, foi atribuído ao planeta mais longínquo e mais lento; esse planeta é tido como frio e ressecado: ele é associado à indigência, à senilidade, à morte. Nas obras de astrologia, é geralmente representado por um velho lúgubre, indigente, que segura uma foice ou uma pá, uma enxada, um bastão, e que se apoia numa muleta, sinal de decrepitude. Tem uma perna de pau, ou é castrado (evocação da narrativa mitológica, na qual Zeus o castra). A iconografia da Idade Média desenvolve, a propósito de Saturno, o tema do homem castrado e do filho devorado. Sendo o mais maligno dos planetas, suas imagens são repulsivas. Por outro lado, desde o século XI, a Morte é representada com uma foice na mão.[82] O tempo, enquanto investe contra a vida, aparenta-se à morte. E Krono identificou-se com Crono. É, portanto, natural que, para evocar o Tempo, o ilustrador de Petrarca — para quem o tempo é destruidor — tenha tomado a imagem de Saturno: ele tem asas, segura uma ampulheta, é decrépito. É essa imagem que prevalece, daí em

---

[82] No Evangeliário Uta. Ela segura uma foice, na Bíblia de Gumpert, anterior a 1195.

diante. Nos "triunfos da morte", que aparecem, em grande número, no século XV, a Morte é um esqueleto que carrega uma foice e uma ampulheta. O próprio Tempo também é dotado de uma foice que não é mais o símbolo da fertilidade: ele corta as vidas, como a Parca cortava o fio dos dias.

—✦—

Ao fim da Idade Média, a vida permanecia precária e a longevidade, rara. Quando, em 1380, Carlos V morre, com 42 anos, tem a reputação de um velho sábio. Entretanto, a sociedade evolui. A partir do século XIII, e principalmente no século XIV, assiste-se a um renascimento da vida urbana. A busca do ganho também não é mais tão severamente condenada pela Igreja; acaba mesmo por ser legitimada, e o mercantilismo é respeitado. Em Veneza e em Pisa, são os próprios nobres que se dedicam aos negócios. Alhures, a aristocracia geralmente permanece à margem do mundo dos negócios: traficar seria decair. Mas a burguesia prospera. E os grandes mercadores, os grandes banqueiros adquirem títulos através de compras de terra e de casamentos: constitui-se uma nova nobreza. Vemos, assim, desenvolver-se um patriciado urbano. Daí em diante, a propriedade funda-se em contratos, e não na força física: aparece então o tipo tradicional do mercador, avesso à violência. Podem-se estocar as mercadorias e o dinheiro. Essa transformação modifica, nas classes abastadas, a condição dos velhos: através da acumulação das riquezas, eles podem tornar-se poderosos. Há mais preocupação com eles. Duas correntes ideológicas coexistem, na época: uma corrente religiosa e espiritualista; e uma tradição pessimista e materialista. É na primeira dessas perspectivas que Dante, no *Festim*, encara a velhice. Ele compara a linha da vida humana a um arco que sobe da terra ao céu, até um ponto culminante, de onde principia a descida. O zênite situa-se nos 35 anos. Depois, o homem declina lentamente. Dos 45 aos 50 anos, é o tempo da velhice. A seguir, é a grande velhice. Se esta souber ser sábia, esse fim será pacífico. Dante compara o grande velho a um navegador que baixa docemente sua vela quando enxerga a terra, e lentamente alcança o porto. Estando a verdade do homem no além, ele deve aceitar serenamente o fim de uma existência que não foi outra coisa senão uma breve viagem.

Atingir pacificamente o porto, eis qual deve ser — pensam os clérigos e as almas piedosas — a principal preocupação das pessoas velhas; a última idade aparece essencialmente como o tempo em que nos preparamos para a morte. Veem-se proliferar *artes moriendi*. Gerson escreve uma "breve instrução a um velho, sobre como deve preparar-se para a morte". Aconselha-o — provavelmente porque o velho perdeu a vista — a albergar alguém que lhe leia livros de devoção, para afastá-lo das coisas mundanas. Em toda a Europa são publicadas obras análogas. Estas tornam-se muito numerosas na Alemanha, a partir de 1400. Dão-se, nelas, conselhos aos velhos sobre a maneira de fazer seu testamento: é conveniente que aqueles que têm bens leguem uma parte destes aos conventos ou aos asilos.

Para um cristão convicto, a velhice é, portanto, o momento de assegurar a salvação. Mas a idade avançada não é particularmente valorizada. Cada vez mais é o Cristo que, nos séculos XIV e XV, monopoliza a devoção dos fiéis; o século XIV é trágico: guerras, pestes, fome, dramas da superpopulação; em meio às provações que o dilaceram, o Ocidente deposita toda a sua confiança no Cristo Redentor. A partir de então, ele não aparece mais como o Rei dos Reis. E sob a figura do Salvador que é exaltado. O Pai e o Espírito Santo são eclipsados. A missa não é mais um sacrifício dirigido a Deus Pai, mas a representação do Calvário. Adora-se a Eucaristia; veneram-se as relíquias da Paixão. A produção de crucifixos cresce consideravelmente. Esboçam-se o culto da Santa Face e a prática da Via Sacra. Pinta-se e se esculpe frequentemente o "Cristo Redentor", que espera o suplício na solidão e na angústia. Ao mesmo tempo, desenvolve-se a devoção a Maria. No início do século XV, redescobre-se a Anunciação, que inspira uma quantidade imensa de quadros e de imagens. Toda uma iconografia toma como tema a infância do Cristo e a Santa Família, que até então não eram representadas. Através dessas evocações da vida de Jesus, a infância, a adolescência e sobretudo a idade madura são santificadas. A velhice é esquecida. Por outro lado, uma literatura profana floresce nas cortes dos nobres e entre o patriciado urbano. Satírica, realista, ela ridiculariza toda a sociedade: as mulheres e seus maridos, os monges, os mercadores, os vilões. Concede apenas um lugar menor aos velhos. Entretanto — tal como fizera Plauto outrora —, Boccaccio, na Itália, e Chaucer, na Inglaterra, ridicularizam os velhos ricos que usam suas fortunas para se apropriar de belas mulheres.

No conto de Boccaccio,[83] um juiz de Pisa, muito idoso, desposa a jovem e bela Bartolomea. Na noite de núpcias, mal consegue cumprir seu dever conjugal. De manhã, está tão exausto que inventa um meio de se esquivar: todo dia mostra à mulher, no calendário, que é a festa de um grande santo, e que, em honra deste, as pessoas devem abster-se de qualquer relação carnal. Só uma vez por mês ele se presta a cumprir o dever conjugal. Um dia, durante um passeio de barco, a mulher é raptada por um corsário, que lhe prova cotidianamente seu ardor, sem se preocupar com o calendário. O marido a descobre: ela se recusa a voltar com ele. O velho morre, e toda a cidade ri do acontecimento.

Nos *Contos de Canterbury*, Chaucer conta as desventuras de um velho mercador, Janeiro, que, graças ao seu dinheiro, se faz desposar pela bela Maio, de 20 anos de idade. Na noite de núpcias, ele toma electuários, o que lhe permite entregar-se com ardor durante toda a noite.

> "Assim labuta ele, até o raiar do dia.
> Então sorve uma sopa de forte clarete
> E senta no leito
> e depois disso canta alto e forte
> e beija a mulher e faz mil loucuras.
> Era como um potro entregue à folia
> e tagarela como uma pega malhada.
> A pele flácida do pescoço treme
> durante a canção, tanto canta e tremula em trinados.
> Mas Deus sabe o que Maio sentia em seu íntimo
> quando o viu assentado no leito, em camisa,
> com o gorro de noite e o pescoço magro;
> não dá por seus folguedos mais que um vintém."

Pouco tempo depois, ela o engana, em circunstâncias burlescas, com um jovem e belo servo. Como já indiquei, sejam quais forem as atitudes do velho, sua sexualidade enoja. Boccaccio zomba de sua impotência; em Chaucer, ele se tornou artificialmente vigoroso; mas por sua feiura e seus ridículos, ele faz do amor físico um exercício repugnante.

---

[83] Que foi retomado por La Fontaine em seus *Contes*. É o único que põe em cena um velho.

Ao lado desse pessimismo realista, parece ter havido na Idade Média uma espécie de pessimismo idealista. Vejo um sinal disso na importância que tomou, por volta dos séculos XIV e XV, a figura de Belisário, que ganhou, a seguir, uma grande popularidade.[84] Depois de ter levado uma vida gloriosa, de ter conquistado aos godos a Itália e de ter recusado o império do Ocidente, o grande general que salvara Bizâncio caiu em desgraça: em 562, foi implicado numa conspiração contra Justiniano, que tinha então 80 anos; foi encerrado no interior de seu palácio e seus bens foram confiscados. O processo teve lugar em 563. Segundo Teófanes, que, ao fim do século VIII, recopiou em sua *Chronografia* documentos contemporâneos, a inocência de Belisário foi provada; devolveram-lhe a liberdade e os bens. Foi mais tarde, no século XI, que o autor anônimo das *Antiquités de Constantinople* — obra em que os erros abundam — assinalou rapidamente que Belisário teve os olhos vazados e foi reduzido à mendicância. No século XIII, Tretzès, gramático que vivia em Constantinopla, célebre por sua erudição, mesmo reconhecendo que muitos historiadores negavam essa versão, adotou-a. Ele descreve Belisário velho e cego, mendigando à porta do palácio: "Dai um óbolo a Belisário." O suplício da cegueira era corrente em Bizâncio: mas nada prova que Belisário o tenha sofrido. Por que se impôs a imagem?

Em primeiro lugar, podemos perguntar-nos como essa imagem se popularizou, a tal ponto que, a seguir, todos os compiladores da Renascença retomaram-na. Não devemos esquecer que, na Idade Média, este foi o destino de todas as lendas; apesar das dificuldades das comunicações, havia uma grande mobilidade da população: os mercadores e os peregrinos transportavam histórias verdadeiras ou falsas por todos os cantos do mundo. Os saltimbancos recolhiam essas narrativas e estavam, por sua vez, em incessante comunicação com os clérigos; não se deve opor o conhecimento sábio à tradição popular: havia osmose entre os dois. Enfim, nos séculos XIII e XIV, muitas pessoas sabiam ler. Real

[84] A figura de Belisário é frequentemente evocada no século XVI. Foi fonte de inspiração para uma tragédia de Rotrou, para um livro de Marmontel que ficou célebre, e deu motivo a inúmeras alusões e comparações. Inspirou também inúmeros quadros.

ou mítico, qualquer acontecimento impressionante tornava-se rápida e largamente conhecido.

Uma questão mais interessante é a do sucesso obtido por essa lenda. A razão disso está, provavelmente, no fato de a Idade Média acolher diligentemente todas as visões sombrias. Ora, Belisário representa de maneira exemplar as misérias da idade avançada: deficiência, dependência, passividade, e sobretudo a decadência à qual o condenam a dureza e a ingratidão dos homens. E depois, do ponto de vista religioso, esta aventura trágica é edificante; um indivíduo elevado ao cume da glória, e que recai na abjeção, ilustra o "Vaidade das vaidades" da Escritura: nesta terra, nada é seguro: o homem só deve depositar confiança em Deus.

Tanto na Idade Média quanto na Antiguidade, existe uma ligação mítica entre velhice e cegueira. Esta simboliza o exílio ao qual as pessoas idosas são condenadas por sua vida demasiado longa: essas pessoas são cortadas do resto dos homens; essa solidão as engrandece e as torna espiritualmente clarividentes. Por outro lado, o mito tinha, então, sólidas raízes na realidade: não se sabia operar a catarata, e muitos homens idosos eram, efetivamente, cegos.

— ✦ —

Na França do século XV, o pessimismo dos séculos precedentes perpetua-se. O mundo — pensa-se ainda — está em seu declínio. Gerson o compara a um velho delirante, presa de toda sorte de fantasias e de ilusões. Eustache Deschamps o vê como um velho que retorna à infância:

"Ora é frouxo, medíocre e mole
Velho, cúpido e mal-falante:
Não vejo senão tolas e tolos...
Em verdade avizinha-se o fim...
Tudo vai mal..."

O pensamento da morte está presente, mais do que nunca: as "danças de morte" tornam-se cada vez mais numerosas e assustadoras. Pintam-se, em toda a sua hediondez, defuntos e cadáveres, que os pregadores opõem às graças falaciosas da juventude. O homem é um morto em *sursis*, e a beleza, uma aparência. Odin de Cluny descreve, com uma veemência raramente alcançada, a ignomínia que se dissimula no interior de nosso corpo: ele chama este último de "saco de excrementos". Outros lembram que o corpo está condenado a uma decrepitude cuja miséria descrevem impiedosamente. O velho é, então, considerado não o *outro*, mas o *mesmo*: mas é descrito apenas do exterior, com o único objetivo de desqualificar a juventude e a beleza. Poetas retomam complacentemente esses clichês. Eustache Deschamps não vê na velhice senão males e motivos de repulsa, declínio da alma e do corpo, ridículo e feiura: estabelece o começo dela aos 30 anos, para as mulheres, e aos 50 anos, para o homem; aos 60 anos, ninguém tem outra coisa a fazer senão morrer. Olivier de La Marche afina-se com seu tempo quando, retomando um tema gasto, dirige a uma jovem beldade sombrias profecias:

"Esses doces olhares, esses olhos feitos para alegrar,
Pensai bem, perderão a luz...
Esta beleza será feiura
Esta saúde, enfermidade obscura..."

A mulher idosa continua a ser um objeto de repugnância e zombaria. Na torre meridional da catedral de Bayeux lê-se, gravada naquela época a respeito de Isabel de Douvres, esta inscrição, cujo autor deplora que, em vez de uma única velha, não se tenham enterrado cem:

"*Quarte dies paschale erat*
*Que jacet hic vetule venimus exequias*
*Leticie diem magis amissise dolemus*
*quam centum tales si caderunt vetule.*"

É a essa tradição que se liga Villon quando, em *Les Regrets de la belle heaulmière*, desola-se com os estragos que a velhice faz um corpo feminino sofrer. Mas por mais numerosos que tenham sido seus predecessores, Villon faz com que sejam todos esquecidos. O que a má literatura dissimula sob palavras vazias, ele apresenta em toda a sua verdade.

Villon amava o corpo feminino:

"Corpo feminino, tão tenro..."

No *Testament*, repugna-lhe imaginar que esse corpo possa decompor-se sob a terra — gostaria de vê-lo "todo vivo subir aos céus". E com melancolia que também ele prediz a uma beldade indiferente sua futura decadência:

"Um tempo virá que fará secar,
Amarelar, fenecer vossa desabrochada flor.
...Velho serei, e vós, feia e sem cor."

Nos célebres *Regrets de la belle heaulmière*, uma terna compaixão tempera a crueldade da descrição. Villon amara muito sua mãe: "Mulher sou, pobrezinha e anciã." Talvez seja por isso que, em vez de olhar de fora, friamente, a mulher decrépita que se tornará um dia a bela "*heaulmière*",[85] ele lhe cede a palavra. Provavelmente terá compreendido que uma degradação só é pungente na medida em que é sentida pelo sujeito.

"Quando me olho toda desnuda
E me vejo tão mudada
Pobre, seca, magra, miúda,
Quase fico toda irada."

Enquanto a maior parte dos escritores que falam dos velhos ri, sem sequer se dar ao trabalho de observá-los, Villon traça um quadro de notável exatidão:

"Orelhas pendentes, peludas,
A face pálida, morta e descorada,
Queixo franzido, lábios pelancudos
Da humana beleza eis o fim."

Não está aí uma alegoria; é um retrato preciso, singular, e que, entretanto, concerne a todos nós. Nessa velha mulher decaída, toda a

[85] Fabricante de capacetes e armaduras, na Idade Média. (N. T.)

condição humana está em questão. A velhice não está reservada aos outros; ela nos espreita, como espreita a jovem mulher cujas penas Villon antecipa; é nosso destino. É porque ele tomou consciência disso que o poema de Villon tem uma ressonância excepcional.

—✦—

No século XVI, enquanto nos campos a civilização permanece repetitiva e conservadora, um primeiro capitalismo continua a desenvolver-se nas cidades italianas, e faz sua aparição em outras cidades: negócio, empresas industriais e operações financeiras. Essa nova prosperidade permite um imenso desabrochar cultural nas ciências, nas letras, nas artes e nas técnicas. Manifestam-se aí correntes muito diversas. A Renascença prolonga as tradições da Idade Média. Continua a viver perseguida pelo fantasma do Anticristo e do Julgamento Final.[86] Tenta, entretanto, promover uma ideia nova e harmoniosa do homem. O humanismo, recuperando a Antiguidade, tenta ligá-la sincreticamente ao Evangelho; almeja-se integrar ao cristianismo o amor da vida e da beleza. É a tarefa que Erasmo, particularmente, se propôs; ele traz um ensinamento "de moral e de civilidade". Dedicou um de seus *Colloquia* aos anciãos; descreve um ancião modelo: aos 66 anos, não tem rugas nem cabelos brancos, não usa óculos, e sua tez é florescente; os outros, que tiveram existências debochadas ou aventurosas, parecem ter a idade do pai dele. Na Itália, um patrício veneziano, Cornaro, retoma esse tema: uma vida sensata conduz a uma bela velhice. Cornaro dá a si próprio como exemplo no "tratado da vida sóbria e regrada". Na verdade, nessas duas obras, trata-se sobretudo de fazer o elogio da virtude: pretende-se que ele encontre a recompensa na saúde e na serenidade da última idade.

Quanto à velhice em si mesma, a literatura não tem para com ela, nessa época, maior benevolência do que nos séculos precedentes. A Idade Média desprezava o farrapo humano: julgava-o particularmente repugnante entre as pessoas idosas. A Renascença exalta a beleza do corpo: o da mulher era posto nas nuvens. A feiura dos velhos só pode

---

[86] Jogava-se, na Alemanha, um "jogo do Anticristo"; escreviam-se Vidas do Anticristo. Pregadores anunciavam seu advento, e ele inspirou os afrescos de Signorelli, em Orvieto.

parecer mais detestável ainda. Nunca a feiura da mulher velha foi tão cruelmente denunciada. A misoginia medieval perpetua-se no século XVI, e a influência da Antiguidade, sobretudo a de Horácio, é preponderante. Os abusos do petrarquismo acarretaram, como reação, uma poesia satírica e burlesca. Todos esses motivos conspiram para explicar a frequência e o caráter do tema da mulher velha.

Os escritores que o exploram foram profundamente influenciados pela peça na qual Rojas, em 1492, descreveu a sociedade espanhola de seu tempo: *A Celestina*. Pela primeira vez, tomava-se como heroína principal uma personagem de mulher velha; era, classicamente, uma alcoviteira, mas de envergadura inteiramente diferente das que, até então, haviam sido postas em cena. Antiga prostituta, continuando rufiona por gosto, interesseira, intrigante, lúbrica, é também um pouco feiticeira, e é quem dá as cartas. É uma síntese de todos os vícios que, desde a Antiguidade, eram atribuídos às mulheres de idade, e, apesar de toda a sua habilidade, no final da peça, é severamente punida. O teatro francês retomou com menos brilho essa fonte de inspiração: há velhas alcoviteiras, velhas cortesãs em Jodelle, Odet de Turnèbe, Larivey.

O preconceito antifeminista contra as mulheres idosas é manifesto em Erasmo. É normal que este moralista reprove as que ainda têm a indecência de pensar no amor. Mas a maldade gratuita de sua descrição espanta, em se tratando de um humanista. Ele evoca: "Essas mulheres decrépitas, esses cadáveres ambulantes, essas carcaças infectas que exalam por toda parte um odor sepulcral, e que, no entanto, exclamam a cada instante: 'Nada é tão doce como a vida!...' Ora mostram suas mamas flácidas e nojentas, ora tentam despertar o vigor de seus amantes com os guinchos de suas vozes trêmulas." É preciso notar, em meio a tantos clichês, um tema novo: o contraste entre o ser hediondo que é, para outrem, a mulher velha, e o prazer de viver que ela conserva.[87] Erasmo censura-a, enquanto o costume era louvar os homens nos quais a idade não abate o amor à vida.

Mesma repulsa em Marot, diante da velha que quer ser amada:

"... Queres tu, velha enrugada, ouvir por que não te posso amar?"

[87] É o tema de *Ah! os belos dias*, de Beckett; mas numa perspectiva totalmente diferente.

E diz longamente a ela a razão. Fala da "feia teta" da velha, e faz dela um retrato físico repugnante. Descreve uma feiticeira que é uma "velha pavorosa". Mesma repulsa em Desportes, em *Le Mépris d'une dame devenue vieille*:

"Com engodos repugnantes
Pensas despertar meus sentidos."

Há um prazer em humilhar a velha mulher, comparando-a a uma jovem. D'Aubigné compara à bela cabeleira de sua amante uma horrenda velha "de peruca tinhosa".

Por que terá Du Bellay retomado esses temas em *L'Antérotique de la vieille et de la jeune*? Ele acabava de publicar *L'Olive*, poema dedicado à glória da mulher e do amor, inspirado em Petrarca, e que fizera grande sucesso. Podemos espantar-nos que ele tenha escrito, em seguida, esta diatribe violenta contra uma mulher idosa:

"Vê, ó velha imunda
Velha desonra deste mundo
Aquela que (se bem me lembro)
Ao décimo quinto ano mal chega."

O primeiro motivo é de ordem literária; Du Bellay fartara-se do petrarquismo que ele próprio cultivara, e que assolava, então, a França: colocou-se na perspectiva oposta. Na Itália, onde residira, leu, provavelmente, as invectivas que os poetas desse país dirigiam muitas vezes às velhas aias, e foi influenciado por eles. Talvez tivesse tido motivo de queixa contra alguma dessas mulheres, por não lhe ter servido em suas empresas amorosas. A aia era, aos olhos dos poetas, um personagem ambíguo e odioso: eles as reprovavam tanto por fazerem o papel de alcoviteiras quanto por atrapalharem seus amores.

É sobretudo enquanto antiga prostituta que se ataca a mulher idosa. Imunda se ainda tem pretensões ao amor, sua hipocrisia é denunciada quando se volta para a beatice. Du Bellay escreveu também um poema realista e cruel sobre uma velha cortesã romana. Ela conta sua vida, o declínio de seus encantos, a pobreza, a doença:

"Senhora velhice
Não me deixou senão areia nos rins
Gota nos pés e calos nas mãos."

Entretanto, Du Bellay interpela-a com animosidade:

"Tu és feiticeira e rufiona
És hipócrita e carola."

Terá esta animosidade dos poetas contra as antigas prostitutas sua fonte num ressentimento sexual? Pode-se supor que sim. O que, em todo caso, é preciso notar é que, macho ou fêmea, o velho enamorado suscita a repulsa. Mas quando se trata dos homens, a literatura investe contra os ricos, que compram o prazer graças ao ouro que possuem; ela ataca, ao contrário, as mulheres da mais baixa categoria, aquelas que se vendem. Compreende-se facilmente o rancor que os primeiros inspiram; ao passo que a ira de que são objeto as velhas prostitutas tem motivos mais turvos. Explica-se, provavelmente, por alguma frustração.

Assim como na Antiguidade e no folclore, a mulher velha é frequentemente comparada a uma feiticeira: Rabelais descreve a sibila de Panzoust com os traços de uma velha mulher "em estado lastimável, malvestida, mal nutrida, desdentada, remelosa, curvada, nariz escorrendo, langorosa".

Enfim, a velha mulher assemelha-se à morte. Sigônio escreve:

"Respirante múmia
De quem se descobre a anatomia
Através de um couro transparente."

"Retrato vivo da morte, retrato morto da vida
Carcaça sem cores, despojo do túmulo
Esqueleto exumado, por um corvo agredido..."

É raro, no século XVI, ouvir-se uma outra versão; entretanto, Pierre Le Loyer escreve, ao lado de uma ode em que explica como é vergonhoso amar uma velha, uma outra em que pinta com ternura a velhice feminina:

"A velhice parece maçã
Ao mesmo tempo doce e sã..."

Uma maçã é tanto mais perfeita quanto mais enrugada: o mesmo acontece com a mulher velha. François Hulot opõe a "velha desdentada infame e infeliz" à "velha de honra"

"Cuja graça e forma
À beleza das jovens se conforma
... Em verdade, velha de grande virtude
Que pela graça e virtude se saúda."

Tratava-se de distinguir a grande dama idosa do vil rebanho das velhas marcadas pelos maus costumes ou pela pobreza. Há apenas um autor que tomou vivamente a defesa das mulheres idosas: é Brantôme, na *Vie des dames galantes*. Ele considera normal que elas se entreguem ainda aos prazeres do amor; afirma que algumas permanecem belas, e são amadas além dos 70 anos.

Enquanto os poetas cobrem de opróbrio a mulher idosa, o homem velho é ridicularizado pelo teatro cômico. Vimos isso em Aristófanes e Plauto: o teatro cômico recusa ao velho sua qualidade de sujeito; apresenta-o como o outro, um puro objeto, de quem os espectadores retiram toda a solidariedade, através do riso. Colocando em cena velhos bufões, aos quais concede papéis importantes, a *commedia dell'arte* perpetua uma tradição que se mantivera ao longo do Baixo Império e da Idade Média. No século III de nossa era, Julius Pólux, em *L'Onomasticon*, organizou uma lista dos diferentes tipos de máscaras utilizadas nas comédias e tragédias. Há duas máscaras de avôs, muito idosos: "O primeiro é o mais idoso; sua cabeça é completamente calva, tem sobrancelhas muito suaves, uma longa barba, faces magras, o olhar baixo, a pele branca, expressão alegre. O segundo é mais magro, tem um olhar mais tenso e mais triste; é ligeiramente pálido, tem uma longa barba, os cabelos vermelhos, orelhas amassadas." Há uma segunda dupla, que Pólux alinha numa outra categoria: "O velho principal tem uma coroa de cabelos em torno da cabeça, o nariz aquilino, a face longa, sua sobrancelha direita é erguida. O outro tem uma barba longa, em leque, uma coroa de cabelos em torno da cabeça, a barba farta; não ergue as sobrancelhas; seu olhar é lento."

Pólux assinala três máscaras de velhas: a gorda velha indulgente; a loba, isto é, a rufiona, com nariz esborrachado e dois molares em cada mandíbula; a concubina que procura casar-se.

A *commedia dell'arte* comporta dois personagens de velhos: Pantaleão e o Doutor. O primeiro é o mais importante. É um mercador aposentado dos negócios, ora rico, ora pobre, pai de família ou solteirão, mas sempre muito avaro, como o Euclião da *Aululária*, Além disso, está sempre enamorado. Uma gravura de 1577 o representa como um grande velho muito magro, de barba pontuda, com um enorme falo em ereção: este atributo fazia parte do traje usual de Pantaleão. Entretanto, ele é tinhoso, gotoso, catarrento. Tenta corromper com ouro as jovens mulheres por quem se apaixona. É enganado pelos filhos, pelas criadas, traído pela mulher (se tiver uma), tapeado por coquetes. Pensa que é muito sábio; quer dar conselhos, faz discursos empolados, pretende meter-se nos negócios do Estado: é tão exasperador, que o surram para fazê-lo calar-se. Segundo as gravuras, os atores faziam contrastar seus acessos de senilidade com crises de agilidade. O personagem tomou nomes diferentes nas diversas regiões da Itália; chamou-se Pancrácio, Cassandro, Zanóbio. Na França, encarnou-se em Gaultier-Garguille e Jacquemin Jadot.

O outro velho é o Doutor, um grande estúpido pedante, membro de todas as academias. O homem idoso não é somente aquele que monopoliza as riquezas, mas também — traço que, até então, não tínhamos encontrado — aquele que pretende deter o saber. Só pode, então, tornar-se ainda mais irrisório, pois, na verdade, o Doutor é ignaro, diz enormes tolices, estropia o dia inteiro citações gregas ou latinas. Chamam-no também Baloardo: o bronco. É amigo de Pantaleão e, como este, ao mesmo tempo avaro e galante. Todos zombam dele.

Só se encontra um personagem de velha: a alcoviteira. A velha honesta que perdeu sua sedução sem adquirir poder não é sujeito nem objeto: não é nada. As esposas são mulheres entre duas idades, e têm apenas um papel relativo: são a companhia, a testemunha ou o censor das extravagâncias do velho marido. A cortesã que adquiriu uma fortuna pessoal e não depende de ninguém, quando fica velha, utiliza sua experiência e persegue seus próprios objetivos: enriquecer. É um indivíduo autônomo, um sujeito. Entretanto, ela interessa pouco, porque não passa de uma utilidade, uma figura estereotipada.

Os homens de idade são também muito convencionais. A *commedia dell'arte* não nos informa realmente sobre os costumes do tempo: limita-se a utilizar em intrigas pouco variadas as diversas "máscaras" das quais foi tradicionalmente herdeira, e cujo papel já está definido de antemão.

Não há muito mais invenção na *Clizia*, onde, no início do século XVI, Maquiavel não faz mais que plagiar Plauto. Nicomaro tem 70 anos, não lhe restam mais muitos dentes. Apaixonado por Clizia, ele decide casá-la com seu criado, que a devolverá a ele. Prepara-se para a noite de núpcias tomando um electuário chamado *satyricon*. É, finalmente, extorquido e se arrepende. O tema é, mais uma vez, o contraste entre o comportamento sensato que convém aos velhos e os desejos sexuais que ainda os agitam. A mulher de Nicomaro descreve o homem ideal que ele era, antes de se enamorar de Clizia, e se desola com a metamorfose: "Era, então, um homem honrado, grave, reservado. Empregava seu tempo honradamente; levantando-se de manhã cedo, ouvia a missa e se ocupava das provisões para o dia; em seguida, despachava os assuntos de que tivesse que tratar... terminando o jantar, conversava com o filho, dando-lhe sábios conselhos. Essa vida regrada era um exemplo para todos na casa... Mas desde que se apaixonou por essa moça, seus negócios são negligenciados, suas terras se estragam, seu comércio se perde; ele grita sempre, sem saber por quê... Se lhe dirigis a palavra, não vos responde, ou responde de modo estranho."

E em uma das *canzone* que permeiam a peça, diz-se: "O amor é tão gracioso num jovem coração quanto é repelente no homem que viu fanarem as flores da idade... Assim, pois, velhos enamorados, o que tendes de melhor a fazer é deixar as aventuras galantes para a ardente juventude."

O teatro de Ruzzante é de uma inspiração muito mais original: é um teatro de luta. Não se sabe muita coisa a respeito de Angelo Beolco, que fazia, em suas peças, o papel de Ruzzante, e foi conhecido com esse nome. Filho natural de um médico de Pádua, criado na família de seu pai, mais tarde amigo e protegido do rico patrício Cornaro, em suas *Orazioni* tomou vivamente o partido dos camponeses, dos pobres, dos oprimidos. Esta simpatia manifesta-se em toda a sua obra. Ele não põe em cena máscaras estereotipadas: o próprio personagem de Ruzzante é muito variado. *La Pastorale* é bastante convencional. O velho pastor Milesio apaixona-se por uma ninfa e deplora essa loucura. Como ela o rejeita, ele perde o juízo, a tal ponto que se pensa que morreu: "Ó amante infeliz, até onde chegaste? A que estado foste levada, idade insensata!"

Mas, em geral, Ruzzante inspira-se nos costumes e na linguagem das pessoas de sua época, em particular dos camponeses. Sendo ele próprio jovem, investe contra os velhos pelo fato de as riquezas destes lhes permitirem oprimir os pobres. Na *Vaccaria*, imitada da *Asinária*, o velho Placidio não faz mal a ninguém, e por isso é pintado com alguma indulgência: parece-se com Demeneto, mas tem qualidades, ama seu filho, e, depois de enganado e aniquilado, sua mulher o perdoa. Em compensação, o herói de *L'Anconetana*, um velho octogenário veneziano que enriqueceu, é vilipendiado sem piedade.[88] Cínico, debochado, cheio de deficiências, ridículo, é avarento, e contudo mais lúbrico ainda, porque se dispõe a comprar a peso de ouro a cortesã Doralia. É tão vaidoso que acredita ser amado. Faz-se motivo de zombaria de seu criado.

Ruzzante leva muito mais longe, no segundo dos *Dialoghi in Lingua Rustica*, a caricatura do velho enamorado: nenhum outro autor pintou esse personagem com um realismo tão hediondo. O velho tomou uma jovem mulher de seu marido, Bilora. A jovem, por interesse, consente em viver com ele, por ser muito rico. Mas ela se queixa: "Ele está meio doente. Tosse a noite toda, como uma ovelha podre... Não dorme jamais; a cada instante procura enlaçar-me, cobre-me de beijos... — Verdade que tem o hálito mais fedorento que um monte de estrume — responde Bilora. A mil léguas de distância sente-se seu cheiro de morte, e tem tanto lixo no cu, que esse lixo tem que sair pelo outro lado, não é?" No fim, Bilora recupera sua mulher, depois de ter surrado o velho, conforme a tradição cômica.

Ruzzante exprime a repulsa que lhe inspirava a idade avançada na *Piovana*, pela boca do velho Tura: "A juventude assemelha-se a um belo bosque florido, onde todos os pássaros se albergam para cantar; ao passo que a velhice parece um cão magro cujas orelhas são invadidas e devoradas pelas moscas."

---

[88] Ruzzante era amigo do patrício Coroara: não é provavelmente por acaso que ele zomba de um novo-rico.

"Tudo que toca à velhice é bem mais exposto ao infortúnio... A velhice é, na verdade, uma poça onde se juntam todas as águas malsãs, e que não tem outro escoadouro senão a morte. Queremos desejar mal a alguém? Digamos-lhe: possas tu ficar velho."

Por que terá o século XVI atacado os velhos com tanto encarniçamento? O pai estava longe de deter a autoridade do páter-famílias romano. Aliás, não é bem ele o injuriado: é o velho ricaço que se coloca como rival dos jovens. Nessa época, tanto quanto nas precedentes, os velhos das classes inferiores não interessam à literatura. É preciso, além disso, assinalar que os nobres e os patrícios não são atacados: admite-se que eles detenham poder e fortuna por direito divino. Não se contesta a hierarquia social estabelecida. O que suscita rancor é o novo-rico, o burguês que conseguiu uma ascensão individual. Se os negócios prosperaram, ele é detentor, nos últimos anos de vida, de bens consideráveis: aos olhos do homem maduro que trabalha para sobreviver, aos olhos da juventude frequentemente sem dinheiro, esse monopólio aparece como uma injustiça; provoca uma inveja rancorosa; atribui-se esse sucesso à avareza. O escândalo torna-se intolerável se os idosos se servem de seu ouro para comprar jovens mulheres: então, os jovens sentem-se sexualmente frustrados. As pessoas vingam-se dos velhos, tentam provocar-lhes repugnância por seus "vícios", caricaturando-os cruelmente, ou rindo de suas caricaturas: contra eles, os autores e o público são cúmplices. Assim se explica a multiplicidade das encarnações de Pantaleão, e o sucesso delas.

Ao lado dessas obras que apresentam os velhos — mulheres e homens — como objetos, encontra-se um pequeno número de produções que os integram à condição humana.

Assim, uma letra de dança medieval citada por Jacques Yver, em *Le Printemps*: aconselham-se os jovens a aproveitar seus belos dias, pois a velhice os espreita, e só lhes trará tristeza e sofrimento:

"Desgosto e ciúme
Amam o cabelo grisalho
O doce delírio
Tão rude prisão não possui.

"Ah, juventude demasiado louca
Que doravante espera
Pois a idade que se vai
Não retorna jamais.

"Depois o fogo é cinza
Onde se esconde uma saudade..."

Em *L'Esté*, Poissenot compara — assim como o fizera Plutarco — a velhice ao outono, considerando-a não uma fecundidade madura, mas esterilidade; é enquanto faz parte de seu destino que ele encara a velhice:

"Se quisermos curiosamente observar todo o tempo que a natureza distribuiu para o homem nesta vida humana, descobriremos que todos, assim como as árvores, estando cobertas de seu verdor, e os prados, no começo da primavera, matizados pelo esmalte de diversas florinhas, contentam muito mais a vista do espectador do que, quando chegados à maturidade, esse ornamento pouco a pouco decai e perece, começando os frutos a perder esses adornos que lhes serviam de lustro, e as ervas matizadas de mil cores prestes a fenecer. Do mesmo modo, ouso dizer que ninguém de bom senso se sentirá tão inimigo de si mesmo, se não reconhecer que a estação que influi e derrama em nós um vigor nutrido de boa disposição e pronta alegria em todas as empreitadas é muito mais deleitável que qualquer outra."

A velhice ocupa um lugar importante na obra de Ronsard. Influenciado pela Antiguidade e pela sua época, também ele pinta com repugnância a decadência das velhas prostitutas. Sua Catin é uma "imagem desdourada", de dentes "cancerosos e negros", ela tem "o olho remelento e o nariz ranhoso". Ele explorou com frequência o tema da fugacidade da juventude, ameaçada por um futuro de tristeza e feiura.

"Colhei, colhei vossa juventude!
Como a esta flor, a velhice
Fará embaçar vossa beleza."

Mas Ronsard também falou de sua própria velhice com acentos pessoais e pungentes. Foi no fim da vida que ele atingiu o auge da glória, e que escreveu suas mais belas obras. Entretanto, rebelava-se contra o peso dos anos, que o haviam feito sofrer prematuramente. Quando jovem, era belo, sedutor, bom cavaleiro. Aos 38 anos, atingido por uma doença que confundia com os estragos do tempo, tinha a aparência de um velho desdentado, de cabelos brancos; queixava-se de má digestão, de má circulação, de insônia, de acessos de febre:

"Minha doce juventude passou
A força primeira quebrou
Dentes negros tenho, e cabelos brancos
Tenho nervos destruídos, e as veias,
Tão frio é meu corpo, estão cheias
Não de sangue, mas de uma água rósea..."

Nunca se consolou com essa situação, tanto mais que conservava necessidades de atividade física e de amor. A artrite e a gota o impediam de fazer esporte; tornou-se irritadiço, insociável, influenciado — pensava — por "Saturno inimigo" —, sob cujo signo nascera, e que o torna

"Intratável, desconfiado, triste e melancólico."

Acreditava-se amaldiçoado pelos astros. Após uma juventude durante a qual crera no triunfo do humanismo, ele assistira à ruína de suas esperanças: a guerra civil devastava a França; ele tinha 48 anos quando aconteceu a Noite de São Bartolomeu. É profundamente sincero quando escreve:

"O verdadeiro tesouro do homem é a verde juventude.
O resto de nossos anos não são mais que invernos."

Agrippa d'Aubigné não está menos convencido, quando gaba as doçuras da velhice; também ele a compara ao inverno; mas faz deste a estação do lazer sereno, e não da frieza estéril.[89] Tivera uma existência

---

[89] Em *Les Tragiques*, ele escrevera o verso célebre:
"Uma rosa de outono é mais delicada que outra qualquer", o que prova que a juventude não era, para ele, o valor supremo.

agitada e aventureira: guerreara, fora ferido, fora aprisionado, tomara cidades que fora obrigado a devolver; experimentara fadigas extremas, e também vivas decepções. Amara e perdera uma primeira mulher. Aos 70 anos, ainda gostaria de ter lutado nas fileiras dos protestantes, para defender La Rochelle. Sua colaboração foi recusada, e ele se retirou para seu castelo de Crest, com Renée Burlamaqui, que amava, e que acabara de desposar. Tratava-se de uma mulher de 50 anos, muito culta, e que lhe era apaixonadamente devotada. Encontrou serenidade nessa vida de fidalgo camponês letrado, que recebia forasteiros distintos. Viveu, no inverno de sua vida, um porto de paz, que celebrou em poemas:

> "Eis aí menos prazeres, mas também menos penas;
> O rouxinol se cala, calam-se as sereias.
> Não vemos colher nem os frutos nem as flores.
> Não há mais esperança, tantas vezes enganadora
> O inverno de tudo frui; bem-aventurada velhice
> A estação do desfrute e não mais dos labores."

Nem a sinceridade de Ronsard nem a de d'Aubigné excluem os clichês. Só há um escritor nesse século que os abandonou radicalmente: é Montaigne. A partir de sua própria experiência, interrogou-se sobre a velhice como se ninguém antes tivesse falado dela; aí está o segredo de sua profundidade: o olhar direto e exigente que lança sobre uma realidade que nos esforçamos geralmente por mascarar. A Antiguidade caricatura os velhos, enquanto faz o elogio da velhice. Montaigne recusa-se tanto a zombar da velhice quanto a exaltá-la. Quer extrair dela a verdade. Pessoalmente, não crê que a velhice o tenha enriquecido. Contra o otimismo moralizador de Platão e de Cícero, contra as pretensões dos velhos à sabedoria, ele invoca seu próprio testemunho. Tem um pouco mais de 35 anos quando, considerando o período de sua vida que precedera os 30 anos, escreve: "Quanto a mim, tenho por certo que, a partir dessa idade, tanto meu espírito quanto meu corpo diminuíram mais do que aumentaram, e recuaram mais do que avançaram. É possível que, para aqueles que empregam bem o tempo, a experiência e a ciência cresçam com a vida; mas a vivacidade, a prontidão, a firmeza e outras particularidades muito mais nossas, mais importantes e essenciais, se fanam e se enfraquecem."

E também:

"Desde então, de um longo espaço de tempo envelheci, mas ajuizado decerto não fiquei, nem uma polegada a mais. Eu nesta hora, e eu logo mais, somos bem dois; mas quando melhor? Nada posso dizer. Seria belo ficar velho, se só caminhássemos para a melhora. É um movimento de bêbado, titubeante, vertiginoso, informe, ou gravetos que o vento maneja casualmente, a seu bel-prazer."

No terceiro livro, escrito tardiamente, Montaigne continua a preferir sua juventude a uma idade que ele já considerava como a velhice. Ele julga não ter feito outra coisa senão regredir, ao invés de progredir. "Pensando bem, tenho este acidental arrependimento que a idade traz. Aquele que outrora dizia ficar agradecido à idade porque esta o despojou da volúpia, tinha opinião diferente da minha; jamais serei grato à impotência, qualquer que seja o bem que ela me faça... Nossos apetites são raros na velhice; uma profunda saciedade apodera-se de nós, depois; nisso não vejo nenhum mérito; a tristeza e a fraqueza nos imprimem uma virtude covarde e catarrenta. Eu, que faço uso vivamente e atentamente de minha razão, sinto que ela é a mesma que eu tinha, na idade mais licenciosa, ou então, às vezes, sinto que enfraqueceu e piorou ao envelhecer. Ao vê-la fora de combate, não a julgo mais valorosa. Não a vejo julgar nada por si mesma, que antes não houvesse julgado; nem ter ganho qualquer clareza nova.

"Fico envergonhado e invejoso pelo fato de se preferir a miséria e o infortúnio da minha decrepitude aos meus anos bons, sãos, despertos, vigorosos; e que se tenha de julgar-me não pelo que fui, mas pelo que deixei de ser... Do mesmo modo, minha sabedoria pode bem ser do mesmo porte em um e outro tempo; mas ela era muito mais ousada, graciosa, verde, alegre, ingênua, do que hoje em dia: estagnada, rabugenta, laboriosa...

"Nós chamamos sabedoria a dificuldade de nossos humores, as aversões das coisas presentes. Mas, na verdade, não deixamos tanto assim os vícios, mas os trocamos, e, na minha opinião, para pior... E nunca se veem almas (ou são muito raras) que, ao envelhecer, não cheirem a azedo e bolor. O homem caminha inteiro para o crescimento e para a decadência."

Admiro a posição de Montaigne que, desprezando todos os clichês, recusa-se a tomar qualquer mutilação como um progresso, e a considerar um enriquecimento o simples acúmulo dos anos. Mas há, no seu caso, um curioso paradoxo que, se escapa a ele, salta aos olhos do leitor: os *Essais* tornaram-se um livro cada vez mais rico, íntimo, original e profundo, à medida que o autor avançava na idade. Ele não teria sido capaz de escrever aos 30 anos essas belas páginas ásperas e desabusadas sobre a velhice. É no momento em que se sente enfraquecido que cresce mais. Mas provavelmente não teria atingido essa grandeza sem a severidade que impõe a si mesmo. Toda complacência empana o brilho: ao envelhecer, Montaigne soube preservar-se contra esse sentimento. Se ele avança, é porque sua atitude com relação ao mundo e a si próprio tornou-se cada vez mais crítica: e o leitor se encontra na difícil situação de aderir à crítica, ao mesmo tempo em que constata o progresso.

—✦—

É muito incerto o que a iconografia da Renascença nos informa sobre a ideia que nessa época se fazia da velhice. Como na Idade Média, há imagens que traduzem representações populares. Mas existe uma pintura erudita na qual os artistas se exprimem individualmente: em que medida sofrem eles a influência do seu tempo?

Nas imagens populares, a comparação entre as diferentes idades e os momentos do ano tornou-se um clichê. Um calendário da época ilustra os meses com cenas da vida em família. Em novembro, o pai está velho e doente. Em dezembro, ele agoniza. Outras gravuras evocam os "degraus da idade", de um modo que se perpetuou até o século XIX: nessas gravuras, a vida aparece como uma escalada seguida de uma descida. E representada por uma escada dupla, que termina num patamar. Nesta plataforma fica um homem, ou um casal de 50 anos; à esquerda, a partir do solo, onde está pousado um berço, sobem em direção ao patamar a criança, o adolescente, o homem jovem e o homem maduro; à direita, descem, de degrau em degrau, homens de 60, 70, 80 e 90 anos; o centenário preso ao leito repousa ao pé da escada, no mesmo nível que o bebê. Os personagens estão vestidos à moda de seu tempo. Sob a escada está a Morte, armada com sua foice. O que há de curioso nessa representação da existência é que as pessoas que morrem aos 100 anos são muito raras, e eram ainda mais raras outrora. Na verdade, não se trata, nessas gravuras, de descrever a vida humana tal como ela se desenrola na sua realidade contingente, mas de fixar uma espécie de arquétipo da existência do homem. O pessimismo das gravuras é de inspiração cristã: condenado a uma triste degringolada, o homem, mesmo no tempo de sua prosperidade, deve ocupar-se, antes de tudo, de seu resgate.[90] O tema das idades da vida inspirou pintores. Eles as representam geralmente por um trio: um jovem, um homem maduro e um velho. É assim no *Concerto*, de Ticiano, em que o homem idoso tem uma barba, uma cabeça calva, mas parece ainda verde.[91]

Um outro tema popular é o da fonte da juventude. No século XV, é o tema de inúmeras gravuras: numa delas, veem-se mulheres que mergulham numa piscina e, assim que saem, rejuvenescidas, caem nos braços de belos jovens. No século XVI, o mito permaneceu tão vivo que, em 1512, ao organizar a expedição que o fez descobrir a Flórida, Ponce de Léon partia em busca da fonte da juventude. Há muitas gravuras e quadros que exploram temas análogos. Há um quadro célebre de Cranach, o Jovem: no centro, vê-se uma vasta piscina, onde se banham corpos nus; à esquerda, velhos são transportados até a beira d'água em carretas ou nas costas de homens; saem à direita, alegres e felizes; homens e mulheres dançam e se divertem nos prados.

Entre os quadros da Renascença, contam-se inúmeros retratos de velhos. Eles têm características muito diferentes, segundo as circunstâncias. Na época, velhos ricos e venerados têm orgulho de sua velhice.

---

[90] Os textos que acompanham essas imagens confirmam isso. Em uma delas (do início do século XVII), o título — *A Grande Escada do mundo* —, inscrito bem no alto, é enquadrado entre dois cartões onde se lê:

"Oh!, como esta escada é um
caminho assaz percorrido; eternamente
o Destino nela os mortais conduz.

A vida é para o Mau
uma descida aos Abismos...
E a vida é para os bons
uma subida aos céus"

Dois anjinhos assistem a velha moribunda.

[91] O mesmo se vê, um século mais tarde, num quadro de Van Dyck.

Na Itália, muitos reatam com a tradição antiga: mandam esculpir seus bustos por Rossellino e por Mino da Fiesole, que os representam tais como gostariam de se ver. Os papas se fazem pintar por Rafael, por Ticiano, e os doges e os patrícios de Veneza, por Tintoretto: em seus retratos, eles ostentam belas barbas brancas e um ar repousado. Nas composições inspiradas na Antiguidade e na Bíblia, os velhos são frequentemente idealizados. Mas também os pintores se comprazem em escolher temas em que o velho aparece como pouco edificante: Noé, vítima da embriaguez, Seleno, grotesco e bêbado, Lot e suas filhas; este último tema foi tratado, entre outros, por Dürer, por Guerchin, por Tintoretto, e, de maneira particularmente lúbrica, por Lucas de Leyde que, com frequência, pintou os velhos em atitudes ridículas; o velho lúbrico é também evocado nas inúmeras telas que representam Susana no banho. Muitos pintores também denunciaram a feiura da velhice. Na tela de Dürer, *O Jesus entre os doutores*, veem-se dois belos rostos de velhos e um horrível. O mais hediondo dos *Dois cobradores de impostos,* de Van Reymer Swaete, é um homem velhíssimo. O realismo é levado à crueldade no célebre quadro de Ghirlandaio, *O velho e o neto*.[92]

O tema da "velha feia" é reencontrado nos pintores. O belo estudo de Giorgione intitulado *Cal Tempo* mostra uma mulher estragada pela idade. A feiura é frequentemente levada à caricatura: Baldung pinta feiticeiras descarnadas, murchas, medonhas, que parecem ter escapulido dos poemas de Sigogne ou de Marot. Quentin Metsys, que era amigo de Erasmo, pintou — diz um de seus contemporâneos — "algumas carantonhas senis monstruosas de homens e de mulheres". A mais célebre é *A duquesa feia*, grotescamente paramentada, horrivelmente decotada, de rosto bestial. Wengel Hollar pintou o mesmo personagem em seu quadro intitulado *O rei e a rainha de Túnis*; o homem não é belo, mas chama pouca atenção; a mulher é uma duplicata da *Duquesa feia*.

Os artistas maiores, ao retratar seu tempo, enfeitam-no mais do que o testemunham. Nos magníficos quadros que pintou (*Os regentes,* e sobretudo *As regentes*), quando já estava muito idoso, Franz Hals, tendo chegado ao auge de sua arte, não cai nos subterfúgios; não exalta nem deprecia a velhice: procura captar a verdade dos rostos que representa. É também o

[92] Crueldade ainda mais impressionante quando se sabe que retrata o rosto do modelo depois de morto, não enquanto vivia.

caso de Da Vinci e de Rembrandt, cujas obras abrem um grande espaço para os velhos. Da Vinci levou o estudo dos traços dos anciãos até a caricatura: fez isso com relação a todas as idades. Mas conferiu uma grande beleza a alguns que representou. Desde os 30 anos, Rembrandt pintou velhos: uma de suas últimas obras é o admirável *Homero cego*. Ele não se preocupa em afinar-se com sua época: procura transmitir sua própria visão.

Na medida em que se distancia das representações populares para tornar-se um conjunto de criações individuais, a iconografia perde em grande parte seu valor de testemunho; nessa perspectiva, seu interesse diminui, na medida em que cresce o da literatura. Não terei mais a oportunidade de me referir a isso.

— ✦ —

Do antigo Egito ao Renascimento, vê-se que o tema da velhice foi quase sempre tratado de maneira estereotipada; mesmas comparações, mesmos adjetivos. A velhice é o inverno da vida. A brancura dos cabelos e da barba evoca a neve, o gelo: há uma frieza do branco à qual se opõem o vermelho — o fogo, o ardor — e o verde, cor das plantas, da primavera, da juventude. Os clichês se perpetuam, em parte porque o velho sofre um imutável destino biológico. Mas também, não sendo agente da História, o velho não interessa, não nos damos ao trabalho de estudá-lo em sua verdade. E, além disso, há na sociedade uma determinação que é a de silenciar sobre ele. Seja exaltando-o, seja aviltando-o, a literatura o dissimula em clichês. Esconde-o, ao invés de revelá-lo. Com relação à juventude e à maturidade, ele é considerado uma espécie de referência negativa: não é o próprio homem, mas seu limite; fica à margem da condição humana; nele não a reconhecemos e não nos reconhecemos nele.[93]

Há, no início do século XVII, uma brilhante exceção: ao escrever *Rei Lear*, Shakespeare decidiu encarnar num velho o homem e seu destino. Por que e como?

Em seus *Sonetos*, Shakespeare denunciou apaixonadamente os estragos do tempo. Ele compara a existência humana ao desenrolar do ano, ou de um dia; ou aos dois, ao mesmo tempo: a velhice é um triste declínio.

---

[93] A não ser em Villon, em Montaigne e alguns outros, raríssimos.

## A velhice

"Reconheces em mim este momento do ano
Em que pendem dos ramos que tremem no frio,
Coros nus e destruídos, algumas folhas fanadas
Onde dos pássaros ainda há pouco ouvíamos a voz;
Em mim vês também o fogo crepuscular
Que declina no ocidente, ao pôr do sol
E que logo a noite austera vai levar."

"Pois o tempo sem trégua leva ao medonho inverno
O verão, para ali destruí-lo, e a seiva congela.
Não mais bastas folhagens, a neve ocultou
A beleza; por toda parte a esterilidade passa."

"Não deixes, pois, do inverno a mão descarnada
Destruir teu verão sem o teres destilado..."

"Quando o dia gracioso no ocidente levanta
A cabeça ardente, cada olhar cá embaixo saúda
Sua majestade santa...

...Mas passado o zênite, quando sob o fatigado carro
Ele rola fora da luz, velho fraco e lúgubre
Os olhos há pouco diligentes ora desviam-se
De seu curso declinante, e em outra parte pousam."

"Ora o tempo confunde todos os dons que fez;
Da juventude destrói o adorno brilhante
Cavando muito sulco na fronte da beleza...
Devora os mais raros tesouros da Natureza
Sucumbe tudo, cá embaixo, à sua foice cortante.
Mas os versos meus contra o porvir se hão de rebelar
E malgrado a mão cruel te hão de celebrar."

"O ferro cruel da idade destruidora..."

"Quando vejo do tempo a dura mão desfazer
De uma rica idade passada o orgulho amortalhado..."

Apesar de sua sincera aspereza, esses versos aplicam à velhice os estereótipos clássicos: ela é o inverno, o crepúsculo no qual serão amortalhadas todas as riquezas da juventude; só se pode lutar contra ela conquistando a imortalidade pelo gênio.

Shakespeare lança sobre os velhos um olhar sem complacência: "Muitos velhos já parecem estar mortos; são pálidos, lentos, pesados e inertes como o chumbo", escreve ele em Romeu e Julieta.[94] E, em *Assim é se lhe parece*, ele faz do velho uma descrição cruel:

"Magro bufão em pantufas
óculos no nariz e bolsa do lado
seus calções de rapaz conservados com cuidado
são largos demais para os gambitos mirrados;
e sua grossa voz viril,
voltando a ser falsete infantil,
silva e guincha na garganta.
O último quadro desta história
bizarra e movimentada
é uma segunda infância e o puro olvido,
sem dentes, sem olhos, sem gosto, sem nada."[95]

Em suas tragédias, ele conferiu grandeza a certos velhos: a João de Gand, em *Ricardo II*; à extraordinária rainha, Margarida, de *Ricardo III*. Mas estes não passam de personagens secundários, que representavam, junto a um herói na força da idade, a antiga geração.

*Rei Lear* é a única grande obra, além de *Édipo em Colona*, cujo herói é um velho; nela, a velhice não é concebida como o limite da condição humana, mas como sua verdade; é a partir dela que é preciso compreender o homem e sua aventura terrestre.[96]

A lenda, cuja origem é muito antiga, pertence ao folclore anglo-saxão. Já disse por que os costumes da Inglaterra medieval lhe valeram uma grande popularidade. Shakespeare retomou, provavelmente, a

---

[94] Escrito a favor dos jovens, contra os adultos de todas as idades.

[95] Escrito por volta de 1599.

[96] Os pregadores do século XV integravam a velhice à condição humana, mas apenas para depreciar esta última, e sem nunca tomar o velho como sujeito.

lenda de uma *chronicle play* chamada *Leir*, representada em 1594. Tomou emprestada à história do rei de Paflagônia, em *A Arcádia,* de Sidney, a intriga paralela de Gloucester e de seus dois filhos. Mas ultrapassando de longe esses pretextos, exprimiu, através do drama do velho, todo o absurdo horror de nossa existência. No começo do drama, Lear não está louco: mas nele a própria velhice assemelha-se à loucura. Inadaptado à realidade, decide irrefletidamente partilhar seu reino entre as filhas, e tem a imbecilidade de exigir delas declarações verbais, para medir sua afeição. Habituado, pelo fato de ser rei, aos mais arrebatados louvores, facilmente logrado por esse incenso, acredita nas belas palavras das duas mais velhas; limitado, teimoso, imperioso, irrita-se com a atitude de Cordélia, que se recusa a entrar nesse jogo senil, e deserda-a. As duas filhas hipócritas o julgam com cruel lucidez: "Devemos esperar de sua velhice não somente os defeitos enraizados de longa data, mas também o desregramento caprichoso que anos enfermos e coléricos trazem consigo", diz Goneril.

Paralelamente, a cegueira de Gloucester, que se deixa convencer, precipitadamente, que o filho que o ama, Edgar, é um celerado, e que confia no traidor Edmundo, confirma que Shakespeare via na idade avançada não sensatez, mas aberração. Lear é condenado, pela maldade de suas filhas, a errar, tal como Édipo vagabundo, no seio de uma natureza hostil: o velho é um ser segregado, exilado; Gloucester, de quem se vazaram os olhos, simboliza também — como Homero, Édipo e Belisário — essa ausência que é o quinhão da idade avançada. Mas é sobretudo Lear quem, com a cabeça desvairada, tendo perdido tudo, encarna o trágico abandono do homem. No início do drama, ele se assemelha a todos os heróis shakespearianos que uma paixão obstinada — ambição, ciúme, ressentimento — impele a loucas e funestas resoluções. O autor o pinta do exterior com tanta severidade quanto Macbeth, ou Otelo; mas quando sua miséria e seu terrível desvario revelam a Lear a verdade de sua condição, Shakespeare projeta-se nele, fala por sua boca: "Será o homem apenas isso? O homem sem adornos não passa de um animal nu e bifurcado como tu. Vamos! Abaixo os disfarces! Vamos, desnudemo-nos aqui!", grita Lear, arrancando as vestimentas. Ele quer destruir a ordem antiga que, submetendo o homem à riqueza e às honras, lhe dissimula sua humanidade: ele entrevê uma ordem nova, na qual o indivíduo partiria novamente do zero, na nudez da infância.

Só que é tarde demais. Ele se perde numa demência em meio à qual, por instantes, fulguram verdades: essas revelações que o fascinam não podem servir-lhe de nada; elas o elevam acima de si mesmo: ele não tem mais tempo de conformar sua vida às verdades que vislumbra. A Antiguidade e a Idade Média atribuíam aos loucos um caráter sagrado e uma espécie de vidência. Avizinhando-se frequentemente da loucura, acontece conciliarem-se na velhice as duas imagens contraditórias que se faz dela, tradicionalmente: o venerável sábio e o velho louco. E o que transmite Lear delirante e inspirado. O momento em que toca o sublime é também aquele em que se decompõe. Ele vê claro, enfim, e Cordélia lhe é devolvida: mas é o cadáver dela que ele estreita nos braços. E ele próprio não tem outra saída senão a morte. Kott[97] tem razão em comparar o drama a *Fim de jogo*. E a tragédia da velhice, enquanto esta nos desvenda o contrassenso de nossa inútil paixão. Se o fim da existência é essa impotência desvairada, a vida inteira revela-se, à sua luz, como uma aventura miserável.

Indagou-se muitas vezes que razões teria tido Shakespeare para escrever *Rei Lear* — isto é, para encarnar o homem num velho. Talvez tenha sido incitado a isso pelo destino trágico ao qual estava reduzida a velhice nas cidades e nos campos ingleses. Quando, sob os Tudors, o sistema dos solares se quebrou e o desemprego devastou as cidades, a mendicância causou estragos, embora — salvo sob Eduardo VI — tivesse sido proibida. Não é impossível que a miséria desses velhos vagabundos — espoliados, despojados de tudo, perdidos — tenha inspirado a Shakespeare o personagem do velho rei. Mas é preciso também assinalar que seu herói não é — como o de Corneille ou de Racine — um homem que persegue ativamente objetivos que dariam um sentido à sua existência. Ele é movido por cegas paixões que fazem de sua vida um "monólogo cheio de ruído e de furor, dito por um idiota". Esse absurdo se revela com uma clareza particular, se adotarmos, em relação à humanidade, o ponto de vista do velho, cortado do futuro, reduzido à pura passividade de seu ser aí. É normal que Shakespeare, depois de mostrar o homem escravo da ambição, do ciúme, do ressentimento, tenha decidido pintá-lo esmagado pela fatalidade da idade. O indivíduo engajado em empreendimentos sente repugnância em reconhecer o

[97] Em *Shakespeare, nosso contemporâneo.*

aspecto sombrio de nossa ambivalente condição: dos grandes dramas de Shakespeare, *Rei Lear* foi, em geral, o que teve menos receptividade e menos compreensão.

—✦—

No século XVII, os jovens conservam a realidade do poder. A única exceção entre os soberanos é Luís XIV que, idoso e manobrado pela velha Mme. de Maintenon, toma ainda parte ativa no governo. A partir do Concílio de Trento, os papas também foram geralmente velhos. A Igreja estabilizara-se; contra as forças descentralizadoras, a Santa Sé identificou-se, a partir desse momento, com a Igreja. Estendeu sua influência graças às ordens religiosas, particularmente aos jesuítas, aos teólogos, à rede de nunciaturas que as facilidades oferecidas por empregos regulares favoreceram. A Contrarreforma dotou os papas de um grande prestígio, e se exigiu deles costumes austeros: a idade contribuiu para que lhes fosse atribuído um caráter sagrado, pressupondo-se que ela os ajudaria a praticar a virtude. Apostava-se também no caráter conservador dos velhos. De um jovem papa de 40 anos podem-se temer iniciativas incômodas; eleito aos 70 ou 75 anos, presume-se — por vezes erradamente — que ele permaneça conforme ao personagem que se escolheu com conhecimento de causa, e que não se afaste dos caminhos traçados. Dos doze pontífices que se sucederam após o Concílio, dois foram eleitos aos 53 e 55 anos, três aos 60, dois aos 64, quatro aos 70 e um aos 77. Daí em diante, os papas e os membros do Sacro Colégio foram quase sempre muito idosos.

O século XVII francês foi muito duro para os velhos. A sociedade era autoritária, absolutista. Os adultos que a regiam não abriam espaço para os indivíduos que não pertenciam à mesma categoria que eles: velhos e crianças. A média de vida era de 20 a 25 anos. Metade das crianças morria antes de um ano; a maior parte dos adultos, entre 30 e 40 anos. As pessoas desgastavam-se muito rapidamente, por causa da dureza do trabalho, da subalimentação, da higiene precária. As camponesas de 30 anos eram velhas enrugadas e prostradas. Mesmo reis, nobres e burgueses morriam entre 48 e 56 anos. Entrava-se na vida pública aos 17 ou 18 anos, e as promoções eram precoces. Os quadragenários eram tidos como velhos tolos. Os contemporâneos descartaram a ideia de que Mme. de La Fayette tivesse podido dormir com La Rochefoucauld porque tinha 36 anos e ele 50.[98] Aos 50 anos, não se tinha mais lugar na sociedade. Era muito fatigante seguir a corte em suas viagens, deslocar-se de uma cidade para outra, participar dos esportes. O quinquagenário retirava-se para suas terras ou entrava nas ordens. Respeitava-se o homem opulento, o proprietário, o chefe, o dignitário, e não a idade enquanto tal. A memória e a experiência podiam conferir valor a certos indivíduos idosos: "Um velho que viveu na corte, que tem grande bom senso e uma memória fiel é um tesouro inestimável", escreve La Bruyère. Mas a velhice em si mesma não inspirava nenhuma consideração. Entre os camponeses e os artesãos, o sistema de sustento familiar persistia. A Igreja socorria os miseráveis. Mas essa ajuda era muito insuficiente, dada a dureza da vida: a fome, a exploração dos camponeses pelos senhores e a exploração dos operários pelos grandes patrões.

A condição das crianças era, como a dos velhos, muito dura. Durante a Renascença, houve interesse por elas; tentou-se preservá-las da corrupção do mundo adulto. Mas a vida era difícil demais para que maiores cuidados lhes fossem dedicados. No século XVII, as crianças foram mantidas à margem da sociedade e criadas com severidade. Até 20 anos chicoteavam-se os pajens e os estudantes, sem distinção de classe: relegava-se toda a infância à categoria das mais baixas camadas da população. A literatura ignorou-a. La Fontaine observa: "Esta idade é sem piedade." La Bruyère pinta as crianças como pequenos monstros, e conclui: "Eles não querem suportar o mal, e gostam de praticá-lo." Bossuet chega a dizer: "A infância é a vida de um bicho." Nenhum outro autor faz alusão às crianças. Quando crescem, continuam sujeitas à autoridade do pai: na Idade Média, escapavam dela desde os 14 anos. Nos séculos XVI e XVII, a maioridade é fixada aos 21 anos. A partir de 1557, o filho precisa do consentimento de seu pai para se casar, ao passo que antes decidia livremente. No século XVII, o pai tem o direito

[98] Entretanto, Ninon de Lenclos teve amantes até 55 anos (não até 80, como pretende a lenda). O duque de Bouillon tinha 66 anos quando, em 1611, nasceu seu filho Turenne. M. de Senneterre tinha 80 anos por volta de 1663: ambos com mulheres jovens. Mme. de Maintenon, com 70 anos, queixava-se a seu confessor por ter que ir para a cama com o velho rei ainda com muita frequência.

de deserdar o filho em benefício de um terceiro, o que, até então, era impossível.

—✦—

No início do século XVII, a tradição misógina inspira ainda imprecações contra as mulheres velhas. Elas são particularmente violentas no poeta e romancista espanhol Quevedo. A humanidade inteira é descrita sob formas grotescas por este satirista aristocrata e católico.[99] Todos os seus personagens são títeres inanimados, por vezes monstruosos — muito raramente — por sua beleza desumana, e geralmente por sua feiura. Quevedo compraz-se em pintar a degradação orgânica que os coloca abaixo dos animais. Sua repulsa visa, entre outros, à mulher. Quando jovem, ela é, a seus olhos, "um saboroso demônio"; e mesmo se é bela, ele não a poupa: a feminilidade é, a seus olhos, repugnante. As feias, ele as compara à morte. Mas são as velhas que o obcecam. Ele lhes impõe uma sobrecarga de anos: "Ela tem seis mil anos a mais que os candeeiros antigos; e para contar sua idade de uma ponta à outra, o número pode ir buscar as unidades de mil." A mulher velha é pavorosa, enrugada, ignóbil, com sua boca "desguarnecida", buracos à guisa de molares, nariz beijando o queixo; seu hálito é fétido, é um saco de ossos, é a morte em pessoa. As rugas da fronte "são sulcos da passagem do tempo e rastros de seus passos". Entretanto — é um tema que retorna com muita frequência em Quevedo — a velha obstina-se, contra toda evidência, em se pretender jovem. "Gorjeias com tuas mandíbulas de bisavó e chamas de cueiros tuas saias." Quevedo investe particularmente contra as feiticeiras, contra os governantes e principalmente contra as aias, nas quais se encarna a própria essência da velhice: "O nariz fica de conversa com o queixo, tão perto de se encontrar com ele que, juntos, chegam a formar garras." Destinadas a proteger as jovens, as aias as pervertem. Durante mais de dois séculos depois de Quevedo, a literatura espanhola irá explorar o tema da aia-alcoviteira.

---

[99] Sabe-se com que cores repugnantes o catolicismo espanhol regozijou-se em pintar a condição humana; reencontra-se em Quevedo inspiração igual à de certos quadros que representam cadáveres comidos pelos vermes.

Na França, à margem do classicismo, floresce, no início do século, uma literatura que cultiva o grotesco, o burlesco, e que se compraz nas evocações da feiura. Isto é muito flagrante em Saint-Amant, que vê na mulher velha uma "imagem viva da morte". Ele se diverte em acumular nas costas dela o peso dos anos: "Embalastes outrora o antepassado de Melusino." Também descreve uma velha puta:

"Perrete, de cara branquela
Qualquer velho emplastro
Fede menos que essa goela."

Mathurin Régnier também pinta, em sua *Marette*, que teve muito sucesso, uma velha alcoviteira que se tornou beata, traçando, além disso, três retratos de velhas horrivelmente esqueléticas. Em Théophile de Viau, a velha é gorda e atarracada, mas não ganha nada com isso:

"O queixo, que pende sob um outro,
Sobre a teta flácida vos cai;
Essa teta sobre vosso ventre pende
E para cima do colo o ventre vai."

Vê-se que à retórica petrarquizante sucedeu uma antirretórica não menos convencional, e que decai na primeira metade do século. Apenas um poeta defende a velhice das mulheres: Maynard. Também ele evoca, de passagem, uma velha pavorosa que projeta pela "boca desdentada um odor infecto que faz os gatos espirrarem".[100] Mas é ele o autor de um belo poema, "*Ode à une belle vieille*", no qual canta as graças da velhice. Assegura à amada que ela lhe é tão cara, com seus cabelos grisalhos, quanto outrora, com os cabelos dourados:

"A beleza que te segue desde a primeira idade
No declínio de teus dias não te quer deixar."

---

[100] Nota-se, da Antiguidade aos séculos XVI e XVII, a persistência deste clichê: os velhos fedem, sobretudo as velhas. Ele corresponde tanto menos a uma realidade quanto os indivíduos visados pertencem à classe abastada. Trata-se aí de pura repetição retórica.

É, na literatura, um toque totalmente novo, e que não terá eco.

A velhice dos homens presta-se menos ao sarcasmo. Entretanto, a descrição de um homem de 50 anos, feita por Rotrou, em *La Soeur*, é pouco indulgente:

"Não há no mundo homem que não o julgue
Do século de Saturno ou do tempo do Dilúvio.
Dos três pés com que anda, de gota padecem dois,
E a cada passo, de velhice tropeçando,
Alguém terá sempre ao lado, sustentando ou levantando."

Isso não impede que a literatura da época conceda ao velho um valor muito mais considerável do que nos séculos precedentes. Corneille criou, com Don Diego e Horácio, imponentes figuras de velhos.

Foi a atualidade que lhe inspirou a retomada do tema que Guilhem de Castro tratara, depois do *Romancero*. O Estado ainda não se consolidara. Uma ética individualista e feudal subsistia. As ligações de vassalagem ainda não haviam sido quebradas: os Grandes ainda tinham muitos apaniguados; famílias inteiras os serviam, e os deveres delas para com o senhor sobrepujavam a obediência devida ao rei. O que Corneille desejava era um equilíbrio entre a realeza e a aristocracia; queria conciliar o respeito à lei, encarnada no monarca, com os antigos valores de generosidade e de "proeza". Como no *Romancero* e em Guilhem de Castro, é um conflito de gerações que desencadeia o drama, e este conflito tem aqui um duplo aspecto. O Conde, homem na força da idade, opõe sua eficácia atual ao passado de Don Diego, abolido a partir daquele momento. "Se fostes valente um dia, eu o sou hoje." É preciso notar que ele não leva absolutamente em consideração as antigas façanhas de Don Diego: não tem nenhum respeito pela velhice. Que o passado seja revogado e o presente soberano é o que Don Diego não pode suportar:

"Para esta infâmia apenas terei eu, então, vivido?
Nas labutas da guerra não terei encanecido
Senão para ver, *num dia*, murchar os louros colhidos?"

A velhice, que deveria ser a apoteose de uma vida de leais serviços, arrisca-se, pelo enfraquecimento físico que acarreta, a arruinar toda a glória. O único recurso é o filho, idêntico ao pai, na medida em que nele também se encarna a linhagem. Apesar da pausa das estâncias, Rodrigo logo ratifica essa identificação: ele vingará a honra de seu pai, a dos antepassados e a sua própria. Mas embora a moral feudal da qual seu pai se faz intérprete logo se imponha a ele, dirige-se rudemente a Don Diego enquanto indivíduo: "Seu nome? E perder tempo em ditos supérfluos." Nem no homem maduro nem no jovem encontramos deferência para com a velhice enquanto tal. Ao vingar o pai, Rodrigo o suplanta. O vencedor dos mouros, o baluarte do reino, o herói é ele. O rei o proclama:

> "Nosso único apoio Rodrigo é agora
> De Castela o baluarte e do mouro o terror."

Mas embora tenha perdido seu estatuto de homem "ativo", Don Diego representa, apesar de tudo, um grande papel. É para o filho um sábio conselheiro. É ele quem dissuade Rodrigo de se abandonar ao desespero e ordena que vá combater os mouros para reconquistar o favor real. É ele quem consegue convencer o rei a refletir antes de punir Rodrigo, o que permite ao Cid cobrir-se de glória. Finalmente, Rodrigo e Ximena, depois de cumprirem o dever para com sua linhagem, inclinam-se diante do rei. Corneille realiza imaginariamente seu sonho: nobreza e realeza reconciliam-se graças à intercessão de um velho aristocrata.

Esse papel de intercessor é também destinado ao velho Horácio. Ele é o guardião da ordem romana, como Don Diego da ordem feudal. A grande diferença é que esta ordem não abre espaço ao individualismo; quando a tragédia começa, a transmissão dos poderes já se realizara sem conflitos, em conformidade com as instituições, e não há nada de humilhante para o pai no fato de permanecer à margem do combate, enquanto seus filhos vão arriscar a vida. Ele aceita serenamente que a sabedoria e a honra de sua vida não estejam mais em suas mãos, mas nas de seus descendentes. Entretanto, se seus filhos traem Roma, ele sofre, tanto por Roma quanto por si mesmo: sente que é algo que lhe diz respeito pessoalmente. Na verdade, não há distância entre a cidade e ele: encarna os valores romanos, o que lhe dá um caráter quase sagrado. É este prestígio quase sobrenatural que lhe permite conseguir que seu filho não seja punido pelo assassinato de Camila: a justiça que reivindica é a justiça absoluta diante da qual se inclina o legislador profano.

Corneille não reconheceu apenas — pelo menos idealmente — um lugar importante para o velho na sociedade: reivindicou para o indivíduo que envelhece o direito ao amor; neste ponto, já se viu, o século era hesitante. Corneille tinha mais de 50 anos, idade avançada para o seu tempo, quando se apaixonou pela Du Parc. Dirigiu a esta vários poemas célebres:

"Eu sei, minhas cãs, sei que o passar dos anos
Deixa pouco valor às almas mais bem-nascidas...
Que se na juventude eu era suportável
Amei tempo demais para ser ainda amável
E que uma fronte enrugada as pregas macilentas
Misturam triste encanto aos mais dignos louvores."

"Marquesa, se meu rosto
Parece que envelheceu
Lembrai-vos que nesta idade
Não estareis melhor que eu.

Ao tempo apraz afrontar
Da vida as coisas mais belas
Vossa flor há de fanar
Como meu rosto enrugou.

....................

Entre essa raça nova
Que há de a mim prestigiar
Por bela não passareis
Senão se eu o afirmar."

Conhecem-se também estes versos, publicados após a morte da Du Parc:

"Estou velho, bela Ísis, é um mal incurável;
Dia a dia ele cresce, a cada passo insuportável

Só a morte é a cura; mas se a cada momento
Esse mal me torna mais impróprio para vossa corte
Ao menos de minha decrepitude tiro enfim este fruto:
Sem distúrbio ou inquietação ser capaz de vos ver."

Corneille pintou, em Sertorius, os tormentos de um velho enamorado. Ele descreve o desgaste físico de seu herói, seus cabelos grisalhos que coroam "de uma fronte enrugada as pragas macilentas".[101] É um enamorado tímido e trêmulo:

"Na minha idade, fica tão mal amar
Que o escondo até mesmo de quem me soube encantar."

Em *Pulchérie*, aos 66 anos, Corneille analisa os sentimentos de um velho enamorado. Como Sertorius, Martian recrimina-se por experimentar esses sentimentos:

"O amor entre os meus pares não é jamais desculpável
Por menos que nos olhemos, nos sentimos desprezíveis;

Odiamo-nos; e este mal que não ousamos descobrir
Muito mais do que suportar, custa-nos encobrir.
................................
Por não pretendermos nada não ficamos menos ciumentos
...Quanta amargura o menor retorno aos nossos jovens anos
Lança então, em nossas almas aflitas!
A lembrança mata, e não o percebemos
Senão, cumpre dizer, com uma espécie de raiva
Minh'alma, de fogo brandamente prisioneira
Só por meu ciúme o reconheceu
...Que suplício amar um objeto adorável
E entre tantos rivais sentir-se o menos amável."

Leal, discreto, Martian esconde à imperatriz seu amor, e a impele a desposar um outro. E ela que, no fim, propõe a ele um casamento

[101] O verso é idêntico a um dos do poema à Duc Parc.

branco. Muitos velhos fidalgos reconheceram-se neste personagem no qual, segundo Fontenelle, Corneille retratara a si próprio. O marechal de Gramont felicitou o poeta: nunca antes se havia posto em cena um amante que fosse um velho, ele estava feliz por Corneille o ter feito, e, se era verdade que ele lhe tivesse servido de modelo, felicitava-se por isso. A indulgência de Corneille para com os velhos explica-se por sua concepção otimista da sociedade: antiburguês, apesar de suas origens ele admira a aliança, que espera ser durável, entre o Estado e a nobreza.[102]

Encontra-se um ponto de vista análogo em Saint-Évremond, que admirava Corneille e partilhava muitas de suas ideias. Exilado em Londres, no fim de sua vida, depois de um duro ataque a Mazarino, ele passou ali uma velhice tranquila, lendo, escrevendo, e sobretudo entregando-se aos prazeres da conversa, que colocava acima de todos os outros. Discípulo de Montaigne, também ele não acreditava que a idade trouxesse sabedoria: "Perdi todos os sentimentos do vício, sem saber se devo esta mudança à fraqueza de um corpo abatido ou à moderação de um espírito tornado mais sábio do que era antes. Na idade em que estou, é incômodo reconhecer se as paixões que não sentimos mais estão extintas ou subjugadas." Saint-Évremond sempre julgara, com Epicuro, que a felicidade consiste essencialmente em não ser infeliz: como se sentia bem, comprazia-se com esta ataraxia e se contentava com ela. Pensava, entretanto, que a idade tinha suas tristezas. A Ninon de Lenclos, com quem manteve uma longa correspondência afetuosa, escreveu que não esperava revê-la jamais, e que se desolava com isso: "O que considero mais deplorável na minha idade é que a esperança está perdida, a esperança que é a mais doce das paixões e aquela que mais contribui para nos fazer viver agradavelmente." Sempre contara muito para ele a amizade, e se a estima for a base do amor, este não se tornará uma paixão, não fará sofrer. É um sentimento do qual nos podemos orgulhar, mesmo numa idade avançada. Afirma que um velho tem o direito de amar, com a condição de que (como Martian) não pretenda

[102] Mais ou menos na mesma época, Racine escreve *Mithridate*: o velho rei impõe à força o casamento à mulher que ele ama e que não o ama. Mas é muito menos enquanto velho do que enquanto déspota que Racine o retrata, e não nos informa absolutamente nada sobre a sensibilidade do século, com relação à questão que consideramos aqui.

ser retribuído. Aos 80 anos, amava ternamente a duquesa de Mazarino, que era para ele uma excelente amiga. Quando ela morreu, apaixonou--se com a mesma discrição pela marquesa de La Perrine. "Espanta-vos, sem razão, que os velhos ainda amem", escreve ele, "pois o ridículo não é deixar-se tocar, é pretender imbecilmente poder agradar... O maior prazer que resta aos velhos é o de viver: e nada lhes assegura tanto a vida quanto seu amor... Amo, logo sou, é uma consequência bem viva, bem animada, através da qual se lembram os desejos da juventude até se imaginar, algumas vezes, que ainda se é jovem." Em seu tratado sobre a amizade, ele aprova os casamentos tardios de M. de Senneterre e do marechal d'Estrées. O próprio Salomão — diz ele — serviu-lhes de exemplo. Saint-Évremond pensa mesmo que se está mais disposto para o amor numa idade avançada do que antes. Ele escreve, em 1663:[103] "Mal principiamos a envelhecer, começamos a sentir repugnância por nós mesmos, através de uma aversão que se forma secretamente em nós. Então, nossa alma vazia de amor-próprio enche-se facilmente daquele que alguém nos inspira." Segundo ele, o velho seria, portanto, atingido em seu narcisismo — o que é uma ideia nova e interessante — e, consequentemente, torna-se indefeso diante de um ser sedutor.[104]

Percebe-se: a imagem do velho torna-se mais sutil do que antes. Ele continua a ser um homem, e nenhum sentimento humano lhe é interdito. Em Corneille e em Saint-Évremond, o amor que está em questão é platônico e é, portanto, autorizado pelo código de amor que se elaborara, mais ou menos explicitamente, nas alcovas das preciosas, para distinguir os aristocratas dos burgueses. Ele comove na princesa de Clèves, uma mulher casada, submetida à fidelidade; por que mais escandalizaria num homem idoso? E a sensibilidade do século é mais complacente ainda, já que, embora alguns condenem, outros felicitam os octogenários por se casarem de novo.

Caímos na convenção com Molière: a velhice é um tema que ele tratou sem nenhuma originalidade, seguindo os autores antigos e italianos. Retomou deles o personagem do velho desconfiado, mas tolo, avaro, mas crédulo, rabugento, mas pusilânime. É um objeto de zombaria e, longe de se dar conta disso, tem grandes pretensões.

---

[103] Ele tinha 49 anos.

[104] Discutiremos esta ideia mais adiante.

Molière é mais severo para com a idade avançada do que Terêncio, e mesmo do que Plauto. Encontra-se em sua obra apenas um velho simpático. Na *Escola de maridos*, que se inspira nos *Adelfos,* Sganarelo, provavelmente quadragenário, é um velho tolo, ciumento e tirânico; mas Aristo, seu irmão, vinte anos mais velho, é liberal, sábio, de aparência bem-cuidada, sem vaidade excessiva. Faz-se amar pela mulher que deseja desposar, enquanto Sganarelo é explorado por aquela que corteja. É preciso, diga-se de passagem, retificar um erro corrente: não é verdade que todos os velhos tolos e assanhados de Molière sejam quadragenários. Arnolfo tem, realmente, 43 anos. Mas no *Mariage Forcé*, Sganarelo — que tem ridículas pretensões ao amor de uma jovem e é punido por isso — tem 53 anos. O Geronte das *Fourberies* é muito idoso. Harpagon tem mais de 60 anos. Mais odioso que o herói da *Aululária*, não está apenas apaixonado por seu cofre, mas é um pai tirânico e um enamorado ridículo. Corresponderia a uma realidade a querela entre pais e filhos, que Molière leva à cena? Como se trata mais de imitação do que de invenção, não se pode ver em suas peças, com relação a esse tema, um testemunho seguro dos costumes do tempo.

—✦—

Para tentar combater a terrível miséria que devastava a Inglaterra, Elizabeth, no fim de seu reinado, em torno de 1603, criou a "lei dos pobres": o governo tornou-se responsável pelos indigentes, por intermédio das paróquias. Taxaram-se os habitantes para obter fundos necessários. Os que eram considerados capazes de trabalhar eram explorados nas *workhouses*;[105] as crianças eram alugadas a camponeses ou a artesãos; os incapazes e os velhos eram recolhidos nos asilos. O trabalho nas *workhouses* era extremamente duro. E as paróquias não socorriam senão os indigentes que pertencessem à comunidade; esta não se ocupava dos recém-chegados, e muito menos dos vagabundos, então extremamente numerosos.

[105] A palavra apareceu apenas em 1652, mas a coisa nasceu com a "lei dos pobres".

Durante os primeiros 40 anos do século XVII, diversas instituições de caridade tentaram paliar essa dureza; asilos e hospitais foram fundados. A religião pregava então o respeito à pobreza e exigia que os ricos dessem esmolas. Mas a tomada do poder pelos puritanos acarretou, neste ponto, uma revolução ideológica. Eles eram pequenos proprietários, artesãos, e sobretudo mercadores. Estes últimos haviam lutado contra os monopólios que o rei concedera, e que os sufocavam: reclamavam a liberdade do comércio e estimavam que apenas a República poderia fazer com que essa liberdade reinasse. Enquanto a França, dotada de uma burocracia eficaz, soube associar a burguesia ao governo sem que este fosse abalado, na Inglaterra, onde a administração era deficiente, estourou um conflito entre a burguesia maltratada e a realeza: esta última foi vencida. As classes médias propuseram-se a recuperar a economia, sendo a Inglaterra, neste plano, muito inferior à Holanda. O puritanismo fez um esforço para adaptar o cristianismo a uma sociedade industrial e comercial dominada pelo espírito de competição. Sublinhou essencialmente o preconceito: "Quem não trabalha não come." Todos os pregadores insistiram no dever do trabalho, pois os burgueses estimavam que era a preguiça e a embriaguez que freavam o progresso: "Não há condição pior que a do preguiçoso", escrevia, em 1632, Elizabeth Jocelyne. "Deus o tem como um inútil zangão, incapaz de o servir; e sua extrema pobreza faz com que seja condenado pelo mundo." As mais elevadas virtudes religiosas e morais consistiam em fazer bons negócios. A melhor maneira de rezar era 'trabalhar: o trabalho era uma espécie de sacramento e o lucro o sinal de uma eleição divina. Acusaram-se os pobres de imprevidência e de preguiça; recusou-se o encorajamento desses vícios. A mendicância foi condenada como imoral. Em lugar de esmola, praticou-se o empréstimo a juros.

Os velhos miseráveis padeceram. Na burguesia, ao contrário, a velhice foi valorizada. Já se viu que, na Idade Média, a família enquanto tal não era idealizada: ela o foi nas classes médias, entre as quais foram recrutados os puritanos. O avô era o símbolo e a encarnação da família: era respeitado. Já no século XVI, os pais exigiam de seus filhos uma estrita obediência; os casamentos lhes eram impostos; acontecia casar-se um meninozinho de 5 anos com uma meninazinha de 3 anos. No teatro elisabetano viam-se os jovens lutarem pela liberdade da escolha matrimonial. Entre os puritanos dessa época, o princípio de autoridade foi afirmado mais explicitamente e mais rigorosamente do que nunca. Em 1606, a convenção anglicana adotou a ideia de um francês, Bodin, de quem se acabara de traduzir a obra: os pais devem ter direito de vida e de morte sobre seus filhos. O soberano deve ser um pai para seus súditos, afirmavam os puritanos; e o chefe de família deve ter sobre esta poderes soberanos. Houve inúmeros sermões sobre o governo da casa e a autoridade que se devia reconhecer nas pessoas idosas. Estando livres das paixões — pelo menos ao que se pretendia — os idosos praticavam, por assim dizer, naturalmente, o ascetismo ao qual os puritanos queriam que se conformasse a vida: eram um exemplo a imitar. E como todo sucesso é o sinal de uma bênção divina, a longevidade aparecia como uma caução de virtude. Por todos esses motivos, entre os puritanos, os velhos eram venerados. Quando estiveram no poder, esses puritanos tentaram impor sua moral a todo o país. Mandaram fechar os teatros, que eram, a seus olhos, lugares de perdição.

A Restauração reage violentamente contra eles. Foi um acontecimento quando ela reabriu os teatros onde, pela primeira vez, os papéis de mulheres foram representados por atrizes. Os espectadores que aplaudiam os autores que, durante trinta anos, haviam escrito para a cena, pertenciam a um grupo muito restrito de gentis-homens. Esses aristocratas desdenharam os valores burgueses que os puritanos haviam exaltado. O teatro deles, duro e cínico, zombou da virtude sob todas as suas formas, investindo particularmente contra a velhice.

Nas peças elisabetanas, os jovens lutavam por sua liberdade, mas as pessoas idosas eram descritas com uma mistura de simpatia e de ironia. No fim do século XVII, viram-se pulular as comédias que ilustravam o conflito das gerações. Uma das mais significativas é *Love for Love*,[106] de Congreve. Os enamorados, Valentim e Angélica, têm, um como pai, outro como tio, velhos odiosos e ridículos. Foresight[107] é "iletrado, enfadonho, supersticioso, pretende entender de astrologia e de quiromancia", e não para de profetizar com pedantismo. Sua jovem mulher o engana. A sobrinha lhe diz grosseiramente suas verdades e o faz cair no

---

[106] *Amor por amor.*

[107] "Aquele que vê o futuro".

ridículo. Quanto a Sampson, é um pai desnaturado. Para punir Valentim por suas prodigalidades, quer obrigá-lo a ceder sua herança ao irmão mais moço, Ben, um marinheiro que acaba de voltar ao lar: só pagará as dívidas do mais velho com esta condição. Valentim é obrigado a ceder, pois suas dívidas são urgentes, e ele deve saldá-las, se quiser desposar Angélica. Entretanto, afronta seu pai numa cena violenta; reprova-lhe a avareza, a dureza de coração. O pai lhe fala com uma incrível arrogância: "Acaso não posso fazer o que quero? Não sois vós meu escravo? Não fui eu quem vos engendrou? Acaso viestes ao mundo por vossa vontade? Não fui eu quem, com a autoridade legal de um pai, vos fez nele entrar?" Chega ao cúmulo de pretender desposar Angélica. Esta finge aceitá-lo, e se arranja com habilidade para fazer pagar ao pai as dívidas do filho, sem que este último renuncie à herança. Depois, ri na cara do velho: "Eu jamais deixei de amar vosso filho e de detestar vossa natureza rancorosa... tendes ainda mais defeitos do que as virtudes que ele tem; e, por maior que seja minha alegria diante da ideia de viver feliz ao pé dele, e de fazê-lo feliz, experimento quase o mesmo prazer em ver-vos punido." Valentim lhe faz eco: rejubila-se ostensivamente com a derrota do pai. Este esquema é reencontrado num grande número de peças. O jovem, cuja superioridade se afirma durante os quatro primeiros atos, triunfa no quinto. A hostilidade tradicional contra a "idade triste" atinge uma violência até então desconhecida. Filhos e filhas clamam sua revolta. Negam todos os valores morais e sociais impostos pelos puritanos.

— ✦ —

No século XVIII, em toda a Europa, a população cresce e rejuvenesce graças a uma melhor higiene. Uma pesquisa feita em Villeneuve-de-Rivière, nas Comminges, mostra que, a partir de 1745, a mortalidade dos jovens, que era de 15 a 20 indivíduos por ano, caiu para 3 ou 4. Ao mesmo tempo, a melhoria das condições materiais favoreceu a longevidade. Muito raros antes de 1749, os homens de 80 anos e mesmo os centenários multiplicaram-se. Entretanto, este progresso só se faz sentir nas classes privilegiadas. Em 1754, um autor inglês, referindo-se aos camponeses franceses, observa: "É uma espécie de homens que começa a decair antes dos 40 anos, por falta de uma reparação proporcional a suas fadigas." Em 1793, um inglês que viajava pela Europa escreve: "Apesar das doenças que lhes provocam a mesa demasiado farta, a falta de atividade e o vício, eles[108] vivem 10 anos a mais que os homens de uma classe inferior, porque estes últimos ficam gastos antes do tempo pelo trabalho, pela miséria, pela fadiga, e porque sua pobreza os impede de conseguir o que é necessário à sua subsistência." Na medida em que os explorados conseguiam sobreviver até uma idade avançada, a velhice deles condenava-os à indigência. Sociedades mútuas de previdência tinham aparecido na Europa Central desde o século XIV. Elas tiveram, na França, uma existência clandestina e difícil. A lei Le Chapelier proibiu-a, assim como a todos os agrupamentos profissionais. De qualquer maneira, os meios de que dispunham eram insuficientes: o velho que não fosse sustentado por sua família só podia contar com os auxílios que a Igreja lhe prestava.

Na Inglaterra, sob o nome de *friendly societies*,[109] as sociedades mútuas de previdência haviam florescido. Na segunda metade do século XVIII, a corrente sentimental que influenciou todo o pensamento europeu levou a opinião a se comover diante da miséria. Compreendeu-se que a responsabilidade com relação a ela recaía sobre a sociedade, e não sobre o próprio indigente. A lei de 1782 deu às paróquias a faculdade de se agruparem em *unions* para a cobrança e o emprego da taxa dos pobres. O Estado parecia reconhecer que todo homem tem direito à existência.[110] Foi o que afirmaram, em 1785, os magistrados reunidos em Speehamland: se um homem não pode ganhar a vida trabalhando, a sociedade deve assegurar sua subsistência. A assistência pública foi reformada nesse sentido: a miséria dos deficientes e dos velhos foi um pouco atenuada. Por outro lado, as coalizões operárias multiplicaram-se para lutar contra o patronato, mas também para segurar-se mutuamente contra o desemprego e a doença.

Nas classes privilegiadas, os homens de idade beneficiaram-se do abrandamento geral dos costumes. Graças aos progressos técnicos, a vida material tornou-se, na França e em toda a Europa, mais confortável e

[108] Os ricos.

[109] Associações que eram mais de natureza privada, livre e facultativa. (N.T.)

[110] O que não impede, na época, a atroz exploração das crianças nas fábricas e nas oficinas.

menos fatigante: viajar, por exemplo, não era mais uma prova tão penosa. A vida social, mais completa, exigia qualidades de inteligência, de experiência, e menos esforço físico: o marechal de Saxe ganhou Fontenoy a despeito de sua gota. O tempo da vida ativa prolongou-se. Os sexagenários misturavam-se à vida social: iam ao teatro, frequentavam os salões. Como no século precedente, uma bela memória fazia com que o convívio social deles fosse apreciado. Quando Fontenelle tinha mais de 90 anos, os jovens ouviam seus relatos com estupefação. Quando ele dizia "Eu estava em casa de Mme. de La Fayette; eu vi entrar Mme. de Sévigné", acreditavam estar falando com um fantasma, e se maravilhavam. Não causava um espanto além da conta ver homens idosos desposarem mulheres muito mais jovens do que eles, como aconteceu com Marmontel, com Marivaux. A burguesia ascendente criou para si uma ideologia segundo a qual a velhice viu-se valorizada.

Na Inglaterra, sobretudo, o progresso das técnicas acarretou o desenvolvimento da indústria, das finanças, do comércio. Rica e poderosa, a nova classe tomou orgulhosamente consciência de si mesma, e forjou para si a moral que lhe convinha. Em Londres, desde o fim do século XVII, viram-se multiplicar as sociedades, as assembleias, os cafés — mais de 3.000 — onde se forjava, através das conversas, a figura do homem novo, de quem se pode considerar como padrinhos Steele e Addison. O *Tatler* e sobretudo o *Spectator* empenhavam-se em reformar o homem de outrora, em promover um tipo inédito, que se encarna muito particularmente no mercado; este é o amigo do gênero humano, o aventureiro e o herói do século; mas é um herói pacífico; nele, a bengala substitui a espada. Foge da ostentação: é simples, e procura a utilidade mais que o aparato. Não gosta das mundanidades, leva uma vida retirada, de preferência no campo. Coloca a moral acima da arte. O teatro manifesta essa mudança de maneira contundente. Contra a rede de intrigas que o havia dominado, abriu-se, no fim do século XVII, uma cruzada de moralidade. A austeridade puritana era então um longínquo passado — não se sentia mais a necessidade de uma contraposição a ela: a audácia dos autores em voga acabou por escandalizar a opinião pública. Um pastor, jornalista e panfletário, Cellier, escreveu contra eles um libelo que teve sucesso considerável. Isso não impediu Congreve de arrebatar, dois anos mais tarde, um triunfo com O *trem do mundo*. Mas depois disso ele calou-se. O teatro tornou-se moral e sentimental: apresentaram-se nele apenas velhos domésticos dedicados, pais e filhos que se amavam. Todos os personagens eram simpáticos.[111]

Essas tendências difundiram-se na França. O homem novo é o filósofo: ele professa uma moral leiga e humanitária, da qual Diderot se faz o propagandista mais ouvido, Na realidade, o século XVIII francês foi sombrio, atormentado, vítima das desordens e dos conflitos que desembocaram na Revolução. Floresceu aí uma literatura que pinta o homem com severidade e mesmo com maldade: o abade Prévost, Marivaux, Lados, Sade. Entretanto, a burguesia professa o otimismo. Do Homem, de quem ela se julga a mais perfeita encarnação, faz uma comovida apologia: a natureza humana é boa, todos os homens são irmãos, cada um deve respeitar a liberdade e as opiniões de seu próximo. Amai vosso próximo como a vós mesmos, pelo amor de vós mesmos — torna-se o preceito fundamental da moral. E a noção de próximo se estende. O século XVIII explora o tempo e o espaço: não é mais o reinado apenas do adulto civilizado. Há interesse pelos "selvagens". Rousseau lembra aos adultos a criança que foram, e eles se reconhecem nessa criança. As mães amamentam seus filhos. Desde o início do século, o chicote teve adversários, e foi suprimido em 1767. A criança teve um papel muito mais importante na família. Os adultos se reconhecem no velho que serão. O homem idoso adquire mesmo uma importância particular, porque simboliza a unidade e a permanência da família: esta última, através da transmissão das riquezas, permite a acumulação dos bens materiais — é, ao mesmo tempo que o reino onde desabrocha o individualismo burguês, a base do capitalismo. Ao envelhecer, o chefe de família permanece detentor de suas propriedades e goza de prestígio econômico; o respeito que ele inspira reveste-se de uma forma sentimental. Na verdade, o século é "sensível"; procura-se de coração a verdade. Exalta-se a virtude; os contos morais abundam; são "tratados de humanidade". Há uma preocupação complacente com os fracos: a criancinha e o idoso. Marmontel comove seus contemporâneos contando sua infância rústica. Evoca as bondosas avós: "Aos 80 anos de idade, elas ainda viviam, bebendo ao pé do fogo o copinho de vinho e lembrando os velhos tempos." Ao retratar anciãos, Greuze suscitava emoções enternecidas. A velhice de Voltaire aumentava seu brilho: chamavam-no "o patriarca

---

[111] Ver, entre outras, *The Conscious Lovers*, de Steele, encenada em 1722.

de Ferney". De julho de 1789 a julho de 1790, em todas as festas da federação, os velhos tinham uma posição de honra — eram eles que presidiam os eventos.[112] Na festa de 10 de agosto de 1793, foram 86 anciãos que levaram as bandeiras dos 86 departamentos.

Essa sentimentalidade teve algumas consequências práticas. A "beneficência" foi encorajada: a palavra foi inventada pelo abade de Saint-Pierre, para substituir por uma ideia leiga a ideia religiosa de caridade. Toda uma literatura foi dedicada ao problema da mendicância. Os jornais abriram seções especializadas, onde se citavam exemplos de beneficência, "traços de humanidade". Em 1788, a lista das sociedades de beneficência ocupa dois grandes volumes de *La Bienveillance française*. As mulheres, sobretudo, pedem e distribuem donativos. S. Mercier as descreve, aliviando as misérias dos "octogenários, dos cegos de nascença, das parturientes etc.". Em 1786, a Sociedade Filantrópica felicitou-se por ter assistido mais de 814 infelizes: anciãos, cegos de nascença e parturientes.

Na verdade, praticar a filantropia era sobretudo o meio de assegurar a felicidade pessoal. Tornar pessoas felizes para ser feliz é um tema infinitamente repisado. Assegurar a própria felicidade é uma das preocupações maiores do burguês: ele pensa obtê-la pela virtude, por uma mediocridade feliz, cultivando os laços de família e de amizade. A felicidade é essencialmente concebida como um repouso. É preciso temer os extremos, não ter senão paixões serenas. Isso equivale a dizer que a velhice é concebida como uma ideia feliz e mesmo exemplar: o velho está livre das paixões violentas, é sereno, é sábio. A ausência de desejos vale mais do que o gozo dos bens. Uma vida equilibrada realiza-se na ataraxia, na euforia.

É o que afirma, entre outros, Buffon: "Acaso não tenho eu o gozo, tão pleno quanto o vosso, de cada dia em que me levanto com boa saúde? Se conformo meus movimentos, meus apetites e meus desejos apenas aos impulsos da sábia natureza, não serei eu tão sábio e mais feliz que vós? E a visão do passado, que provoca os pesares dos velhos loucos,

---

[112] Michelet relata: "Na grande federação de Rouen, à qual compareceram as guardas nacionais de 60 cidades, foram procurar até nos Andelys, para presidir a Assembleia, um velho cavaleiro de Malta, com 85 anos de idade. Em Saint-Andéol, a honra de prestar juramento à frente de todo o povo foi deferida a dois velhos de 93 e 94 anos... Por toda parte um velho, à frente do povo, tomando assento no lugar de honra, planando sobre a multidão."

acaso não me oferece, ao contrário, prazeres de memória, quadros agradáveis, imagens preciosas que bem valem vossos objetos de prazer?"

Esse tipo de consideração deixa cético D'Alembert: "Fazem-se elogios da amizade e da velhice; não foi preciso fazê-los da juventude nem do amor", escreveu ele. Diderot observa: "Honra-se a velhice, mas ela não é amada." Entretanto, em sua obra há velhos amáveis, a começar por seu pai. *La Vie de mon père*, de Rétif de La Bretonne, conheceu um enorme sucesso de público. Descrevendo complacentemente o "venerável ancião", ele gaba as virtudes e as amenidades da família doméstica, num momento em que esta começava a se desagregar, enquanto a maior parte dos franceses conservava a nostalgia dela. Ele pinta também os encantos da vida rural, da qual a burguesia recuperava, naquele momento, os atrativos. É no estilo "sensível", então em moda, que conta a agonia de seu pai, à qual assistem todos os anciãos da aldeia: "Todos os velhos, em lágrimas, enchiam o quarto do doente."

No teatro francês, no fim do século XVII e no século XVIII, vê-se esboçar uma evolução na figura do ancião. Destouches, em *Le Triple mariage*, põe em cena um Oronte autoritário e avaro, que prefere os bens aos filhos e que quer impor-lhes casamentos de interesse. Em *L'Ingrat*, em *L'Obstacle imprévu*, o pai é tirânico e insuportável. Mas em *L'Irrésolu*, Pyrante adora o filho, e cede a todos os seus caprichos. Em *Cénie*, de Mme. de Graffigny, Dorimard é um encantador ancião, inteiramente dedicado aos sobrinhos que criou; é um pouco autoritário, um tanto seguro de si em demasia, o que o leva a cometer erros; mas a bondade sobrepuja de longe seus defeitos. E um dos personagens conclui, depois de feliz desfecho: "Se a excessiva bondade por vezes se engana, nem por isso deixa ela de ser a primeira das virtudes."

A concepção que Beaumarchais, em seu teatro, apresenta da velhice é nuançada e, por vezes, surpreendente. Ele tinha apenas 35 anos quando encena *Eugénie* que não teve nenhum sucesso. É o pai da jovem, o barão Hartley, que tem o papel principal. Deste velho fidalgo do País de Gales, diz Beaumarchais:[113] "O barão, homem justo e simples em seus costumes, conservará sempre essa aparência e esse estilo; mas tão logo o anime uma forte paixão, soltará fogo e chama, e desse braseiro sairão coisas verdadeiras, ardentes, inesperadas." É bem a primeira vez que

[113] Em seu *Essai sur le théâtre sérieux*.

se concede a um homem idoso uma paixão interior cujas explosões surpreendem os que o cercam. Num primeiro projeto, o pai era um gentil-homem bretão, grande amante da caça, de gênio brusco e intratável: "Ele tomará as decisões mais violentas sobre todos os incidentes, tudo prejudicará, ao querer tudo fazer, enfim, será um personagem muito espalhafatoso e muito insensato." Este retrato estava muito mais próximo dos tipos de velhos convencionais encontrados nas comédias. Nada indica por que Beaumarchais o transformou. Mas sua benevolência para com os homens de idade manifesta-se ainda em *Les Deux amis*, encenada três anos mais tarde. É o pai, "filósofo sensível", que se mostra o personagem mais simpático; sábio, altruísta, generoso, ele salva a situação. No *Barbeiro de Sevilha*, apesar do tom tão novo, Beaumarchais retoma o clichê do velho enamorado: Bartholo assemelha-se aos velhos tolos e assanhados de Molière.[114] Não tem quase nenhum papel no *Casamento de Fígaro*, onde não aparece nenhum outro velho. No fim da vida, em *La Mère coupable* — encenada em 1792, sem nenhum sucesso —, Beaumarchais adota sobre a velhice o ponto de vista moralizante e leniente que agradava ao século. Em seu prefácio ele diz, falando do conde Almaviva: "No quadro de sua velhice, e ao ver *La Mère coupable*, ficareis, como nós, convencidos de que todo homem que não nasceu um terrível malvado acaba sempre por tornar-se bondoso, quando se distancia a idade das paixões, e sobretudo quando experimentou a felicidade tão doce de ser pai." Na peça, o conde diz: "Oh, meus filhos! Chega uma idade na qual as pessoas honestas se perdoam os próprios erros, as próprias fraquezas antigas, e fazem suceder uma doce afeição às paixões tempestuosas que as haviam desunido."

Em 1799, um certo Billy dedica uma peça ao abade de l'Epée, tal como este era aos 66 anos, descrevendo-o assim, no prefácio: "Uma penetração à qual nada pode escapar... o gênio e a bondade... uma devoção doce e sem afetação... um grande conhecimento da natureza." São as características do homem de idade, tal como o sonham os moralistas.

Os melodramas que pululam no início do século XIX inscrevem-se nesta linha. Os velhos representam neles apenas papéis episódicos, mas são majestosos e comoventes. Por vezes, cometem erros, mas os resgatam

---

[114] Embora ele seja muito mais matreiro e difícil de enganar, o que torna a intriga mais interessante.

pela nobreza do coração. Assim, em *Robert, chef des brigands*, de Lamartelière, o pai de Robert cometeu o erro de lhe preferir seu outro filho, que manda encerrá-lo numa torre: Robert o salva. O velho aparece como um mártir cheio de grandeza. Em *La Femme aux deux maris*, escrita por Pixérécourt, em 1801, o velho Werner, cego, encarna as mais altas virtudes; seu inflexível senso de honra o torna autoritário e duro: amaldiçoou a filha, que acreditava culpada, sem ouvir sua defesa, e se obstina em seu rancor. Mas quando, enfim, descobre a verdade, perdoa, e todos à sua volta choram de emoção. Um dos heróis conclui: "Um pai que perdoa é a mais perfeita imagem da Divindade." O mesmo tema é de novo tratado por Pixérécourt em 1821, em *Valentine*. Alberto, também ele cego, mostra-se duro para com a filha: finalmente, reconcilia-se com ela. Desinteressado, intrépido, ele toca ao sublime e suscita a admiração.

Um tema novo aparece: o do velho servidor dedicado. A relação feudal do senhor com o vassalo implicava, em princípio, um dom total deste último àquele: a burguesia ascendente sonhou ressuscitar em benefício próprio tal ligação. Em *Misanthropie et repentir*, inspirada em Kotzebue, o velho Tobie arranca lágrimas aos outros personagens por sua nobre serenidade, sua resignação pacífica. Muito idoso, pobre, sabe encontrar no simples fato de viver uma humilde felicidade. Em *L'Ilustre aveugle*, escrito em 1806, por Caigniez, um dos principais personagens é o velho Oberto, apaixonadamente dedicado ao jovem príncipe cego, corajoso, cheio de dignidade, encarnação de todas as virtudes.

Há um sem-número de velhos servidores devotados na obra de Pixérécourt.

Essas obras, por serem de baixa qualidade, tornam-se ainda mais significativas: elas obedecem às exigências do público e refletem, portanto, seus fantasmas. Pixérécourt venera os velhos no interior de sua classe; fora desta, ele os admira, na medida em que encarnam a longa fidelidade de uma dedicação incondicional à casta superior. Os velhos pobres fazem timidamente sua aparição na literatura. Não é por si mesmos que eles interessam, mas por sua relação feudal com um patrão que detém a verdade de seu ser.[115]

---

[115] Era o caso do velho escravo em *Íon*, de Eurípedes.

Observa-se no teatro italiano uma evolução paralela. Vimos que, no século XVI, Pantaleão era um velho odioso, ainda verde. Já havia mudado no fim do século XVII. Perrucci diz dele, em 1699: "É um velho decrépito que quer imitar a juventude." Mas em 1728 Riccoboni o descreve como "um bom pai de família, um homem cheio de honra, extremamente delicado no falar e severo com os filhos". É "rude no exterior". Não é mais avaro, mas muito econômico e, apesar de suas qualidades, ainda se deixa enganar.

Essa mudança é particularmente evidente no teatro de Goldoni. É que em Veneza, cujos costumes descreve, assiste-se também à promoção da burguesia e à exaltação dos valores burgueses. A partir do século XVI, a supremacia marítima de Veneza diminuiu, com a concorrência que lhe faziam o império turco, a Espanha e Ragusa. Veneza transformou-se num grande porto industrial: fabricavam-se ali tecidos de lã de alta qualidade. Mas os nobres achavam degradante esse gênero de trabalho; compraram terras no interior e se afastaram dos negócios. No século XVIII, a aristocracia conserva o poder político: mas só subsiste graças às riquezas que a classe dos mercadores acumula na cidade. O homem ideal é o mercador honesto, econômico, laborioso: essas virtudes são mais úteis para a cidade, para sua família e para ele mesmo do que os títulos nobiliárquicos. Os nobres levam vidas dissipadas e absurdas: o mercador encarna o bom senso e a retidão. Seu código moral repousa essencialmente na relação da família. Tal era a convicção da classe burguesa à qual Goldoni pertencia.

—✦—

Tradicionalmente, Pantaleão é um mercador. No início de sua obra, Goldoni, imitando a *commedia dell'arte*, o apresenta como uma figura convencional. *I Malcontenti*, obra muito mais pessoal, o homem idoso é, entretanto, muito antipático. Goldoni coloca em cena quatro encarnações de Pantaleão; quatro velhos misantropos, tirânicos, avaros, egoístas, teimosos; eles têm ideias caducas e detestam a juventude; oprimem a família; impedem as mulheres e filhos de sair, de se distrair, de se vestir bem. Um quer casar a filha com o filho de outro, mas os dois se recusam a permitir que os jovens se vejam antes do dia das núpcias. Graças à cumplicidade da mãe, entretanto, esses jovens acabam encontrando-se.

Ao longo de sua carreira, Goldoni aplica-se cada vez mais em pintar a sociedade veneziana tal como a vê, e Pantaleão se aproxima do mercador ideal. Aliás, ele não é um velho, mas um homem entre duas idades que soube administrar sua fortuna, conduzir bem sua vida, e que dá sábios conselhos: Goldoni faz dele, frequentemente, seu porta-voz. Em uma de sua peças mais bem-sucedidas, *Il Burbero Benefico*, ele trata o personagem do pai com um pouco de ironia, mas também com a maior estima. Geronte é brusco, autoritário, de gênio difícil; não ouve ninguém; resolve casar sua sobrinha Angélica, sem consultá-la, com um velho amigo. Mas é um homem generoso; sustenta com prodigalidade a família de seu criado. Consente em pagar as dívidas do sobrinho. E finalmente compreende que deve deixar Angélica dispor de seu coração e a autoriza a desposar o jovem que ela ama.

Percebe-se como a figura do velho mercador rico evoluiu depois de Chaucer. Naquela época — e ao longo dos séculos seguintes — a riqueza do mercador era objeto de inveja; estimava-se que ele era injustamente privilegiado e, como vingança, zombava-se dele. É apenas no século XVIII que uma compreensão mais avançada dos fatos econômicos permite entender os serviços que ele presta ao conjunto da sociedade. O utilitarismo, que os puritanos foram os primeiros a professar, tendo reconhecido o papel do mercador, leva a dotá-lo de todos os méritos. Ele será respeitado mais particularmente na idade avançada: a prosperidade garante sua sabedoria e suas virtudes.

Os autores do século XVIII não escapam mais que os outros à influência de sua época. Entretanto, como esta favorecia o individualismo, a novidade e o fervilhar das ideias, encontra-se nela um grande número de escritores cuja originalidade surpreende. Entre estes, é preciso contar Swift, a quem se deve o mais cruel retrato jamais feito da velhice. Ele tinha 55 anos, e estava num período difícil de sua vida — o fim de sua relação com Vanessa — quando escreveu o terceiro livro das *Viagens*. No quarto — redigido anteriormente — havia feito uma sátira feroz da espécie humana em geral, na figura dos Yahus. "Eu odeio e detesto o animal que se chama homem", escreveu ele, um pouco mais adiante, a Pope. Tinha horror das mulheres: alguns anos depois, escreveu seu famoso poema, *Le Boudoir*, sobre o tema "Célia caga". A velhice, enquanto é considerada, ao menos em palavras, como o estágio mais nobre e mais realizado da condição humana, só podia desencadear o ódio de Swift. Ele próprio estava numa idade avançada, sentia-se mal, e sua velhice foi, efetivamente, uma dramática decadência física e moral: parece que teve o pressentimento disso. Não teria descrito com tanto destaque esses imortais que são, na verdade, simplesmente grandes velhos, se não tivesse sido perseguido por fantasmas nos quais decifrava com terror seu próprio futuro. Certamente não foi por acaso que, nos seus últimos anos de vida, ele próprio se transformou num horrível Struldbrugg.

Quando Gulliver descobre que alguns Luggnagianos nascem com um sinal na testa que os destina à imortalidade, maravilha-se: imagina esses seres libertos do medo da morte, cheios de ciência, ricos, discutindo entre eles problemas elevados; no lugar deles — explica — lutaria contra a corrupção, procuraria realizar grandes descobertas. Seu interlocutor responde que em todos os outros lugares as pessoas idosas conservam o apetite de viver: só ali é que isso não acontecia, pois viam com os próprios olhos que destino os esperava. "Esse plano de vida imortal é irracional e absurdo — disse-me ele — porque implica a duração eterna da juventude, da saúde, do vigor... O problema não é organizar uma vida sempre na primavera, sempre cheia de felicidade e de saúde, mas suportar uma existência perpetuamente exposta às misérias da velhice." Na verdade, em torno dos 30 anos, os Struldbruggs começam a ficar melancólicos, característica que se vai acentuando cada vez mais, até os 80 anos. Então, "têm como quinhão todas as deficiências físicas e mentais dos velhos, e mais uma infinidade de outras que nasceram da atroz perspectiva de nunca mais acabar. Não são apenas teimosos, rabugentos, cúpidos, suscetíveis, vaidosos, tagarelas, mas incapazes de qualquer amizade, e mesmo de qualquer afeição por seus descendentes, os quais perdem de vista depois da segunda geração. Têm duas paixões dominantes: a inveja e desejos reprimidos. Invejam os vícios da juventude; desejam a morte dos velhos... Suas únicas lembranças remontam à juventude, ou ao início da idade madura; são, aliás, muito inseguros... O melhor que se pode desejar-lhes é que percam todas as faculdades e fiquem completamente privados de lucidez. Pois assim poderão contar com um pouco de piedade e assistência, não tendo tanto mau gênio..." Aos 80 anos, são considerados civilmente mortos; os esposos se separam (se os dois são imortais). Vivem de uma pequena renda. Aos 90 anos, perdem os dentes e os cabelos. Nessa idade, já não distinguem mais o sabor dos alimentos. "Quando eles falam, não encontram mais as palavras." "Por falta de memória, nem mesmo podem mais ler." Como a língua evolui, eles não a compreendem mais. "Conhecem então a desgraça de viver como estrangeiros em sua própria terra."

Essa última ideia é inteiramente nova. Anteriormente, e em particular na Idade Média, o tempo girava em círculo, e o velho se degradava no seio de um universo imutável. No século XVIII, a burguesia ascendente crê no progresso: é o que leva Swift a pensar que o velho se repete e estagna num mundo em mutação, ininterruptamente rejuvenescido. Incapaz de acompanhar essa evolução, o idoso permanece na retaguarda, sozinho, murado, privado de tudo o que se distancia dele. A comunicação com as gerações mais jovens lhe é interditada. A velhice não é apenas decrepitude, mas também — o que ia ser para Swift — a solidão do exílio.

Um velho imortal: é o triste destino de Títono, lastimado pelo poeta jônico Minermo. Os homens jamais desejaram esse destino. Em compensação, sonharam, como eu disse, com a fonte da juventude. Um dos temas do *Fausto*, de Goethe, é o do rejuvenescimento. Nem nas lendas antigas, das quais Fausto era o herói, nem na peça de Marlowe intervinha essa ideia. Fausto era um sábio, tornado mágico, que perdia a alma por sede de saber. A peça de Goethe é também, antes de tudo, o drama do conhecimento e dos limites da condição humana. Mas a noção de idade tem aí um grande papel. O velho Fausto não sorve mais na ciência uma felicidade; a ciência não lhe provoca mais orgulho nem embriaguez; permanece aberta, ele ainda poderia aprender; mas ele próprio é vítima de sua finitude: o desejo de conhecer está morto nele; não tem mais razão de viver. Para reencontrar essa razão de viver, seria preciso que renascessem em seu frescor os prazeres, o amor, os êxtases que são o apanágio da juventude: Fausto aposta que, se Mefistófeles lhe devolver a juventude, ele não se deixará iludir pelos prazeres, a ponto de querer parar o tempo; mas este desafio não tem sentido se não se for capaz de experimentar esses prazeres de novo. Goethe concebe, portanto, a velhice como uma idade abstrata, congelada e decepcionante. Ele tinha apenas 25 anos quando começou o Fausto e 48 quando o terminou, em 1807. Mas, na falta da experiência da idade avançada, já tomara consciência da finitude humana. Se desejou sempre mudar de pele como as serpentes, é porque, em certos momentos, sentia-se apertado na sua, e ela lhe parecia gasta. A questão não é tanto ser jovem, mas quanto poder rejuvenescer: escapar aos próprios limites, reviver a vida como uma aventura, sem permitir que ela termine num impasse.

No século XIX, a Europa se transforma: as mudanças que ali se produzem têm influência considerável na condição dos velhos e na ideia que a sociedade faz da velhice. O primeiro fato que é preciso notar é que, em todos os países, produz-se um extraordinário impulso demográfico: a população europeia contava, em 1800, com 187 milhões de indivíduos; passa a 266 milhões em 1850, a 300 milhões em 1870. Resulta que, pelo menos em certas classes da sociedade, o número de velhos aumenta. Esse crescimento, ligado ao progresso da ciência, leva a substituir os mitos da velhice por um verdadeiro conhecimento; e esse saber permite à medicina tratar das pessoas idosas e curá-las. Desse momento em diante, estas são numerosas demais para que a literatura silencie a seu respeito; na França, na Inglaterra, na Rússia, os romancistas esforçam-se por traçar um quadro completo da sociedade: são levados a descrever não somente velhos privilegiados, mas também anciãos das classes inferiores que — salvo exceções insignificantes — jamais haviam sido mencionados pelos escritores.

Isso não significa que, para o conjunto dos idosos, as circunstâncias se tenham tornado mais favoráveis. Longe disso. Veremos, ao contrário, que muitos deles são vítimas da evolução econômica que se desenrolou ao longo do século.

Três fenômenos estreitamente ligados acompanharam por toda parte a progressão demográfica: a Revolução Industrial, um êxodo rural que acarretou um desenvolvimento urbano, e o florescimento de uma nova classe: o proletariado.

Na Inglaterra, o despovoamento dos campos começara com o sistema das *enclosures*, que reduzira um grande número de camponeses à miséria. As leis sobre a assistência social tiveram como contrapartida, no início do século XIX, uma baixa dos rendimentos dos camponeses que os expulsou dos campos. Quando, em 1846, foi votada a lei sobre o livre-intercâmbio, a Inglaterra industrial e mercantil triunfou definitivamente sobre a Inglaterra agrícola.

Na França, houve um importante êxodo rural no fim do século XVIII. A população urbana, que representava $\frac{1}{10}$ da população total, passou a representar $\frac{1}{5}$: em torno de 5 milhões e meio de indivíduos.

Os filhos de camponeses migravam sobretudo para as pequenas cidades onde se elevavam socialmente, tornando-se comerciantes, empregados, funcionários. O início do século XIX representa, antes, uma interrupção desse movimento; de 1800 a 1851, a população urbana aumenta em 3 milhões e meio, mas, dado o crescimento global da população, as cidades contêm apenas 25% dos franceses. Graças ao abrandamento dos impostos, os recursos dos camponeses aumentam, mas esse excedente é absorvido pelo acréscimo paralelo da população. Entre 1840 e 1850, os campos não são mais suficientes para alimentar seus habitantes: assim, de 1850 a 1865, o êxodo se precipita. Nos anos que se seguem, a indústria rural — que fornecia aos camponeses um importante complemento — decai, em consequência da concentração industrial. Os progressos técnicos tornam a exploração das terras mais difícil para os pobres: eles não podem sustentar a concorrência com os proprietários burgueses que introduzem na agricultura métodos capitalistas. Além disso, a partir de 1880, os progressos dos meios de transporte permitem à América exportar seu trigo para a França: disso resulta uma grave crise econômica, e o êxodo rural continua. Em 1881, ⅓ da população está concentrado nas cidades. Nesse fim de século, é a indústria que oferece alternativas aos filhos de camponeses, que engrossam as fileiras do proletariado.

As transformações foram nefastas para os velhos. Nunca, na França e na Inglaterra, a condição deles foi tão cruel quanto na segunda metade do século XIX. O trabalho não era protegido; homens, mulheres e crianças eram impiedosamente explorados. Ao envelhecerem, os operários ficavam incapazes de suportar o ritmo do trabalho. A Revolução Industrial realizou-se à custa de um incrível desperdício do material humano. Na América, entre 1880 e 1900, o taylorismo produziu hecatombes: todos os operários morriam prematuramente. Por toda parte, os que conseguiam sobreviver, quando perdiam o emprego por causa da idade, ficavam reduzidos à miséria. Na França, as sociedades mútuas de previdência foram toleradas a partir da Restauração, e reconhecidas em 1835; em 1850 e 1852, recaíram sob um regime de estrita vigilância. A Terceira República lhes deu toda a liberdade, por meio da lei de 1º de abril de 1898. Mas, mesmo dentro das melhores condições, os meios de que dispunham foram sempre insuficientes quando se tratou de garantir um risco tão pesado quanto o da velhice. O mesmo se dava com as *friendly societies*, na Inglaterra. "Façam poupança, em vez de filhos", preconizava J.B.Say. Dirigido a operários, este conselho era ridículo. Na França e na Inglaterra, viram-se pulular os velhos vagabundos, os velhos indigentes.

Na França, nos campos, o sustento familiar permanece a regra. Se o ancião que reinava sobre a casa era suficientemente vigoroso ou suficientemente rico para conservar o controle de suas terras — continuando a trabalhar ou contratando trabalhadores agrícolas —, conservava também a autoridade sobre os filhos. A família patriarcal continuava a existir nas zonas rurais e a autoridade do velho que a governava podia ser tirânica. Mas essa família só era encontrada entre os camponeses abastados, e estes eram raros. Ainda arcaica em 1815, a agricultura só progrediu lentamente; os rendimentos eram tão fracos que os camponeses mal conseguiam sobreviver. Ao envelhecerem, não tinham mais força para continuar a cultivar sua terra, e não tinham poupado a quantia necessária para pagar mão de obra estranha. Ficavam à mercê dos filhos. Estes viviam à beira da miséria, e não tinham com que sustentar bocas inúteis. Às vezes, desembaraçavam-se delas, abandonando-as em asilos. Em 1804, o diretor do asilo de Montrichard indignava-se:[116] "Os velhos devem trazer e deixar no asilo tudo que possa pertencer-lhes; entretanto, descendentes desnaturados trazem seus velhos parentes e, antes de deixá-los nas salas, despojam-nos até mesmo das últimas roupas." Geralmente, os filhos os conservavam em casa; mas a situação ilustrada na Idade Média pelo rei Lear perpetuara-se ao longo dos séculos: não sendo mais capaz de trabalhar suas terras por si mesmo, o pai abandonava-as aos filhos, que, com muita frequência, maltratavam-no e privavam-no de alimentos. Em uma *Mémoire sur les paysans de l'Aveyron et du Tam*, Rouvellat de Cussac escreve: "Nada mais comum do que o esquecimento dos deveres, por parte dos filhos dos dois sexos, para com os autores de seus dias que chegam à velhice. Se estes têm a imprudência de doar seus bens sem reserva escrita, ou de outro modo que não um testamento revogável, expõem-se a se verem desprezados e muitas vezes privados do necessário."

Esse tema é reencontrado em inúmeros romances, certamente inspirados na realidade. Em *Eusèbe Lombard*, de Theuriet, escrito em 1885,

---

[116] Estudo histórico de Montrichard, feito pelo abade C. Labreuille.

após a morte do pai, a irmã acusa o irmão mais velho de ter sequestrado o defunto. "Se ele veio para a nossa casa, é porque o alimentavas com batatas podres. — E tu o deixaste morrer sobre a palha no auge do inverno." Em *Autour du clocher*, romance inspirado a Fèvre e Desprez pelos camponeses de Rouvres, no Aube, o velho pai Bonhoure é maltratado pelos filhos: "Ele vegetava assim, espancado, insultado, alimentado com batatas estragadas, como os porcos." Acaba por enforcar-se. Em *L'Aveugle*, de Maizeroy, sobrinhos obrigam o velho tio a mendigar: "Quando ele voltava, com a sacola vazia, nós o desancávamos com violentas bordoadas, e todos, mesmo os bem pequenos, se encarniçavam em levá-lo ao ridículo, em retirar seu prato, em oprimi-lo maldosamente, pregando-lhe peças." Um dia, ele morre na estrada. Em *Le Père amable*, Maupassant descreve a triste e silenciosa existência de um pai viúvo, surdo, semideficiente, com seu filho. Este torna a se casar, contra a vontade de Amable, com uma mulher que teve um filho com outro homem. A vida se torna, para o pobre velho, cada vez mais reduzida e mais lúgubre. O filho morre. A mulher não se comporta mal com relação ao sogro, mas casa-se de novo. Então ele se enforca.

A lei esforçou-se para defender os velhos contra a aspereza e a negligência de sua progenitura. A uma situação de fato substituiu uma situação de direito. O pai, destituído de seus bens por uma partilha entre vivos, recebia em troca uma renda vitalícia cujo montante era fixado diante do notário: se os filhos se recusassem a pagá-la, ele podia processá-los nos tribunais. Em princípio, ele não dependia mais, portanto, do arbítrio da família. Infelizmente, muitas vezes pagou muito caro por essa proteção que a justiça lhe assegurava. Anteriormente, os filhos tinham um interesse difuso em gastar com ele o mínimo possível: daquele momento em diante, esse interesse tornou-se preciso, mensurável; reificara-se na pensão que eram obrigados a pagar-lhe. Tinham, então, um motivo poderoso para fazê-lo desaparecer: era o meio mais simples de escapar aos rigores de uma obrigação legal. Impossível saber em que século os assassinatos dos velhos pais — por violência ou por privação — foram proporcionalmente os mais numerosos. A maior parte permaneceu sepultada no silêncio dos campos: mas é preciso que no século XIX tenham sido frequentes para que a opinião tenha sido informada, e que tenha havido preocupação com eles. Significaria esta publicidade que havia maior interesse pela sorte dos velhos camponeses? Ou que os crimes tinham aumentado em número e tinham sido mais imprudentes? Nenhum documento permite determinar.

O que é certo é que os perigos corridos pelo velho pai destituído de seus bens foram frequentemente denunciados. Em sua *Histoire des paysans*, em 1874, Bonnemère escreve sobre o assunto: "Encharcado de mágoas, dependente de todos e de si próprio, e por toda parte estranho na casa dos filhos, ele passeia de choupana em choupana o enfado de seus últimos dias. Enfim, morre... Só que se apressa em fazê-lo, pois ali está a cupidez, que arma na sombra a mão do parricida. Acontece frequentemente — diz Bonnemère — enterrar-se o velho antes que esteja realmente morto: "É sob o teto de palha que a letargia é chamada pelo nome de morte, porque, segundo a observação de M. Dupuis,[117] nem sempre se tem dois quartos, e se tem pressa em desocupar o espaço." Bonnemère cita quatro casos de parricídios, só no ano de 1855.[118] Esses crimes eram tão difundidos e, apesar da obscuridade em que eram envolvidos, tão conhecidos, que uma pesquisa oficial sobre a agricultura francesa, realizada de 1866 a 1870, e resumido em 1877 por Paul Turot, não hesita em testemunhá-los. Falando em nome da administração, Turot desaconselha os ascendentes de partilhar seus bens em vida. Lembra energicamente o destino miserável que espera os velhos pais depois que são destituídos de seus bens: evoca "os crimes que se cometem para apressar a morte, e para os quais as obrigações contraídas em consequência da partilha são uma iniciação, uma espécie

---

[117] *Dictionnaire de la conversation*, artigo "Inhumations".

[118] No Maine-et-Loire, um camponês chamado Guyomard assassina a sogra, que havia renunciado aos próprios bens, e a quem pagava todo ano 20 francos e 12 alqueires de centeio (*Le Constitutionnel*, 12 de fevereiro de 1855).
Em Gensac, perto de Libourne, um homem de 60 anos assassinou a mãe, de 80 anos, com duas facadas na garganta, para se liberar de uma pensão vitalícia (*La Presse*, 22 de março de 1855).

Em Ferté-sous-Jouarre, uma noite, num atalho, um cultivador matou a pauladas o sogro, a quem pagava uma pensão vitalícia de 800 francos. Uma jovem que ouviu os gritos denunciou-o e ele confessou o crime (*La Presse*, 29 de julho de 1855).

Perto de Nemours, um camponês, Pierre Besson, matou a pancadas o pai porque algumas disposições testamentárias favoreciam o irmão mais moço.

Citarei mais um, que fez grande estardalhaço em 1886. Em Luneau, no Loire-et-Cher, o casal Thomas queimou viva a mãe da mulher.

de encorajamento. O pai de família, depois que entrega seus bens, fica privado de toda a autoridade. Passa a ser desprezado e repudiado pelos filhos, rejeitado do lar de cada um deles, mandado da casa de um para a do outro, com uma renda vitalícia que muitas vezes não lhe é paga, ou com uma habitação que não lhe é concedida".

Em um artigo do *Temps*, em 5 de agosto de 1885, Cherville sublinha o destino miserável dos velhos pais a todo instante atormentados, reduzidos à fome, obrigados a mendigar. O avô liga-se frequentemente ao neto, mas "ao crescer o pequerrucho se afasta" para imitar os outros. A tentação é grande — diz o jornalista — de apressar o fim dos velhos pais, que custam sempre caro demais.

Zola conta em *La Terre* um desses sombrios dramas: para escrever a obra, apoiou-se numa documentação muito séria. Comparou-se[119] esse romance a *Rei Lear*, ao qual, aliás, Zola faz alusão em suas notas. A séculos de distância, Shakespeare e Zola descrevem, efetivamente, uma situação análoga. No início do romance, o velho Fouan reúne os filhos no tabelião para partilhar entre eles seus bens, que não tem mais força para cultivar; os filhos discutem asperamente sobre a renda que o pai reivindica. "A vida dos dois velhos foi esquadrinhada, exposta, discutida, necessidade por necessidade. Pesaram-se o pão, os legumes, a carne... Quando não se trabalhava mais, era preciso saber conter-se." Um número é fixado. No início, o velho continua a morar em casa com sua mulher. Os filhos pagam-lhe apenas uma pequena parte da pensão combinada. Isso provoca uma cena terrível entre o pai e o filho mais moço, Buteau: a mãe morre de emoção. O velho é convencido a vender a casa e a ir morar com a filha: esta o persegue mesquinhamente. Assim como Lear, ele vai sucessivamente para a casa de cada um dos filhos, e ali é sempre muito infeliz. Alguns anos se passam, miseravelmente. Buteau o atraiu para sua casa na esperança de roubar-lhe o pé-de-meia, e o trata com brutalidade. Durante uma cena, o velho levanta a mão, num gesto ameaçador que outrora amedrontava o filho: mas dessa vez este segura no ar a mão do pai, sacudindo-o e atirando-o numa cadeira. Como os velhos gorilas batidos pelos jovens, ele sente-se definitivamente vencido: perdendo a força física, perdeu toda a au-

[119] Particularmente Legouis, *Revue de littérature comparée*, 1957. A grande diferença é que o velho Fouan não encarna a condição humana.

toridade. Mesmo a proteção da lei é insuficiente para defendê-lo da violência bruta. Buteau consegue roubar-lhe as economias. O conflito entre o pai e o filho se exacerba a tal ponto que, uma noite, mais uma vez à semelhança de Lear, o velho foge e erra até o amanhecer em meio à tempestade. Porque foi testemunha de um crime cometido pelo filho e pela nora, e sobretudo porque estes não suportam mais tê-lo como dependente, eles o sufocam e ateiam fogo ao seu colchão, simulando um acidente. O médico não faz um exame minucioso e dá a permissão para o sepultamento.

—✦—

O fato que se encontra indicado no *Le Temps*, sobre a relação do avô com o neto, foi utilizado por Zola. Durante certo tempo, o velho Fouan consola-se, em parte, de sua infelicidade, pela afeição que tem pela criança, que parece corresponder a ela. Mas chega o dia em que, à saída da escola, o menino que o avô vem buscar recusa-se a segui-lo e faz coro com os colegas que zombam dele.

Pelo fato de se trazer à luz, no século XIX, pelo menos numa certa medida, o destino dos velhos explorados, o contraste desse destino com a condição dos velhos privilegiados é mais flagrante do que em qualquer outra época. Antigos operários reduzidos à indigência e à vagabundagem, velhos camponeses tratados como bichos, os velhos pobres situam-se no mais baixo nível da escala social. São os velhos das classes superiores que ocupam o cume. A oposição é tão flagrante que se poderia quase pensar que se tratava de duas espécies diferentes. As mudanças econômicas e sociais, tão nefastas para uns, favoreceram, ao contrário, os outros.

A Restauração e a volta dos emigrados acarretaram, no início do século XIX, o estabelecimento de uma verdadeira gerontocracia. Os emigrados haviam comprado novamente terras, muitas vezes suas próprias antigas terras: em 1830, metade da grande propriedade nobiliária estava reconstituída. Essa aristocracia fundiária era pouco numerosa, mas tinha muitos clientes na burguesia. Agrupada em torno do rei, ela fizera com que fosse adotado um sufrágio censitário — baseado nas propriedades imobiliárias — que lhe dava a supremacia política. Havia 90.000 eleitores, isto é, de cada 100 franceses maiores, apenas um votava; contavam-se em torno de 8.000 os cidadãos elegíveis. Como os emigrados eram muito idosos, estava-se numa situação que se poderia chamar de patológica. O panfletário Fazy denunciou-a, em 1829: "Reduziu-se a França a 7.000 ou 8.000 indivíduos elegíveis, asmáticos, gotosos, paralíticos, de faculdades enfraquecidas e que só aspiram ao repouso." Ele critica energicamente "a lei singular que só chama velhos à representação nacional". Essa prerrogativa dos velhos mantém-se após 1830, na Câmara dos Pares: Talleyrand contou a Guizot, em 1835: "Fui ontem à Câmara dos Pares. Não éramos mais que seis... e tínhamos todos mais de 80 anos."

Entretanto, a grande burguesia enriquecia, explorando os operários e um bom número de camponeses, emprestando dinheiro a juros. Graças à sua supremacia econômica, ela arrancou da aristocracia fundiária o poder político. Sob Luís Filipe, foram os industriais, os banqueiros e os grandes negociantes que governaram, e também altos funcionários, advogados, professores. Como lhes fora preciso tempo para acumular suas fortunas, a maior parte deles era gente idosa. Também aí pode-se falar em gerontocracia. Charles Dupin afirma que a metade dos eleitores tinha mais de 55 anos. Segundo ele, os 54.000 eleitores liberais eram apoiados por 28 milhões de cidadãos e os 46.000 eleitores de direita, por 3 milhões de velhos. Os números são aproximados, mas a ideia geral é correta. Tratava-se de uma plutocracia, e a maioria dos ricos eram velhos. As empresas eram familiares, e o chefe delas era normalmente o membro mais idoso da família. A renda não era mais o motor da economia: era o lucro, que se acumulava graças aos investimentos. Os membros da célula familiar estavam estreitamente ligados pelos interesses, e essa célula encarnava-se no avô. A partir de 1848, foram o banco e a indústria que detiveram o poder político. Foi então que acabou de completar-se a Revolução Industrial: estradas de ferro, indústrias têxteis, metalurgia, minas, usinas de açúcar etc. floresceram. Os bancos tiveram um papel cada vez mais importante. Nesse mundo em movimento, em que a figura mais considerada era a do "empreendedor", a iniciativa era a qualidade mais necessária: era o filho, mais ousado que o pai, que o convencia a introduzir na fábrica as máquinas mais recentes e técnicas inéditas. Por outro lado, o capitalismo familiar foi substituído pelas sociedades anônimas constituídas por ações. O homem de idade perdeu seu prestígio econômico. O sufrágio universal tirou-lhe a supremacia política. Entretanto, em 1871, a Assembleia Nacional viu-se composta, em grande parte, de elementos do campo que eram homens idosos: havia 400 realistas contra 200 republicanos e 50 deputados de tendências mal definidas. Era o primeiro grupo que, de longe, abrigava mais velhos.

No conjunto, na França e em todo o Ocidente, a querela das gerações aboliu-se na burguesia; estabeleceu-se entre elas uma espécie de equilíbrio. Contra as classes "perigosas", afirmaram solidariedade recíproca. Na pequena burguesia, acontecia frequentemente o filho ocupar na escala social uma situação superior à do pai, que acolhia com orgulho o sucesso dele: essa ascensão das gerações desarmava os ódios. Por outro lado, a sociedade nova exigia a colaboração dos jovens e dos velhos. A complexidade dessa sociedade fazia com que a experiência e a acumulação dos conhecimentos fossem necessárias para fazê-la viver e progredir; em muitas áreas, a antiguidade era uma qualificação. Os homens jovens impunham-se pela audácia e pela faculdade de invenção. Mas muitas vezes julgavam útil escorar-se na tranquilizadora figura de um homem idoso: este detinha as aparências do poder; representava a empresa, cuja verdadeira direção deixava a associados mais dinâmicos.

Se o velho aparece como uma garantia, é porque a ideologia burguesa da época lhe atribui grande valor. Na França, como na Inglaterra sob a rainha Vitória, as virtudes preconizadas são as que os puritanos haviam privilegiado; o rigor moral e o sucesso econômico caminhavam lado a lado; a austeridade era regra, uma vez que era preciso reinvestir os lucros. Ora, toda uma tradição representa o velho como naturalmente despido de apetites e, consequentemente, votado ao ascetismo. E, depois, o pensamento econômico que vê na acumulação dos capitais a panaceia estende-se — abusivamente — ao domínio da psicologia: pensa-se que é sempre bom acumular; acumular anos é realizar um lucro, é adquirir um valor diante do qual a burguesia do século XIX se inclina com respeito: a experiência. O empirismo associacionista que a época tem como a suprema verdade confirma essas visões: quanto mais se envelhece, mais se multiplicam as associações, mais crescem o saber e a sensatez. É, portanto, no fim da vida, que um indivíduo atinge normalmente seu apogeu.

Nas cidades, a família não é mais patriarcal. A partir do fim do século XVIII, a multiplicidade dos empregos e a expansão da vida social permitiram aos jovens casais fundarem seus lares. Mas a tradição da família doméstica permanece cara à burguesia, que a perpetua idealmente através da veneração de que cerca o ancião. Mesmo quando, com o desabrochar do capitalismo moderno, sua influência declina, a opinião exige que lhe sejam prodigalizadas as marcas exteriores do respeito e que lhe seja assegurado um fim de vida honroso.

A transformação da família modificou a relação entre netos e avós: em lugar de um antagonismo, faz-se entre eles uma aliança; não sendo mais chefe de família, o avô torna-se cúmplice das crianças, passando por cima dos pais, e, inversamente, as crianças encontram nele um companheiro divertido e indulgente.[120]

A importância social concedida aos velhos irritou um certo número de escritores adultos. Lamennais ataca com violência a idade avançada. Ele escreve, aos 36 anos: "Não vi velho algum cuja idade não tenha enfraquecido o espírito, e vi muito poucos que disso estivessem sinceramente convencidos." E ainda: "O que é um velho no mundo? Um sepulcro que se move. As pessoas se afastam: algumas se aproximam para ler o epitáfio.[121] "Dickens protesta energicamente contra a aproximação habitual entre a infância e a velhice. Falando desta, ele escreve: "Chamamos isso um estado de infância, mas a velhice é desta um pobre e vão simulacro, como a morte é do sono. Onde estão, nos olhos do homem senil, a luz e a vida que riem nos olhos das crianças?... Juntai a criança e o homem que volta à infância, e enrubescei com essa vaidade que difama o feliz começo de nossa vida, dando seu nome a essa imitação horrível e convulsiva."

Tais pontos de vista são muito raros. Os escritores que, em perspectivas totalmente diferentes, refletiram sobre a velhice, dela propuseram apologias mais ou menos nuançadas: como os ensaístas dos séculos precedentes, eles não se interessam pela velhice, senão na medida em que ela concerne à sua classe. Vou citar os mais significativos.

No capítulo VI dos *Aforismos sobre a sabedoria na vida*, intitulado "Da diferença das idades", Schopenhauer examina à luz de sua filosofia os

---

[120] Vimos que, sob formas diferentes, a relação dos avós com os netos é muito importante entre os primitivos.

[121] Lamennais julgava com melancolia o conjunto da condição humana. Aos 36 anos, ele atravessou um período de depressão. Talvez também tivesse rancores duráveis com relação a certos velhos: era um homem de ressentimentos.

diversos momentos da existência. Sabe-se que ele professa um pessimismo absoluto: a única chance da espécie humana seria extirpar de si o querer viver e se deixar escorregar inteira no nada, não se reproduzindo mais. O indivíduo está tanto mais longe da sabedoria quanto mais, nele, a vontade é obstinada — isto é, na sua juventude. A criança é privilegiada porque é contemplativa; tem uma atitude estética que mantém o mundo a distância; vê os objetos *sub specie aeternitatis*, tem uma intuição da essência deles. É por isso que, mais tarde, sentimos uma dolorosa saudade da infância: esta é feliz porque é representação e não vontade. O homem jovem, ao contrário, tem sede de viver; persegue a felicidade; não a encontra, porque procurá-la já é tê-la perdido. Pouco a pouco, se tem bom senso, compreende que a felicidade é quimérica, enquanto o sofrimento é real, e não deseja mais que se libertar deste. A juventude é intelectualmente fecunda: a ela se atribuem invenção e conhecimento. As forças intelectuais estão no apogeu aos 35 anos. Entretanto, vive-se na ilusão e no erro. O instinto sexual mantém no homem uma benigna demência.

A partir de 40 anos, fica-se melancólico porque, sem ter renunciado às paixões e às ambições, começa-se a ficar desenganado e, enquanto anteriormente se ignorava a morte, passa-se a enxergá-la no fim do caminho. O momento mais feliz da vida são os anos que precedem a decrepitude, se, pelo menos, gozamos de boa saúde e temos dinheiro suficiente para suprir as forças que nos faltam: "A pobreza na velhice é um grande infortúnio." Preenchidas essas duas condições, a velhice "pode ser uma parte muito suportável da vida". O tempo começa a passar muito rápido, a tal ponto que não se sente mais o enfado. As paixões se calam, o sangue esfria; libertado do instinto sexual, o indivíduo reencontra a razão. Então: "Nós adquirimos mais ou menos a convicção do nada de tudo na Terra." A descoberta dessa verdade nos dá uma calma intelectual que é "a condição e a essência da felicidade". "O homem jovem crê que poderia conquistar neste mundo Deus sabe que maravilhas, se apenas soubesse onde encontrá-las; o velho está penetrado da máxima do *Eclesiastes*: tudo é vaidade, e ele bem sabe agora que todas as nozes são ocas, por mais douradas que estejam. Só numa idade muito avançada é que o homem chega inteiramente ao *nihil admirari* de Horácio, isto é, à convicção sincera e firme da futilidade de todas as coisas e da inutilidade de toda pompa neste mundo. Foram-se as quimeras! Ele está completamente desenganado." Graças a essa lucidez, é na idade avançada que aquilo que o homem tem de valioso em si lhe rende os melhores benefícios. Entretanto, a maior parte dos indivíduos torna-se autômata, eles se repetem e se esclerosam, e então é o *caput mortuum* da vida. A decrepitude é benfazeja porque ajuda a suportar a morte. Depois dos 90 anos, em lugar de morrer de doença, o homem muitas vezes extingue-se naturalmente.

Percebe-se: é em consequência de seu pessimismo que Schopenhauer privilegia a velhice. Ele admite que o desengano, que é a essência dela, confere-lhe "um certo tom melancólico". Mas o mérito da velhice é que nela a vontade de viver quase desapareceu; volta-se à atitude contemplativa da infância. Se a vida é uma infelicidade, se a morte lhe é preferível, essa semimorte que é a velhice sobrepuja a idade das ilusões. A apreciação de Schopenhauer é bem negativa: "O fardo da vida é, na realidade, mais leve do que na juventude."

Mme. Swetchine[122] fez reflexões muito pertinentes sobre a velhice. Ela sublinha o contraste entre a dignidade da idade avançada e o descrédito no qual ela é mantida: "O velho é o pontífice do passado, o que não o impede de ser o vidente do futuro." Entretanto: "Coisa espantosa! Não é horror que a velhice causa, é desprezo." Ela observa, com muita propriedade: "Nada suscita mais contradições do que a velhice no espírito dos homens: é um fantasma no qual a juventude não acredita; é um espantalho para a plenitude viril; entretanto... todos a esperam, e transigem tanto quanto podem com seus inconvenientes."

E mais: "A juventude não concede à velhice a honra de considerá-la como um mal necessário, de aceitá-la como aceita a morte: promete-se quase escapar à velhice e se vangloria de não querer prolongar a vida ao preço de tanta ignomínia."

Mme. Swetchine reconhece que, no plano humano, a velhice é uma terrível provação, e faz dela uma descrição horrorizada; mas, por sua crueldade, a idade avançada permite a aproximação com Deus: "Se tomamos o homem natural, a juventude é o verdadeiro, talvez o único tempo

---

[122] Essa russa convertida ao catolicismo vivia em Paris. Montalembert, Lacordaire e Dupanloup frequentavam seu salão. Teve um fim de vida muito penoso: lutos e terríveis sofrimentos físicos. Falloux reuniu numa espécie de ensaio suas notas sobre a velhice.

bom... A religião opera de maneira diametralmente oposta à natureza." "A velhice, quanto ao mundo exterior, é bem uma espécie de cegueira... Deus herda todos os anseios que ela não mais formula, todos os impulsos que suprime, e lhe abre ainda mais o mundo interior." Ela lamenta que o Cristo não tenha santificado essa idade da vida, passando por ela.

Há em Schopenhauer e em Mme. Swetchine um esforço no sentido de pensar a velhice em perspectivas originais. Mas os velhos clichês têm vida longa: nós os reencontramos no breve ensaio que Emerson dedicou à velhice. Ideólogo muito conformista da burguesia americana, ele leva ao extremo, no fim da vida, o otimismo que sempre professara: abalado pela Guerra Civil, decidiu desmobilizar -se e ignorar a terrível época que foi a Reconstrução. Convencera-se de que vivia no melhor dos mundos e no melhor dos tempos. Enfraquecido, debilitado, gabou os méritos e a serenidade da última idade. Reconhece, como Cícero, que "o credo popular é que a velhice não é desonrosa, mas extremamente desvantajosa"; e não recua diante de nenhum argumento para provar o contrário. Evoca os velhos prestigiosos da História, sem, aliás, preocupar-se em saber se a última idade destes foi feliz, pois cita confusamente o Cid, Dandolo, Miguel Ângelo, Galileu etc. O velho é feliz, diz ele, primeiro porque escapou de perigos múltiplos e se regozija com isso. Não temos mais nada a temer: temos nossa vida atrás de nós, nada nos pode tirá-la. Isso significa que Emerson estava satisfeito com sua posição e com o renome que tinha: não se entende o que o autoriza a generalizar. Graças a isso — prossegue ele — o sucesso não significa mais nada. Não precisamos mais tender para uma realização. Podemos descer impunemente abaixo de nós mesmos. O terceiro argumento reproduz o segundo: já nos manifestamos, já mostramos nosso valor, estamos no direito de repousar sobre o passado. Não há mais dúvidas nem inquietações. Aqui, o otimismo de Emerson assemelha-se ao pessimismo de Schopenhauer: quando velhos, cessamos de agir e mesmo de pensar, cessamos de viver, e isso é uma libertação que traz a paz. Enfim, Emerson alega que o velho adquiriu experiência, endossando a ideia, cara à burguesia, segundo a qual a simples acumulação dos anos engendraria o conhecimento.

Em 1880, na Alemanha, Jacob Grimm pronunciou sobre a velhice um discurso que ficou célebre, e que ele concluiu assim: "Creio ter trazido provas que apoiam a opinião segundo a qual a velhice não representa uma simples queda de virilidade, mas traz em si um poder próprio, que se expande segundo suas próprias leis e condições. É a época de uma paz e de uma calma que não existiram antes, e a esse estado devem corresponder efeitos particulares."

Ele se inspira aqui no organicismo em voga na sua época. Cada idade tem uma organização própria, sua especificidade; o velho não é um adulto mais idoso e sem virilidade. Seu estado não deve ser descrito como uma carência, mas de maneira positiva, como um equilíbrio diferente do indivíduo e de suas relações com o mundo.

Nunca, em qualquer escritor, a velhice ocupou tanto espaço e foi tão altamente exaltada quanto na obra de Victor Hugo. Por quê? Seria preciso conhecer a história dele em seu mais íntimo detalhe para compreender as razões. O certo é que a velhice constitui um de seus fantasmas favoritos. Jovem ainda, o poeta era para ele representado como o mago, o profeta que reinava num céu de glória: ora, é tradicionalmente a idade avançada que confere o prestígio e a autoridade suprema. Ele deve ter pressentido que sua velhice seria o momento em que realizaria com mais perfeição seu destino. Entre as antíteses que o encantavam, a que opõe um corpo defeituoso a uma alma sublime é uma das que explorou com mais prazer: a velhice é uma das encarnações dessa antítese. Há um contraste romântico entre um corpo enfraquecido e um coração indomável. É assim que, com menos de 40 anos, retomando a lenda do retorno de Barba-Ruiva, ele põe em cena em *Les Burgraves* grandes velhos formidáveis e terríveis; ao quebrá-los fisicamente, a idade exalta sua grandeza sombria. Para evocá-los, Hugo retomou os clichês populares. Sublinha o isolamento da velhice, seu distanciamento do mundo. O ancião Jó "mantém-se afastado... Durante meses, ele mantém-se silencioso". Barba-Ruiva, refugiado numa gruta, está mergulhado no silêncio do sono... "Ele dormia um sono selvagem e surpreendente." A barba simboliza a longevidade: "Sua barba, outrora de ouro, agora de neve, dava três voltas em torno da tábua de pedra." Mais tarde, em *La Légende des siècles*, ele pintou os retratos épicos da velhice. O maior desses heróis é Eviradnus. Ele tem atrás de si uma vida sem mácula, cheia de façanhas maravilhosas, e a idade não o atinge.

"Ele ri dos anos...
Por mais velho que esteja, à grande tribo pertence

O menos altivo dos pássaros não é a águia barbada.
Que importa a idade! Ele luta. Vem da Palestina,
Não está cansado. Os anos atacam; ele se obstina."

Dir-se-ia que esses versos são premonitórios: lutador, Hugo desafia de antemão o tempo, e se dá como o vencedor do combate. Sozinho, Eviradnus mata o imperador da Alemanha e o rei da Polônia, que são homens jovens e que lutavam juntos contra ele. Sob o manto da lenda, ele dota o velho das qualidades da juventude: confere-lhe a força de um gigante. Ele é tão cheio de graça quanto de força; quando Mahaud — que os celerados haviam drogado para espoliar — desperta, ele lhe beija a mão: "Madame", diz-lhe, "dormistes bem?"

Nos *Miseráveis*, cujo fim Hugo escreveu quando tinha entre 50 e 60 anos, o avô de Marius é um homem que durante toda a vida havia sido duro com os seus. Mas quando pensa que seu neto morreu, descobre a extensão do amor que tinha por ele. Acolhe a cura com uma alegria que o transfigura: "Quando a graça se mistura às rugas, ela é adorável. Há uma aurora indefinível na velhice desabrochada." Ele consente no casamento de Marius com Cosette. Nesse momento, Jean Valjean também está velho: aos 80 anos, ele permanece sublime e trágico como o fora a vida inteira. Tão indomável quanto Eviradnus, ele conserva força suficiente para transportar nas costas, pelos esgotos de Paris, o corpo inanimado de Marius. Sua força moral é ainda mais extraordinária, já que ele pensa ter que confessar a Marius que é um antigo forçado, e se retira pouco a pouco da vida de Cosette, seu único amor. Morre em apoteose, envolvido pelo amor do jovem casal, tendo Marius reconhecido nele seu salvador.

Em *Booz endormi*, Hugo, com 57 anos, à beira da velhice, sublimou-a magnificamente:

"Sua barba era de prata como um riacho de abril...
...Pois o jovem é belo, mas o ancião é grande
...E vemos labaredas nos olhos dos jovens
Mas no olhar do velho, o que vemos é luz."

Aqui, é a espiritualidade — grandeza, luz — que caracteriza o patriarca, rejuvenescido pela comparação de sua barba com um riacho de abril. Ele conservou sedução sexual, já que Ruth se deita a seus pés, "com o seio nu", na esperança de despertar-lhe o desejo.

*L'Art d'être grand-père* é mais um hino à velhice do que à infância. Hugo — voltaremos a isso — exalta a velhice através de sua própria figura. Mas descreve também a íntima ligação — cuja existência a sociedade, então, favorecia — do avô com os netos. Nos *Miseráveis*, ele já evocara com emoção a dupla constituída por Jean Valjean idoso e Cosette criança: "Quando estamos velhos, sentimo-nos avós de todas as criancinhas." No célebre *Jeanne était au pain sec*, ele marca a reciprocidade do entendimento entre a neta e o avô contra o rigor dos adultos. Socialmente, os dois estão numa situação marginal. Mas o laço que os une, pensa, é mais profundo. Nos trágicos gregos, a criança e o velho se assemelham pela impotência. Para muitos primitivos, essa assimilação é levada muito mais longe: reúne-se numa mesma classe de idade a criança, que acabou de emergir do além, e o velho, que logo vai tornar a mergulhar nele. Os dois estão numa situação de transição que os dispensa de certos tabus. Hugo exprime numa outra linguagem uma ideia análoga. Vangloria-se quando pretende "ter inventado a criança"; descoberta no século XVIII, a criança ocupou espaço importante na literatura e nas artes do século XIX. Mas ninguém, antes de Hugo, havia tão bem posto em evidência as afinidades entre infância e velhice. Segundo ele, há comunicação espiritual entre a criança, que ainda está aquém da condição humana, e o velho, que se eleva acima dela. A moral e a razão mesquinha dos adultos não lhes convêm; por sua ingenuidade, por sua sabedoria, os dois estão próximos dos mistérios do mundo, próximos de Deus:

> "Jeanne fala, diz coisas que ignora.
> ...Deus, o bom velho avô, ouve maravilhado."

Junto à criança, o homem idoso reencontra sua infância. A propósito do avô de Marius, Hugo falou da "aurora" de uma velhice desabrochada. Diz também: "Sim, tornar-se avô é entrar na aurora."

Vimos que o único consolo dos velhos camponeses eram, muitas vezes, seus netos, até o dia em que estes começavam a brincar de adultos. O êxito de Hugo, em *L'Art d'être grand-père*, consistiu em dar a um fato social o valor e a profundidade de um mito.

A dupla velho-criança tocava o público. A *Loja de antiguidades*, de Dickens, fez enorme sucesso. Nessa obra, ele fazia vagabundear pela Inglaterra a pequena Nell e seu avô, unidos por uma profunda ternura. O velho tem o espírito enfraquecido pelo infortúnio, arruína-se no jogo, rouba Nell para jogar de novo e premedita arrombar uma casa para roubar; mas, em meio a seus desvarios, comove o leitor pelo amor que devota a Nell e pelo que ela lhe inspira. Quando a neta morre, ele passa os dias no túmulo dela, e é ali que expira. Encontra-se uma dupla análoga no *Sans famille*, de Hector Malot, que gozou, também, de grande popularidade. Uma criança encontrada, roubada à sociedade no limiar da vida, partilha a existência errante de Vitalis, outrora um cantor célebre, decaído e exilado da sociedade, no limiar da morte.

Em seu conjunto, a literatura do século XIX encarou a velhice de maneira muito mais realista. Ela descreve velhos que pertencem às classes superiores: nobres, grandes burgueses, proprietários de terras, industriais; interessa-se também pelos das classes exploradas. A ligação feudal do criado com o patrão permanece cara à burguesia: em *Madame Bovary* e, em *Um coração singelo*, Flaubert põe em cena criadas cuja vida não passou de uma longa dedicação. Mas, na maior parte do tempo, os velhos são considerados sujeitos de sua própria história. Em Balzac, em Zola, em Dickens e nos romancistas russos, quase nunca se encontram velhos operários, uma vez que, na verdade, no proletariado não se morria de velho. Mas já vimos que as figuras de velhos camponeses são numerosas. E os romancistas também estudaram os efeitos da idade nas diversas categorias sociais: militares, funcionários, pequenos lojistas etc. Utilizarei a abundante documentação fornecida por eles, quando estudar a experiência individual dos velhos. É uma questão que, no século XIX, vários escritores abordaram; falaram de sua própria velhice: a de Chateaubriand inspirou-lhe páginas que contam entre as mais belas de sua obra. Essas confidências nos ajudarão a compreender a maneira pela qual os velhos vivem sua condição.

— ✦ —

No século XX, continua a urbanização da sociedade, tendo como consequência o desaparecimento da família patriarcal. Esta, entretanto, subsistiu durante bastante tempo em certas regiões campestres francesas.

Chamson descreveu uma em *Le Crime des Justes*. O velho Arnal, chamado Conselheiro, venerado por todos, o Justo por excelência, governa, nas Cévennes, um domínio vasto e próspero. Em sua casa, é o chefe absoluto. Ao saber que uma de suas netas, retardada, deixara-se engravidar por um dos irmãos, o Justo ordena que a família mate e enterre o recém-nascido, o que é feito. Hoje, na França, esse tipo de família não existe mais. Subsiste em certos países; nas zonas rurais da Iugoslávia, aconteceram recentemente fatos análogos ao que Chamson conta. No sul da Itália, na Sicília, no sul da Grécia, acontece um pai condenar sua filha à morte por questões de honra. A lei o proíbe, mas os costumes o toleram. Na Córsega e na Sardenha, os filhos obedecem ao velho pai.

Tendo a situação dos camponeses melhorado um pouco, e tendo a civilização técnica quebrado, de certa maneira, o isolamento dos cultivadores, o abandono dos velhos incapacitados e sua condenação à morte tornaram-se, certamente, mais raros do que no século XIX. Entretanto, precisamente nas regiões mediterrâneas, onde o patriarca é o mais poderoso, pode acontecer que, quando ele se enfraquece, o ajudem a morrer. Talvez, como entre certos primitivos, sua posteridade tiranizada experimente um alívio rancoroso em desembaraçar-se dele. Mas também se trata de zonas particularmente pobres, onde uma boca para sustentar é uma pesada carga. Estes são casos excepcionais. Em compensação, acontece frequentemente, na França, o filho, cansado de suportar a autoridade paterna, deixar a casa para ir trabalhar na cidade.[123]

No conjunto, os progressos da industrialização acarretaram um impulso cada vez maior na dissolução da célula familiar. O considerável envelhecimento da população, que se constata nos últimos 50 anos, nos países industriais, obrigou a sociedade a assumir o lugar da família. Ela instaurou uma política da velhice que examinaremos mais adiante.

Nas classes dirigentes, manteve-se o equilíbrio que se estabelecera no século XIX, tendo como requisitos a experiência e a inventividade.

---

[123] Mauriac, num *Bloc-Notes* do outono de 1969, evoca a dura condição dos velhos camponeses: "Lembro-me daquele velho meeiro de uma de nossas fazendas, que os filhos faziam trabalhar até o limite extremo de suas forças. Quando decididamente não aguentava mais, tendo que parar de trabalhar, esses mesmos filhos reclamavam do pão que ele comia... e que não tinha ganho; e ele aquiescia, gemendo, e chamava a morte."

Os grandes movimentos políticos, novos e violentos, têm sido quase sempre conduzidos por homens jovens: a Revolução Russa, o fascismo italiano, o nazismo, a Revolução Chinesa, a Revolução Cubana, a Guerra de Independência Argelina. Os homens idosos ocuparam lugares importantes nas sociedades conservadoras. Frequentemente, a única função deles era de representação: é o que ocorre, na França, com os presidentes da República.[124] Mas um certo número de homens idosos teve papel ativo: entre outros, Thiers, que tinha 76 anos por ocasião de sua partida, em 1873. Clemenceau, que tinha 77 anos quando tomou o poder, em 1917. Churchill abandonou o poder aos 81 anos e Adenauer aos 87. Outros homens envelheceram no poder nos países onde a revolução triunfara: Stalin, Mao Tsé-tung, Ho Chi Minh. Hoje, os dirigentes são geralmente jovens, nos países em desenvolvimento: o imperador Hailé Selassié é uma exceção — tem apenas um ano a menos que De Gaulle. Nos outros países, os governantes são frequentemente idosos: De Gaulle, Franco, Tito, Salazar.[125] Mas são assessorados por homens mais jovens: na França, a média de idade dos ministros não é muito elevada. Em 1968, a dos deputados era 55 anos e a dos senadores, 63. No interior dos partidos, assim como das nações, há partilha do poder entre os anciãos e os homens maduros, tendo os jovens, em geral, pouca influência.

Um fato contundente, ao qual retornarei longamente, mas que é preciso assinalar aqui, é que o prestígio da velhice diminuiu muito, pelo descrédito da noção de experiência. A sociedade tecnocrática de hoje não crê que, com o passar dos anos, o saber se acumula, mas, sim, que acabe perecendo. A idade acarreta uma desqualificação. São os valores associados à juventude que são apreciados.

Dado o número de documentos que possuímos sobre a condição atual dos velhos, os que a literatura fornece têm um interesse apenas secundário. Eles são, aliás, bastante pobres. Proust, cujo tema essencial é a aventura do tempo perdido e reencontrado, falou muito e muito

---

[124] Jules Grévy aposentou-se aos 80 anos, em 1887; René Coty exonerou-se aos 77 anos, em 1958; Paul Doumer foi assassinado aos 75 anos, em 1932; Fallières terminou seu mandato aos 72 anos, em 1913; Mac-Mahon deixou a presidência aos 71 anos, em 1879.

[125] Escrito em 1968.

bem sobre a velhice. Mas é uma exceção. Em *Os moedeiros falsos,* Gide faz o velho La Pérouse dizer: "Por que se trata tão pouco dos velhos nos livros? Isso se dá, creio eu, pelo fato de que os velhos não são mais capazes de escrevê-los, e também porque, quando somos jovens, não nos preocupamos com eles. Um velho não interessa mais a ninguém." É verdade que, se o abordarmos em sua subjetividade, o velho não é um bom herói de romance; é acabado, estático, sem perspectiva, sem esperança; para ele, a sorte está lançada, a morte já o habita — nada do que lhe pode acontecer é, portanto, importante. Por outro lado, o romancista pode identificar-se com um homem mais jovem que ele, porque já passou por aquela idade; mas só conhece os velhos do exterior. Assim, concede a estes apenas um papel secundário, e os retratos que pinta são muitas vezes sumários e convencionais. O século XX herdou os clichês dos séculos precedentes. Ao longo do tempo, no plano social, psicológico, biológico, a noção de envelhecimento enriqueceu-se. Entretanto, os clichês perpetuaram-se. Pouco importa que eles se contradigam: estão de tal maneira gastos, que as pessoas os repetem, em meio à indiferença geral. A velhice é um outono, rico de frutos maduros; é também um inverno estéril, do qual se evocam a frieza, as neves, as geadas. Tem a serenidade das belas noites. Mas a ela também é atribuída a tristeza sombria dos crepúsculos. A imagem do "bom velho" e a do "velho rabugento" fazem uma boa dupla. Há um mito que floresceu particularmente em nossos dias: o do distanciamento próprio da idade avançada. Montheilant, que sempre ostentou, em relação às coisas e às pessoas, uma atitude desdenhosamente distante, emprestou essa atitude ao Rei de *A rainha morta,* um homem idoso que "se separa lentamente do humano", diz o autor em seu comentário. Ele encontra grandeza na lúcida indiferença de Ferrante:

"Para mim, tudo é repetição, refrão, estribilho. Passo meus dias a recomeçar o que já fiz, e a recomeçá-lo com menos êxito. O que consegui, o que não consegui, tudo tem, hoje, para mim, o mesmo sabor. E os homens também me parecem assemelhar-se demais entre eles... Uma após outra, as coisas me abandonam.

"O arco da minha inteligência distendeu-se. Sobre o que escrevi, pergunto: 'De quem é?' O que havia entendido, cessei de entender. E o que havia aprendido, esqueci. Morro, e me parece que tudo está por fazer, e que estou no mesmo ponto em que estava aos vinte anos.

"Devo também procurar fazer crer que ainda sinto alguma coisa, quando não sinto mais nada. O mundo apenas me aflora.

"Na minha idade, perdemos o gosto de nos preocuparmos com os outros. Hoje em dia, nada mais que um imenso 'Que me importa!', que encobre, para mim, o mundo."

O principal protagonista do romance de Vailland, *La Loi*, é um homem de 72 anos de idade, Don Cesare, rico proprietário respeitado. Ele lê muito, possui antiguidades, escreve a história de uma antiga cidade grega, situada outrora na região da Itália onde mora. Gozando de excelente saúde, é ainda o melhor caçador da região e grande mulherengo: tirou a virgindade de quase todas as moças da aldeia, e vive rodeado de mulheres, das quais uma partilha sua cama. Mas já faz muito tempo que aprendeu a se *desinteressar*. Atormentar seus herdeiros já não o diverte mais, pois sabe que o servilismo humano não tem limites. Na aparência, sua vida assemelha-se ao que sempre foi. Dorme ao lado de Elvire, mas não fala com ela, e raramente a toca. Caça, mas "seu olhar nem mesmo se acende mais". Fala, mas "suas palavras ressoam num mundo sem eco". Contempla ainda suas antiguidades, mas não faz mais anotações. Está sem amor, sem ódio, sem desejo, sentindo-se semelhante aos "desocupados" que cruzam os braços o dia inteiro na praça da aldeia. Verossimilmente, apesar de ser ainda jovem, Vailland começava a experimentar ele próprio esse "desinteresse" que lhe aparece como o sinal da "qualidade" de um indivíduo.

É preciso assinalar a posição muito particular que ocupa a velhice no que se chamou "teatro do absurdo". Nas *Cadeiras*, de Ionesco, vemos um velho casal encerrado na lembrança — magnificada e delirante — de seu passado, e que se esforça por ressuscitá-lo. Eles dão uma recepção à qual ninguém comparece, acolhendo convidados invisíveis, conduzindo-os aos lugares, circulando entre eles, esbarrando neles, enquanto a cena está coberta de cadeiras vazias; pela sua aberração, é a própria realidade que eles evocam — noitadas brilhantes, reuniões mundanas — que aparece como ridícula. E quando, finalmente, saltam pela janela, é porque a vida, ao perder todo o sentido, revela-lhes que nunca teve sentido.

Encontra-se em Beckett uma contestação análoga da existência por sua lamentável degradação final. O velho casal que, em *Fim de jogo*, evoca, de uma lata de lixo para outra, a felicidade e o amor passados, constitui uma condenação de todo amor e de toda felicidade. Na *Última gravação* e em *Ah! Os belos dias!*, o tema, tratado com crueldade, é o desmoronamento da memória, e, portanto, de toda a nossa vida que passou. As lembranças aparecem em desordem, mutiladas, arruinadas e como que estranhas. É como se nada tivesse acontecido, e desse vazio emerge o momento presente, que não passa de uma vegetação estragada. O mais grotesco é que, através dessa decomposição, apegamo-nos ao mito segundo o qual envelhecer é instruir-se, progredir. Na verdade, envelhecer é: "Despencar lentamente na vida eterna, lembrando... todo esse mesquinho infortúnio... como se... ele nunca tivesse acontecido." [126]

No romance *Molloy*, o herói, já idoso no início da narrativa, degrada-se cada vez mais; uma das pernas endurece; ele perde a metade dos dedos do pé; a princípio, apesar dessas deficiências, ele se arranja para andar de bicicleta; depois, não consegue mais; arrasta-se a pé, usando muletas; acaba por conseguir apenas rastejar. Ao longo dessa decomposição, sua principal ocupação é evocar suas lembranças; mas estas desmoronam, são nebulosas, inconsistentes, provavelmente falsas. A vida é apenas a memória que temos dela, e a memória não é nada. Este nada ocupa tempo, o tempo corre, sem, entretanto, ir a lugar algum; movemo-nos sem cessar, e, nessa viagem sem destino, permanecemos imóveis. À luz da velhice, descobrimos essa verdade da vida que, no fundo, não passa de uma velhice oculta sob ouropéis. A velhice não aparece, em Ionesco e em Beckett, como o limite extremo da condição humana, mas, como em *Rei Lear*, ela é essa própria condição, enfim desmascarada. Eles não se interessam pelos velhos por eles mesmos: servem-se deles como meios para exprimir sua concepção do homem.

—✦—

Como havíamos anunciado, não esboçamos neste capítulo uma história da velhice; limitamo-nos a descrever as atitudes das sociedades históricas para com os velhos, e as imagens que elas forjaram deles. Todas as civilizações conhecidas caracterizam-se pela oposição entre uma classe exploradora e classes exploradas. A palavra velhice representa duas espécies de realidade profundamente diferentes, se considerarmos esta ou

---

[126] *Todos os que caem*. As reticências são da autora.

aquela. O que falseia as perspectivas é que as reflexões, as obras, os testemunhos que concernem à última idade sempre refletiram a condição dos eupátridas: só eles falam e, até o século XIX, só falam de si mesmos. É à situação desses privilegiados que iremos brevemente retornar.

Minoritários, improdutivos, o destino deles dependeu dos interesses da maioria ativa. Quando esta desejava evitar entre seus membros rivalidades anárquicas ou manter a ordem estabelecida, convinha-lhe escolher, como intermediários, árbitros, ou representantes dos homens de uma espécie diferente, e cuja autoridade ninguém questionaria: os velhos eram inteiramente indicados.[127] Por vezes, eles detinham um poder real; outras vezes, representavam o papel que representam, em certos cálculos, os números imaginários: indispensáveis ao desenvolvimento das operações, uma vez obtido o resultado, eles são eliminados. A velhice foi poderosa na China hierárquica e repetitiva, assim como em Esparta, nas oligarquias gregas, e em Roma, até o século II a.C. Não representou nenhum papel político nos períodos de mudança, de expansão, de revolução. Nas épocas em que a propriedade foi institucionalizada, a classe dominante respeitou os proprietários enquanto alienados à sua propriedade; a idade não era uma desqualificação; acumulando, ao longo de sua vida, bens imobiliários, mercadorias ou dinheiro, os velhos, enquanto eram ricos, tinham grande peso na vida pública e na vida privada.

A ideologia da classe dominante visa a justificar seus comportamentos. Quando ela é governada ou influenciada por pessoas idosas, atribui valor à idade avançada. Filósofos e ensaístas ligaram a noção de velhice à de virtude, e gabaram a experiência que a idade avançada confere. A velhice seria o acabamento da vida, no duplo sentido da palavra; ela termina a vida, e é desta a suprema realização. Aquele que tiver acumulado anos e anos de vida é o vivo por excelência; representaria, de certa forma, um concentrado de ser. A velhice será, portanto, honrada enquanto tal. Para aceder a certas dignidades, a certos títulos, a idade é uma qualificação. Render homenagem à velhice é o sentido dos *jubileus*, tão frequentes, sobretudo na Alemanha: o 70º e o 80º aniversários de um músico, ou de um filósofo, dão oportunidade a festas solenes.

---

[127] Entre os primitivos, eles têm frequentemente essa função de intermediário e de árbitro.

Entretanto, mesmo quando a boa ordem social obriga as gerações mais jovens a reconhecer na mais antiga uma autoridade política ou econômica, elas suportam essa autoridade muitas vezes com impaciência. Sensíveis a uma decadência física que temem para eles mesmos, os jovens investem contra os velhos, ridicularizando-os.[128] Ao mito do grande velho enriquecido pelo número dos anos que tem opõe-se o do velho enfraquecido, mirrado, engelhado como Títono e a sibila de Tibur. Esvaziado de sua substância, é um homem debilitado e mutilado.

Por outro lado, embora se tenha silenciado sobre a condição dos velhos explorados, ela influenciou profundamente a concepção dos privilegiados. Só temos sobre essa condição vagas indicações. Parece que os velhos explorados foram muito pouco numerosos, da Idade Média até o século XVIII: nos campos e nas cidades, os trabalhadores morriam jovens. Os que sobreviviam dependiam de uma família geralmente pobre demais para sustentá-los; recorriam à caridade pública, à caridade dos castelos e conventos. Em certas épocas, até mesmo esses recursos lhes foram recusados; sua sorte foi particularmente dura no momento em que o capitalismo nasceu na Inglaterra puritana, e no século XIX, durante a Revolução Industrial. A sociedade não os explorou diretamente, na medida em que eles não tinham mais força de trabalho para vender, mas nem por isso foram menos vítimas da exploração.

Em sua juventude e em sua maturidade, as classes dominantes não lhes tinham concedido o que lhes era necessário para reproduzir sua vida: uma vez gastos no trabalho, eles o abandonavam, com as mãos vazias.

Inúteis, incômodos, o destino deles assemelhava-se ao que lhes era reservado nas sociedades primitivas. Esse destino dependia essencialmente da família. Por afeição, ou por preocupação com a opinião das pessoas, algumas famílias manifestavam solicitude com relação aos velhos, ou, pelo menos, tratavam-nos corretamente. Mas quase sempre eles eram negligenciados, abandonados num asilo, expulsos, e até mesmo assassinados clandestinamente.

[128] Encontrou-se também essa ambivalência entre certos primitivos.

A classe dominante assistia com indiferença a esses dramas: seus esforços para socorrer os velhos pobres foram sempre irrisórios. A partir do século XIX, esses velhos tornaram-se numerosos, e ela não pôde ignorá-los. Para justificar sua selvagem indiferença, foi obrigada a desvalorizá-los. Mais que o conflito das gerações, foi a luta de classes que deu à noção de velhice sua ambivalência.

# IV

## — A VELHICE NA SOCIEDADE DE HOJE —

**Todo mundo sabe: a condição** das pessoas idosas é hoje escandalosa. Antes de examiná-la em detalhe, é preciso tentar entender por que a sociedade se acomoda tão facilmente a essa situação. De maneira geral, ela fecha os olhos para os abusos, os escândalos e os dramas que não abalam seu equilíbrio; não se preocupa mais com a sorte das crianças abandonadas, dos jovens delinquentes, dos deficientes, do que com a dos velhos. Nesse último caso, entretanto, sua indiferença parece, *a priori*, mais surpreendente; cada membro da coletividade deveria saber que seu futuro está em questão; e quase todos têm relações individuais e estreitas com certos velhos. Como explicar sua atitude? É a classe dominante quem impõe às pessoas idosas seu estatuto; mas o conjunto da população ativa se faz cúmplice dela. Na vida privada, filhos e netos não se esforçam para abrandar o destino de seus ascendentes. Vejamos então qual é, em geral, a atitude dos adultos e dos jovens com relação à antiga geração.

Uma sociedade é uma totalidade destotalizada. Os membros estão separados, mas unidos por relações de reciprocidade: os indivíduos se compreendem uns aos outros, não tanto enquanto são todos homens abstratos, mas através da diversidade de sua práxis. "O fundamento da compreensão é a cumplicidade de princípio com todo empreendimento: cada fim, desde que seja significativo, destaca-se da unidade orgânica de todos os fins humanos."[129] A reciprocidade, diz Sartre, implica, 1º que o Outro seja meio de um fim transcendente; 2º que eu o reconheça como práxis, ao mesmo tempo que o integre como objeto ao meu projeto totalizador; 3º que eu reconheça seu movimento em direção aos seus fins no movimento pelo qual eu me projeto em direção aos meus; 4º que eu me descubra como objeto e instrumento de seus fins pelo próprio ato que o constitui como instrumento objetivo para os meus fins. Nessa relação, cada um rouba ao outro um aspecto do real, e lhe indica seus limites: o intelectual se reconhece como tal, diante de um trabalhador manual.

---

[129] Sartre, *Critica da razão dialética*.

A reciprocidade exige essencialmente que, a partir de minha dimensão teleológica, eu apreenda a do outro. Quando, nos casos patológicos de despersonalização, o doente não tem mais ligação com seus próprios fins, então os homens lhe aparecem como os representantes de uma espécie estranha. O que se passa no caso da relação do adulto com o velho é o inverso. O velho — salvo exceções — *não faz* mais nada. Ele é definido por uma *exis*, e não por uma práxis. O tempo o conduz a um fim — a morte — que não é o *seu* fim, que não foi estabelecido por um projeto. E é por isso que o velho aparece aos indivíduos ativos como uma "espécie estranha", na qual eles não se reconhecem. Eu disse que a velhice inspira uma repugnância biológica; por uma espécie de autodefesa, nós a rejeitamos para longe de nós; mas essa exclusão só é possível porque a cumplicidade de princípio com todo empreendimento não conta mais no caso da velhice.

Até certo tempo, essa condição do velho é simétrica à da criança, com a qual o adulto também não estabelece reciprocidade. Não é por acaso que é tão comum se falar, nas famílias, da criança "extraordinária para sua idade", e também do velho "extraordinário para sua idade": o extraordinário é que, não sendo ainda homens, ou não sendo mais homens, eles tenham condutas humanas. Vimos que, em várias comunidades primitivas, velhos e crianças pertencem à mesma classe de idade, e que, ao longo da História, a atitude dos adultos é, em geral, análoga com relação a uns e a outros. Só que, sendo a criança um futuro ativo, a sociedade, ao investir nela, assegura seu próprio futuro, ao passo que, a seus olhos, o velho não passa de um morto em *sursis*.

A ideia de não reciprocidade é insuficiente para definir positivamente a relação entre o adulto e os idosos. Ela depende da relação entre filhos e pais, e sobretudo — já que vivemos num mundo masculino e já que a velhice é, antes de tudo, um problema masculino — da relação que os filhos mantêm com o pai, através da mãe.

Essa relação caracteriza-se, segundo Freud, por sua ambivalência.[130] O filho respeita o pai, admira-o, deseja identificar-se com ele e mesmo tomar seu lugar; este último desejo engendra ódio e medo. Os heróis míticos revoltam-se sempre contra o pai, e acabam por matá-lo. Na realidade, o assassinato é simbólico. A imagem do pai é despojada de

[130] *Totem e tabu. Moisés e o monoteísmo.*

seu prestígio; então, o filho pode reconciliar-se com ele. Mas a reconciliação só se completa quando o filho tomou realmente o lugar do pai. Assim, diz Freud, no cristianismo, houve uma reconciliação que desembocou na destituição do Pai, tendo o Cristo passado ao primeiro plano. Enquanto existe, o antagonismo não é recíproco; ele está vivo no filho, sob a forma de agressividade, de rancor e, em geral, não aparece no pai. Provavelmente, o rancor agressivo-sexual fornece o quadro no qual se desenvolve a relação unívoca entre jovens e velhos. (O rancor destes últimos para com aqueles, quando encontrado, não passa de uma reação secundária.) Mata-se o pai, desvalorizando-o; mas para isso, convém desconsiderar a velhice enquanto tal.

O que caracteriza a atitude prática do adulto para com os velhos é sua duplicidade. O adulto inclina-se até certo ponto à moral oficial que vimos impor-se nos últimos séculos, e que o obriga a respeitar os velhos. Mas ele tem interesse em tratar os idosos como seres inferiores e em convencê-los de sua decadência. Irá aplicar-se em fazer sentir a seu pai as deficiências e incapacidades deste, a fim de que o velho lhe ceda a direção dos negócios, poupando-o dos conselhos e se resignando a um papel passivo. Se a pressão da opinião das pessoas o obriga a assistir seus velhos pais, ele pretende governá-los a seu modo: terá tanto menos escrúpulos quanto mais os julgar incapazes de tomarem conta de si próprios.

É de maneira dissimulada que o adulto tiraniza o velho que depende dele. Não ousa abertamente dar-lhe ordens, pois não tem direito à sua obediência: evita atacá-lo de frente, manobra-o. Na verdade, alega o interesse do ancião. A família inteira se torna cúmplice. Mina-se a resistência do ancião, oprimindo-o com cuidados exagerados que o paralisam, tratando-o com uma benevolência irônica, falando-lhe em linguagem infantil, e até mesmo trocando, por trás dele, olhares de entendimento e deixando escapar palavras ferinas. Se a persuasão e a astúcia fracassam em fazê-lo ceder, não se hesita em mentir-lhe, ou em recorrer a um golpe de força. Por exemplo, convence-se o velho a entrar provisoriamente numa casa de aposentados, onde é abandonado. A mulher e o adolescente que vivem na dependência econômica de um homem adulto têm mais defesa do que o velho: a esposa presta serviços — o serviço da cama e o trabalho da casa; o adolescente se tornará um homem que poderá pedir contas; o velho não fará mais que descer em direção à decrepitude e à morte; não serve para nada.

Puro objeto incômodo, inútil, tudo que se deseja é poder tratá-lo como quantia desprezível.

Os interesses em jogo nessa luta não são apenas de ordem prática, mas também de ordem moral: queremos que os velhos se conformem à imagem que a sociedade faz deles. Impomos-lhes regras com relação ao vestuário, uma decência de maneiras e um respeito às aparências. É sobretudo no plano sexual que se exerce a repressão. Quando, em *O adolescente*, o velho príncipe Sokólski pensa em se casar, sua família monta guarda à sua volta, por questões de interesse, mas também porque a ideia a escandaliza. Ameaçam interná-lo num asilo de alienados; acabam por sequestrá-lo, e ele morre. Vi dramas análogos em famílias burguesas deste século.

Com relação à mãe, as filhas experimentam muitas vezes ressentimento, e sua atitude é análoga à dos filhos para com os pais. As afeições menos ambivalentes são as que a filha experimenta pelo pai e o filho pela mãe. Quando o ascendente que eles amam fica velho, são capazes de se dedicar a ele. Mas se são casados, a influência do cônjuge limita sua generosidade.

Quando o adulto não tem ligação pessoal com os velhos, estes suscitam nele um desprezo tingido de repulsa: vimos como, ao longo dos séculos, os autores cômicos exploraram esse sentimento. O homem idoso aparecendo ao mais jovem como sua caricatura, este se diverte em caricaturá-lo, a fim de lhe retirar a solidariedade através do riso. Nesse ridículo, muitas vezes entra sadismo. Fiquei desconcertada quando vi, em Nova York, no Bowery, o célebre cabaré onde cantam e dançam, levantando as saias, horríveis octogenárias. O público fartava-se de rir. O que significava, na verdade, essa hilaridade?

Hoje, os adultos interessam-se pelo velho de outra maneira: é um objeto de exploração. Nos Estados Unidos sobretudo, mas também na França, multiplicam-se clínicas, casas de repouso, residências, e até mesmo cidades e aldeias, onde se faz as pessoas idosas que dispõem de meios pagarem o mais caro possível por conforto e por cuidados que frequentemente deixam muito a desejar.[131]

Em circunstâncias extremas, os velhos são, a cada passo, perdedores: são vítimas da contradição de seu estatuto. Eram eles, nos campos da

[131] Ver Apêndice II.

morte, as primeiras vítimas da seleção; sendo sua força de trabalho nula, nenhuma oportunidade lhes era concedida. Entretanto, os americanos, no Vietnã, impõem-lhes "interrogatórios" tão selvagens quanto aos moços: os velhos são tão capazes de prestar informações quanto outros quaisquer.

A relação dos jovens, dos adolescentes, com os velhos reflete menos a relação que têm com o pai do que a que têm com o avô: desde o século passado, há frequentemente entre o avô e o neto uma afeição recíproca. Aos jovens, revoltados contra os adultos, os idosos parecem tão oprimidos quanto eles próprios, o que faz com que se solidarizem com aqueles. Na Tchecoslováquia, foram os jovens que, a partir de janeiro de 1968, lançaram uma campanha indignada em favor da velhice. É por uma fixação na imagem do avô que se explica uma gerontofilia que certas mulheres jovens manifestam. (Ela não existe entre os rapazes; salvo em casos patológicos, eles procuram frequentemente na parceira sexual a mãe, mas não a avó.) Entretanto, se os avós constituem uma carga para a família, os jovens acham injusto terem que se impor sacrifícios para prolongar a existência deles. No cruel e encantador filme espanhol *El cochecito*, a jovem esperava com impaciência a morte do avô: ela cobiçava o quarto que ele ocupava. Esse rancor se estende frequentemente a todos os velhos. Os jovens invejam os privilégios econômicos ou sociais deles, e acham que estão bons para o lixo. Menos hipócritas que os adultos, manifestam mais abertamente sua hostilidade.

Muitas crianças amam seus avós,[132] e são ensinadas a respeitar os velhos. Entretanto, se estes pertencem a classes inferiores, a criança tende a rir deles: nesse adulto decaído, enfraquecido e estranho, ela se vinga de todo o universo adulto que a oprime. Lembro-me de como, em La Grillère, meus primos, seguidos por minha irmã e por mim, zombavam de seus velhos preceptores: em virtude da inferioridade social deles, os adultos permitiam indulgentemente esse comportamento. Vian não estava tão longe da verdade quando imaginou, em *L'Arrache-coeur*, uma feira de velhos: os velhos pobres são vendidos em leilão, e os pais os compram como presente para que divirtam seus filhos.

---

[132] Ver, em *La Bâtarde*, o amor de Violette Leduc por sua avó Fidéline. Voltarei mais longamente à relação entre netos e avós.

—✦—

"De todos os fenômenos contemporâneos, o menos contestável, o mais certo em sua marcha, o mais fácil de prever com muita antecedência e, talvez, o de consequências mais pesadas é o envelhecimento da população", escreveu Sauvy.

Desde a Antiguidade, a expectativa de vida no nascimento não parou de crescer; era de 18 anos entre os romanos; de 25 anos no século XVII. Então, o "filho médio" tinha 14 anos por ocasião da morte do pai. (Amanhã ele terá 55 ou 60.) Em 100 crianças, 25 morriam antes de um ano, outras 25 antes dos 20, e 25 entre 20 e 45 anos. Uma dezena apenas atingia 60 anos. Um octogenário — que a lenda transformava em centenário — era uma extraordinária exceção; era considerado um oráculo, e a comunidade à qual pertencia o exibia com orgulho. No século XVIII, a expectativa de vida na França era de 30 anos. Durante longos séculos, a proporção dos indivíduos de mais de 60 anos variou muito pouco: em torno de 8,8%. O envelhecimento da população começou, na França, no fim do século XVIII, e, um pouco mais tarde, o mesmo fenômeno produziu-se em outros países. Em 1851, havia na França 10% de pessoas idosas de mais de 60 anos; há agora perto de 18%, ou seja, 9,4 milhões, das quais a metade pertence à população rural. Isso equivale a dizer que, a partir do século XVIII, a proporção dos velhos na população dobrou. Acima de 65 anos, contavam-se na França, em outubro de 1969, 6,3 milhões de pessoas, isto é, mais de 12% da população; mais ou menos 3/5 são mulheres.[133] Segundo um relatório feito em setembro de 1967, a proporção de pessoas de mais de 65 anos passou, entre 1930 e 1962, de 7,6% a 10,6% nos 6 países do Mercado Comum; e de 7,8% a 11,5% no conjunto constituído pelos países escandinavos, a Grã-Bretanha e a Irlanda. Nos Estados Unidos, contam-se 16 milhões de pessoas de mais de 65 anos, o que representa 9% da população, enquanto a taxa era de 2,5% em 1850 e de 4,1% em 1900. A proporção de octogenários dobrou na França, a partir do início do século: conta-se 1 milhão deles, dos quais ⅔ são mulheres. Prevê-se que esse envelhecimento vá acentuar-se até 1980, quando se contarão, na França, 19% de pessoas de mais de 60 anos

[133] Um recenseamento anterior dava 2 milhões de homens e 3,3 milhões de mulheres acima de 65 anos.

e 14% acima de 65. Pensa-se que, em 1980, tendo a taxa de natalidade aumentado a partir de 1946, a situação se estabilizará. Se colocarmos de lado o caso da Alemanha Oriental, onde, nestes últimos 20 anos, uma importante emigração esvaziou, em parte, o país de seus elementos jovens, é na França e na Suécia que o envelhecimento da população é mais acentuado. Em toda parte ele tem as mesmas causas: uma queda da mortalidade infantil e uma queda da natalidade. A mortalidade infantil passou, em um século, de 40% a 2,2%.

Foi esse fato que aumentou a expectativa de vida na França para 68 anos, no caso dos homens, e para 75 anos, no das mulheres; nos Estados Unidos, ela elevou-se a 71 anos, para o homem, e 77 para a mulher. Na verdade, o homem que chegou à idade adulta não tem diante de si um futuro muito mais prolongado do que seus avós: um francês de 50 anos podia esperar 18 anos de vida em 1805, e agora pode prever 22.

O envelhecimento da população não significa, portanto, que o limite de vida se tenha estendido seriamente, mas que a proporção de pessoas idosas é muito mais considerável. Essa mudança produziu-se em detrimento da proporção de jovens, permanecendo a de adultos mais ou menos fixa; tudo se passou, diz Sauvy, como se a população tivesse oscilado em torno de um eixo central, sendo os jovens substituídos pelos velhos. Observa-se esse fenômeno em quase todos os países ocidentais, e ele se combina com um crescimento absoluto das populações (salvo na Irlanda, que se despovoou).

Os países subdesenvolvidos são, ao contrário, países jovens. Em muitos deles, a taxa de mortalidade infantil permanece muito elevada; mesmo naqueles em que é reduzida, a subalimentação, a insuficiência de cuidados médicos, as condições materiais, em geral, constituem obstáculos à longevidade. Em certos países, a metade da população tem menos de 18 anos de idade. Na Índia, há 3,6% de velhos; mais ou menos 2,45% no Brasil; 1,46% no Togo.

Nas democracias capitalistas, o envelhecimento da população suscita uma nova questão. É o "monte Everest dos problemas sociais atuais", disse um ministro inglês da Saúde, Ian Macleod. Não somente as pessoas idosas são muito mais numerosas do que outrora, mas elas não se integram mais espontaneamente à sociedade; esta vê-se obrigada a decidir sobre o estatuto delas, e a decisão só pode ser tomada em nível governamental. A velhice tornou-se o objeto de uma política.

Com efeito, na sociedade antiga, composta essencialmente de camponeses e artesãos, havia uma exata coincidência entre a profissão e a existência; o trabalhador vivia no local do seu trabalho; as tarefas produtivas e as tarefas domésticas confundiam-se. Entre os artesãos altamente qualificados, as capacidades aumentavam com a experiência, e portanto com os anos. Nas profissões em que elas declinavam com a idade, existia no seio da exploração uma divisão do trabalho que permitia adaptar as tarefas às possibilidades de cada um. Quando se tornava inteiramente incapaz, o velho vivia com a família, que assegurava sua subsistência. Vimos que seu destino nem sempre era invejável. Mas a coletividade não tinha que se preocupar com ele.

Hoje em dia, o operário mora num lugar e trabalha em outro, mas num esquema puramente individual. A família fica à margem de suas atividades produtivas. Ela se reduz a um ou dois casais de adultos, que são responsáveis por filhos ainda incapazes de ganhar a vida; eles não podem, com seus magros recursos, assegurar o sustento dos velhos pais. Entretanto, o trabalhador é condenado à inatividade muito mais cedo do que outrora: a tarefa na qual se especializou permanece a mesma a vida inteira, e não se adapta às possibilidades de todas as idades.

Como já disse, no fim do século XIX, o velho trabalhador, expulso de seu emprego, havia sido dramaticamente abandonado à própria sorte. As coletividades viram-se obrigadas a encarregar-se do problema. Não o fizeram sem resistência.

A pensão foi, a princípio, concebida como uma recompensa. Desde 1796, Tom Paine sugeria recompensar com uma pensão trabalhadores de 50 anos. Na Bélgica, na Holanda, pensões foram concedidas no setor público a partir de 1884. Na França, no século XIX, os militares e os funcionários públicos foram também os primeiros a receber pensões; o Segundo Império concedeu-as, em seguida, aos mineiros, aos marítimos, aos operários dos arsenais e aos ferroviários. Considerava-se que elas recompensavam, em profissões perigosas, um longo período de leais serviços. A concessão dessas pensões tornou-se organizada e habitual, com duas condições: longos anos de trabalho e uma idade determinada.

A Alemanha conheceu, no final do século XIX, uma rápida ascensão do capitalismo e uma considerável expansão industrial; paralelamente, a agitação socialista cresceu e se fortificou. Bismarck compreendeu que, para conter essa agitação, era preciso garantir ao proletariado um mínimo de segurança. De 1883 a 1889, ele criou o sistema de seguros sociais, que foi completado e estendido de 1890 a 1910. Essencialmente destinado a cobrir os riscos dos acidentes de trabalho, ele protegia também os assalariados da invalidez da idade avançada. Eram exigidas contribuições, tanto dos empregadores quanto dos operários, o Estado depositando, eventualmente, uma subvenção. Esse tipo de regime estabeleceu-se em seguida no Luxemburgo, na Romênia, na Suécia, na Áustria, na Hungria e na Noruega. Há uma outra concepção da aposentadoria: a proteção dos assalariados é financiada pelo imposto. Foi esse regime que prevaleceu na Dinamarca em 1891, na Nova Zelândia em 1898, que se esboçou no Reino Unido em 1908, sendo ali adotado em 1925. Na França, a lei de 5 de abril de 1910 sobre as aposentadorias de operários e camponeses permaneceu parcialmente inaplicada: a jurisprudência não ousou obrigar os assalariados e os empregadores a depositar contribuições. A lei de 5 de abril de 1928, modificada pela de 30 de abril de 1930, marcou o primeiro esforço sério no sentido de assegurar uma aposentadoria aos velhos trabalhadores. Era um regime híbrido de capitalização e de distribuição. Em 1933, quando a CIT[134] adotou as convenções de n^os^ 35 a 40, sobre as aposentadorias dos velhos, havia já 28 países, dos quais seis fora da Europa, que tinham criado regimes de pensão. Em 14 de maio de 1941, na França, uma lei concedeu uma alocação especial aos trabalhadores mais desfavorecidos. Foi o decreto de 19 de outubro de 1945, que organizou o seguro-velhice.

A pensão foi concedida primeiro aos assalariados das empresas comerciais e industriais; deveria ter sido estendida ao conjunto da população, mas esse projeto fracassou, por causa da oposição das classes médias não assalariadas. Em 1956, foi criado um Fundo Nacional de Solidariedade, e hoje 80% dos franceses idosos recebem pensões de aposentadoria. Em 1964, entre os 112 Estados-membros da CIT, 68 tinham regimes de aposentadoria. Um regime nacional de previdência social é geralmente demasiado oneroso para os países em desenvolvimento. A Irlanda não tem seguro social, mas apenas a assistência.

---

[134] Confédération Internationale des Travailleurs (Confederação Internacional dos Trabalhadores). (N.T.)

O Estado fixa a idade em que o trabalhador tem direito a uma aposentadoria; essa idade é também a que os empregadores públicos e privados escolhem para despedir seu pessoal, e, portanto, a idade em que o indivíduo passa da categoria dos ativos à dos inativos. Em que momento ocorrerá esta mudança? A quanto montarão os rendimentos pagos? Para determinar isso, a sociedade deve levar em consideração dois fatores: seu próprio interesse e o dos pensionistas.

Entre as nações capitalistas, há três que consideram um imperativo assegurar a todos os cidadãos um destino decente: a Suécia, a Noruega e a Dinamarca. Nesses países pouco povoados, a vida política se desenrola sem grandes conflitos e, em pleno regime capitalista liberal, edificou-se neles uma espécie de socialismo. A fim de garantir a todos a proteção mais completa possível, cobram-se pesados impostos sobre os rendimentos elevados, e os produtos de luxo são severamente taxados. As pessoas idosas beneficiam-se dessas disposições, particularmente na Suécia, que conta 12% de velhos e cuja expectativa de vida é a mais elevada da Europa: 76 anos. A primeira legislação sobre a velhice data apenas de 1930, mas o sistema de seguros cobre hoje a totalidade da população, e está em constante aperfeiçoamento. Quaisquer que sejam seus rendimentos, todo cidadão recebe uma pensão a partir de 67 anos, idade fixada para a aposentadoria. O mínimo de base é de 4.595 KS[135] para uma pessoa só, 7.150 KS para um casal. Em 1960, entrou em vigor um regime de pensões suplementares; no total, o aposentado recebe ⅔ de seu salário médio anual, calculado com base nos 15 anos mais bem remunerados de sua vida. Os funcionários e os militares de carreira cessam suas atividades aos 65 anos. Alguns outros trabalhadores interrompem-nas no mesmo momento e, durante dois anos, são cobertos por seguros privados. Mas geralmente, sendo as tarefas adaptadas às diferentes idades e não exigindo nunca esforço excessivo, eles preferem exercer suas profissões até o fim. A situação é análoga na Noruega, onde o limite de idade é de 70 anos, e na Dinamarca, onde é de 65 a 67 anos para os homens e de 60 a 62 anos para as mulheres.

Tudo se passa de modo inteiramente diferente nos outros países capitalistas. Eles levam em consideração quase que exclusivamente o interesse da economia, isto é, do capital, e não o das pessoas. Eliminados

---

[135] 1 KS (coroa sueca) = 0,96 F.

cedo do mercado de trabalho, os aposentados constituem uma carga que as sociedades baseadas no lucro assumem mesquinhamente. Permitir aos trabalhadores que permaneçam ativos tanto tempo quanto possam, e garantir-lhes, em seguida, uma vida decente, é uma solução correta. Aposentá-los cedo, assegurando-lhes um nível de vida satisfatório, é também uma opção válida. Mas as democracias burguesas, quando retiram dos indivíduos a possibilidade de trabalhar, condenam a maioria deles à miséria. Na França, particularmente, a política adotada com relação à velhice é escandalosa. Logo depois de terminada a guerra, fez-se um esforço no sentido de aumentar a natalidade, e uma grande parte do orçamento foi dedicada às subvenções familiares: a velhice foi sacrificada. O governo teve desse problema uma consciência suficientemente clara para criar, em 8 de abril de 1960, uma comissão de estudo dos problemas da velhice, presidida por M. Laroque, que publicou um relatório sobre a questão: não deu em nada.

A idade da aposentadoria é 65 anos para os dois sexos na Bélgica, na Alemanha Ocidental, no Luxemburgo, nos Países Baixos; na Áustria, no Reino Unido, na Grécia, é de 65 anos para os homens, 60 para as mulheres. O limite é geralmente mais baixo para os mineiros, e muitas vezes, também, no Exército, na gendarmaria, na aviação civil, nos transportes e no ensino primário. Na França, a aposentadoria é fixada aos 55 anos para a polícia e para os professores primários, que podem adiá-la até os 60 anos, se assim o desejarem; aos 60 anos para um grande número de funcionários públicos, e em particular os docentes; aos 65 anos para alguns outros, como, por exemplo, os que trabalham na Prefeitura do Sena. Em muitas empresas privadas, a idade da aposentadoria é fixada aos 65 anos pelo regulamento interno; em um número muito pequeno delas — 3% contra 97% —, aos 60 anos. Por vezes, não há regulamento: as saídas situam-se em torno dos 65 anos.

Alguns regimes de assistência pressupõem que a velhice equivale a uma invalidez e a aposentadoria a um auxílio concedido a necessitados: proíbe-se ao pensionista qualquer trabalho remunerado. Na Bélgica, até 1968, ele só tinha direito a um trabalho pago durante 60 horas por mês: hoje em dia, concedem-lhe 90. Outros países julgam que é um dever para a coletividade assumir o encargo dos velhos trabalhadores. O acúmulo pensão-trabalho é autorizado sem reserva na França, na Alemanha, no Luxemburgo, nos Países Baixos, na Suíça. Quando podem, os aposentados aproveitam-se dessa tolerância. Uma pesquisa feita na França, em julho de 1946, pelo Instituto Nacional de Estudos Demográficos, tendo por objeto 2.500 pessoas, demonstrou que 29% dentre elas trabalhavam em média 25 horas por semana, por vezes num ramo relacionado com a profissão que haviam exercido: professores dão aulas; um fiscal de impostos torna-se consultor financeiro em caráter privado. Calculou-se que hoje, para conseguir chegar até o fim do mês, mais de ⅓ das pessoas de mais de 60 anos e ¼ das pessoas de mais de 65 anos executam pequenas tarefas, principalmente as mulheres, que fazem faxina. São pagas abaixo da tarifa sindical.

No conjunto, constata-se, nos últimos cinquenta anos, uma redução da mão de obra idosa. Entre 1931 e 1951, enquanto a proporção dos anciãos crescia em toda parte, o número de velhos trabalhadores diminuiu. Na França — um dos países onde a porcentagem deles é mais elevada — essa porcentagem passou, no conjunto da população idosa, de 59,4% a 36,1%; na Itália, de 72% a 33% na Suíça, de 62,5% a 50,7%. É verdade que hoje em dia o número de septuagenários e octogenários é mais considerável que outrora. Mas mesmo se examinarmos a faixa etária que vai de 65 a 69 anos, há redução da proporção de trabalhadores. Encontram-se velhos ativos entre os agricultores, os chefes de estabelecimentos, os pequenos patrões, os artesãos, os trabalhadores autônomos; entre as mulheres, na agricultura, no pessoal doméstico, nos serviços de saúde, no comércio. Mas no setor industrial a idade acarreta uma desvalorização, tanto do pessoal de alto e médio escalão e dos funcionários quanto dos operários.

*A priori*, os empregadores desconfiam das pessoas idosas: isso salta aos olhos, quando se examinam as ofertas de emprego. Em quase todos os países, o limite de idade estipulado vai de 40 a 45 anos. Nos Estados Unidos, 23 estados têm leis que proíbem qualquer discriminação de idade, mas instruções oficiosas são dadas pelos empregadores aos setores de recursos humanos, que acabam levando a idade em consideração. Segundo uma pesquisa feita em Nova York em 1953, 94 agências consideravam o postulante idoso seu pior inimigo: "Ele fala demais, nada lhe convém, é esclerosado, falta-lhe disciplina e controle de si." Segundo outra pesquisa feita em 1963 em oito grandes cidades dos Estados Unidos, ⅕ dos serviços de seleção de emprego fixava o limite de idade aos 35 anos e ⅓ aos 45 anos. Na Bélgica e na Áustria, há serviços públicos em que o recrutamento só se faz abaixo de 40 anos. No Reino Unido, 50% das ofertas de colocação recebidas pelas agências de emprego estipulam: abaixo de 40 anos. Na França, em 41.000 ofertas de emprego estudadas ao longo de uma pesquisa, 30% visavam a pessoas de menos de 40 anos, 40%, pessoas de 20 a 29 anos, 30%, pessoas de 50 a 65 anos. Nos jornais americanos, 97% dos anúncios fixam como limite 40 anos. Na França, segundo outra pesquisa, 88% dos anúncios exigiam que se tivesse menos de 40 anos; na Bélgica, em 80% dos casos, encontrou-se a mesma cláusula. Essa discriminação é observada quase em toda parte, mesmo em períodos de pleno emprego. Na verdade, quando duas firmas se fundem, quando por qualquer razão uma empresa reduz seu pessoal, são os engenheiros, o pessoal de alto e médio escalão, os funcionários de mais de 40 anos que são despedidos. Quanto maiores são as empresas, mais o ritmo de trabalho é rápido, mais essas empresas são racionalizadas, normalizadas, e mais impacientes ficam por eliminar as pessoas idosas. As fábricas situadas no campo conservam sua mão de obra por mais tempo do que as que se encontram num centro industrial urbano. As mulheres idosas sofrem ainda mais que os homens essa discriminação, embora sua expectativa de vida seja superior. Esse fenômeno, aliás, não é novo. Em 1900, uma mulher de 45 anos e um homem de 50 tinham maior dificuldade em encontrar trabalho. Em 1930, em Nova York e no conjunto dos Estados Unidos, 25% a 40% das empresas só contratavam seu pessoal abaixo de uma certa idade; em 1948, 39% das empresas agiam da mesma forma. O fato é muito generalizado.

Consequentemente, bem antes da aposentadoria, muitas pessoas idosas ficam desempregadas. Em período de crise, quando o número total de desempregados aumenta, a taxa dos desempregados idosos decresce; ela aumenta nas épocas de pleno emprego; os operários idosos são as vítimas do desemprego residual. E uma vez despedidos, eles não conseguem mais colocar-se novamente. Na Bélgica e no Reino Unido, segundo um relatório da OIT,[136] feito em 1955, os desempregados que haviam permanecido sem trabalho por 24 meses tinham, em média, mais de 50 anos. Não existe necessariamente ligação entre a importância do desemprego e as aptidões. Os trabalhadores sem qualificação e

---

[136] Organisation Internationale du Travail (Organização Internacional do Trabalho). (N.T.)

os OS[137] são os mais atingidos, mas também, em virtude da modernização da ferramentaria, os cargos de alta qualificação são suprimidos; os jovens monopolizam os trabalhos de escritório, abandonando aos homens de idade as tarefas penosas e insalubres. Estes são obrigados a baixar suas exigências, no que diz respeito ao salário, à natureza e às condições do trabalho. Muitas vezes não se resignam a isso imediatamente; quando acabam por render-se, estão econômica, social e moralmente debilitados.

Que motivos alegam os empregadores? Serão esses motivos válidos? Inúmeras pesquisas tentaram responder a essas questões.

Na França, Fernand Boverat estudou 250 empresas, num total de 68.700 operários. Segundo a maioria dos empregadores, a idade provoca uma baixa do vigor muscular e da acuidade auditiva e visual; uma minoria demonstrava, além disso, menor destreza, menor resistência à fadiga, ao frio, ao calor, à umidade, ao barulho e à trepidação. Segundo uma outra pesquisa, realizada pelo IFOP[138] em 1961, os empregadores consideram que um operário começa a "ficar idoso" aos 50 anos; perde muito de sua eficácia porque não sabe mais adaptar-se às situações novas; tem também menos força e rapidez. Esses defeitos não são compensados pela experiência, pelas qualificações e pela consciência profissional, que são, entretanto, superiores às dos jovens. Entre as mulheres, as capacidades declinam mais rapidamente que entre os homens. A idade do envelhecimento varia com as profissões; os mineiros ficam velhos mais cedo do que todos os outros: entre 46 e 47 anos; os contadores mais tarde que todos os outros: em torno dos 60 anos. O pessoal idoso de alto e médio escalão tem menos dinamismo que os jovens.

Em todas as profissões, falta aos trabalhadores idosos interesse pela novidade; a rotina prejudica seu rendimento.

—✦—

Segundo pesquisas inglesas, os operários conservam o mesmo rendimento e têm menos acidentes depois dos 50 anos. Mas passados os

---

137 Ouvriers Spécialisés (Operários Especializados). (N.T.)

138 Institut Français d'Opinion Publique (Instituto Francês de Opinião Pública). (N.T.)

65 anos, 25% dos homens (e, passados os 60 anos, 40% das mulheres) padecem de condições patológicas que afetam sua mobilidade (metade em consequência de doenças cardiovasculares). Uma recente pesquisa, na Grã-Bretanha, concluiu que 85% dos aposentados examinados que tinham atingido 65 anos estavam, na realidade, incapazes de continuar trabalhando, embora pretendessem o contrário.

Um seminário realizado em dezembro de 1966, em Heidelberg, levou a conclusões análogas. Um relator declarou que a proporção de trabalhadores idosos incapazes de ter o mesmo rendimento ou de executar o mesmo trabalho de outrora aumentou recentemente.

Mas esse ponto tem sido frequentemente controvertido. Não há uma diferença muito grande entre as possibilidades de um homem de 60 anos e as de um homem de 50. A força muscular atinge seu máximo aos 27 anos; aos 60, ela diminui 16,5%, isto é, apenas 7% em relação às pessoas de 48 a 52 anos. No que se refere à habilidade manual, a rapidez varia pouco de 15 a 50 anos. Entre 60 e 69 anos, o tempo de execução exigido aumenta 15%.

É verdade que números são abstratos: eles dizem respeito apenas a indivíduos de boa saúde, e a idade muitas vezes traz perturbações patológicas. É mais interessante olhar o resultado de pesquisas que têm por objeto grupos de indivíduos bem determinados. Na Noruega, em 1951, tendo examinado 5.000 assalariados idosos da indústria, médicos estimaram que, entre os que tinham de 60 a 64 anos, 82,6% estavam capacitados para o regime integral de trabalho; 7,3%, para trabalhos leves; 2,3% para trabalho parcial e que 7,7% já deveriam ter se aposentado. Entre 65 e 69 anos, as taxas eram, respectivamente: 81,5%, 7,7%, 2,1%, 8,7%. Depois dos 70 anos: 80,7%, 4,1%, 2,8%, 12,4%. Na Suécia, a maior parte dos operários e dos funcionários fornecem até os 67 anos um trabalho satisfatório. Segundo uma pesquisa feita em Birmingham pelos médicos, a proporção de incapacitados absolutos era apenas, aos 70 anos, de 20%; aos 65 anos, de 10%, por motivo de doenças crônicas ou de deficiências.

Segundo as importantísssimas pesquisas realizadas pela Nuffield Foundation, na Inglaterra, as deficiências da velhice são, em grande parte, compensadas e ultrapassadas até uma idade muito avançada. Um bom exemplo disso é fornecido pelas fábricas têxteis do Yorkshire: a dobradura e a passagem dos fios são trabalhos de precisão; ora, muitas mulheres idosas os executam perfeitamente, apesar da má visão; elas têm o ofício nos dedos.

Um gerontologista contou-me o seguinte fato: submetidos a certos testes visuais, motoristas de ônibus manifestaram deficiências de acomodação que os tornavam, em princípio, incapazes de enfrentar a noite e a luz dos faróis. Ora, quando foram observados na estrada, percebeu-se que muitos dirigiam à noite tão bem e até melhor do que os que, segundo o exame de laboratório, estavam aptos a fazê-lo. Eles tinham sua maneira de evitar a ofuscação, de descobrir marginalmente seus pontos de referência. O ofício, a experiência, um modo de lidar astuciosamente com suas deficiências anulavam estas últimas. É por isso que não se deve confiar sempre nos resultados obtidos nos laboratórios. As circunstâncias não são as mesmas que se observam no campo.

Um relatório inglês que, em 1947, teve como objeto 11.154 trabalhadores de mais de 65 anos, demonstrou que salvo no que se refere às profissões mais penosas, como a dos mineiros — há pouca diferença de rendimento entre os trabalhadores de 50 anos e os de 59, entre os de 60 e os de 69. A eficácia permanece muito elevada. Em um congresso de gerontologia realizado em Londres, em 1954, um relator, Patterson, concluía, comparando aos trabalhadores mais jovens os de 60 anos: "O rendimento quantitativo deles é mais ou menos o mesmo, e seu trabalho, de melhor qualidade. Para a aposentadoria, seria preferível a idade de 70 anos à de 60." Por outro lado, uma pesquisa que teve por objeto 18.000 funcionários mostrou que, longe de aumentar, o absenteísmo diminui com a idade.

A Nuffield Foundation, ao examinar o caso de 15.000 operários idosos, demonstrou que, durante a última guerra, 59% dentre eles tinham prolongado suas atividades anteriores e trabalhavam tão bem quanto antes dos 65 anos. Segundo ela, os operários idosos levam desvantagem quando sua tarefa os obriga a mudar continuamente de movimentos, quando ela exige força, quando o tempo é rigidamente medido, como no trabalho em cadeia. As tarefas que exigem saber, cuidado, que deixam uma certa flexibilidade de tempo, lhes são convenientes. A qualidade do trabalho fornecido por eles é geralmente reconhecida na indústria. Tem muito mais consciência profissional. Estima-se que, com a idade:

| Aumentam | Diminuem |
|---|---|
| Paladar — Regularidade do ritmo — Método — Pontualidade — Atenção concentrada e vigilante — Boa vontade — Disciplina — Prudência — Paciência — Acabamento do trabalho | Visão e audição — Força e precisão manuais — Robustez e flexibilidade — Rapidez de ritmo — Memória, imaginação, criatividade, adaptação — Atenção distribuída — Diligência — Energia — Iniciativa — Dinamismo — Sociabilidade |

O que é difícil para as pessoas idosas — admite-se geralmente — é iniciar-se em tarefas novas. Uma pesquisa inglesa, realizada em 1950, mostrou que elas executavam muito bem trabalhos até mesmo penosos, aos quais estavam habituadas, mas que se adaptavam mal à mudança.

Mas nesse ponto também a discussão está aberta. Durante a guerra, o Canadá, os Estados Unidos e a Inglaterra empregaram nas fábricas um grande número de velhos operários; muitos viram-se diante de tarefas inteiramente novas para eles, e executaram-nas perfeitamente. Inúmeros especialistas julgam que eles são capazes de adquirir qualificações novas. Quando, no sul de Londres, em 1953, os bondes foram substituídos por ônibus, os motorneiros tiveram que se adaptar: entre 56 e 60 anos, 93% conseguiram-no; levaram apenas de uma a quatro semanas a mais que os jovens; 44%, entretanto, conseguiram realizar a adaptação em três semanas, como os outros. Entre 61 e 67 anos, houve 63% de êxitos. As velhas operárias do Yorkshire de que falei adquiriram facilmente os reflexos rápidos necessários para pespontar à máquina.

Entretanto, nos períodos de aprendizagem, as pessoas idosas têm que vencer certas deficiências. Seu nervosismo e sua ansiedade acarretam lapsos de memória; isso se agrava quando entram em competição com jovens. Um homem de 72 anos teve tanto êxito em testes quanto um homem de 35, enquanto pensou que só ele estava passando por esses testes: quando soube que tinha um rival mais jovem, fracassou, por complexo de inferioridade. Por medo de cometer erros, as pessoas idosas crispam-se numa atitude negativa. Tendem a perseverar em seus erros, e ficam paralisadas pelas montagens adquiridas. Operários que têm conhecimentos de eletricidade têm mais dificuldade do que antigos mineiros em acompanhar cursos de eletrônica: a comparação da corrente elétrica com uma corrente de água os incomoda. Frequentemente, também, falta-lhes interesse, curiosidade. Como vimos, adotar novas atitudes — novos *sets* — lhes é difícil. No começo, eles tomam decisões menos rápido que os jovens, e seu tempo de reação é, portanto, mais longo. Mas frequentemente eles ultrapassam essas dificuldades. O que conta a seu favor é a repetição: na fábrica, eles recomeçam o dia inteiro os gestos aprendidos e acabam por executá-los automaticamente. Aqui também é preciso desconfiar dos resultados obtidos nos laboratórios: nem sempre eles são aplicáveis ao trabalho cotidiano.

Algumas das deficiências que a idade acarreta podem ser facilmente paliadas: dar óculos ao operário, instalar assentos que lhe permitam operar sentado e não em pé — tais medidas muitas vezes foram suficientes para readaptá-lo à sua tarefa. Mas raras são as empresas que revelam esse tipo de preocupação. Quase sempre, à menor falha, o operário é transferido. Reclassificam-no como porteiro, vigia, guarda-livros, verificador, distribuidor de ferramentas, almoxarife etc. Trata-se, na verdade, de um rebaixamento. O velho operário ganha menos e, com isso, sofre material e moralmente. Por outro lado, esses cargos diminuem com a mecanização, e o trabalhador idoso é condenado ao desemprego.

O conjunto das pesquisas e o exemplo dos países escandinavos provam que a inatividade imposta aos velhos não é uma fatalidade natural, mas a consequência de uma opção social. O progresso técnico desqualifica o velho operário; sua formação profissional, feita 40 anos antes, é geralmente insuficiente: uma reciclagem conveniente teria podido melhorá-la. Por outro lado, a doença e a fadiga fazem com que ele deseje o descanso: não são consequências diretas da senescência. Um homem de 65 anos que tivesse poupado suas forças poderia sem dificuldade preencher tarefas tornadas demasiado pesadas para o velho operário sobrecarregado. Pode-se imaginar uma sociedade que exigiria um esforço menor, menos horas de trabalho durante a vida adulta, de maneira que, aos 60 anos, o velho não seja simplesmente lançado ao refugo: é o que se realiza parcialmente na Suécia e na Noruega. Mas na nossa sociedade, na qual só se leva em consideração o lucro, os empresários preferem evidentemente uma exploração intensiva dos assalariados: quando eles se acabam, são jogados fora e substituídos por outros, confiando-se em que o Estado lhes conceda uma esmola.

Pois toda essa discussão seria ociosa se o aposentado recebesse uma pensão confortável. Deveríamos, então, felicitar-nos pelo fato de se conceder a ele o mais cedo possível o direito ao descanso. Dada a miséria à qual é condenado, sua dispensa aparece mais como uma negação do direito ao trabalho. Longe de descansar, ele é frequentemente obrigado, como vimos, a aceitar trabalhos penosos e mal remunerados. Sobre a idade da aposentadoria, muitos pontos de vista são sustentáveis, e nós os confrontaremos adiante. Mas um considerável aumento das pensões é uma reivindicação que se impõe.

Hoje em dia, a primeira coisa que chama a atenção no sistema de distribuição são as injustiças que ele provoca. Pois existem regimes especiais que foram mantidos em 1945; há regimes complementares ao lado do regime geral. M. Laroque, numa conferência feita em 7 de dezembro de 1966, declarava: "As desigualdades entre regimes, no momento atual, são chocantes; certos regimes dão pensões muito confortáveis, e outros, ao contrário, pensões muito baixas, sem que haja justificação racional para essas diferenças. As razões são essencialmente históricas. Mas é muito difícil remediar a situação, pois não é economicamente possível alinhar todos os regimes a partir dos mais generosos, e é psicologicamente impossível solicitar aos regimes generosos que reduzam as vantagens que concedem."

O quadro que se segue dará uma ideia da complexidade do sistema.

QUADRO
DOS RECURSOS
DAS PESSOAS IDOSAS

Uma pessoa de 60 anos de idade pode ser amparada, quer:

— pela *Previdência Social*, se tiver adquirido direitos;

— pelos *órgãos públicos* (departamentos, prefeituras), se não há direitos de Previdência Social.

A Previdência Social pode conceder:

1. uma pensão por velhice;
2. um subsídio Velho Trabalhador assalariado;

3. uma renda;
4. um subsídio suplementar;
5. uma pensão de viúvo ou viúva;
6. um subsídio Mãe de Família.

PENSÃO VELHICE

A condição de concessão é ter contribuído durante trinta anos para a Previdência Social: recebe-se, então, a pensão completa. A pensão pode ser aberta a partir de 15 anos de contribuição, mas será proporcional às contribuições efetuadas. Só pode ser liberada no 60º aniversário. Geralmente, é solicitada aos 65 anos, aumentando as taxas de pensão em 4% ao ano, a partir do 60º aniversário.

Exemplo:
20% de pensão aos 60 anos.
24% de pensão aos 61 anos.
28% de pensão aos 62 anos.
32% de pensão aos 63 anos.
36% de pensão aos 64 anos.
40% de pensão aos 65 anos etc.

*Cálculo da pensão*

Depende:
1º da duração do seguro;
2º do salário médio anual;
3º da idade na qual é feita a solicitação.

*Salário médio anual*

O salário médio anual é calculado a partir do salário resultante das contribuições efetuadas ao longo dos *dez anos que precedem*

- quer a *idade de 60 anos*;
- quer a *idade em que* foi solicitada a pensão.

A importância da pensão depende, portanto, da idade do solicitante.

*A taxa da pensão é variável*, segundo o salário sujeito à contribuição.

As pensões e aposentadorias são reajustadas todo ano, em 1º de abril, de acordo com o aumento dos salários.

*Taxa máxima anual:* 5.472 F {65 anos
40%

Não se leva em consideração o teto de rendimentos pessoais.

SUBSÍDIO VELHO TRABALHADOR

*Condições de concessão:*

1º ter *65 anos* de idade, ou *60 anos*, em caso de incapacidade para o trabalho;

2º ser francês ou pertencer a um país que tenha um acordo diplomático com a França;

3º residir em território francês, ou num Estado anteriormente colocado sob sua soberania, ou território de além-mar.

4º comprovar *25 anos de trabalho* durante toda a vida;

5º se esses anos de trabalho situarem-se após *31 de dezembro de 1944*, ter contribuído para os Seguros Sociais.

SUBSÍDIO MÃE DE FAMÍLIA

*Condições de concessão:*

1º ter *65 anos de idade*, ou *60 anos*, no caso de incapacidade para o trabalho;

2º ser francesa ou pertencer a um país que tenha acordo diplomático com a França;

3º residir em território francês;

4º ter criado pelo menos durante *nove anos 5 filhos de nacionalidade francesa.*

Observação: No que concerne aos subsídios aos Velhos Trabalhadores e às Mães de Família, por serem insuficientes as contribuições efetuadas, *um teto de rendimentos será exigido*:

Máximo de rendimentos para um casal: *5.400 F. por ano.*

Mínimo de rendimentos para uma pessoa só: *3.600 F por ano* (incluído o subsídio).

SUBSÍDIO SUPLEMENTAR — FUNDO NACIONAL DE SOLIDARIEDADE, depositado no caso dos dois subsídios expostos acima.

A taxa anual é de *800 F.*

Os máximos e os mínimos permanecem os mesmos. O teto não pode ser ultrapassado. As pessoas idosas, quer aposentadas, quer beneficiárias, são amparadas pela Previdência Social, no que concerne aos atendimentos médicos e à hospitalização.

De acordo com o grau e a duração da doença, a cobertura será de *70%*, *80%* ou *100%*. O tíquete moderador[139] permanece a cargo do segurado. Os Fundos de Ação Social da Previdência Social são solicitados para a *devolução do tíquete moderador* e, se necessário, para a atribuição de *auxílio em espécie*, pela intervenção do Serviço Social.

RENDAS PREVIDÊNCIA SOCIAL

*Condições de concessão:*

1º ter 65 anos de idade;

2º ter contribuído durante *5 anos* ou *menos de 15 anos*;

3º se há menos de *5* anos de contribuição, o solicitante só poderá reivindicar o reembolso de suas contribuições.

*Percentual da renda:* aproximadamente 10% da metade das contribuições efetuadas.

*Observação:* Existem, no momento, pessoas idosas que não podem fazer jus a uma pensão, um subsídio, uma renda, quer por terem trabalhado sem contribuir para a Previdência Social, quer por serem *viúvas* sem direito a uma pensão de reversão, quer por terem criado muitos filhos e não terem, por isso, podido trabalhar. O *fato essencial* é que não há *aberturas de direitos* aos *Seguros Sociais*.

Serão, portanto, solicitados os serviços públicos:

1º Os departamentos.

2º As prefeituras.

---

[139] Isto é, a quantia que não é depositada pela Previdência Social.

3º A assistência pública.

4º As obras especializadas.

5º As obras privadas.

SUBSÍDIO ESPECIAL DE VELHICE, outorgado pela Caixa de Depósitos e Consignações.

*Condições de concessão:*

1º não estar amparado pela Previdência Social;

2º não ultrapassar um certo teto de rendimentos;

3º não ser proprietário;

4º não receber pensão alimentar dos filhos.

*Taxa do subsídio especial:*

*1.300 F por ano.*

*Teto dos rendimentos* (incluído o subsídio especial):

*3.600 F* por ano para uma pessoa só.

*5.400 F* por ano para um casal.

Em virtude da modicidade do orçamento, um auxílio complementar é concedido pelo *Auxílio Social*:

1º auxílios de aluguel[140] (metade do aluguel principal);

2º auxílio de calefação (de 150 a 180 F por ano);

3º auxílio mensal em espécie (de 50 a 150 F);

4º bônus de gás, eletricidade — cestas alimentares — refeições para os velhos — redução nos transportes. Patrocínio de obras privadas.

5º auxílio médico gratuito.

MAJORAÇÃO DAS PENSÕES, APOSENTADORIAS, SUBSÍDIOS A TERCEIROS,[141] concedidos quer pela Previdência Social, quer pelos departamentos.

---

[140] Só é concedido se a habitação não for mobiliada e se o aluguel for inferior a 200 francos.

[141] Se uma pessoa gravemente doente tem necessidade de cuidados constantes, o serviço que a ampara paga uma pensão à pessoa — membro da família ou outro — que se dedica a ela. Esse responsável representa uma "terceira pessoa", em relação à dupla formada pelo doente e o organismo que paga sua pensão.

*Condições de concessão:*

1º ter 65 anos de idade, ou ser considerado, a partir dos 60 anos, incapacitado para o trabalho;

2º não poder realizar sozinho as atividades comuns da vida (deficiências diversas).

Essa majoração é paga qualquer que seja a taxa da pensão, aposentadoria ou subsídio.

*Taxa anual: 6.700 F.*

Essa majoração só é concedida em vida do beneficiário.

*O auxílio médico é concedido em 100%.*

APOSENTADORIAS COMPLEMENTARES

É paga aos *65 anos.*

Condição: ter trabalhado durante 10 anos na mesma corporação (comércio, indústria, profissões liberais).

O empregador é filiado a uma Caixa de Aposentadoria de sua corporação. (Contribuições pagas por empregador e assalariado.)

A aposentadoria complementar pode ser concedida aos 60 *anos, em caso de incapacidade para o trabalho.*

Uma viúva pode receber a aposentadoria complementar aos 50 anos.

Uma renda é concedida aos filhos menores.

A taxa de aposentadoria complementar varia segundo o montante das contribuições pagas.

APOSENTADORIA DO PESSOAL DE NÍVEL SUPERIOR

1º Concedida aos 65 anos, ou aos 60, em caso de incapacidade para o trabalho.

2º Mesmas condições que para as aposentadorias complementares.

Essa categoria de pessoas idosas não se dirige ao Serviço Social. O orçamento é relativamente confortável, pois compreende a *pensão velhice da Previdência Social*, mais a *aposentadoria do pessoal de nível superior.*

Devem-se salientar dois pontos: o aposentado de 65 anos só recebe 40% de seu salário; e o cálculo é feito de acordo com a remuneração dos últimos 10 anos, que nem sempre é a mais elevada. Seria normal tomar como referência a mais alta, ou, pelo menos, a média. Se o empregador rebaixa o trabalhador sob pretexto de adaptá-lo, a aposentadoria diminui, o que constitui uma injustiça flagrante. Por outro lado, o aumento das pensões está longe de seguir o do custo de vida: não ultrapassa 10% por ano. Enquanto o SMIG[142] é de 567,61 francos por mês por um trabalho de 40 horas por semana, a quantia concedida aos velhos é inferior à metade: o último decreto publicado no *Diário Oficial*[143] fixa em 225 francos por mês, ou seja, 7,30 francos por dia, os rendimentos mínimos dos velhos; 1 milhão dentre eles dispõem apenas desta quantia: duas vezes e meia o sustento de um detento da justiça comum. Um milhão e meio sobrevivem com menos de 320 francos por mês. Isso equivale a dizer que aproximadamente a metade da população idosa está reduzida à indigência. Os velhos solitários são os mais miseráveis. Nos serviços de auxílio social, as viúvas, muito mais numerosas que os viúvos, representam de 70% a 80% dos economicamente fracos. Uma pesquisa da Caixa Interprofissional Paritária dos Alpes, tendo por objeto 6.234 aposentados de 50[144] a 94 anos indica um rendimento médio de 280 francos por mês para uma pessoa só e 380 para um casal, com a participação de alguns aposentados em pequenos trabalhos. Esse rendimento cai para 200 para ⅕ dentre eles. 15% nem mesmo compram jornal, porque é muito caro.

Os filhos ajudam apenas raramente os pais: ⅔ dos velhos não recebem deles nenhum auxílio. Por vezes, processam os filhos nos tribunais, para conseguir uma pensão alimentar; mas mesmo quando têm ganho de causa, muitas vezes a pensão não é paga. Os velhos pais são tanto mais vítimas dessa abstenção quanto, tendo-se como certo que seus descendentes estão em condições de sustentá-los, o auxílio social lhes

---

[142] *Salaire Minimum Interprofessionnel Garanti* (Salário Mínimo Interprofissional Garantido). (N.T.)

[143] Escrito no final de 1969.

[144] A aposentadoria pode ser pedida prematuramente, se há incapacidade para o trabalho.

é recusado. Isso também é um escândalo: não se leva em consideração o que os filhos lhes dão efetivamente, mas o que poderiam dar-lhes.

Um caso típico é o que assinalava o *Le Journal du Dimanche* de 17 de novembro de 1968, sob o título "Sozinha em Paris, aos 75 anos, com 317 francos por mês".[145] Mme. R. foi garçonete e lavadora de pratos em diversos restaurantes. Parou aos 68 anos, porque o trabalho era demasiado duro para ela. Seus antigos patrões não a haviam inscrito nos Seguros, e ela se viu com 180 francos de aposentadoria trimestral. Aguentou durante quatro anos, graças a economias. Em seguida, desesperada por ter que viver com 60 francos por mês, ela falou, num banco da Place des Vosges, com uma vizinha que a aconselhou a procurar uma assistente social. Esta obteve, graças a importâncias atrasadas de aposentadoria, 870 francos por trimestre e 80 francos de auxílio-habitação. Ela mora na mansarda de uma antiga mansão do Marais: três andares de uma bela escadaria, depois dois lances de degraus estreitos e altos. Nem gás, nem eletricidade no seu cubículo: a iluminação e o aquecimento são feitos com petróleo. A bica d'água fica no fundo de um nicho, em cima de um degrau: é uma acrobacia, quando não se tem muita saúde, descer dali com um balde. As privadas ficam no outro extremo da casa: é preciso descer um lance de escada, subir outro e trepar mais 15 degraus abruptos: "É o meu pesadelo, diz Mme. R. Algumas vezes, no inverno, quando não me sinto muito firme, fico apoiada contra a parede, perguntando-me se conseguirei descer." A cada trimestre, ela paga 150 francos de aluguel: "É o principal, pois meus vizinhos gostariam de recuperar meu quarto, e tentam me fazer partir para o asilo. Mas eu preferiria morrer." Restam-lhe 240 francos por mês, ou seja, 8 francos por dia. Ela quase não tem aquecimento: no inverno, fica na cama até tarde, e passa os dias nas lojas ou nas igrejas. Às vezes, vai ao cinema: um daqueles que têm sessões menos caras, antes das 13 horas; permanece durante duas ou três sessões; vai de metrô e volta a pé. Não gasta quase nada para se vestir: a cada primavera, manda lavar um casaco que tem 10 anos de velho. Conseguiu dois "auxílios" para sapatos e um para uma saia. Compra por ano três pares de meias de linha, a 9,90 francos o par. Come muito pouco: três bifes por semana, a 2 francos, 3 ou 4 francos de queijo *gruyère*, 2 quilos de batatas. Frequentemente

---

[145] Pesquisa realizada por Annie Coudray.

janta apenas uma maçã com um pouco de açúcar e manteiga. Bebe dois litros de vinho por mês e consome uma libra de café por semana. Tem dois sobrinhos que ajudou na infância. Mas eles moram na província, e ela não os vê jamais. Quase todos os domingos, almoça na casa de uma amiga. Traz um bolinho, e a amiga — que tem um fogão de verdade, e pode preparar pratos impossíveis de cozinhar num fogareiro de petróleo — lhe dá restos para esquentar no dia seguinte. Não se aborrece — diz. Passeia bastante; lê os títulos dos jornais afixados na banca e vizinhos lhe passam o jornal da véspera. Quando pode, assiste às cerimônias parisienses: compareceu às exéquias de Charles Munch, mas não ousou entrar, por causa do seu velho casaco. O ponto mais negro de sua vida é a habitação. Amigos lhe haviam prometido reservar um quarto e sala no prédio em que moravam, em Mantes. Ela sonhava com isso, mas esses amigos morreram, e os filhos alugaram o pequeno apartamento a outros locatários.

Depois de se tomar conhecimento desse caso particular, poderá ser entendido o sentido dos orçamentos calculados por uma assistente social, em 1967.

Dispor de 7 a 10 francos por dia para se alimentar, vestir-se, aquecer-se, é estar condenado à subalimentação, ao frio, a todas as doenças que se seguem; é ver-se obrigado a comportamentos miseráveis: nas praças dos mercados, enquanto garis limpam a praça abandonada pelos comerciantes, velhas limpinhas esquadrinham os detritos, enchendo com eles seus cestos. Isso chama particularmente atenção em Nice, onde os velhos são numerosos: um enxame de velhinhas precipita-se sobre as frutas e os legumes meio podres. Uma pesquisa feita em Marselha e em Saint-Étienne sobre velhos que viviam sozinhos indica que 10% dos homens e 19% das mulheres encontram-se "próximos do estado de fome". Muitos milhares de velhos morrem de fome a cada ano, na região parisiense — diz o professor Bourlière. E a cada inverno os jornais relatam casos de velhos mortos de frio.

Os que sobrevivem não sofrem apenas uma sinistra penúria, mas também a precariedade de sua situação. Seu orçamento é constantemente desequilibrado, o que os obriga a apelar para os serviços sociais. As administrações às quais eles pedem auxílio não têm compreensão, e frequentemente os submetem a entrevistas humilhantes. Exige-se que preencham papeladas complicadas, com as quais eles se atrapalham.

Num programa de televisão de Eliane Victor, dedicado à velhice,[146] uma câmara oculta gravou diálogos de velhas com assistentes sociais. Estas últimas acolhiam-nas com a maior boa vontade. Mas era extremamente penoso ver as velhas se perderem com os papéis, vasculharem em vão a memória, fazerem esforços desesperados para entender a situação. Mais penoso ainda era sua humildade, sua atitude suplicante e acabrunhada. Os velhos têm a impressão de mendigar, e muitos não se resignam a isso. Sem que haja diferença de preço para uns ou para outros, apenas 20% dos velhos dependentes de um sistema de assistência se fazem atender, contra 40% de segurados sociais: isso significa que eles recusam o princípio de assistência. De qualquer maneira, os auxílios periódicos são apenas paliativos, e eles vivem na angústia do amanhã.

| Auxílios médicos assumidos pela Previdência Social ou pela Assistência Pública | | | | | |
|---|---|---|---|---|---|
| Idade | Situação | Pensão | Moradia | Aluguel | Auxílio Social |
| 63 anos enfermidade grave | solteira | 260 F por mês | 1 cômodo + cozinha e WC comum, sem conforto | 70 F por mês | 100 F por mês. Média diária: 9,66 F |
| 76 anos cardiopatia grave | viúva | 210 F por mês | 1 cômodo + cozinha confortáveis | 90 F média: 8 F | 120 F por mês. |
| 82 anos trabalhou até os 77 anos | solteira | 230 F por mês | 1 quarto de hotel a partir de 1930 | 80 F por mês | 150 F por mês. Média: 10 F |
| 78 anos deficiente mental | solteira | 180 F por mês | 1 quarto de hotel | 100 F por mês | 150 F por mês. Média: 7,66 F |

146 "Envelhecer ao sol".

| Auxílios médicos assumidos pela Previdência Social ou pela Assistência Pública | | | | | |
|---|---|---|---|---|---|
| Marido: 73 anos Mulher: 74 anos | Marido: paciente terminal | 2 pensões: 460 F por mês | 2 cômodos + cozinha | 90 F por mês | 100 F por mês. Média diária por pessoa: 7,83 F |
| Marido: 70 anos Mulher: 69 anos 3 filhos | Esposa hemi-plégica | 690 F por mês | 2 cômodos confortáveis | 200 F por mês | Auxílio aos filhos: 150 F por mês. Média diária: 10,66 F |
| 72 anos empregada doméstica | solteira | 280 F por mês | 1 cômodo + cozinha + WC Foi despejada mas recuperou o imóvel | 130 F por mês | 60 F de auxílio de moradia, 100 F de auxílio social. Média diária: 11,33 F |
| 82 anos | viúva de guerra 14-18 | 320 F por mês | 2 cômodos sem conforto | 100 F por mês | 90 F por mês. Média: 10 F |
| 64 anos doença óssea incurável | solteira | 160 F por mês | 1 cômodo com saleta e cozinha | 60 F por mês | 150 F por mês. Média: 8,33 F |
| 74 anos. Um filho de 40 anos com deficiência mental profunda | solteira | Pensão da mãe: 210 F por mês; pensão do filho: 180 F por mês. Total: 390 F | 2 cômodos com conforto médio | 80 F por mês | 150 F por mês. Média diária por pessoa: 7,66 F |

A situação é mais ou menos a mesma na Bélgica, na Inglaterra, na Alemanha Ocidental, na Itália. Uma decência hipócrita proíbe a sociedade capitalista de se livrar de suas "bocas inúteis". Mas ela lhes concede exatamente o que é preciso para manter-se no limiar da morte. "É demais para morrer e não basta para viver", dizia tristemente um aposentado. E outro: "Quando não somos mais capazes de ser um bom trabalhador, estamos mesmo bons para virar um cadáver."

A situação do pessoal de alto e médio escalão é menos penosa, sem ser, entretanto, satisfatória. Há entre eles uma categoria de grandes privilegiados: engenheiros, quadros administrativos superiores, altos funcionários públicos, membros de profissões liberais, dos quais alguns ganham até 25 vezes o salário de um operário. Mas há também pessoal de nível médio, pequenos funcionários públicos, técnicos, cujos rendimentos são muito mais modestos; as mulheres, sobretudo, são muito mal pagas. Todos eles são ameaçados pela dispensa e pelo desemprego. A aposentadoria acarreta, para a maior parte dentre eles, perda de *status* e uma queda de nível de vida. Segundo uma obra publicada em 1964, *Les cadres retraités vus par eux-mêmes*, 80% declaram que seus rendimentos são insuficientes, embora 77% os julguem "estritamente suficientes". 2% apenas podem ter pretensões ao supérfluo. 19% estão numa situação material precária, principalmente as mulheres: uma viúva em seis dispõe apenas de 250 francos por mês e 58% de menos de 500 francos. No conjunto, 8% do pessoal aposentado de alto e médio escalão têm menos de 250 francos, 32% de 250 a 500 francos, 32% entre 500 e 1.000 francos, 25% mais de 1.000 francos. (Alguns não responderam.) Para a metade deles, a aposentadoria constitui a totalidade dos rendimentos, e para 26%, mais da metade. Todos gostariam de receber o dobro ou ⅔ a mais. Qualquer que seja a idade — de 65 a 75 anos —, um em cada dois teria preferido continuar sua atividade. Entretanto, ⅔ se dizem adaptados; apenas ⅓ — sobretudo os que não estão bem de saúde e os pobres — suportou mal sua nova condição. 20% retomaram uma atividade: em 52% dos casos, para aumentar seus proventos; 16% procuraram um derivativo; para 26%, as duas razões se conjugavam. Entre os que não trabalham mais, 83% preferem descansar. Nenhum tem vontade de ir para casas de velhos; eles desejam permanecer em seus lares.

Há uma categoria que suporta mal a aposentadoria: é a dos funcionários em cargo de chefia; há, para eles, uma baixa séria de recursos. Não se adaptam aos lazeres. Procuram de maneira quase obsessiva atividades complementares. Mas é muito difícil para eles reformular suas vidas.

—✦—

Para aumentar o lucro, o capitalismo procura a todo custo aumentar a produtividade. À medida que os produtos se tornam mais abundantes, o sistema exige uma alta do rendimento. Os velhos trabalhadores não são capazes de se adaptar aos ritmos impostos aos operários. Ficam reduzidos ao desemprego, e a sociedade os trata como párias. Isso é flagrante, se considerarmos a mais próspera das sociedades, e a que pretende ser uma civilização do bem-estar: os Estados Unidos.

Em 1890, 70% das pessoas idosas tinham empregos remunerados; agora, apenas 3 milhões, isto é, 20% da população recebem salários. Entre estes, 2 milhões são homens, 1 milhão mulheres. Em geral, sua retribuição é reduzida. Já entre 45 e 65 anos, é difícil encontrar um emprego. Essas pessoas só sobrevivem graças às aposentadorias que lhes são muito mesquinhamente concedidas.

Durante muito tempo, a assistência foi praticada nos Estados Unidos da mesma maneira que na Inglaterra. Os velhos ainda válidos eram confiados às famílias que pedissem menos dinheiro para sustentá-los; os incapacitados eram recolhidos ao asilo do condado, que servia ao mesmo tempo de hospital, de asilo psiquiátrico, de orfanato, de casa para velhos e deficientes. Não se considerava que os velhos incapazes de trabalhar tivessem direitos; eles eram tidos na conta de preguiçosos, fracassados, decadentes. Era essencialmente à família que cabia o seu sustento.

Na Califórnia, em 1850, um grande número de trabalhadores eram pioneiros que chegavam do Leste, e que não tinham família: formaram-se fraternidades que conseguiram obter subsídios do Estado em favor das pessoas idosas. A partir de 1883, o estado da Califórnia concedeu subsídios aos condados que mantinham asilos de velhos, e depois aos que atendiam os indigentes em domicílio. Abusos fizeram abolir o sistema em 1895, e a Califórnia passou a financiar apenas as instituições do Estado.

No fim do século XIX, estatísticas mostraram a quantidade de pobres que se encontravam entre as pessoas idosas, e a opinião começou a se comover. No Alasca, em 1915, passou uma lei autorizando o Estado a conceder um auxílio de 12 dólares e meio todo mês a certas pessoas de 65 anos ou mais. Leis análogas foram votadas em outros estados.

Em 1927, a Califórnia autorizou o departamento de Estado do Bem-Estar Social a fazer ali uma pesquisa: verificou-se que apenas 2% da população de 65 anos ou mais recebia uma ajuda. A "Fraternidade das Águias", que sempre se preocupara em auxiliar as pessoas idosas, fez, nesse mesmo ano, um grande esforço para impor a ideia de uma responsabilidade do Estado federal com relação aos anciãos; outros grupos menos conhecidos apoiaram a iniciativa. Mas, por individualismo, por liberalismo e horror a qualquer tipo de "socialismo", uma grande parte da opinião a rejeitava. O projeto proposto pelas Águias foi, entretanto, estudado em 24 estados. A Califórnia adotou em 1929 uma lei que estendia a assistência a todas as pessoas idosas necessitadas. Em 1930, 13 outros estados a tinham imitado. Em 1934, 30 estados tinham uma certa forma de programa de assistência; mas somente 10 o assumiam inteiramente; os auxílios eram difíceis de obter, e muito insuficientes. Filantropos, sindicatos, igrejas tinham também começado a construir casas para os velhos. A situação destes tornou-se dramática em consequência da grande depressão dos anos 1930: foram reduzidos ao desemprego; os estados demonstraram-se incapazes de sustentá-los; muitos haviam visto esgotarem-se suas economias, e tinham sido despejados de suas habitações. Essa depressão levou ao estabelecimento do ato de Previdência Social que autorizava doações federais aos estados que amparavam as pessoas idosas. Os programas dos diversos estados continuaram a ser aplicados, e um segundo princípio entrou em vigor: o seguro. Mas muito poucas pessoas beneficiavam-se dele, e a quantia recebida era miserável.

Em 1943, havia 23,4% de pessoas idosas que recebiam auxílio, e somente 3,4% recebiam aposentadorias. A precariedade de seu nível de vida permanecia dramaticamente visível. Desenvolveram-se, então, serviços para ampará-los. A partir de 1950, o Congresso elevou a quantia dos benefícios concedidos e estendeu o número de beneficiários. Entretanto, em 1951, a imensa maioria da população idosa tinha rendimentos muito inferiores ao mínimo vital, e não recebia qualquer ajuda privada. Multiplicaram-se conferências para estudar os problemas da velhice. De 1950 a 1958, aumentou-se o número dos previdenciários: não atingindo, antes, mais que ¾ da população idosa, passou a atingir

$\frac{9}{10}$; elevaram-se, também, as pensões. Entretanto, segundo uma pesquisa realizada em 1957 por Steiner e Dorfman, 25% dos casais, 33% dos homens sozinhos e 50% das mulheres sozinhas com mais de 65 anos não dispunham do mínimo vital.

"A pobreza dos nossos velhos é um de nossos problemas mais persistentes e mais difíceis", escreve Margaret S. Gordon. Hoje, em 16 milhões de velhos, há mais de 8 milhões de pessoas muito pobres. Um homem que se aposenta aos 65 anos, depois de ter pago a contribuição mais elevada, recebe mensalmente para sua mulher e para si 162 dólares; se é sozinho, 108,50 dólares. Em 1958, as estatísticas do Bureau of the Census indicavam que 60% das pessoas de mais de 65 anos recebiam menos de 1.000 dólares por ano, o que é inferior em 20% ao mínimo vital nas cidades onde a vida é mais barata e em 40% nas cidades onde é mais cara. Os auxílios concedidos pelos filhos ou amigos mal elevam a 10% o rendimento, e só se beneficiam deles os velhos que têm uma situação relativamente estável. Os que vivem sozinhos — sobretudo mulheres, sendo o número de viúvas, como na França, superior ao de viúvos — são os mais miseráveis. Um quarto vive com menos de 580 dólares por ano, o que mal chega a ultrapassar o mais baixo orçamento alimentar estabelecido pelo ministro da Agricultura. (E os velhos precisam vestir-se, ter moradia e aquecimento.)

Em seu livro *A outra América*, Harrington mostra que os milhões de velhos que vivem na indigência são vítimas de um "turbilhão de decadência". As pessoas pobres ficam doentes com mais frequência do que as outras porque moram em pardieiros insalubres, se alimentam mal e mal conseguem aquecer-se; mas não dispõem de meios para se cuidarem, e suas doenças se agravam, impedindo-os de trabalhar e exacerbando-lhes a pobreza; envergonhados de sua miséria, eles se trancam em casa e evitam qualquer contato social: não querem que os vizinhos saibam que vivem de assistência; privam-se dos menores serviços e do mínimo de cuidados que estes lhes poderiam dispensar; e acabam por ficar entrevados. Uma testemunha declarou, diante de um comitê senatorial que pesquisava sobre a velhice, que esses párias da sociedade eram vítimas "de um tríplice encadeamento de causas: a má saúde, a indigência e a solidão". Alguns dentre eles tornam-se "recrutas da miséria" depois de uma existência normal, na qual seu trabalho era corretamente pago. Com a idade, suas capacidades diminuíram; eles não conseguem mais encontrar emprego porque estão tecnicamente ultrapassados; mesmo no campo, a mecanização acarreta a evicção das pessoas idosas. A aposentadoria implica uma queda brutal de seus recursos. Mas, entre os indigentes, a maior parte sempre foi pobre. Na juventude, haviam vindo para a cidade, e ali não tinham prosperado. Por outro lado, os operários agrícolas não são amparados pela Previdência Social. O conjunto desses miseráveis — aposentados com rendimentos insuficientes ou trabalhadores sem aposentadoria — tem que recorrer aos serviços de assistência. Há estados — entre outros, o Mississippi — que são muito pobres e nos quais os auxílios concedidos são irrisórios. Em toda parte, os entrevistadores são hostis aos solicitantes: a metade dos pedidos é rejeitada. Os velhos são obrigados a arranjar documentos que muitos deles não possuem; frequentemente são semianalfabetos ou mesmo mal falam inglês; ficam aterrorizados com as formas e o aparato do *bureau* de assistência. Essa burocracia impessoal e impotente os humilha sem atender às suas necessidades. O serviço de assistência — o Welfare State — funciona ao contrário. Proteções, garantias, auxílios vão para os fortes e organizados, e não para os fracos. São as pessoas que teriam mais necessidade de cuidados médicos que menos os conseguem. A solidão agrava sua condição. Os jovens habitantes dos *slums* saem para a rua, formam bandos. As pessoas idosas vivem em reclusão; e nesse país em que as distâncias e o ritmo da vida não lhes permite se encontrarem, onde se comunicam entre si essencialmente por telefone, 5 milhões estão privados desse meio de comunicação. O doutor Linden, da Saúde Pública de Filadélfia, escreve: "Entre os fatores que mais contribuem para o desenvolvimento de problemas afetivos entre nossos concidadãos idosos é preciso alinhar o ostracismo social de que são objeto, a redução do círculo de seus amigos, a intensa solidão, a diminuição e a perda do respeito humano e o sentimento de repulsa para com eles próprios."

Só uma sociedade opulenta pode ter tantos velhos, conclui Harrington: mas ela lhes recusa os frutos da abundância. Concede-lhes a "sobrevivência bruta", e nada mais.

O problema da habitação das pessoas idosas coloca-se de maneira aguda, a partir da desintegração da célula familiar, da urbanização da sociedade, dos recursos miseráveis dos velhos. A Inglaterra está urbanizada em 80%; a Alemanha, em 70%; os Estados Unidos, em 65%; o Japão e o Canadá, em 60%; e a França em 58%. A família patriarcal sobreviveu no Japão em virtude da solidez das tradições; na Alemanha Ocidental, muitos pais vivem com seus filhos, por causa da falta de habitações. Nos Estados Unidos, 25,9% dos homens idosos vivem com seus filhos, 22,6% como chefes de família, 3,3% na casa dos jovens. Na França, 24% das pessoas idosas moram com seus filhos, sobretudo no campo: só que ali ainda se veem, às vezes, quatro gerações reunidas sob um mesmo teto. Essa solução tem suas vantagens. É pouco dispendiosa; assegura o contato entre as gerações; traz aos jovens casais a ajuda de seus pais. Mas apresenta graves inconvenientes. No caso de ser o pai o dono da casa e das terras — caso muito frequente na França, atualmente — ele se recusa a adotar os métodos modernos, e os filhos suportam mal sua autoridade. Em seu estudo sobre o município de Plodemet,[147] Morin sublinha o conflito das gerações. "Um conflito cruel opõe os jovens adultos e o pai com quem eles vivem e trabalham." Um telhador de 28 anos diz: "Gostaríamos de nos modernizar, mas encontramos sempre os velhos no caminho." O filho espera a abdicação do pai até os 30 ou 35 anos, e, durante 10 anos, rói-se de impaciência. Os velhos aborrecem-se: "Eles falam de coisas de que nunca ouvimos falar, querem passar por cima de nós", dizem eles dos jovens.

Inúmeros são os jovens do campo que partem para as cidades e, consequentemente, há, nos meios rurais, choupanas e até mesmo aldeias onde só moram velhos que cultivam a terra com métodos obsoletos, e que sofrem com o isolamento. Se, ao contrário, o pai ou a mãe mora na casa dos filhos, arriscam-se a ser ali maltratados ou negligenciados. Em todo caso, eles sofrem com a dependência. Sentem-se explorados ou maltratados pelo resto da família. E, reciprocamente, sua presença perturba as relações dos esposos: muitos divórcios têm origem nessa coabitação. Certas sociedades camponesas escolheram a fórmula da "intimidade a distância". Nas regiões rurais da Suíça, da Alemanha, da Áustria, o casal idoso deixa a morada familiar para instalar-se numa "casinha" próxima à casa grande, mas independente. Há meios rurais franceses onde se observam costumes análogos. Por volta dos 60 anos, o pai abandona a exploração aos filhos e vai morar numa casa na aldeia. Continua a se interessar por suas terras, participa do trabalho, dá

[147] *Commune en France. La métamorphose de Plodemet.*

conselhos. Uma pesquisa feita em Viena, em 1962, tendo por objeto mais de 1.000 velhos, mostrou que eles preferiam a "intimidade a distância" à coabitação e ao isolamento.

O problema se coloca de outra maneira nas cidades. Na França, ele é angustiante, pois há uma crise generalizada de habitação, o patrimônio imobiliário é antigo, o ritmo da construção é lento; constroem-se sobretudo grandes conjuntos cujos aluguéis são inacessíveis aos economicamente fracos. Estes recebem uma subvenção para o aluguel, se moram numa habitação não mobiliada, cujo valor não seja superior a 190 francos por mês. Os proprietários que não desejam locatário idoso só precisam fixar em 200 francos o preço do aluguel mensal, e o velho, não recebendo auxílio, não poderá pagá-lo.[148] Essa prática é muito difundida — entre outros locais, em Nice, cidade invadida pelos aposentados. Em toda parte os anciãos, disse um sociólogo, "estão condenados aos cortiços". Segundo as pesquisas do IFOP, a despeito do sonho da casinha no Midi, a maior parte dos aposentados conserva seu antigo domicílio. 68% dos casais dispõem pelo menos de duas peças e uma cozinha; mas são velhas moradias danificadas, sem água, sem aquecimento, ou mesmo insalubres. Uma pesquisa realizada em 1968 pela CNRO,[149] que agrupa 1,8 milhões de aderentes e 340 mil subsidiados, revelou que apenas 15,5% dos aposentados do prédio possuíam, ao mesmo tempo, gás, eletricidade, um chuveiro e privadas internas. 34% dos velhos moram em mansardas de velhos prédios sem elevador, e têm que subir a pé de 4 a 6 andares. Por vezes, o apartamento tornou-se demasiado grande depois que os filhos o deixaram, e sua manutenção é difícil. Na maior parte dos casos, o *habitat* das pessoas idosas não é adaptado às suas possibilidades: a ausência de água, de aquecimento, de elevador, é uma fonte de extenuante fadiga para organismos enfraquecidos. Uma pessoa em cada duas é proprietária: a estatística citada inclui a população rural, o que explica essa taxa elevada. Um terço são locatários, os outros moram gratuitamente ou partilham uma habitação.

---

[148] Percebe-se a injustiça e o absurdo desse regulamento. Para um aluguel de 190 francos, o velho locatário pode receber um auxílio de 95 francos. Só terá que pagar 95 francos. Para um aluguel de 200 francos, ele tem que pagar 200 francos.

[149] Caisse Nationale des Retraites Ouvrières (Caixa Nacional das Aposentadorias Operárias). (N.T.)

O problema da habitação está ligado ao da solidão. Nos Estados Unidos, ⅔ dos homens idosos vivem com suas esposas; 16% sozinhos, 3,5% em casas de aposentados; apenas ⅓ das mulheres têm ainda marido, ⅓ vivem sozinhas, um número bastante grande mora com os filhos, 4,3% em casas de repouso. Na França, 35% dos velhos vivem com seus cônjuges, 30% sozinhos: entre estes últimos, contam-se sobretudo mulheres; 9% vivem com amigos, um irmão ou uma irmã. Segundo um relatório feito em 1968 sobre os aposentados da construção e das obras públicas, 43% têm família nas proximidades; 23%, família que mora mais ou menos perto; 25% têm família que mora longe; 9% estão totalmente isolados. A frequência das relações está diretamente ligada à proximidade.

Mas esses números esclarecem pouco sobre a importância real das ligações de família ou de amizade: as pesquisas feitas sobre a questão apresentaram resultados bastante contraditórios, e muitas vezes discutíveis. Em Milão, 10% dos homens interrogados e 13% das mulheres se disseram "muito sós"; 20% dos homens e 22% das mulheres, "às vezes sós"; o sentimento de solidão aumentava com a idade. Na Califórnia, 57% dos sujeitos responderam "muito sós", entre os que não viviam com o cônjuge, e 16% entre os que viviam em dupla.

Essas pesquisas foram particularmente numerosas na Inglaterra. As de Townsend, Young e Willmot, J.M. Mogey e E. Bott mostraram que a família, no sentido muito abrangente do termo, representava um grande papel em termos de unidade de relações sociais e de auxílio mútuo, sobretudo a família materna, cujo núcleo é constituído pela avó, por suas filhas e netas. Os homens preferem ir para os cafés, ou saem com amigos. "Os homens têm amigos, as mulheres têm parentes." A pesquisa feita em 1957 por Townsend, em Bethnal Green, no leste de Londres, foi particularmente importante. Entre as pessoas idosas que ele interrogou, 5% disseram ser "muito solitárias", 25% "às vezes solitárias", 70% "não solitárias". Segundo ele, poucos velhos estavam verdadeiramente isolados; alguns tinham até 13 parentes que viviam nas cercanias; particularmente, havia sempre um ou dois dos filhos que habitavam a menos de uma milha de seus pais; os avós — sobretudo as avós — em Bethnal Green, cuidavam assiduamente de seus netos: elas os acompanhavam à escola, levavam-nos para passear, tomavam conta deles e lhes davam de comer. ¾ das pessoas interrogadas viam pelo menos um parente todo dia, e este lhes prestava serviços. Uma pesquisa de Sheldon (diretor de medicina no Hospital Royal) concluiu que ⅕ das pessoas idosas sofre de solidão num grau de tristeza que corta o coração: os viúvos, sobretudo — muito mais do que as viúvas. Entre os que viviam sozinhos, quase ⅓ tinha parentes a menos de meia milha; 40% se diziam felizes graças às boas relações com os filhos. Mas esses resultados são duvidosos. Um outro pesquisador, americano, observava que 92% das pessoas idosas se diziam respeitadas e amadas por seus filhos; mas 63% apenas diziam que os filhos em geral amavam e respeitavam seus pais. Parece que, em muitas dessas respostas, entra ou desejo de iludir-se ou orgulho: não se quer admitir estar só ou desprezado. Por outro lado, constatou-se que, entre os velhos economicamente fracos, as relações familiares não melhoravam o moral. Entre os abastados, os amigos contam mais do que a família. A presença de irmãos, irmãs, primos etc. numa vizinhança razoavelmente próxima não ajuda o velho a viver. Só seu cônjuge e seus filhos contam para ele; mesmo assim, ainda pode, com o cônjuge, sofrer a solidão a dois. É o que emerge da pesquisa que fizeram recentemente, *no XIIIe arrondissement*,[150] o doutor Balier e L.-H. Sébillotte. Os casais trancam-se em suas casas, mais radicalmente que os indivíduos isolados, viúvos ou solteiros. O apego muitas vezes ciumento, maníaco, tirânico que um tem do outro leva-os a produzir o vazio em torno de si. Uma pesquisa[151] realizada em 1968, num bairro populoso de Paris, revelou que uma pessoa idosa em cada três não tinha mais nenhuma relação social, nunca recebia uma carta,[152] não recebia nem fazia visitas, não conhecia mais ninguém.

Para defender os velhos materialmente e moralmente do desconforto e da solidão, pensou-se em construir para eles residências agrupadas. Neste ponto, há, na Europa, um contraste flagrante entre os países do Norte e os do Sul. Na Itália e na França, quase nada foi feito. Nos últimos anos, na França, a CNRO mandou construir algumas residências, situadas próximo às grandes cidades, para que os pensionistas não se sintam no exílio; de tipo horizontal, ou semi-horizontal — quatro andares, no máximo — ou vertical — oito andares ou mais —, elas são muito inteligentemente organizadas; a primeira foi inaugurada nas

[150] Distritos em que é dividida a cidade de Paris. (N.T.)

[151] Ver *France-Soir*, 8 de novembro de 1968.

[152] Além das correspondências administrativas.

imediações de Bordeaux, em dezembro de 1964; abriga uma centena de pessoas, válidas e semiválidas. Desde então, construíram-se cinco ou seis outras, cada uma recebendo, em média, 120 pessoas. Os aposentados sentem-se bem nelas; queixam-se apenas de só lhes sobrar 10% de seu dinheiro, já que o restante destina-se a pagar o aluguel e o sustento. Mas, quantitativamente, os resultados obtidos são ainda irrisórios. A Suíça e a Alemanha Ocidental construíram um pouco mais para seus velhos; a Holanda e a Inglaterra fizeram muito. Por volta de 1920, construiu-se uma aldeia para velhos num parque do subúrbio de Londres: o Whiteley Village. O "Comitê para o Bem-Estar das Pessoas Idosas" mandou edificar outras em Londres, em Hackney e em outras localidades. Em 1940, na Inglaterra, quase todos os cortiços eram habitados por pessoas idosas: um grande número foi transferido para habitações novas construídas especialmente para elas.

Foram os países escandinavos que fizeram o maior esforço. Em Copenhague, há uma célebre "Cidade dos Velhos", organizada em 1919, modernizada em 1955, que compreende 1.600 leitos e que se considerou durante muito tempo um êxito exemplar. Na Suécia, os raros cortiços eram, em 1940, habitados por velhos: todos estes foram realojados. Há cidades para anciãos muito bem organizadas. A Suécia construiu, a partir de 1947, 1.350 casas de aposentados, abrigando 45.000 pessoas. Os velhos beneficiam-se também de habitações especiais de outro tipo: apartamentos nos imóveis reservados aos pensionistas. Alguns recebem "suplementos municipais", que os ajudam a pagar aluguéis bastante elevados em apartamentos normais.

Nos Estados Unidos, em 1950, o presidente Truman havia chamado a atenção do público para os problemas da velhice, e reuniu uma comissão de 800 pessoas para estudá-los. Pouca coisa resultou disso. Frequentemente, como no caso de Saint Louis, as pessoas idosas ficam confinadas em uma espécie de gueto: dividiram-se casas antigas em quartos mobiliados e em minúsculos apartamentos onde foram amontoados os velhos. Algumas sociedades de idosos foram fundadas — os Fósseis, os Octogenários, as Viúvas Felizes, os Jovens de 50 Anos etc. —, criando casas de aposentados, mas cujo preço médio de pensão é de 150 dólares por mês. Algumas habitações coletivas são construídas graças a empréstimos governamentais, e não trazem benefício, ou trazem um benefício mínimo; outras são edificadas por organizações privadas.

Os preços são inacessíveis à maior parte das aposentadorias: na Isabella House, uma das residências mais célebres, o aluguel mínimo é de 75 dólares por mês.

É preciso assinalar o sucesso, infelizmente excepcional, do Victoria Plaza, em San Antonio.[153] Construiu-se um grande edifício moderno, instalando-se ali velhos que moravam precariamente. Em 352 postulantes, escolheram-se 204. Cerca de 60% viviam sozinhos; os outros, com o cônjuge, parentes ou amigos; muitos moravam em cortiços. Fizeram-nos visitar o imóvel, antes de transferi-los para lá: ficaram maravilhados. Ao fim de um ano, a maioria ainda sentia a mesma sensação. Havia um clube — com biblioteca, jogos diversos etc. — que 90% deles frequentavam. Pagavam 28 dólares por mês, o que era, em geral, um pouco mais caro que seu aluguel anterior; mas dado o espaço e o conforto de que gozavam, achavam o preço módico. Toda a sua existência se transformou. Sentiam mais a falta de dinheiro, porque compravam móveis e roupas, em vez de se descuidarem do interior de suas casas e da própria pessoa. Mas regozijavam-se por terem tempo livre e muitas maneiras de preencher esse tempo. Inscreviam-se em agrupamentos, estabeleciam novas amizades, o que não os impedia de cultivar as antigas, e de falar frequentemente ao telefone com suas famílias. Julgavam-se em melhor saúde que antes e se diziam de "meia-idade", enquanto seus contemporâneos que haviam permanecido nas velhas habitações se diziam idosos ou velhos. Sua vida ativa e afetiva havia desabrochado, e quase todos se julgavam felizes. A influência do *habitat* na condição geral do velho aparece, através dessa experiência e de algumas outras, como extremamente importante. É, portanto, desolador que esse *habitat* seja, em geral, tão miserável.

Uma questão muito discutida hoje é saber se é bom para as pessoas idosas conviver unicamente com pessoas de sua faixa etária. O êxito do Victoria Plaza vem, em grande parte, do fato de estar situado no centro de uma cidade e de que os residentes não são afastados de suas famílias. Existem nos Estados Unidos várias "Cidades do Sol", habitadas exclusivamente por pessoas idosas, de um nível de vida elevado. Os promotores e os administradores dizem que eles se sentem muito felizes convivendo só com gente de sua idade. Mas trata-se de empresas

---

[153] Descrito em *Future for the aged*, de Carp.

que dão grandes lucros, e os beneficiários só levam vantagem em gabar sua mercadoria. Calvin Trillin, que em 1964 fez para o *New Yorker* uma reportagem sobre uma dessas Cidades, parece muito cético, no que toca à "felicidade" que se diz reinar nelas. As pessoas que ali moram compraram suas casas, investiram muito dinheiro e se isolaram: são obrigadas a permanecer ali; a maioria se acomoda, mas não se pode afirmar que fariam o mesmo se pudessem voltar atrás.

O que se preconiza hoje é a criação de *béguinages* análogas às de Bruges, formadas de pequenas casas independentes e situadas na cidade, de tal maneira que os idosos possam ficar próximos a seus filhos. Melhor ainda, seria desejável criar, no interior de conjuntos imobiliários habitados por pessoas de todas as idades, grupos de habitações-lares destinadas aos velhos, que seriam independentes, mas que comportariam certos serviços comuns.

Quando não podem mais sustentar-se, física e economicamente, o único recurso dos velhos é o asilo. Na maior parte dos países, o asilo é absolutamente desumano: nada mais que um lugar para esperar a morte, um "morredor", como se disse num recente programa sobre a Salpêtrière.

Na França, 1,45% dos velhos vive em asilos. Em média, eles têm de 73 a 78 anos. 2% vivem em casas de aposentados. Uma pesquisa mostrou que 74% dos velhos rejeitam a ideia de entrar num asilo; 15% a aceitam, porque são inválidos. Há 275.000 leitos, e, atualmente, entre 150.000 e 200.000 pessoas que gostariam de ser hospitalizadas e não encontram lugar. Quatro motivos principais levam os idosos a postular um desses lugares. Primeiro, a insuficiência de seus recursos. Há ¾ de assistidos nos grandes asilos, preferindo os pensionistas pequenos estabelecimentos privados. Em seguida, a impossibilidade de encontrar uma moradia, ou a fadiga que representa sustentá-la. Em terceiro lugar, vêm as razões familiares: os filhos recusam-se a assumir o encargo do velho, ou resolvem livrar-se desse encargo. Durante um programa (janeiro de 1968) sobre o "morredor" da Salpêtrière, o diretor relatou com indignação que muitas vezes as famílias depositam seu velho no hospital para partir de férias, e depois esquecem de ir buscá-lo. Certos velhos, enfim, têm necessidade de cuidados médicos. Em geral, eles entram no asilo de seu departamento, uns como indigentes, outros pagando uma parte do montante de sua pensão. Encontram-se, também, "rotativos" que mudam o tempo todo de asilo: entre um e outro, eles vagabundeiam e bebem. Certos estabelecimentos recusam os velhos doentes; outros aceitam os doentes, mesmo jovens.

Segundo uma pesquisa feita num asilo por M. Delore em 1952, o número de mulheres era, ali, o dobro do de homens. Em 100 mulheres, havia 74 viúvas, 22 solteiras e 4 mulheres casadas. 65 estavam válidas e lúcidas, 35 incapacitadas ou senis. Antes, 80 viviam sozinhas em habitações de uma ou duas peças, em alojamentos de zeladoras,[154] no térreo ou em outros andares. 21 desses lugares eram pardieiros, principalmente situados no térreo. Essas mulheres recebiam entre 8.000 e 15.000 francos por mês.[155] As 24 zeladoras faziam pequenos trabalhos. Em casa de uma delas, descobriram-se 30 quilos de açúcar, de massas e de arroz num armário. Em casa de outra, 200.000 francos escondidos em diferentes lugares. Elas tinham boas relações com os filhos, com parentes afastados, com amigos, com vizinhos. 45 das viúvas tinham filhos, 32 mantinham bom relacionamento com eles. Em 30% dos casos, a ficha de hospitalização registrava "miséria fisiológica" ou "carência social".

Não se tem mais o direito, hoje, de construir casas de aposentados de mais de 80 leitos, e se exige que esses leitos sejam distribuídos em quartos individuais, destinados a pessoas sozinhas, ou a casais. Durante os últimos anos, construiu-se um certo número de estabelecimentos de acordo com essas normas: 35.000 leitos. É pouco, e a situação permanece lamentável.

Sobre a "grande miséria dos asilos da França", denunciada recentemente num relatório oficial pelo ministro da Saúde Pública, todos os testemunhos concordam. São, hoje como outrora, verdadeiros "depósitos de mendicância". M. Laroque reconhece: "No passado, conhecia-se a fórmula do asilo onde se acumulavam inválidos, entrevados e velhos sãos, com a única preocupação de lhes dar um mínimo de hospedagem,

[154] No original, "*concierge*" — atividade exercida, na França, predominantemente, por mulheres. (N.T.)

[155] Trata-se de francos de 1952.

muitas vezes numa promiscuidade escandalosa, e com um mínimo de alimentação. Essa fórmula ainda é, infelizmente, amplamente aplicada." Em 1960, o ministro da Saúde escrevia: "Raros são os asilos e casas de aposentados nos quais os serviços sanitários são satisfatórios. De muitos, pode-se falar, sem exagero, de um verdadeiro abandono médico." No mesmo ano, a Inspeção-Geral da Saúde relatava: "A supervisão e os atendimentos médicos são muito insuficientes na maior parte das casas de aposentados e asilos públicos. Os velhos entrevados terminam ali suas vidas em meio à indiferença aparentemente geral. Essa situação é tanto mais inadmissível quanto se sabe atualmente que a reeducação motora dos hemiplégicos dá resultados satisfatórios, e que a entrevação poderia ser evitada na maior parte dos casos."

Há, na França, uma deplorável confusão entre o asilo e o hospital. Na maior parte dos asilos, acolhem-se inválidos e doentes de todas as idades. Dos 275.000 leitos destinados às pessoas idosas — dos quais 25% pertencem ao setor privado — há 17% que são ocupados por jovens: deficientes motores e débeis mentais; 25,12% são ocupados por entrevados.

Inversamente: além dos avós depositados no hospital, sem que jamais os parentes os venham buscar de volta, chegam inúmeros velhos aos serviços de urgência, com uma carta de seu médico: "M. ou Mme. X deve ser hospitalizado(a), porque vive sozinho(a) e porque é idoso(a)." O hospital nunca os rejeita. Na Salpêtrière, em Bicêtre, há velhos que esperam a morte há 24 anos, em "salas-putrefação" de 50 leitos.[156] Há, em Saint-Antoine, três salas de despejo, onde os velhos esperam que outros morram para tomar-lhes o lugar em novos hospitais abertos nas redondezas de Paris, bem-adaptados, mas onde o preço da diária é 51 francos. Seria preciso construir pelo menos 16.000 leitos para compensar os serviços dos "casos agudos" que os ocupam.

Asilos ou hospitais, cerca de 178.000 leitos encontram-se em prédios centenários. São frequentemente antigos hospitais, castelos, casernas,

---

[156] Numa reportagem publicada no *France-Soir*, em abril de 1968, Madeleine Franck escreve: "Essas salas repugnantes estão em vias de desaparecer. Restam apenas algumas na Salpêtrière. E no hospital-asilo de Bicêtre, o diretor, M. Musière, conseguiu, há 18 meses, suprimir 500 em 1.300 do que ele chama seus 'leitos-lixo'."

prisões que não são, de modo algum, adequados à sua nova função. Comportam um grande número de escadas, e muitas vezes não têm elevador, o que faz com que certos velhos não possam sair do seu andar. Nos dormitórios — condenados desde 1958, mas onde está, na verdade, disposta a imensa maioria dos leitos — os doentes e os entrevados permanecem deitados durante todo o dia. Muitas vezes não há biombo entre os leitos, nem mesinha de cabeceira individual, nem armário individual: o velho não tem um milímetro de espaço para si. Isolam-se os sexos: os velhos casais são impiedosamente separados; não é raro colocar-se o marido e a mulher em asilos diferentes. (Na primavera de 1967, dois esposos octogenários afogaram-se juntos no Sena porque tinham sido sido separados.) Se há quartos no asilo, são geralmente reservados para os pensionistas que pagam as despesas de seu sustento. Pode acontecer que, num certo momento, não consigam mais assumir essas despesas, e são transferidos do quarto para o dormitório, o que é uma nova perda. Em virtude da antiguidade dos lugares, os cômodos são, em geral, muito sombrios. O refeitório é geralmente mobiliado com grandes mesas e bancos; com demasiada frequência, esse refeitório funciona como sala de estar; esta, quando existe, é muito pequena e mal-arrumada. Muitas vezes também faz frio, não há aquecimento central, ou este só funciona parcialmente. As lavanderias e as cozinhas são, em geral, equipadas de maneira mais moderna; mas o cardápio é o mesmo para todos, não se levando em consideração regimes que seriam desejáveis para cada um. As instalações sanitárias são defeituosas; na maior parte dos estabelecimentos não há banheiras, apenas chuveiros, dos quais os pensionistas se servem uma vez por semana, ou mesmo uma vez por mês. O "abandono médico" é escandaloso. Há geralmente um médico para cada 350 hospitalizados; pode mesmo acontecer que um só médico tenha a seu cargo 965 pensionistas. As despesas médicas dos asilos representam 2,7% de seu orçamento, apesar de haver uma enorme quantidade de situações patológicas sérias.

Compreende-se que, nessas condições, a entrada num asilo seja um drama para o velho. O choque psicológico é particularmente violento entre as mulheres, ainda mais enraizadas que os homens em seu lar. Elas manifestam ansiedade, são acometidas de tremores. Pouco a pouco, muitas resignam-se. Por vezes, ao que parece, a hospitalização devolve ao velho o prazer de viver: sente-se menos isolado, faz amigos; por uma espécie de emulação, fica menos apático do que antes, mas isso é muito raro.

Uma estatística levantada pelo doutor Pequignot — e que me foi confirmada por inúmeros testemunhos — revela que, entre os velhos válidos, admitidos num asilo:

8% morrem nos oito primeiros dias;
28,7% morrem no primeiro mês;
45% morrem nos seis primeiros meses;
54,4% morrem no primeiro ano;
65,4% morrem nos dois primeiros anos.

Isso quer dizer que mais da metade dos velhos morrem no primeiro ano de sua admissão. As condições da vida em asilo não são as únicas responsáveis por isso: entre os velhos, a própria mudança de lugar, seja ela de que tipo for, frequentemente acarreta a morte. É, antes, o destino dos que sobrevivem que se deve deplorar. Num grande número de casos, pode-se resumir esse destino em algumas palavras: abandono, segregação, decadência, demência, morte.

Em primeiro lugar, o pensionista é vítima das pressões às quais é submetido. O regulamento é muito rigoroso e as rotinas, rígidas; levanta-se cedo, deita-se cedo. Separado de seu passado, de seu ambiente, muitas vezes vestido com um uniforme, o velho perdeu toda a personalidade, não passa de um número. Em geral, as visitas são autorizadas todos os dias e a família vem vê-lo de tempos em tempos: isso ocorre raramente, e, em certos casos, nunca há visitas. Muitas vezes o asilo é de difícil acesso, os parentes e os amigos só podem ir lá aos sábados e domingos, e o tempo que o deslocamento exige os desencoraja. Isso fica patente no que concerne à Casa Departamental de Nanterre: do centro de Paris, de metrô e de ônibus, leva-se duas horas para chegar lá. É preciso que haja uma verdadeira afeição para que se sacrifique o pouco lazer que se tem. O velho fica, portanto, abandonado. O diretor de uma importante casa de aposentados de Nice declarou, numa entrevista televisionada, que apenas 2% dos pensionistas recebem visitas. Em geral, as saídas não são livres: em Nanterre, o pensionista tem direito a uma tarde por semana. Ele não sabe o que fazer de seus dias. Encarrega-se, por vezes, de um pequeno trabalho no interior do asilo, para ganhar um pouco de dinheiro; algumas mulheres são empregadas na rouparia ou nas cozinhas, mas não trabalham com gosto. Na maior parte, têm um fraco nível intelectual, leem pouco e não ouvem rádio. A televisão — quando há uma — cansa-lhes os olhos. Até mesmo os jogos de cartas não os divertem: seu nível de interesse cai para zero, e eles ficam o dia inteiro sem fazer nada. Ou então, depois do café da manhã, voltam para a cama e passam quase o tempo todo deitados. Ruminam pensamentos antigos sobre a doença e a morte. Segundo o professor Bourlière, a única ocupação que pode interessar a uma coletividade de velhos é o trabalho manual. Em Londres existe, anexa a um asilo, uma oficina onde os internos fabricam instrumentos — muletas etc. — destinados aos membros incapacitados da coletividade, que têm, assim, a impressão de se tornarem úteis. Alguns raros asilos da província, situados no campo, são ladeados de uma horta: alguns pensionistas distraem-se cuidando dela. Mas esses casos são raros. Inativo, reduzido ao estado de objeto, o velho de asilo cai rapidamente na senilidade. No dia em que lhe é permitido sair, só tem uma distração: beber. Inúmeros são os pensionistas que entram no asilo sóbrios e que se tornam alcoólatras em um mês de permanência. A mesada que lhes é concedida[157] e o dinheiro que ganham em pequenos trabalhos, muitas vezes, são inteiramente gastos com bebida. Um regulamento exige que 200 metros, pelo menos, separem a porta do asilo do ponto mais próximo de venda de bebida alcoólica; em Nanterre, é proibido servir aos velhos outras bebidas alcoólicas que não o vinho: mas o vinho basta. No verão, as ruas daquela cidade próximas à Casa ficam cheias de velhos dos dois sexos, estendidos no chão, sentados, encostados de pé contra as paredes, apertando contra o peito garrafas de vinho, já completamente bêbados. Como seu organismo debilitado suporta muito mal essas bebedeiras, eles entram no asilo titubeando, berrando, vomitando, e essa promiscuidade é extremamente penosa para os pensionistas que gostam da limpeza e da tranquilidade. O vinho favorece delírios de grandeza que compensam, por instantes, sua miséria. Libera, também, sua sexualidade: frequentemente, na embriaguez, formam-se casais, heterossexuais ou homossexuais, que se arranjam, bem ou mal, para satisfazer seus desejos.

A vida comunitária é muito mal suportada pela maioria dos hospitalizados; infelizes, ansiosos, voltados para si mesmos, são agrupados sem que nenhuma vida social seja organizada para eles. Sua suscetibilidade,

---

[157] Vinte e cinco francos por mês.

suas tendências reivindicatórias e por vezes paranoicas levam a frequentes reações conflituais. Todos os processos patológicos aos quais a velhice está sujeita precipitam-se no interior dos asilos.

A vida de asilo foi muito bem descrita em *A grande sala*, de Jacoba van Velde: esse romance é certamente fruto de sérias observações pessoais.[158] A autora retrata, através de uma nova pensionista, um asilo holandês de mulheres. Levada por uma filha afetuosa, mas que não dispõe mais de meios práticos de cuidar dela, a "novata" vê-se angustiada diante da perspectiva de não ter mais um minuto de solidão. "Sempre tive horror de ser motivo de atenção — diz ela. Atrair os olhares sempre foi um suplício para mim!" A partir daquele momento, todos os atos de sua vida, inclusive a morte, irão realizar-se diante de testemunhas, muitas vezes malévolas ou, pelo menos, críticas. "Nunca estamos sós, é horrível, há sempre gente à nossa volta! — diz-lhe o pensionista de uma outra casa de aposentados... E tratam você como se todas as pessoas de idade, sem exceção, voltassem à infância. Falam conosco como se fôssemos bebês de um ou dois anos." Mais que de tormentos materiais, a mulher velha é vítima dessa negação de toda vida privada, dessa metamorfose de ser humano em puro objeto, que lhe é imposta.

Não consegui ver Nanterre, onde me foi impedida a entrada; mas visitei um asilo de Assistência Pública, muito bem situado, na própria cidade de Paris. Essa instituição abriga cerca de 200 pessoas, dos dois sexos. É circundada por um grande jardim cheio de árvores e de flores: era um belo dia de outono, e o sol entrava generosamente em todas as peças. O chão, as paredes, os lençóis, tudo era de uma cuidadosa limpeza. Encontrei ali médicos atenciosos, enfermeiras jovens, amáveis e dedicadas. Entretanto, apesar de já estar bem informada sobre a questão, não poderei esquecer o horror dessa experiência: vi seres humanos reduzidos a uma total abjeção.

Alguns privilegiados, capazes de pagar um preço de pensão elevado, moram em quartos particulares; outros, em salas que contêm de quatro a cinco leitos. Mas a imensa maioria está distribuída nos dormitórios. Cada um dispõe de um leito, de uma poltrona e de um pequeno armário colocado ao pé do leito. O espaço entre duas camas

---

[158] *Un plat de porc aux bananes vertes*, de Simone e André Schwartz-Bart, que tratam do mesmo assunto, tem muito menor valor documentário.

representa mais ou menos a largura de duas mesas de cabeceira; é ali que os pensionistas passam o dia — nem mesmo têm um refeitório (com exceção de um dormitório de homens, que se prolonga numa sala de jantar). As refeições são servidas numa mesinha, ao lado da cama. Não têm sala de estar — apenas um pequeno cômodo tão desconfortável que nunca o usam, nem mesmo para receber seus visitantes. Por uma estranha anomalia que ninguém soube me explicar, os indivíduos válidos moram no térreo, os semiválidos no primeiro andar e os entrevados no segundo. Estes últimos são incapazes de se moverem; alimentam-nos e limpam-nos como se fossem bebês; mas essa dependência nada tem de pacífica: os rostos das velhas que vi estavam contraídos pelo pavor, pelo desespero, crispados numa espécie de horror imbecil. Talvez não se possa mais fazer nada por elas. O escândalo que salta aos olhos é o primeiro andar. Entre os semiválidos, muitos são capazes de se deslocar de um extremo ao outro do dormitório; eles poderiam sair; mas não podem descer as escadas, e como não há elevador, ficam literalmente prisioneiros. Assim, até mesmo o jardim lhes é interditado. O que agrava a situação, é que se misturam a eles velhos que não controlam mais as necessidades, e que passam os dias sentados em cadeiras furadas; eles ficam na mesma sala que os outros, que se veem condenados a viver numa atmosfera empestada. O térreo é menos malcheiroso e menos abafado, mas o coração aperta ao se constatar a inércia provocada pela vida de asilo. Essa inércia vai tão longe que, sobretudo entre os homens, muitos, apesar de não estarem inválidos, fazem as necessidades na cama, segundo me declarou o doutor: a sociedade assumiu o amparo desses idosos — explicou-me — e eles se abandonam totalmente a ela, levando a passividade ao extremo. (Suponho também que eles vivem a própria situação com ressentimento, e se vingam.) Durante todo o dia, permanecem sentados na poltrona e não fazem nada. Vi um homem estendido na cama, tricotando; dois outros, sentados no leito, jogavam cartas. E só. Um pensionista em 20 — disseram-me — lê o jornal. Alguns ouvem um pouco o rádio. Mesmo se lhes são propostas distrações, estão mergulhados num tal estado de letargia que recusam: ofereceu-se a umas 40 mulheres uma excursão gratuita de ônibus pelas cercanias de Paris. Apenas duas aceitaram. Seu único divertimento são as brigas: as mulheres, principalmente, mexericam, discutem, formam clãs, estabelecem alianças que depois desfazem. Entre os homens, há alguns agressivos e até mesmo alguns violentos. Como em Nanterre e em todos os outros lugares, sempre que podem, bebem. O dinheiro da aposentadoria que não fica retido para pagar a pensão é gasto para comprar vinho tinto. Isso não é difícil, pois há muitos cafés e pontos de venda de bebidas alcoólicas no bairro. No verão, podem-se ver os velhos sentados nos bancos de uma avenida vizinha, segurando garrafas de vinho tinto. As mulheres também bebem. Quando voltam, à noite, mais ou menos embriagados, ficam brigando com os outros.

Toda quarta-feira, postulantes vêm submeter-se a um exame médico: só são admitidos se estiverem em condições mais ou menos boas. (Se ficam logo em seguida inválidos, são mantidos.[159]) Quando são aceitos, é pungente ver a angústia deles — disse-me o médico. Sabem que irão deixar o mundo dos vivos, que entram aqui sem outra perspectiva a não ser esperar a morte. As mulheres, quando ultrapassam a angústia da mudança, acabam por se adaptar um pouco melhor que os homens. São mais sociáveis: seus mexericos e intrigas ocupam-nas. Os homens ficam solitários, e têm um agudo sentimento de sua decadência. "No começo", disse-me um interno "eu lhes perguntava o que faziam antes; respondiam-me que eram perfuradores de bilhetes de metrô, ou simples operários sem qualificação, e se desmanchavam em lágrimas: naquele tempo, trabalhavam, eram homens... Eu entendi. Não faço mais perguntas." Muitos pensionistas não têm mais família. Quando têm, recebem de uma a quatro visitas por mês.

Há um contraste impressionante entre as mulheres alojadas em dormitórios e as que têm um quarto particular: vi quatro destas últimas; tinham a aparência cuidada, liam ou tricotavam; gracejaram com o doutor. Numa sala de cinco leitos, bastante espaçosa, as pensionistas pareceram-me quase alegres: uma delas, uma antiga esteticista, estava pesadamente maquiada, embora não tivesse mais que um dente na boca. Num grande cômodo com três leitos, uma mulher, bem-cuidada e sorridente, ajeitara um canto para si, com duas mesinhas redondas e, no parapeito de uma janela, um jardim completo. O simples fato de

[159] Há muitos cegos e surdos. Uma mulher é cega e surda, totalmente encerrada em si mesma. Há uma enfermaria. Mas quando o caso é sério, o doente é transportado para o hospital.

dispor de um pouco de espaço e de intimidade poderia, aparentemente, transformar essas vidas.

O que me parece monstruoso é o abandono moral no qual a administração deixa essas pessoas. Se houvesse salas onde elas pudessem reunir-se, onde lhes fossem propostas distrações, onde monitores se ocupassem delas, não despencariam com essa rapidez aterrorizante na queda que as transforma em meros organismos. O fato é que — disse-me uma enfermeira — no próximo ano serão tomadas medidas para elevar o padrão do asilo, arrumar salas de estar etc. Só que a pensão será, então, muito mais cara. O que é dramático para os atuais ocupantes é que serão transferidos para as cercanias de Paris — para Nanterre e Ivry.

—✦—

Nos Estados Unidos, a situação não é melhor. Sociólogos constataram que os asilos e as casas de aposentados progrediram muito pouco nos últimos séculos. Em 1952, a Comissão para as Necessidades Sanitárias do país declarava: "Os serviços de saúde são completamente inadequados em qualidade e em quantidade, para as pessoas idosas, onde quer que estas se encontrem." Em 10 de julho de 1965, surgiu uma nova legislação chamada *Medicare*, que tem vários capítulos dedicados às pessoas idosas. O corpo médico inquietou-se com essa intervenção do Estado. Considerou um traidor o doutor Spock, pediatra célebre, que aceitou colaborar com o governo na questão. A razão de sua repugnância parece ser o individualismo e o liberalismo que haviam tornado tão difícil aos Estados Unidos a adoção das medidas de previdência social.[160]

—✦—

Ser brutalmente precipitado da categoria dos indivíduos ativos na dos inativos e classificados como velhos, suportar uma diminuição consternadora de recursos e de nível de vida é, na imensa maioria dos casos, um drama que acarreta graves consequências psicológicas e morais. Esse drama atinge essencialmente os homens. As mulheres vivem mais tempo: são os grandes velhos solitários que constituem a camada

---

[160] Ver Apêndice 2.

mais desfavorecida da população. Mas, no conjunto, a mulher idosa adapta-se melhor que o marido à sua condição. Dona de casa, mulher doméstica, sua situação é a mesma que a dos camponeses e dos artesãos de outrora: para ela, trabalho e existência se confundem. Nenhum decreto exterior interrompe brutalmente suas atividades. Estas últimas diminuem no momento em que os filhos tornados adultos deixam a casa. Essa crise, que se produz, geralmente, muito cedo, muitas vezes a perturba. De qualquer modo, entretanto, não fica inteiramente ociosa; e seu papel de avó lhe traz novas possibilidades. O número de mulheres de 60 a 65 anos que trabalham fora do lar não é considerável. Em geral, salvo algumas exceções, empenharam na profissão muito menos de si mesmas do que os homens. Dado o número de mulheres jovens que não trabalham, a aposentadoria não as transfere automaticamente para uma certa classe de idade. E têm, na casa e na família, papéis que lhes permitem encontrar ocupação e manter a própria identidade. São elas que têm as responsabilidades domésticas e que mantêm relações ativas com a família, sobretudo com os filhos e netos. A mulher toma, então, a dianteira do marido, e muitas vezes tira dessa superioridade a impressão de uma desforra. Algumas empenham-se então, agressivamente, em humilhar o homem em sua virilidade. Os idosos têm consciência dessa troca de papéis. Uma prancha utilizada nos testes psicotécnicos representa dois homens, um jovem e um velho, e duas mulheres, uma jovem e uma velha; quando são jovens, os sujeitos que interpretam a imagem não atribuem papel importante à mulher idosa; quando são idosos, o velho lhes parece apagado, submisso, esmagado pela esposa; esta última é vista como dominadora; é ela quem encarna a lei. Essa interpretação reflete a evolução normal do casal médio.

Na vida do homem, a aposentadoria introduz uma radical descontinuidade; há ruptura com o passado; o homem deve adaptar-se a uma nova condição, que lhe traz certas vantagens — descanso, lazer — mas também graves desvantagens: empobrecimento, desqualificação.

"A pior morte para um indivíduo", escreveu Hemingway, "é perder o que forma o centro de sua vida, e que faz dele o que realmente é. Aposentadoria é a palavra mais repugnante da língua. Seja escolha nossa ou imposição do destino, aposentar-se é abandonar nossas ocupações — essas ocupações que fazem de nós o que somos — equivale a descer ao túmulo."

Sabemos que Hemingway matou-se, provavelmente por outras razões também, mas, em todo caso, isso ocorreu no momento em que se sentiu incapaz de continuar a escrever. Quando o trabalho foi escolhido livremente, e constitui uma realização de si mesmo, renunciar a ele equivale, efetivamente, a uma espécie de morte. Quando se caracterizou como uma obrigação, ficar dispensado dele significa uma libertação. Mas, na verdade, quase sempre há ambivalência no trabalho, que é ao mesmo tempo uma escravidão, uma fadiga, mas também uma fonte de interesse, um elemento de equilíbrio, um fator de integração à sociedade. Essa ambiguidade reflete-se na aposentadoria, que pode ser encarada como grandes férias ou como uma marginalização.

A escolha entre esses dois pontos de vista e a maneira pela qual eles se combinarão depende de inúmeros fatores. E, em primeiro lugar, da saúde do indivíduo. As organizações industriais e os agentes governamentais fixaram a idade da aposentadoria através de uma lei geral. Ora, vimos que a idade biológica está longe de coincidir com a idade cronológica: um trabalhador fatigado e gasto não terá as mesmas reações do que aquele que se aposenta em plena forma física e moral. Os docentes que têm a liberdade de se aposentar mais ou menos cedo geralmente fazem a decisão depender de seu estado de saúde. Consultam um médico, e sua escolha é influenciada pelo diagnóstico.

Saint-Evremond escrevia, em 1680: "Não se vê nada mais comum entre os velhos do que ansiar pela aposentadoria: e nada mais raro, entre os aposentados, do que não se arrepender por estar inativo." A primeira parte da frase é verdadeira para muita gente, mas não para todos. A imagem da "aposentadoria-milagre", que permitirá, enfim, a realização de velhos desejos, é muito difundida; mas existe, em contrapartida, uma imagem da "aposentadoria-catástrofe". Pelo fato de encararem a aposentadoria com apreensão, muitos trabalhadores evitam pensar nela. Uma pesquisa feita entre os operários da construção civil mostrou que, um ano antes de se aposentarem, 85% não sabiam absolutamente quais seriam seus recursos. A CNRO propôs-lhes enviar um dossiê contendo as informações necessárias: entre os de 64 anos, 95% solicitaram o documento; entre os de 60 anos, 40%; e abaixo dessa idade, quase ninguém. Assim, a aposentadoria abate-se sobre o trabalhador como um cutelo. "Nunca imaginava parar de trabalhar: pensava morrer antes disso, andava tão cansada...", disse uma empacotadora. "Não pensava de modo algum em parar: é a vista que me falha", diz uma doméstica. "Uma manhã, acordei e me vi aposentado", diz um operário inglês. Um outro: "Terça-feira, às 7h30 da noite, eu ainda trabalhava; no dia seguinte de manhã, acordei e não tinha mais nada que fazer." Segundo uma pesquisa feita nos Estados Unidos em 1951, por Moore, entre docentes, 41% esperavam impacientemente a aposentadoria, 59% demonstravam-se indiferentes ou negativos. Outra pesquisa americana sobre os trabalhadores da indústria de roupas concluiu que 50% desejavam a aposentadoria, mas antes porque se sentiam incapazes de continuar do que por qualquer outra razão. Outras pesquisas americanas sobre trabalhadores manuais mostram que apenas ¼, quando muito a metade, aceitava alegremente a ideia de parar.

Recentemente, foram interrogados, dois meses *antes* de se aposentarem, 95 professores do Sena. Perguntou-se a eles se temiam ter a impressão, daquele momento em diante, de envelhecer mais depressa. 55% responderam *sim*; imaginavam o futuro com melancolia. Outros responderam *não* tão bruscamente, que se pode pensar que eles também temiam a aposentadoria. "Agora vou me dar conta da minha idade", disseram muitos deles. Gostavam de sua profissão, e o contato com as crianças os rejuvenescia. Temiam enfadar-se, embrutecer; sentiam-se "jogados de lado". Tornados socialmente inúteis, parecia-lhes inútil viver. Temiam o isolamento. Quanto mais avançada era a idade, mais intenso era o sentimento de envelhecimento. Nesse grupo, as mais atingidas eram as mulheres solteiras. Mas, em certos casos, a existência de um cônjuge aumentava a ansiedade: temia-se que ele suportasse mal a situação. Ter filhos não ajudava a enfrentar o futuro, a não ser que estes morassem com o futuro aposentado — então, este último não tinha medo de envelhecer. Os homens de 60 anos que tinham netos sentiam-se mais idosos do que os que não os tinham. Alguns professores responderam, de maneira aparentemente sincera, que, ao contrário, poder descansar os rejuvenesceria. Pretendiam ir morar no campo e interessar-se por muitas coisas. Alguns disseram apenas que lhes era indiferente envelhecer. Entre as professoras interrogadas, muitas, embora casadas, trabalhavam por vocação e por repúdio à condição feminina tradicional: detestavam a ideia de se verem rejeitadas.

Uma vez conseguida a aposentadoria, as atitudes também variam. Vale assinalar que a disposição com a qual a nova condição é abordada está relacionada à maneira como é vivida. Interrogaram-se aposentados a respeito do que haviam esperado da aposentadoria e do que pensavam dela atualmente. 29% achavam-na mais agradável do que haviam imaginado; 31%, mais penosa. Entre os primeiros, 51% tinham-na esperado com previsões favoráveis; 66% daqueles a quem ela pesava tinham-na temido. Se a pessoa é pessimista, essa disposição de espírito, em geral, confirma-se e se acentua; com o otimista acontece o mesmo.

Quase sempre é por pressão, porque o empregador o despede, que o trabalhador para; ou então é por motivo de saúde, ou por incapacidade. Na verdade, ele não desejou seu novo estado.[161] Algumas vezes preparou-se para ele, fazendo projetos. E começa por executá-los. Instala-se no campo, se morava na cidade. Parte em viagem. Mas isso nem sempre o ajuda a se adaptar; os próprios planos às vezes parecem esclerosar-se; no momento de passar à ação, a disposição não é a mesma.

Muitas vezes, também, a pessoa percebe que, mudando de vida, cometeu um grave erro. Por exemplo, muitos operários da construção civil da região parisiense, uma vez aposentados, voltam para sua terra natal, no campo: depois de pouco tempo, começam a aborrecer-se e retornam a Paris. Muitos aposentados deixam sua residência para aproximar-se dos filhos: estes não lhes dão atenção — os hábitos foram sacrificados inutilmente. Outra opção é ir para a Côte d'Azur, e ali descobrem que o clima é ruim para os reumatismos. Descobrem também que o preço dos aluguéis é demasiado elevado para eles, o que os condena ao asilo. Não conhecem ninguém, e são vítimas da solidão. Mesmo que os planos fossem válidos, uma vez realizados, fica a impressão de estar com as mãos vazias: simplesmente recuou-se o momento da adaptação. Raros são aqueles que tiveram a possibilidade de prever um verdadeiro programa de vida. Para os outros, "a aposentadoria-guilhotina" funciona como uma prova, e alguns recuperam-se muito mal.[162] Uma pesquisa feita em Prairy City, nos Estados Unidos, mostrou que as

---

[161] Segundo uma pesquisa feita em 1955 por Tréanton, em 264 pessoas, 47% haviam parado por motivo de saúde, 22% tinham sido despedidas e 4% apenas tinham se aposentado voluntariamente. (Algumas não responderam.)

[162] Dénuzière conta, em seu livro *Les Délices du port*, que um chefe de estação ferroviária aposentado comparecia todo dia às plataformas para olhar, melancolicamente, os trens passarem.

pessoas que continuam a trabalhar têm um tônus muito superior ao dos aposentados; apesar de terem menos lazeres, suas atividades recreativas e sociais são muito mais ricas.

Por esse motivo, e principalmente por necessidade, vimos que muitos aposentados procuram encontrar um novo trabalho remunerado; apenas uma minoria o consegue; e não extraem desse novo trabalho as satisfações que lhes proporcionava a profissão inicial. É muito raro que o lazer permita o desabrochar de uma vocação até então sufocada. Em geral, as pessoas contentam-se, ao contrário, com atividades qualitativamente inferiores à profissão que exerciam, com pior remuneração, e que trazem pouco consolo.

Arrancados do seu ambiente profissional, os aposentados têm que mudar o emprego do tempo e todos os seus hábitos. O sentimento de desvalorização, comum à maior parte das pessoas idosas, exacerba-se neles. Com efeito, não somente ganham muito menos dinheiro do que antes, mas a quantia que percebem não é mais ganha através do trabalho. Se são fortemente politizados, consideram a pensão um direito que adquiriram por seu trabalho. Mas muitos acolhem essa pensão quase como esmola. Não mais ganhar a própria vida aparece como uma decadência. É através de sua ocupação e de seu salário que o homem define sua identidade; ao se aposentar, perde essa identidade; um antigo mecânico não é mais um mecânico: não é nada. "O papel do aposentado", diz Burgess, "é o de deixar de ser homem". É, portanto, perder o lugar na sociedade, perder a dignidade, e quase a própria realidade. Além disso, os aposentados não sabem o que fazer do tempo livre, aborrecem-se. "A passagem da atividade à aposentadoria é, efetivamente, o tempo crítico do funcionário", escreve Balzac em *Les petits bourgeois*. "Aqueles, dentre os aposentados, que não sabem ou não podem substituir funções que estão deixando por outras, passam por estranhas mudanças: alguns morrem; muitos abandonam-se à pesca, distração cujo vazio aproxima-se de seu trabalho nos escritórios."

Segundo uma pesquisa feita em Bruxelas pelo Serviço de Identificação, 87% dos aposentados desejavam trabalhar, ao menos de tempos em tempos. Segundo outra pesquisa, feita em Paris, ⅔ dos aposentados queixavam-se de tédio: "Não aguento mais, aborreço-me." Uma funcionária de uma grande loja disse: "Volto para ver meus colegas. Procuro reencontrar a atmosfera que foi minha vida durante 40 anos, e sem a qual não posso ficar." No conjunto, as queixas eram mais comuns entre os trabalhadores manuais do que entre os "colarinhos-brancos".

Segundo pesquisa de Tréanton, um ano depois de se aposentarem, em 264 pessoas interrogadas, havia 42,5% de insatisfeitos, 28,5% de satisfeitos e 16% estavam contentes de descansar, mas achavam seus recursos insuficientes. A satisfação era encontrada sobretudo entre os colarinhos-brancos, porque seu nível de vida era melhor. A ociosidade pesa; mas o tema essencial do descontentamento é a pobreza; é por isso que são principalmente os trabalhadores manuais que lamentam ter deixado o trabalho, embora se liguem menos à profissão do que os colarinhos-brancos.

Uma outra pesquisa forneceu resultados um pouco diferentes. Perguntou-se a um grupo de homens idosos recentemente aposentados se eles pretendiam trabalhar. A metade disse sim, mas 16% apenas desejavam que fosse estendida a idade da aposentadoria. Em outro grupo de aposentados, interrogado sobre sua situação material, um em cada dois declarou não estar satisfeito; entretanto, 39% recusavam que se recuasse a idade da aposentadoria; os colarinhos-brancos, sobretudo, rejeitavam a ideia; os trabalhadores manuais, menos; ¼ dentre eles teria aceitado estender em cinco anos a aposentadoria, com a condição de ganhar 50% a mais. Num grupo de operários da construção civil, em 1968, ⅓ dos homens interrogados pediram a liquidação de seu processo antes de 65 anos. (Entretanto, 8% continuam a trabalhar depois dos 65 anos, sem ter feito valer seus direitos à aposentadoria.) Entre os homens, 82,5% desejavam que a idade da aposentadoria fosse fixada aos 60 anos. Todos recusavam a ideia de um trabalho remunerado depois da aposentadoria. Desejavam aposentar-se por causa de seu estado de saúde.

As contradições, ou pelo menos as incertezas das respostas obtidas nos diferentes grupos, vêm da dupla exigência do trabalhador: descansar e viver decentemente. Ele é obrigado a sacrificar um ou outro. Os trabalhadores manuais ficam contentes de não mais trabalhar, mas preocupam-se com problemas de dinheiro, de saúde, de habitação. Mais que os colarinhos-brancos, eles são vítimas do isolamento ao qual os condena a queda de seu nível econômico: "Se não tenho dinheiro, a quem você quer que eu interesse? Quando se está na miséria, não se encontra mais ninguém. Não quero mais ser convidado, pois não poderia retribuir... Quando me convidam, encontro sempre um motivo para recusar, pois sei que não poderia retribuir." Um grande número de reflexões desse tipo foi recolhido por Tréanton.

Tédio, sentimento de desvalorização são traços que emergem também da pesquisa feita no leste de Londres pela Nuffield Foundation. Um aposentado de 70 anos, que ainda fazia alguns pequenos trabalhos, disse, com melancolia: "Ainda não cheguei a ponto de ficar no canto olhando os outros trabalharem, mas suponho que isso vá acontecer." Um outro, nas mesmas condições: "Gostaria de trabalhar até ter 100 anos. O trabalho enche um vazio, quando você está velho. Havia um tempo em que eu esperava o momento de descansar, mas agora estou contente por trabalhar, isso enche um vazio." Numa pesquisa realizada por Townsend sobre homens aposentados há quatro anos, um deles se queixa: "Eu não gosto de ficar sentado aqui. Gostaria que minha perna me permitisse voltar a trabalhar." Um outro: "Estou farto. Não tenho nada com que me ocupar. Minha mulher dirige a casa. Se faço alguma coisa, ela acha que está malfeito." Uma mulher fala do dia em que seu marido se aposentou: "Que dia! Ele chorava, e as crianças também." E o marido emenda: "Eu não sabia mais o que fazer. Era como no Exército, quando se vai em cana. Eu só via aquelas quatro paredes. Antigamente, eu saía no sábado à noite, com amigos, com meus genros. Não posso mais fazer isso. Estou como um indigente. Não tenho mais um centavo no bolso, não poderia pagar a minha parte. A vida não vale mais a pena de ser vivida, quando se está aposentado." Um *Leitmotiv* que retorna o tempo todo é: "O que eu dou à minha mulher é irrisório... Dou-lhe três vezes nada: tenho vergonha..." O aposentado não tem mais dinheiro para sustentar a casa, depende da mulher e dos filhos; sente-se inútil, diminuído; arrasta-se, tenta prestar pequenos serviços, mas quase sempre sua mulher acha que é importuno e o manda ir passear. Uma mulher diz aos pesquisadores: "É sufocante tê-lo em casa. Preocupa-se com o que você faz. Fica fazendo perguntas." Uma outra: "Não há nada a fazer por eles em lugares assim, quando param de trabalhar. Não é como se houvesse um jardim. Assim que param, morrem. Não o quero mais aqui."

Em geral, as mulheres temem ver o marido aposentar-se: o padrão de vida baixará, vai haver preocupações de dinheiro; o homem ficará o tempo todo nas costas delas; haverá mais trabalho para fazer em casa. É apenas nos meios mais abastados que as mulheres se regozijam diante da ideia de ver mais o marido. Em geral, este sente-se importuno. Fica humilhado diante da mulher; muitas vezes, também, diante dos filhos mais bem adaptados que ele à vida moderna, e cujo padrão de vida é superior ao seu. Veem-se tiranos domésticos tornarem-se do dia para a noite tão tímidos, que não ousam mais cortar uma fatia de pão sem pedir licença. Outros mergulham na hipocondria.

Que incidência tem essa situação sobre a saúde? As opiniões estão divididas. A maioria dos gerontologistas franceses considera-a nefasta: a taxa de mortalidade é muito mais elevada — dizem eles — durante o primeiro ano de aposentadoria do que em qualquer outro momento. Os gerontologistas americanos, empedernidos num otimismo de encomenda, respondem que isso só é verdade no caso de a aposentadoria ser voluntária: foi a má saúde que a provocou, e não o inverso. Entre as pessoas de boa saúde, a aposentadoria compulsória não altera seu estado físico, e muitas vezes, mesmo, melhora-o, porque proporciona ao indivíduo descanso e sono. Entretanto, a relação entre o moral e o físico é reconhecida por todos. Ora, admite-se, também na América, que o moral dos homens idosos decai de ano para ano, mais particularmente entre 65 e 69 anos, logo após a aposentadoria, sobretudo se o *status* econômico é deficiente. O estado físico é necessariamente afetado.

As angústias geradas pela aposentadoria desembocam por vezes em longas depressões. Segundo o doutor Blajan-Marcus, essas depressões superpõem vários elementos: a aposentadoria vivida como luto e exílio inscreve-se num contexto de lutos mal resolvidos, de dependência familiar, de temperamento depressivo e provavelmente de perturbações circulatórias e glandulares, embora seja difícil identificar cada um desses elementos. Isso quer dizer que o golpe desfechado pela aposentadoria abate totalmente aqueles que o passado marcou de uma certa maneira. A nova condição ressuscita as tristezas da separação, o sentimento de abandono, de solidão, de inutilidade que gera a perda de uma pessoa querida.

Para se defender de uma inércia em todos os sentidos nefasta, é necessário que o velho conserve atividades; seja qual for a natureza dessas atividades, elas trazem uma melhoria ao conjunto de suas funções. O professor Bourlière estudou um grupo de 102 velhos ciclistas: o de nível intelectual era muito superior ao nível médio das pessoas de sua idade. Uma pesquisa realizada por E. Clément e H. Cendron, tendo por objeto 43 octogenários da Borgonha, notavelmente bem-conservados, mostrou que sua saúde estava ligada à sua atividade.

A média de idade deles era 86 anos, 34% continuavam a exercer a profissão em tempo integral. 40% trabalhavam com os filhos, ou em empregos secundários. 26% não tinham mais atividade profissional, mas liam, faziam jardinagem etc. 61% nunca tinham achado seu trabalho, cansativo. Todos levavam uma vida social normal. O grupo mais ativo tinha uma média de idade de 87 anos; o grupo com média de idade de 83 anos era um pouco menos ativo. Os primeiros desenvolviam ainda muitas atividades físicas: bicicleta, caminhada, caça. Entre os segundos, 25% não liam nunca, nem mesmo jornal. Os outros mantinham-se informados. No conjunto, 18% preferiam a leitura a qualquer outra coisa e 14% preferiam a caça. 7% apenas não tinham distrações.

É, portanto, muito importante para as pessoas idosas encontrar ocupações. 40% a 60% delas — segundo pesquisas americanas — cultivam o que chamam, nos Estados Unidos, de *hobbies*; entre 50 e 70 anos, dedica-se mais tempo a essas atividades do que antes, mas depois elas são abandonadas. Não se sabe como as pessoas de mais de 70 anos passam o tempo. No conjunto, perderam o gosto das atividades que exigem destreza e audácia; perderam o gosto de ler e de escrever; sobretudo o de variar suas ocupações. Segundo um estudo de Morgan (feito em 1937, nos Estados Unidos), que teve por objeto 381 pessoas de mais de 70 anos, as principais atividades eram: para 32,9%, tarefas domésticas; para 31,5%, jogos e diversões intelectuais; para 13,6%, passeios e visitas; 9,6% contentavam-se em sentar-se ao sol, em olhar pela janela; 8,1% compraziam-se em fazer jardinagem, em cuidar de animais domésticos; 3,4% executavam pequenos trabalhos remunerados.

Quanto mais elevado o nível intelectual de um indivíduo, mais suas atividades permanecem ricas e variadas. Mas os trabalhadores manuais aposentados passam muito tempo sem fazer nada. Há uma alta porcentagem de total inatividade entre os velhos. E, com relação a isso, pode-se falar também num "turbilhão de decadência". A inatividade acarreta uma apatia que mata todo o desejo de atividade. Carrel constatava que o excesso de lazer é ainda mais perigoso para os velhos do que para os jovens: quanto mais tempo têm, menos capazes são de preenchê-lo. O tédio lhes tira o gosto da distração. A um interlocutor que, a propósito dos pensionistas dos asilos, dizia "Eles poderiam pelo menos jogar cartas", o professor Bourlière respondeu: "É a partir desse momento que se pode dizer que eles se entediam: quando poderiam ocupar-se e não se ocupam." A observação é válida tanto fora dos asilos quanto em seu interior.

Num romance, *O apelo da noite*, o escritor inglês Angus Wilson estudou a difícil adaptação de uma mulher de 65 anos, muito ativa, que havia sido gerente de hotel, à condição de aposentada. Essa pessoa instala-se em casa dos filhos, que não têm — ela sabe — nenhuma necessidade dela: "Diante da ideia de que sua vida seria composta apenas de páginas em branco, vivia uma espécie de momento de pânico." Gostaria de se tornar útil, mas não consegue manipular os aparelhos elétricos com os quais a cozinha está equipada. A falta de jeito a torna ansiosa, e a ansiedade prejudica sua aprendizagem. O filho tem com ela os comportamentos habituais dos adultos: é atencioso, polido; mas muitas vezes sua impaciência emerge, e ele lhe fala bruscamente. Só são confiadas a essa mãe poucas tarefas, e a esterilidade dos anos vindouros apavora-a. Não chega a participar da vida dos filhos, e nem tenta, pois sente-se estranha, marginalizada. A melancolia toma conta dela; mal se interessa pela televisão, por leituras. Dorme durante o dia, à noite vai deitar sem jantar, anda como um autômato, presa de uma espécie de torpor. Depois de um incidente que lhe dá a impressão de ter sido útil, ela reage positivamente; no momento em que encontra um pouco de prazer de viver, muitas coisas começam a interessá-la, particularmente os trabalhos do filho, que desconhecia. Resolve, então, não mais viver como parasita, e migra para uma aldeia de pessoas idosas. Apesar dessa conclusão timidamente otimista, o que surpreende no romance é que ele descreve uma situação sem saída.

Para defender os inativos da solidão e do tédio, a Inglaterra, a Suécia e sobretudo os Estados Unidos os encorajam a entrar em associações. Algumas reúnem homens de todas as idades. Outras, nos Estados Unidos, foram criadas especialmente para os velhos, quer por eles próprios, quer por jovens. Organizam-se distrações: jogos, excursões, representações teatrais etc. Criaram-se naquele país, também, "Centros Diurnos", fórmula que não tem equivalente na França; os primeiros foram abertos durante a última guerra; há quarenta deles em Nova York. Os aposentados de um bairro encontram-se ali; isso lhes permite ter uma vida social, e também exercer certas atividades: executam trabalhos úteis; fazem ou ouvem música, são levados a passear em excursões, participam de discussões. As igrejas e os sindicatos criaram centros similares. As pessoas que se associam a clubes e que frequentam Centros sentem-se mais felizes que as outras. Mas é porque estão mais felizes que sentem prazer em frequentar esses locais. Caímos sempre no mesmo círculo vicioso: o excesso de miséria material ou moral tira os meios de remediar essa miséria. Quanto mais elevado é o nível de vida, mais intensa é a participação dos indivíduos numa vida social. Essa participação declina sempre com a idade. Metade das pessoas idosas, ao longo de diversas pesquisas, disseram que, a partir dos 50 anos, suas atividades sociais tinham começado a diminuir; 1% apenas dizia que haviam aumentado. Em Orlando, metade dos idosos não pertencia a nenhuma associação; em Palm Beach, ⅔. Só através de uma radical mudança da situação é que se poderia combater a morna passividade da velhice. A experiência do Victoria Plaza o demonstra; antes de serem transportados para lá, a maioria dos futuros habitantes passava longos momentos a dormitar, ficava sentada sem fazer nada. Uma vez realojados de acordo com seus gostos, integrados numa comunidade, começaram a ler, a ver televisão, a participar de atividades sociais. Mas tais êxitos dizem respeito apenas a um número ínfimo de indivíduos.

É preciso assinalar, na França, a experiência que vem sendo feita há três anos em Grenoble, pelo Serviço de Pessoas Idosas daquela cidade. Esse órgão criou 23 clubes de lazer, animados por duas profissionais assalariadas em tempo integral, e aproximadamente 50 voluntários. Seus membros — em torno de 2.000, dos quais 1.500 são assíduos — têm atividades culturais, manuais, físicas: homens e mulheres de mais de 80 anos fazem cursos de ginástica. O Serviço abriu também um centro de preparação para a aposentadoria. O empreendimento é interessante; mas também ali apenas uma pequena minoria é beneficiada. A situação da maioria está resumida no *slogan* proposto por um clube de lazer recentemente criado em Paris, no *XIII*[e] *arrondissement*: "A aposentadoria é o tempo do lazer, mas é também o tempo do tédio."

"A aposentadoria e a desintegração da célula familiar somam-se para tornar solitária, inútil e sinistra a condição do velho", escreveu um sociólogo francês. Nos países capitalistas — com exceção dos países escandinavos — e particularmente na França, é bem assim que se afigura a situação reservada aos velhos; mas as duas causas apontadas não têm efeitos tão desastrosos, senão pelo contexto em que se inscrevem. O destino dos velhos seria menos sinistro se o orçamento que lhes é dedicado não fosse tão ridiculamente insignificante. O aposentado que não pode nem mesmo tomar um trago com os amigos, que não tem um lugar seu para viver, nem um pedaço de jardim para cultivar, nem dinheiro para comprar um jornal, não é tanto vítima do excesso de lazer quanto da impossibilidade de utilizá-lo e da própria decadência. Uma pensão e uma moradia decentes iriam poupar-lhe uma humilhação debilitante e lhe permitiriam um mínimo de vida social.

Entretanto, mesmo os velhos abastados são vítimas de sua inutilidade. O paradoxo de nossa época é que as pessoas idosas gozam de melhor saúde que outrora, permanecem "jovens" por mais tempo; a ociosidade só pode pesar-lhes mais ainda. Segundo todos os gerontologistas, viver os últimos vinte anos da vida em bom estado físico, mas sem nenhuma atividade útil, é, psicológica e sociologicamente, impossível. É preciso dar a esses sobreviventes motivos para viver: a "sobrevivência bruta" é pior que a morte. "Você não pode estar aposentado e viver", declarou um antigo mecânico, a quem se pediu para explicar seu ato: havia ferido gravemente um policial, com tiros de espingarda, sem motivo aparente.

A aposentadoria gradual seria certamente menos penosa do que a "aposentadoria-guilhotina". A prova é que os trabalhadores independentes — salvo no caso de doença brutal — proporcionam-se, pouco a pouco, lazeres importantes, mas continuam a trabalhar por muito tempo, ao menos moderadamente. Sugeriu-se que, também para os assalariados, proceda-se por patamares. Por exemplo, seriam divididos os empregos em diversas categorias, de acordo com o esforço exigido, e o operário iria descendo brandamente da categoria mais difícil para a mais fácil. Seus horários seriam reduzidos. Salvo no caso dos inválidos em estado extremo e dos doentes graves, essas soluções satisfariam a maioria das pessoas, uma vez que a inatividade total lhes é insuportável. Só que elas implicariam uma mudança radical da sociedade. Primeiro, seria preciso que a aposentadoria fosse calculada a partir do salário mais elevado: só com essa condição é que o operário poderia aceitar no fim da vida um trabalho menos cansativo e com menor remuneração. Em seguida, seria preciso que o desemprego não ameaçasse os jovens e os adultos.

Poucas questões são mais controvertidas hoje, na França, do que a da idade da aposentadoria. Os gerontologistas deploram que os idosos sejam condenados a uma inatividade que apressa sua decadência. Entretanto, os sindicalistas se opõem a que se eleve a idade da aposentadoria, e chegam a pedir que ela seja baixada. O primeiro argumento é que os operários idosos têm necessidade de descanso. Talvez, na verdade — pensam eles —, o excesso de lazer constitua um perigo. Mas sendo as condições de trabalho tais como são, prolongar a atividade do trabalhador é mais perigoso ainda. Uma pesquisa sobre os operários parisienses, mencionada em 1967 no *Le Monde* pelo doutor Escoffier-Lambiotte, mostra que eles estão, física e moralmente, em condições bem menos satisfatórias do que o parisiense médio. Examinaram-se 102 operários qualificados tomados ao acaso no fichário de uma grande indústria de automóveis; com menos de 55 anos, sua pressão arterial é mais alta, o ritmo cardíaco é mais rápido, a fraqueza muscular mais acentuada, as perturbações cardiovasculares mais numerosas, os distúrbios do sono mais frequentes do que a média. Nota-se também um declínio prematuro de suas faculdades intelectuais. Nas sociedades modernas, os trabalhos são menos penosos do que no passado, na medida em que exigem menos força muscular; mas a aceleração das cadências, somada à extrema divisão das operações, aumenta o desgaste. Eu disse que essa degradação não está naturalmente ligada à senescência, mas sim ao regime do trabalho; nem por isso se pode deixar de afirmar que, enquanto esse regime não for transformado, é preciso defender o direito dos velhos trabalhadores ao descanso.

Por outro lado, os sindicalistas objetam que, numa economia baseada no lucro, não se pode pensar em criar uma reserva de mão de obra barata, uma espécie de subproletariado excessivamente explorado pelo patronato, o que tornaria muito menos eficazes as lutas operárias. Esses argumentos são decisivos. Tal como está constituída, a sociedade impõe uma escolha monstruosa: ou sacrificar milhões de jovens ou deixar vegetar miseravelmente milhões de velhos. Todos estão de acordo em não desejar a primeira solução: só resta a segunda. Não são apenas os hospitais e os asilos: é toda a sociedade que constitui, para os velhos, um grande "morredor".

Quando se pergunta às pessoas idosas se desejam continuar a trabalhar ou aposentar-se, o que há de desolador em suas respostas é que os motivos são sempre negativos. Se preferem continuar, é por medo da pobreza; se escolhem parar, é para poupar a saúde; mas nenhum dos dois modos de vida é encarado como uma fonte positiva de satisfação. Nem no trabalho, nem no lazer, encontram eles uma realização de si mesmos; nem um nem outro são livres.

Gorz mostrou bem, em *Le Socialisme difficile*, que, ao trabalho obrigatório, corresponde o consumo como passividade. O "indivíduo molecular" não está à vontade nem em seu trabalho nem em seu consumo. Ora, a velhice é o não trabalho, o puro consumo; os "lazeres passivos" de toda uma existência só podem desembocar no grande "lazer passivo" da aposentadoria: vegeta-se, esperando a morte.

A tragédia da velhice é a radical condenação de todo um sistema de vida mutilador: um sistema que não fornece à imensa maioria das pessoas que fazem parte dele uma razão de viver. O trabalho e a fadiga mascaram essa ausência: ela se descobre no momento da aposentadoria. É muito mais grave do que o tédio. Ao envelhecer, o trabalhador não tem mais lugar no mundo, porque, na verdade, nunca lhe foi concedido um lugar: simplesmente, ele não tivera tempo de perceber isso. Quando se dá conta, cai numa espécie de desespero bestificado.

Confrontados com essa realidade, todos os "elogios da velhice" aparecem como mandarinatos reservados aos que se chamavam "eupátridas". Durante séculos, os escritores não se preocuparam senão com esses privilegiados. Cícero e Schopenhauer mal reconhecem, em breves frases, que ser velho e pobre não é situação suportável, mesmo para o sábio. Eles não se detêm no assunto, e se felicitam pelo fato de a idade libertar das paixões. Hoje, sabemos que "velho e pobre" é quase um pleonasmo. Se a velhice liberta das paixões, por outro lado exaspera as necessidades, pela impossibilidade de satisfazê-las: os velhos têm fome, têm frio, morrem. Então, apenas o nada os "liberta" de seu corpo: antes, este existe cruelmente, como fonte de frustração e sofrimento. Em nenhum plano se manifesta tão abertamente a indecência da cultura que herdamos.

—✦—

Um certo número de velhos vive sua situação de maneira tão intolerável que preferem a morte ao "suplício de viver". A velhice é, de longe, a idade em que os suicídios são mais numerosos. Durkheim foi o primeiro a levantar quadros 340 estatísticos mostrando que a porcentagem de suicídios aumenta dos 40 aos 80 anos. Na França, contava-se, por milhão de habitantes de cada grupo de idade e de estado civil, entre 1889 e 1891, o seguinte número de suicídios:

| Suicídios | Homens | | | Mulheres | | |
|---|---|---|---|---|---|---|
| | Solteiros | Casados | Viúvos | Solteiras | Casadas | Viúvas |
| 40-50 anos | 975 | 340 | 721 | 171 | 106 | 168 |
| 50-60 anos | 1.434 | 520 | 979 | 204 | 151 | 199 |
| 60-70 anos | 1.768 | 635 | 1.166 | 189 | 158 | 257 |
| 70-80 anos | 1.983 | 704 | 1.288 | 206 | 209 | 248 |
| Acima | 1.571 | 770 | 1.154 | 176 | 110 | 240 |

Vê-se que o número de suicídios é muito mais elevado entre os homens do que entre as mulheres. As estatísticas levantadas nos outros países concordam com o quadro organizado por Durkheim. O mesmo acontece com as levantadas mais tarde por Halbwachs, e a que foi feita em 1957 pela *Revue Lyonnaise de Médecine*.

Novas estatísticas demonstraram que o suicídio dos velhos representa na França ¾ das mortes voluntárias. Até 55 anos, contam-se 51 suicídios para cada 100.000 sujeitos; depois dos 55 anos, 158. Um relatório da OMS, em 1960, mostra que a taxa máxima dos suicídios masculinos situa-se nos 70 anos ou mais, na Grã-Bretanha, na França, na Itália, na Bélgica, nos Países Baixos, em Portugal, na Espanha, na Suíça e na Austrália. A taxa máxima de suicídios femininos encontra-se 10 anos mais cedo, e é muito inferior. No Canadá, entre os afro-americanos dos Estado Unidos, na Noruega, na Suécia, o número máximo situa-se entre 60 e 69 anos. Os suicídios entre os velhos são uma causa de mortalidade mais importante do que a tuberculose pulmonar, embora esta faça inúmeras vítimas. Os suicídios diminuíram no conjunto, desde a Primeira Guerra Mundial (nos Estados Unidos, eles são ⅓ menos numerosos, proporcionalmente), mas entre as pessoas de mais de 60 anos essa redução quase não é marcada. Nos Estados Unidos, segundo S. de Grazia, 22/100.000 dos quadragenários se suicidam; a taxa cresce com a idade e atinge a cifra de 697/100.000, aos 80 anos. Alguns suicídios de velhos sucedem estados de depressão nervosa que não se conseguiu curar; mas a maioria são reações normais a uma situação irreversível, desesperada, vivida como intolerável. Em sua obra *Suicide in Old Age* (1941), Gruhle afirma que a psicose raramente é a causa do suicídio dos velhos. São os fatores sociais e psicológicos que o explicam: declínio físico e mental, solidão, ociosidade, inadaptação, doença incurável. Segundo esse autor, o suicídio nunca resulta de um episódio singular, mas da história de toda uma vida.

Um dos aspectos desesperados da situação dos velhos é sua impotência para modificá-la. Os 2,5 milhões de velhos franceses necessitados estão dispersos, sem nenhuma solidariedade entre eles, sem meio de pressão, uma vez que não têm mais nenhum papel ativo na vida econômica do país. Há uma concentração de idosos em Nice: eles representam 25% da população, e seus votos contam nas eleições. Mas eles se ignoram uns aos outros, permanecem isolados. A ideia de uma mudança social amedronta-os: temem sempre o pior. Votam nos candidatos conservadores. Nos Estados Unidos, os idosos têm, às vezes, um certo poder político; aposentados, costumam instalar-se na Flórida, na Califórnia, e são muito numerosos em certos lugares — particularmente em Saint Petersburg, na Flórida —, representando uma parte importante do corpo eleitoral. Por outro lado, no contexto da vida política americana, puderam-se criar novas instituições político-econômicas nas quais os idosos são influentes. Mas é aos privilegiados que essas observações dizem respeito. Os necessitados não migram para a Flórida nem têm influência política. São fracos, esmagados, impotentes.

# Segunda parte

# O ser-no--mundo

**Consideramos o homem** idoso enquanto objeto da ciência, da História, da sociedade: descrevemo-lo em exterioridade. Ele é, também, um sujeito que interioriza sua situação e que reage a ela. Tentemos entender como ele vive sua velhice. A dificuldade é que não podemos adotar, com relação a esta, nem um ponto de vista nominalista, nem um ponto de vista conceptualista. A velhice é o que acontece às pessoas que ficam velhas; impossível encerrar essa pluralidade de experiências num conceito, ou mesmo numa noção. Pelo menos, podemos confrontá-las umas com as outras, tentar destacar delas as constantes e dar as razões de suas diferenças. Um dos defeitos desse exame é que meus exemplos me serão fornecidos sobretudo por privilegiados, uma vez que vimos que só esses privilegiados, ou muito poucos além deles, tiveram meios e tempo para dar um testemunho sobre si próprios. Entretanto, as informações que eles fornecem têm, geralmente, um alcance que ultrapassa cada caso.

Utilizarei esses dados, sem me preocupar com a cronologia. O grande número de clichês que encontramos, no que toca à velhice, demonstra que ela é uma realidade que transcende a História. É verdade que a condição dos velhos não é a mesma em toda parte, nem em todas as épocas; mas através dessa diversidade afirmam-se constantes que me autorizam a aproximar certos testemunhos sem consideração de datas.

A mais grave dificuldade é a interferência, já constatada, dos fatores que definem a condição de idoso: cada um só encontra seu verdadeiro sentido na sua relação com os outros. Qualquer recorte é arbitrário. É na perspectiva de uma síntese final que deverão ser lidos os capítulos nos quais examinarei sucessivamente como ficam, na última idade, a relação do indivíduo com seu corpo e com sua imagem; sua relação com o tempo, com a História, com a práxis; sua relação com outrem e com o mundo.

# V

## — DESCOBERTA E ASSUNÇÃO DA VELHICE- -VIVÊNCIA DO CORPO —

**Morrer prematuramente,** ou envelhecer: não há outra alternativa. E entretanto, como escreveu Goethe: "A idade apodera-se de nós de surpresa." Cada um é, para si mesmo, o sujeito único, e muitas vezes nos espantamos quando o destino comum se torna o nosso: doença, ruptura, luto. Lembro-me do meu assombro quando, seriamente doente pela primeira vez na vida, eu me dizia: "Essa mulher que está sendo transportada numa padiola sou eu." Entretanto, os acidentes contingentes integram-se facilmente à nossa história, porque nos atingem em nossa singularidade: velhice é um destino, e quando ela se apodera da nossa própria vida, deixa-nos estupefatos. "O que se passou, então? A vida, e eu estou velho", escreve Aragon. Que o desenrolar do tempo universal tenha resultado numa metamorfose pessoal, eis o que nos desconcerta. Já aos quarenta anos, fiquei incrédula quando, plantada diante de um espelho, disse para mim mesma: "Tenho quarenta anos." A criança e o adolescente têm uma idade. O conjunto de proibições e de deveres aos quais estão submetidos, e os comportamentos dos outros para com eles não lhes permitem esquecer isso. Quando adultos, não pensamos na idade: parece-nos que essa noção não se aplica a nós. Ela supõe que nos voltemos para o passado, e que interrompamos as contas, enquanto, impelidos para o futuro, deslizamos insensivelmente de um dia ao outro, de um ano ao outro. A velhice é particularmente difícil de assumir, porque sempre a consideramos uma espécie estranha: será que me tornei, então, uma outra, enquanto permaneço eu mesma?

"Falso problema", disseram-me. "Enquanto você se sentir jovem, você é jovem." Isso é desconhecer a complexa verdade da velhice: esta é uma relação dialética entre meu ser para outrem — tal como ele se define objetivamente — e a consciência que tomo de mim mesma através dele. Em mim, é o outro que é idoso, isto é, aquele que sou para os outros: e esse outro sou eu. Geralmente, nosso ser para outrem é múltiplo como o próprio outrem. Qualquer palavra dita sobre nós pode ser recusada, em nome de um juízo diferente. Nesse último caso, nenhuma contestação é permitida; as palavras "um sexagenário" traduzem para todos um mesmo fato. Elas correspondem a fenômenos biológicos que poderiam ser detectados através de um exame. Entretanto, nossa experiência pessoal não nos indica o número de anos que temos. Nenhuma impressão cenestésica nos revela as involuções da senescência. Aí está um dos traços que distinguem a velhice da doença. Esta adverte sobre sua presença, e o organismo se defende contra ela de um modo às vezes mais nocivo do que o próprio estímulo; a doença existe com mais evidência para o sujeito que dela é vítima do que para as pessoas mais próximas que, frequentemente, desconhecem a importância do mal; a velhice aparece mais claramente para os outros do que para o próprio sujeito; ela é um novo estado de equilíbrio biológico: se a adaptação se opera sem choques, o indivíduo que envelhece não a percebe. As montagens e os hábitos permitem amenizar durante muito tempo as deficiências psicomotoras.

Mesmo que nos venham sinais do corpo, eles são ambíguos. Pode-se ficar tentado a confundir uma doença curável com um envelhecimento irreversível. Trotsky, que só vivia para trabalhar e lutar, temia envelhecer. Lembrava-se com ansiedade da definição de Turgueniev que Lenine citava frequentemente: "Sabem qual é o maior de todos os vícios? Ter mais de 55 anos." Aos 55 anos, precisamente, em 1933, numa carta a sua mulher, ele se queixava de fadiga, de insônia, de lapsos de memória; parecia-lhe que suas forças declinavam; e ele se inquietava: "Será que a idade estaria chegando para sempre, ou se trata apenas de um declínio temporário, embora brusco, do qual irei recuperar-me? Veremos." Ele evocava tristemente o passado: "Estou com uma penosa saudade de tua velha fotografia, nossa fotografia, que nos mostra quando éramos tão jovens." Ele se restabelece e retoma suas atividades.

Inversamente: indisposições devidas à senescência podem não ser quase percebidas, e passadas em silêncio. São tomadas por perturbações superficiais e curáveis. É preciso já ter consciência da própria idade para decifrá-las no corpo. E, mesmo nesse caso, este nem sempre nos ajuda a interiorizar nosso estado. Tais reumatismos e tal artrite se devem à senescência, sabemos; e, no entanto, fracassamos ao tentar descobrir através deles uma nova condição. Permanecemos o que éramos, só que com reumatismos a mais.

Sobre a natureza dos juízos que as pessoas idosas fazem sobre a saúde, as opiniões variam, e essas divergências são significativas. Segundo o relatório Laroque: "Depois dos 60 anos, mais da metade das pessoas consideram-se em mau ou péssimo estado de saúde. Esse sentimento nem sempre corresponde à realidade, no sentido de que, abstração feita das afecções caracterizadas, ele traduz essencialmente um reflexo de medo diante do processo e das manifestações do envelhecimento." Uma pesquisa dirigida na Inglaterra por Tunbridge e Sheffield, em 1956, tinha chegado a resultados opostos; a equipe interrogou velhos sobre sua saúde; estimou que, entre os homens, apenas 26% dentre eles passavam bem, enquanto 64% julgavam-se em perfeito estado; entre as mulheres, 23% gozavam de boa saúde, enquanto 48% pensavam estar bem. Em geral — concluíram os pesquisadores — o grande velho desnutrido é um deficiente respiratório, um deficiente motor, um deficiente mental. Mas ele não se dá conta disso.

Essa ideia parece confirmada por um fato que assinalei: os doentes idosos consultam muito menos os médicos e consomem muito menos medicamentos do que os doentes mais jovens. Foram formados numa sociedade na qual as pessoas cuidavam-se menos que hoje: essa explicação não basta, pois, em muitos outros pontos, eles caminham com seu tempo. O professor A. Ciusa, que trabalha no Instituto de Geriatria de Bucareste, notando que as pessoas idosas geralmente não fazem valer seus direitos à proteção da saúde, dá para isso duas razões: "1º Não se dão conta do momento em que seu estado se torna patológico; perturbações, mesmo graves, parecem-lhes inerentes à sua idade. 2º Adotaram uma atitude passiva de renúncia, muito mais frequente do que a atitude contrária de exacerbação das preocupações, e que decorre de um sentimento de inutilidade."

Em suma, há verdade na ideia de Galeno que situa a velhice a meio caminho entre a doença e a saúde. De maneira desconcertante, ela é um estado normalmente anormal. "É normal, isto é, conforme a lei biológica do envelhecimento, que a redução progressiva das margens de segurança acarrete a baixa dos limiares de resistência às agressões do meio", escreve Canghilem. "As normas de um velho teriam sido consideradas deficiências no mesmo homem adulto." Quando as pessoas idosas se dizem doentes — mesmo sem sê-lo —, sublinham essa anomalia; adotam um ponto de vista de homem ainda jovem, que acharia inquietante ser um pouco surdo, presbita, ter indisposições, cansar-se rapidamente. Quando se declaram satisfeitos com sua saúde, quando param de se cuidar, instalam-se na velhice: esta dá conta de suas perturbações. A atitude dos idosos depende de sua opinião geral com relação à velhice. Eles sabem que os velhos são olhados como uma espécie inferior. Assim, muitos deles tomam como um insulto qualquer alusão à sua idade: querem, a todo preço, crer que são jovens: preferem acreditar-se em mau estado de saúde a considerar-se idosos. Outros acham cômodo dizerem-se velhos, prematuramente: a velhice fornece álibis, autoriza a baixar as exigências — é menos cansativo abandonar-se a ela do que recusá-la. Outros, sem aceitar complacentemente a velhice, ainda a preferem às doenças que lhes causam medo, e que obrigariam a tomar certas medidas.

Um pesquisador que interrogou os pensionistas de uma residência da CNRO[163] resume suas impressões assim: "É o conjunto do corpo, de seus órgãos, de suas funções, que não funciona... a velhice traduz-se justamente por essas dificuldades físicas, por doenças, pelo retardamento de todas as funções. Essa realidade está no centro da vida cotidiana; entretanto, já nos habituamos, e ela não nos choca mais. Fala-se do assunto de maneira desligada, distanciada, crítica... Estamos assim, mas não sabemos bem por quê... estamos velhos, não vale a pena ir ao médico." Essa anomalia normal, a velhice, parece ser vivida, no plano da saúde, com uma mistura de indiferença e mal-estar. Conjuramos a ideia de doença, invocando a idade; eludimos a noção de idade, invocando a doença, e, com esse ardil, conseguimos não acreditar nem em uma nem em outra.

A aparência de nosso corpo e de nosso rosto nos informa com mais certeza: que contraste com nossos 20 anos! Só que essa mudança se opera continuamente, e nós mal a percebemos. Mme. de Sévigné disse-o com belas palavras. Ela escreve, em 27 de janeiro de 1687: "A Providência nos conduz com tanta bondade em todos os diferentes tempos de nossa vida, que quase nem os sentimos. Essa encosta desce brandamente, e é imperceptível; é o ponteiro do relógio que não vemos caminhar. Se, aos vinte anos, nos dessem o grau de superioridade na nossa família,[164] e se nos fizessem olhar num espelho o rosto que

[163] Caixa Nacional das Aposentadorias Operárias.

[164] Ela quer dizer o decanato.

teremos ou que temos aos sessenta anos, comparando-o ao dos vinte, cairíamos para trás e teríamos medo dessa figura; mas é dia após dia que avançamos; estamos hoje como ontem, e amanhã como hoje; assim, avançamos sem sentir, e este é um dos milagres dessa Providência que eu tanto amo."[165]

Uma mudança brutal pode destruir essa tranquilidade. Aos 60 anos, Lou Andreas Salomé[166] perdeu os cabelos em consequência de uma doença; até ali, ela sentia-se "sem idade"; confessou, então, que se encontrava "do lado mau da escada". Mas a menos que haja um acidente análogo, para nos fazer parar diante do reflexo que nos propõe o espelho, e nele descobrir nossa idade, é preciso já ter razões para interrogá-lo.

Quanto às deficiências mentais, aquele que é atingido por elas é incapaz de identificá-las, se suas exigências diminuíram ao mesmo tempo que suas capacidades. La Fontaine, aos 72 anos, acreditava-se em perfeito estado físico e mental quando, em 26 de outubro de 1693, escrevia a Maucroix: "Continuo a passar bem, e tenho um apetite e um vigor exagerados. Há cinco ou seis dias, fui a Bois-le-Vicomte a pé, e sem ter comido quase nada; daqui até lá, são umas boas cinco léguas." Entretanto, em junho do mesmo ano, Ninon de Lenclos escrevia a Saint-Évremond: "Soube que desejáveis La Fontaine na Inglaterra. Não temos gozado de sua companhia em Paris: sua cabeça está bem fraca." Talvez fosse porque ele suspeitava do enfraquecimento, que se gabava a Maucroix de seu verdor: mas decidira não prestar atenção ao

[165] Diderot, ainda jovem, exprime uma ideia análoga em *Le rêve de d'Alembert*: "Se tivésseis passado num piscar de olhos da juventude à decrepitude, teríeis sido jogado neste mundo como no primeiro momento de vosso nascimento! Não teríeis mais sido vós, nem para os outros, nem para vós; para os outros, que também não teriam sido eles para vós... Como teríeis podido saber que este homem, curvado sobre um bastão, cujos olhos se haviam extinguido, que se arrastava penosamente, ainda mais diferente dele próprio por dentro do que por fora, era o mesmo que, na véspera, caminhava tão levemente, movia fardos bastante pesados, podia entregar-se às meditações mais profundas, aos exercícios mais doces e mais violentos?"

[166] Essa mulher notável foi amada por Nietzsche, por Rilke, por muitos outros. Discípula e amiga de Freud, este acolheu com muito apreço suas contribuições para a psicanálise.

fato. Nesse plano também, os sinais só adquirem valor dentro de um certo contexto.

É normal, uma vez que em nós é o outro que é velho, que a revelação de nossa idade venha dos outros. Não consentimos nisso de boa vontade. "Uma pessoa fica sempre sobressaltada quando a chamam de velha pela primeira vez", observa O.W. Holmes. Eu estremeci, aos 50 anos, quando uma estudante americana me relatou a reação de uma colega: "Mas então, Simone de Beauvoir é uma velha!" Toda uma tradição carregou essa palavra de um sentido pejorativo — ela soa como um insulto. Assim, quando ouvimos nos chamarem de velhos, muitas vezes reagimos com cólera. Mme. de Sévigné sentiu-se tocada em seus brios quando, numa carta de Mme. de La Fayette, que desejava convencê-la a voltar a Paris, leu estas palavras: "Estais velha." Queixou-se à filha, em 30 de novembro de 1689: "Pois ainda não sinto nenhuma decadência que me faça lembrar isso. Entretanto, frequentemente faço reflexões e suposições e julgo as condições da vida bastante duras. Parece-me que fui arrastada à revelia a esse ponto fatal, no qual é preciso suportar a velhice; eu a vejo, estou ali, e bem gostaria, ao menos, de arranjar-me para não ir mais longe, para não avançar nesse caminho das deficiências, das dores, das perdas de memória, das desfigurações que estão prestes a ultrajar-me e ouço uma voz que diz: 'É preciso caminhar contra a própria vontade, ou então, se não quiserdes, é preciso morrer' — que é um extremo que a natureza repudia. Eis aí, entretanto, o destino de tudo que avança um pouco demais."

Aos 68 anos, Casanova responde energicamente a um correspondente que o chamou de "venerável velho". "Eu ainda não cheguei à idade miserável na qual não se pode mais pretender à vida."

Conheci muitas mulheres que tiveram a desagradável revelação de sua idade através de uma experiência análoga à que Marie Dormoy contou a Léauteaud: aconteceu que um homem, atraído pela juventude de sua silhueta, seguiu-a na rua; no momento em que passou por ela e viu seu rosto, em vez de abordá-la, apressou o passo.

Vemos os que nos são próximos *sub specie aeternitatis*, e descobrir a velhice deles também significa um golpe para nós. Lembramo-nos do choque que teve Proust quando, ao entrar inopinadamente num cômodo, percebeu, de repente, no lugar de sua avó, que para ele não tinha idade, uma mulher velhíssima. Antes da guerra, um amigo de Sartre que viajava conosco anunciou-nos, ao entrar na sala de jantar de um hotel: "Acabo de encontrar o amigo de vocês, Pagniez, acompanhado de uma velha senhora." Ficamos perturbados; nunca havíamos pensado que Mme. Lemaire fosse uma velha senhora: era Mme. Lemaire. Um olhar estranho a metamorfoseava em uma outra. Pressenti que, a mim também, o tempo pregaria boas peças. A surpresa é ainda mais penosa quando se trata de pessoas da mesma idade que nós. Todo mundo já passou por essa experiência: encontrar alguém que mal reconhecemos, e que pousa sobre nós um olhar perplexo; dizemos para nós mesmos: como ele mudou! como eu devo ter mudado! Voltando de um enterro, Léauteaud escreve, em 25 de fevereiro de 1945, que o mais pavoroso é "a visão daquelas pessoas que conhecemos, que já não vemos há cinco ou seis anos, que não vimos envelhecer no dia a dia — embora desse modo não nos apercebamos — e que revemos, assim, com o envelhecimento de cinco ou seis anos, de um só golpe. Que espetáculo, aliás, devemos nós mesmos estar oferecendo também!" E que espanto experimentamos diante de certas fotografias! Tive dificuldade em convencer-me de que minha antiga colega do Cours Désir, cujo título de campeã de golfe e cuja desenvoltura maravilharam-me, não era aquela jovem desportista triunfante — campeã de golfe, por sua vez —, mas a velha senhora de cabelos brancos que estava perto dela, e que era sua mãe.

É preciso reler-se a longa passagem do Tempo reencontrado, na qual Proust conta como, depois de inúmeros anos, ele volta ao salão da princesa de Guermantes:

"No primeiro momento, não entendi por que hesitava em reconhecer o chefe da casa, os convidados, e por que todos 'tinham composto uma cara', geralmente empoada, e que os modificava completamente. O príncipe... tinha-se emperiquitado com uma barba branca e, arrastando algo parecido com solas de chumbo, que tornavam seus pés mais pesados, parecia ter assumido encarnar uma das Idades da vida." O narrador muitas vezes acha difícil fazer concordar sua visão atual com sua lembrança e, por exemplo, ao ver Bloch, sobrepor sua "cara débil e opinante" de velho ao ardor juvenil de sua adolescência. "Diziam-me um nome, e eu ficava estupefato ao pensar que este se aplicava ao mesmo tempo à loura valsista que eu conhecera outrora e à deselegante senhora de cabelos brancos que passava pesadamente perto de mim." Certas pessoas conservavam um rosto quase intacto, mas "pensava-se primeiro que tinham dor nas pernas, e só depois é que se entendia que a velhice tinha pregado nelas suas solas de chumbo". Outros, ainda, "não eram velhos, mas jovens de 18 anos, extremamente fanados". Proust tinha a impressão de "assistir a uma festa travestida, de ver bonecas banhando-se nas cores imateriais dos anos, bonecas que exteriorizavam o tempo". Aí está o que o surpreendia mais: o tempo era, por assim dizer, visível a olho nu. "O aspecto inteiramente novo de um ser como M. d'Argencourt era para mim uma revelação surpreendente daquela realidade do milésimo que habitualmente permanece abstrata para você... Sente-se que se seguiu a mesma lei que aquelas criaturas que se transformaram tanto... Percebi pela primeira vez, a partir das metamorfoses que se haviam produzido em todas aquelas pessoas, o tempo que havia passado para elas, o que me perturbou, pela revelação de que também para mim ele passara." Aliás, Mme. de Guermantes o chama: "Meu velho amigo." Alguém lhe diz: "Você, que é um velho parisiense." Durante o sarau, ele se persuade de sua idade: "Não víamos nosso próprio aspecto, nossas próprias idades, mas cada um, como num espelho diante de si, via a idade do outro."

Um dia, em Roma, assisti a uma transformação inversa: uma grande americana sexagenária sentou-se num terraço de café onde eu me encontrava. Falando com uma amiga, ela riu de repente, um riso estrepitoso de mulher jovem, que a transfigurou e que me fez retroceder 20 anos atrás, à Califórnia, onde eu a conhecera. Ali também, a brusca contração do tempo desvendou-me com uma dolorosa evidência a sua força devastadora. Habituei-me a ver na tela ou nas revistas o rosto que têm hoje as velhas celebridades que são minhas contemporâneas; estremeço ao reencontrar nos filmes ou nos jornais de outrora sua frescura esquecida.

Queiramos ou não, acabamos por render-nos ao ponto de vista de outrem. Aos 70 anos, Jouhandeau morigera-se: "Durante meio século não cessei de ter 20 anos. Chegou o momento de renunciar a essa usurpação." Mas essa "resignação" não é tão simples. Esbarramos numa espécie de escândalo intelectual: devemos assumir uma realidade que é, indubitavelmente, nós mesmos, embora ela nos atinja do exterior e nos permaneça inapreensível. Há uma contradição insolúvel entre a evidência íntima que nos garante nossa permanência e a certeza objetiva de nossa metamorfose. Só podemos oscilar de uma à outra, sem jamais conciliá-las firmemente.

É que a velhice pertence àquela categoria que Sartre[167] chamou: os irrealizáveis. Seu número é infinito, pois representam o inverso de nossa situação. O que somos para outrem, é impossível vivê-lo no modo do para-si. O irrealizável é o "meu ser a distância, que limita todas as minhas escolhas e constitui o seu avesso". Francesa, mulher de escritor, sexagenária: essa situação que eu vivo é, no meio do mundo, uma forma objetiva que me escapa. Mas o irrealizável não se revela como tal, senão à luz de um projeto que visa a realizá-lo. Francesa, na França, nada me incita a me interrogar sobre o sentido que tem essa qualificação; em país estrangeiro ou hostil, minha nacionalidade existiria para mim, e eu teria que adotar uma certa atitude com relação a ela: reivindicá-la, dissimulá-la, esquecê-la etc. Em nossa sociedade, a pessoa idosa é designada como tal pelos costumes, pelos comportamentos de outrem, pelo próprio vocabulário: ela tem que assumir essa realidade. Há uma infinidade de maneiras de fazê-lo: nenhuma me permitirá coincidir com a realidade que assumo. A velhice é um além de minha vida, do qual não posso ter nenhuma plena experiência interior. De maneira mais geral, meu ego é um objeto transcendente, que não habita minha consciência, e que só pode ser visualizado a distância.

Essa visualização opera-se através de uma imagem: tentamos representar quem somos através da visão que os outros têm de nós. A própria imagem não é dada na consciência: é um feixe de intencionalidades dirigidas através de um *analogon* em direção a um objeto ausente. Ela é genérica, contraditória e vaga. Entretanto, há períodos em que basta para nos assegurar de nossa identidade: é o caso das crianças, quando se sentem amadas. Ficam satisfeitas com o reflexo de si mesmas que descobrem através das palavras e dos comportamentos dos que lhes são próximos, conformam-se a eles e os assumem. No limiar da adolescência, a imagem se quebra: a falta de jeito da idade ingrata vem do fato de que não se sabe logo pelo que substituí-la. Produz-se uma flutuação análoga no limiar da velhice. Os psiquiatras falam, nos dois casos, de "crise de identificação". Mas há grandes diferenças. O adolescente se dá conta de que atravessa um período de transição; seu corpo se transforma e o incomoda. O indivíduo idoso sente-se velho através dos outros, sem ter experimentado sérias

---

[167] *O ser e o nada.*

mutações;[168] interiormente, não adere à etiqueta que se cola a ele: não sabe mais quem é. Em *La Mise à mort*, Aragon simbolizou essa ignorância e a confusão que ela gera: o herói não percebe mais seu reflexo nos espelhos; não é mais capaz de se ver.

É preciso buscar no inconsciente dos sujeitos em questão a razão profunda dessa assimetria. Freud disse: o inconsciente não distingue o verdadeiro do falso; é um conjunto estruturado de desejos; não é reflexivo. Mas pode ou não opor obstáculo à reflexão. Não perturba a passagem do adolescente à idade adulta. Efetivamente, a sexualidade do adulto é pressentida na do rapaz, e mesmo na da criança. Sua condição lhes parece, em geral, desejável, porque lhes permitirá satisfazer seus desejos. O rapazinho tem fantasmas de virilidade, a mocinha sonha com sua futura feminilidade. Nas brincadeiras e nas histórias que contam, antecipam prazerosamente esse futuro. O adulto, ao contrário, associa a idade avançada a fantasmas de castração. E, como sublinha o psicanalista Martin Grotjhan, nosso inconsciente ignora a velhice. Ele alimenta a ilusão de uma eterna juventude. Quando essa ilusão é abalada, provoca em inúmeros sujeitos um traumatismo narcísico que gera uma psicose depressiva.

Vemos como se explica essa "surpresa", essa incredulidade, esse escândalo que geralmente suscita, no homem idoso, a revelação de sua idade. Entre os irrealizáveis que nos rodeiam, essa revelação é o que somos incitados a realizar de maneira mais urgente, e é o que conscientemente e inconscientemente temos mais repugnância em assumir. É esse fato que nos permitirá entender as atitudes (à primeira vista, muitas vezes desconcertantes) do velho com relação à sua condição. É porque a idade não é vivida no modo do para-si, porque não temos dela uma experiência transparente como a do *cogito*, que é possível declarar-se velho cedo, ou se acreditar jovem até o fim. Essas opções manifestam nossa relação global com o mundo. Baudelaire, jovem, exprime a repulsa que este lhe inspira, quando escreve: "Tenho mais lembranças do que se tivesse mil anos." Por causa de sua situação familiar, viver sempre pareceu a Flaubert um empreendimento extenuante; desde a infância, ele se declarou "velho". Quando, aos 54 anos, estando o marido de sua sobrinha ameaçado de falência, ele temeu que se vendesse Croisset,

[168] A menopausa é vivida fisicamente pela mulher; mas ocorre bem antes da velhice.

ficou desesperado: "Não posso mais! Estou esgotado. As lágrimas reprimidas me sufocam, e estou à beira do abismo. O que me desola, minha pobre Caro, é a tua ruína. Tua ruína presente, e o futuro. Decair não tem graça." Tratava-se de uma decadência econômica que o angustiava e que o humilhava. Logo associa a ela a ideia de uma decadência biológica, devida à idade: "A vida não tem graça, e eu começo uma lúgubre velhice." Salva a propriedade de Croisset, mas dependendo do sobrinho, com quem tinha más relações, e sempre temendo a ruína, Flaubert não consegue mais trabalhar, fica doente, chora, treme: "Vejo-me como um homem morto." "Desejo morrer o mais rápido possível, pois estou acabado, vazio, e mais velho do que se tivesse cem anos." E ainda: "Na minha idade, não recomeçamos: acabamos, ou então despencamos." Ele não pôde escrever mais. Mas continuou a sentir-se oprimido pela idade, e morreu prematuramente.

Quando estão cansados de sua profissão, de sua vida, certos indivíduos se dizem velhos, embora seu comportamento não seja o de uma pessoa idosa. A equipe do professor Bourlière examinou um grupo de 107 professores — 52 mulheres e 55 homens — com um pouco mais de 55 anos; 40% pareciam mais jovens do que eram; e apenas 3% pareciam menos jovens. Seus desempenhos psicométricos eram notáveis. Tinham atividades intelectuais e sociais muito intensas. Entretanto, sua resistência física era inferior à média; queixavam-se de fadiga nervosa; julgavam-se com pessimismo, e se achavam velhos. É que a profissão de professor é, efetivamente, muito desgastante para os nervos. Estafados, tensos, esses sujeitos sentiam-se, com razão, gastos, e a ideia de desgaste atrai a de velhice.

Quase sempre, o sujeito se prevalece da distância que separa o em-si do para-si, para aspirar a essa juventude eterna cobiçada por seu inconsciente. Em 1954, na América, uma equipe dirigida por Tuckman e Lorge interrogou 1.032 pessoas de diversas idades, para saber se elas se sentiam jovens ou velhas. Por volta dos 60 anos, apenas um número muito pequeno se declarou velho; depois dos 80 anos, 53% se disseram velhos, 36% de meia-idade, 11% jovens. Recentemente, à mesma pergunta, a maioria dos pensionistas de uma residência para velhos, criada pela CNRO, respondeu: "Não me sinto velho de maneira nenhuma. Nunca penso na velhice... Nunca vou ao médico... ainda tenho 20 anos." Nesse caso, falar de cegueira psíquica, de defesa perceptual, como fazem certos psicólogos, é insuficiente. É preciso, ainda, que essa cegueira seja possível; ela o é porque todo irrealizável incita a essa afirmação. "Comigo, não é a mesma coisa." Confrontados com pessoas da mesma idade que nós, ficamos tentados a nos colocarmos numa categoria diferente da delas, já que só as vemos de fora, e que não supomos nelas os mesmos sentimentos desse ser único que cada um é para si. Uma das pensionistas da residência criada pela CNRO disse: "Não me sinto nada velha; às vezes, ajudo as vovozinhas; depois, digo para mim mesma: mas você também é uma vovozinha." Espontaneamente, diante das outras velhas, ela não tem idade; tem que fazer um esforço reflexivo para incorporar seu caso ao das outras. É significativo que, no momento dessa tomada de consciência, ela chame a si própria de "você": é com a outra, nela, que fala: com essa outra que ela é para os outros, mas de quem não tem nenhuma consciência imediata.

Para um homem que está satisfeito consigo mesmo e com sua condição, e que tem boas relações com os que o cercam, a idade permanece abstrata. É o que quer dizer Saint-John Perse, quando escreve, em um de seus últimos poemas: "Idade avançada, vós mentíeis... O tempo que o ano mede não é medida de nossos dias." Gide, que conservara a integridade de suas faculdades físicas e mentais, escreve, em 19 de junho de 1930: "Tenho que fazer um grande esforço para me persuadir de que hoje tenho a idade daqueles que me pareciam tão velhos, quando eu era jovem."

Nada nos impõe interiormente a necessidade de nos reconhecermos na imagem que nos foi fornecida pelos outros, e que nos amedrontava. É por isso que é possível recusá-la verbalmente, e recusá-la também através de nosso comportamento, sendo a própria recusa uma forma de assunção.[169] É uma opção frequente entre certas mulheres que apostaram tudo na sua feminilidade, e para quem a idade é uma radical desqualificação. Com as roupas, a maquiagem, os gestos, elas procuram atrair

[169] Em certos casos patológicos, a recusa chega a uma perversão da percepção e da memória. É assim no caso de Noémie, apresentado pelo professor Delay. Aos 64 anos, ela dizia com convicção: "Sou uma meninazinha, tenho oito anos", ou "10 anos", ou, algumas vezes, "16 anos". Objetava-se: "Mas você tem cabelos brancos. — Há gente que fica de cabelos brancos cedo." Ela pensava ter retornado à infância, e vivia como presentes cenas de seu passado. É o fenômeno da ecmnésia.

alguém, mas procuram sobretudo convencer-se histericamente de que escapam à lei comum. Agarram-se à ideia de que "isso só acontece aos outros" e que, para elas, que não são os outros, "não é a mesma coisa".

Qualquer pessoa que se gabe de ser lúcida rechaça essa ilusão, mas ela renasce sem cessar, e é preciso combatê-la continuamente. Em suas cartas, Mme. de Sévigné testemunha essa luta. Jovem ainda, ela falava da "horrível velhice". Mais tarde, angustiava-se diante da decadência dos outros. Escreve, em 15 de abril de 1685: "Ah! minha cara, como é humilhante suportar a borra do espírito e do corpo, e como, se pudéssemos escolher, seria bem mais agradável deixar de nós uma memória digna de ser conservada, ao invés de danificá-la e desfigurá-la com todas as misérias que a velhice e as deficiências físicas nos trazem! Eu gostaria desses países onde, por amizade, se matam seus velhos pais, caso isso se pudesse conciliar com o cristianismo."

Cinco anos mais tarde, ela sabe que não é mais jovem, mas precisa argumentar consigo mesma para convencer-se disso. Depois de um passeio, num belo dia de primavera que a deixou encantada, ela escreve, em 20 de abril de 1690: "É pena que, tendo-me atirado com tanta força nessa bela juventude, não tenha permanecido em mim algum vestígio dela:

"Mas, ai de nós! quando a idade nos gela
Nossos belos dias não retornam jamais!"

"É triste, mas gosto de me dar, de vez em quando, umas patadas, para mortificar minha imaginação, que ainda está cheia de frivolidades e dos prazeres aos quais seria preciso renunciar, embora sejam considerados inocentes."

E, em 26 de abril de 1695: "Para mim, a quem nada ainda anuncia o número de anos que tenho, fico, às vezes, surpresa com minha saúde; estou curada de mil pequenos incômodos que tinha outrora; não só avanço devagar como uma tartaruga, como estou pronta a crer que ando como um caranguejo; entretanto, esforço-me para não me iludir com essas aparências enganosas."

Em seu *Journal*, Gide fala muitas vezes dessas oscilações entre nossa convicção íntima e um saber objetivo. Ele escreve, em março de 1935: "Se eu não repetisse continuamente para mim mesmo minha idade, certamente não a sentiria. E, mesmo repetindo como uma lição a ser decorada: 'já passei dos 65 anos', tenho dificuldade em me convencer, e só tenho certeza do seguinte: é estreito o espaço no qual meus desejos e minha alegria, minhas virtudes e minha vontade ainda podem esperar expandir-se. Eles nunca foram mais exigentes."

Em 17 de janeiro de 1943: "Não sinto minha idade, e é sem chegar a me convencer verdadeiramente que me repito a todo instante: 'Meu pobre velho, já viveste mesmo teus 73 anos.'"

Enquanto o sentimento íntimo de juventude permanece vivo, é a verdade objetiva da idade que parece uma aparência; tem-se a impressão de estar usando uma máscara emprestada. Juliette Drouet escrevia a Hugo, assegurando-lhe que seu amor resistia ao tempo: "O cenário mudou, e eu vesti o disfarce da velhice." Gide fala em papel, em traje. Anota, em 6 de março de 1941: "Minha alma permaneceu jovem, a tal ponto que me parece sempre que o septuagenário, que indubitavelmente sou, é um papel que assumo; e as deficiências, as fraquezas que me lembram minha idade vêm, como se fossem um ponto de teatro, fazer-me lembrá-la, sempre que eu tender a esquecê-la. Então, como bom ator que quero ser, volto ao meu personagem, e empenho-me em representá-lo bem.

"Mas seria muito mais natural abandonar-me à primavera que chega; simplesmente, sinto que não tenho mais o traje adequado."

Será verdade que ele representa artificialmente o personagem que lhe é exigido pela sociedade? Ou será por horror à velhice que considera seus comportamentos de septuagenário como um jogo? Em todo caso, o caráter irrealizável da velhice afirma-se de novo nesse texto.

Falar em disfarce, em traje, em jogo, é uma maneira de eludir o problema. Para sair da "crise de identificação", é preciso aderir francamente a uma nova imagem de si mesmo. Há casos em que o adulto elaborou com antecedência uma imagem horrível ou triunfante de sua velhice: Swift, quando descreveu os Struddburg, Hugo, quando evocou os Burgraves, Eviradnus, Booz. Chegada a hora, eles adotam essa imagem, ou, pelo menos, utilizam-na. Mas geralmente somos apanhados desprevenidos e, para reencontrar uma visão de nós mesmos, somos obrigados a passar pelo outro: como esse outro me vê? Pergunto-o ao meu espelho. A resposta é incerta: as pessoas nos veem, cada uma à sua maneira, e nossa própria percepção certamente não coincide com nenhuma das outras. Todos concordam em reconhecer em nosso rosto o de uma pessoa idosa; mas para os que nos reencontram depois de anos, esse rosto mudou, estragou-se; para os que nos são próximos, ele é sempre o nosso: a identidade sobrepuja as alterações; para os estranhos, é o rosto normal de um sexagenário, de uma septuagenária. E para nós? Interpretaremos nosso reflexo com bom ou mau humor, ou com indiferença, segundo nossa atitude global com relação à velhice. Voltaire tinha com a sua tão boas relações, que consentiu em se deixar esculpir, nu, por Pigalle. Não gostava de nenhum dos retratos que haviam feito dele, e a ideia de um novo busto começou por desagradá-lo. Escreveu a Mme. Necker: "M. Pigalle deve vir, dizem, modelar meu rosto; mas, Mme., seria preciso que eu tivesse um rosto: mal se adivinharia o lugar dele. Meus olhos afundaram três polegadas, minhas faces são um velho pergaminho mal colado sobre ossos que não sustentam nada. Os poucos dentes que tinha foram-se... Nunca se esculpiu um homem neste estado." No entanto, acaba por aceitar. Apesar de julgar sua aparência com severidade, Voltaire adaptava-se, porque se adaptava ao conjunto de sua condição.

Nem na literatura, nem na vida, encontrei qualquer mulher que considerasse sua velhice com complacência. Do mesmo modo, nunca se fala em "bela velha"; no máximo se dirá "uma encantadora anciã".[170] Ao passo que admiramos certos "belos velhos"; o macho não é uma presa; não se exige dele nem frescor, nem doçura, nem graça, mas a força e a inteligência do sujeito conquistador; os cabelos brancos e as rugas não contradizem esse ideal viril. O Moisés de Miguel Ângelo, o Booz adormecido de Hugo autorizam identificações lisonjeiras. O avô de Sartre, tal como este o descreve em *As palavras*, identificava-se com essa figura de patriarca poderoso e sábio. Ele sempre se sentira muito satisfeito consigo mesmo; gozava de magnífica saúde. Comprazia-se com seu papel de chefe respeitado, de avô querido, de velho sedutor. Sartre diz que ele dava continuamente a impressão de posar para um fotógrafo invisível: isto é, representava papéis destinados a impor aos outros uma imagem que na verdade assumia.

---

[170] O tema poético "A uma bela velha", frequentemente explorado em diferentes séculos e diferentes países, é o de uma antiga beldade que deixou de sê-lo ao se tornar velha. Só conheço uma exceção: a "*Ode à une belle vieille*", de Maynard.

O exemplo mais divertido de narcisismo senil é o que fornece o *Journal*, de Léautaud: falarei dele mais adiante, com relação à sua sexualidade.

Mesmo sentindo a proximidade do declínio, Jouhandeau, por volta dos 80 anos, encara seu corpo com uma percepção bastante favorável. Nas suas *Réflexions sur la vieillesse et la mort*, ele escreve: "É verdade que ainda não sou um objeto de repulsa. Permaneço mesmo relativamente jovem, apesar da minha idade, porque sou magro, digamos, esbelto; mas provavelmente já pressenti em meu corpo essa fenda, essa sombria perda de viço, que são os sinais do envelhecimento, e começo piedosamente a amortalhá-lo. Já não posso mais me ver sem melancolia. Em meu olhar, as tiras do embalsamador já se apoderam da minha aparência, e me escondem de mim mesmo com uma espécie de respeito."

Yeats, idoso, em sua relação consigo mesmo, oscila entre atitudes opostas. Em plena glória — acabava de receber o prêmio Nobel aos 57 anos — estava cheio de amargura com relação à velhice; só enxergava de um olho, e temia a surdez, mas era sobretudo a própria idade que o exasperava: "Estou cansado e furioso por estar velho; sou tudo o que era, e até mais, mas um inimigo atou-me e torceu-me de tal maneira que posso fazer planos e pensar melhor do que nunca, mas não posso mais executar o que projeto e o que penso." No entanto, ele ainda era capaz de escrever versos belíssimos. Em muitos deles, exala sua cólera contra a velhice: "Que farei eu desse absurdo, oh, meu conturbado coração/dessa caricatura, a decrepitude, que pregaram em mim, como a cauda de um cão?" O que o exaspera é o lado adventício dessa inelutável velhice; também ele tropeça no escândalo dessa irrealizável realidade: ele é o mesmo, mas fizeram-no passar por um tratamento odioso. Em um de seus últimos poemas, evoca a mulher que amou outrora, e descreve o casal que agora formam: dois velhos espantalhos que fazem um horrível contraste com a imagem de sua juventude. É um espetáculo tão medonho que, se uma mulher pudesse imaginar seu filho tal como será aos 60 anos, renunciaria à maternidade. Entretanto, Yeats comprazia-se em representar o papel de um velho extravagante. Assombra a Academia irlandesa, anunciando num discurso que ia metamorfosear-se em borboleta "e voar, e voar, e voar". Descrevia-se como um *60 years old smiling public man*; mais tarde, assumiu o personagem do *Wild old wicked man*.

Se um homem idoso detesta sua velhice, sente repugnância diante de sua própria imagem. Chateaubriand, politicamente desprestigiado, e cuja celebridade se extinguia, odiava a velhice: "A velhice é um naufrágio", dizia ele. A um pintor que desejava fazer seu retrato, respondeu, com altivez: "Na minha idade, não resta vida bastante no rosto de um homem, para que se ouse confiar as ruínas dele ao pincel." Wagner tinha horror de envelhecer. Olhando-se no espelho de uma loja, disse, com mau humor: "Não me reconheço nessa cabeça grisalha: será possível que eu tenha 68 anos?" Convencido de que seu gênio o arrancava do espaço e do tempo, ver-se definido, parado, resumido no seu reflexo, pareceu-lhe um escândalo. Gide, que aos 70 anos sentia-se jovem, teve, depois, dificuldade em aceitar sua velhice. Aos 80 anos, escreve, em *Ainsi soit-il*: "Ah! ora essa, é preciso que eu não me encontre num espelho: esses olhos empapuçados, essas faces encovadas, esse olhar apagado. Estou de fazer medo, e isso me dá uma depressão atroz." A Léautaud, que lhe falava da "coisa atroz que é envelhecer", Valéry respondeu: "Não me fale disso, nunca me olho no espelho, a não ser para me barbear." Na verdade, marcados pela idade, os rostos de Valéry e de Gide tinham permanecido belos. Era a sua velhice que manifestava aos olhos deles a mudança que observavam no espelho, e era a própria velhice que detestavam. O mesmo ocorre quando Aragon escreve: "E vejo com horror aparecerem em minhas mãos as manchas de cobre da idade" — não são as manchas em si que lhe repugnam, mas a idade que denunciam.

Ronsard exprimiu a repulsa que lhe inspirava seu corpo murcho. Vimos que ele sempre detestara a velhice. Um ano antes de sua morte — tinha apenas 60 anos, mas na sua época era uma idade avançada — estava doente e insone. Queixa-se disso em muitos sonetos. Em um deles, escreve:

"Não sou mais do que ossos, um esqueleto pareço
Descarnado, sem nervos, sem músculos, sem estofo,
Que o traço da morte, sem perdão, golpeou.
Meus braços não ouso olhar, por medo de estremecer."

A descrição mais cruel que um homem já idoso fez de si mesmo é a de Miguel Ângelo. Ele estava oprimido por dores físicas e preocupações. É com amargura que escreve:

"Estou despedaçado, esvaziado, desconjuntado por meus longos trabalhos, e a hospedaria à qual me encaminho para viver e comer em comum é a morte... Num saco de pele cheio de ossos e de nervos, guardo uma vespa que zumbe, e num canal, tenho três pedras de piche. Meu rosto parece um espantalho. Estou como esses trapos estendidos nos dias de seca nos campos, e que bastam para espantar os corvos. Em uma de minhas orelhas, corre uma aranha, e na outra, um grilo canta a noite inteira. Oprimido por meu catarro, não posso dormir, nem roncar."

Escreveu, também, num soneto:

"Outrora nossos olhos refletiam, inteiros,
Nos seus dois espelhos, a luz.
Agora estão vazios, baços e negros.
É a esse estado que o tempo conduz."

E, numa carta, a Vasari: "Meu rosto tem algo que faz medo." No autorretrato que deixou, sob a figura de São Bartolomeu, no afresco do Juízo Final, pintou-se semelhante a uma máscara fúnebre, sombrio, quase acuado, presa de uma tristeza à qual se resigna mal.

É interessante considerar os autorretratos dos pintores idosos: através de seus rostos, eles exprimem a relação que têm com a própria vida, e com o mundo, no momento em que suspendem as contas.

Da Vinci, aos 60 anos, fez de seu rosto uma extraordinária alegoria da velhice; a torrente da barba e dos cabelos, a moita das sobrancelhas indicam uma vitalidade intacta e mesmo impetuosa; os traços são esculpidos pela experiência e pelo conhecimento; são os de um homem chegado ao apogeu de sua força intelectual, e que se situa além da alegria e da tristeza; está desiludido, à beira da amargura, sem, entretanto, entregar-se. Rembrandt, que durante toda a sua vida fixou na tela diversos rostos, nos lega, em seu último retrato, uma espécie de testamento. Atingiu o cume de sua arte, e sabe disso; tem por trás de si uma obra da qual pode, com todo o direito, orgulhar-se; fez o que queria fazer, e venceu; mas conhece a parte de fracasso que todo sucesso implica, e, olhando-se no espelho, parece perguntar ao seu duplo: e então? Tintoretto pintou-se em 1558, com mais de 70 anos. Sartre analisou esse quadro num texto inédito. O Tintoretto, diz ele, nos revela que está desesperado. Fixou na tela "um velho estupor prostrado, crispado como sua vida, endurecido como suas artérias... Pinta-se na tela com a solidão de um cadáver... Considera-se culpado: se não fosse assim, teria ele esse olhar perseguido de velho assassino?" Pergunta-se: "Eu, que sou um grande pintor, o maior do meu século, que fiz da pintura?..." Entretanto, que tom de rancor! No momento de confessar, ele acusa. Quem? Os homens, certamente...Pensamos ouvi-lo repetir infinitamente: eu não entendo. Entretanto: "Fica qualquer coisa nele que nos obriga a manter distância: o orgulho austero de seu desespero." No autorretrato que Ticiano pintou aos 80 ou 90 anos (segundo a data que se atribui ao seu nascimento), sua expressão grave e serena é bastante convencional.

Conheço apenas um autorretrato de velho francamente alegre: o que Monet pintou para dar de presente a Clemenceau. Embora sua vista, num dado momento, se tenha embaçado, e ele não conseguisse mais distinguir as cores com exatidão, nunca cessou de pintar: supria com a memória as deficiências da percepção. Em seguida, recuperou uma perfeita visão e produziu na idade avançada suas mais surpreendentes obras-primas. Acontecia-lhe duvidar do valor de sua pintura; mas o problema era secundário: a alegria de pintar suplantava tudo. Dotado de uma capacidade de trabalho surpreendente, gozando de excelente saúde, cercado de amigos, amando a vida, é assim que ele se representa na tela, no que poderíamos chamar a exuberância da velhice: empertigado, risonho, tez brilhante, barba abundante, olhar cheio de fogo e de alegria.

É preciso assinalar o autorretrato de Goya, aos 70 anos. Ele negou sua idade. Pintou-se com os traços de um homem de 50 anos.

Por mais que tenhamos encontrado uma imagem mais ou menos convincente, mais ou menos satisfatória de nós mesmos, temos que viver essa velhice que somos incapazes de realizar. E, em primeiro lugar, vivemo-la no nosso corpo. Não é ele que nos vai revelá-la; mas, uma vez que sabemos que a velhice o habita, o corpo nos inquieta. A indiferença das pessoas idosas para com sua saúde é mais aparente que real; se prestarmos mais atenção, é ansiedade que descobrimos nelas. Essa ansiedade transparece nas suas reações aos testes de Rorschach. Em geral, grande número de sujeitos veem nas manchas de tinta imagens corporais: entre as pessoas idosas, as interpretações anatômicas são muito raras e muito pobres. Elas têm um caráter mórbido: são, por exemplo, pulmões, estômagos, vistos com raios-X. As visões deformantes são frequentes: eles distinguem esqueletos, monstros, rostos medonhos. Essa ansiedade chega às vezes à hipocondria. Muitas vezes, o aposentado dá a seu corpo a atenção que seu trabalho não lhe exige mais. Queixa-se de suas dores para esconder de si próprio que sofre uma perda de prestígio. Para muitos, a doença serve de desculpa para a inferioridade que, dali para a frente, será seu quinhão. Ela pode ser uma justificação de seu egocentrismo: o corpo exige, desse momento em diante, todos os cuidados. Mas é com base numa angústia bem real que se definem esses comportamentos.

Encontram-se, em escritores idosos, confissões dessa ansiedade. Em seu *Journal*, em 10 de junho de 1892, Edmond de Goncourt evoca: "Anos medrosos, dias ansiosos nos quais qualquer dodói ou indisposição nos fazem logo pensar na morte." Sabemos que resistimos menos às agressões exteriores, sentimo-nos vulneráveis: "O dissabor de ter uma certa idade é que, à menor indisposição, perguntamo-nos o que vai nos cair em cima", escreve Léautaud, em seu *Journal*. As alterações que constatamos são, por si mesmas, entristecedoras; e prenunciam outras mais definitivas. "É o desgaste, a ruína, a queda que só pode acentuar-se", escreve ainda Léautaud. É talvez o que há de mais pungente na senescência: o sentimento de irreversibilidade. Podemos ter a oportunidade de nos restabelecer de uma doença, ou, pelo menos, podemos interceptá-la. Uma deficiência devida a um acidente limita-se ao que é. As involuções devidas à senescência são irreparáveis, e sabemos que, ano após ano, elas vão ampliar-se.

Essa deterioração é fatal, ninguém escapa a ela. Mas depende de inúmeros fatores que seja lenta ou rápida, parcial ou total, e que tenha uma influência maior ou menor no conjunto da existência. Para os privilegiados a quem a própria situação deixa uma margem de liberdade, isso depende muito da maneira pela qual o sujeito retoma o controle de seu destino.[171]

---

[171] Pode acontecer que nenhuma opção seja permitida. O sujeito é vítima de um ataque, ou de uma gradual decomposição física, que desemboca na decrepitude. Assim se acaba Rodin, aos 77 anos. A partir dos 67 anos, sua saúde começou a declinar; ele atravessava momentos de prostração. Um primeiro ataque, aos 72 anos, deixou-o sombrio, rabugento e mentalmente debilitado. Depois do segundo, ficou imprestável: não sabia mais onde estava, não reconhecia Rose Beuret, a companheira de toda a sua vida. Tais casos dependem da geriatria, e não têm nada a nos revelar, do ponto de vista da experiência interior.

Com muita frequência, o peso do corpo conta menos que a atitude adotada para com ele. Votado ao otimismo, Claudel escreve, em seu *Journal*: "Oitenta anos! Foram-se os olhos, os ouvidos, os dentes, as pernas e o fôlego! E é impressionante, apesar de tudo, como se consegue passar sem tudo isso!" Oprimido por doenças, um homem como Voltaire, a quem o corpo pesou durante a vida inteira, que se declarou moribundo desde a juventude, adapta-se melhor que qualquer outro. Fala de si mesmo aos 70 anos ou mais, chamando-se "o velho doente", e depois "o octogenário doente". É, então, o ponto de vista do outro que ele adota sobre si, não sem comprazer-se com esse papel; quando, nele, é o eu que fala, diz-se habituado ao seu estado: "Há oitenta e um anos que sofro, e que vejo tanta gente sofrer e morrer à minha volta." Escreve: "O coração não envelhece, mas é triste morar nas ruínas." Constata: "Vivo todas as calamidades ligadas à decrepitude." Entretanto, rico, glorioso, venerado, mais ativo do que nunca, e apaixonado pelo que escreve, aceita sua condição com serenidade: "É verdade que estou um pouco surdo, um pouco cego, um pouco deficiente, sendo este conjunto coroado por três ou quatro deficiências abomináveis: mas nada me tira a esperança."

Outros, ao contrário, agravam suas deficiências com o ressentimento: "É um suplício conservar intacto o próprio ser intelectual aprisionado num invólucro material gasto", escreve Chateaubriand. Essa queixa faz eco à de Voltaire. Só que este último tinha a sorte de viver de pleno acordo com sua época, e até mesmo de encarná-la, o que o inclinava a um otimismo vital. Chateaubriand, tombado de seu pedestal, isolado num século que se desinteressava dele, remoía seus rancores. Embora, em 1841, ele tenha sido capaz de trabalhar nas *Mémoires d'outre-tombe*, e, até 1847 — um ano antes de sua morte —, tenha podido revê-las e corrigi-las, deixava seu corpo deteriorar-se.

Os psiquiatras chamam *gribouillisme*[172] a atitude que consiste em jogar-se na velhice por causa do horror que ela inspira. "Exagera-se." Porque se arrasta um pouco a perna, simula-se a paralisia; porque se está um pouco surdo, para-se de ouvir. As funções que não se exercem mais se degradam e, de tanto fingir de doente, fica-se doente. É uma

[172] De *gribouille* — pessoa ingênua que se joga estupidamente nos próprios aborrecimentos que deseja evitar. (N.T.)

reação comum, pelo fato de que muitos velhos são, com razão, rancorosos, exigentes, desesperados. Vingam-se dos outros, exagerando sua impotência; vimos que o caso é frequente nos asilos: porque foram abandonados, eles se abandonam, e se recusam ao menor esforço; como não se combate essa tendência — não se dá atenção a eles —, muitos acabam entrevados.

Para quem não quer soçobrar, ser velho é lutar contra a velhice. Aí está a dura novidade da condição dos idosos: viver deixa de ser algo normal. Aos 40 anos, um homem em boa saúde está biologicamente disponível. Pode ir até o limite de suas forças: sabe que irá recuperá-las rapidamente. Os riscos de doença ou acidente não o amedrontam além da conta: salvo nos casos de extrema gravidade, ele irá curar-se, ficará como antes. O homem idoso é obrigado a se poupar; um esforço excessivo poderia acarretar uma parada cardíaca; uma doença o deixaria definitivamente enfraquecido; um acidente seria irreparável, ou só se repararia muito lentamente, levando as feridas muito tempo para cicatrizar. As brigas lhe são proibidas: ele está certo de sair perdedor, e se tornaria ridículo se as provocasse. Para participar de uma manifestação, não corre mais com suficiente rapidez, e se tornaria uma carga para companheiros mais jovens. O trabalho intelectual ou físico, os exercícios e as próprias distrações trazem cansaço. Muitas vezes, o homem idoso padece de dores precisas ou difusas que tiram todo o prazer de sua existência. Colette era torturada por reumatismos. A uma admiradora que a felicitava por sua celebridade, por sua aparente felicidade, ela respondeu: "Sim, minha filha, mas há a idade. — Mas, e fora a idade? — Há a idade." Minha mãe sofreu cruelmente uma artrite, nos últimos anos de sua vida, apesar dos dez comprimidos de aspirina que tomava todo dia. A de Sartre quase perdera o prazer de viver, de tanto que seus reumatismos a atormentavam. Mesmo quando o indivíduo idoso suporta esses males com resignação, eles se interpõem entre o mundo e ele; são o preço que paga pela maioria de suas atividades. Não pode mais, portanto, ceder a caprichos, nem seguir seus impulsos: interroga-se sobre as consequências, e se vê pressionado a fazer escolhas. Se vai passear para aproveitar um belo dia, na volta sentirá dor nas pernas; se toma um banho, sua artrite o torturará. Para andar, para se lavar muitas vezes tem necessidade de ajuda: hesita em pedir, prefere privar-se. O coeficiente de adversidade das coisas cresce: as escadas são mais difíceis de subir, as distâncias mais longas de percorrer, as ruas mais perigosas de atravessar, os pacotes mais pesados de carregar. O mundo está crivado de emboscadas, eriçado de ameaças. Não é mais permitido flanar. A cada instante, colocam-se problemas, e o erro é severamente punido. Para exercer suas funções naturais, o idoso tem necessidade de artifícios: próteses, óculos, aparelhos acústicos, bengalas: "Isso também é a velhice — todo esse arsenal de óculos na minha mesa de trabalho", anota Léautaud. O triste é que a maioria dos velhos são pobres demais para comprar bons óculos, aparelhos acústicos — muito caros; eles são condenados a uma semicegueira, a uma total surdez. Encarcerados em si mesmos, caem num marasmo que os afasta da luta contra o declínio. Uma decadência parcial acarreta muitas vezes uma renúncia que é seguida, em todos os planos, de uma rápida degringolada.

Para o velho a quem a situação econômica deixa abertas diversas possibilidades, a maneira pela qual ele reage aos inconvenientes da idade depende de suas opções anteriores. Os que sempre escolheram a mediocridade não terão dificuldades em se poupar, em se reduzir. Conheci um velho inteiramente adaptado à sua idade: meu avô paterno. Egoísta, superficial, entre as atividades ocas de sua maturidade e a inatividade de seus últimos anos não havia muita distância. Ele não se sobrecarregava, não tinha preocupações, porque não tomava muita coisa a peito: sua saúde permanecia excelente. Pouco a pouco, seus passeios tornaram-se menos longos, e ele dormia com maior frequência sobre o jornal *Courrier du Centre*. Até a morte, teve o que se chama "uma bela velhice".

Só uma certa pobreza afetiva e intelectual torna aceitável esse morno equilíbrio. Há indivíduos que passaram toda a existência preparando-se para ele, e que veem aí seu apogeu. Foi o que ocorreu com o patrício veneziano do século XVI, Cornaro. Gozando, aos 85 anos, de uma saúde admirável, deu-se como exemplo para a posteridade, no tratado que escreveu, naquela época: *Da vida sóbria e bem regrada*. Ele insiste na moderação com a qual usufruiu dos prazeres, na maneira sábia de regular o emprego de seu tempo, e sobretudo na frugalidade de seu regime alimentar: durante mais de meio século, só consumia por dia 400 gramas de alimentos sólidos, e meio litro de vinho. Descreve-se cercado de amigos, de filhos e netos, com a visão e a audição em perfeito estado, lendo, escrevendo, montando a cavalo, caçando e viajando. "Considero a idade em que estou, embora bem mais avançada, a mais agradável e a mais bela de minha vida. Não trocaria de idade nem de vida com a juventude mais florescente." Ele julgava que ali estava a recompensa por ter gozado com discrição dos bens deste mundo. Na verdade, tinha menos mérito do que pretendia, pois as circunstâncias o haviam generosamente favorecido. Possuía uma imensa fortuna, morava numa casa magnífica, no meio de um vasto jardim. Viveu quase até os 100 anos, e uma de suas sobrinhas afirma que permaneceu são e mesmo vigoroso até o fim.

Sob todos os aspectos prudente, ponderado, moderado, Fontenelle, que morreu quase com 100 anos, murmurando: "Não sinto nada, além de uma certa dificuldade de ser", conduziu também sua vida de maneira a ter uma velhice bem-sucedida. Nascera franzino e, preocupado com a saúde, "poupou-se com escrupulosa diligência de toda espécie de emoção" — diz um de seus biógrafos. Tinha uma reputação de insensibilidade; apontando-lhe para o coração, Mme. du Tencin lhe disse um dia: "O que tendes aí também é cérebro." Inteligente, brilhante, apaixonado pelas ciências, ele tinha apenas 29 anos quando escreveu o livro que o tornou célebre, *Les Entretiens sur la pluralité des mondes*, seguido de muitas outras obras. Não inventou nada, limitou-se a vulgarizar a ciência do seu tempo, mas o fez com muita destreza. Foi eleito para a Academia Francesa e para a Academia de Ciências. Tinha curiosidade por tudo e, em seus livros, tratava de tudo. Não hesitava em tomar partido: defender os Modernos contra os Antigos; atacou a religião. Mas conservava sempre a cabeça fria, e evitava qualquer sobrecarga. Chegou à velhice em excelente estado de saúde, e se regozijou com isso. Segundo ele, a idade mais feliz é a "de 60 a 80 anos. Nessa idade, já estamos com uma posição definida. Não temos mais ambição; não desejamos mais nada, e usufruímos do que semeamos. É a idade da colheita já realizada". Aos 82 anos, no dizer de Mme. Geoffrin, sua conversa continuava ainda brilhante. Entretanto, aos 88 anos, ficou surdo; aos 94, sua visão diminuiu muito. Os anfitriões, em cujas casas frequentava saraus, tinham-no mais na conta de importuno.

Swift foi vítima ao mesmo tempo de um problema fisiológico — quando morreu, encontrou-se água em seu crânio —, da situação da Irlanda e de suas sombrias disposições com relação à humanidade. Sempre fora ambicioso e valorizava avidamente o dinheiro: sua carreira e sua modesta fortuna o deixavam insatisfeito. Muito preocupado com "o que iriam dizer", sentia-se facilmente perseguido — ainda mais porque lhe aconteceu realmente sofrer perseguição. Apesar das apologias que fez de si mesmo por escrito, ele não se estimava. Por todos esses motivos, detestava seus semelhantes; manifestara seu ódio retratando os Yahus, e depois os Struddburg; através destes últimos, fizera horríveis descrições da velhice. Quando esta se apoderou dele, debateu-se contra ela furiosamente. Quando perdeu Stella, aos 59 anos, estava já muito acabado: ouvia mal, tinha vertigens: "Estou sempre muito doente, vacilante e surdo... e ficaria muito contente se Deus quisesse chamar-me para perto dele." Depois de cortejar os *whigs*, os *tories*, e depois novamente os *whigs*, esperara que a rainha Carolina lhe confiasse na Inglaterra um cargo importante; mas caíra em desgraça, e voltara definitivamente de Londres a Dublin. Mais do que nunca, sentia-se mal nessa cidade, "o lugar mais sujo que existe na Europa". Diante da pobreza e da sujeira irlandesas, ele oscilava entre a tristeza e o furor. Aos 61 anos, redigiu o mais amargo de seus panfletos sobre os filhos dos pobres da Irlanda. Sua repulsa pelo mundo e pela vida era tão violenta, que sentia mais do que nunca a necessidade de exalá-la por escrito: provavelmente era por isso que ele lutava contra o declínio com um encarniçamento furioso. Para vencer a surdez e as vertigens, restringia-se a fazer exercício: longos passeios, a pé ou a cavalo. Quando chovia, subia e descia freneticamente sua escada. Seu horror do corpo humano traduziu-se, então, por poemas escatológicos. Embora cercado de mulheres maduras e atraído por mulheres jovens, tornava-se cada vez mais misógino. O ressentimento o devorava. Escreve, numa nota, que, depois da morte da rainha Ana, "os mais elevados cargos eclesiásticos couberam aos mais ignorantes, os fanáticos foram adulados, a Irlanda completamente arruinada e reduzida à escravidão, enquanto alguns ministros acumulavam milhões". Sua saúde deteriorava-se. Em 3 de abril de 1733, aos 65 anos, ele escreve: "Faz um mês que minhas velhas vertigens me têm deixado tão doente, que me entreguei aos cuidados de Deally, e tomo remédio todos os dias. Titubeio na obscuridade. Entretanto, luto e monto a cavalo pelo menos três vezes por semana. A essa enumeração das minhas deficiências, acrescentaria apenas que perdi a metade de minha memória e todas as minhas faculdades de invenção." E, em 9 de outubro de 1733: "Meu moral está inteiramente baixo." Seu único consolo é escrever panfletos cada vez mais virulentos; ao que parece, é mesmo aí que está o motivo pelo qual ele teima em viver: não quer parar de odiar, e de gritar seu ódio. Redige um panfleto sobre um "asilo para incuráveis"; ali seriam encarcerados os tolos incuráveis, os canalhas incuráveis, as megeras incuráveis, e incuráveis de várias outras espécies ainda: a saber, a metade da nação, e ele próprio. Talvez esse texto traduza uma inquietude pessoal; talvez ele tivesse medo de ficar louco. Em todo caso, sentia afinidades com os loucos, pois legou todos os seus bens ao asilo de alienados de Dublin. Todos os seus amigos estavam mortos; ele escreveu a Pope: "Agora, só me restais vós; sede bom o suficiente para sobreviver a mim." O jovem Sheridan o descreve: "Sua memória mostrava-se bem enfraquecida, e o declínio das outras faculdades era evidente; seu gênio, instável, triste, melancólico, e sujeito a arrebatamentos súbitos." A avareza agravara-se. Bem distanciado do otimismo atordoado de um La Fontaine, ele tinha perfeita consciência de sua decadência intelectual. Quando se festejou seu 70º aniversário, disse, com amargura: "Não sou mais que a sombra de mim mesmo." A gota o torturava. Não suportava sentir-se enfraquecido; remoía rancores, e suspeitava malevolência em todo mundo. A política da Inglaterra para com a Irlanda continuava a revoltá-lo, e sua ira não se apaziguaria. Quando Londres fez baixar o título das moedas de ouro irlandesas, ele içou a bandeira negra sobre o campanário de Saint Patrick. Em 1742, chegou às vias de fato com um dos cônegos daquela igreja; uma comissão declarou, então: "Ele não está mais são de espírito, nem de memória." Vegetou ainda três anos.

Contemporâneo e amigo de Emerson, Whitman inspirava-se, em seus poemas, num otimismo vitalista. Cantava a vida sob todas as suas formas. Quando estava na força da idade, exaltou liricamente a velhice. Lê-se nas *Folhas de relva*:

> À VELHICE
> "Eu vejo em ti o estuário que cresce e se estende
> magnificamente, à medida que se derrama no grande
> oceano."[173]

---

[173] Cf. Ruzzante: "A velhice é uma poça onde se juntam todas as águas malsãs, e que não tem outro escoadouro senão a morte."

E, num outro poema:

Juventude, larga, robusta, devoradora; juventude cheia de graça, força, [fascinação.
Sabes tu que a velhice pode vir atrás de ti com a mesma graça, força, [fascinação?
Luz do dia, desabrochada e esplêndida, luz do sol, da ação, da ambição, [do riso imenso.
Segue-te a noite de perto com seus milhões de sóis, e seu sono, e [suas reconfortantes trevas."

Fulminado aos 54 anos por um ataque, ele, que transbordava de energia e amava apaixonadamente a natureza, viu-se preso a uma cadeira de inválido, meio paralisado. Empenhou-se em suportar a prova com serenidade. À custa de força de vontade, em três anos reaprendeu a andar. Vivia então com o irmão, na pequena cidade de Camden; aos 65 anos, sentiu-se em condições suficientemente boas para instalar-se numa casinha sua. Um ano depois, em consequência de uma insolação, um novo ataque deixou-o com pernas e ossos "transformados em gelatina". Tentava conservar o bom humor, mas a reclusão à qual estava condenado era para ele um suplício. Seus amigos — que eram em grande número, e que o estimavam muito — ofereceram-lhe uma carruagem; ele chorou de alegria, e no mesmo dia partiu a galope pelas ruas: o cavalo pareceu-lhe velho demais, e trocou-o por outro, mais fogoso. Durante anos, pôde, assim, passear no campo. Conseguia trabalhar duas ou três horas por dia, lia jornais e revistas, recebia amigos e jantava em casa de um deles todos os domingos à noite. Falava pouco, mas sabia ouvir, e sua companhia era procurada. De tempos em tempos, para ganhar um pouco de dinheiro, fazia uma leitura em público. Cuidava-se com banhos e fricções. Tinha boa aparência, mas, em seus poemas, confessa sua angústia:

"Enquanto aqui estou sentado a escrever, doente e envelhecido,
O que mais me inquieta é que o peso dos anos, os gemidos,
As lúgubres tristezas, as dores, a letargia, a constipação, o tédio [lamuriento
Possam infiltrar-se nos meus cantos cotidianos."

E ainda:

"Um velho navio sem mastro, descorado e estragado,
inválido, acabado, depois de livres travessias por todos
os cantos da terra, enfim puxado para a costa, e
solidamente amarrado, ali fica, a enferrujar e a mofar."

Festejou com um grande número de amigos seu 69º aniversário. Escreveu, então:

"Para mim mesmo — o coração alegre que bate ainda
[em meu peito.
O corpo em ruína, velho, pobre e paralisado, a estranha
[inércia que cai como mortalha a me envolver e o fogo
[devorador no meu sangue amortecido, ainda não extinto.
Minha fé intacta, os grupos de amigos afetuosos."

A poesia, a amizade e a natureza ainda constituíam motivos suficientes para viver, de tal modo que, apesar de um declínio do qual tinha consciência, seu coração permanecia alegre. Mas dois dias mais tarde, ele teve um ataque, seguido de dois outros no dia seguinte. O corpo inteiro lhe tremia; divagava e, balbuciando, interpelava amigos ausentes. Durante uma semana, recusou-se a receber o médico. Este acabou vindo, finalmente, e o ajudou a curar-se. "O velho navio não tem mais porte para fazer muitas viagens", escreveu ele, então. "Mas o pavilhão ainda está no mastro, e eu ainda estou no leme." Sua convalescença foi lenta; sentia-se muito cansado, caía em letargias. Entretanto, felicitava-se por ter boa cabeça, e conservar o uso do braço direito: "Agora que estou reduzido a essas duas coisas, que grandes bens elas são!" Teve diabetes, perturbações da próstata e da vesícula, que o fizeram sofrer horrivelmente. Teve que vender o carro e o cavalo. Em seu pequeno quarto, entulhado de papeladas, mas com as janelas sempre abertas, arrastava-se penosamente do leito à poltrona. Seus amigos compraram-lhe uma cadeira de rodas, e o jovem Traubel conduzia-o à beira do rio Delaware, que ele gostava de contemplar, embora sua vista estivesse muito enfraquecida. Com a ajuda de Traubel, corrigiu as provas de seus últimos versos, *Ramos de novembro*, e publicou sua obra completa. Por vezes, seu velho otimismo despertava, e ele escrevia:

"Mas quando a vida declina, e todas as paixões
[turbulentas amansam...
Eis então os dias ricos, os mais calmos, os mais felizes de todos."

Ele fala também dos "cumes radiantes da velhice". Provavelmente, desejava convencer-se a si próprio; isso não o impede de, no limiar de seus 70 anos, descrever-se sem alegria: "Melancólico, maçante e senil, repetindo tudo com voz de cana rachada, com meus gritos de gralha." Seus 70 anos foram festejados com grande pompa, e os 71, na intimidade. Ele durou ainda dois anos.

Swift e Whitman padeceram de graves problemas orgânicos; mas mesmo quando o velho conserva uma excelente saúde, o peso do corpo se faz sentir. Goethe maravilhava seus contemporâneos com seu verdor. Sua silhueta nunca fora mais elegante do que aos 60 anos. Aos 64, podia passar seis horas andando a cavalo, sem se apear. Aos 80, não tinha nenhuma deficiência; suas faculdades e sua memória, entre outras coisas, estavam intactas. Apesar de tudo, um de seus amigos íntimos, Soret, conta, em seu diário, em 1831 — Goethe tinha 82 anos — : "Passei hoje um quarto de hora penoso em casa de Goethe. Ele parecia maldisposto; mostrou-me qualquer coisa, e foi para o quarto de dormir. Depois de alguns instantes, voltou num estado de agitação muito pronunciado, que tentava esconder, muito vermelho, e falando em voz baixa, suspirando. Ouvi-o gritar, duas vezes: *O das Alter! O das Alter!*, como se acusasse sua idade de alguma deficiência." Um dia, ao fazer um discurso, teve um lapso de memória; durante mais de 20 minutos, olhou em silêncio seus ouvintes petrificados de respeito, depois recomeçou a falar como se nada tivesse acontecido. Daí se conclui que seu aparente equilíbrio era conquistado à custa de vitórias sobre uma quantidade de pequenas fraquezas. No fim, ele se cansava muito rapidamente, e só trabalhava de manhã; tinha renunciado a viajar. Durante o dia, adormecia frequentemente.

O vigor de Tolstói era legendário: ele o devia ao empenho com que o cultivava. Aos 67 anos aprendeu a andar de bicicleta, e nos anos que se seguiram, fez longos passeios pedalando, e também a cavalo e a pé; jogava tênis, tomava banhos gelados no rio; no verão, ceifava, por vezes durante três horas a fio. Trabalhava na *Ressurreição*, escrevia seu Diário e inúmeras cartas, recebia visitas, lia e se mantinha informado sobre o que ocorria no mundo. Quando o czar enviou seus cossacos contra a velha seita religiosa dos *dukhobors*, em 1895, ele publicou, em Londres, um artigo violento sobre a repressão; assinou e mandou distribuir um manifesto denunciando a perseguição. Conduziu uma campanha de imprensa no estrangeiro, fez apelos à caridade pública e aceitou receber direitos autorais para doá-los ao "comitê de auxílio". Festejou alegremente seus 70 anos. Excomungado pelo santo sínodo, houve imensas manifestações em seu favor. Entretanto, por volta de 1901, sua saúde enfraqueceu-se: sofria de reumatismos, de ardores no estômago, de dores de cabeça. Emagreceu muito. Uma crise de impaludismo obrigou-o a acamar-se. Aceitava a ideia de morrer. Conseguiu recuperar-se e partiu para descansar na Crimeia. Fez passeios de carro e começou um ensaio: *Que é a religião?* Tchekhov foi atingido por seu envelhecimento: "Sua principal doença é a velhice, que o tomou inteiramente", escreveu a um amigo. Em 1902, teve uma pneumonia: temeu-se que morresse; entretanto, do leito, ele ditava a sua filha Macha pensamentos e cartas. Curado, preocupou-se muito com a saúde, o que aborrecia Sonia: "De manhã à noite, hora após hora, ele se preocupa com seu corpo, e cuida dele", anotava ela. Em maio, teve uma febre tifoide: ainda dessa vez, sobreviveu. Mas transformara-se — anotava, ainda, Sonia — "num velhinho magro e lamentável". Não abandonava o combate. Começou a fazer passeios, cada vez mais longos; recomeçou a fazer ginástica, a montar a cavalo. E recomeçou a escrever. Compôs uma antologia, *Pensamentos dos sábios*, algumas novelas, duas peças de teatro, um ensaio no qual acertava as contas com Shakespeare, que detestava. Continuou um romance começado em 1890, *Hadji Mourat*, no qual criticava severamente a autocracia. Em 1905, escreveu *Cartas públicas*, de um lado a Nicolau II, de outro aos revolucionários: recusava-se a engajar-se. Preparou um *Ciclo de leituras infantis*, escreveu *O Ensinamento do Cristo* explicado às crianças, e organizou cursos vespertinos para os filhos dos mujiques, que acabaram não os frequentando. Entretanto, estava roído de remorsos, porque, contrariamente a suas ideias, embora tivesse abandonado seus bens à sua família, vivia como latifundiário. Os conflitos com Sonia multiplicavam-se e o abalavam. Durante o inverno de 1907-08, teve várias síncopes breves, acompanhadas de perdas de memória. Indignado com a repressão que se desencadeava contra os terroristas, escreveu ao Ministro Stolypine, para protestar e para adverti-lo. Lançou um clamor público: Não posso mais me calar. As execuções dos mujiques revoltados o desesperavam: "Não posso mais viver assim!", dizia, chorando. Teve uma flebite, e, de novo, pensou-se que ia morrer: curou-se, e anotou num carnê sete novos temas de romances. Seu 80º aniversário foi uma extraordinária apoteose. A emoção deixou-o com lágrimas nos olhos. Retirou-se extenuado, e, ao se deitar, disse à filha Macha: "Tenho a alma pesada!" Mas foi dormir apaziguado. Nos meses seguintes, cenas com Sonia o esgotaram. Em setembro de 1909, foi para Moscou. Quando partiu de lá, uma multidão se concentrara na passagem de seu carro, aclamando-o. Quando desceu na estação de Kursk, foi atropelado pela massa, quase esmagado, sem que a polícia pudesse intervir; amedrontado, titubeante, com o maxilar inferior a tremer, ele conseguiu içar-se para o vagão, deixou-se cair no banco e fechou os olhos, feliz e esgotado. Algumas horas mais tarde, teve uma síncope, delirou e balbuciou; acreditou-se que ia morrer. Indomável, entretanto, no dia seguinte montava de novo a cavalo; entregou-se novamente a seus artigos e à sua correspondência. Escreveu uma narrativa, *A Khodynka*, e o preâmbulo dos *Caminhos da vida*. Correspondia-se com Bernard Shaw, com Gandhi. As contradições de sua vida e suas brigas com Sonia tornaram-se tão intoleráveis que ele fugiu. Fazia bastante tempo que sonhava abandonar a família e os seus, para levar a vida ascética e despojada que sua moral exigia. Decidir-se a partir, na sua idade, supunha uma paixão e uma força de espírito dignas de um homem ainda muito jovem. Mas seu corpo era o de um velho; não resistiu às fadigas da viagem e morreu na casa de um chefe de estação ferroviária. Também ele só conseguira preservar a saúde e continuar até o fim suas atividades graças a um combate incessante contra as doenças e enfraquecimentos da idade.

A partir dos 60 anos, Renoir viveu semiparalisado. Não podia mais andar. Sua mão endurecera. Entretanto, continuou a pintar até a morte, aos 78 anos. Alguém apertava para ele os tubos de tinta sobre a paleta. Amarrava-se ao punho, sustentado por uma dedeira, um pincel que ele dirigia com o braço. "Não se precisa da mão para pintar", dizia ele. Passeava no campo numa cadeira de rodas, ou, se as ladeiras eram demasiado íngremes, ele se fazia transportar, carregado, para seus lugares preferidos. Trabalhava excessivamente; conservara todo o seu poder criador; tinha a impressão de fazer incessantes progressos e tirava disso grandes alegrias. Sua única mágoa era que o tempo, que tanto o enriquecia como artista, num mesmo movimento o aproximava do túmulo.

Aos 70 anos, Giovanni Papini ainda gozava de boa saúde. Escrevia a um amigo, em 9 de janeiro de 1950: "Ainda não percebo a decadência senil. Tenho sempre um grande desejo de aprender, e um grande desejo de trabalhar." Fazia muito tempo que ele trabalhava nos livros que considerava os mais importantes de sua obra: *O juízo universal*, do qual já havia escrito 6.000 páginas em 1945, e *A relação com os homens*. Escreveu um livro sobre Miguel Ângelo, e começou *O diabo*. Mas foi então acometido de uma esclerose lateral amiotrófica, doença que conduz fatalmente (mas ele não devia saber) à paralisia bulbar. Cristão fervoroso, atribuía um valor espiritual ao sofrimento, e se inclinava diante da vontade divina. Entretanto, suas duas grandes obras inacabadas o preocupavam: "Eu precisaria ler e reler, precisaria também de dois olhos novos, de dias sem sono, de meio século diante de mim. Em vez disso, estou quase cego e quase moribundo." Mal podia andar e se cansava muito. Sua doença agravou-se. "Cada vez mais cego, cada vez mais imobilizado, cada vez mais silencioso... A cada dia morro um pouco, em pequenas doses, segundo a fórmula homeopática." Tinha perdido o uso da perna esquerda, e perdeu o dos dedos. "A ideia de que não poderei terminar as obras começadas me entristece", dizia ele. E, efetivamente, não terminou seus dois grandes livros. Era uma obra demasiado vasta para que ele pudesse terminar oralmente sua composição. Ditou apenas o fim do *Diabo*, e também textos que intitulou *Clarões*, e que eram publicados no *Corriere della Sera*. Um deles intitula-se *A ventura dos infelizes*; ali, descreve seu estado, e enumera as razões que tornam esse estado suportável — "Sempre preferi o martírio à imbecilidade", declara ele. Sua conversa também permanecia viva. Mas pouco a pouco sua voz tornou-se ininteligível. Inventou um código: batia com o punho na mesa, e a cada letra correspondia um certo número de batidas. Com incrível paciência, ditava letra por letra. Mandava que lessem em voz alta para ele, até perder a lucidez.

A obstinação de Renoir e de Papini tinha origem na paixão que os devorava. Outros, menos engajados em seus projetos, defendem-se, entretanto, do declínio com energia, por um sentimento de dignidade. Vivem sua última idade como um desafio. É o tema da narrativa de Hemingway, *O velho e o mar*. Um velho pescador parte sozinho para pescar um enorme peixe, cuja captura o esgota; consegue trazê-lo à terra, mas não consegue defendê-lo dos tubarões, e é um esqueleto sem carne que ele abandona na praia. Pouco importa. A aventura tinha seu objetivo em si mesma: tratava-se, para o velho, de recusar a vida vegetativa que é a da maioria de seus semelhantes, e de afirmar até o fim os valores viris de coragem, de paciência. "Um homem pode ser destruído, mas não vencido", diz o velho pescador. Hemingway tentou, com esse apólogo — pouco convincente, aliás —, conjurar as obsessões que o perseguiam; já se tornava difícil, para ele, escrever, não conseguia mais manter a imagem de si mesmo que, durante toda a vida, empenhara-se em passar: exuberância vital, virilidade; pensava no suicídio, e acabou por matar-se com um tiro de fuzil.

Sob formas menos épicas, a obstinação do velho pescador é encontrada em muitos anciãos. Velhos desportistas continuam, alguns até os 92 anos, a praticar atletismo, tênis, futebol, ciclismo. Em geral, eles só têm um passado de vitórias medíocres, mas, sem querer realizar grandes desempenhos, conservam a preocupação de controlar seus tempos. Muitos frequentam o estádio mais regularmente do que antes de se aposentarem. A partir dos 60 anos, a prática do esporte faz com que dois terços deles corram riscos.[174] Entretanto, não experimentam incômodos funcionais. O esporte não retarda a senescência dos órgãos, mas contribui para o seu bom funcionamento. Moralmente, a obstinação dos velhos desportistas tem qualquer coisa de tônico, e as pessoas próximas que, com demasiada frequência, tentam desencorajá-los deviam respeitar essa obstinação. Reduzir demais as atividades leva a um enfraquecimento da pessoa inteira. Foi o que entenderam as velhas mulheres de Bali, que continuam a carregar sobre suas cabeças pesados fardos. O homem idoso sabe que, lutando contra seu declínio, ele o retarda. Sabe também que, em suas fraquezas físicas, o olhar impiedoso dos que lhe são próximos encontra a prova dessa decadência generalizada expressa

---

[174] O doutor Longueville, médico do Grupo de estudos da 3ª idade esportiva, cita um nadador de 63 anos, que mergulha 60 vezes de um trampolim de três metros, apesar de uma fibrilação auricular e de uma hipertrofia vascular esquerda; um paraquedista de 60 anos, que tem uma esclerose coronariana; um ciclista de 85 anos, que faz 30 quilômetros por dia, mesmo apresentando sequelas de um infarto do miocárdio. Etc.

na palavra "velhice". Pretende demonstrar aos outros e a si próprio que permanece um homem.

O moral e o físico estão estreitamente ligados. Para realizar o trabalho que readapta ao mundo um organismo pejorativamente modificado, é preciso ter conservado o prazer de viver. Reciprocamente: uma boa saúde favorece a sobrevivência de interesses intelectuais e afetivos. Na maior parte do tempo, o corpo e o espírito caminham juntos "para seu crescer ou decrescer". Mas nem sempre. A bela saúde de La Fontaine não impedia sua decadência mental; uma grande inteligência muitas vezes subsiste num corpo deteriorado. Ou então, os dois declinam em ritmos diferentes, o espírito tentando resistir, mas ultrapassado pela involução orgânica, como foi no caso de Swift. Então, o velho sente de maneira trágica uma espécie de inadequação a si mesmo. Alain dizia que não se quer o que é possível: mas era um racionalismo simples demais. O drama do velho é, muitas vezes, ele não poder mais o que quer. Concebe, projeta e, no momento de executar, seu organismo se esquiva; a fadiga quebra seus impulsos; ele busca suas lembranças através das brumas; seu pensamento desvia-se do objeto que havia fixado. A velhice é, então, sentida — mesmo sem acidente patológico — como uma espécie de doença mental em que se conhece a angústia de se escapar a si mesmo.

Os moralistas que, por razões políticas ou ideológicas, fizeram a apologia da velhice, pretendem que ela liberta o indivíduo de seu corpo. Por uma espécie de jogo de equilíbrio, o que o corpo perde, o espírito ganharia: "Os olhos do espírito só começam a ser penetrantes quando o corpo começa a declinar", disse Platão. Já citei Sêneca: "A alma está no seu verdor, e se regozija de não ter com o corpo grande comércio." Joubert escreve: "Os que têm uma longa velhice estão como que purificados do corpo."[175] Quando Tolstói começa a perder seu vigor, consola-se com antífrases: "O progresso moral da humanidade se deve aos velhos. Os velhos ficam melhores e mais sábios." A pobre Juliette Drouet, querendo convencer Hugo da força de seu amor, escreve-lhe, aos 71 anos: "Toda a força que a velhice toma de meu corpo, minha alma conquista

[175] Espiritualista, moralista, tradicionalista, ele acreditava em Deus, e Mme. de Chastenay disse que "nele, tudo era alma". O que não o impediu de fazer um casamento de interesse, de se tornar grande mestre da Universidade, de morrer rico e honrado. Ele disse, também: "A noite da vida traz consigo sua lâmpada."

em imortal juventude e em amor radioso." Mas a partir de 1878, minada por um câncer, ela só vive a velhice como uma decadência: "Por mais que eu me escore no meu amor, sinto bem que tudo se esquiva e me foge; a vida, a memória, a força, a coragem, o diabo no corpo."

Jouhandeau exalta o enriquecimento interior que, segundo ele, acompanha o declínio do corpo. "À medida que o corpo desce em direção ao declínio, a alma eleva-se para seu apogeu." Como? Em direção a quê? Ele não o diz. Prega a resignação em nome de não se sabe que estética: "O alcance do olhar diminui pouco a pouco. Em nós, a morte instala-se por patamares, e permanecemos neste mundo como se já estivéssemos separados dele. Não tenhamos a deselegância de nos zangarmos com isso."

Essas tolices espiritualistas são indecentes, se considerarmos a condição real da imensa maioria dos velhos: a fome, o frio e a doença certamente não são acompanhados de nenhum benefício moral. Em todo caso, elas aparecem como afirmações desprovidas do menor fundamento. Mesmo para os neotaoístas, que faziam da velhice uma condição necessária da santidade, ela não era suficiente. Era preciso a ascese e o êxtase para se chegar ao desprendimento da carne e à imortalidade. A experiência contradiz radicalmente a ideia de que a idade leve a uma liberação carnal. Na aurora da velhice, o corpo pode conservar seu antigo vigor, ou encontrar um novo equilíbrio. Mas ao longo dos anos ele se estraga, pesa, atrapalha as atividades do espírito. Em 1671, com apenas 61 anos, Saint-Évremond escrevia: "Hoje, meu espírito se reconduz ao meu corpo, unindo-se mais a ele. Na verdade, não é pelo prazer de uma doce ligação; é pela necessidade do auxílio e do apoio mútuo que eles procuram dar-se um ao outro." Gide, em 19 de março de 1943, queixa-se de "todas as pequenas deficiências da idade avançada, e que fazem de um velho uma criatura tão miserável. Quase nunca meu espírito consegue distrair-se de minha carne, fazer-me esquecê-la, o que prejudica o trabalho mais do que se poderia dizer". Na verdade, o corpo, de instrumento, passa a ser obstáculo. As "belas velhices" nunca acontecem naturalmente; representam incessantes vitórias e derrotas ultrapassadas.

A purificação de que falam os moralistas reside essencialmente, para eles, na extinção dos desejos sexuais: felicitam o homem idoso por escapar a essa escravidão, e adquirir, assim, a serenidade. Numa elegia célebre, *John Anderson, my Jo*, o poeta escocês Robert Burns descreveu o velho casal ideal, no qual as paixões carnais estão extintas. Os dois esposos "escalaram lado a lado a colina da vida e gozaram outrora horas de deleite"; agora devem, "com o passo incerto, mas as mãos unidas, seguir juntos o caminho que leva ao termo da viagem". Esse clichê está profundamente gravado no coração dos jovens e das pessoas de meia-idade, porque o encontraram em profusão nos livros de sua infância, e porque o respeito aos avós os persuadia da verdade dele. A ideia de relações sexuais ou de cenas violentas entre pessoas idosas escandaliza. Entretanto, existe também uma tradição bem diferente. A expressão "velho lúbrico" é um clichê popular. Através da literatura, e sobretudo da pintura, a história de Susana e dos dois velhos adquiriu o valor de um mito. O teatro cômico retomou indefinidamente o tema do velho tolo, assanhado e apaixonado. Vamos ver que essa tradição satírica está mais próxima da verdade do que os discursos edificantes dos idealistas interessados em descrever a velhice tal como devia ser.

Nos dois sexos, a pulsão sexual situa-se no limite do psicossomático; não se conhece exatamente a maneira pela qual ela está condicionada pelo organismo. O que se constata — dissemos — é que a involução das glândulas sexuais, consecutiva à senescência, acarreta a redução ou mesmo o desaparecimento das funções genitais. As reações aos estímulos eróticos são mais raras, mais lentas, ou inexistentes; o sujeito atinge mais dificilmente o orgasmo, ou não consegue atingi-lo; o homem vê diminuir ou desaparecer suas possibilidades de ereção.

Mas Freud demonstrou que a sexualidade não se reduz ao genital: a libido não é um instinto, isto é, um comportamento pré-fabricado, que tem um objeto e um objetivo fixo. É a energia que serve às transformações da pulsão sexual quanto ao seu objeto, seu fim, quanto à origem da excitação. Essa energia pode aumentar, diminuir, deslocar-se. Na infância, a sexualidade é polimorfa, não está centrada nos órgãos genitais. "É somente ao fim de uma evolução complexa e aleatória que a pulsão sexual se organiza sob o primado da genitalidade, e reencontra, então, a fixidez e a finalidade aparentes do instinto."[176] Pode-se imediatamente concluir daí que um indivíduo cujas funções genitais diminuíram ou

---

[176] *Vocabulaire de la psychanalyse*, J. Laplanche e J.-B. Pontalis.

desapareceram não é, entretanto, assexuado: é um indivíduo sexuado — como até mesmo o eunuco e o impotente — que tem que realizar sua sexualidade apesar de uma certa mutilação. Há um modo de sexualidade no tipo da insatisfação, tanto quanto no da satisfação, diz Sartre:[177] ela só desaparece com a morte. É que essa sexualidade é algo inteiramente diferente de um conjunto de reflexos que geram um mosaico de sensações e de imagens. É uma intencionalidade vivida pelo corpo, visando a outros corpos, e que abraça o movimento geral da existência. Ela se insere no mundo, ao qual confere uma dimensão erótica. Interrogar-se sobre a sexualidade dos velhos é perguntar-se como fica a relação do homem consigo mesmo, com os outros, com o mundo, quando desapareceu na organização sexual o primado da genitalidade. Seria evidentemente absurdo supor que há simples regressão à sexualidade infantil. Nunca, em nenhum plano, o velho "recai na infância", uma vez que a infância se define por um movimento de ascensão. Por outro lado, a sexualidade infantil está à procura de si mesma. A do homem idoso conserva a lembrança do que foi, na maturidade do indivíduo. Enfim, os fatores sociais são radicalmente diferentes na primeira e na última idades.

As atividades sexuais têm uma pluralidade de fins. Visam a resolver a tensão criada pela pulsão sexual que tem — sobretudo na juventude — a violência de uma necessidade. Mais tarde, o indivíduo — salvo no caso de sofrer, nesse plano, uma grande frustração — procura, mais que uma libertação, um prazer positivo; ele o atinge através do orgasmo; este é precedido e acompanhado de um cortejo de sensações, de imagens, de mitos que proporcionam ao sujeito "prazeres preliminares", resultantes da descarga de "pulsões parciais" enraizadas na infância; e podem ter para o sujeito valor igual ou maior do que o próprio orgasmo. Essa busca do prazer só raramente se reduz ao simples exercício de uma função: geralmente, é uma aventura na qual cada parceiro realiza sua existência e a do outro de maneira singular; no desejo, a perturbação, a consciência se faz corpo para atingir o outro como corpo, de maneira a fasciná-lo e a possuí-lo; há uma dupla encarnação recíproca, e transformação do mundo, que se torna mundo do desejo. A tentativa de posse fracassa fatalmente, já que o outro permanece sujeito; mas antes de se concluir, o drama da reciprocidade é vivido na cópula, sob uma

[177] *O ser e o nada.*

de suas formas mais extremas e mais reveladoras. Se ele toma a forma de uma luta, gera a hostilidade; quase sempre, implica uma cumplicidade que tende à ternura. Num casal que se ama com um amor em que se abole a distância do eu ao outro, o próprio fracasso é sobrepujado.

Já que na cópula o sujeito se faz existir como corpo fascinante, ele tem uma relação narcísica consigo mesmo. Suas qualidades viris ou femininas são afirmadas, reconhecidas: ele sente-se valorizado. Acontece que a preocupação com essa valorização comanda toda a vida amorosa; ela se torna um perpétuo projeto de sedução, uma constante afirmação de vigor viril, de encanto feminino: a exaltação da personagem que se decidiu representar.

Percebe-se: as gratificações que um indivíduo tira de suas atividades sexuais são de grande diversidade e de grande riqueza. Quer procure, antes de tudo, o prazer ou a transfiguração do mundo através do desejo, quer procure uma certa representação de si, quer vise a todos esses fins juntos, compreende-se que o homem ou a mulher relute em renunciar ao sexo. Não se pode ter saudade dos prazeres que não são mais desejados, dizem os moralistas que condenam a velhice à castidade. É uma visão bem limitada. É verdade que normalmente o desejo não se coloca por si só: é desejo de um gozo ou de um certo corpo. Mas quando cessou de surgir espontaneamente, pode-se lamentar reflexivamente seu desaparecimento. O velho muitas vezes deseja desejar, porque conserva a nostalgia de experiências insubstituíveis, porque permanece ligado ao universo erótico construído por sua juventude ou sua maturidade: é pelo desejo que ele reavivará todas as suas cores empalidecidas. E também é pelo desejo que ele viverá sua própria integridade. Desejamos a juventude eterna, e esta implica a sobrevivência da libido. Alguns tentam combater com remédios a involução genital.[178] Outros, mesmo resignando-se, empenham-se em se afirmar de um modo ou de outro como indivíduos sexuados.

Essa obstinação só se encontra em indivíduos que atribuíram um valor positivo à sexualidade. Os que só se abandonavam a ela com

---

[178] São sobretudo os homens que, para conservar suas capacidades de ereção, recorrem aos "eletuários", às "pílulas de Hércules", aos tratamentos hormonais. Hoje em dia, as mulheres fazem tratamentos para retardar a menopausa. Mas quando esta já ocorreu, apesar de conservarem a preocupação de permanecer jovens, elas não têm a de conservar um "vigor" sexual.

repugnância, em consequência de complexos enraizados na infância, apressam-se em invocar a idade para se dispensarem das atividades sexuais. Conheci uma velha mulher que, na juventude, pedia que lhe dessem certificados médicos para evitar a "maçada conjugal"; quando envelheceu, a idade era um álibi mais cômodo. Se é meio impotente, indiferente, ou se o ato sexual o angustia, o homem irá sentir-se aliviado em poder refugiar-se numa castidade que, daquele momento em diante, parece normal.

Os sujeitos que tiveram uma vida sexual feliz podem ter razões para não querer prolongá-la. Uma delas é a relação narcísica com eles mesmos. A repulsa por seu próprio corpo toma formas diversas no homem e na mulher, mas a idade pode incitar um e outro a essa repulsa, e então eles se recusarão a fazer o corpo existir para um outro.[179] Entretanto, há uma influência recíproca entre a imagem de si e a atividade sexual: amado, o indivíduo sente-se amável e se entrega sem reticência ao amor; mas com bastante frequência ele só é amado se procurar seduzir, e uma imagem desfavorável de si o desvia desse caminho; cria-se, então, um círculo vicioso que o impede de ter relações sexuais.

Uma outra barreira é a pressão da opinião. A pessoa idosa dobra-se ao ideal convencional que lhe é proposto. Teme o escândalo, ou simplesmente o ridículo. Torna-se escrava do "o que vão dizer". Interioriza as obrigações de decência e de castidade impostas pela sociedade. Seus próprios desejos a envergonham, e ela os nega: recusa-se a ser, aos seus próprios olhos, um velho lúbrico, uma velha devassa. Defende-se das pulsões sexuais, ao ponto de rechaçá-las para o inconsciente.[180]

Como se pode imaginar *a priori*, dada a diferença entre seu destino biológico e sua condição social, o caso dos homens é muito diferente do das mulheres. Biologicamente, os homens levam as maiores desvantagens; socialmente, a condição de objeto erótico desfavorece as mulheres.

---

[179] Vimos que Saint-Évremond expressa uma opinião contrária; quanto menos nos amássemos, mais seríamos levados a amar. Mas ele falava de amor platônico.

[180] O doutor Runciman apresentou, em dezembro de 1968, diante do XXII Congresso da Associação Médica dos Estados Unidos, os resultados da pesquisa que realizou junto a 200 pessoas de 40 a 89 anos. Concluiu que são "barreiras psicológicas" que fazem parar as atividades sexuais das pessoas idosas. Estas são vítimas — sobretudo as mulheres — de inibições e tabus ligados a uma moral vitoriana.

O comportamento de uns e de outros é mal conhecido. Ele foi objeto de certo número de pesquisas que serviram de base a estatísticas. O valor das respostas obtidas por pesquisadores é sempre contestável. E nesse campo, a noção de média não tem muito sentido. Indico, entretanto, em apêndice, as que consultei, e das quais retive algumas indicações.[181]

No que concerne aos homens, as estatísticas — como acontece frequentemente — só fazem confirmar o que todo mundo sabe: a frequência dos coitos cai com a idade. Esse fato está ligado à involução dos órgãos sexuais, o que acarreta um enfraquecimento da libido. Mas o fator psicológico não é o único que conta. Há diferenças consideráveis entre os comportamentos dos indivíduos, ficando uns impotentes aos 60 anos, e outros sexualmente muito ativos com mais de 80. É preciso tentar ver como se explicam essas variações.

O primeiro fator cuja importância salta aos olhos é o estado civil do sujeito. Os coitos são muito mais numerosos entre os homens casados[182] do que entre os solteiros e viúvos. Entre os primeiros, a promiscuidade faz nascer solicitações eróticas; a satisfação destas é favorecida pelo hábito e pela cumplicidade. As "barreiras psíquicas" são muito mais fáceis de ultrapassar. O muro da vida privada protege o velho esposo da opinião, mais favorável, aliás, aos amores legítimos do que aos ilícitos. Ele sente-se menos em perigo do que os outros, no que diz respeito à sua imagem. É preciso entender o que quer dizer aqui essa palavra. Enquanto a mulher-objeto identifica-se desde sua infância com a imagem total de seu corpo, o menino encontra no pênis um *alter ego*: é no seu pênis que toda a sua vida de homem se reconhece, e que ele se sente em perigo. O traumatismo narcisista que teme é o enfraquecimento de seu sexo: a impossibilidade de chegar à ereção, de mantê-la, de satisfazer sua parceira. Esse temor é menos angustiante na vida conjugal. O sujeito pode escolher o momento de fazer amor com bastante liberdade. Uma tentativa abortada é facilmente passada em silêncio. A familiaridade com o outro torna seu julgamento menos temível. Menos preocupado, o homem casado é menos inibido que qualquer outro. É por isso que muitos casais bem idosos conservam atividades sexuais: observações feitas por assistentes sociais e sociólogos confirmam as pesquisas que citei.

---

[181] Ver Apêndice IV.

[182] É preciso associar a um casamento as ligações solidamente estabelecidas.

Entretanto, um número bastante grande de homens casados tem apenas atividades muito esporádicas, ou nulas. Se sua involução sexual é prematura, ela se explica frequentemente por causas estranhas à sexualidade: a fadiga física ou mental, as preocupações, deficiências ou, em certos sujeitos, excessos de comida ou de bebida. Sexualmente, sabe-se que, mesmo jovem, o homem tem necessidade de mudar de parceira: a monotonia mata nele o desejo. Quando idoso, cansa-se de uma companheira demasiado conhecida, tanto mais que ela envelheceu e não lhe parece mais desejável. Se têm possibilidade, muitos homens idosos reencontram um vigor viril trocando sua antiga parceira por uma nova, que geralmente escolhem entre jovens.

A viuvez provoca muitas vezes um traumatismo que afasta o velho, durante um tempo mais ou menos longo, ou definitivamente, de toda atividade sexual. Viúvos e solteiros idosos encontram muito mais dificilmente que os homens casados um desafogo para sua libido. A maioria perdeu o poder de sedução: se procuram a aventura, suas tentativas não dão em nada. E então hesitam em arriscar-se. A moral social considera vergonhosas ou ridículas as extravagâncias senis. Nada protege os velhos contra a angústia do fracasso. Restam os amores venais: muitos os rejeitaram durante toda a vida; esses amores lhes pareceriam uma renúncia, um consentimento à decadência senil. Alguns, entretanto, lançam mão deles, seja procurando prostitutas, seja mantendo ligações com mulheres a quem ajudam financeiramente. Sua escolha — abstinência ou atividade — depende do equilíbrio que se estabelece entre a violência de suas pulsões e a força de suas resistências.

Uma solução à qual muitos recorrem é o onanismo. Um quarto dos sujeitos interrogados por *Sexology* dizem adotar essa prática há muito tempo, ou após a idade de 60 anos: estes últimos foram, portanto, levados a isso pelo envelhecimento. As estatísticas indicam, através de comparações, que, mesmo entre os homens casados, muitos recorrem ao onanismo. O coito é uma operação muito mais complexa e difícil do que a masturbação, uma vez que implica uma relação com o outro. Provavelmente, também, muitos homens idosos preferem seus fantasmas ao corpo estragado de sua companheira. E depois, acontece que, seja em consequência de antigos complexos, seja porque a consciência de sua idade a afasta do amor, a esposa recusa-se. O onanismo é, então, o desafogo mais cômodo.

Seria interessante saber em que idade a mulher parece mais desejável ao homem idoso. Muitos a desejam muito jovem: é possível — abstraída qualquer consideração de dinheiro — que eles possam ser satisfeitos, pois certas mulheres jovens são gerontófilas. Outros só se interessam por mulheres já vividas: as jovens lhes parecem insignificantes. Outros, junto a uma parceira demasiado jovem, iriam sentir-se acanhados, indecentes ou ridículos; com demasiado desprazer, iriam render-se à evidência de sua idade real. Sua opção depende ao mesmo tempo do que eles esperam do amor e da ideia que fazem de si mesmos.

A condição social do sujeito influi sobre suas atividades sexuais. Estas se prolongam por mais tempo entre os trabalhadores braçais do que entre os intelectuais, e por mais tempo entre os homens cujo nível de vida é baixo, do que entre os das classes abastadas. Os operários e os camponeses têm desejos mais diretos, menos escravizados aos mitos eróticos, do que os burgueses; os corpos de suas mulheres desgastam-se rapidamente, sem que eles parem de fazer amor com elas; quando velhas, elas lhes parecerão menos decadentes do que no caso dos privilegiados. Por outro lado, a representação que eles têm de si próprios é menos acentuada que a dos colarinhos-brancos. E são menos afetados pela censura social. À medida que se desce na escala social, a indiferença à opinião cresce. Os velhos que vivem à margem das convenções — mendigos e mendigas, pensionistas de asilos — dormem juntos sem nenhuma vergonha, mesmo diante de testemunhas.

Enfim, a vida sexual prolonga-se tanto mais quanto mais rica e mais feliz tiver sido. Se foi por prazer narcísico que o sujeito lhe atribuiu valor, ele a interrompe assim que cessa de se contemplar com satisfação nos olhos de seus parceiros. Se quis afirmar sua virilidade ou sua virtuosidade, ou seu poder de sedução, ou triunfar de rivais, ficará, por vezes, contente de encontrar na idade uma razão para renunciar. Mas se suas atividades sexuais foram espontâneas e alegres, ele se empenhará em continuá-las até o limite de suas forças.

Entretanto, o homem idoso não encontra no coito um prazer tão violento quanto o jovem, pelo fato de que as duas etapas da ejaculação ficam reduzidas a uma só: ele não tem a pungente impressão de iminência que marca a passagem da primeira à segunda; também não tem a impressão triunfante de um jorro, de uma explosão: é um dos mitos que valorizam o ato sexual masculino. O velho, mesmo ainda capaz de uma atividade normal, procura frequentemente satisfações indiretas; com mais razão ainda, se é impotente. Deleita-se com leituras eróticas, com obras de arte libertinas, com pesados gracejos verbais, com o convívio de mulheres jovens, com contatos furtivos; entrega-se ao fetichismo, ao sadomasoquismo, a perversões diversas e, sobretudo depois dos 80 anos, ao voyeurismo. Esses desvios são facilmente compreensíveis. Para dizer a verdade, Freud demonstrou que não existe sexualidade "normal"; ela é sempre "perversa",[183] na medida em que não se desliga de suas origens, que a faziam procurar uma satisfação não numa atividade específica, mas no "ganho do prazer", ligado a funções que dependem de outras pulsões. A sexualidade infantil é perversa e polimorfa. Julga-se "normal" o ato sexual quando as atividades parciais não passam de preparativos para o ato genital. Mas basta que o sujeito se ligue excessivamente ao prazer preliminar para escorregar para a perversão. Normalmente, o olhar e as carícias têm um grande papel no coito; eles são acompanhados de fantasmas; componentes sadomasoquistas intervêm; o fetichismo muitas vezes está presente, com vestimentas e adornos a evocar a presença do corpo. Quando o prazer genital está enfraquecido ou não existe, são todos esses elementos que tomam a dianteira. E muitas vezes o homem idoso lhes atribui grande valor, porque eles manifestam a presença desse universo erótico que continua precioso para ele. Continua a viver num certo clima, a fazer existir seu corpo num mundo povoado de corpos. Também aí, muitas vezes é a timidez, a vergonha ou dificuldades exteriores que o impedem de se entregar ao que chamamos seus "vícios".

A decadência genital acarreta muitas vezes, dizem os psicanalistas, uma regressão da sexualidade senil à fase oral e à fase anal. É verdade que certos velhos são bulímicos; é provavelmente para compensar sua frustração erótica que eles se entregam compulsivamente ao prazer de comer; mas será que se pode considerar esse prazer como algo ligado à sexualidade? Mesma pergunta para a "analidade" do velho; com efeito, muitos deles ficam extremamente preocupados com suas funções de excreção. Mas não seria exagero chamar de sexual qualquer relação do indivíduo com suas funções orgânicas?

---

[183] Evidentemente, a palavra não implica aqui nenhum julgamento moral.

Mesmo que recusemos essa interpretação, a persistência de uma libido senil é muito frequente; ela se manifesta em certos casos patológicos. Nas demências senis, em que o cérebro deteriorado não é mais capaz de exercer controle, veem-se aparecer delírios eróticos. Quando acometidos de tumor no cérebro, septuagenários cuja conduta tinha sido, até ali, impecável, agridem com palavras ou gestos as mulheres de seu círculo mais próximo. Algumas ocorrências policiais publicadas em jornais são reveladoras. Citarei apenas uma que data de março de 1969. Um alto executivo de 70 anos convocou imperiosamente suas três secretárias para comparecerem à sua casa às nove horas da noite. Estas pensaram que o patrão ia confiar-lhes um trabalho urgente, e atenderam ao chamado. Encontraram-no no jardim de sua mansão, nu, com uma pistola de alarme na mão. Precipitou-se sobre elas, gritando: "Eu sou o deus Pã, Pã, Pã", dando um tiro a cada "Pã". As secretárias fugiram. O executivo contou depois que havia tomado uma droga que o deixara num estado de excitação, mas cujo efeito, infelizmente, dissipara-se rápido. O simbolismo dos tiros de pistola é evidente. É evidente também que, se ele tomou uma droga, foi porque estava perseguido por fantasias eróticas, sem ter a possibilidade de realizá-las. Infelizmente, os jornais não disseram o que lhe aconteceu depois.

Uma questão controvertida é a de saber se as perversões senis acarretam ou não delitos com frequência. Kinsey aceita a ideia bastante difundida de que os velhos impotentes tornam-se, por vezes, culpados de atentados contra crianças. É também a tese do doutor Destrem. O erotismo dos velhos toma, diz ele, formas vizinhas do impulso patológico. Os idosos tornam-se culpados de atentados aos costumes: exibicionismo, carícias nas crianças. Essas afirmações foram energicamente combatidas. Segundo a doutora Isadore Rubin,[184] pesquisas demonstraram que, no que toca aos atentados aos costumes, as épocas críticas são a adolescência, a idade situada entre 35 e 40 anos e a idade próxima aos 50 anos. Um especialista em puericultura, Donald Mulcock, levantou as estatísticas de um certo número de atentados dirigidos contra crianças: os homens que investem contra os meninos fazem-no entre 39 e 50 anos; a idade dos que buscam as meninas situa-se entre 33 e 44 anos; elas nunca foram importunadas por homens de mais de 63 anos;

[184] *O amor depois dos 60 anos.*

nessa idade, um número muito pequeno era atraído pelos meninos. Entretanto, o doutor Ey afirma[185] que a maioria dos atentados sexuais cometidos contra crianças, que se observam na prática médico-legal, têm velhos como autores. As opiniões também são divergentes quanto ao exibicionismo de que muitas vezes eles são acusados. Muitos psiquiatras admitem que esse exibicionismo começa entre os adolescentes, atinge seu paroxismo em torno dos 25 anos e não é encontrado praticamente nunca no estado puro depois dos 40 anos. A doutora Dénard-Toulet julga que o exibicionismo só aparece na juventude; poderia sobreviver no velho; mas sendo o exibicionista um grande neurótico, mal equipado para viver, não morre de velho. Há exibicionistas sádicos, que se orgulham de provocar as mulheres mostrando-lhes seus membros em ereção: não parece muito provável que se contem velhos entre eles. Mas o exibicionista típico é um masoquista que, sem qualquer manobra provocadora, mostra seu sexo em estado de flacidez. Entre estes, há velhos — afirma, entre outros, o doutor Ey.

Em 1944, na Inglaterra, examinando os registros das prisões, East constata que, no período 1929-38, apenas 8,04% dos crimes sexuais punidos com detenções haviam sido cometidos por pessoas de mais de 60 anos. Uma tabela levantada nos Estados Unidos mostra a porcentagem, por idade, dos delitos cometidos em 1946: para uma população de 100.000 habitantes, o número dos velhos delinquentes é ínfimo; no que se refere aos atentados sexuais, a taxa é um pouco mais elevada, mas é mínima se a compararmos à dos atentados perpetrados por adultos.

Conheci pessoalmente um caso que manifesta a persistência de uma vida sexual entre os velhos, e a repugnância que seus filhos sentem com relação a isso. M. Durand era um antigo professor de História, casado, muitas vezes pai e avô. Tinha sido um belo homem, orgulhoso de sua aparência, muito amado pelas mulheres, e, em particular, pelas alunas. Por indiferença, sua esposa mais ou menos fechara os olhos a essas ligações. Uma de suas antigas alunas, professora e solteira, Mlle. G., fora sua amante, quando ele tinha 65 anos. Murmurava-se na família que eles tinham sido vistos entrando juntos em hotéis. Mlle. G. foi nomeada para a Argélia. Quando voltou, M. Durand tinha 85 anos. Acabava de perder a mulher, e estava desorientado, porque fora ela quem assumira

---

[185] *Manual de psiquiatria.*

a direção da casa. Sua filha, uma quinquagenária que o amava muito e que vinha vê-lo todos os dias, arranjara-lhe uma empregada dedicada, que conhecia havia muito tempo e que se instalou no apartamento do pai. Este conservava-se em perfeita lucidez: quando reunia em casa antigos alunos (o que fazia frequentemente), mostrava-se brilhante. Fisicamente, não estava deficiente, mas tinha as pernas fracas; na rua, tinha medo de cair e precisava de alguém que o sustentasse pelo braço. Outrora, havia sido generoso, e pouco se preocupara com dinheiro. Ao envelhecer, tornara-se avaro e angustiado. Autor de alguns manuais que se vendiam razoavelmente bem, suspeitava que seu editor o roubava. Recebia uma pensão, mas, incapaz de entender o que é um rendimento regular, queixava-se de que certos meses eram "maus", e se regozijava quando o mês era "bom", apesar de receber sempre a mesma quantia. Sofria de prisão de ventre, e atribuía grande importância às suas funções intestinais. Gostava bastante de falar destas. Em torno dos 85 anos, tinha o hábito de anunciar, à noite: "Hoje foi um bom dia." Ou, ao contrário, com um suspiro: "Dia passado em branco, hoje", referindo-se ao fato de ter ido ou não à privada. Outrora, passava as férias com sua mulher, em família, em casa de irmãos ou primos; mostrava-se extremamente arrogante. Naquele momento, era acolhido durante o verão por um de seus filhos, e sentia que se tornara uma carga para eles. Essa dependência o humilhava. Desenvolvera um verdadeiro ódio contra seu filho Henri e a mulher deste.

A partir do dia em que voltou para a França, Mlle. G. passou a maior parte de seu tempo perto dele, salvo nas horas em que a filha vinha vê-lo. Soube-se pela empregada que muitas vezes Mlle. G. o masturbava: quanto a ele, não punha as mãos nela. À noite, depois de colocá-lo na cama, ela lhe dava boa noite, com uma palmadinha nas nádegas.

As coisas continuaram assim durante alguns anos. O rancor do velho com relação aos filhos aumentava. Durante um verão, quando se encontrava na casa do mais velho, tomou uma lavagem, e sujou as paredes de propósito. Uma outra vez, fingindo enganar-se, aliviou-se dentro de um armário. Em Paris, em torno dos 90 anos, aconteceu-lhe ter crises de agitação. Tentou duas ou três vezes jogar-se pela janela. A família resolveu dar como causa dessas perturbações seus excessos sexuais. Não tinha a empregada declarado que Mlle. G. o masturbava "até tirar sangue"? Reuniu-se um conselho de família. Os relatos da empregada permitiam supor que Mlle. G. desejava levar o velho para a casa dela. O filho mais velho tomou a si a tarefa de raptá-lo. Instalaram-no na casa da filha, num quarto do térreo, que dava para um jardim. A empregada cuidava dele. O velho não sobreviveu mais que um ano a essa transferência e à separação que lhe era imposta. Perdera a memória e se tornou realmente imprestável. Nunca se revoltou diretamente contra a violência de que fora vítima. Por vezes, fingia maravilhar-se: "Fiz uma viagem esta noite. É curioso... deixei meu apartamento e encontro outro bem parecido..." Dizia à filha: "Obrigado por você me ter arranjado um apartamento que se parece com o meu." (Na verdade, não havia nenhuma semelhança.) Fazia tímidas tentativas para rever Mlle. G. Um dia, deu mil francos ao filho da empregada: "Havia uma moça gentil no ano passado. Você não sabe como ela se chamava?" E também, dissimuladamente, vingava-se dos que o cercavam. Cada vez mais preocupado com suas funções intestinais, perguntou um dia — certamente com malícia — a uma prima quinquagenária: "E então, garota, como é que você faz quando vai à latrina? Senta? — Sim, disse a prima, com o rosto em fogo. — Sim, e depois? Você se espreme... E depois? Você se limpa... E depois pega a bengala e mexe?" Ele conservava interesses sexuais. Contava que a filha recebia um amante. Um dia, fingindo não a reconhecer, fez-lhe propostas: "Como é, garota, a gente podia se divertir junto." Ele fazia uso de sua caduquice para se vingar da família. Mas a verdade, também, é que não tinha mais a cabeça boa. Não sabia mais quem era, e compensava essa ignorância com fabulações: contava viagens que teria feito na véspera ou na antevéspera. Ao fim de um ano, quebrou o colo do fêmur e morreu em 48 horas.

Mlle. G. conseguiu saber onde ele fora enterrado. Foi ao cemitério e passou 24 horas estendida sobre o túmulo.

Possuímos um número bem grande de testemunhos sobre a vida sexual dos homens idosos. Esta depende de sua vida passada, e também de sua atitude com relação à velhice no seu conjunto, e particularmente com relação à imagem de si mesmos. Como vimos, Chateaubriand detestava seu velho rosto, ao ponto de proibir que se fizesse seu retrato. Na primeira parte de *Amour et vieillesse — chants de tristesse* —, que escreveu aos 61 anos, provavelmente para a jovem da Occitânia —, ele repele as ternas investidas de uma jovem mulher: "Se me dizes que me amas como um pai, vais causar-me horror; se pretendes amar-me como um amante, não acreditarei em ti. Em cada jovem, verei um rival preferido. Teus respeitos me farão sentir minha idade, tuas carícias me levarão ao ciúme mais insensato... A velhice enfeia até a felicidade. No infortúnio, é pior ainda..." "Envelhecido na Terra, sem ter perdido nada dos sonhos, das loucuras, das vagas tristezas, procurando sempre o que não pode encontrar, e unindo aos antigos males os desencantos da experiência, a solidão dos desejos, o tédio do coração, a desgraça dos anos. Dize, não teria eu fornecido aos demônios, na minha pessoa, a ideia de um suplício que eles não haviam ainda inventado na região das dores eternas?" Cruelmente sensível à "desgraça dos anos", uma espécie de narcisismo invertido ditou-lhe essa recusa.

Goethe, ao contrário, satisfeito, aos 65 anos, com sua situação no mundo, olhava-se com complacência. Ao partir em viagem para Wiesbaden, a terra de sua juventude, ele viu na estrada um arco-íris que, envolto em bruma, permanecia branco. Escreveu:

"Assim, velho alerta,
Não te deixes entristecer;
Apesar de teus cabelos brancos
Poderás ainda amar."

Embora ele fosse de temperamento frio — com um forte componente homossexual — sempre reservara um lugar muito importante para o amor; em *Fausto*, o herói rejuvenesce, em parte, a fim de poder amar de novo; inversamente, Goethe esperava do amor uma renovação análoga à da serpente que se despoja de sua antiga pele; "velho alerta", ele tinha necessidade de uma jovem paixão para aquecer seu sangue. Encontrou essa paixão em Wiesbaden: seu amigo, o banqueiro Willemer, apresentou-lhe a jovem mulher de 30 anos que acabara de desposar, Marianne. Bela, brilhante, ela admirava apaixonadamente Goethe, e o fez assinar belos poemas que escreveu ao lado dele. O poeta se prestou ao jogo, depois foi conquistado e, como desejara, pensou reencontrar uma nova juventude. Retornou um ano mais tarde à casa dos Willemer; mas a paixão de Marianne o amedrontou; deixou-a para nunca mais revê-la. Eles se corresponderam durante muito tempo. Essa aventura inspirou-lhe o "livro de Suleïka", trecho central do *Divã*.

Seu comportamento foi muito menos prudente quando, em Marienbad, com a idade de 72 anos, apaixonou-se pela deslumbrante Ulrique, que tinha, então, 17. No primeiro ano, em 1821, ele se limitava a tagarelar com ela, a trazer-lhe flores. Nos anos seguintes, passou quase todo o seu tempo com ela, esforçando-se para satisfazer todos os seus desejos: "Estás contente, minha filhinha?", perguntava, com ansiedade. Apaixonou-se por uma pianista polonesa, Mme. Szymanowska, célebre, elegante e belíssima; mas logo voltou para Ulrique. "Ela me aparece em 100 atitudes diversas, e cada vez é um novo prazer", escreveu ele à mãe da jovem. Pouco a pouco, sua paixão aumentou; desejou desposá-la; consultou um médico para saber se, dada a sua idade, seria desaconselhável casar-se. O grão-duque Carlos-Augusto pediu por ele a mão de Ulrique. Goethe não teve logo resposta. Acompanhou a família a Carlsbad e festejou com ela seu aniversário. Mas ao deixá-los, alguns dias mais tarde, soube que aquelas despedidas eram definitivas. No carro que o levava, escreveu um poema desesperado. Ninguém, disse ele, nem seus amigos nem seus estudos poderão consolá-lo. "O universo está perdido para mim, e estou perdido para mim mesmo, eu que até agora era o favorito dos deuses. Eles me puseram à prova, mandaram-me Pandora, tão rica em tesouros, porém mais rica ainda em perigos; impeliram-me para seus lábios generosos. Agora separam-me deles, deixando-me aniquilado." Seu filho e sua nora brigaram com ele; fizeram cenas: temiam pela herança. Teve o consolo de rever a Szymanowska, que viera dar um concerto em Weimar. No dia da partida, no momento em que o carro se afastava, ele se pôs a gritar: "Corram, tragam-na para mim!" Ela voltou, e ele a estreitou nos braços, chorando, sem dizer palavra: dizia adeus ao amor, à juventude. Caiu doente, ou, pelo menos, ficou acamado, talvez para escapar à agitação que reinava na casa, pois o projeto de casamento não tinha sido definitivamente abandonado. Seu amigo Zelter veio vê-lo e leu para ele, em voz alta, a elegia que a recusa de Ulrique lhe inspirara. Consentiu, então, em se levantar e se curou rapidamente. Inseriu o poema num conjunto que chamou *Trilogia da paixão*. Mas a partir desse momento, as mulheres não existiram mais para ele; permaneceu até a morte empedernido em seu rancor.

Os amores dos velhos nem sempre estão condenados ao fracasso — longe disso. Para muitos deles, a vida sexual prolongou-se até tarde. O duque de Bouillon tinha 66 anos quando nasceu seu filho, Turenne.

O pai do célebre duque de Richelieu casou-se pela terceira vez aos 70 anos, em 1702. O filho, com a idade de 62 anos, governador da Guiana, levava uma vida devassa. Seduziu, na velhice, um grande número de jovens mulheres. Aos 78 anos, usando peruca, maquiado, macérrimo, ele parecia — diz-se — uma tartaruga tirando a cabeça da carapaça: isso não o impedia de ter ligações com atrizes da Comédie-Française. Tinha uma amante titular, e à noite frequentava as putas; por vezes, levava-as para casa e se comprazia em ouvir suas confidências. Casado aos 84 anos, recorria aos afrodisíacos; engravidou a mulher; além disso, enganava-a. Conservou atividades sexuais até a morte, aos 92 anos. Marivaux casou-se aos 77 anos e teve uma filha. Lakanal casou-se aos 77 anos e teve um filho.

Um exemplo bem conhecido de verdor sexual é o de Tolstói. No fim de sua vida, ele pregava a castidade completa para o homem e para a mulher. Entretanto, aos 69 e aos 70 anos, ao voltar de grandes passeios a cavalo, ia para a cama com a mulher. Depois, passeava durante todo o dia pela casa, com um ar esperto.

A sexualidade ocupou um grande espaço nos anos da juventude de Hugo, e durante sua maturidade. Ele era um pouco *voyeur*. Em seus versos, compraz-se em evocar um fauno espreitando a nudez das ninfas, um colegial espiando por uma fresta uma "*grisette*"[186] que vai para a cama, uma banhista descalça de quem se percebe o pé, um lenço que se entreabre, um vestido que se arregaça. Em Guernesey, com a cumplicidade de sua mulher, com o pretexto de sufocações noturnas, ele mandava uma empregada, em geral jovem e agradável, ir dormir num quarto vizinho ao seu; por vezes, fazia amor com ela, mas parece também — segundo seus carnês — que ficava olhando-a despir-se, sem que ela suspeitasse. Quando publicou, aos 63 anos, *Les chansons des rues et des bois*, Veuillot, indignado, comparou-o aos velhos que surpreendem Suzana no banho.

Seus carnês fornecem amplas informações sobre seu erotismo senil. Entre 63 e 68 anos, suas façanhas amorosas foram muito pouco numerosas: em média, uma meia dúzia por ano. Mas esse número cresceu depois. Ele não tinha mais relações sexuais com Juliette; procurava às

---

[186] Nome que se dava, na França, às costureiras jovens e amigas de galanteios. (N.T.)

escondidas outras mulheres, e muitas vezes prostitutas. Quando morava em Guernesey, ia frequentemente ao lugarejo Fermain Bay, perto de Hauteville House, para satisfazer seus prazeres secretos. O local está anotado nos carnês de 1867, quatro vezes, de 14 a 17 de junho; e também em seus carnês de 1868. Guillemin publicou os de 1870 e de 1871. Victor Hugo, para fugir ao ciúme de Juliette, utiliza códigos. *Aquecedor*[187] quer dizer: pelos. *Suíços e santos:*[188] os seios; *n*: nua; *toda*: inteira; *osc*: um beijo; *genua*: joelho; *pros*: prostituta. O exame dos carnês indica que ele só realizava raramente o ato sexual completo: contentava-se quase sempre em olhar a mulher inteira ou parcialmente desnuda, em acariciá-la, em beijá-la. Eis os detalhes de suas atividades durante o verão de 1870.

*29 de julho*. Fermain Bay. Noite de Young[189] Alice Cole[190]
Aquecedor e Carvão.
*31 de julho*. Pata, aquecedor. Suíços.
*2 de agosto*. Fermain Bay. Young. Suíço. Pata. Os santos.
*3 de agosto*. Fermain Bay.
*4 de agosto*. Partida forçada esta manhã. L.Y.[191]
*10 de set*. Auxílio a Mairat (para Marie) rua Frochot 3. N. 5 francos.
*13 de set*. Vi Enjolras.[192] *n*.
*17 de set*. Auxílio a Berthet (Berthe) pros. 9 b Pigalle *n* 2 francos.
*19 de set*. Vi Mme. Godt. Aquecedor.
Aux. a C. Montauban. Hébé *n* 10 francos.
*22 de set*. Auxílio a Mairat (Marie) camisola, 2 francos.
*23 de set*. Émille (Émilie) Taffari, rua du Cirque, 21, no 6º nº 1. Osc.
*27 de set*. Revista depois de 20 anos A. Piteau. Toda. Aux. a Zdé (Zoé) Tholozé, 0 fr. 50. Aux. a Louis (Louise) Lallié *n* 2 francos.
*28 de set*. Élabre Tholozé *n* Aux. 5 francos.
*30 de set*. Eugène, 9 *bis* rua Neuve-des-Martyrs. *n:* Aux. 3 francos.

---

[187] No original: *poële* — homófono de *poil* (pelo). (N.T.)

[188] No original: *saints* — homófono de *seins* (seios). (N.T.)

[189] Young era uma camareira a quem fazem alusão os carnês de 1867 e 1868.

[190] Citada em 23 e 30 de março de 1870.

[191] Louise Young.

[192] Louise Michel.

*11 de out.* A.C. Montauban. Aux. 10 francos.

*5 de out.* Mme. Olympe Audouard. Bico dos seios. Osc.

E a enumeração continua. Quase todo dia — e às vezes duas vezes por dia — um nome, um endereço, e uma nota: *n*, ou *osc*, ou *poële*, ou *genua*. Os "auxílios" variam, provavelmente de acordo com a importância dos favores comprados.

No verão seguinte, ele tomou como amante Marie Mercier, mulher de um partidário da comuna fuzilado, que mandara sua nora contratar. Quando se instalou no Luxemburgo, ela foi para lá; tinha 18 anos, e ele se comprazia em vê-la banhar-se nua no Our. Muitas vezes ia encontrá-la à noite. Seus carnês estão cheios de notas triunfantes. Em 10 de setembro: "Misma. Pecho (o seio). Toda." Dia 11: "Misma; se ha dicho toma y tomo."[193] Dia 13: "Ahora todos los dias e a toda hora, misma Maria."[194] Ele a encontrou todas as noites até sua partida para Paris, no dia 23. Um ano mais tarde — ele tinha 70 anos — disse a Burty que agora tinha dificuldade de pronunciar discursos: "Falar cansa-me tanto como fazer amor três vezes." E depois de um momento de reflexão, ele retificou: "Até mesmo quatro." Inúmeras admiradoras ofereceram-se a ele, naquele ano. Sarah Bernhardt, então jovem, bela, cortejada, jogou-se a seus pés. Ela desejava, talvez, um filho dele, pois nos carnês aparece a nota: "O filho não será feito." Foi ele quem procurou os favores de Judith Gauthier, de 22 anos de idade, e conhecida por sua beleza. Ela cedeu. Ele escreveu, em seus carnês: *toda*. A ligação entre os dois foi breve, pois ele partiu para Guernesey, e se apaixonou por Blanche, uma bela roupeira de 22 anos que Juliette tivera a imprudência de contratar. Hugo lutou um pouco contra seus desejos, depois começou a escrever versos para ela, que se entregou a ele. Juliette desconfiou, fez Blanche confessar, e expulsou-a de Guernesey. Mas em Paris, ele a reviu: *toda*. Instalou-a no *quai de La Tournelle*, e quase todos os dias ia encontrá-la ali. Gostava de contemplá-la em sua nudez. Escreveu, em *Océan*:

"Ela me diz: 'Queres que eu fique de camisola?'
E eu lhe digo: 'Nunca a mulher está tão bem-vestida

[193] Ela disse: toma, e eu tomo.

[194] Agora, todos os dias e a toda hora, a mesma Marie.

Como quando está toda nua' [...]
Foi soberbo. 'Pronto!', disse ela, 'eis-me aqui.'
E diante de Adônis, assim estava Vênus."

Faziam grandes passeios juntos; Hugo estava ligado à jovem tanto sentimentalmente quanto sexualmente, e ela o amava apaixonadamente. Por vezes, ele tinha remorsos. Ainda em *Océan*, escreve:

"Oh triste espírito humano, pelo corpo possuído!"

Desconfiada, Juliette mandou segui-lo por uma agência privada de polícia e descobriu, em 19 de setembro de 1873, o que ela chama "suas vergonhosas aventuras". Fugiu para longe de Paris, e voltou; ele jurou romper, e não o fez. Entretanto, tinha cada vez mais remorsos. Esboçou uma comédia, *Philémon perverti* (por volta de 1877), na qual se acusa de ir procurar seus prazeres, sem se preocupar com as lágrimas da infeliz Báucide:

"Tomar uma jovem, em lugar da velha que temos!
..................................................................
Sinto que vou ser um horrível canalha."

Ao voltar para casa, encontra Báucide morta de dor. E a jovem Eglé zomba dele quando, entre dois acessos de tosse, multiplica suas declarações amorosas. Conclui que Fílemon foi iludido pelo diabo, enquanto Báucide encarnava um anjo. Continuava, entretanto, a frequentar prostitutas; quando, aos 76 anos, em 28 de junho de 1878, teve uma ligeira congestão cerebral, o médico ordenou-lhe que reduzisse suas atividades sexuais. "Mas, doutor, reconheça que a natureza deveria advertir", respondeu. Até o fim, ele não se rendeu. Seu carnê de 1885 registra ainda cinco façanhas amorosas, sendo a última no dia 5 de abril, algumas semanas antes de sua morte. Sua saúde, entretanto, declinara um pouco depois do ataque que sofrera.

A imagem que ele sempre fizera da velhice o autorizava a assumir seus desejos sexuais até a idade mais avançada: provavelmente ele pensava em Booz quando uma jovem mulher se oferecia. Para Judith Gauthier escreveu o soneto "*Ave, dea, moriturus te salutat*", no qual lhe diz:

"Estamos os dois vizinhos ao céu, senhora,
Já que sois bela e já que eu estou velho."

Longe de ser uma tara, a velhice é, aos olhos de Hugo, uma felicidade; ela aproxima de Deus, e se harmoniza com tudo o que é sublime: a inocência, a beleza. Hugo, velho, certamente não tinha nenhum sentimento de inferioridade. Entretanto, ele não fica cego; é com ironia que compara o casal que forma com Blanche ao de Vênus e Adônis. E o velho Fílemon é ridículo quando banca o irresistível sedutor, entre dois acessos de tosse. Não importa: ele estava orgulhoso de si próprio. "Sou como a floresta que se abateu muitas vezes: os jovens brotos são cada vez mais fortes e vivos." E depois, ele era amado por belas jovens: isso bastava para que se concedesse o direito de amá-las. Compreende-se menos como conciliava seu personagem de velho imponente com a busca furtiva de prazeres venais. Juliette suspeitava dessa busca, e sofria com isso; em certos momentos, ele se reprovava por procurar esses prazeres: entretanto, continuou a procurá-los, mesmo depois da advertência do médico. Dado o lugar que reservara à sexualidade desde o casamento, ter-se-ia sentido diminuído se tivesse renunciado a ela; suas "vergonhosas aventuras" eram um combate de retaguarda. E sobretudo ele julgava não ter que prestar contas a ninguém, a não ser a si mesmo: durante toda a vida, jamais cedera à opinião; se tinha desejos, saciava-os.

Muitos exemplos confirmam que um homem idoso pode ser sexualmente solicitado de maneira imperiosa. Edmond de Goncourt anotava em seu *Journal*: "*28 de set. 88.* No trem, atormentado por uma necessidade de coito, eu pensava em tudo que se disse, escreveu, imprimiu sobre os *velhos porcos*, esses pobres velhos porcos que o minúsculo animal espermático ainda morde com apetite. É culpa nossa se a natureza pôs em nós de maneira tão imperiosa, tão persistente, tão obstinada, o desejo da aproximação com o outro sexo?" Ele tinha 66 anos.

Aos 70 anos, em 8 de julho, escreve: "Neste momento a nuca da mulher, a nuca redonda e a nuca frágil que tem, sobre a luz da carne, um indiscreto cordão de cabelos frisados, produz um efeito afrodisíaco em mim. Surpreendo-me a seguir, pelo simples prazer de vê-la, uma nuca, como outros seguem uma perna."

Em 5 de abril de 1893: "Como é estúpido na minha idade ainda ser mordido pelo animal espermático! Faz 15 dias que eu queria manter todo o meu pensamento na minha peça, e faz 15 dias que ele me fabrica, sob o negro das pálpebras, imagens eróticas que afogam um pouco as do Aretino."

Wells tinha 60 anos quando, depois de uma troca de cartas, apaixonou-se por Dolores; amou-a com paixão e descobriu capacidades sexuais desconhecidas: "Foi-me revelado pela primeira vez na vida que eu era um sujeito espantoso, extraordinário, um homem e tanto, dotado de notável virtuosidade. Casanova, certamente, não chegaria aos meus pés", escreveu ele, divertido. As coisas começaram a ir mal, houve cenas penosas, ele não pôde mais suportar Dolores, e separou-se dela aos 66 anos, para encontrar aquela que chamou Brylhil, e por quem teve o mais violento amor de sua vida: amor partilhado, e que durou muito.

Entre nossos contemporâneos, abundam os exemplos de homens idosos, ligados ou casados com jovens mulheres. Charlie Chaplin não era mais jovem quando desposou Oona, de quem teve vários filhos. Picasso passara dos 60 anos quando teve dois filhos de Françoise Gilot. Quando esta o deixou, apaixonou-se por Jacqueline Roque, e desposou-a. (Naquela época, fez desenhos belíssimos que representavam uma mulher nua, soberba, diante de um velho mirrado, ou mesmo de um macaco.) Suas fotografias o representavam, então, cheio de juventude e vitalidade; ele tinha, certamente, uma imagem favorável de si mesmo, confirmada pelo amor de Jacqueline; é uma espécie de narcisismo no segundo grau que o incita a se caricaturar: em sua singularidade, ele está tão seguro de si, que pode divertir-se zombando dos velhos enamorados, em sua generalidade. Escapa ao ridículo e ao odioso das pretensões dos velhos comuns, no momento em que os denuncia. Pablo Casals conservou, aos 90 anos, uma saúde perfeita. Henry Miller conta: "Ele se levanta cedo todos os dias, vai passear na praia, em Porto Rico. Volta e toca Bach em seu piano durante meia hora, antes de praticar o violoncelo durante três horas. Viaja e faz conferências." Há dez anos, aos 80, desposou uma de suas alunas, que tinha 20: o casal permaneceu unido. O próprio Miller é descrito por um jornalista como "um jovem enrugado, mas petulante, esmagando os que o cercavam com sua vitalidade, bronzeado, feliz, descontraído". Com 75 anos, desposou uma japonesa de 29. Sexualidade, saúde e atividades estão ligadas: dir-se-ia que a vida do indivíduo está programada desde o início; a menos que haja acidentes vindos do exterior, tanto sua energia vital quanto sua longevidade estão inscritas no seu organismo.

Esses exemplos confirmam a ideia de que a vida sexual se prolonga por muito tempo, quando foi rica. Mas pode acontecer também que um homem, até ali indiferente às mulheres, descubra mais tarde as alegrias da sexualidade. Berenson — que morreu aos 94 anos — escreve: "Só comecei a tomar conhecimento da sexualidade e da vida animal na mulher na época que se poderia chamar de minha velhice."

Rodin, que tivera um grande amor por sua aluna Camille Claudel, mas que, na época de sua maturidade, dedicava pouco tempo às mulheres, corteja-as assiduamente, por volta dos 70 anos. "Eu não sabia que, desprezadas aos 20 anos, elas me encantariam aos 70", disse ele. Tornava-se cada vez mais sensível à sedução das mulheres e acolhia descontroladamente todas as suas admiradoras. Durante muitos anos, foi subjugado por uma americana, casada com um duque, bastante idosa, nada bonita, pretensiosa e ridícula, no dizer dos amigos de Rodin. Rilke, seu antigo secretário, lamentava-se: "Cada dia torna sua velhice uma coisa grotesca e risível." Ao fim de seis anos, acabou por romper com a americana e voltar para Rose.

Trotsky, que desde a idade de 55 anos se considerava velho, teve aos 58 uma curiosa crise de erotismo. Deutscher conta que, em cartas que ele escreve, então, à mulher, "sua vitalidade irrompe, assim como seu desejo sexual por Natalya. Trotsky conta que acaba de reler a passagem das *Memórias* de Tolstói na qual este último conta como, aos 70 anos, voltava de suas cavalgadas cheio de desejo e de concupiscência por sua mulher. E como ele, Trotsky, com 58 anos, voltava de suas extenuantes escapadas a cavalo com disposições análogas. Seu desejo por Natalya faz com que empregue a gíria do sexo, e ele sente-se embaraçado por lançar no papel tais palavras pela primeira vez na vida, e de se comportar exatamente como um cadete do exército".

Um dos mais surpreendentes testemunhos sobre a sexualidade senil é o de Tanizaki, em seus dois romances altamente autobiográficos — *A confissão impudica* e o *Diário de um velho louco*. O erotismo japonês mistura de maneira singular o pudor e o impudor: não se tira a roupa para fazer amor; mas estampas e livros descrevem da maneira mais crua as diferentes posições. As obras de Tanizaki inscrevem-se nessa tradição. A primeira foi composta em 1956. O herói tem 56 anos (o autor tinha mais idade). É um professor. Vai para a cama com a mulher uma vez em cada dez dias: isso o deixa esgotado durante horas, chegando a não ter mais forças para pensar. Tem o fetichismo do pé feminino, e se irrita porque sua mulher só lhe permite cópulas muito convencionais, e se recusa a despir-se. Uma noite em que ela desmaiou por ter bebido conhaque demais, ele aproveita para iluminar com uma lâmpada seu corpo nu, e o estuda minuciosamente. Lambe-lhe os dedos do pé. Dá um jeito de embriagá-la nos dias que se seguem: fotografa com uma polaroide as diversas partes de seu corpo, e cola as imagens em seu diário. Há sadismo em seu comportamento, pois ele deixa o diário à vista para que sua mulher o leia; mas desconfia que ela já é conivente, que seu comportamento revela uma astúcia semelhante à dele: o estranho prazer que isso lhe provoca revela masoquismo. Por masoquismo, manda revelar fotos de sua mulher por um discípulo, Kimura, que provavelmente a deseja e é desejado por ela. Manda que lhe apliquem injeções de hormônio masculino, e injeta em si mesmo, às escondidas, hormônio da hipófise. Graças a esse tratamento, torna-se cada vez mais libidinoso, mas teme por sua saúde. Tem vertigens, perturbações de memória e pressão muito alta. Incita insidiosamente Kimura e sua mulher a terem relações eróticas muito íntimas, senão completas. O ciúme exacerba seu prazer. Sua mulher sabe que seus excessos sexuais o fazem correr risco de vida, e os encoraja; por seu lado, ele sabe que ela os provoca com conhecimento de causa. O masoquismo e o prazer do perigo tornam deliciosa, para ele, essa situação. Uma noite, deixa a mulher levá-lo ao paroxismo do prazer, possuindo-a com mais ardor do que nunca, e morre de um ataque, nos braços dela.

Reencontra-se, no *Diário de um velho louco*, essa relação: erotismo, morte, o perigo exacerbando o prazer. Dessa vez, o herói tem 77 anos, quase a idade do autor, e sua vida sexual foi muito rica. Sente-se levemente atraído pelos jovens atores que fazem papéis de mulheres. "Mesmo que você seja impotente, parece que uma vida sexual persiste", anota ele. Poucos anos antes, tivera uma ligeira congestão cerebral: para andar, precisa apoiar-se numa enfermeira, ou na nora. Deleita-se em se imaginar morto: a cerimônia, as lágrimas. "Pergunto-me como ficará meu rosto quando estiver morto." Essa ideia o persegue. Tem também a obsessão da mulher: "Não tenho o desejo de me agarrar à vida, e, no entanto, enquanto estou vivo, não posso impedir-me de ser atraído pelo outro sexo... Fiquei totalmente impotente, mas sinto prazer nas excitações sexuais provocadas por todos os meios depravados e indiretos." Ele permanece doente o tempo todo, e se deleita em descrever suas deficiências, mesmo as mais repugnantes, assim como a feiura de seu rosto. Sua pressão é muito alta. Come e dorme muito. Pratica o alongamento, porque seus ossos deformados o fazem sofrer; sente nas mãos, nos braços e nas pernas dores agudas que o excitam sexualmente: "É estranho, mas mesmo quando sinto dor, tenho desejos sexuais, e até mesmo, mais precisamente, quando sinto dor... Aí está uma tendência masoquista... Ela se pronunciou nos meus anos de velhice."[195] Ele ama as mulheres que lhe parecem cruéis. Sua nora — a quem dera de presente uma linda bolsa, caríssima — autoriza-o a entrar no banheiro enquanto ela está no chuveiro, e permite que ele lhe beije a perna, abaixo do joelho. Um dia, lambe a perna dela do joelho ao calcanhar, e abocanha-lhe os artelhos. Seus olhos se injetam, a pressão sobe. "Meu rosto estava em fogo, e o sangue precipitava-se na minha cabeça, como se eu fosse morrer subitamente de apoplexia. Pensava realmente que ia morrer." Quanto mais aumenta o medo, mais cresce sua excitação. Num outro dia, ele recomeça, a pressão não sobe, o prazer é menor. Excita-se também com as aventuras amorosas dos outros, e particularmente quando a nora traz o amante para casa. Os jogos eróticos sob o chuveiro sucedem-se. Uma vez, ele a beija no pescoço durante 20 minutos. Dá à nora um diamante de três milhões de ienes, enquanto recusa à filha o modesto empréstimo que esta solicitava. Compraz-se em mostrar-se a Satsuki — a nora — sem a dentadura: "Um chimpanzé seria menos horroroso" — diz ele. E acrescenta: "Quanto mais feio me parecia o rosto que via no espelho, mais o de Satsuki me parecia esplêndido." Aqui, a feiura da imagem, longe de ser um obstáculo, é um excitante, por causa do masoquismo do herói. Um dia em que sente muitas dores nos ossos, geme: "Satsuki, estou sentindo dores!" Explode em soluços, baba, late. Ela o repreende por fazer aquele drama. Ele quer beijá-la; ela recusa e se limita a deixar cair na boca dele uma gota de saliva. Ele toma cada vez mais soníferos; dão-lhe injeções. Resolve

[195] Em todos os romances anteriores de Tanizaki, encontram-se indicações de masoquismo.

escolher o lugar onde deverá ser enterrado, e parte para Kyoto com a enfermeira e Satsuki. Pensa em mandar esculpir sobre seu túmulo o corpo de Satsuki, fantasiada de deusa Kannon: gostaria de repousar sob seus pés. Vem-lhe uma outra ideia: mandar gravar na pedra tumular a impressão dos pés da nora, fazendo-os passar pelos pés de Buda. Resolve executar ele mesmo a impressão; para tanto, pincela de tinta os pés de Satsuki e atinge um estado de excitação extrema. Sua pressão sobe perigosamente. Satsuki, que se prestara durante um dia inteiro às manobras dele, foge, extenuada, na manhã seguinte. Ele tem um ataque do qual se recupera, mas que o deixa extremamente enfraquecido.

O que há de mais singular nesses dois romances é a relação entre a sexualidade e a morte. A literatura aproximou muitas vezes esses dois elementos: a ideia de morte suscita um reflexo de vida. Eros e Tanatos são classicamente associados. Mas não conheço nenhum outro caso em que um homem tenha necessidade, para chegar ao paroxismo do prazer, de pôr em jogo a própria vida.

Esses testemunhos estão de acordo com as observações gerais que os precedem. A impotência não exclui o desejo. Este último satisfaz-se, quase sempre, através de desvios, nos quais aparecem os fantasmas da maturidade: o voyeurismo em Hugo, o masoquismo em Tanizaki. Muitos homens idosos procuram parceiras mais jovens para eles. Os sujeitos nos quais a sexualidade continua a ter um grande papel são dotados de excelente saúde, e levam uma vida ativa.

Sobre a relação de um velho com seu corpo, com sua imagem, com seu sexo, possuímos um documento espantoso: o *Journal* de Léautaud. Ele nos fornece uma síntese viva dos diversos pontos de vista que consideramos neste capítulo.

Léautaud sempre se vira com benevolência. Aos 41 anos, anota: "Não me acho tão feio assim. Tenho um rosto até bastante expressivo, nada banal." Reconhece que ali está o rosto de um homem de 41 anos, "um rosto já marcado pela vida". Depois, repete muitas vezes que se sente mais jovem do que a idade que tem. Foi através dos outros que teve a revelação de seu envelhecimento, e isso lhe provocou muita raiva. Tinha 53 anos quando um funcionário da estação ferroviária falou dele como de "um senhor velhinho". Léautaud anotou, raivosamente, em seu *Journal*: "Velhinho! Velho senhor? Mas que diabo, será que fiquei cego a esse ponto? Não me acho nem velho senhor, nem velhinho.

Acho que tenho o aspecto de um homem de 50 anos, é verdade, mas é o aspecto de um homem que está muito bem para sua idade. Sou magro, ágil. Eu nesse estado, chamarem-me de velho!" Aos 59 anos, ele se avalia com um olhar crítico: "Em matéria de disposições físicas e morais, tenho 40 anos. Que pena que o rosto não esteja de acordo! Principalmente minha falta de dentes. Para a minha idade, na magreza, na flexibilidade, na agilidade, no andar, sou notável. Essa falta de dentes estraga tudo. Não ousaria mais cortejar uma mulher." Isso não o impede de, já com mais de 60 anos, encolerizar-se porque um jovem lhe cedeu o lugar no metrô. "Ah! Que o diabo leve a velhice, essa coisa horrível!" Constata-se nele, com particular evidência, a impossibilidade em que se encontra o homem idoso de realizar sua velhice. Num dia de aniversário, anota: "Comecei hoje meu 64º ano. Não me sinto de maneira alguma um velho senhor." O velho senhor é um outro, uma certa categoria objetivamente definida. Léautaud não encontra esse personagem em sua experiência interior. Em certos momentos, entretanto, a idade lhe pesava. Em 12 de abril de 1936, escrevia: "Não estou contente com minha saúde, nem com meu estado de espírito; nem com a tristeza de envelhecer. Principalmente isso!" Mas aos 69 anos, anota: "Conservo-me, no meu 70º ano, tão vivo, leve, ágil, alerta, quanto possível."

Léautaud podia ficar satisfeito consigo mesmo: sustentava sozinho sua casa, cuidava de seus bichos, fazia a pé todas as compras, carregava pesados cestos de provisões, escrevia seu *Journal* e desconhecia o cansaço. "Só minha vista é que está ficando ruim. Não mudei nada, desde os meus 20 anos. Conservei minha memória, minha vivacidade de espírito."

Só poderia ficar mais irritado ainda, quando as reações dos outros o chamam à realidade. Tinha 70 anos quando, no metrô, uma jovem mulher que se desequilibrara com o arranco da partida exclamou: "Ah! Desculpe, vovô! Eu ia caindo em cima de você." Anotou, furioso: "Minha nossa! Então pode-se ver tão bem assim minha idade no meu rosto! Como nos enxergamos mal a nós mesmos!"

O paradoxo é que ele não detestava ser velho. Representa um desses casos excepcionais de que falei, nos quais a velhice coincide com um fantasma infantil: sempre tivera interesse pelos velhos. Anota, aos 72 anos, em 7 de março de 1942: "Você começa a sentir uma espécie de vaidade, quando fica velho, por estar em bom estado, por ter continuado magro, flexível, alerta, com a mesma cor no rosto, com as articulações intactas, sem doença nem decadência física, nem decadência intelectual."

Mas a vaidade de Léautaud exigia que sua idade não fosse visível aos outros: o que lhe agradava era imaginar que continuava jovem, apesar do peso dos anos.

Em certos momentos, aliás, ele suportava mal a evidência da idade. Em 2 de julho de 1942, escrevia: "Setenta e dois anos e meio. Por mais que eu me sinta muito bem, a velhice me afeta profundamente, e também o pensamento da morte. Minha vista ficou péssima." Tem medo que os dentes que sustentam suas próteses caiam, um dia: "Aí vou ficar bonito!... Nesse dia, acho que poderei trancar-me em casa." Num outro dia, ele anota: "Queria tanto só ter 50 anos, com a minha maturidade atual e os conhecimentos adquiridos desde aquela idade." "Resignar-se, contentar-se: maldita velhice. Ela está toda contida nessas palavras."

Depois, sua satisfação renascia: "Estou com o rosto muito envelhecido. A pele do meu queixo já começa a ter pequenas estrias. Ora! É que não sou mais jovem. No próximo dia 18 de janeiro, começarei meu 74º ano. Transformei-me (há pouco tempo eu me olhava nos espelhos, em Paris) naquilo que me interessava tanto quando era criança, e também quando era jovem (na verdade, naquilo que sempre me interessou, durante toda a minha vida): um velho curioso, de aspecto original, de fisionomia e rosto expressivos, vestido numa espécie de moda antiga, que as pessoas olham e que devem tomar por um velho ator que não fez sucesso."

Tinha razão em orgulhar-se de sua saúde: "Quando se atingiu uma certa idade (como eu, que vou começar meu 75º ano em alguns dias) e quando se está (como eu, que desconheço a fadiga) em bom estado, menos para o amor (ai de mim!), sente-se uma espécie de vaidade com isso. É quase com piedade que se encara a juventude. A juventude? Não é isso o importante. O que importa é chegar à velhice."

É só mesmo no fim da vida, quando sua saúde se deteriora, que ele cede ao desalento. 25 de fevereiro de 1945: "Estou num abatimento extremo. O estado da minha vista. O terrível envelhecimento que constato no meu rosto. O trabalho do meu diário tão atrasado. A mediocridade da minha vida. Estou sem estímulo, sem ilusão. O tempo dos prazeres, mesmo de cinco minutos, realmente passou."

Léautaud tinha então 75 anos, e sua vida sexual terminara. No entanto, a não ser nos seus últimos anos, uma das razões de seu orgulho era o fato de ainda sentir desejos e de ser capaz de satisfazê-los. Pode-se seguir, no seu *Journal*, a evolução de sua sexualidade.

Só se tornara realmente sensível às mulheres quando tinha cerca de 50 anos. Aos 35 anos, escrevia: "Começo a deplorar o fato de ter uma natureza que me permite fazer tão pouco uso das mulheres." Faltava-lhe o "fogo sagrado". "Sempre penso demais em outras coisas: em mim mesmo, por exemplo." Tinha medo de ficar impotente, e era rápido, no ato sexual: "Não dou prazer às mulheres, pois termino em cinco minutos e nunca consigo recomeçar... No amor, só gosto da devassidão... Não se pode pedir certas coisas a todas as mulheres." Teve uma longa ligação com uma certa Bl... Diz que a amou muito, mas também que a vida em comum com ela era um inferno. Com cerca de 40 anos, continuando bastante frio, por falta de condições de proporcionar prazer à parceira, deleita-se em contemplar imagens de mulheres nuas. Entretanto, alguns anos mais tarde, fala com melancolia das "raras sessões de amor de minha vida que realmente me deram prazer". Reprova-se por ser, com as mulheres, "tímido, desajeitado, brusco, sensível demais, pensando sempre, deixando passar e perdendo as melhores ocasiões". Tudo mudou quando encontrou, quando estava perto dos 50 anos, "uma mulher apaixonada, maravilhosamente organizada para o prazer, atendendo inteiramente ao meu gosto nessas coisas": revelou-se "quase brilhante", ao passo que, até aquele momento, só tendo conhecido mulheres que não combinavam com ele, imaginava ter poucos recursos. A partir daí, a sexualidade tornou-se, nele, uma obsessão; em 1º de dezembro de 1923, anota: "Madame[196] talvez tenha razão: minhas repetidas vontades de fazer amor são talvez de ordem patológica... Ponho isso na conta da moderação de toda a minha vida, até os 40 anos, e também no grande apetite que ela me desperta, e que fazem com que eu não possa ver um pedacinho de sua pessoa sem ter logo vontade... Ponho isso também na conta de muitas coisas das quais fui privado, como a nudez feminina, da qual comecei a gostar muito. Fico mesmo espantado quando penso como fiquei, com relação a todas essas coisas. Em nenhuma mulher fiz todas as carícias que faço em Madame."

[196] Um dos nomes que ele dá à sua amante.

Quando eles se separam, no verão, a abstinência lhe pesa; masturba-se, pensando nela: "Estou encantado, é verdade, de estar ainda tão ardente na minha idade, mas — que diabo! — isso tem muitos inconvenientes." Madame era um pouco mais velha que ele: durante toda a vida, só amara mulheres maduras. Quando uma jovem de 23 anos atirou-se a seus pés, ele consentiu numa aventura, mas sem nenhum prazer, e rompeu logo. Afora essa extravagância, foi fiel durante anos a Madame. Comprazia-se em olhar num espelho o casal que formavam, enquanto faziam amor. A partir de 1927, precisa controlar-se sexualmente; consola-se, tendo conversas licenciosas com a Pantera.[197] Não se entende bem com ela: "São os sentidos, é o vício que nos liga um ao outro. O resto é quase nada!" Mas ele evoca com satisfação, em 1938: "Dezessete anos de prazer entre dois seres, um tão ousado e fogoso quanto o outro nas carícias e nas falas, durante o amor." Aos 59 anos, sua ligação com aquela que agora chama de Flagelo dura ainda, embora ela tenha 64. Os casais nos quais a mulher é muito mais jovem do que o homem o chocam. "Eu, com 59 anos, não ousaria fazer certas propostas a uma mulher de 30 anos." Acha ainda Flagelo muito desejável e goza intensamente as "sessões" que tem com ela. Entretanto, queixa-se: "Quando faço amor, a ejaculação é quase água!" O amor o cansa, e os médicos aconselham-no a parar. Masturba-se de tempos em tempos. Escreve a Flagelo cartas eróticas, e ela envia-lhe outras. As palavras escritas produzem-lhe grande excitação. Escreve, em 25 de setembro de 1933: "Estou de novo extremamente atormentado pelas ideias amorosas, como estava segunda-feira passada... Vejo-me com curiosidade e inquietude neste estado." Em 1934, 1935 é a mesma situação: masturbação, cartas eróticas, "sessões" com Flagelo, outra ligação que o atormenta muito, com uma certa C.N. No *Journal*, multiplicam-se as evocações eróticas. "Cuidado com os jogos de amor. Estou ainda diabolicamente inclinado a eles; demais, mesmo, para a minha idade." Escreve em 13 de agosto de 1938 (desiludido por C.N.): "Só penso, chegando a ficar atormentado com isso, em fazer amor com uma mulher que se pareça comigo, que tenha os mesmos gostos que eu."

Em 18 de janeiro de 1938: "Certamente passo melhor quando de todo não faço amor. Não que o faça com dificuldade — ao contrário;

---

[197] Um dos nomes que ele dá à sua amante.

mas é sempre um desgaste que não se compensa agora tão depressa quanto há alguns anos."

"O que me faz mais falta é a nudez feminina, as poses licenciosas e fazer minete."

Em 17 de fevereiro de 1940, ele escreve que sonha com mulheres: "O rosto, o corpo de uma mulher que agrada. Passo noites em sonhos impossíveis."

Com 69 anos feitos, ele se queixa de "jejuar".

Diz, falando de sua juventude: "Era pouco dado ao prazer sexual, e ainda menos ao prazer da visão de um corpo de mulher em todos os seus detalhes — prazer que tomou, para mim, depois do 40º ano, uma importância tão grande, tão viva."

"Até 66 ou 67 anos, eu podia fazer amor duas ou três vezes por semana."

Agora, ele se queixa de ficar cerebralmente fatigado durante três ou quatro dias, depois de ter feito amor. Mas continua a fazê-lo e se corresponde com três de suas antigas amantes. Desola-se porque C.N. não quer mais ir para a cama com ele. Acaricia as lembranças amorosas e se compraz em evocá-las em seu *Journal*.

Aos 70 anos, escreve: "A mulher e o amor me fazem uma falta enorme." Lembra que fez amor ardentemente, dos 47 aos 63 anos, com Flagelo, depois, durante dois anos, com C.N. "Só comecei a sentir o esfriamento há três anos."

"Posso ainda fazer amor. Fico mesmo triste, muitas vezes, por estar privado de fazê-lo, ao mesmo tempo que me digo que certamente é melhor eu me abster."

Em 29 de setembro de 1942: "Continuo bem ridículo. As coisas da mulher e do amor me fazem uma horrível falta."

3 de novembro: "Encontro-me em abismos de tristeza por estar privado das coisas da mulher e do amor."

Aos 72 anos, ele esboça ainda idílios (que não têm continuidade), tem sonhos eróticos que o levam à ereção: "Continuo a passar minhas noites nas melhores disposições." Mas no mesmo ano ele constata o declínio de sua sexualidade.

"Não há mais como se entregar aos exercícios do amor quando o físico está morto, ou quase. Mesmo o prazer da visão, de fazer carícias, termina rápido, sem nenhum ardor para recomeçar. É preciso o calor físico para gozar de tudo isso."

Vê-se que, nele, o prazer que durou mais tempo — prazer ao qual, aliás, atribuía grande valor, a partir dos 40 anos — é o prazer da visão. Quando este se extingue, ele considera que sua vida sexual terminou. Vê-se, também, como a imagem de si mesmo está ligada à atividade sexual. Ele sente-se "horrivelmente abatido" quando não consegue mais experimentar prazer. Entretanto, seu narcisismo sobreviveu ao declínio de sua sexualidade durante algum tempo.

Entre os homossexuais, também, conhecem-se exemplos de velhice amorosa. Deveríamos alinhar entre eles Miguel Ângelo? Alguns pretendem que sua paixão por Tommaso Cavalieri foi platônica; mas os sonetos ardentes que ele lhe dirigiu desde o dia em que o encontrou — aos 57 anos — até morrer, traduzem, sublimadas ou não, emoções indubitavelmente sexuais. Jouhandeau conservou certamente durante muito tempo atividades sexuais, pois já está velho quando escreve: "Estorvado por uma castidade da qual ainda não tenho nem o gosto nem o hábito, não sei que uso se pode fazer dela, sem virtude nem preconceito." Com mais de 75 anos, Gide, em seu *Journal*, evoca noites apaixonadas: 3 de abril de 1944: "Não consigo desprezar as alegrias carnais, e, aliás, não me esforço nada para isso. Uma pane do avião... me proporcionou uma, das mais vivas, na noite de anteontem."

24 de janeiro de 1948: "Nenhuma vergonha depois de volúpias fáceis."

Proust deixou, sobre a velhice de M. de Charlus, páginas evidentemente escritas segundo modelos de carne e osso. Quando jovem, M. de Charlus afetava atitudes viris, e as pessoas que não tinham conhecimento de seus costumes lhe atribuíam grande sucesso entre as mulheres. Seu orgulho aristocrático resistia a todas as suas depravações. A inversão só aparecia como um dos elementos de sua forte personalidade. Retornando a Paris em 1914, depois de uma longa ausência, o narrador observa, andando atrás de dois zuavos, "um homem grande e gordo, de chapéu de feltro, de longo sobretudo, e em cujo rosto pálido eu hesitava em colocar o nome de um ator ou de um pintor igualmente conhecidos por incontáveis escândalos sodomitas". Era M. de Charlus: "M. de Charlus chegara tão longe de si mesmo quanto possível, ou melhor, era ele mesmo com uma máscara tão perfeita da personagem em que se transformara, e que não pertencia só a ele, mas a muitos outros invertidos, que desde o primeiro momento eu o havia tomado por mais um deles." Inteiramente abandonado a seu vício, ele tomara gosto pelos meninozinhos, e via homossexuais por todo lado. Ia frequentemente a um hotel suspeito, mantido por Jupien; fazia-se acorrentar e espancar por jovens rapazes estipendiados, que o insultavam, enquanto o açoitavam. Só convivia com subalternos, e tinha mais ou menos renunciado a afetar maneiras viris. Entretanto, sua obstinação em exigir os entraves mais sólidos, os acessórios mais ferozes, traduzia ainda um sonho de virilidade. Seu caso era análogo ao dos heterossexuais nos quais os fantasmas tomam um lugar preponderante quando perdem, inteiramente ou em parte, sua potência sexual. Os sonhos masoquistas que contivera outrora invadiam-no, então, e ele tentava realizá-los. Muitos anos mais tarde, o narrador o revê mais uma vez. Era um grande velho, mas continuava volúvel, e dava um jeito de burlar a vigilância de Jupien, que lhe servia de acompanhante. Tinha crises durante as quais fazia confissões sem disfarces sobre seus costumes, tornando-se a palavra o substituto de atividades que, apesar de tudo, tinham diminuído muito.

Biologicamente, a sexualidade da mulher é menos atingida pela velhice do que a do homem. É o que observa Brantôme no capítulo da *Vie des dames galantes*, que ele dedica a "Algumas senhoras velhas que gostam tanto de fazer amor quanto as jovens." Enquanto o homem, numa certa idade, não é mais capaz de ereção, a mulher, "não importa a idade em que esteja, recebe em si, como uma fornalha, todo fogo e toda matéria". Toda uma tradição popular sublinhou esse contraste. Num dos cantos das *Alegres musas da Caledônia*,[198] uma mulher idosa queixa-se da impotência de seu velho esposo; tem saudade "das loucas cópulas de seus jovens anos", que agora não passam de uma pálida lembrança, pois no leito ele só pensa em dormir, enquanto ela se consome em desejo. A ciência de hoje confirma a validade dessas indicações. Segundo Kinsey, ao longo de toda a vida, há uma estabilidade sexual maior na mulher do que no homem; aos 60 anos, as possibilidades de desejo e de prazer são, nela, as mesmas que aos 30. Segundo Masters e Johnson, a intensidade da resposta sexual diminui com a idade; entretanto, a mulher continua capaz de atingir o orgasmo, sobretudo se é objeto de uma estimulação sexual eficaz e regular. Entre aquelas que não têm relações físicas frequentes, o coito provoca, às vezes, dores — enquanto

[198] Cantos populares escoceses recolhidos no século XVIII.

está ocorrendo, ou mais tarde — assim como fenômenos de dispareunia e de disúria: não se sabe se a origem dessas perturbações é física ou psicológica. Acrescento que a mulher pode gostar de fazer amor mesmo que não atinja o orgasmo: os "prazeres preliminares" contam ainda mais, para ela, talvez, do que para os homens. A mulher é normalmente menos sensível à aparência de seu parceiro do que o homem, e, consequentemente, fica menos incomodada com o envelhecimento dele. Embora seu papel no amor não seja tão passivo quanto se tem por vezes pretendido, ela não tem um enfraquecimento preciso a temer. Nada impede que conserve atividades sexuais até seus últimos dias.

Entretanto, todas as pesquisas mostram que as atividades das mulheres são, na verdade, menos numerosas que as dos homens. Aos 50 anos, segundo Kinsey, 97% dos homens ainda têm vida sexual, contra apenas 93% das mulheres; aos 60 anos, 94% dos homens contra apenas 80% das mulheres. É que socialmente o homem, em todas as idades, é sujeito, e a mulher um objeto, um ser relativo. Casada, seu destino é comandado pelo de seu esposo; este tem, em média, quatro anos a mais que ela, e, nele, o desejo decresce. Ou então, se subsiste, dirige-se para mulheres mais jovens. Entretanto, é muito difícil para a mulher idosa ter parceiros extraconjugais. Ela agrada ainda menos aos homens do que os velhos às mulheres. No seu caso, a gerontofilia não existe. Um homem jovem pode desejar uma mulher idosa o suficiente para ser sua mãe, mas não sua avó. Aos olhos de todos, uma mulher de 70 anos deixou de ser um objeto erótico. Os amores venais lhe são muito difíceis; só muito excepcionalmente uma mulher velha tem meios e oportunidade de pagar um parceiro, e, em geral, a vergonha e o medo do que irão dizer a impedem de fazê-lo. Para muitas mulheres idosas, essa frustração é penosa, pois elas permanecem atormentadas por desejos, que geralmente satisfazem com a masturbação. Uma ginecologista citou-me o caso de uma mulher de 70 anos que lhe suplicava que a curasse dessa prática à qual se entregava dia e noite.

Andrée Martinerie, interrogando mulheres idosas, recolheu confidências interessantes.[199] Mme. F., grande burguesa de 68 anos, católica praticante, com cinco filhos e dez netos, disse-lhe: "Eu já tinha 64 anos... Pois bem! Escute: quatro meses depois da morte de meu marido,

---

[199] Citados no *Elle*, em março de 1969.

saí para a rua, como se fosse para me suicidar, decidida a me entregar ao primeiro homem que me quisesse. Ninguém me quis. Então voltei para casa." À pergunta: "Você pensou em se casar de novo?" — ela respondeu: "Só penso nisso. Se tivesse coragem, poria um anúncio no *Le Chasseur français*... Melhor ter um homem coberto de deficiências físicas, do que não ter homem nenhum!" Aos 60 anos, vivendo ao lado de um marido deficiente, Mme. R. diz, a propósito do desejo: "É verdade que isso não passa." Algumas vezes teve vontade de bater com a cabeça na parede. Uma leitora dessa pesquisa escreveu para a revista: "Sou obrigada a constatar que, apesar da idade, uma mulher continua uma mulher por muito tempo. Falo de cadeira, porque tenho 71 anos. Fiquei viúva até os 60 anos, a morte de meu marido tinha sido brutal, e eu levei dois anos para me habituar à ideia. Depois, respondi aos anúncios matrimoniais. Reconheço que um homem me fez falta, digo, me faz falta; é apavorante essa vida sem objetivo, sem afeição, sem poder expandir-se. Cheguei a me perguntar se eu era bem normal. Sua pesquisa me aliviou..." A correspondente fala pudicamente de "afeição" e de "expandir-se". Mas o contexto indica que sua frustração tem uma dimensão sexual.[200]

A ideia de que nas mulheres as pulsões sexuais persistem por muito tempo é confirmada pelas observações que se podem fazer sobre as homossexuais. Algumas conservam atividades eróticas até mais de 80 anos. Isso prova que continuam capazes de ter desejo, ao passo que há muito tempo deixaram de ser desejáveis aos olhos dos homens.

Isso equivale a dizer que a mulher é vítima, até o fim, de sua condição de objeto erótico. A castidade não lhe é imposta por um destino psicológico, mas por sua condição de ser relativo. Entretanto, acontece que ela mesma se condena a isso por causa daquelas "barreiras psíquicas" de que falei, e cujo papel é ainda mais constrangedor para ela do que para o homem. Em amor, ela é geralmente mais narcisista do

[200] Uma reação típica é a de uma jovem mulher que escreveu para o *Elle*: "Num grupo de jovens, rimos bastante do caso da ardente viúva militante da Ação Católica, para quem 'o desejo não passa'... Vocês não poderiam fazer, em breve, uma pesquisa sobre o amor e a quarta idade da mulher? Isto é, aquelas que têm entre 80 e 120 anos?" A juventude escandaliza-se se as pessoas idosas, e sobretudo as mulheres, têm ainda uma vida sexual.

que ele; nela, o narcisismo visa ao corpo inteiro; através das carícias e do olhar de seu parceiro, ela toma deliciosamente consciência desse corpo como desejável. Se o parceiro continua a desejá-la, ela se adaptará com indulgência à perda de viço de seu corpo. Mas ao primeiro sinal de frieza, sentirá amargamente sua decadência, terá repulsa por sua imagem e não suportará mais expor-se aos olhos de um outro. Essa timidez reforçará seu medo da opinião: sabe que esta é severa para com as mulheres idosas que não representam seu papel de avó serena e desencarnada. Mesmo que seu marido ainda a procure, uma preocupação de decência profundamente interiorizada pode levá-la a esquivar-se. As mulheres têm menos acesso que os homens a diversões. Aquelas cuja vida erótica foi muito ativa e muito livre compensam, às vezes, sua abstinência com a crueza de seu vocabulário e a obscenidade de suas falas. Começam mais ou menos a bancar as alcoviteiras, ou, pelo menos, vigiam com uma curiosidade maníaca a vida sexual das mulheres jovens que as cercam, e solicitam confidências. Mas, em geral, a repressão também diz respeito à linguagem. A mulher idosa quer ser decente tanto nas conversas, quanto no comportamento. A sexualidade só se traduz, então, por sua maneira de vestir-se, de se enfeitar, por seu gosto pelas presenças masculinas. Gosta de ter relações de discreto coquetismo com homens mais jovens que ela; é sensível a atenções que demonstrem que, para eles, continua a ser uma mulher.

Entretanto, também entre as mulheres, a patologia demonstra que as pulsões sexuais são rechaçadas, mas não extintas. Os alienistas observaram que, nos asilos, o erotismo dos sujeitos femininos aumenta frequentemente com a idade. A demência senil acarreta delírios eróticos que resultam de uma falta de controle cerebral. Em outras psicoses produz-se também uma catarse. Em 110 mulheres pensionistas de asilo, de mais de 60 anos, o doutor Georges Mahé anotou 20 casos de erotismo agudo: masturbação pública, mímica do coito, ditos obscenos, exibicionismo. Infelizmente, ele não indica o sentido dessas manifestações, nem as recoloca num contexto — não sabemos quem são as doentes que se entregam a elas. Muitas internas têm alucinações genitais: violações, apalpadelas. Algumas mulheres pensam estar grávidas com mais de 71 anos. Mme. C., de 70 anos, avó, canta canções obscenas e passeia seminua no hospital, procurando homens. O erotismo está no centro de inúmeros delírios ou é pretexto para depressões melancólicas. E. Gehu fala de uma avó de 83 anos, albergada numa casa religiosa. Era exibicionista. Apresentava tendências tanto homossexuais, quanto heterossexuais. Atacava as jovens freiras que lhe traziam as refeições. Durante essa crise, ela permanecia lúcida. Mais tarde, entrou numa confusão mental. Acabou por recuperar a lucidez e um comportamento normal. Também para esse caso seria desejável maior precisão. Todas as observações que acabo de relatar são muito insuficientes. Pelo menos, elas indicam que as mulheres idosas não estão mais "purificadas de seus corpos" do que os homens idosos.

Nem a História nem a literatura nos deixaram um testemunho válido sobre a sexualidade das mulheres idosas. O assunto é ainda mais tabu do que a sexualidade dos velhos machos.

Há inúmeros casos nos quais a libido não se manifesta mais, de modo algum, no indivíduo idoso. Terá este motivo para se felicitar por isso, como afirmam os moralistas? Nada menos certo do que essa afirmação. Essa mutilação acarreta outras, uma vez que sexualidade, vitalidade e atividade estão indissoluvelmente ligadas. Por vezes, a própria afetividade se embota quando todo desejo está morto. Aos 63 anos, Rétif de La Bretonne escreve: "Meu coração está morto com os sentidos, e, se algumas vezes sou tomado por um movimento de ternura, é um erro como o dos selvagens e dos eunucos; esse erro me deixa depois uma tristeza profunda." Parecia a Bernard Shaw que, ao se desinteressar das mulheres, perdera também o prazer de viver: "Envelheço rapidamente. Perdi todo interesse pelas mulheres, e o interesse redobrado que elas demonstram por mim entedia-me. Provavelmente eu deveria morrer."

Mesmo Schopenhauer reconhece: "Poderíamos dizer que, uma vez o apetite sexual extinto, o verdadeiro núcleo da vida foi consumido, e que não resta mais que o invólucro: ou então que a vida parece uma comédia cuja representação, iniciada por homens vivos, seria terminada por autômatos fantasiados com os mesmos trajes." Entretanto, no mesmo ensaio,[201] ele disse que o instinto sexual provoca uma "demência benigna". Não deixa ao homem outra escolha senão entre a loucura e a esclerose. Na verdade, o que chama de "demência" é o próprio impulso da vida. Quando esse impulso se quebra, ou morre, não se vive mais.

---

[201] *Da diferença das idades.*

A ligação entre sexualidade e criatividade é particularmente surpreendente: manifesta-se em Hugo, em Picasso e muitos outros. Para criar, é preciso uma certa agressividade — "uma certa alacridade", diz Flaubert — que, biologicamente, tem sua origem na libido.[202] É preciso também sentir-se unido ao mundo por um calor afetivo que se extingue ao mesmo tempo que os desejos carnais. Gide entendeu bem isso, quando escreveu, em 10 de abril de 1942: "Houve um tempo em que, atormentado até a angústia, e perseguido pelo desejo, eu orava: Ah, que venha o tempo em que a carne reduzida me deixará entregar-me inteiro a... Mas a quem entregar-se? À arte? Ao pensamento 'puro'? A Deus? Que ignorância! Que loucura! Seria acreditar que a chama que emana da lâmpada cujo óleo secou brilhará mais. Abstrato, meu pensamento se extingue; ainda hoje, é o que tenho de carnal em mim que o alimenta, e eu oro hoje: possa eu permanecer carnal e cheio de desejo até a morte."

Seria inexato afirmar que a indiferença sexual acarreta, necessariamente, em todos os planos, inércia e impotência. Muitos exemplos provam o contrário. Digamos apenas que há uma dimensão da vida que desaparece quando falta o contato carnal com o mundo; os que conservam essa riqueza até uma idade avançada são privilegiados.

Há uma paixão profundamente enraizada na sexualidade, e que a idade exacerba: o ciúme. Lagache mostrou que ela resulta, com muita frequência, de um deslocamento afetivo: o cabeleireiro cujos negócios não vão bem persuade-se de que sua mulher o trai, e a oprime com cenas de brigas. Ora, a velhice é um período de frustração generalizada; ela gera ressentimentos difusos que se podem concretizar sob a forma de ciúme. Por outro lado, a degradação da sexualidade acarreta, em muitos velhos casais, rancores unilaterais ou recíprocos que são suscetíveis de se traduzir por ciúme. Lê-se, às vezes, nos jornais, que um septuagenário golpeou ou matou por ciúme uma velha companheira, ou que brigou com um rival. Talvez se tenha vingado da frigidez de sua parceira, ou de sua própria impotência. Mulheres de mais de 70 anos são levadas aos tribunais porque se agrediram por causa de um velho amante. Nos asilos em que os dois sexos convivem, há violentas brigas provocadas pelo ciúme.

---

[202] Voltaremos a isso quando falarmos da criatividade dos velhos.

O doutor Balier e L. H. Sébillotte constataram, a partir de uma pesquisa feita no XIIIe *arrondissement*, que os casais têm mais dificuldades de envelhecer do que os indivíduos isolados, porque as relações afetivas dos esposos exasperam-se e se deterioram. O declínio de sua saúde, o isolamento que se segue à aposentadoria e à partida dos filhos leva-os a viver quase que exclusivamente um para o outro. Mais do que nunca, cada um pede ao cônjuge proteção e amor; e cada um é mais do que nunca incapaz de satisfazer esse pedido. Essa insatisfação permanente traz a exigência de uma presença física constante, o ciúme, as perseguições. A separação desfecha, às vezes, um golpe mortal em indivíduos que literalmente não podem passar um sem o outro. Mas a coexistência lhes traz mais tormento do que felicidade.

Salvo nos casais em que a mulher é muito mais jovem que seu parceiro, o homem idoso tem menos razões para ter ciúme do que sua companheira: ele conserva apetites sexuais, enquanto ela não é mais um objeto de desejo. São dois casos de ciúme feminino os que vou descrever; os de Juliette Drouet e de Sophie Tolstói.

Durante toda a sua vida, Juliette sofreu com as infidelidades de Hugo: estas tornaram-se ainda mais penosas para ela quando os dois não tinham mais relações físicas. Juliette sente-se indefesa, vencida, humilhada. Quando, em 1873, Hugo tem um caso com Blanche, Juliette, com 69 anos de idade, reage com uma violência de que não se tem exemplo em seu passado. Pede 200 francos emprestados a amigos e, em 23 de setembro, desaparece sem deixar endereço. Hugo, enlouquecido, manda procurá-la. Encontram-na em Bruxelas. Ela concorda em voltar. Ele vai esperá-la na estação e os dois se reconciliam. Quatro dias mais tarde, ela lhe envia um de seus "rabiscos": "Caro, caro bem-amado; desde que começaram esses horríveis oito dias passados no desespero dos condenados, hoje é o primeiro dia em que meus olhos, minha boca, meu coração e minha alma se abrem para olhar para Deus, para te sorrir, para te suplicar, para te abençoar. Então esse sonho horrível terminou! É verdade mesmo que me amas, que só amas a mim..." Mas, em 16 de outubro de 1873: "Não resistirei por mais muito tempo a esse conflito, que renasce sem cessar, do meu pobre velho amor às voltas com as jovens tentações que te são oferecidas..."

Provavelmente, ele revira Blanche depois de ter prometido romper: o contraste entre a juventude da bela roupeira e sua própria velhice era insuportável a Juliette. É o mesmo desespero que ela exprime em 18 de novembro de 1873: "Não quero aborrecer-te reclamando de tuas aventuras galantes, mas não posso impedir-me de sentir que meu velho amor faz uma triste figura no meio de todas essas cocotes emplumadas — afinal, que queres... A partir de hoje, enfio a chave do meu coração sob a porta."

11 de março de 1874: "Quem não tem o coração de sua idade, dela tem todo o infortúnio."

"Essa epígrafe explica e desculpa em seu clichê lacônico a perturbação involuntária que trago para tua vida, enquanto eu mesma sofro como uma condenada..."

4 de abril de 1874: "Para mim, a infidelidade não começa apenas na ação; vejo-a como já confirmada pelo simples fato do desejo. Isto posto, meu caro grande amigo, rogo-te que não te incomodes, e que faças como se eu já não existisse mais."

Mais tarde, ela tem um novo surto de alegria.

11 de abril de 1874: "Sinto uma veia de juventude que provavelmente tem relação com as 70 primaveras que absorvi, e sem me fazer de rogada." Mas logo a tristeza toma conta dela. Não tinha ciúmes apenas das jovens amantes de Hugo, mas também da família dele. Ele alugara em Clichy um apartamento de dois andares; embaixo, ficava a parte social; em cima, os quartos, onde ele morava com a nora e os netos. Juliette instalara-se no mesmo andar que ele; a nora a fizera descer, alegando que as crianças precisavam de espaço: "Tenho o coração cheio de tristes pensamentos", escreve Juliette, em 7 de maio de 1874. "Esse andar que nos separa é como uma ponte quebrada entre nossos dois corações... Estou desesperada, e contenho-me para não explodir em soluços."

Provavelmente Juliette atribui tanta importância ao incidente porque sabe que Hugo continua a lhe ser infiel. Sofre com essa infidelidade, como de uma falta de amor; mas também tem vergonha de Hugo, de quem, como já se viu, a vida sexual, na verdade, nem sempre era resplandecente.

21 de junho de 1874: "Dir-se-ia que o que resta do meu coração é o alvo de todas as caçadoras do vício e de aventuras vergonhosas; quanto a mim, declaro-me vencida sem combate..." 5 horas: "Esse martírio de Sísifo que a cada dia reconduz o amor ao mais alto do céu, e

que o sente cair todos os dias sobre o coração com todo o seu peso, horroriza-me, e prefiro mil vezes a morte imediata a esse monstruoso suplício. Tem piedade de mim, deixa-me partir..."

Há entre os dois cenas dolorosas, nas quais ela manifesta o desejo de uma separação.

28 de julho de 1874: "Não és feliz, meu pobre amigo demasiadamente amado, e eu não o sou mais do que tu. Padeces da chaga viva da mulher, que vai crescendo sempre porque tu não tens a coragem de cauterizá-la, de uma vez por todas. Quanto a mim, sofro por te amar demais."

6 de julho de 1875: "Asseguro-te que eu sofreria menos longe de ti, sentindo-te tranquilo e feliz, do que sentindo que a minha presença é um obstáculo a todo instante para o teu trabalho, para tua liberdade, para o calmo e doce repouso de tua vida... Tanto para o teu coração como para o meu, qualquer coisa seria melhor do que sentir que não te basto mais..."

1877: "Desencorajada, duvido do céu e de ti..."

Ele não cria juízo com o tempo, e ela tem dificuldade em conciliar o alto conceito que tem dele com sua devassidão senil.

Em junho de 1878, depois do ataque de Hugo, Juliette, apoiada por Lockroy,[203] fez com que ele rompesse com Blanche: aterrorizaram a infeliz, dizendo-lhe que Hugo morreria em seus braços, se ela não o deixasse. Juliette enviou-lhe dinheiro, e Blanche resignou-se a se casar.[204] Mas ela teve substitutas. Durante o verão que passaram em Guernesey, no mesmo ano, Juliette escreve a Hugo, em 20 de agosto:

"Tua aurora é pura, é preciso que teu crepúsculo seja venerável e sagrado. Daria todo o tempo que me resta da vida para preservar-te de certas faltas indignas da majestade do teu gênio e da tua idade."

Por mais que Hugo lhe escrevesse: "Sinto bem que minha alma pertence à tua alma", ela não suportava que ele continuasse a receber cartas de mulher. A mulher do secretário de Hugo relata que "tudo era pretexto para brigas, mesmo em Guernesey. Essa mulher que se teria deixado matar por seu mestre e senhor comprazia-se em crivá-lo de

---

[203] O segundo marido de Adèle, viúva de Charles Hugo.

[204] Ela ficou inconsolável. Ia procurar amigos de Hugo para falar dele. Espreitava suas saídas para vê-lo de longe. Depois da morte de Juliette, tentou reatar, mas os amigos de Hugo interceptaram as suas cartas.

alfinetadas... Uma manhã, estourou uma crise por causa de uma carta escrita por uma antiga empregada. Mme. Drouet abrira a carta; daí as choradeiras e o ranger de dentes..." Tendo encontrado uma sacola que continha 5 mil francos em moedas de ouro, Juliette perguntou que favores aquele dinheiro devia pagar. Uma outra vez, ela encontrou velhos cadernos de notas com nomes de mulheres: foi um drama. Houve outro quando soube que ele andara pela rua dos bordéis; quis ir embora para morar em Iéna, com o sobrinho.

Reconciliaram-se, e ela instalou-se em Paris, no mesmo apartamento que ele. Mas continuou a atormentar-se; escrevia, em 10 de novembro de 1879: "Por medo de me lembrar do que aconteceu, e de entrever o que acontecerá, não ouso mais olhar nem para a frente, nem para trás, nem em ti, nem em mim: tenho medo." E em 11 de novembro, ela lhe reprova "teus sacrilégios e múltiplas tentativas de suicídio". O comportamento de Hugo lhe parecia não apenas "indigno", mas perigoso.

Em 8 de agosto de 1880: "Meu muito amado, passo minha vida a colar de novo, como posso, os pedaços do meu ídolo, sem poder dissimular suas rachaduras." Um dia em que reconheceu Blanche à espreita, na avenida Victor-Hugo, foi tomada de uma raiva terrível. Em certos momentos ficava tão triste e desencorajada que parava de escrever seus "rabiscos". Viveu ao lado de Hugo até morrer, mas não teve mais paz.

Juliette foi, por vezes — particularmente na história de Blanche —, uma velha amante exigente, mas compreende-se sua desilusão. Imaginara que envelheceriam calmamente lado a lado, os dois cansados dos prazeres da carne. Mas não. Ou bem ele tinha ligações nas quais empenhava seu coração, e ela sofria porque ele não lhe pertencia inteiramente; ou então ele se contentava com encontros venais que ela achava degradantes. Suas lágrimas e gritarias tinham a desculpa de um sincero e total amor.

O ciúme de Sophie Tolstói era de natureza inteiramente diferente. Ela sempre detestara ir para a cama com o marido, e muito cedo deslocara esse rancor para o ciúme. Anotava, desde 1863, que o ciúme era, nela, uma "doença inata". Ao longo de todo o seu Diário, ela repete: "Estou devorada pelo ciúme." Sofria com sua situação "relativa" ao lado de um homem de personalidade esmagadora, e com sua vida retirada, austera, que as múltiplas gestações não bastavam para preencher. Detestava o campo e os mujiques. Os momentos mais felizes de sua vida conjugal foram aqueles em que Tolstói escreveu *Guerra e paz* e *Anna Karenina*: ela recopiava os rascunhos e se sentia unida a ele por essa colaboração. Quando ele parava de escrever romances, ela sentia-se traída. Mas não aceitava, sobretudo, a atitude do marido com relação ao dinheiro. A partir de 1881, as preocupações morais e sociais de Tolstói tomaram o primeiro lugar na vida dele. Gostaria de distribuir suas terras aos mujiques e de renunciar a seus ganhos literários. Limitava-se, para não se envolver diretamente na exploração de suas terras, a abandonar a gestão destas a Sonia. Em 1883, ficou acertado que ela mesma editaria as obras do marido anteriores a 1881 — ano do "segundo nascimento" de Tolstói — e que receberia os direitos autorais. Em compensação, Tolstói fundou com seu discípulo preferido, Tchertkov, uma editora, a Mediador, que difundiria para o povo, a preços baixos, obras de qualidade. Essas disposições não bastaram para trazer de volta a paz ao casal. Ela o repreendia por sacrificar seus filhos aos mujiques; ele detestava a vida demasiado confortável que ela o fazia levar. "Entre nós travou-se uma luta de morte", escreveu-lhe ele. Daí em diante, confia seus manuscritos à filha mais velha, Macha. Sonia ficou sufocada de cólera. "Ele me mata sistematicamente, afasta-me de sua vida pessoal, o que me faz um mal terrível", anotava ela, em 20 de novembro de 1890. Odiava os tolstoianos, particularmente o favorito, Tchertkov. *Sonata a Kreutzer*, em que Tolstói condenava o casamento e pregava a castidade, fez crescer seu rancor. As cenas tornaram-se cada vez mais violentas. Para tranquilizar sua consciência, Tolstói abriu mão de toda a sua fortuna, mobiliária e imobiliária, em benefício da mulher e dos filhos. Entretanto decidiu que suas últimas obras cairiam no domínio público: essa cláusula irritou Sonia a tal ponto, que ela correu para a estação para se jogar embaixo de um trem,[205] o que acabou não fazendo. Em janeiro de 1895, Tolstói acabou *Senhor e servo*. Em lugar de dar o livro à Mediador e a Sonia, para a coleção de obras completas, ele o prometeu a uma revista dirigida por uma mulher: Sonia suspeitou que ele quisesse abandoná-la por essa "intrigante". Tinha 50 anos, então. Precipitou-se pelas ruas de Moscou, com os cabelos desfeitos, com os pés sem meias enfiados em chinelos, a fim de morrer de frio, na neve. Tolstói correu atrás dela, fazendo-a voltar. No dia seguinte, partiu de novo: sua filha Macha a

---

[205] Queria imitar Anna Karenina.

trouxe de volta a casa. Fugiu mais uma vez; fez-se conduzir de fiacre à estação de Kursk para se jogar debaixo de um trem: seus filhos Serge e Macha alcançaram-na. Tolstói cedeu.

Entretanto, ele não pretendia deixá-la. Um dia — ele tinha 67 anos — um discípulo que ceifava ao lado dele sugeriu uma separação: no excesso de sua cólera, Tolstói ameaçou-o com a foice, depois desabou, soluçando. Quando Sonia fez 52 anos, o idílio platônico que mantinha com o músico Taneiev exasperou seu marido: "Não dormi à noite, o coração me dói... Não pude dominar meu orgulho e minha indignação", escreve ele, em 26 de julho de 1896. Por causa disso, repetiam-se entre os dois, sem trégua, cenas, recriminações, explicações de viva voz, por carta, por telefone. Ela anota: "O ciúme doentio que Leon Nicolaïevitch manifestou diante da notícia da chegada de Taneiev me fez muito mal, e me encheu de medo." Ele escrevera-lhe, realmente, cartas muito duras: "É infinitamente penoso e humilhante que um estranho inteiramente inútil e sem qualquer interesse governe atualmente a nossa vida. É horrível, horrível, ignóbil e vergonhoso." "Tua aproximação com Taneiev me causa repulsa... Se não podes pôr fim a esse estado de coisas, separemo-nos." Não se separaram. No dia em que fez 70 anos, ele ainda dormiu com ela.

Durante alguns anos, os dois coexistiram pacificamente. Mas quando, em 1908, depois de dez anos de exílio, Tchertkov voltou para a Rússia, Sonia ficou desarvorada: tirânico, sectário, intrigante, o discípulo tinha sobre o mestre uma ascendência que poderia prejudicar os interesses da família; ele se apropriava dos manuscritos de Tolstói, queria monopolizar a obra deste e representá-lo, sozinho, aos olhos da posteridade. Proibido de permanecer na província de Tula, onde se encontrava a propriedade de Tolstói, conseguiu, entretanto, instalar-se numa isbá próxima o suficiente para que o mestre o viesse ver, a cavalo. Sonia o reprovou violentamente por essas visitas. Temia que ele cedesse todos os direitos autorais a Tchertkov. Houve uma grande cena, na qual ela exigiu herdar todas as obras do marido, anteriores ou não a 1881. Opunha-se também à viagem que ele devia fazer a Estocolmo, onde se realizava um congresso mundial pela paz. Ele cedeu quanto ao segundo ponto, mas não quanto ao primeiro.

Em junho de 1910, Tolstói foi passar alguns dias em casa de Tchertkov, cuja proibição de permanência ia ser suspensa em breve, o que apavorou Sonia. Ela enviou um telegrama exigindo que seu marido adiantasse de um dia a volta: ele recusou. Vestida de camisola, descabelada, em soluços, confiou-se ao seu Diário: "Que é que eu tenho? Crise de histeria, ataque de nervos, angina de peito, começo de loucura? Não sei... Ele se enrabichou de um modo repugnante, senil, por Tchertkov (apaixonar-se por homens estava na linha de sua juventude) e ei-lo prestes a fazer todas as vontades do discípulo... Estou perdida de ciúmes de Leon Tolstói, por sua relação com Tchertkov. Sinto que este me tirou tudo o que me fez viver durante quarenta e oito anos... Vem-me a ideia de ir a Stolbora, e ali estender-me sob o trem." Quando Tolstói voltou, ela soluçou durante dias seguidos, reprovando-lhe seu amor por Tchertkov. Uma manhã, foi encontrada, de quatro, atrás de um armário, movendo em torno da boca um frasco de ópio, que lhe foi arrancado. Fez Tolstói confessar que confiara a Tchertkov seus diários íntimos dos dois últimos anos: precipitou-se para o parque sob a chuva, e, na volta, recusou-se a tirar as roupas encharcadas: "Assim, vou resfriar-me, e morrerei." Alguns dias mais tarde, Tolstói, sua filha Sacha e Tchertkov trancaram-se num quarto para conversar. Descalça para fazer menos barulho, ela espreitou por trás da porta da varanda: "Mais uma conspiração contra mim!", gritou ela. Era verdade. Eles discutiam um testamento que deserdaria a família em benefício dos mujiques e do público. Ela exigiu asperamente de Tchertkov a restituição dos diários. No dia seguinte, pareceu-lhe insuportável ver Tolstói e Tchertkov sentados lado a lado num divã: "Eu estava transtornada de despeito e de ciúme", anotou ela, em 5 de julho de 1910. À noite, imaginou relações "contra a natureza" entre o velho e seu discípulo. Na noite de 10 para 11 de julho, depois de uma nova cena, gritou: "Vou matar Tchertkov", e se precipitou para o parque. Depois, anotou: "Fui, então, ao jardim, e fiquei estendida durante horas sobre a terra úmida, vestida apenas com um vestido leve. Estava transida de frio, mas não pedia nem peço outra coisa senão morrer. Foi dado o alarme... São três horas da manhã, nem eu nem ele dormimos. Não dissemos nada um ao outro..."

15 de julho (ela pedira a Tolstói o recibo dos diários, que iriam ser depositados no banco): "Ele ficou com uma raiva incrível, e me disse: 'Não, por nada no mundo, por nada no mundo!', e se afastou logo. Um terrível ataque de nervos me tomou de novo, eu queria beber ópio, e

ainda desta vez me faltou coragem; enganei ignobilmente L.N., fingindo ter bebido; confessei-lhe no ato minha fraude, chorei, solucei..."

Alguns dias mais tarde, ela escrevia: "Tenho vontade de matar Tchertkov, de arrebentar seu corpo pesado para libertar a alma de Leon Nicolaïevitch de sua influência deletéria." No dia seguinte, decidiu deixar a casa: "Escarnecida por minha filha, repelida por meu marido, abandono meu lar, já que meu lugar nele está ocupado por um Tchertkov, e não voltarei mais para cá, a menos que ele se vá." Redigiu um comunicado para os jornais e partiu para Tula de carro levando na bolsa um revólver e um frasco de ópio. Seu filho, que encontrou na estação, trouxe-a de volta. Tolstói escreveu a Tchertkov, dizendo-lhe que cessasse provisoriamente suas visitas, mas amigos comuns transmitiam cartas: "Há entre ti e Tchertkov uma correspondência amorosa secreta", gritou Sonia para seu marido. Quanto mais avançava na idade, menos controlava suas obsessões. Perdera todo o senso crítico e convenceu-se de que havia ligações "culposas" entre Tchertkov e Tolstói. Mostrou a este último uma passagem de um diário da juventude, onde ele havia escrito: "Nunca estive apaixonado por uma mulher. Mas com bastante frequência já aconteceu apaixonar-me por um homem." Exasperado, ele foi correndo trancar-se no quarto. Ela repetiu as acusações de homossexualidade para os que lhes estavam próximos. Tendo conhecimento de que os dois homens encontravam-se às vezes num bosque de pinheiros, ela seguiu-os às escondidas, e mandou que crianças da aldeia os espreitassem. Revistava os papéis de Tolstói, à procura de provas de sua homossexualidade. Um dia, pensou em fazer as pazes com Tchertkov. "Mas quando penso que tornaria a ver sua fisionomia, e veria de novo no rosto de L.N. a alegria de revê-lo, o sofrimento cresce, de novo, em minha alma; sinto vontade de chorar, e um protesto uiva dentro de mim. O espírito do mal está em Tchertkov."

Em 18 de agosto, Tchertkov foi definitivamente autorizado a permanecer na província de Tula: "É minha condenação à morte! Vou matar Tchertkov. Mandarei prendê-lo. Ou ele ou eu!" Procurava em toda a obra de Tolstói indícios de sua homossexualidade. Anotava, entretanto, em 22 de agosto: "Aniversário do meu nascimento. Tenho 66 anos, e sempre a mesma energia, a mesma ardente emotividade, e, pelo que dizem as pessoas, o mesmo aspecto de juventude."

Encontrando-se sozinha em Iasnaïa Poliana, ela entrou no escritório do marido, tirou da parede as fotos de Tchertkov e de Sacha, e colocou fotos suas no lugar. Ao voltar, Tolstói recolocou em seu escritório as fotos retiradas. Sonia escreve, em 26 de setembro, "O fato de L.N. tê-lo [o retrato de T.] recolocado no lugar me fez mergulhar de novo num terrível desespero... Tirei-o, rasguei-o em pedacinhos e o joguei na privada. Naturalmente, L.N. zangou-se... Tive de novo um acesso de desespero, tomou-me de novo uma crise de ciúme de T. das mais violentas, e mais uma vez eu chorei até não poder mais, até ficar com dor de cabeça. Pensei em suicídio." Deu, com uma pistola de brinquedo, dois tiros que Tolstói não ouviu.

Tendo descoberto um dos carnês onde Tolstói mantinha um diário "só para mim", ela viu que tinha sido redigido um testamento que a afastava da sucessão. Escreveu ao marido uma carta furiosa. Tentou enternecê-lo chorando e beijando-lhe as mãos, para que modificasse suas últimas vontades: em vão. Certa de que, quando ele saía a cavalo, era para ir encontrar Tchertkov, foi postar-se, em 16 de outubro, num fosso, perto da casa deste último, apontando para ela um binóculo. Tolstói não apareceu. Ela voltou para Iasnaïa Poliana, e um empregado a descobriu, sentada num banco, tiritando de frio. De novo, suplicou a Tolstói que não procurasse mais aquele "repulsivo" Tchertkov. Exausto, ele decidiu ir embora, e lhe deixou uma carta na qual não dava o endereço. Ela escreveu em seu Diário:

28 de outubro: "L.N. fugiu inesperadamente. Oh, horror! Sua carta, dizendo que deixa para sempre sua vida pacífica de velho, para que não o procuremos. Assim que li uma parte, fui correndo, no meu desespero, jogar-me no riacho vizinho..."

Tolstói partira pela manhã, de carro, com o doutor Makovitsky, depois de escrever uma palavra à mulher. Os dois tomaram o trem e pararam no mosteiro de Optina. Ele pensava alugar uma isbá perto de outro mosteiro, em Chamordino, quando sua filha Sacha, a quem tinha feito chegar seu endereço, veio encontrá-lo, contando as cenas de histeria de Sonia e aconselhando-o a fugir para mais longe. Os dois tomaram de novo o trem, acompanhados de Sacha, e conhecemos o fim: Tolstói agonizando na casa do chefe da estação de Astapovo, e Sonia, alertada pelos jornalistas, circulando em torno da casa, sem que lhe permitissem entrar. Ela sobreviveu por nove anos a seu marido. Só se reconciliou com Sacha pouco antes de morrer, em 1919.

Eis-nos bem longe do casal ideal sonhado por Robert Burns. Mesmo para os casais que viveram felizes e unidos, a velhice muitas vezes é um elemento de desequilíbrio. Entre aqueles que se dilaceravam em conflitos que superavam como podiam, a idade exacerba os antagonismos. A fuga de Juliette e sua dureza com Blanche não têm equivalente na sua juventude, nem na idade madura. A violência de Sonia e seu delírio paranoico chegam ao paroxismo nos últimos anos de sua vida conjugal. Essa escalada explica-se em parte porque a frustração que o velho sente provoca nele atitudes de reivindicação e de agressividade. Provavelmente, também, a brevidade de seu futuro o leva a multiplicar no presente suas exigências: o amor, a confiança, e todas as satisfações que ele reivindica, é preciso que as obtenha imediatamente, ou nunca. Essa impaciência não lhe permite tolerar nada que o contrarie. Só poderemos entender inteiramente o ciúme senil se examinarmos em sua totalidade a experiência vivenciada pelo velho.

# VI

## — TEMPO, ATIVIDADE, HISTÓRIA —

**Existir, para a realidade humana,** é temporalizar-se: no presente, visamos o futuro através de projetos que ultrapassam nosso passado, no qual recaem nossas atividades, imobilizadas e carregadas de exigências inertes. A idade modifica nossa relação com o tempo; ao longo dos anos, nosso futuro encolhe, enquanto nosso passado vai-se tornando pesado. Pode-se definir o velho como um indivíduo que tem uma longa vida por trás de si, e diante de si uma expectativa de sobrevida muito limitada. As consequências dessas mudanças repercutem umas nas outras para gerar uma situação, variável segundo a história anterior do indivíduo, mas da qual podemos destacar constantes.

E, em primeiro lugar, o que é ter a própria vida por trás de si? Sartre o explicou em *O ser e o nada*: não se possui o próprio passado como se possui uma coisa que se pode segurar na mão e observar sob todos os ângulos. Meu passado é o em-si que sou, enquanto ultrapassado: para tê-lo, é necessário que eu o mantenha existindo através de um projeto; se esse projeto é conhecê-lo, é preciso que eu o torne presente, rememorando-o para mim mesmo. Há na lembrança uma espécie de magia à qual somos sensíveis em qualquer idade. O passado foi vivido no modo do para-si, e, no entanto, tornou-se em-si; parece-nos atingir nele essa impossível síntese do em-si e do para-si, à qual a existência aspira sempre em vão.[206] Mas são sobretudo as pessoas idosas que a evocam com complacência. "Eles vivem mais da lembrança do que da esperança", anotava Aristóteles. Em *Mémoires intérieurs* e em *Nouveaux mémoires intérieurs*, Mauriac debruça-se muitas vezes com nostalgia sobre o meninozinho que foi, e cujo universo lhe parece mais real do

---

[206] "Daí a lembrança nos apresentar o ser que éramos com uma plenitude de ser, que lhe confere uma espécie de poesia. Aquela dor que sentíamos, imobilizando-se no passado, não deixa de apresentar o sentido de um por-si, e, entretanto, ela existe em si mesma, com a fixidez silenciosa de uma dor de outrem, de uma dor de estátua." (Sartre, *O ser e o nada*.)

que o mundo de hoje. Num recente *Bloc-notes*, ele escrevia: "O velho, mesmo se não recai na infância, volta a ela em segredo, dá-se o prazer de chamar mamãe a meia-voz." Essa predileção pelos dias antigos é um traço que se encontra na maioria dos velhos, e é mesmo muitas vezes por aí que sua idade se faz sentir com mais evidência. Como se explica ela? E em que medida podem eles "reencontrar o tempo perdido"?

"É o futuro que decide se o passado está vivo ou não", observa Sartre. Um homem que tem como projeto progredir decola de seu passado; define seu antigo eu como o eu que não existe mais, e se desinteressa dele. Ao contrário, o projeto de alguns para-si implica a recusa do tempo e uma estreita solidariedade com o passado. A maioria dos velhos encontra-se nesse caso; eles recusam o tempo porque não querem decair; definem seu antigo eu como aquele que continuam a ser: afirmam a sua solidariedade com sua juventude. Mesmo que tenham superado a crise de identificação e tenham aceitado uma nova imagem deles mesmos — a boa avó, o aposentado, o velho escritor — cada um conserva intimamente a convicção de ter permanecido imutável: evocando lembranças, eles justificam essa segurança. Às degradações da senescência opõem uma imutável essência e narram incansavelmente para si mesmos aquele ser que foram e que sobrevive neles. Às vezes, resolvem reconhecer-se no personagem que mais os lisonjeia: são eternamente aquele antigo combatente, aquela mulher adulada, aquela mãe admirável. Ou então, ressuscitam o frescor da adolescência, da primeira juventude. De preferência, voltam-se, como Mauriac, para o período no qual o mundo assumiu, para eles, sua fisionomia, no qual se definiu o homem que vieram a ser: a infância. Durante toda a vida — aos 30 anos, aos 40 anos — continuaram a ser aquela criança, mesmo não sendo mais. No momento em que a reencontram e se confundem com ela, tanto faz terem 30 anos, 50 anos, ou 80: escapam à idade.

Mas o que podem eles reencontrar? Em que medida a memória nos permite recuperar nossas vidas?

O professor Delay[207] distingue, com razão, três formas de memória: A primeira é a memória sensório-motora, na qual o reconhecimento é operado e não pensado; comporta um conjunto de montagens, de automatismos, que obedecem às leis do hábito, e permanece normalmente

---

[207] *Les Dissolutions de la mémoire.*

intacta na velhice. A segunda é a memória autista, regida pela lei do inconsciente, que atualiza o passado nos sonhos e nos delírios, num modo paralógico e afetivo. O sujeito não tem consciência de se lembrar, revive no presente impressões passadas. (Acrescentarei que é possível até certo ponto utilizar essa memória para chegar a um reconhecimento que coloca o passado como tal: é o que tenta a psicanálise.) A terceira forma é a memória social, operação mental que, a partir de dados fisiológicos, de imagens e de um certo saber, reconstrói e localiza os fatos passados, utilizando as categorias lógicas. Só esta última memória nos permite, numa certa medida, narrar-nos a nossa história. Para bem realizar essa obra, muitas condições são necessárias.

É preciso, em primeiro lugar, que essa história tenha sido fixada. Sabe-se que a memória exige o esquecimento; se gravássemos tudo, não disporíamos de nada. Muitos acontecimentos não foram retidos, ou foram obliterados por outros. Se tomo meu próprio exemplo — e posso fazê-lo aqui, pois o que é válido para mim o é, *a fortiori*, para pessoas mais idosas — acontece-me frequentemente, falando com minha irmã ou com Sartre, descobrir no meu passado enormes lacunas. Sartre me contou, por exemplo, a noite em que soubemos que a URSS entrara em guerra: por quase toda parte, ouviam-se vozes que cantavam a Internacional. Aquelas horas foram importantes para mim, e não me lembro de nada.

Por outro lado, é preciso que os circuitos nervosos que permitem a revivescência das imagens permaneçam intactos. Certas doenças — entre outras, a demência senil e a arteriosclerose cerebral — destroem um grande número desses circuitos. Mesmo um homem que ainda tem boa saúde pode estar afetado por lesões bastante graves. Berenson queixa-se: "Aos 75 anos, acontecem-me estranhos fenômenos; tantas daquelas coisas que ainda ontem pareciam fazer parte do meu mobiliário intelectual desapareceram e se dissiparam antes que eu pudesse me dar conta!... Grandes fragmentos de memória desmoronam e se dissipam no esquecimento. Por quê? Como?"

As imagens de que dispomos estão bem longe de ter a riqueza de seu objeto. A imagem é a mira de um objeto ausente através de um *analogon* orgânico e afetivo. Há nela, segundo a definição de Sartre, "uma espécie de pobreza essencial". Alain observa que não se pode nem mesmo, na imagem do Panteão, tentar contar as colunas. A imagem não obedece forçosamente ao princípio de identidade; ela apresenta o objeto na sua generalidade; dá-se num tempo e num espaço irreais. Não pode, portanto, ressuscitar para nós o mundo real do qual emana, e é por isso que, com tanta frequência, surgem imagens que não sabemos onde situar. Aconteceu-me, quando escrevia minhas *Memórias*, rever com clareza cenas que, por falta de coordenadas, foi-me impossível integrar ao meu relato, e que tive que renunciar a mencionar.

"As lembranças na idade avançada são formigas cujo formigueiro foi destruído", escreve Mauriac. "O olhar não pode seguir nenhuma delas por muito tempo." E Hermann Broch:[208] "As lembranças aparecem, tornam a submergir e muitas vezes desaparecem totalmente. Como são medrosas!... Oh! Em que abismos de esquecimento repousa a vida; de que distância é preciso rememorar a lembrança que já não é mais lembrança!"

Através de raciocínios, de confrontos, de recortes, consegue-se inserir um certo número de imagens em construções coerentes e datadas. Mas chega-se apenas a hipóteses cuja verificação nem sempre é possível. "Adivinha-se o passado", dizia Henri Poincaré. Há imagens que permanecem exatas. Constatei, a 30 anos de distância, que o golfo do Porto, na Córsega, tinha a mesma cor e o mesmo desenho que tinha na minha memória: a surpresa que isso me causou prova que estou habituada a receber da realidade severos desmentidos. Com efeito, quantos erros pude apontar! E estes não representam senão uma pequena parte dos que cometi.

Na maior parte do tempo, as imagens logicamente reconstruídas e situadas permanecem tão exteriores a nós quanto as de um acontecimento que pertence à história universal. "Possuímos apenas um sentido deformado do passado, e poucos instantes desse passado se ligam a nós por um contato vital", diz, com propriedade, Berenson. As imagens assumem, muitas vezes, uma característica de clichê: evocamo-las sem modificá-las, sem enriquecê-las, uma vez que só podemos descobrir nelas o que nelas colocamos. Muitas vezes amalgamos numa só lembrança dados que pertencem a diferentes épocas; ao longo de toda a minha infância, os rostos de Louise, de meu pai, de meu avô permanecem imutáveis. Mesmo quando me lembro de uma cena singular, ela é

[208] *O tentador.*

reconstruída a partir de esquemas gerais. Com 12 anos, Zaza, na sala de estudo do colégio, agradece-me uma bolsa que lhe dei de presente: ela tem a silhueta e os traços de seus 20 anos.

Esses estereótipos perpetuam-se num mundo em movimento, de tal modo que, apesar de sua fixidez, assumem um aspecto curiosamente exótico. Isso não aconteceria numa sociedade de repetição. Se eu usasse a mesma roupa tradicional que minha mãe, revendo-a jovem eu reveria uma jovem mulher de hoje. Mas a moda mudou: em seu belo vestido negro azeviche, ela pertence a uma época que terminou. Voltar ao tempo dos meus 20 anos faz-me sentir tão desambientada quanto me sentiria se fosse transportada para o fim do mundo. Olho para uma fotografia do velho Trocadéro, de cuja feiura eu gostava: terei mesmo visto aquilo com meus próprios olhos? Uma outra dos Champs-Élysées, em 1929; eu usava um desses chapéus *cloche*,[209] uma dessas golas redondas, e cruzava com homens que usavam bonés ou chapéus de feltro: não me parece que esse cenário tenha pertencido, algum dia, à minha vida. À medida que os anos passam, o momento presente nos parece sempre natural; temos a vaga impressão, já que também ele nos parecia natural, de que o passado era semelhante: na verdade, as imagens que dele reencontramos são obsoletas. Dessa maneira, ainda, a vida nos escapa: ela era novidade, frescor; mesmo esse frescor fanou.

Foi o que sentiu Emmanuel Berl, quando escreveu, em *Sylvia*: "Meu passado me escapa. Puxo de um lado, puxo de outro, e só me resta na mão um tecido podre que se esfiapa. Tudo se transforma em fantasma ou mentira."

"Eu mesmo reconheço-me mal nos clichês que minha memória me propõe. Aquela personagem que desembarca em Touquet num carro esporte azul, saída de um romance de Morand, com uma jovem senhora saída de uma tela de Van Dongen — que tenho eu de comum com ela? Se todos esses fantoches, esses simulacros, constituem minha história, então minha história não sou eu."

"Os grandes velhos me comovem", dizia-me uma amiga, "por causa desse longo passado que têm por trás deles." Infelizmente, eles não têm esse passado. O passado não é, por trás de mim, uma calma paisagem na qual eu passearia livremente, e que me revelaria pouco a pouco seus

---

[209] Chapéu em forma de sino, sem aba. (N.T.)

meandros e suas sinuosidades. À medida que eu avançasse, ele desmoronaria. Os destroços que emergem desses desmoronamentos são, na maioria, descoloridos, gelados, deformados, o sentido deles me escapa. De longe em longe, aparecem alguns que me fascinam por sua beleza melancólica. Eles não bastam para povoar esse vazio que Chateaubriand chamou de "o deserto do passado".

Há muitas coisas que não conseguimos evocar e que, entretanto, somos capazes de reconhecer. Mas nem sempre esse reconhecimento nos restitui o calor do passado. Este último nos toca porque é passado. Mas é também por isso que, com tanta frequência, ele nos decepciona: nós o vivemos como um presente rico do futuro para o qual ele se lançava; só resta dele um esqueleto. É o que torna tão vãs as peregrinações. Com bastante frequência nos é impossível reencontrar o vestígio de nossos passos. O espaço volta a assumir as traições do tempo: os lugares mudam. Mas mesmo os que aparentemente permaneceram intactos não o são mais, para mim. Posso passear em certas ruas de Uzerche, de Marselha, de Ruão. Reconhecerei as pedras dessas cidades, mas não reencontrarei meus projetos, meus desejos, meus medos: não me reencontrarei. E se evoco nesses lugares uma cena de outrora, ela está ali espetada como uma borboleta numa caixa. Os personagens não vão mais a lugar nenhum. Suas relações estão atingidas pela inércia. E quanto a mim, não espero mais nada.

Não somente o futuro desse passado cessou de ser um futuro, mas muitas vezes, ao se realizar, ele desmentiu nossas expectativas. Mais de uma vez vivi o início de amizades destinadas a não mais terminar; algumas delas cumpriram essas promessas; outras descambaram para a indiferença ou mesmo para a inimizade. Como interpretar uma harmonia que uma desavença contestou? Seria essa harmonia válida numa dada conjuntura, mas predestinada a não mais sobreviver ali? Repousaria ela numa ilusão? Teria podido durar para sempre, e se teria quebrado por um mal-entendido? Nenhuma resposta pode ser definitiva: o sentido de um acontecimento passado é sempre revogável. Não só a materialidade dos fatos nos escapa, como também hesitamos quanto ao valor que devemos atribuir-lhes, e nosso julgamento sempre permanecerá em suspenso.

A morte de alguém que estimamos constitui uma brutal ruptura com nosso passado: ora, um velho é alguém que tem muitos mortos por trás de si. "Minha vida demasiado longa assemelha-se àquelas vias romanas bordadas de monumentos fúnebres", escreveu Chateaubriand. A morte de um parente, de um amigo, não nos priva apenas de uma presença, mas de toda aquela parte de nossa vida que estava ligada a eles. É o nosso próprio passado que as pessoas mais idosas que nós levam consigo. Há sexagenários que sofrem, ao perder seus parentes ou amigos da mesma geração, com o fato de perder uma certa imagem deles mesmos que o defunto detinha: com este, é tragada uma infância e uma adolescência das quais ele era o único a conservar uma certa lembrança. O que deixa os velhos inconsoláveis é a perda de pessoas mais jovens, que eles associavam ao seu próprio futuro, sobretudo se tinham gerado, criado ou formado essas pessoas: a morte de um filho, de um neto, é a ruína súbita de todo um projeto; ela torna absurdamente vãos os esforços, os sacrifícios feitos por ele, as esperanças que nele se haviam depositado. O desaparecimento dos amigos de nossa idade não tem o caráter de fracasso agudo: mas anula as relações que tivemos com eles. Quando Zaza morreu, eu estava por demais voltada para o futuro para chorar sobre meu passado, só chorei por ela. Mas muito mais tarde, lembro-me de como fiquei perturbada quando morreu Dullin, com quem, no entanto, eu não tivera uma verdadeira intimidade. Era todo um fragmento da minha própria vida que desmoronava: Ferroles, o Ateliê, os ensaios das *Moscas*, os jantares tão alegres nos quais ele contava suas lembranças, com ele desaparecidas. Mais tarde, nossas afinidades e nossas brigas com Camus aniquilaram-se; aniquilaram-se meus encontros e minhas discussões com Merleau-Ponty nos jardins do Luxemburgo, em casa dele, na minha casa, em Saint-Tropez; e as longas conversas com Giacometti, as visitas ao seu ateliê. Enquanto eles eram vivos, não havia necessidade de lembrança para que, neles, nosso passado comum permanecesse vivo. Levaram para o túmulo esse passado; dele, minha memória só reencontra um gelado simulacro. Nos "monumentos fúnebres" que marcam minha história, sou eu que estou enterrada.

Não pode, entretanto, acontecer que, tomado em sua totalidade, o passado seja objeto de gozo? O fato de ter sido bem-sucedido na vida não bastaria para satisfazer o indivíduo que começa a declinar? É o que se imagina quando se é jovem. Aos 20 anos, uma vida me parecia sólida como uma coisa e, no entanto, penetrada de consciência. Se entrevia uma distância entre um homem e uma biografia, escandalizava-me com isso: sabendo quem era, Baudelaire — pensava eu — não deveria sofrer com a incompreensão dos imbecis. Muito mais tarde, quando Sartre começou a pensar o que escreveu no fim das *Palavras*, suas afirmações desiludidas irritavam-me. Gostaria que ele se regozijasse de ser Sartre. Que erro! Para ele mesmo, ele não o é. Mesmo Victor Hugo, era só de vez em quando que, segundo o dito de Cocteau, "ele se tomava por Victor Hugo". A fórmula é feliz: indica que se pode jogar com uma imagem de si, mas não confundir-se com ela. Um grande mal-entendido separa as pessoas que percebem de fora um homem "bem-sucedido", na aparente plenitude de seu ser-para-outrem, e a vivência que ele tem de si mesmo. Quando Aragon, num de seus últimos poemas, fez uma espécie de constatação do fracasso de sua vida, alguns críticos o acusaram de falsa modéstia: "Você teve sucesso e sabe disso", afirmaram eles; ao passo que Aragon aludia ao fracasso de todo sucesso. Vigny diz que uma bela vida é uma ideia de juventude realizada na idade madura. Pode ser. Mas há uma distância infinita entre o sonho sonhado e o sonho realizado. É o que diz tão bem Mallarmé, quando faz alusão a

"... Esse perfume de tristeza
Que a colheita de um sonho, mesmo sem desgosto e sem pesar,
Deixa no coração de quem o colheu."

Sartre explicou esse distanciamento em *O ser e o nada*: "O futuro não se deixa atingir, ele escorrega para o passado como antigo futuro... Daí essa decepção antológica que espera o para-si em cada saída para o futuro. Mesmo que o meu presente seja rigorosamente idêntico, por seu conteúdo, ao futuro para o qual eu me projetava além do ser, não é esse presente para o qual eu me projetava, pois eu me projetava para esse futuro enquanto futuro, isto é, enquanto ponto de rejuntamento do meu ser." Foi por isso que eu pude, sem contradição, escrever em *Memórias de uma moça bem-comportada*: "Nenhuma vida, nenhum instante de qualquer vida pode cumprir as promessas com as quais eu enlouquecia meu coração crédulo"; e em *A força das coisas*: "As promessas foram cumpridas", ao mesmo tempo que concluía: "Fui ludibriada." O presente, mesmo conforme às minhas expectativas, não podia trazer-me o que eu esperava: a plenitude de ser à qual tende, em vão, a existência. O para-si não é. E ninguém pode dizer "Eu tive uma bela vida", porque uma vida não se tem. De modo algum penso que a glória seja o "luto brilhante da felicidade"; na verdade, ela não é nada, senão uma miragem fugitiva aos olhos de outrem. Na noite de seu 80º aniversário, festejado com um brilho extraordinário, Tolstói foi deitar-se dizendo à filha: "Tenho a alma pesada." Aclamado por sua cidade natal, Andersen derramou lágrimas: "Como meus pais ficariam felizes!", dizia ele. Para eles, a glória do filho teria sido uma realidade; Andersen a teria visto nos olhos deles.

É verdade que acontece um homem voltar-se com orgulho para seu passado: sobretudo se o presente que ele vive e o futuro que pressente o decepcionam. Então, escora-se em suas lembranças, faz delas uma defesa, ou mesmo uma arma. Esses intermitentes sobressaltos de orgulho não implicam um gozo pleno do que passou.

Na verdade é o passado que nos sustenta. É através do que ele fez de nós que o conhecemos. Um homem descontente de seu estado só encontrará ali um alimento para sua amargura, uma razão suplementar para desolar-se com o presente. É o caso de Swift, numa carta escrita em 5 de abril de 1729, quando tinha 62 anos: "Nunca acordo de manhã sem achar a existência um pouco mais despida de interesse do que estava na véspera. Mas o que mais me desola é lembrar minha vida de 20 anos atrás e cair de novo, de repente, no presente." Aos 54 anos, Flaubert escreve: "O futuro não me oferece nada de bom, e o passado me devora. Sinal de velhice e de decadência." É também com amargura que ele escreve, três anos mais tarde: "À medida que avanço em idade, cada vez mais o passado me penetra até a medula dos ossos." Vimos que a insegurança material e a humilhação social que se seguiram à ruína de sua sobrinha o haviam feito sentir-se prematuramente um homem acabado. O passado não era, para ele, um agradável objeto de contemplação, mas uma triste obsessão: comparando-o com o presente, sentia-se decaído, e a ideia dessa decadência confirmava-se, para ele, por sua obsessão do passado.

O contraste entre o passado e o presente pode tornar-se intolerável. Há poucas histórias mais patéticas do que a que o criado de quarto de Brummel contou sobre ele. Aos 60 anos, Brummel vivia na França, doente, indigente, solitário e com o espírito perturbado. Uma noite, mandou preparar o apartamento como se fosse para uma grande recepção: poltronas, mesas de *whist*, velas de cera (o que era um luxo, pois normalmente a iluminação era feita com velas de sebo). Vestiu uma bela casaca azul com botões dourados, toda roída de traças, pôs uma gravata branca, luvas cor de prímula, e confiou ao criado uma lista de convidados que ele deveria chamar, de cinco em cinco minutos, a partir das sete horas. O criado postou-se na soleira da porta, com uma tocha na mão, e começou a anunciar os fantasmas de nomes prestigiosos, que Brummel acolhia cerimoniosamente. De repente, ele desabou na sua poltrona, chorando. Depois, recompôs-se e ordenou ao criado: "Chama os carros. Irás deitar-te quando todos tiverem partido." Essa maneira de viver o passado no presente tem um parentesco com os fenômenos de ecmnésia dos quais já falei. Até que ponto Brummel estava possuído pelo passado que reatualizava? Conservaria ele alguma lucidez, e se daria conta de que representava uma sinistra comédia? O relato faz supor que oscilava entre a obsessão e a má-fé.[210]

É sobretudo a infância que volta para perseguir o velho: desde Freud, sabe-se a importância — pressentida por Montaigne — que têm os primeiríssimos anos na formação do indivíduo e de seu universo. As impressões recebidas têm, então, uma força que as torna indeléveis. O adulto não tem tempo de evocá-las porque está ocupado em encontrar um equilíbrio prático; elas ressurgem quando essa tensão se alivia. "O mais doce privilégio que a natureza concedeu ao homem que envelhece é o de retomar com uma extrema facilidade as impressões da infância", escreve Nodier. Tolstói escreve em seu Diário, em 10 de março de 1906, quando tinha 78 anos: "Durante todo o dia, uma impressão estúpida e triste. Perto da noite, esse estado de espírito transformou-se em desejo de carícias, de ternura. Gostaria, como fazia na minha infância, de apertar-me contra um ser terno e compassivo, de chorar brandamente e ser consolado... Tornar-me bem pequenino e me aproximar de minha mãe, tal como a imagino... Tu, mamãe, pega-me, afaga-me... Tudo isso é loucura, mas tudo isso é verdade." Ele imaginava sua mãe, que morrera quando tinha 2 anos; mas o início desse devaneio repousa em lembranças.

Loisy dedicou sua vida a criticar a Bíblia, foi excomungado por suas teorias modernistas e perdeu a fé. Aos 83 anos, seis anos antes de morrer, atormentado por sofrimentos intensos, e com a cabeça perturbada,

[210] Há uma analogia entre essa anedota e *As cadeiras*, de Ionesco.

começou a cantar cânticos e passagens da missa, como no tempo em que era um jovem seminarista. Comparava-se a Jó, cuja história contava.[211]

A criança faz da vida um aprendizado difícil; é vítima de complexos que precisa superar; tem sentimentos de culpa, tem vergonha, ansiedade. As más lembranças rechaçadas na idade adulta despertam de novo no velho. As barreiras que o adulto conseguira estabelecer enquanto tinha atividades, e enquanto estava submetido a uma pressão social, desmoronam, no ócio e no isolamento da última idade. Provavelmente, também, o traumatismo narcísico provocado pela chegada da velhice enfraquece as defesas do sujeito: os conflitos da infância e da adolescência despertam. Durante toda a sua vida, minha mãe foi marcada por sua infância, mas no fim ela evocava mais frequentemente ainda, com rancor, a preferência que seu pai manifestara pela irmã caçula. Um exemplo contundente é o de Andersen, que, no entanto, não estava nem inativo, nem abandonado. Ele começou a ficar melancólico por volta de 1854, durante a guerra com a Alemanha, que terminou com a derrota da Dinamarca; tinha 59 anos. Lutou contra essa depressão trabalhando e viajando. Muito célebre, cercado de amigos, começou, entretanto, a sonhar todas as noites com seu antigo professor Meisling, que o tinha perseguido e humilhado cruelmente, quando ele era estudante; era vítima dessa memória autista que não permite dominar o passado, mas que o reatualiza; ele não contava sua infância para si mesmo: vivia-a de maneira neurótica. Nomeado conselheiro de Estado, sonhou que Meisling lhe dava esse título zombando dele e jogando-lhe seus livros na cara. Em 1867, ao chegar a Odense — sua cidade natal —, foi tomado por "um estranho e louco medo". Lembrava-se do desdém com que o tratara o decano da aula de revisão, das zombarias dos alunos de latim, dos moleques que perseguiam seu avô na rua, dos delírios e da morte de seu pai. No dia seguinte, durante a festa dada em sua honra, ele chorava. Em 1869, Copenhague o festejou: foi uma apoteose. E o crítico Georges Brandès dedicou-lhe um livro importante e entusiasta. Mas seu sistema nervoso alterava-se e tornava-lhe a vida cada vez mais difícil. Sua angústia, que sempre estivera latente, mesmo nos tempos felizes, traduzia-se por um sem-número de terrores

---

[211] Em seus últimos anos de vida, ele acreditava num Deus obscuramente concebido, e Jó era um tema ao qual se referia, às vezes. Mas estava tão longe quanto possível do catolicismo.

particulares: tinha medo do fogo, da água, das doenças, de tudo. Em seus pesadelos, Meisling continuava a rir dele. Também em sonho, tinha raivas terríveis de antigos amigos, e despertava com remorso, soluçando. Seu Diário está cheio de relatos desses pesadelos. Em um de seus últimos sonhos, sob o efeito da morfina, ele conversou calmamente com Meisling sobre a arte e a beleza. "Enfim, tornamo-nos amigos", anotou ele, aliviado. Seu 70º aniversário foi um dia feliz. Mas depois, gravemente doente, sonolento, não desejou outra coisa senão a morte. "Se tenho que morrer, que chegue rápido o momento; não posso esperar, não posso ficar estendido, a pulverizar-me como uma folha morta." Morreu pouco depois.

O caso de Andersen não tem nada de excepcional: todas as neuroses dos velhos têm origem na infância ou na adolescência.

Compreende-se por que eles se sentem tão inclinados a retornar à infância: é que esta os possui. Eles se reconhecem nela porque — mesmo que por um determinado tempo tenham desejado ignorá-la — ela não deixou de habitá-los. Há ainda uma outra razão: a existência funda-se, transcendendo-se. Mas — sobretudo quando se atinge uma idade muito avançada — a transcendência esbarra na morte. O velho tenta fundar sua existência, assumindo seu nascimento, ou, pelo menos, seus primeiros anos de vida. A aliança infância-velhice que constatamos num plano sociológico é interiorizada pelo indivíduo. No momento de sair da vida, ele se reconhece no bebê que saía dos limbos.

Compreende-se, também, por que a pobreza das imagens que são capazes de evocar não desanima as pessoas idosas. Elas não procuram fazer para si próprias um relato detalhado e coerente de seus primeiros anos de vida, mas sim mergulhar de novo neles. Ruminam alguns temas que têm, para elas, um grande valor afetivo; longe de se cansarem com essa repetição, voltam a embeber-se dela. Evadem-se do presente, sonham com felicidades antigas, conjuram as antigas infelicidades. Uma mulher de 86 anos me dizia que, à noite, assim que se deitava, contava para si mesma indefinidamente cenas de sua primeira infância, e experimentava com isso uma alegria inesgotável.

O homem idoso interioriza seu passado sob a forma de imagens, de fantasmas, de atitudes afetivas. Depende desse passado ainda de outro modo: é o passado que define minha situação atual e sua abertura para o futuro; ele é o dado a partir do qual eu me projeto, e que tenho de ultrapassar para existir. Isso é verdade em qualquer idade. Eu conservo, do passado, os mecanismos que se montaram no meu corpo, os instrumentos culturais de que me sirvo, meu saber e minhas ignorâncias, minhas relações com outrem, minhas ocupações, minhas obrigações. Tudo o que fiz me foi retomado por ele e se coisificou nele, sob a forma do prático-inerte. Sartre chama prático-inerte o conjunto de coisas marcadas pelo selo da ação humana, e pelos homens definidos por sua relação com essas coisas; para mim, o prático-inerte é o conjunto dos livros que escrevi, que constituem agora, fora de mim, minha obra, e que me definem como sua autora: "Sou o que fiz, e que me escapa, constituindo-me logo como um outro."[212] Todo homem, pela sua práxis, realiza sua objetivação no mundo, e nele se aliena. Nele cria interesses. O interesse é "o ser inteiro fora de mim, como uma coisa, enquanto condiciona a práxis como imperativo categórico." O interesse do proprietário é sua propriedade, e muitas vezes ele dá mais valor a ela do que à sua própria vida.

Quanto mais avançamos na idade, mais pesadamente tomba sobre nós o peso do prático-inerte. É o que Gorz mostrou muito bem em seu livro sobre *O envelhecimento*. Ele define a juventude como "uma inércia menor a ser movimentada". Tornar-se um homem maduro é tornar-se um outro para os outros: um indivíduo definido por seu ofício. O futuro que escolhera livremente aparece-lhe daí em diante como a necessidade que o espera; ele vê no seu passado uma alienação. Sua vida é "uma vida que se arrasta fora, nas coisas, como meu ser de fora, e perdido para mim mesmo". Os projetos petrificaram-se. Essa descrição convém à velhice: esta última tornou-se ainda mais pesada que a maturidade. Toda uma longa vida imobilizou-se atrás de nós, e nos retém cativos. Os imperativos multiplicaram-se, e o avesso deles são impossibilidades: o proprietário tem que conservar sua propriedade; ele não pode renunciar a ela. Para entender em que medida o velho se vê atado, face ao seu destino, é preciso agora considerar como esse futuro se lhe apresenta. Veremos que lhe aparece como duplamente acabado: é breve, e é fechado. E tanto mais fechado quanto mais breve; e parece tanto mais breve quanto mais fechado.

A partir de um certo limiar, variável de acordo com os indivíduos, o homem idoso toma consciência de seu destino biológico: o número de

---

[212] *Critique de la raison dialectique.*

anos que lhe restam para viver é limitado. Se, aos 65 anos, um ano lhe parecesse tão longo quanto na infância, o lapso de tempo com o qual ele pode racionalmente contar ultrapassaria ainda sua imaginação; mas não é isso que ocorre. Esse prazo lhe parece tragicamente curto, porque o tempo não corre do mesmo modo nos diversos momentos de nossa existência: ele se precipita à medida que envelhecemos.

No que diz respeito à criança, as horas parecem longas. O tempo no qual ela se move lhe é imposto, é o tempo dos adultos; não sabe medi-lo nem prevê-lo, fica perdida no seio de um devir sem começo nem fim. Dominei o tempo quando o animei com meus projetos, quando o reparti segundo meus programas: minhas semanas se organizaram em torno das tardes nas quais eu ia à aula: então, cada dia tinha um passado, um futuro. Minhas lembranças datadas e coerentes remontam a essa época. Por um lado, os momentos se arrastam quando os vivemos na tensão ou no cansaço. Ora, a criança cansa-se rapidamente, por causa de sua fraqueza, de sua emotividade, da fragilidade de seu sistema nervoso. Sessenta minutos de leitura representam um maior esforço aos 5 anos do que aos 10 anos, e maior aos 10 anos que aos 20. As distâncias são longas de percorrer, a atenção difícil de fixar: não se chega ao fim dos dias sem cansaço. Enfim, sobretudo, o mundo é tão novo nessa época, as impressões que ele produz em nós são tão frescas e tão vivas que, avaliando a duração pela riqueza de seu conteúdo, ela nos parece muito mais extensa do que nas épocas em que o costume nos empobrece. Schopenhauer observou: "Durante a infância, a novidade das coisas e dos acontecimentos faz com que tudo se imprima em nossa consciência: assim, os dias parecem não ter fim. Do mesmo modo acontece, pelo mesmo motivo, parecer-nos mais longo um mês, quando estamos em viagem, do que quando estamos em casa."[213]

---

[213] Sobre esse aumento de duração durante as viagens, o etnólogo Georges Condominas escreve, em *L'exotique est quotidien*: "É preciso nos dizermos que um dia de viagem transposto na lembrança ocupa um 'espaço' mais amplo do que um dia passado em casa. Sobretudo se penetramos numa terra que nos é totalmente desconhecida... As horas passadas em embeber-nos, em impregnar-nos sem descanso desse mundo novo ultrapassam o recorte natural e mensurável do tempo. Os fatos impressionaram tão fortemente a memória, que esta os restitui mais ou menos do mesmo modo que um filme passado em câmara lenta. O tempo de restituição é um aumento do tempo real."

"Lembro-me dos 15 minutos de recreio na escola municipal", escreve Ionesco. "Quinze minutos! Era demorado, era pleno; tínhamos tempo para pensar num jogo, para jogar, para terminar; para recomeçar um outro jogo... Mas o ano seguinte não passava de uma palavra; e mesmo que eu pensasse que ele chegaria, esse ano seguinte, isso me parecia tão longe, que não valia a pena pensar no assunto; era tão longo quanto a eternidade, até que ela retorne, portanto era como se ela não fosse retornar."[214]

Na saída da infância, o espaço se estreita, os objetos diminuem, o corpo se fortifica, a atenção se afirma, familiarizamo-nos com os relógios e com os calendários, a memória ganha amplitude e precisão. Entretanto, as estações continuam a suceder-se com uma maravilhosa ou terrível lentidão. Aos 15 anos, folheando meus livros de estudos novos, a travessia do ano escolar me parecia uma grande e apaixonante expedição. Mais tarde, as voltas às aulas me jogavam na depressão: eu me dizia que jamais chegaria ao fim dos 10 meses que tinha que passar no nosso triste apartamento.

Mas assim que eu me arrancava desse desânimo, a imensidão do futuro desdobrado a meus pés me exaltava: 40 anos, 60 anos para viver, era a eternidade, já que um ano me parecia tão extenso.

Há mais de uma razão para essa mudança que sofre a avaliação do tempo, da juventude à velhice. Primeiro, é preciso notar que temos a vida inteira atrás de nós, reduzida, em qualquer idade, ao mesmo formato; em perspectiva, 20 anos igualam-se a 60, o que dá às unidades uma dimensão variável. Se o ano é igual a um quinto de nossa idade, ele nos parece 10 vezes mais longo do que será, se representar a 50ª parte dela. Evidentemente, não se trata aí de um cálculo explícito, mas de uma impressão espontânea. E depois, a memória dos jovens lhes apresenta o ano que passou com um requinte de detalhes que se espalham num vasto espaço: eles atribuem ao ano seguinte a mesma dimensão. Ao contrário, quando somos idosos, poucas coisas chamam nossa atenção; os momentos trazem pouca novidade; não nos demoramos neles. Para mim, 1968 resume-se em algumas datas, alguns esquemas, alguns fatos. Atribuo a 1969 a mesma pobreza. Mal voltei a Paris em outubro, eis-me já em julho.

Um outro fator conta, ainda: eu sei que serei, dentro de doze meses, na melhor das hipóteses, a mesma que sou hoje; ao passo que, aos 20

---

[214] *Journal en miettes.*

anos, "ser si é vir a si", segundo a definição de Sartre. Somos espera do mundo e de nós mesmos. Cada ano nos leva num turbilhão de novidades, inebriantes ou horríveis, das quais saímos transformados. Pressentimos no futuro próximo um tumulto semelhante. Nem com projetos nem com lembranças podemos, então, conter o tempo, já que ele nos arranca de nós mesmos. Não existe ninguém que seja capaz de realizar a unidade, se no início o Eu é outro que não aquele que vai tornar-se. Uma incalculável distância separa esses dois estranhos: pelo menos, é o que eles imaginam.

Se as lembranças afetivas que despertam a infância são tão preciosas, é porque, durante um breve instante, elas nos põem de novo de posse de um futuro sem limites. Um galo canta numa aldeia cujos telhados de ardósia eu vejo; caminho num prado úmido de geada branca, de repente é Meyrignac, e sinto um golpe no coração: esse dia que nasce espalha-se, imenso, até um crepúsculo longínquo; amanhã não passa de uma palavra vazia; meu quinhão é a eternidade.

E depois, não; reencontro-me no meu tempo, onde os anos passam tão depressa. Posso fazer minhas as palavras de Ionesco: "Estou numa idade (...) em que uma hora só vale alguns minutos, em que nem mesmo podemos mais gravar os quartos de hora."

Para tentar reencontrar a densidade da duração infantil, o melhor meio (pensa também Ionesco) é viajar: "Desde então, tento, todos os dias, apegar-me a algo estável, tento desesperadamente reencontrar um presente, instalá-lo, ampliá-lo. Viajo para reencontrar um mundo intacto, sobre o qual o tempo não tenha poder. Com efeito, dois dias de viagem, a descoberta de uma nova cidade retardam a precipitação dos acontecimentos. Dois dias numa terra nova valem 30 dos que vivemos num lugar habitual, encolhidos pelo desgaste, deteriorados pelo hábito. O hábito dá polimento ao tempo, deslizamos neste como num assoalho encerado demais. Um mundo novo, um mundo sempre novo, um mundo de sempre, jovem para sempre, é isso o paraíso. A rapidez não é apenas infernal, ela é o próprio inferno, é a aceleração da queda. Houve o presente, houve o tempo, não há mais presente nem tempo, a progressão geométrica da queda nos lançou em nada."[215]

O paradoxo é que essa infernal rapidez nem sempre defende o velho do tédio, ao contrário. Em qualquer idade, tivemos a experiência:

---

[215] *Journal en miettes.*

os dias de viagem, tão longos de evocar, passaram como um relâmpago, porque o tempo todo não nos deixavam respirar; semanas que, retrospectivamente, parecem breves porque esquecemos tudo, arrastaram-se, hora após hora, interminavelmente.

No dia a dia, a maneira pela qual sentimos a fuga do tempo depende do seu conteúdo. Mas se o homem idoso a prevê no futuro, em sua forma pura, ela lhe parece vertiginosamente rápida.

A diferença radical entre a ótica do velho e a da criança ou do adolescente é que o primeiro descobriu sua finitude, ao passo que, no início de sua vida, ignorava-a: naquele momento, via diante de si possibilidades tão múltiplas e tão vagas, que lhe pareciam ilimitadas; o futuro no qual ele as projetava dilatava-se até o infinito para acolhê-las. Os jovens de hoje muito cedo se dão conta de que a sociedade pré-fabricou o futuro deles: mas muitos sonham escapar ao sistema, ou mesmo destruí-lo, o que deixa um largo campo aberto à sua imaginação. No dia — que acontece mais ou menos cedo, segundo a classe à qual pertence — em que se vê obrigado a reproduzir sua vida, o indivíduo, encerrado num ofício, vê seu universo encolher e seus projetos se rarefazerem. Entretanto, o adulto dispõe de anos em número suficiente para poder decidir agir, empreender, para pressupor as mudanças no mundo, ou em sua história pessoal: suas esperanças povoam um futuro do qual ele ainda não se representa o termo. Quanto ao velho, sabe que sua vida está feita, e que não poderá refazê-la. O futuro não está mais inchado de promessas, contrai-se na medida do ser finito que tem que vivê-lo. Com efeito, a realidade humana é afetada por uma dupla finitude; uma é contingente e diz respeito à facticidade: a existência tem um termo que lhe vem de fora. A outra é uma estrutura ontológica do para-si. Na última idade, uma e outra revelam-se juntas, e uma através da outra. Se, com uma expectativa de vida restrita, eu tivesse a disponibilidade física e moral dos meus 20 anos, meu fim, entrevisto através de um fervilhar de projetos, iria parecer-me longínquo. Se me dessem 100 anos de sobrevida e de saúde, eu poderia lançar-me em novos empreendimentos, partir para a conquista de campos desconhecidos. Não me sentiria irremediavelmente encerrada na minha singularidade. Aliás, eu não teria razão: o prolongamento dos meus dias não me arrancaria à minha finitude. A própria imortalidade não a quebraria. "A realidade humana permaneceria finita mesmo que fosse imortal", escreveu Sartre, "porque ela se faz finita ao se escolher humana... O próprio ato de liberdade é criador e assunção de minha finitude. Se eu me faço, faço-me finito, e, em consequência disso, minha vida é única."[216] Permanecendo o começo da minha história imutável para sempre, é um certo passado que tenho que ultrapassar para sempre: nada me pode fazer sair de mim mesmo. Essa dupla certeza impõe-se ao homem idoso: seus anos estão contados, e ele não se evadirá de si mesmo.

Assim, da maturidade à última idade o futuro se transforma qualitativamente. Aos 65 anos, não se tem apenas 20 anos a mais do que aos 45. Trocou-se um futuro indefinido — que se tendia a encarar como infinito — por um futuro finito. Outrora, não percebíamos no horizonte nenhum limite: agora vemos um. "Quando eu sonhava outrora", escreve Chateaubriand, retornando ao seu longínquo passado,[217] "minha juventude estava diante de mim; eu podia caminhar em direção a essa coisa desconhecida que procurava. Agora já não posso dar mais um passo sem tocar no limite."

Um futuro limitado, um passado imobilizado, tal é a situação que os idosos têm que enfrentar. Em inúmeros casos essa situação paralisa sua atividade. Todos os seus projetos ou foram realizados, ou foram abandonados, sua vida fechou-se sobre eles mesmos; nada os solicita: eles não têm mais nada a fazer. Foi o que aconteceu com Michel Leiris depois do sucesso de *Biffures*: "Parecia-me que minha vida atingira uma espécie de terrível ponto culminante. O fim dessa vida, tal como se apresentava para mim, assemelhava-se um pouco aos últimos dias da minha estada em Florença. Assim como, na capital toscana, visitada por nós de cabo a rabo, restavam-nos algumas ninharias para ver, restavam-me algumas ninharias a fazer durante o tempo que eu ainda tinha para viver", escreve ele em *Fibrilles*. Nesse mesmo livro, ele explica por que seu futuro se tinha assim despovoado: "Quando o desaparecimento pela morte ou pela senilidade não é mais encarado como um destino, mas esperado como um mal que se prepara para atingir-nos, acontece — e é o meu caso — que se perde até a vontade de empreender: avalia-se o pouco tempo de que ainda se dispõe, tempo estrangulado, sem relação com aquele das épocas em que estava fora

[216] *O ser e o nada.*

[217] *Lettre à Mme. Récamier.*

de cogitação pensar que um projeto podia não ter o tempo desejado para se desenvolver livremente, e isso tira todo o estímulo. Do mesmo modo, embora se tenha, como eu, um longo hábito, é duro saber que a noite — agora obstruída pela fadiga e pelo sono — não será mais aquele período infinitamente aberto durante o qual um homem, que nada ainda veio enfraquecer, pode amar e consumir-se sem reservas. Posso estar mais lúcido, mais vulnerável do que qualquer outro, ou mais avaramente preocupado com minha própria pessoa, mas me parece que aquele cuja existência passou, assim, do ilimitado ao limitado, vive numa espécie de asfixia... Últimos recursos, a arte e a poesia oferecem-se como um meio de aliviar o aperto. Mas não é pena rebaixá-las ao ponto de tratá-las como substitutivos que permitem compensar a desoladora penúria da velhice?"

Na verdade, o projeto de escrever tinha, nesse caso, raízes tão profundas, que resistiu a essa crise; a própria angústia de Leiris forneceu-lhe novos temas, e ele escreveu *Fibrilles*. Mas pode acontecer, por motivos de saúde, ou por causa de dificuldades exteriores, que o desânimo do velho seja definitivo: ou ele não vê mais nada a fazer, ou renuncia a projetos que pensa não ter mais tempo de executar.

Entretanto, há também casos em que os imperativos categóricos que emanam do passado conservam toda a sua força: este trabalho deve ser executado, esta obra deve ser terminada, estes interesses preservados. Então, com uma ansiosa obstinação, o homem idoso empreende uma luta sem trégua contra o relógio: "Minha experiência mais dolorosa, ao se avizinhar a velhice, foi a de ter perdido todo o sentido do lazer", escreveu Berenson, aos 70 anos. É mais doloroso ainda ser incapaz de atingir os fins que continuam a solicitar-nos: vimos como Papini desolava-se por não poder terminar o livro de sua vida, *O juízo final*.

Nossos projetos podem visar a fins que estão situados além de nossa morte: sabe-se a importância que a maioria das pessoas atribuem a suas disposições testamentárias, à execução de suas últimas vontades. Nas sociedades repetitivas, naquelas onde a história progride lentamente, um homem não dispõe apenas de seu futuro individual, mas dispõe também do futuro do mundo no qual pressupõe que o produto de seu trabalho permanecerá. Um octogenário pode, então, comprazer-se em construir, e até mesmo em plantar. Quando a maioria das empresas — agrícolas, artesanais, comerciais, financeiras — tinham um caráter familiar e estavam situadas numa sociedade economicamente estável, o pai podia esperar que seus filhos prosseguissem sua tarefa, e que a confiassem, por sua vez, aos próprios filhos. Assim, evitava "tocar o limite". A propriedade ou a firma nas quais ele se objetivara subsistiriam indefinidamente. Ele sobreviveria a si próprio, não se teria esforçado em vão.

Hoje, o homem idoso não pode mais pressupor essa espécie de eternidade: o movimento da História acelerou-se. Ela destruirá amanhã o que se construiu ontem. As árvores que o velho planta serão abatidas. Em quase todos os lugares, a célula familiar desintegrou-se. As pequenas empresas são absorvidas pelos monopólios, ou então deslocam-se. O filho não recomeçará o pai, e este último sabe disso. Quando ele desaparecer, a propriedade será abandonada, a loja vendida, o negócio liquidado. As coisas que realizou e que davam sentido à sua vida encontram-se tão ameaçadas quanto ele. Se ama os filhos com generosidade, se aprova o caminho que escolheram, pode pensar com satisfação que se prolonga neles. Mas, dado o fosso que geralmente separa as gerações, esse caso é bastante raro. Quase sempre, o pai não se reconhece em seu filho. O nada toma conta dele todo.

Muito longe de oferecer ao velho um recurso contra seu destino biológico assegurando-lhe um futuro póstumo, a sociedade de hoje o rechaça, ainda vivo, para um passado ultrapassado. A aceleração da História perturbou profundamente a relação do homem idoso com suas atividades. Imaginava-se outrora que um tesouro se acumulava nele ao longo dos anos: a experiência. Como os cristais se depositam sobre os ramos confiados às fontes petrificantes, uma certa habilidade, uma certa sabedoria de vida, que não se ensinam nos livros, iriam depositando-se pouco a pouco no corpo e no espírito do homem. A filosofia hegeliana propõe uma justificação racional para essa ideia: cada momento passado teria como invólucro o momento presente, que prepararia necessariamente um futuro ainda mais realizado, sendo os próprios fracassos finalmente recuperados. Última etapa de um constante progresso, a velhice seria o mais alto ponto de perfeição da existência. Mas, na verdade, não é assim que esta última se desenrola. Sua linha é constantemente quebrada pela recaída de nossos projetos em realidade prático-inerte. A cada instante ela se totaliza, mas a totalização nunca é acabada: "A ação humana constitui ao mesmo tempo o todo e o dilaceramento do todo."[218] É por isso que a nossa caminhada não é um progresso certo, mas antes esse movimento titubeante de que fala Montaigne. Sainte-Beuve constatava: "Endurecemos em certos lugares, apodrecemos em outros, jamais amadurecemos." A velhice não é a "súmula" de nossa vida. Num mesmo movimento, o tempo nos dá e nos rouba o mundo. Aprendemos e esquecemos, enriquecemo-nos e nos degradamos.

Mauriac, octogenário, escreve: "Nem enfraquecido, nem decaído, nem enriquecido: igual — eis como o velho se vê. Que não se fale com ele das aquisições da vida: é inacreditável como retivemos pouco de tudo o que nos afluiu durante tantos anos. Os fatos estão confusos ou esquecidos. Mas que dizer das ideias? Cinquenta anos de leituras: que resta delas?"

A noção de experiência é válida na medida em que remete a um aprendizado ativo. Certas artes e certos ofícios são tão difíceis, que é preciso uma vida inteira para dominá-los. Vimos que o trabalhador manual consegue compensar as deficiências físicas graças a uma experiência que lhe permite organizar o campo de suas atividades. Intelectualmente, Herriot dizia que "a cultura é o que resta quando se esqueceu tudo", e, na verdade, alguma coisa permanece: uma aptidão para reaprender o que um dia já se soube, métodos de trabalho, resistências ao erro, parapeitos. Em muitas áreas — filosofia, ideologia, política — o homem idoso é capaz de visões sintéticas interditadas aos jovens. É preciso ter observado, em suas semelhanças e diferenças, uma vasta multiplicidade de fatos para saber apreciar a importância ou a insignificância de um caso particular, reduzir a exceção à regra ou designar-lhe o lugar, subordinar o detalhe ao conjunto, desprezar a anedota para destacar a ideia. Há uma experiência que só pertence àqueles que estão velhos: é a da própria velhice. Os jovens só têm desta noções vagas e falsas. É preciso ter vivido muito tempo para ter uma ideia precisa da condição humana, para ter uma visão geral da maneira como se passam as coisas: só então somos capazes de "prever o presente", o que é a tarefa do homem político. É por isso que, ao longo da História, muitas vezes confiou-se a homens idosos altas responsabilidades.

Entretanto, só nas sociedades repetitivas ou, pelo menos, estáveis, a idade pode conferir uma qualificação. No seio de um mundo imóvel,

---

[218] Sartre, *Critique de La raison dialectique.*

se o homem idoso se empenhou em progredir, vê-se mais adiantado do que aqueles que partiram depois dele. Não acontece o mesmo no mundo móvel de hoje. O devir individual inscreve-se num devir social com o qual não coincide: esse desnível produz-se em detrimento do homem velho, que se vê necessariamente atrasado em relação ao seu tempo. Para seguir adiante, ele precisa arrancar-se a um passado que o aprisiona cada vez mais estreitamente: sua marcha é lenta. Entretanto, a humanidade não é monolítica; em face do passado que pesa sobre as antigas gerações, as novas são livres, retomam a tocha até o momento em que, esmagadas pelo peso do prático-inerte, serão por sua vez ultrapassadas pelas jovens. O indivíduo não tem condições de acompanhar essa corrida na qual o projeto ressuscita indefinidamente em seu frescor. Fica para trás. No seio da mudança, ele permanece o mesmo: está condenado à obsolescência.

No campo do conhecimento, ele fica necessariamente atrasado. Vejo bem isso, no meu próprio exemplo: aprendi muito desde os meus 20 anos, mas de ano para ano torno-me relativamente mais ignorante, porque as descobertas se multiplicam, as ciências se enriquecem e, apesar dos meus esforços para manter-me informada, pelo menos em certas áreas, o número de coisas que me permanecem desconhecidas multiplica-se.

Para entender com maior precisão esse processo de desqualificação, é preciso abandonar as generalidades e considerar em sua singularidade diferentes atividades. Mas observemos primeiro que é enquanto quer intervir na evolução da sociedade que o velho fica a reboque: enquanto consumidor, ele usufrui do progresso técnico sem que este o incomode; chega a acolhê-lo com presteza. Tolstói, em princípio, detestava a novidade; entretanto, o gramofone e o cinema maravilhavam-no; pensou em escrever roteiros. Assistiu a corridas de automóveis e almejava ver aviões. Andersen, aos 65 anos, encantava-se com a rapidez das comunicações: atravessava-se a Suécia em 24 horas, ao passo que outrora era preciso uma semana para fazê-lo. "Nós, velhos, somos vítimas dos dissabores naturais de um período de transições, entre duas gerações; mas é muito interessante." Wells, aos 70 anos, apaixonava-se por todas as invenções modernas, e em particular pelo cinema. No município de Plodemet, estudado por Morin,[219] há velhos deficientes, doentes, enfraquecidos,

---

[219] *Commune en France.*

abandonados, que dizem não servir para mais nada a não ser tomar conta da casa, como um cão. Alguns outros, embora em bom estado de saúde, fecham-se no passado: não sabem ler nem escrever, recusam a água corrente, o gás, a eletricidade. "Para quê? Não é do nosso tempo", diz um deles. Mas a maioria fica deslumbrada com o mundo moderno: "Teremos visto tudo, da bicicleta à Lua", diz um marceneiro de 80 anos. Lembram-se de como ficaram espantados diante dos primeiros automóveis, dos primeiros aviões; o aquecimento a gás e a televisão deixam-nos maravilhados. O passado, a seus olhos, é um período de barbárie: "Cem anos atrás, isto aqui, ah! sim, era uma verdadeira terra de selvagens. Agora estamos civilizados, todo mundo sabe pelo menos ler e escrever. Antes, era a miséria, agora estamos bem." Admiram o fato de os jovens servirem-se de máquinas e de radares para pescar. Ficam subjetivamente orgulhosos por ter o mundo objetivamente progredido. Na medida em que seus interesses, seu passado e suas atividades não são questionados, nenhum antagonismo os separa do conjunto da humanidade: reconhecem-se alegremente nela. A evolução da humanidade é um belo espetáculo que eles contemplam a distância, sem se sentirem contestados.

Há em Plodemet um contraste impressionante entre a atitude dos grandes velhos inativos e a dos homens de 50 a 60 anos que trabalham. Estes últimos entram em conflito com a época porque esta compromete seus interesses econômicos e ideológicos. Opõem-se à modernização da agricultura. Essa modernização exigiria deles um aprendizado diante do qual torcem o nariz; estão apegados às rotinas que constituíram sua vida; não querem renunciar aos benefícios de sua experiência e ficar em inferioridade diante dos jovens, mais aptos que eles para manipular as novas máquinas. Muitos obstinam-se na recusa; então os filhos vão trabalhar na cidade, e os pais sentem-se traídos: "Quantos velhos pais são abandonados pelos filhos!", diz um agricultor de 55 anos. "Ter programado toda uma vida para conseguir algo, e depois ninguém para retomar a tocha!"[220]

Encontrei em um número do *France-Soir* de outubro de 1968 a seguinte ocorrência policial: "Ouviu-se um estampido no pátio: meu sogro acabava de matar Wolf, nosso cão pastor. Jean, meu marido, abriu a porta. Seu pai apareceu. Segurava uma granada na mão. Jean atirou-se

[220] Falei desse conflito no capítulo sobre "A questão social".

sobre ele, e os dois se atracaram. A granada caiu no chão e explodiu", contou Dominique. Albert Rouzet, 65 anos, cultivador em Chinay (Côte-d'Or), que sofria de neurastenia, resolvera, na véspera, suprimir toda a sua família, começando por seu filho Jean, de 25 anos, que reprovava por gerir a fazenda segundo métodos modernos. "No meu tempo, levantávamo-nos de madrugada para preparar o trabalho do dia, e não precisávamos gastar o dinheiro todo comprando máquinas para trabalhar a terra", dizia ele. O pai e o filho morreram com a explosão.

No caso dos agricultores, entretanto, a sociedade permite uma escolha entre a fidelidade ao passado e a abertura ao progresso; mas há outros casos em que o velho artesão ou o velho comerciante é condenado sem apelação pelo desenvolvimento da indústria ou do comércio. No fim do século XIX, o aparecimento dos magazines arruinou um sem-número de pequenos comerciantes. É a história deles que Zola conta em *Au Bonheur des Dames*. Descreveu a resistência e o desespero da antiga geração diante do futuro que a espolia. Baudu — de cara amarela, cabelos brancos, patriarca autoritário — é proprietário da velha loja *Au Vieil Elbeuf*, fundada cem anos atrás, de teto baixo, vitrines profundas, negras e poeirentas, e que fica em frente aos esplendores da grande loja: numa vitrine cintilante, a seção de tecidos parece zombar dele. Quando a sobrinha, chegada há pouco a Paris, o vê, ele está na soleira da porta, com os olhos injetados, a boca contraída, contemplando com furor as vitrines da *Bonheur des Dames*. A loja antiquada — balcões de carvalho gastos pelo uso, gaveteiros com fortes fechaduras, pacotes de mercadorias sombrias empilhando-se até as vigas do teto — quase não vê mais clientes. A cólera e o ódio devoram Baudu. "Ah! meu Deus! ah! meu Deus!", geme ele, olhando para a loja onde sua sobrinha aceitou trabalhar. Indigna-se e profetiza a ruína da empresa; uma loja de novidades não deve vender de tudo: é um "bazar". "Vendedores de pano vendendo peles, é muito engraçado!" Ele não pode aceitar a queda de todas as tradições das quais viveu. Rói-se. Outrora, sua velha casa era a que tinha maior freguesia no bairro, e ele tinha orgulho disso. E eis que — como todas as lojas vizinhas — ela agoniza: "Era a morte lenta, sem abalo, uma diminuição contínua dos negócios, freguesas perdidas, uma a uma." *Le Bonheur des Dames* prospera, Baudu é forçado a admiti-lo: "Eles estão tendo sucesso, pior para eles! Quanto a mim, protesto, é só isso." Para fazer face ao vencimento dos prazos de pagamento, ele vende sua casa de campo. Arruinado, perde-se em queixas sobre os novos tempos: está tudo desmoronando, a família não existe mais. Ao mesmo tempo, está humilhado, sente-se vencido: "A consciência de sua derrota tirava-lhe a antiga segurança de patriarca respeitado." No fim, oferecem-lhe um lugar na *Bonheur des Dames*, mas ele recusa e se fecha no desespero. Vê-se aqui a relação que se estabelece entre o tempo biológico e o tempo social. Mais jovem, ele teria desejado readaptar-se, e teria sido capaz de fazê-lo. Mas a brevidade de seu futuro e o peso do passado lhe vedam todas as saídas. A realidade na qual ele se objetivara era o seu comércio; estando este arruinado, ele não é mais nada: um morto em *sursis*. Até o fim, cego para o resto do mundo, ele se obstinará raivosamente em conservar, com suas recusas e suas lembranças, aquele que foi um dia. Dramas análogos produzem-se hoje em dia quando magazines implantam-se em pequenas cidades, onde arruínam os pequenos comerciantes. Nos países capitalistas, a concentração multiplica esse fenômeno.

Há muitas atividades que a marcha do tempo não desqualifica, enquanto tais: mas afeta o indivíduo que as exerce. Vimos que, num certo momento, operários, funcionários públicos, pessoal de nível superior e outros funcionários são aposentados. A sociedade acolhe de maneira ambígua o envelhecimento dos médicos, dos advogados, de todos aqueles que exercem profissões liberais. Isso chama particularmente a atenção no que diz respeito aos médicos. Durante certo tempo, a idade os valoriza; considera-se que ela traz experiência; prefere-se o homem que tem uma longa carreira atrás de si a um jovem inexperiente. Depois, esta imagem cai. Pensa-se que o velho doutor já está gasto, biologicamente decaído, e que perdeu, portanto, muito de suas capacidades. E, sobretudo, ele é visto como atrasado; não está a par, supõem, das descobertas mais recentes. Os clientes se afastam dele, e o consultório se esvazia. Em quase todas as áreas, mesmo que não caia sob o golpe da aposentadoria, e que ainda esteja adaptado às suas tarefas, o velho está condenado à inatividade em consequência de um preconceito desfavorável.

Nas carreiras que exigem grandes capacidades físicas, a involução biológica é determinante. Jovem ainda, o desportista se vê impedido de competir. Readapta-se, então, no ramo que é o seu: o campeão de esqui torna-se treinador de uma equipe, o lutador profissional de boxe, empresário; muitas vezes, também, ingressa num ramo inteiramente diferente:

Carpentier abriu um bar, Killy vende carros esporte, Marielle Goitschel roda um filme. Há em suas vidas uma ruptura que haviam previsto, o que não impede que muitos deles tenham dificuldade em se recolocar, e fiquem amargurados. Uma ruptura análoga produz-se na existência dos dançarinos e dos cantores: aqueles perdem a flexibilidade, e a voz destes se altera. Muitos começam a ensinar a arte que não praticam mais; assim permanecem no mundo que foi o deles e, ao mesmo tempo que sofrem uma frustração, conservam uma transcendência, graças ao progresso de seus alunos. Outros, por necessidade ou por escolha, afastam-se inteiramente. Os atores têm que contar com as mudanças do rosto e da voz. Alguns resolvem negá-las: vi De Max, aos 80 anos, no papel do jovem Nero. Se é o caso de "monstros sagrados", o público admira essa obstinação: aplaudia-se Sarah Bernhardt octogenária, representando *Athalie*, com uma perna de pau. Na maior parte dos casos, o ator muda de emprego; mas os papéis de pessoas idosas não são numerosos no teatro, e são mais raros ainda no cinema. No teatro, se o texto é importante, a memória está sujeita a falhar. Aí também as pessoas procuram readaptar-se, sem se afastar demais de seu passado; mas as saídas são limitadas: a maioria dos velhos atores está condenada à aposentadoria e à pobreza. Mais favorecidos são os cantores-compositores satíricos, os humoristas, de quem não se exigem proezas técnicas, e que podem adaptar suas produções às suas possibilidades. O próprio fato de ser idoso pode então constituir uma atração: com 80 anos, Maurice Chevalier deu um recital que foi um triunfo, em grande parte porque ele tinha 80 anos. É preciso ainda ter uma bela saúde e ser capaz de conservar durante anos as boas graças de um público ávido de novidade. As carreiras nas quais, apesar do papel importante que tem o corpo, a involução senil é mais normalmente ultrapassada, são as dos músicos intérpretes: pianistas, violinistas, violoncelistas. Acontece conservarem até mais de 80 anos seu talento e sua celebridade: isso supõe que eles não sejam vítimas de doenças que arruinariam sua virtuosidade, e que não parem de se exercitar. Se biologicamente resistem ao tempo, o envelhecimento social não os afeta, pois não se lhes pede outra coisa senão igualar-se a si mesmos. Pode, aliás, acontecer que se superem na última idade, graças a uma compreensão cada vez mais profunda das peças que interpretam.

Os trabalhadores intelectuais são menos afetados do que os outros pelo declínio fisiológico. Um certo número deles goza, em sua relação com a sociedade, de uma singular autonomia: os criadores. Eles não são numerosos, mas sua situação privilegiada faz deles reveladores: quais são as possibilidades práticas de um homem idoso quando um máximo de oportunidades lhe é concedido? Qual é, nas diversas áreas intelectuais e artísticas, a relação entre a idade e a fecundidade, e como entender essa relação?

É muito raro um sábio inventar em sua velhice. Euler fez importantes trabalhos matemáticos aos 71 e 72 anos. Galileu completou aos 72 anos seus *Diálogos das ciências novas*, sua melhor obra; escreveu aos 74 anos seus *Discursos e demonstrações matemáticas*. Buffon compôs entre 67 e 81 anos, os sete últimos volumes de sua *Histoire naturelle*, que contêm o melhor de sua obra. Franklin, entre 78 e 80 anos, inventou os óculos bifocais e estudou o envenenamento pelo chumbo. Laplace terminou com 79 anos sua *Mécanique céleste*. Herschel continuou até 80 anos ou mais a dirigir importantes comunicações à Sociedade Real. Michelson tinha 77 anos quando publicou o relatório da experiência sobre a velocidade da luz, que realizara com Morlay. Gauss e Pavlov continuaram e enriqueceram em seus velhos dias os trabalhos iniciados na juventude. Mas essas são exceções. Em seu livro *Age and Achievement*, no qual tentou estabelecer uma correlação entre a idade e as realizações humanas, Lehman,[221] baseando-se na *Breve história da química*, do professor Hildich, mostra que, em química, as descobertas mais importantes foram feitas por homens de 25 a 30 anos; as mais numerosas, entre 30 e 35 anos; em 993 contribuições, 3 apenas se devem a homens de mais de 70 anos. No que se refere à física, a idade ideal seria de 30 a 34 anos; no que diz respeito à astronomia, de 40 a 44. Lehman observa que Edison produziu durante toda a sua vida, mas sobretudo quando tinha 35 anos. Chevreul, que viveu 103, e trabalhou até muito velho, é conhecido sobretudo por suas descobertas sobre a gordura animal, feitas aos 37 anos.

É principalmente na matemática que as invenções tardias são muito raras. Houve uma brilhante exceção. Elie Cardan publicou, aos 67 anos, um trabalho absolutamente novo em relação à sua obra passada, e que marcou época na história da matemática. Resolvia ali problemas que ele

---

[221] Quando se trata de arte e de literatura, o método estatístico utilizado por Lehman é aberrante. Nas ciências, o número e o valor das descobertas são mais fáceis de analisar.

mesmo se havia proposto aos 28 anos, e aos quais os maiores matemáticos não tinham conseguido dar resposta. Citam-se alguns outros casos desse tipo, mas muito poucos. A esterilidade do matemático idoso é tão conhecida, que o grupo Bourbaki não aceitava nenhum membro de mais de 50 anos.

O envelhecimento dos sábios não é de ordem biológica. Não se trata aqui de estafa, de desgaste nervoso, de fadiga cerebral; alguns permanecem até o fim em excelente estado de saúde. Por que motivo, passada uma certa idade, eles não descobrem mais nada?

Para responder, é preciso primeiro entender que opção um homem faz, quando decide dedicar-se à ciência. O objeto de seu estudo é o universal enquanto apreendido através de símbolos e de conceitos abstratos. Isso implica que ele instale o universal em si mesmo. Suprime sua subjetividade para pensar segundo um sistema racional válido para todos. Mesmo que trabalhe isoladamente, não está só: participa de uma obra coletiva que, ao mesmo tempo que progride através de caminhos diversos, esforça-se por unificar-se. Hoje em dia, aliás, ele geralmente faz parte de uma equipe em que cada um se sente o mesmo que os outros. O sábio não é um aventureiro; ele retoma a herança de seus predecessores, os caminhos nos quais se aventura já foram, em parte, trilhados, e outros pesquisadores o acompanham nessa trajetória; encontram ali os mesmos obstáculos, e acontece inventar-se simultaneamente, em vários lugares, o meio de ultrapassá-los: a descoberta individual é preparada e demandada pelo conjunto da ciência. É verdade que, por mais submetido que esteja ao objeto de seu estudo, o pesquisador, quase a despeito de si mesmo, permanece um sujeito singular: tem sua própria visão das coisas, imagina, toma suas decisões. Assim se explica que por vezes ele se veja emergir da coletividade e encontre uma ideia original. Mas a escolha do universal faz com que essas iluminações sejam raras e breves. Compreende-se que elas se produzam quase sempre na juventude, ou no início da maturidade: então o sábio domina o conjunto dos conhecimentos que constituem sua especialidade; apreende-os com um olhar novo que lhe revela as falhas e as contradições desse conhecimento; ousa pretender remediá-las, porque tem toda uma vida diante de si para retificar seus erros, para fazer frutificar as verdades que pressente. A seguir, é preciso um trabalho considerável para tirar as consequências de sua descoberta, para verificá-las, para organizá-las. A obra torna-se de novo coletiva, e não é necessariamente o inventor que será o mais qualificado para levá-la a termo. Na maior parte dos casos, ele permanece o homem daquele momento, daquela ideia: ao passo que o desenvolvimento da ciência exigiria uma nova ruptura.[222]

Um grande matemático de 55 anos disse-me que lia agora as obras matemáticas com mais facilidade e proveito do que na juventude; suas possibilidades de compreensão, sua experiência, sua capacidade de síntese enriqueceram-se. Mas sua curiosidade embotou-se um pouco. Aos 25 anos, vítima da ilusão juvenil que dilata infinitamente o futuro, ele projetava conhecer tudo, em todos os ramos da matemática. Agora resigna-se a não ler as obras que não dizem respeito diretamente à sua especialidade, e a ignorar muita coisa. Na matemática de hoje — explicou-me — a especialização é tão avançada, os diferentes ramos são tão compartimentados, que ele acompanha mais facilmente a defesa de uma tese de biologia, do que a aula de um colega sobre uma área matemática que lhe é estranha. Julga que um pesquisador que não se tenha afastado da pesquisa conserva por bastante tempo a possibilidade de fazer descobertas: mas atrapalham-no obstáculos epistemológicos que os jovens ignoram. Hoje em dia, um Évariste Galois seria impossível: para dominar as riquezas do edifício matemático moderno, é preciso ter de 25 a 30 anos. É essa a idade mais favorável para a invenção. Mais tarde, muitas vezes somos vítimas da inibição. Quando sabemos que ninguém conseguiu demonstrar a veracidade ou a falsidade de um determinado teorema, quando nós mesmos já nos esforçamos em vão para consegui-lo, decidimos que seria perda de tempo obstinar-se naquele caminho, e deixamos de lado o problema. O matemático de que falo viu-se nessa situação, há 11 anos. Um matemático russo lhe disse, depois, ter resolvido o problema. Ele investiu contra este, de novo: sabendo que era possível descobrir, estava fora de cogitação abandonar a luta. E ele descobriu; muito rápido, pela simples aproximação de dois outros teoremas que conhecia perfeitamente. Esse caso é muito frequente — disse-me ele. Nesse ponto, os jovens levam uma grande vantagem. Muitas vezes ignoram que muitos outros quebraram a cabeça em cima da questão

---

[222] As exceções que assinalei datam quase todas de um tempo em que o sábio trabalhava solitariamente; algumas dessas descobertas tardias têm um caráter quase artesanal.

que os preocupa; abordam-na com confiança; e têm todo o tempo diante de si, não ficam tentados a economizar seus esforços.

O passado — disse-me o meu interlocutor — pesa sobre o sábio idoso sobretudo sob a forma de hábitos de espírito e de interesses ideológicos. No nosso tempo, a matemática se renova numa rapidez vertiginosa, e a mudança põe em discussão todo o aparato. Trata-se de aprender a cada vez uma linguagem radicalmente diferente. Evidentemente, se há preferência por essa linguagem em relação à antiga, é porque ela é mais adequada, mais rápida, e porque facilita a descoberta. Aquele que não se decide a adotá-la é obrigado a traduzir nos termos aos quais está habituado verdades novas: isso retarda terrivelmente seu caminhar. Acontece um professor de 40 anos não entender uma exposição de suas próprias teorias, feita por um jovem matemático de 25 anos a colegas da mesma idade, na nova linguagem que lhes é comum, e que o mais velho ignora. Este último nunca pode esperar passar à frente daqueles que possuem o instrumento melhor adaptado. Entretanto, aprender o hebreu e o chinês numa certa idade é difícil, é desanimador: muitos sábios que estão envelhecendo torcem o nariz. Em relação ao seu próprio pensamento, o matemático tem um movimento de recuo. "Se tenho a intuição de um novo teorema", diz-me o meu interlocutor, "dou-me conta de que ele me obrigará a rever tudo o que eu tomava até aqui como adquirido: hesito." "Ao envelhecer, tornamo-nos mais livres e menos livres", dizia-me ele, ainda. "Somos mais livres em relação aos outros: não temos medo de causar espanto, de passar por cima de certos preconceitos, de contestar ideias adquiridas. Mas somos menos livres em relação a nós mesmos." Ele tem no prelo um livro de matemática redigido no ano passado. Já escreveu, depois disso, um artigo que torna o livro obsoleto: não se deteve no assunto, mas ficou incomodado por infligir a si mesmo um desmentido. Esse mesmo artigo já está agora contestado por um trabalho mais recente que ele acaba de terminar. O progresso matemático não é uma tranquila caminhada para a frente. É uma sequência de contestações que acarretam incessantes reformulações. É preciso muita paixão, muita disponibilidade para subverter de cabo a rabo os conhecimentos adquiridos: os jovens estão mais aptos a fazê-lo do que os outros.

Vemos confirmar-se nesse caso o que eu disse em geral sobre as atividades do homem idoso: o peso do passado retarda seu caminhar, ou mesmo paralisa-o, ao passo que as novas gerações subtraem-se ao prático-inerte e vão adiante.

Pode-se descrever mais precisamente o que freia o velho sábio. Em primeiro lugar, ele tem interesses ideológicos; está alienado pela sua obra, "conjunto de significações inertes e sustentadas pela matéria verbal",[223] na qual ele constitui seu ser fora de si. Essa obra está em perigo no mundo porque existe para outros que a ultrapassam à luz de seus próprios projetos. Seu autor esforça-se para defendê-la; combate as teorias e os sistemas que estão sujeitos a desqualificá-la. Pode querer corrigi-la, enriquecê-la, mas não negá-la, o que, num certo momento, poderia ser necessário ao progresso. Ela encerra para ele exigências inertes às quais deve dobrar-se, o que pode arrastá-lo para caminhos sem saída. Certos pesquisadores estão de tal maneira presos a seus interesses ideológicos, que chegam a alterar resultados de experiências que contradizem suas teses. Darwin tinha consciência desse perigo, uma vez que havia estabelecido como regra anotar imediatamente os fatos e as ideias contrárias a suas doutrinas: "Pois eu sabia por experiência própria que as ideias e os fatos desse tipo desaparecem mais facilmente da memória do que aqueles que nos são favoráveis." Diz-se, entretanto, que, na sua velhice, Darwin recusava que se lesse para ele qualquer escrito que se opusesse a suas teorias; o mesmo aconteceu com Augusto Comte. Uma tal obstinação torna impossível rever a obra à luz dos conhecimentos novos, de modo a perceber e tentar retificar os eventuais erros nela contidos. O caso de Lévy-Bruhl é excepcional: em seus carnês, escritos em 1938-39, ele renuncia a todas as suas antigas ideias sobre a mentalidade pré-lógica, a participação, a não conceitualização que pensara observar entre os primitivos. Entretanto, não inventou nada de novo.

Mesmo que seja desinteressado, o sábio esbarra em resistências íntimas. Tem hábitos de espírito que o fazem obstinar-se em métodos obsoletos. A especialização, que lhe permitiu seus sucessos, impede-o de se manter informado sobre trabalhos paralelos aos seus, e cujo conhecimento lhe seria talvez necessário para inovar. Os mais lúcidos têm consciência dessas lacunas. Pouco depois de ter recebido o prêmio Nobel, o professor Kastler falava em vir sentar-se entre os estudantes para assistir a aulas sobre a teoria dos *quanta*. Enfim, sobretudo, certas

---

[223] Sartre, *Critique de la raison dialectique*.

ideias são tão familiares ao velho sábio, que ele as toma por evidências e não pensa, portanto, em pô-las de novo em discussão: ora, seria preciso livrar-se delas para avançar. Entre os "obstáculos epistemológicos" de que fala Bachelard, a idade lhe parece um dos mais importantes.

Para defender suas concepções retrógradas, o velho sábio muitas vezes não hesita em contrariar o progresso da ciência: o prestígio de que goza lhe permite fazer isso. "Os grandes sábios são úteis à ciência na primeira metade de sua vida, e nocivos na segunda", disse Bachelard. Arthur Clarke examinou um grande número de invenções que alguns sábios haviam declarado impossíveis, não por falta dos conhecimentos necessários, mas por uma falta de imaginação e de audácia que Clarke imputa à idade deles, caracterizando-se como velho, segundo ele, um sábio que tenha atingido os 40 anos. Há 80 anos, a ideia de que a luz elétrica podia ser utilizada para a iluminação doméstica foi vaiada por todos os especialistas; Edison, aos 31 anos, trabalhou, entretanto, na realização de uma lâmpada incandescente; mais tarde, porém, ele se mostrou, por sua vez, retrógrado, quando se opôs à introdução da corrente alternada. O astrônomo americano Newcomb demonstrou num ensaio célebre que o voo de objetos mais pesados que o ar era impossível. Quando os irmãos Wright conseguiram voar, Newcomb declarou que a máquina deles jamais seria capaz de transportar mais de um indivíduo, e portanto não teria qualquer aplicação prática. Um outro astrônomo, W. B. Bickering, sustentou a mesma opinião. Os princípios da aeronáutica eram então conhecidos: mas os dois recusaram-se a deduzir as consequências desses princípios. Em 1926, o professor Bickerlow afirmou, apoiado em provas, que nunca se conseguiria enviar um projétil à Lua: ele não via outra fonte de energia senão a nitroglicerina, e supunha, em seus cálculos, que o combustível devia estar incorporado ao projétil. J. B. Campbell, astrônomo canadense, afirmou, em 1938, que seria preciso um milhão de toneladas de combustível para arrancar da atração terrestre um peso de um ou dois quilos: a partir disso, chegava à mesma conclusão que Bickerlow. Supunha, em seus cálculos, que o foguete devia ser dotado de uma velocidade fabulosa, e que a aceleração seria tão lenta, que o combustível se esgotaria em baixa altitude. Rutherford tinha 66 anos quando morreu, em 1937; pretendia que nunca se poderia liberar a energia contida na matéria. Cinco anos mais tarde, deu-se andamento à primeira reação em cadeia, em Chicago. Quando Pontecorvo anunciou que se podia observar o interior das estrelas graças a partículas muito penetrantes, os neutrinos, os astrofísicos competentes riram-lhe na cara: pouco tempo depois, ele teve sucesso em suas experiências. "Aquele que sabe mais coisas sobre um dado assunto não é necessariamente aquele que, nessa área, poderá prever com mais exatidão o futuro", conclui Clarke. E mais duramente ainda do que Bachelard, ele condena os velhos sábios: "Os cientistas de mais de cinquenta anos não servem mais para outra coisa a não ser participar de congressos, e deveriam ser afastados a todo custo dos laboratórios."

A exposição de Clarke não é muito satisfatória. Ele investe contra homens de valor muito diverso. Não estuda as razões de suas resistências. Limita-se a dizer que é fatal que tenham preconceitos. "Um espírito completamente aberto seria um espírito vazio." Entretanto, sublinhou um fato importante: o conhecimento, em vez de servir à previsão, pode funcionar como um obstáculo a ela. Foi assim que Augusto Comte, aos 35 anos, afirmou que nunca se poderia conhecer a composição do Sol. Citarei também a declaração feita em 1835 pela Academia de Medicina de Lyon, a propósito das viagens de trem: ela profetizou que o organismo humano não seria capaz de suportar a vertiginosa rapidez desse meio de transporte: "O movimento de trepidação provocará doenças nervosas... enquanto a fugaz sucessão de imagens acarretará inflamações na retina. A poeira e a fumaça ocasionarão bronquites e aderências da pleura. Enfim, a ansiedade dos perigos que se corre constantemente manterá os viajantes num alerta permanente, e será o pródromo de afecções cerebrais. Para uma mulher grávida, toda viagem de trem acarretará infalivelmente um aborto, com todas as suas consequências."

Mesmo grandes espíritos, passada uma certa idade, têm dificuldade em caminhar com seu tempo. Comentando em 1934, quando tinha 55 anos, o suicídio de seu amigo, o físico Ehrenfest, Einstein atribuiu-o aos conflitos interiores dos quais é vítima todo sábio profundamente honesto que passou dos 50 anos. Ehrenfest entendia claramente problemas que não era capaz de resolver de maneira construtiva: "Nesses últimos anos", diz Einstein, "essa situação agravou-se, em virtude da evolução estranhamente tumultuada que sofreu a física teórica. Aprender e ensinar coisas que não se pode aceitar plenamente, de coração, é sempre uma coisa difícil. A isso junta-se a dificuldade crescente de se adaptar a novos pensamentos, dificuldade com a qual se defronta sempre o homem que passou dos 50 anos."

O próprio Einstein teve que enfrentar essa dificuldade, e seu caso é interessante de examinar. Ele não estava alienado por interesses ideológicos. Jamais procurara ter a última palavra, e pouco se preocupava com sua reputação. Seu amor à verdade era absolutamente puro. Só que tinha uma visão da ciência tão solidamente enraizada em si próprio, que não imaginava renunciar a ela, a nenhum preço: a ciência devia dar uma imagem harmoniosa e racional do mundo. O paradoxo de sua carreira é que sua teoria da relatividade influenciou grandemente a teoria dos *quanta*: no entanto, a partir dos 45 anos, encarou esta última com má vontade. Seu antigo colaborador, o físico polonês Infeld, escreveu: "Há ironia no papel de campeão que Einstein assumiu na grande revolução, porque ele virou as costas mais tarde a essa revolução que ajudara a criar. À medida que o tempo passa, ele se distancia cada vez mais da jovem geração de sábios que continuam, em sua maioria, as pesquisas sobre a teoria dos *quanta*."

Antonina Vallentin, com quem Einstein muitas vezes se abriu para contar seus "tormentos matemáticos", esclarece que não se tratava "do divórcio que se opera entre uma geração nova, consciente da ousadia de seu pensamento, e um velho que permanece no vestígio do passado, como um bloco no meio de uma estrada que continua. Seu drama é antes o de um homem que, apesar de sua idade, obstina-se em continuar num caminho cada vez mais deserto, enquanto quase todos os seus amigos e todos os jovens ao seu redor afirmam que esse caminho não leva a lugar algum, e que ele está caminhando para um beco sem saída".

Ele não estava certo de ter razão. Em março de 1949, aos 70 anos, escrevia a Solovine: "Você pensa que eu vejo com uma calma satisfação a obra da minha vida. Mas vista de perto, a coisa se apresenta de maneira completamente diferente. Não há uma única noção de cuja sustentação futura eu esteja convencido, e não estou certo de estar geralmente no bom caminho. Os contemporâneos veem em mim ao mesmo tempo um herege e um reacionário que, por assim dizer, sobreviveu a si mesmo. É verdade que isso é uma questão de moda e de visão limitada, mas o sentimento da insuficiência vem do interior."

Entretanto, era-lhe impossível modificar sua posição. A seus olhos, uma teoria só era válida se possuísse uma "perfeição interna"; a abundância das "confirmações externas" não lhe bastava. A teoria dos campos unificados, que durante trinta anos ele tentou desenvolver, devia responder a essas exigências. A das partículas elementares não as satisfazia. Ele entendeu imediatamente a teoria quântica de Niels Bohr. A tal ponto, que declarou: "Eu mesmo teria podido chegar a algo semelhante." Mas acrescentou logo: "Mas se tudo isso é verdade, então isso significa o fim da física." Ele não queria admitir que a física pudesse assumir uma fisionomia desarmônica. Mais tarde, os postulados de Bohr deixaram de parecer paradoxais; ficaram contidos numa nova teoria geral que conciliava um ponto de vista corpuscular e um ponto de vista ondulatório, graças à ideia de onda de probabilidades. Esta ideia era recusada por Einstein, embora toda essa construção tenha sido elaborada a partir de seu próprio sistema. Ele não era homem de se contentar com velhas verdades; mas não julgava — dados certos critérios que não pensava em abandonar — que as ideias novas fossem concludentes.

Nunca teve condições de verificar sua teoria unificada dos campos, tal a dificuldade de exprimi-la matematicamente. Por outro lado, suas resistências o impediram de participar dos progressos da física quântica. Totalmente despojado de egocentrismo, não viveu seu fracasso e seu isolamento como uma tragédia subjetiva. Mas, objetivamente, há quase uma unanimidade em julgar que perdeu os últimos 30 anos de sua vida em pesquisas vãs. Seu biógrafo Kuznetsov constata que algumas das ideias emitidas por Einstein na década de 1940 atingiram hoje sua maturidade, no campo da física quântica relativista. Conclui daí que sua crítica "indicava os limites da mecânica quântica, para além dos quais perfilavam-se teorias mais revolucionárias". Como a ciência progride renegando-se para se ultrapassar, os retardatários podem sempre ser considerados mais tarde como precursores. Mas o fato é que, no fim de sua vida, Einstein dificultou mais do que favoreceu o progresso da ciência.

A opção do filósofo é radicalmente diferente da do sábio. Enquanto este descreve o universo em exterioridade, aquele considera que é o homem que faz a ciência: quer dar conta da relação entre o universo e o homem colocado como sujeito. É ao mesmo tempo a favor e contra a ciência: aceita-a, na medida em que ela é um produto humano, mas recusa-se a ver nela o reflexo de uma realidade que existe em si mesma. O sábio não põe em discussão aquele por quem e para quem a ciência existe — o homem. O filósofo é aquele para quem o homem está em discussão no seu ser, é aquele que se interroga sobre a condição humana tomada em sua totalidade. Mas ele próprio é um homem, todo o homem: o que tem a dizer, é ele mesmo, em sua universalidade. Quando Descartes diz: "Eu penso...", é o Homem universal que pensa nele. Não precisa, portanto, de ninguém para falar, e não deve satisfação a ninguém. Existe a ciência. Existem filosofias. E é verdade que nenhuma se cria a partir de zero; o filósofo sofre influências, encontra problemas que outros colocaram. Mas cada sistema só pode ser criticado do interior, e não por referência a dados exteriores. Podem-se denunciar as contradições, as lacunas e as deficiências desse sistema, mas não opor-lhe fatos que outros tenham determinado. Com efeito, há, no início, o que Bergson chamava uma "intuição filosófica", que se pode definir também como uma experiência ontológica, a partir da qual constitui-se uma visão do mundo.

Essa intuição tem uma evidência íntima irrefutável. Confrontado com novas filosofias, o filósofo pode aceitar destas certos aspectos, pode ser levado a colocar-se novos problemas: mas não abandonará seu ponto de partida. Se acrescenta, suprime, corrige, é sempre numa determinada perspectiva que é sua, e à qual é estranha qualquer outra perspectiva, de tal modo que outrem nunca poderá superá-lo, nunca poderá desqualificá-lo ou contradizê-lo.

Quase sempre seu pensamento enriquece-se com a idade. Tem a intuição original na juventude ou na maturidade — excepcionalmente, no caso de Kant, com mais de 50 anos. Para apreender as implicações dela, ele precisa de tempo, uma vez que visa a nada menos do que apreender as relações do homem, enquanto sujeito, com a totalidade do mundo. É um programa inesgotável. Uma vez fixada uma construção, o filósofo faz, com relação a ela, um recuo que lhe permite criticá-la, que o leva a propor-se novos problemas, a descobrir novas soluções. Houve um caso em que o progresso foi sustado pela própria natureza da obra: foi o de Hegel, cujo sistema fechou-se em torno dele mesmo, quando tinha cerca de 60 anos. Hegel colocou-se no fim da História, convencido de ter feito uma exposição exaustiva sobre o curso do mundo. A obra realizada não permitia novo desdobramento e a contestação só se podia fazer do exterior. Em todos os outros, o sistema permaneceu aberto e, mesmo que a última idade não tenha sido a mais fecunda, eles ainda o enriqueceram nesse momento. Citarei apenas dois casos: o de Platão e o de Kant.

Todos concordam em pensar que *As leis*, que Platão escreveu aos 80 anos, a despeito de belas passagens originais sobre o tempo e a memória, marca um recuo em relação ao conjunto de sua obra: um "refluxo", um "empobrecimento", um "abandono". Parece que sua experiência o tornou pessimista. "Nossa espécie não é totalmente sem valor", concede ele. Mas escreve também que: "A parte dos males sobrepuja a dos bens", e que os maiores bens são "maculados como por uma fatalidade". Leva a melancolia ao ponto de declarar que o homem nada mais é do que um fantoche nas mãos dos deuses e dos demônios. Nessas condições, não se cogita mais de buscar para a cidade um sistema político perfeito, mas apenas o sistema menos ruim que for possível. Para governar os homens, Platão não confia mais na razão, na educação, no conhecimento da verdade. É preciso impor aos homens leis, e persuadi-los, não importa por que meios, a dobrar-se a elas. Já na *República*, Platão aceitava a ideia da mentira útil, mas concedia-lhe pouca importância; ao passo que esse utilitarismo triunfa sem contrapartida em *As leis.* É uma obra didática, na qual os três interlocutores são velhos — ao passo que nos diálogos anteriores havia sempre ao menos um jovem. O estilo é pesado. Prudente, emperrado, o pensamento de Platão esclerosou-se. Ele não manifesta mais aquela sede da verdade que inspirava suas obras anteriores. Essa última fase de sua velhice é intelectualmente um declínio.

Entretanto, foi a partir de cerca de 62 anos que escreveu suas obras mais profundas e mais pessoais. Foi-lhe necessário tempo para livrar-se da influência de Sócrates e de seus predecessores, para compreender tudo o que suas próprias concepções implicavam. Aos 62 anos, houve uma crise na sua evolução. Fez um recuo em relação a sua obra; descobriu as objeções que sua teoria das ideias levantava e, para responder a essas objeções, retomou o problema em sua base, no *Teeteto* e no *Parmênides*; tornou precisa sua posição em relação aos megáricos. Ao longo de *O sofista*, *O político*, *Timeu*, *Críton*, *Filebo*, sua doutrina não cessa de se renovar e de se enriquecer. É em *Filebo*, escrito quando ele tinha cerca de 74 anos, que responde à questão proposta em *Teeteto* sobre o erro e o saber: "Saber é imitar na alma as relações que existem no ser." É nessa obra que encontramos a mais ampla exposição de sua dialética. Afora *As leis*, as obras da velhice de Platão representam um incessante progresso.[224]

Kant publicou aos 57 anos a *Crítica da razão pura*. Tinha 66 anos quando escreveu a *Crítica do juízo* e era ainda mais idoso quando compôs *A religião dentro dos limites da mera razão*. Esses dois livros tratam certos pontos essenciais de seu sistema com uma profundidade inteiramente nova. Enriquecem e renovam sua obra anterior. Ele trabalhou em suas obras póstumas até que suas forças intelectuais começaram a declinar. Segundo Lachièze-Rey, essas obras são o coroamento de toda a sua filosofia. Seus primeiros trabalhos propunham certos problemas que ele só conseguiu resolver no fim da vida, no *Uebergang*. O principal era o seguinte: Qual é o modo de presença do espírito para si mesmo, enquanto presença constituinte? Anteriormente, ele sentia-se incomodado com o lugar que concedia ao realismo psicológico; hesitava em aplicar com rigor o método transcendental. Ao envelhecer, longe de se esclerosar, adquiriu suficiente confiança em si próprio para vencer suas resistências e se libertar dos antigos preconceitos. Reconduziu as pseudorrealidades psicológicas ao papel de simples momentos na constituição do mundo e do eu. O *Uebergang* põe o sistema de acordo consigo mesmo. A consciência encontrou ali, enfim, sua autonomia, e faz reconhecer sua realidade. A coisa desaparece, em benefício da atividade. O *cogito* afirma-se como potência determinante.

Naturalmente, se o filósofo pode enriquecer seu próprio sistema até a velhice, não poderia sair dele para inventar outro radicalmente novo. Kant pressentiu Fichte, mas não se pode imaginar que ele tenha descoberto a dialética hegeliana. Como o sábio, o filósofo está em parte alienado a interesses ideológicos. Se ultrapassa suas concepções anteriores, o faz tentando conservá-las: não pode aceitar vê-las desqualificadas. E também ele tem "hábitos de espírito": tem sua maneira de pensar, que lhe é tão natural que lhe parece necessária, e pressuposições tão enraizadas em si, que não as distingue da verdade.

Como envelhecem os escritores? Eles são tão diversos, perseguem objetivos tão diferentes, que é difícil responder a essa pergunta. Alguns

---

[224] Certos historiadores da filosofia consideram o período da maturidade mais dinâmico e criador, como por exemplo Yvon Brès, em *La Psychologie de Platon*. Mas mesmo esses historiadores reconhecem a importância das obras da velhice.

permanecem criadores até uma idade muito avançada: Sófocles encenou *Édipo em Colona* aos 89 anos. Voltaire produziu o melhor de sua obra nos 20 últimos anos de sua vida. Os últimos volumes das *Mémoires d'outre-tombe* e *La Vie de Rancé* foram compostos por Chateaubriand na velhice. Goethe escreveu seus mais belos poemas durante os últimos 25 anos de vida; dessa época datam *Poesia e verdade* e *O segundo Fausto*. Hugo, quando velho, tinha razão em não se sentir inferior a seu passado: "Há meio século que escrevo meu pensamento em prosa e verso, mas sinto que disse apenas a milésima parte do que está em mim." Escreveu ainda uma obra considerável a partir dos 64 anos. Yeats superou-se no fim da vida.

São exceções. Em geral, a idade avançada não favorece a criação literária. Em Corneille, em Tolstói e tantos outros, é esmagador o contraste entre a produção da maturidade e a dos últimos anos. Por hábito, para ganhar a vida, para não admitir o próprio declínio, muitos velhos continuam a escrever. Mas a maioria justifica o dito de Berenson: "O que se escreve depois dos 60 anos não vale mais que um chá que se faz de novo, sempre com as mesmas folhas." Tentemos entender por quê. O que procura o escritor? Em que condições pode ele obtê-lo?

A filosofia considera o homem enquanto noção; ela quer conhecer sua relação total com o universo. Também o escritor visa ao universal, mas a partir de sua singularidade. Ele não pretende fornecer um saber, mas comunicar o que não pode ser sabido: o sentido vivenciado de seu ser no mundo. Transmite-o através de um universo singular: sua obra. O universal só é singularizado, a obra só tem uma dimensão literária se a presença do autor se manifesta nela pelo estilo, pelo tom e pela arte, que trazem sua marca. De outro modo, estaremos lidando com um documento, que apresenta a realidade em sua objetividade impessoal, no plano do conhecimento exterior, e não enquanto interiorizada por um sujeito. Mas de que modo pode a minha vivência tornar-se a de um outro? De uma única maneira: por intermédio da imaginação. O leitor de um documento informa-se sobre uma das partes de seu universo sem deixar esse universo: permanece em seu lugar no mundo, num determinado lugar, num determinado momento de sua vida. O leitor de uma obra literária entra num outro mundo, molda-se num outro sujeito, diferente de si mesmo. Isso implica que ele negue a realidade para jogar-se no imaginário. Isso só lhe é possível se a obra que lê lhe propõe um mundo imaginário. Comunicar a vivência não consiste em transcrever no papel uma linguagem que previamente a exprimiria: o vivenciado não é formulado; trata-se, para o escritor, de extrair enunciados definidos e inteligíveis da confusa opacidade do não dito. Assim cria ele um objeto que não traduz nenhuma realidade, que existe no modo do imaginário; ele próprio se dá uma constituição fictícia: Sartre faz alusão a essa operação quando, em seu ensaio *Des rats et des hommes*, declara que todo escritor está possuído por um "vampiro".

Evidentemente, não se deve supor que o escritor resolva primeiro comunicar e depois recorra à imaginação. É sua escolha original do imaginário que decide sobre sua vocação; essa escolha tem, de acordo com os indivíduos, motivações diversas, mas é sempre encontrada na raiz de uma obra literária. Esta última é a materialização — através de signos traçados em papel — do mundo irreal que o sujeito criara para si através de jogos, de devaneios: mundo irreal, que só pode adquirir consistência e permitir a transmissão de uma experiência porque é a projeção da realidade numa outra dimensão.

Escrever é, portanto, uma atividade complexa: é, num mesmo movimento, preferir o imaginário e querer comunicar; nessas duas escolhas, manifestam-se tendências muito diferentes e, à primeira vista, contrárias. Para pretender substituir por um universo inventado o mundo real, é preciso recusar agressivamente este último. Aquele que nele sentir-se como um peixe na água, considerando que tudo acontece naturalmente, não escreverá. Mas o projeto de comunicação supõe que nos interessemos pelos outros; mesmo que entre inimizade e desprezo na relação do escritor com a humanidade — quando escreve, como Flaubert, para desmoralizá-la, ou para fustigá-la, para aviltá-la, para revelar sua ignomínia — há uma pretensão de ser reconhecido por essa mesma humanidade: do contrário, seu próprio projeto de denunciá-la estaria condenado ao fracasso, e não teria sentido; através do ato de escrever, atribui-lhe maior valor do que em suas declarações verbais. O desespero absoluto, o ódio radical de tudo e de todos só pode satisfazer-se com o silêncio.

O projeto de escrever implica, portanto, uma tensão entre uma recusa do mundo em que vivem os homens e uma certa atração pelos homens; o escritor está ao mesmo tempo contra eles e com eles. É uma atitude difícil: implica vivas paixões e, para sustentar-se por muito tempo, exige força.

A velhice reduz as forças, extingue as paixões. O desaparecimento da libido acarreta, como vimos, o de uma certa agressividade biológica; o abatimento físico, a fadiga, a indiferença na qual muitas vezes mergulha a velhice impedem-na de se preocupar com os outros. A tensão que a conciliação de dois projetos, senão contraditórios, pelo menos divergentes, gerava, relaxa-se. O velho autor se vê privado daquela qualidade que Flaubert chamava de "alacridade". Abatido pela ruína de sua sobrinha, dizia ele, numa de suas cartas: "Para escrever boas coisas, é preciso uma certa alacridade." E numa outra: "Para bem escrever, é preciso uma certa alacridade que não tenho mais." Aos 64 anos, Rousseau sentiu com melancolia o declínio de suas faculdades criadoras. Contando nas *Rêveries* um de seus passeios, escreve: "O campo ainda verde e risonho, mas em parte desfolhado e já quase deserto, oferecia por toda parte a imagem da solidão e da proximidade do inverno. Resultava de seu aspecto uma mistura de impressões doces e tristes, por demais análogas à minha idade e ao meu destino, para que eu não aproveite a comparação. Via-me, no declínio de uma vida inocente e infortunada, a alma ainda cheia de vigorosos sentimentos e o espírito ainda ornado de algumas flores, mas já fanados pela tristeza e ressecados pelos desgostos. Só e abandonado, sentia chegar o frio dos primeiros gelos e minha imaginação, a exaurir-se, não povoava mais minha solidão com seres formados segundo meu coração." Escreve ele ainda, na mesma época: "Minha imaginação, já menos viva, não mais se inflama como outrora à contemplação de um objeto que a anime; embriago-me menos com o delírio do devaneio; há mais reminiscência do que criação no que ela produz, doravante; um morno langor debilita todas as minhas faculdades; o espírito de vida extingue-se gradativamente em mim; só com dificuldade minha alma se projeta para fora do seu caduco invólucro..."

Esse langor prejudica tanto mais o escritor idoso, quanto lhe é necessário sentir-se inspirado: quando jovens, basta-nos ter simplesmente vontade de escrever, para nos convencermos de que temos "tudo" a dizer. Quando velhos, tememos estar no fim da linha, tememos só ser capazes de nos repetir. Gide constata, melancolicamente, no fim da vida: "Recaio em temas já repisados, e dos quais não me parece que ainda possa tirar partido." E, em *Ainsi-soit-il*, aos 81 anos: "Disse mais ou menos bem tudo o que pensava ter a dizer, e temo repetir-me."

O risco de repetição provém em parte do fato de o escritor estar preso a interesses ideológicos. Ele defendeu certos valores, criticou certas ideias, tomou tal ou tal posição: está fora de cogitação renegar essas atitudes. Não é impossível que, permanecendo fiel ao seu passado, um escritor se renove. Pode acontecer também que ele prefira sua liberdade a seus interesses. Isso aconteceu comigo. Meu público exigia de mim o otimismo antes de tudo, particularmente no que diz respeito ao destino da mulher: o fim de *Sob o signo da História* e minhas últimas narrativas desmentiram essa espera, e isso me foi vivamente reprovado. Mas recuso-me a me alienar numa imagem estática de mim mesma.

De qualquer maneira, todos nós sabemos, seja ele Flaubert, Dostoiewski, Proust ou Kafka, o escritor só escreve seus próprios livros. É fatal que esses livros tragam a sua marca, já que a literatura exprime o escritor em sua singularidade. É sempre ele que está ali, em suas diferentes obras, e inteiro, tal como a vida o fez. As coisas mudam, nós mudamos: mas sem perder nossa identidade. Nossas raízes, nosso passado, nosso ancoradouro no mundo permanecem imutáveis: é por aí que se definem os objetivos que nos esperam, no futuro, as coisas a fazer, as coisas a dizer. Não se pode inventar arbitrariamente projetos para si mesmo: é preciso que esses projetos estejam inscritos no nosso passado, como exigências. É o que indica Camus no prefácio de *L'Envers et l'endroit*: "Todo artista conserva assim, no fundo de si, uma fonte única que alimenta, durante sua vida, o que ele é e o que ele diz. Quando a fonte seca, vemos a obra endurecer e fender-se, aos poucos. São as terras ingratas da Arte que a corrente invisível não irriga mais. Com o cabelo tornado raro e seco, o artista, coberto de palha, está maduro para o silêncio ou para os salões, o que vem a ser a mesma coisa."

É verdade que a obra não se desenvolve mecanicamente nem organicamente a partir de um germe no qual estaria contida em potencial; através de enriquecimentos, de desvios, de regressões, ela abraça o movimento da existência. Mas é, de certa maneira, programada pela nossa infância: é então que o indivíduo se faz ser o que essencialmente permanecerá para sempre, é então que ele se projeta nas coisas por fazer. Disraeli, bem pequeno, decidira que um dia seria ministro; ainda criança, Sartre decidiu ser escritor. A vida deles foi orientada por esse projeto, e o realizaram. As pessoas que começam a escrever tardiamente, nem por isso dependem menos estreitamente de seus primeiros anos de vida; vê-se bem isso nas obras de Rousseau: reencontram-se esses primeiros anos no homem que eles talharam. Dependendo da amplitude que tinha originalmente, o projeto de escrever terminará rápido, ou, ao contrário, a morte, mesmo tardia, o deixará inacabado: Rimbaud, aos 20 anos, julgava não ter mais nada a dizer, e Voltaire, aos 80, não se cansava de falar. De qualquer modo, a obra é afetada pela finitude. O homem idoso toma consciência disso e muitas vezes — como no caso de Gide — desanima de continuá-la durante o tempo que lhe resta.

O silêncio de certos escritores idosos tem ainda uma outra razão. A vocação deles — Sartre mostrou-o no caso de Genet, de Flaubert — é suscitada pelas contradições de sua situação; viver lhes parece impossível, eles se debatem num impasse. Escrever é a única saída: eles escolhem o imaginário para nele inscrever uma reconciliação das oposições que os dilaceram. Na velhice, realizaram essa reconciliação. E aliás, seja lá como for, a vida foi vivida, dando assim a prova de sua possibilidade.

O gênero literário que convém menos ao homem idoso é o romance. Nesse campo também há exceções. Defoe escreveu todos os seus romances, e Henry James algumas de suas melhores obras, depois dos 60 anos. Cervantes tinha 68 anos quando escreveu a segunda parte de *Dom Quixote*. Dois romances encontram-se entre as obras da velhice de Hugo. Nos dias de hoje, o impressionante John Cowper Powys escreveu todos os seus grandes romances com mais de 60 anos. Albert Cohen acaba de publicar, com 73 anos, seu mais belo livro, *Bela do Senhor*. Mas no conjunto, os escritores idosos voltam-se mais para a poesia e para o ensaio do que para o romance. Thomas Hardy, romancista fecundo até os 60 anos, a partir desse momento só compôs poemas. Ao envelhecer, Colette só escreveu memórias. Martin du Gard nunca conseguiu dar forma ao romance concebido depois dos *Thibault*, para o qual fizera anotações durante anos. Por quê?

Mauriac propôs uma resposta. Escreve ele, em *Mémoires intérieurs*: "Mas à medida que o tempo corre, e que nosso futuro temporal se reduz; quando não se pode mais apostar, quando a obra está concluída e a prova foi entregue, quando a aventura humana se aproxima do fim, então os personagens de romance não encontram mais em nós espaço onde possam mover-se: ficam presos entre o bloco endurecido e inalterável de nosso passado, onde doravante nada mais penetra, e a morte que, mais ou menos próxima, está doravante presente." E também:

"Finda a juventude, ao avizinhar-se a última virada, nosso próprio rumor não encobre mais o marulhar cotidiano da política, pois tudo em nós torna-se, doravante, silêncio e solidão. Então apregoamos que a leitura dos romances nos entedia, e que às mais belas histórias imaginadas deve-se preferir a inimaginável História." E ainda, em 1962: "A verdade é que, chegados ao último capítulo de nossa história, tudo o que é inventado nos parece insignificante." "Só as criaturas de carne e osso subsistem ainda em nós nesse limite indeterminado entre o finito e o nada, que se chama de velhice."

Penso que, com efeito, se nosso impulso para o futuro se quebra, é difícil para nós recriá-lo num herói imaginário: para tanto, nem nele nem em nós a aventura humana suscita bastante interesse. Quanto à relação do romancista com o passado, compreendo-a de outro modo. A obra que escrevo depende ao mesmo tempo de sua fonte longínqua e do momento presente. A ficção, mais do que qualquer outro gênero, exige que o dado seja pulverizado em benefício de um mundo irreal: este último só tem vida e cor se estiver enraizado em fantasmas muito antigos. Os acontecimentos e a atualidade podem fornecer ao romancista um ponto de apoio, um ponto de partida: ele deve ultrapassá-los, e só o faz com felicidade alimentando-se no mais profundo de si mesmo. Mas então são os mesmos temas, as mesmas obsessões que reencontrará, e se arrisca a repetir-se. Ao contrário, as memórias, a autobiografia e o ensaio reconstroem ou reassumem experiências cuja diversidade é enriquecedora para o escritor. É sempre ele que fala: mas arrisca-se menos a repetir-se quando fala de coisas novas do que quando exprime, sob um novo pretexto, sua fundamental e sempre idêntica atitude com relação ao mundo.[225]

A sorte de um velho escritor é ter tido, no início, projetos tão solidamente enraizados, que lhe permitem conservar para sempre sua originalidade, e tão amplos que permanecem abertos até sua morte. Se não deixou de manter relações vivas com o mundo, também não deixará de encontrar nele solicitações e apelos. Voltaire e Hugo contam entre esses felizardos. Ao passo que outros ficam tentando ressuscitar velhos temas, ou calam-se.

[225] O próprio Mauriac confirma, com seu exemplo, o que digo aí. Ele renovou-se — pelo menos até um certo momento — quando escreveu seus *Bloc-notes*. Seu último romance, ao contrário, parece uma imitação dos de sua maturidade.

Os músicos não fizeram confidências sobre sua maneira de trabalhar. O que se pode constatar é que geralmente sua obra progride com os anos. Alguns revelam-se muito cedo, como Mozart e Pergolese: se tivessem vivido mais, teriam ainda crescido ou se repetiriam? O que é certo é que as obras que Bach compôs quando velho contam entre as mais belas, e Beethoven superou-se com seus últimos quartetos. Às vezes, é numa idade muito avançada que o músico compõe suas maiores obras-primas. Monteverdi tinha 75 anos quando escreveu *A coroação de Popeia*. Verdi tinha 72 quando escreveu *Otelo*, e 76 quando compôs *Falstaff*, a mais audaciosa de suas óperas. Stravinsky, já idoso, soube, conservando a própria identidade, adaptar-se às novas formas musicais: suas obras da velhice são originais em relação às de sua maturidade, e não têm menos valor. Explico essas ascensões pelo rigor das imposições às quais o músico está submetido; precisa de um longo aprendizado para adquirir a competência que lhe permitirá destacar sua originalidade; isso é tanto mais difícil quanto a música é o campo em que as influências se exercem mais imperiosamente: o compositor desconfia, com razão, das reminiscências. Enquanto o trabalho do escritor é o de dar um alcance universal à sua vivência, a singularidade do músico é, no início, esmagada pela universalidade da técnica por ele utilizada, e do canto sonoro a partir do qual inventa; no começo, só se expressa timidamente. É preciso que tenha uma grande confiança em si, e portanto já uma obra realizada, para ousar não apenas inovar no interior das regras impostas, mas, numa certa medida, libertar-se dessas regras: assim, Monteverdi permite-se acordes que a época qualificava de "diabólicos", e Beethoven não recua diante das "dissonâncias" que escandalizam o público médio. Para o músico, o envelhecimento é a marcha em direção a uma liberdade que o escritor possui desde sua juventude, ou pelo menos desde a maturidade, porque o sistema das regras a respeitar é menos opressivo.

Os pintores não estão sujeitos a regras tão estritas quanto os músicos; mas também eles têm necessidade de tempo para superar as dificuldades do seu ofício, e muitas vezes é na última idade que produzem suas obras-primas. É nessa época — depois da passagem por Veneza de Antonio de Messina, que abriu novos caminhos à pintura italiana — que Giovanni Bellini se encontrou. Ele pintou, entre 75 e 86 anos, suas maiores obras: entre outras, os quadros de São Zacarias e o famoso retrato do doge Loredano. Quando Dürer o encontrou em Veneza, ele era, aos 80 anos, o pintor mais célebre da cidade. Já muito velho, Ticiano pintou quadros belíssimos. Rembrandt não tinha mais de 60 anos quando pintou suas últimas telas, suas obras-primas; mas Franz Hals tinha 85 quando, com as *Regentes*, chegou ao ápice de sua arte. Guardi pintou, com 76 anos, *A laguna cinza* e *O incêndio de S. Marcuola*, seus quadros mais inspirados, mais impressionantes, nos quais se pressente magnificamente o impressionismo. Corot tinha cerca de 80 anos quando pintou suas telas mais bem realizadas, em particular *O interior da Catedral de Sens*. Ingres pintou *A fonte* aos 76 anos. Monet, Renoir, Cézanne, Bonnard superaram-se em seus últimos anos de vida.

Os pintores são menos afetados que os sábios pelo peso do passado, pela brevidade do futuro; sua obra é constituída por uma pluralidade de quadros; encontram-se a cada vez diante de uma tela virgem; seu trabalho é uma sucessão de começos. E o quadro exige menos tempo do que a elaboração de uma teoria científica: quando começam a pintá-lo, estão quase certos de terminá-lo. Comparados aos escritores, têm uma grande sorte: não se alimentam de sua própria substância. Vivem no presente, e não no prolongamento do passado. O mundo lhes fornece inesgotavelmente cores, luzes, reflexos, formas. É verdade que também eles só fazem sempre sua própria obra: mas esta permanece indefinidamente aberta. Todo criador, ao chegar ao fim da vida, tem menos timidez diante da opinião pública, mais confiança em si. A ideia de que será admirado por qualquer coisa que faça pode conduzi-lo à facilidade e ao embotamento do senso crítico; mas se continua exigente, é uma grande vantagem para ele poder reger-se por seus próprios critérios, sem se preocupar em agradar ou desagradar. Só que o escritor aproveita pouco essa liberdade, já que muitas vezes não tem mais nada a dizer: há sempre para o pintor algo a pintar, e ele pode usufruir dessa soberania sem a qual não há gênio. Como o músico, o pintor iniciante é profundamente influenciado por sua época: ele vê o mundo através dos quadros da geração precedente; é um longo trabalho o de aprender a ver com seus próprios olhos. Assim, Bonnard, no começo, imitava Gauguin, e atribuía grande importância ao tema tratado. A partir do *Café do Pequeno Polegar*, que pinta aos 61 anos, o tema tende a desaparecer, em benefício da cor. Escreve ele, aos 66 anos: "Creio que, quando somos jovens, é o objeto, o mundo exterior que nos arrebata: estamos entusiasmados. Mais tarde, é o interior, a necessidade de exprimir a emoção que impele o pintor a escolher tal ou tal ponto de partida, tal ou tal forma." Seus desenhos são abreviações cada vez mais audaciosas, ele despreza a perspectiva, afasta-se decididamente da visão convencional das coisas: delas procura exprimir a vida e o calor. Daí a espantosa juventude de suas últimas telas.

A velhice de Goya não foi apenas um ascender a uma perfeição cada vez maior, mas também uma constante renovação. Ele tinha 66 anos quando, em 1810, perturbado pela ocupação francesa e suas sangrentas consequências, começou a gravar as 85 matrizes dos desastres da guerra. Assistira à insurreição de 1808 e contribuiu financeiramente com entusiasmo para o equipamento dos guerrilheiros. Entretanto, não se recusou a executar os retratos dos principais dignitários franceses; presidiu com dois outros pintores a escolha dos melhores quadros que seriam enviados a Paris; recebeu dos franceses "a gravata vermelha da ordem da Espanha", que era chamada de "berinjela". Na liberação, em 1814, foi absolvido a duras penas pela Comissão de Expurgo. Entretanto, executou para Ferdinando VII um grande retrato oficial. Foi nesse mesmo ano — tinha 70 anos — que pintou seus trágicos e magníficos quadros, a *Carga dos mamelucos* e *Os fuzilamentos*. Pintou também *O colosso*, e um belíssimo autorretrato no qual se representa com os traços de um homem de 50 anos. Em 1815, executou a série de gravuras reunidas sob o nome de *Tauromaquia*. Pintou, sob encomenda, um certo número de retratos de personagens oficiais ou de amigos, todos belíssimos. Em 1818, decidiu, depois de pintar *A junta das Filipinas*, que sua carreira oficial estava terminada, assim como a carreira do pintor mundano. Doravante, não aceitaria mais encomendas, e só trabalharia para si mesmo: tinha necessidade de uma inteira liberdade para continuar sua obra. Comprou uma casa isolada que foi chamada, no lugar, de "a casa do surdo", pois fazia anos que ele não ouvia mais. Perdera a mulher em 1812. Para tomar conta da casa, mandou vir uma parenta longínqua, dona Leocadia, que trouxe consigo a neta, Rosarito, então com 3 anos de idade. Goya começou a cobrir as paredes com as célebres "pinturas negras", nas quais, sem nenhuma preocupação com o público, deixou fluir sua imaginação.[226] *Saturno devorando uma criança*,

[226] Um admirador, o barão Erlanger, comprou de novo a casa e mandou retirar as pinturas, que foram colocadas em telas e depois doadas por ele ao Museu do Prado.

*As feiticeiras do Prado do Bode*, *O cão atolado*, todas essas obras são assombrosas pela novidade de sua leitura e pela sombria riqueza de sua inspiração. Ao mesmo tempo, ele executou uma série de gravuras, *Os disparates*, que compreendem os *Sonhos* e os *Provérbios*: nelas representa, em traços virulentos, os triunfos da estupidez.

Sempre desejoso de se renovar, em 1819 Goya introduziu na Espanha a litografia, descoberta em Leipzig, em 1796. A primeira que executou representa uma velha fiandeira. Fez muitas outras depois.

Tinha 77 anos quando o terror branco desencadeou-se na Espanha. No começo ele escondeu-se, e depois exilou-se em Bordéus. "Goya chegou envelhecido, surdo, enfraquecido, sem saber uma palavra de francês, sem um criado... e, no entanto, muito satisfeito e muito desejoso de ver o mundo", escreve seu amigo Morantin. Fez uma viagem a Paris, e depois retornou a Bordéus, onde se fixou. Quase não enxergava mais. Para trabalhar, precisava sobrepor vários óculos e utilizar uma lupa. Nem por isso deixou de executar uma admirável série de litografias. *Os touros de Bordéus*, e outras intituladas *O amor*, *O ciúme*, *A canção andaluza*. Desenhou animais, mendigos, lojas, a multidão. A pequena Rosarito, que tinha então 10 anos e a quem ele era muito apegado, quis pintar miniaturas, e ele pintou-as com ela, apesar da fraqueza da vista. Um ano antes de sua morte, aos 81 anos, pintou um retrato de freira e um de monge, cuja feitura faz pensar em Cézanne.

Nos últimos anos, muitas vezes explorou o tema da velhice. Já no *Até a morte*, dos *Caprichos*, ele retomava o tema tão explorado pela literatura dos séculos XVI e XVII: a mulher velha que se acredita ainda bela. Desenhou uma horrível velha colocando o chapéu enquanto se olha complacentemente no espelho. Por trás dela, jovens riem furtivamente. Em 1817, retomou o mesmo tema em *As velhas*: duas pavorosas velhas contemplam-se num espelho: por trás delas ergue-se o Tempo, com duas grandes asas e com um cesto na mão. É na *Celestina* que sua filiação à tradição literária espanhola se afirma mais claramente: uma jovem muito decotada e de rosto sensual exibe-se num balcão; por trás dela perfila-se a personagem bem conhecida da aia-alcoviteira: é uma horrível velha de nariz adunco, ar cúmplice e sorrateiro, que desfia um terço entre dedos que mais parecem garras. Goya pintou também, em seus *Sabbats*, inúmeras feiticeiras. Aos 80 anos, desenhou um velho com o rosto afogado numa juba e numa barba brancas, apoiado em duas bengalas: a legenda é "Estou sempre aprendendo". Goya zombava de si mesmo e de sua sede de novidade.

Baudelaire ficou impressionado com o espantoso rejuvenescimento que a velhice representou para Goya: "No fim de sua carreira", escreve ele, "os olhos de Goya estavam tão enfraquecidos que era preciso — conta-se — apontar os lápis para ele. No entanto, nessa mesma época, faz grandes litografias muito importantes, matrizes admiráveis, amplos quadros em miniatura — nova prova em apoio a essa lei singular que preside o destino dos grandes artistas, e que determina que, conduzindo-se a vida ao contrário da inteligência, ganhem eles de um lado o que perdem do outro, e que caminhem assim, seguindo uma juventude progressiva, reforçando-se, revigorando-se e crescendo em audácia até a beira do túmulo."

Acabamos de ver exemplos precisos, entre intelectuais e artistas, do que havíamos dito a propósito da velhice: que esta nos revela nossa dupla finitude. Os intelectuais e artistas têm consciência da brevidade de seu futuro e da singularidade, impossível de superar, da História na qual estão encerrados. Dois fatores interferem para definir a situação deles: a amplitude de seu projeto original e o peso mais ou menos paralisante do passado. Vimos que, no que se refere aos sábios, a velhice acarreta quase fatalmente esclerose e esterilidade. Os artistas, ao contrário, têm frequentemente a impressão de que sua obra está inacabada, de que poderiam ainda enriquecê-la: mas então acontece que lhes falta tempo para terminá-la; estafam-se em vão: apesar de toda a sua obstinação, Miguel Ângelo não viu a cúpula de São Pedro. Muitas vezes estabelece-se um equilíbrio: há coisas ainda a fazer sem que se esteja encurralado pelo tempo. São mesmo possíveis, ainda, progressos. Mas eles têm, nessa época da vida, um caráter decepcionante: progride-se, sim, mas marcando passo. Na melhor das hipóteses, o velho não ultrapassará muito o ponto que atingiu. Há alguns que se entregam a inúteis contorções para sair da própria pele: só conseguem caricaturar-se, e não renovar-se. Na verdade, a obra só pode renovar-se em concordância com o que é e não deixará de ser.

Essa ideia pode desanimar, sobretudo se o declínio fisiológico, a doença e a propensão ao cansaço tornam o trabalho penoso. Mas certos velhos empenham-se com uma paixão heroica em continuar a luta. O heroísmo não está apenas — como no caso de Renoir, Papini e Miguel

Ângelo — em sua relação com um corpo insubmisso. Também está em descobrir alegria em progressos que a morte logo vai interromper; em continuar, em querer superar-se, mesmo conhecendo e assumindo a própria finitude. Há aí uma afirmação vivenciada do valor da arte e do pensamento, que suscita a admiração. Tanto mais que a contestação feita pelas novas gerações não atinge apenas o sábio, mas também o artista, o escritor. Bonnard sofria com a "dureza" da juventude que, enquanto ele enriquecia sua obra, afastava-se desta.

O mais penoso, no fim de uma vida criadora, é interiorizar essa dúvida. Homens jovens são capazes de levar a contestação até o desespero, até o suicídio: Van Gogh, Nicolas de Staël. A finitude — e as impossibilidades que ela implica — pode revelar-se em qualquer idade. Em geral, um homem jovem, mesmo descontente consigo mesmo, põe esperanças no futuro que se abre diante dele. Para um homem idoso, é jogo feito. Se descobre em sua obra fraquezas, é penoso para ele saber que não pode modificá-la fundamentalmente. Em certos momentos, Monet duvidava radicalmente do valor de sua pintura, e se desolava. Se está contente com seu trabalho, o velho sente que este está em perigo no julgamento de outrem, e em particular no veredicto que dará a posteridade.

Esta última pode aparecer como um recurso contra a morte: uma promessa de sobrevida. A obra existirá para as gerações futuras, terá talvez a oportunidade de se prolongar indefinidamente nelas. No tempo de Ronsard, de Corneille, essa ideia era consoladora; eles pensavam que o regime monárquico duraria eternamente, que nem a civilização nem os homens mudariam: a glória deles repercutiria de século em século, do mesmo modo como a tinham alcançado. Não temos mais tais ilusões. Sabemos que nossa sociedade está em plena evolução: a que forma de socialismo ou de tecnocracia ou de barbárie chegará ela? Ignoramo-lo. Mas certamente os homens do futuro serão diferentes de nós. (É por isso que Franz os imagina sob a forma de caranguejos em *Os sequestrados de Altona*.) Supondo que nossa mensagem chegue a eles, não podemos prever os gabaritos através dos quais irão decifrá-la. De qualquer maneira, um quadro ou um romance não pode ter, para seus contemporâneos, o mesmo sentido que terá para os séculos futuros: ler ou olhar no presente é algo inteiramente diferente de ler ou olhar através da espessura do passado.

Mesmo atendo-se ao futuro próximo, a obra corre riscos tanto mais angustiantes quanto mais se crê no seu valor. E, em primeiro lugar, corre o risco de ser aniquilada em consequência de circunstâncias exteriores: é o destino que Freud temia para a psicanálise. Não é menos penoso pensar que esta será desfigurada. Newton sabia que sua teoria da atração seria atingida pela deformação, e pela esclerose: tentou em vão, através de múltiplas advertências, prevenir esses desvios. Nietzsche ficava apavorado diante da possibilidade de dar margem a falsas interpretações: e teria recusado, sem dúvida, as que os nazistas deram à ideia de super-homem. Para um indivíduo vaidoso, conta menos o futuro de seus trabalhos do que o de sua fama. Se pensa ser desconhecido, tende a apelar para os homens de amanhã: Edmond de Goncourt dizia para si mesmo que eles o prefeririam a Zola. Inversamente, Bernard Shaw, célebre enquanto vivo, estava convencido de que — por uma espécie de lei de compensação da qual haviam sido vítimas Hardy, Meredith e muitos outros — as gerações vindouras não lhe fariam justiça. Em todo caso, seja esquecido, incompreendido, depreciado ou admirado, nenhum homem está presente quando se decide seu destino póstumo: só essa ignorância é certa, e a meus olhos ela torna ociosas todas as hipóteses.

Para concluir este estudo sobre a relação do homem idoso com sua práxis, vou considerar a velhice de alguns homens políticos. O homem político não escolheu o campo abstrato do sábio e do filósofo, nem o mundo do imaginário. Está ancorado na realidade; quer agir sobre os homens para dirigir para certos fins a história de sua época. Esse projeto pode assumir nele a forma de uma carreira: é o caso de Disraeli, que, desde a infância, almejava ser ministro; a política apresenta-se primeiro como uma forma à procura de um conteúdo; o objetivo visado é, antes de tudo, o exercício de um poder, seja qual for, e o prestígio que dele decorre. Em outros casos, trata-se de um engajamento suscitado — num indivíduo formado de uma determinada maneira — pelo curso dos acontecimentos: ele sente-se chamado, exigido. Em geral, as duas atitudes interferem. Aquele que vai seguir uma carreira optará por certos fins, e doravante estará sujeito às exigências desses fins — foi o caso de Disraeli. O homem chamado para uma missão concreta procurará o poder para realizá-la. De qualquer modo, o político depende mais estreitamente de outrem do que os intelectuais e os artistas. Estes últimos precisam ser reconhecidos através de obras cujo material não é o próprio homem. O político toma como material os próprios homens: se os serve, é servindo-se deles; o sucesso e o fracasso do político estão nas mãos dos homens, cujas reações permanecem para aquele, em grande parte, impossíveis de prever. Antes de examinar que consequências isso pode ter na velhice, convém, primeiro, ver qual é, em geral, a relação do indivíduo que envelhece com a História.

Esta última tem diversas faces. Não intervém nas sociedades repetitivas. Na Idade Média, parecia catastrófica: a salvação vinha de um outro mundo. No século das Luzes, estava carregada de esperanças. Hoje, encerra promessas, mas também ameaças: a destruição total ou parcial do nosso planeta pela bomba. Vi gente encarar sem grande problema essa eventualidade: do momento em que se está morto, que importa o que possa acontecer depois? E mesmo, dizem alguns, poupam-se todas as penas, se sabemos que a Terra desaparece conosco.

Para outros, entre os quais me coloco, essa ideia causa horror. Incapaz, como todos, de conceber o infinito, não aceito a finitude. Tenho necessidade de que se prolongue indefinidamente essa aventura na qual minha vida se inscreve. Amo a juventude; desejo que nela continue nossa espécie, e que esta última conheça tempos melhores. Sem essa esperança, a velhice para a qual eu me encaminho parecer-me-ia inteiramente insuportável.

Pode ocorrer, às vezes, que grandes mudanças políticas e sociais transfigurem uma velhice. A partir da tomada da Bastilha, Kant renunciou ao seu invariável passeio cotidiano para ir ao encontro da mala postal que lhe trazia as notícias da França: sempre acreditara num progresso que levaria ao desabrochar da sociedade e do indivíduo, e pensava que a Revolução confirmava suas previsões. Uma tal sorte é rara, pois no dia a dia as derrotas constituem absolutos e os sucessos são precários. Frequentemente decepcionados em nossas esperanças, nunca conhecemos a felicidade pura de ter tido razão. "A verdade não triunfa jamais. Seus adversários acabam por morrer", dizia o físico Planck. Pessoalmente, suportei com horror a guerra da Argélia: a independência custara caro demais para que eu tivesse podido acolhê-la com alegria. "O caminho que leva ao bem é pior que o mal", disse Mirabeau. Jovens, com uma ilusória eternidade diante de nós, damos um salto para o fim da estrada; mais tarde, não temos mais entusiasmo suficiente para superar o que chamamos "os falsos ônus da História", e os julgamos terrivelmente elevados. Quanto às regressões, elas têm qualquer coisa de definitivo. Os jovens acalentam a esperança de ver nascer um amanhã diferente: o recuo levará talvez a um salto para a frente. As pessoas idosas, mesmo que a longo prazo confiem no futuro, não contam assistir a essa reviravolta. Sua fé não as defende das decepções presentes. Por vezes, essa fé as abandona, e os acontecimentos insuperáveis lhes parecem um desmentido de toda a sua existência. Uma das tristezas de Casanova foi ver destruído pela Revolução francesa o antigo mundo no qual vivera. Do fundo do castelo da Boêmia, onde se confinara, chamava Mirabeau de "escritor infame".

Um exemplo impressionante desse tipo de desilusão é o de Anatole France. Socialista à maneira de Jaurès, isto é, humanista e otimista, ele imaginava que um homem melhor e mais justo nasceria em breve, e sem violência. Em 1913 — tinha ele 69 anos —, pensava que "todos os povos do universo encaminham-se para a paz". Dizia que "os proletariados dos povos vão logo unir-se". Estava convencido de que, em todos os países, o proletariado era pacifista, e pronto para se levantar contra a guerra. Acreditava também que o capitalismo não conduzia necessariamente à guerra. Ao voltar de uma viagem à Alemanha, afirmava: "É certo que a Alemanha não deseja a guerra." Num discurso pronunciado em abril de 1914, anunciou a "próxima união da Europa reconciliada". Confiava na razão humana; matar e destruir era nefasto para todos: a humanidade tinha bastante bom senso para saber o que lhe era útil. Caiu das nuvens em agosto de 1914, e ficou tão abalado que, em outubro, pensou em suicídio. Escreveu a um amigo: "Não podendo mais suportar a vida, e num estado de prostração que me retém aqui, suplico-te que me arranjes veneno." Publicou alguns textos — de que mais tarde se arrependeu — nos quais, levado pela corrente, condenava o militarismo alemão; mas depois calou-se, até o armistício. Vê-se por sua correspondência que renunciou a suas ilusões idealistas e reformistas. Impossível acreditar, doravante, que as massas seriam capazes de impedir a guerra. Ficava muitas vezes em completo desespero. Escreve, em dezembro de 1915: "A existência me é insuportável, e só tenho sede e fome do nada." Em junho de 1916: "Minha razão me abandona. O que me mata é menos a maldade dos homens do que sua estupidez." Em dezembro de 1916: "A estupidez humana é infinita." Indignava-se por não se pôr um fim à guerra. Terminou uma longa e irada carta com estas palavras: "Não temos pressa. A guerra só faz a França perder 10.000 homens por dia!" Em novembro de 1917, escreve: "Não há mais limites para minha tristeza e minha preocupação." Tomou partido a favor dos homens que Clemenceau mandou condenar — discretamente a favor de Caillaux, e com estardalhaço a favor de Rappoport. "Vivi um ano a mais, e até mesmo 70", escreveu, ainda. "Nem mesmo desejo mais o fim dos horrores que desolam a Europa. Não creio nem desejo mais nada, só aspiro ao nada eterno."

Ficou muito abalado em suas convicções com a revolução russa: "O primeiro passo decisivo para um futuro melhor seria a aplicação das doutrinas de Karl Marx. O pacifismo está ultrapassado", escreve ele. A guerra lhe demonstrara a necessidade da violência, mas não se resignava facilmente a essa ideia: "Temo bastante que o fim dessa guerra não feche a era da violência. Para assegurar o desarmamento universal, seria necessária a revolta dos povos... essa horrível guerra está prenhe de três ou quatro guerras tão horríveis quanto esta. Eis aí a terrível verdade." Essa verdade o torturava. Em 3 de outubro de 1918, escreve: "Meu coração, contrariamente ao que pensam dos velhos, tornou-se mais brando do que antes, e a vida torna-se, para mim, um perpétuo suplício." Assinado o armistício, acalenta a esperança de que "a guerra produzirá a revolução universal", e afirma sua admiração pelos sovietes. Em 1919, as greves e os movimentos operários o encorajam a crer no próximo advento do socialismo. Engaja-se de novo publicamente na luta. Lança um apelo aos eleitores: "Só acabaremos com a luta de classes com o desaparecimento das classes... Tudo nos precipita para o socialismo." Não se inscreve nem no partido socialista, nem no comunista, mas tem amigos em um e em outro. No *L'Humanité*, em 1922, publica uma *Saudação aos sovietes*, "primeira tentativa de um poder que governa pelo povo, para o povo". Com Barbusse, participa do grupo Clarté. Entretanto, em sua correspondência e em suas conversas, mostra-se muito pessimista. Tem dúvidas quanto ao seu futuro póstumo. Em *La Vie en fleur*, em 1921, sua visão do futuro é desolada. "Não teremos maior posteridade do que a que tiveram os últimos escritores da Antiguidade latina." Pensava que a Europa e sua civilização fossem morrer: "As potências do mal governam o mundo." "A Europa soçobra na barbárie." O socialismo no qual queria ainda acreditar não era mais, de modo algum, aquele com o qual havia sonhado. Atendendo ao apelo de Gorki, condenou o processo dos socialistas revolucionários que se abria em Moscou. Não podia renegar os valores humanistas com os quais vivera: a tolerância e a liberdade burguesa. Tanto sua maneira de pensar como seu estilo estavam obsoletos. Tentou seguir o movimento da História, mas permanecia o homem de um outro tempo. Seus escritos não tinham nenhuma eficácia. Em 1923, foi violentamente atacado pelo *L'Humanité*: reprovavam-lhe o diletantismo, o anarquismo, o ceticismo. Foi também excluído do Clarté. De fato, apesar de seu esforço para adaptar-se aos novos tempos, a guerra de 1914 arruinara completamente suas esperanças em um mundo razoável e feliz.

Mais radical ainda foi a derrota de Wells, em 1940. Aos 70 anos, ele continuava extremamente jovem, e, no começo, adaptou-se muito bem à sua época. Foi aos EUA, onde se encontrou com Roosevelt: sonhava com uma aproximação entre o Oriente e o Ocidente. Percebeu que fracassara: "Sofri uma derrota num empreendimento que era amplo demais para mim." Quando eclodiu a Segunda Guerra Mundial, ele ficou tão perturbado que caiu doente. Falando do mundo de 1942, declarou: "Este espetáculo acabou por abater-me completamente." Dizia-se "no fim da linha", e anunciou: "O autor não tem mais nada a dizer, e nunca mais terá algo a dizer." Viveu até 1946 no horror e no desespero. Sua fé nos homens estava morta. Todo o seu trabalho, todas as suas lutas anteriores, o próprio sentido de sua vida repousavam na confiança que depositava em seus semelhantes: perdida esta, nenhum outro recurso poderia encontrar, onde quer que fosse; só lhe restava abandonar a luta, desejar o nada, morrer.

Um tal desespero pode levar ao suicídio. Virginia Woolf, que vivia à margem da política, num círculo de privilegiados, ficou aterrada com a declaração de guerra e com os bombardeios de Londres: aos 58 anos, não pôde sobreviver à desintegração de seu universo.[227] Com mais razão ainda, se uma pessoa velha sente-se ameaçada pela conjuntura, pensará que, para ela, a partida está perdida, que a luta é vã e que o melhor é acabar com tudo. Na França, foram principalmente os judeus idosos que se mataram quando o país foi ocupado.

Se um homem idoso contribuiu para provocar acontecimentos que deplora, será mais afetado por isso do que um jovem; este último, em

[227] Ela já tivera crises de depressão durante as quais pensara em suicídio.

vez de se perder em culpas vãs, tentará repará-las; o primeiro não tem mais tempo diante de si para imaginar que poderá ainda alterar o curso dos acontecimentos: foi esse o infortúnio que tornou sombrios os últimos anos de Einstein. Ele estava muito consciente da responsabilidade do sábio no que diz respeito às aplicações da ciência. Preocupava-se com as possíveis consequências da liberação da energia atômica, realizada a partir de suas descobertas. "Fazer recuar essa ameaça tornou-se o problema mais urgente do nosso tempo", dizia ele, antes da guerra. Em 1939, os físicos Wigner e Szilard, temendo que a Alemanha fabricasse a bomba de urânio, convenceram Einstein a escrever a Roosevelt para adverti-lo do perigo. Ele o fez, e solicitou que fosse mantido um contato permanente entre a Administração e os físicos que estudavam as reações em cadeia; era preciso abastecer os EUA de urânio e acelerar o trabalho experimental. Esse conselho foi seguido. Muito cedo, Einstein passou a temer as consequências disso. Desde 1940, falava dessa carta como do acontecimento mais infeliz de sua vida. Quando foram ventilados projetos de destruição das cidades japonesas pela bomba atômica, ele enviou um memorando a Roosevelt: este último morreu sem ter aberto a carta. Einstein não pensava seriamente que algum indivíduo pudesse, só com suas próprias forças, influenciar seriamente a História. E sua iniciativa de 1939 justificava-se: uma bomba de urânio alemã parecia, então, possível. Não se consumiu, portanto, em remorsos. Mas sentiu dolorosamente a contradição entre a riqueza das criações científicas e o uso destruidor que era feito delas.

Mais jovem, ter-se-ia certamente engajado a fundo numa luta pela paz; teria buscado neutralizar de um modo ou de outro a invenção da bomba atômica: o breve futuro de que dispunha não lhe permitia esperar encontrar um remédio.

Mesmo quando a História desenrola-se sem catástrofe, há uma outra razão para que o velho não tire dela satisfações: como vimos no caso de Anatole France, só com dificuldade o idoso abraça o movimento da História. Sabe-se que ele tem dificuldade de adotar um novo *set*. Além disso, na maior parte do tempo, não quer fazê-lo: é impedido por seus interesses ideológicos. As frases ditas ou escritas, o personagem que criou para si próprio constituem um "ser fora dele mesmo", através do qual se aliena. Um velho professor confunde-se com a aula magistral que reproduz todo ano, e com os títulos e as honras que esta lhe proporcionou: as reformas o irritam, não somente porque se tornou incapaz de substituir sua aula por um diálogo, mas também porque pensa que então perderia tudo o que constitui sua razão de viver. Assim como seu trabalho profissional, a atividade política de um homem velho é sobrecarregada pelo peso do passado. Ele não consegue, muitas vezes, entender uma época demasiado distante da sua juventude. Faltam-lhe os instrumentos intelectuais necessários para tanto. Sua vida o fez como é. Diante de circunstâncias que o pegam desprevenido, não encontra a resposta apropriada. Lamentando ter-se obstinado, em 1940, num pacifismo cego, Guéhenno, jovem ainda, entretanto, escrevia: "Há no fundo dos homens da minha idade um sem-número de lembranças paralisantes." Ele não se dera conta de que as palavras "guerra" e "paz" não tinham o mesmo sentido em 1914 e em 1940: há experiências cujas lições são obsoletas, princípios abstratos que é preciso pôr de novo em questão quando as circunstâncias mudam. Alain foi, como Guéhenno, vítima de suas lembranças, quando se inclinou para a colaboração; mas também não procurou encarar a situação; foi impedido por seu interesse ideológico: o pacifismo de que fora defensor durante toda a vida. Pelo mesmo motivo, Bertrand Russell cometeu o mesmo erro; colocou a causa a que sempre servira acima da realidade presente: em nome do pacifismo, pregou à Inglaterra a não resistência ao nazismo.

O caso de Jeanette Vermeersch é significativo. Ao longo de todos os acontecimentos que se desenrolaram desde sua juventude até o outono de 1968, sua linha de pensamento nunca se modificou. Incondicionalmente fiel à URSS, stalinista obstinada, tendo procurado, após a morte de Stalin, frear na França a desestalinização, colocou-se cada vez mais à margem de um mundo em movimento. Enquanto o partido comunista mudava de política, ela aferrou-se às suas antigas posições. No momento da crise tchecoslovaca, apressou-se a aprovar os dirigentes soviéticos, homens mais ou menos da sua idade, que conhecia pessoalmente, e nos quais se encarnava, para ela, a verdade do comunismo. Viu-se isolada no seio de seu partido; nenhum membro do Comitê Central apoiou-a publicamente, e teve que pedir demissão. Essa rigidez que a tornou ultrapassada explica-se também por seus interesses ideológicos: ela recusou-se a pôr em questão a stalinista que havia sido, e a política de Thorez, para a qual havia colaborado estreitamente. Essa recusa de se contestar a si mesmo encontra-se em quase todos os velhos, e se compreendem as razões disso. Já que, como diz

Hegel, toda verdade é devinda, poderíamos assumir os erros de outrora como tendo constituído uma etapa necessária: mas só nos decidimos a fazê-lo se tivermos a esperança de explorar essa verdade nova, de seguir seu desenvolvimento, de nos enriquecermos com ela. Quando o futuro está limitado, não é fatal, mas é normal que nos obstinemos a apostar no passado, e a não modificar a ideia que fizéramos dele.

Já constatamos isso ao estudar as sociedades históricas: qualquer que seja o regime ou o partido ao qual pertencem, os velhos são levados a alinhar-se do lado dos conservadores. É difícil para eles escapar ao passado que os moldou: é através dele que veem a atualidade, e compreendem-na mal. Faltam-lhes tempo e meios para se adaptar à novidade; e seus próprios interesses os impedem de tentá-lo. Esforçam-se por manter o *statu quo*. As revoluções são feitas por homens jovens: quando envelhecem, estes só continuam a dirigi-las se estiverem institucionalizadas; mesmo assim, com frequência seu papel é, então, mais representativo do que ativo. Os homens políticos quase sempre veem sua velhice desprestigiada. Representaram um momento da História: esta muda e exige novos homens. Em seu livro *Louis XIV et 20 millions de Français*, Pierre Goubert observa: "Ele deixou da monarquia uma imagem admirável, mas já envelhecida, senão obsoleta, no momento em que morreu. Como muitos outros reis, e como quase todos os homens, envelhecera endurecendo-se, esclerosando-se." Sentia, aliás, que aquele tempo não era mais o seu, e que sua sorte o havia abandonado. Conhece-se a frase que dirigiu ao velho marechal de Villeroy, após a derrota de Romilly: "Não somos felizes, nas nossas idades, senhor marechal." Monarca absoluto, ele conservava seu trono. Mas um ministro "obsoleto" não tem mais oportunidade. A História abunda em quedas estrepitosas. E como, em geral, o homem político é um ambicioso, suporta mal sua decadência. A melancolia de Chateaubriand nos seus velhos dias decorre essencialmente do fato de que, no âmbito público, ele se viu alijado, acabado. Parece-me interessante estudar de perto a velhice de alguns homens políticos; é sempre uma aventura complexa, na qual contam o passado do indivíduo, seu estado biológico, o impacto dos acontecimentos e as contrafinalidades históricas. Tomarei três exemplos nos quais predomina a importância de um ou de outro desses fatores.

Veremos, com Clemenceau, que um homem que mantém durante toda a sua vida a linha política da juventude vê-se, pela fidelidade ao seu passado, ultrapassado pelo momento presente. Já se disse muitas vezes: é preciso mudar para permanecer o mesmo. Permanecendo apegado a uma certa forma de democracia, Clemenceau acabou passando da extrema esquerda à reação que, entretanto, não o estimava, por causa de seus antecedentes. Seu valor, seu caráter, a necessidade que se tinha dele levaram-no ao cume da glória. No entanto, logo foi reduzido à impotência porque não havia mais lugar para ele na nova vida política francesa.

Churchill, escolhido para fazer a guerra porque a tinha profetizado e exigido que se preparassem para ela, não fez o esforço necessário para inspirar confiança à Inglaterra quando foi preciso viver de novo na paz. Aliás, não podia mais fazê-lo: não evoluíra com seu tempo, e conhecia mal os novos problemas que se apresentavam. Mas o que entristeceu sua velhice foi sobretudo uma inelutável decadência fisiológica que combateu ferozmente, mas que pouco a pouco o arruinou por completo.

Dotado até a morte de uma admirável saúde, Gandhi levou a bom termo o projeto de toda a sua vida: a independência da Índia. Mas os meios que empregara para chegar a isso — entre outros, a exaltação da religiosidade — trouxeram consequências que desmentiram os princípios de toda a sua vida, de tal maneira que ele terminou seus dias no desespero.

Criado no culto da Revolução Francesa por um pai ferozmente republicano, que criticava o Império, Clemenceau, em sua juventude, aliou-se com ardor às opiniões do pai. Estudando medicina em Paris, ligou-se a um grupo de jovens positivistas e ateus; escreveu para um jornal subversivo, e, com a idade de 21 anos, em 1862, foi aprisionado em Mazas por ter, num artigo, exortado os operários a se reunirem em 14 de julho na praça da Bastilha e a celebrarem esse glorioso aniversário. Ao sair da prisão, sofreu a influência de Blanqui. Uma permanência de quatro anos nos EUA fortificou seu amor à democracia. Em 1869, casou-se no civil com uma americana e, de volta à França, lançou-se, em 1870, na ação política. Foi nomeado prefeito provisório do XVIII$^{e}$ *arrondissement* e, em 8 de fevereiro de 1871, deputado por Paris. Na Assembleia de Bordéus, em 1º de março de 1871, votou — com Victor Hugo e alguns outros — contra o tratado que entregava a Alsácia-Lorena à Alemanha: a capitulação do governo o indignou. De volta a Paris, tentou em vão representar, entre o governo e a Comuna, o papel de um conciliador. Pediu demissão porque a Assembleia, influenciada por

Thiers, recusou-se a votar uma lei que preparasse eleições municipais. "Que Paris se submeta primeiro", dizia Thiers. Clemenceau pensava que, para realizar uma verdadeira democracia, a França devia apoiar-se no povo. Quando, em 1874, realizaram-se as eleições municipais, ele foi eleito, e tornou-se, em 1875, presidente do Conselho municipal, sendo depois eleito deputado pelo XVIII^e^ *arrondissement.*

Começou para ele, então, uma grande carreira parlamentar, na qual figurou como homem de esquerda, e mesmo de extrema esquerda. Exigiu para os partidários da Comuna a anistia, que só foi concedida, e mesmo assim parcialmente, em 1879. A partir de 1881, o partido ao qual pertencia tomou o nome de "radical-socialista". Era, dentro desse partido, um dos membros mais brilhantes e mais ouvidos. No Parlamento, em artigos, lutou pela secularização da República, pela laicidade do ensino, pela liberdade de imprensa, pelo direito de reunião, por um plano de educação nacional, por reformas econômicas. Seu partido tinha um programa social que era considerado muito avançado: exigia medidas de proteção ao trabalho, o reconhecimento dos sindicatos como personalidades jurídicas, e a melhoria da condição operária.

Temido pelos adversários por sua eloquência, Clemenceau combateu o colonialismo de Jules Ferry. Derrubou Freycinet, Gambetta, Jules Ferry. Chefe incontestável da extrema esquerda, chamavam-no "o derrubador de ministérios". Contribuiu para a queda do boulangismo.[228] Para vingar-se, Déroulède tentou comprometê-lo na questão do Panamá. Defendeu-se brilhantemente, e ficou livre de qualquer suspeita. Nem por isso deixou de perder seu mandato de deputado.

Tinha ele, então, 52 anos. Lançou-se no jornalismo. Suas preocupações não eram unicamente políticas: frequentava escritores, pintores; apoiou apaixonadamente o impressionismo de Rodin. Jaurès estimava, por outro lado, que, em seus artigos, "o pensamento socialista afirma-se com uma crescente nitidez". Representou um papel capital na revisão do processo de Dreyfus.

Eleito senador em 1893, apoiou Combes contra as congregações e defendeu a lei de separação da Igreja do Estado; entretanto, reivindicava a liberdade do ensino. Partidário de um "socialismo progressivo", sua ação começou a se opor à dos socialistas que reivindicavam a

[228] Corrente política ligada à pessoa ou à doutrina do general Boulanger. (N.T.)

desapropriação da classe capitalista, a socialização integral dos meios de produção e de troca. Quanto a ele, recusava a luta de classes e desejava reformas realizadas pela via legal.

Entretanto, fiel ao espírito de 48, em 1882, por ocasião das greves dos mineiros, defendeu o direito de greve contra as companhias de mineração. Denunciou os assassinatos de Fourmies.

Foi 12 anos mais tarde, quando nomeado ministro do Interior, que sua posição política modificou-se bruscamente.

Não que ele mesmo tivesse mudado. Mas a situação transformara-se. A sociedade liberal permanecera a mesma, enquanto o proletariado tornara-se muito mais numeroso e muito mais miserável. Resultava disso uma tensão social que demandava soluções extremas. Clemenceau desejava antes de tudo manter a ordem republicana, isto é, burguesa. Desencadearam-se, em Lens, greves que se transformaram em rebeliões: ele enviou tropas que atiraram nos operários. Por toda parte onde julgava necessária a repressão, apelou para o exército. Chamava-se a si mesmo "o primeiro tira da França". Os socialistas o atacavam com violência: entre estes e os radicais, a ruptura era doravante total e definitiva.

Clemenceau tinha 65 anos quando, em 1906, tornou-se presidente do Conselho: era, efetivamente, o chefe do partido radical que representava a maioria da Câmara, e que lutava agora contra as forças progressistas. O sindicalismo operário tornara-se revolucionário. Por toda parte eclodiam graves conflitos: Clemenceau dominou-os pela força. As repressões foram sangrentas. Em Villeneuve-Saint-Georges, em 1908, houve — de fonte oficial — quatro operários mortos e quarenta feridos. Ele se opôs energicamente à criação de sindicatos de funcionários públicos. Os socialistas e, em particular, Jaurès, investiam contra ele. Dava ainda outros apoios à reação: concedeu plenos poderes a Lyautey para ocupar, no interior, a região situada para além de Casablanca. Mas embora se preocupasse com a defesa nacional — nomeou Foch diretor da Escola de Guerra — a direita reprovava-o por negligenciá-la. Depois da explosão do *Iéna*, Délcassé denunciou as enormes insuficiências do departamento da Marinha. O ministério foi derrubado. Briand formou um novo gabinete.

Nesse momento de sua história, Clemenceau ilustra o que indiquei acima: um homem idoso que se obstina em suas posições passadas, vê-se defasado em relação à atualidade. O "socialismo" de Clemenceau tornara-se obsoleto a ponto de se transformar numa política reacionária.

Ele se declarou muito contente por reencontrar sua liberdade, e partiu para fazer conferências sobre a democracia na América do Sul: "Sou soldado da democracia", declarava ele. De volta à França, fundou em 1913 um jornal, *L'Homme libre*, onde escreveu quase diariamente. Sentia que a guerra se aproximava e, ao mesmo tempo que desejava que esta fosse evitada, combatia o pacifismo. Fez campanha pela lei que estendia para três anos a duração do serviço militar.

Uma vez declarada a guerra, criticou tão asperamente a maneira pela qual ela era conduzida, que seu jornal foi suspenso, reaparecendo, depois, com o nome de *L'Homme enchaîné*. Viviani propôs-lhe, em 1914, entrar no ministério; ele recusou. Convencido de que só ele mesmo poderia salvar a França, almejava a presidência do Conselho, ou nada. A partir de janeiro de 1915, representou um papel importante ao presidir no Senado uma comissão do Exército e das Relações Exteriores. Apesar de seus 75 anos, ia frequentemente ao *front* e percorria as trincheiras; passou uma noite no forte Douaumont. Criticou violentamente a deplorável organização do Serviço de Saúde. Em seu jornal, lutava também energicamente contra o "derrotismo". E exortava os EUA a socorrer a França. Após as rebeliões de 15 de maio de 1917, fez um discurso virulento contra o ministro do Interior, Malvy.

Seu patriotismo e sua energia valiam-lhe no país uma imensa popularidade. Nos meios políticos, entretanto, suscitara ódios de todos os lados. Poincaré detestava-o. Reprovava nesse homem de 77 anos "seu imenso orgulho, sua mobilidade, sua leviandade". Decidiu-se, entretanto, a chamá-lo. Clemenceau estava um tanto surdo, mas conservara toda a sua inteligência e toda a sua vitalidade. Permaneceu 26 meses no poder, trabalhando das 6 horas da manhã às 10 da noite. Cercara-se de uma equipe nova. A situação era dramática. No intuito de buscar soluções, ele recrutou novas classes, fez com que fossem votados créditos, combateu impiedosamente o derrotismo. Viu-se vivamente atacado pelos socialistas. Conseguiu impor aos aliados a unidade de comando, e apoiou Foch, que se viu, então, à frente de todas as tropas. Quando os alemães começaram a recuar, ele foi acolhido triunfalmente nas regiões liberadas. "Não era entusiasmo, mas uma verdadeira loucura", anotou Mordacq. "Tive a maior dificuldade do mundo em impedir que ele fosse esmagado." Clemenceau, que fora severamente criticado durante seu ministério, teve aí uma feliz desforra. "É preciso mesmo ter o coração sólido para resistir a semelhantes emoções", dizia ele. "Elas consolam de muitas amarguras." Poincaré, Pétain e um certo número de outros homens políticos e de militares desejavam que se perseguisse o exército alemão até Berlim. Clemenceau apoiou Foch quando este último decidiu assinar o armistício: "Ninguém tem o direito de prolongar por mais tempo o derramamento de sangue", declarou Foch. Não era a única razão para sua atitude. Tendo sido atingidos os fins essenciais da guerra, a opinião pública exigia o armistício; teria sido perigoso "brincar com o moral das tropas e do país".[229] Por outro lado, se a guerra tivesse continuado, o papel dos exércitos americanos se teria tornado cada vez mais importante, e a paz teria dependido mais ainda da América. Enfim, tanto Foch como os dirigentes aliados temiam que o prolongamento das hostilidades favorecesse na Alemanha a difusão do bolchevismo.

Quando anunciou a assinatura do armistício, Clemenceau foi aclamado pelas Câmaras. Uma multidão reunida diante do Ministério da Guerra exigiu que aparecesse no balcão do seu escritório e o ovacionou, fazendo com que chorasse de emoção. Entretanto, à noite, sua alegria já declinara. Seus filhos o levaram ao Grand Hôtel, para que visse a multidão em júbilo, na praça da Ópera. Ele contemplou-a em silêncio: "Dize-me que estás feliz", pediu a filha. "Não posso dizê-lo, porque não estou feliz. Tudo isso não terá servido para nada." Chamavam-no o Pai Vitória, faziam-se estátuas dele: mas tinha medo do futuro: "Agora, vai ser preciso conseguir a paz, e será talvez mais difícil", disse ele. "Se eu me preocupasse com a minha glória, deveria morrer agora", disse, também. Sentia-se muito cansado; tinha o estômago destruído, as mãos roídas de urticária; dormia mal.

Fez uma viagem a Londres, onde foi aclamado. Foi aclamado em Strasburgo com um entusiasmo que lhe provocou lágrimas. Após um breve descanso na Vendeia — sua terra natal —, abriu a Conferência da Paz, e recomeçou a trabalhar sem descanso. Em 9 de fevereiro de 1919, um jovem anarquista de 23 anos, Cottin, deu nele dois tiros de revólver.[230] Um deles o atingiu, mas não ficou seriamente ferido.

---

[229] Tardieu, *La Paix*.

[230] Nunca se teve conhecimento do que estava por trás do caso. Condenado à morte, Cottin foi absolvido, e depois libertado. Parece que se tratava de um iluminado.

As negociações com Wilson foram espinhosas. Ele defendia os interesses franceses; obteve, em princípio, que a Alemanha pagasse à França indenizações; obteve também que o exército francês ocupasse durante 15 anos a margem esquerda do Reno, e um certo número de outras vantagens. Entretanto, Foch reprovava-o por fazer concessões demais, e a direita começava a chamá-lo o "Perde Vitória".[231] No interior, eclodiram greves; por toda parte surgiam reivindicações, Ele ordenou uma repressão impiedosa: a polícia dispersou violentamente uma manifestação de viúvas de guerra. No 1º de maio, os operários formaram um cortejo que as forças da ordem atacaram, de sabre em punho: houve mortos e feridos. A polícia chegou a atacar um cortejo de grandes mutilados com uma inacreditável selvageria. Clemenceau concedeu aos operários a lei de oito horas, mas perdera junto a eles toda a popularidade. Em 28 de junho, foi assinado o tratado de Versalhes: quando saiu com Wilson, quase foram esmagados por uma multidão entusiasta. Mas Clemenceau não estava satisfeito com essa paz: a França, segundo ele, não conseguira as garantias que lhe eram necessárias. O tratado foi severamente criticado por muitos homens políticos franceses. Um "depósito de explosivos", dizia Cambon.

Tinha contra si toda a esquerda que lhe reprovava seu "patriotismo estreito e revanchista". Os intelectuais irritavam-se com seu nacionalismo. Os franceses médios o acusavam de ter defendido mal os interesses da França. Tinha perdido uma grande parte de seu prestígio. Aspirava à aposentadoria. Fez, entretanto, alguns discursos. Certos parlamentares desejavam uma reforma da Constituição: ele defendeu-a contra estes. Pregou a união nacional e atacou fanaticamente o bolchevismo, o que suscitou a cólera dos meios da extrema esquerda e provocou, a cinco dias das eleições, uma greve geral dos operários gráficos da imprensa parisiense.

O Bloco Nacional, isto é, a direita, triunfou nas eleições, constituindo a "Câmara azul-celeste",[232] cuja maioria era composta de ad-

[231] No original, "Perd la Victoire" — jogo de palavras que remete ao outro título que se tinha dado a Clemenceau, por ocasião da assinatura do armistício: "Père la Victoire" — Pai Vitória. (N. T.)

[232] "Azul-celeste" — alusão à cor da farda dos militares, cuja influência se fazia sentir. (N. T.)

versários declarados dos partidos de esquerda. Clemenceau acolheu esse resultado com desprazer. "Clemenceau falhou na saída", observou Pierre Miquel.[233] "A Câmara azul-celeste começa com a derrota dos clemencistas de esquerda."

Em 8 de novembro, durante a primeira sessão da nova Câmara, ele recebeu com emoção os eleitos da Alsácia e da Lorena. Foi aclamado. Entretanto, não pediu a renovação de seu mandato de senador. Tinha 80 anos e estava cansado. Seus amigos gostariam que ele se apresentasse às eleições presidenciais. "Mas eles querem minha morte!", protestou ele. Ao voltar de uma viagem a Londres, talvez sob a influência de Lloyd George, aceitou apresentar-se como candidato, mas sem muita convicção, de tal maneira que seus adversários o acusaram de desprezar o Parlamento. Anticlerical notório, opunha-se ao reatamento das relações da França com o Vaticano: tinha todos os católicos contra ele; estes últimos ligaram-se com os socialistas. Foch, Briand, Poincaré fizeram campanha contra ele. A reunião preparatória, que se realizou na véspera das eleições, deu a maioria a Deschanel. Ele recusou-se a se apresentar no dia seguinte e declarou que, se passassem por cima daquele resultado preliminar, e ele obtivesse a maioria, não aceitaria o mandato: "Eu poderia ainda ser útil", disse, à noite, a Barrès. "Mas para mim, é melhor assim. Tenho 80 anos. Não sabem disso. Eu sei, e por vezes cruelmente." No dia seguinte, Deschanel foi eleito.

Não aceitava sem amargura o fato de ser "aposentado". Seu orgulho ficou profundamente ferido com isso. Retirou-se para a Vendeia, para uma casinha isolada à beira do mar, e dali em diante recusou-se a ler o que se escrevia sobre ele, elogio ou crítica. Sua saúde era espantosa. Visitou o Egito e fez às Índias uma viagem extremamente cansativa, da qual retornou dizendo: "Sinto-me mais jovem do que nunca." "Dir-se-ia que, ao envelhecer, ao invés de consumir, acumulava vida", escreveu Alfred Capus. Mas a situação política afligia-o. Na Córsega, em Sartena, deplorou, num discurso, que o Tratado de Versalhes não fosse integralmente cumprido. Sofria com o recuo da América, com o problema das indenizações, com as concessões feitas à Alemanha, com a volta ao poder de Briand, que odiava, e com o que chamava de decadência moral da França. Lutava por intermédio de terceiros.

[233] Biógrafo de Poincaré.

Fundou um jornal, *L'Écho national*, cuja direção confiou a Tardieu: foi um fracasso.

O *New York World* pediu-lhe sua opinião sobre o papel da América na guerra e na paz: ele decidiu ir, em caráter privado, explicar-se aos Estados Unidos. Partiu em 11 de novembro. Foi acolhido triunfalmente. Apesar de seus 81 anos, discursou 30 vezes em três semanas, esforçando-se por "despertar os americanos". O público era imenso, e o aclamava; mas sua viagem não teve nenhuma consequência política. Pouco tempo depois, a ocupação do Ruhr exacerbou o antagonismo entre a América e a França.

De volta à França, apesar das propostas que lhe foram feitas, recusou-se a voltar ao Parlamento; mas acompanhava desoladamente o curso dos acontecimentos. Escrevia, em 26 de abril de 1922: "A situação agrava-se dia a dia em Gênova, onde Lloyd George impõe cruelmente seu domínio. Ruptura ou submissão, é a queda para o fundo do buraco... Sofro com isso, além do que possa dizer." E ainda: "Traído por seus governos e traído por sua imprensa, eis o destino do nosso povo." Reprovou as concessões feitas por Briand. Quando Poincaré sucedeu este último, em janeiro de 1922, e ordenou a ocupação do Ruhr, Clemenceau julgou que essa medida vinha tarde demais, e não tinha mais nenhum valor, parecendo-lhe inutilmente perigosa: "Seu Poincaré me parece uma criança que brinca com tições acesos entre barris de pólvora", escreveu ele a um amigo.

Consolava-se passeando à beira do mar, a pé ou de carro, cultivando rosas, recebendo visitas. Trabalhava no seu *Démosthène*. Escrevia a um amigo: "Tenho 82 anos, e isso é tudo. O corpo não vai mal. A cabeça está razoável. O coração também." E também: "Não peço nada, e, sem poder ser acusado de egoísmo, vou morrer mais ou menos feliz em meio ao duro conflito dos destinos contrários." Escreveu também *Au soir de la pensée*: "Graças a isso",[234] disse a Wormser, em outubro de 1925, "passei admiravelmente quatro anos que teria passado a chorar... É curioso, não é, que o fim da minha vida esteja numa tal contradição com o que fui, com meu caráter. É ao meu trabalho que o devo. Ele me distraiu, elevou-me. Todo esse formigueiro não me comove mais."

---

[234] Ao fato de escrever.

Na verdade, ele tinha crises de fadiga e de depressão. Sua melancolia emergia de suas cartas e discursos. A Poincaré sucedeu o Cartel das Esquerdas, que procurou uma aproximação com a Alemanha. Clemenceau enfureceu-se. Viu Caillaux e Malvy, reabilitados, tornarem-se novamente ministros. Briand assinou o tratado de Locarno, e foi saudado como o novo apóstolo da paz. Para Clemenceau, era uma série de insuportáveis afrontas. Quando, em 1926, criou-se um gabinete de União Nacional, do qual faziam parte seus dois maiores inimigos, Briand e Poincaré, sua cólera atingiu o paroxismo: rompeu com Tardieu quando este aceitou entrar no gabinete. Escreveu uma carta indignada ao presidente Coolidge, que exigia da França o pagamento de suas dívidas. Profetizava catástrofes: "Em cinco anos, em dez anos, quando bem quiserem, os boches entrarão no nosso país." O que, aliás, estava certo. Dizia também: "O tempo que vivemos é de uma abjeção!" A René Benjamin, que foi visitá-lo em sua casa de campo, disse: "Essa pobre coisa efêmera, a França do século XX, acabou, eu me desliguei... Um homem que mereça esse nome morreria de repulsa entre os anões que nos governam. Estou bem, onde estou." Fazia sobre o futuro sombrios prognósticos: "Tereis uma degenerescência, e não demorará muito. Briand, com a Alemanha, vai tratar de vos arranjar isso. Vivereis a paz apodrecida das decadências." Ele perdera toda paixão, toda convicção: "Esperar? É impossível! Não posso mais, eu que não creio mais, eu que não creio mais no que me apaixonou: a democracia."

Tinha uma grande amizade por Claude Monet. Pediu a este que doasse ao Estado *Os nenúfares*, que admirava: a administração das Belas-Artes colocou a *Orangerie* à disposição do pintor. Mas este último — que Clemenceau chamava de "rei dos rabugentos" — multiplicou as dificuldades e rescindiu a doação. Confirmou-a depois, mas morreu em dezembro de 1926, antes que a instalação fosse feita. Seis meses antes, Clemenceau perdera Geoffroy, a quem fora muito ligado. Perdeu também seu irmão Albert, sua fiel criada Clotilde. A solidão pesava-lhe: "Ah! quão triste é chegar ao fim da vida! Não temos mais ninguém perto de nós", dizia ele. Sua saúde alterava-se um pouco: "Lamento estar quase bem de saúde, sendo meu único mal o de não ter mais pernas." Dizia, entretanto, que o trabalho lhe proporcionava "alegrias de rapaz". Escreveu um livro sobre Monet. Ferido pelo *Mémorial* publicado três semanas depois da morte de Foch, em abril de 1929, no qual este último o criticava, revidou escrevendo *Grandeur et misère d'une victoire*. Esses ataques o entristeceram: "Tenho raiva dele[235] sobretudo por não me ter permitido terminar meus dias no modesto orgulho de um silêncio no qual eu colocara o mais belo de minhas alegrias profundas." Mas voltava-se com satisfação para seu passado: "Tive tudo... tudo o que um homem pode ter... Vivi os maiores momentos que um homem pode viver neste mundo! Quando se conheceu o armistício, meus filhos!" Até o fim, conservou uma espantosa vitalidade. Foi só na véspera de sua morte, que murmurou: "Envelheço. Agarro-me à vida com unhas fracas."

Essa robusta velhice faz um espantoso contraste com a de Churchill, embora haja entre as duas surpreendentes analogias. Levado ao poder em 1940, com a idade de 66 anos, Churchill, no momento da vitória, também foi considerado como o salvador de seu país, e gozou de uma imensa popularidade. Também ele, entretanto, foi alijado do poder assim que acabou a guerra. Só que seu destino biológico foi inteiramente diferente do de Clemenceau.

Em 1940, Churchill foi saudado como o homem providencial: o país inteiro exigia que lhe fosse confiado o poder. Tinha atrás de si uma longa carreira de parlamentar e de ministro. Fora em grande parte graças à sua passagem pela chefia do Almirantado, em 1911, que a armada inglesa adquirira seu poder. Quando, em 1930, a derrota do partido conservador acarretou a queda do ministério Baldwin, Churchill, que era então ministro das Finanças, perdeu sua pasta. Durante 10 anos, ficou afastado do poder. Mas fizera discursos muito notórios. Entendera cedo a gravidade do perigo nazista, e, em 1936, falando diante do comitê das relações exteriores do partido conservador, invocara a Liga das Nações contra a Alemanha. A imprensa difundira amplamente suas opiniões. Ele lançara uma campanha pelo rearmamento, e condenara, em seguida, todas as concessões feitas a Hitler. Acusaram-no de belicismo: mas quando foi declarada a guerra, ele apareceu como um profeta a quem se tinha cometido o crime de não dar ouvidos. Os muros de Londres cobriram-se de cartazes exigindo: "Winston no poder!" Chamberlain colocou-o à frente do Almirantado. Após a entrada dos alemães na Bélgica, em 10 de maio de 1940, Chamberlain exonerou-se,

235 Foch.

e Churchill tomou a frente de um governo de coalizão. Pronunciou então seu famoso discurso: "Só tenho a oferecer sangue, trabalho, suor e lágrimas." Tinha então 66 anos.

Durante os anos de guerra, ele assumiu as tarefas de três homens. Levantava-se às 8 horas, trabalhava até o almoço, dormia uma hora e trabalhava de novo até 2 ou 3 horas da manhã. A partir de dezembro de 1943, seu corpo traiu-o: caiu doente em Cartago, e desde então nunca mais foi o mesmo homem. Seu médico, o doutor Jacques Moran, anotou dia após dia seu patético combate contra a decadência física e a imbecilidade. Dizia ele, em 22 de setembro de 1944 — aos 70 anos: "No que diz respeito ao espírito, vai tudo bem. Mas sinto-me muito cansado. Tenho a impressão muito nítida de ter concluído minha obra. Tinha uma mensagem a transmitir, não a tenho mais. Doravante, limito-me a dizer: caça a esses malditos socialistas." Estava marcado pelo passado. Escreveu ao general Scobie: "Precisamos manter Atenas. Será para o senhor um grande feito chegar a isso sem derramamento de sangue, se possível, mas com derramamento de sangue, se necessário." Comentando essas instruções em 1953, ele disse ter pensado na palavra que Balfour dirigiu às autoridades britânicas na Irlanda: "Não hesitem em atirar." Acrescentou: "Essa lembrança de uma época longínqua obcecava meu pensamento." Talvez tenha alegado essa reminiscência a título de escusa; mas o fato é que não se adaptava tão bem como outrora às circunstâncias. Em Yalta, não foi por sua culpa que teve que fazer importantes concessões a Stalin: defendeu seus pontos de vista com habilidade e firmeza. Mas sua saúde continuou a deteriorar-se. Sua capacidade de trabalho diminuiu. Tornou-se falador e verborrágico, a ponto de exasperar os membros do gabinete. Tinha estado sempre absorvido a tal ponto por suas próprias ideias, que não se interessava pelas dos outros. Mas sua solidão aumentou mais ainda. Não conseguia mais acompanhar um pensamento alheio. Perdera um pouco o sentido da realidade. Iludido pelas ovações triunfais de que era objeto nas ruas de Londres e na Câmara dos Comuns, acreditou que, nas eleições legislativas, o sucesso dos conservadores estava assegurado. Lançou-se com ímpeto, em 1945, na campanha eleitoral. Mas não se deu ao trabalho de estabelecer um programa sólido. Limitava-se a denunciar as catástrofes que um ministério trabalhista desencadearia: seria, dizia ele, um regime estatizante e policial. Esses ataques contra homens com quem ele colaborara durante toda a guerra foram motivo de preocupação. Começou-se a perguntar se sua combatividade, útil em tempos de guerra, não seria nefasta para a paz. O organismo central do partido, adormecido desde 1940, perdera o contato com as massas. Ao contrário, os trabalhistas tinham um programa sedutor: serviços sociais, pleno emprego, vida barata, nacionalização de certas indústrias. Faziam uma excelente propaganda. Dizia-se: "Os trabalhistas têm um programa; os conservadores, uma fotografia: a de Churchill."

A vitória dos trabalhistas foi esmagadora, e Churchill teve que se exonerar: isso lhe provocou uma grande amargura: "Fui despedido pelo eleitorado britânico e privado de qualquer participação ulterior na condução dos negócios", escreveu ele, mais tarde. Não suportava sentir-se "desempregado", e mergulhou na melancolia. Quando alguém lhe sugeriu iniciar um itinerário de conferências, respondeu: "Recuso-me a ser exibido como um antigo touro de exposição, cujo prestígio só se deve a suas proezas passadas." Conservava sua cadeira no Parlamento, mas durante um tempo não teve mais atividade política. Retirado no campo, pintava, e projetou escrever suas Memórias (muito inferiores ao seu relato da guerra 1914-18: a parte de seus colaboradores é aí muito mais considerável). Depois, passou a liderar a oposição, e novamente frequentou assiduamente a Câmara dos Comuns; atacava as medidas econômicas tomadas pelo governo, e sobretudo a política de descolonização: sua veemência incomodava seus correligionários; estes desejavam que se aposentasse. Em 1949, teve um pequeno ataque, e ficou surdo. Sua memória enfraqueceu. Caminhava com dificuldade. "Estou no fim da linha", dizia. Entristecia-se com o desaparecimento dos antigos costumes, como, por exemplo, o dos oito cavalos brancos do rei. Após a desvalorização da libra, o Parlamento foi dissolvido, e as eleições fizeram com que os trabalhistas perdessem 95 cadeiras. Attlee continuava primeiro-ministro, mas Churchill entrevia uma desforra, e fez intervenções brilhantes na Câmara. Em 1951, as questões do Irã e as greves levaram a uma nova dissolução do Parlamento: os *tories* venceram, e Churchill tornou-se novamente primeiro-ministro. Mas perdera sua capacidade de trabalho: cinco ou seis horas era o máximo que conseguia, e deixava a seus ministros a parte mais pesada. Sentindo-se cansado o tempo todo, sabendo que sua pressão arterial era demasiado alta, frequentemente sonolento, tinha medo de ficar imprestável. Fez esta queixa patética: "Mentalmente, não sou mais o que era. Doravante, um discurso a fazer é um fardo e uma ansiedade. Jacques, diga-me a verdade: vou perder gradualmente todas as minhas faculdades?" Entretanto, apesar dos conselhos do médico, apesar das indisposições e dos ataques, não queria renunciar ao poder. A rainha conferiu-lhe a Ordem da Jarreteira. Mas em 25 de junho de 1953, ao fim de um jantar oficial, ele desmoronou: como em 1949, o ataque devia-se ao espasmo de uma artéria. Com a boca despencada, a elocução confusa, sentia-se transformado num "pacote de velhos trapos". Restabeleceu-se, e em outubro fez, no congresso anual do partido conservador, um discurso de 52 minutos, muito aplaudido. Mas na Câmara, em 5 de abril de 1954, sua intervenção foi desastrosa: ao tratar do problema da bomba de hidrogênio, reduziu-o a uma querela entre partidos. Gritou-se: "Demissão! A aposentadoria!" No dia seguinte, ele disse, com pesar: "Quando se é velho, vive-se demais no passado!" Mas não se desligava. Passando por altos e baixos, tinha, entretanto, consciência de seu estado: "Ai de mim! Fiquei tão estúpido! Você não pode fazer nada por mim?" Espantava-se: "É uma coisa extraordinária, Jacques, ficar velho." Moran perguntou-lhe quais eram os sinais que o impressionavam: "Tudo", respondeu. Obstinava-se em permanecer no poder, mas cada vez tinha menos capacidade para tanto. Para dormir, tomava calmantes. Frequentemente tinha lágrimas nos olhos. Seu 80º aniversário foi uma apoteose. À noite, contemplando um retrato seu, que lhe tinham dado de presente, disse a Eden: "É a imagem de um homem aposentado. Você há de convir que isso não parece comigo." Entretanto, os jovens conservadores gostariam de vê-lo partir. Cometia gafes constrangedoras.[236] Sua mente arruinava-se. Durante as reuniões do gabinete, frequentemente dormia. Em 1955, decidiu finalmente exonerar-se. Comia e bebia muito, mas fumava menos que outrora. Tinha frequentemente o olhar turvo, longos mutismos, torpores: "Estarei perdendo a cabeça?", perguntava. Teve um ataque de apoplexia em 1956. Ficou completamente surdo, apático, taciturno. Ia frequentemente para a Côte d'Azur, lia e pintava ainda um

[236] Teve o desatino de dizer: "Em 1945, enquanto os alemães se rendiam aos milhares, enviei ao marechal Montgomery um telegrama aconselhando-o a estocar suas armas: poderia tornar-se necessário devolvê-las aos soldados da Wermacht, se os russos forçassem o avanço." Intimado a explicar-se, defendeu-se muito mal.

pouco. Foi reeleito deputado em 1959, e foi a Paris, onde De Gaulle o condecorou com a Cruz da Libertação. Parecia muito velho e cansado. Depois, soçobrou por completo. Durante cinco anos, arrastou-se, decrépito, com a cabeça perturbada.

Gandhi nunca foi traído por seu corpo. Seu vigor foi ainda mais espantoso do que o de Clemenceau. Conseguiu levar a termo o projeto no qual engajara toda a sua vida — libertar a Índia dos ingleses. Mas sua vitória voltou-se cruelmente contra ele.

Decidido a expulsar os ingleses das Índias, inaugurara, em 1919, a *Satyagraha*, isto é, a desobediência às duras leis Rowlatt, que os ingleses queriam impor. Conclamou à não cooperação. Nomeado, em 1920, presidente da Liga pela autonomia pan-indiana, multiplicou as viagens de propaganda para difundir a prática da resistência não violenta. Pregou o renascimento do artesanato, que permitiu boicotar os produtos ingleses. Conseguiu paralisar a vida econômica. Ao mesmo tempo, agia no interior da sociedade indiana. Trabalhou para suprimir os preconceitos contra os párias. Almejava manter a amizade entre hindus e muçulmanos. Estes haviam vivido durante muito tempo em bons termos. Mas no século XX, apareceram nas cidades sérias tensões entre as classes médias das duas comunidades, que disputavam postos e influências. Em 1924, Gandhi infligiu-se um longo jejum, a fim de reconciliá-los: durante as três semanas que durou essa prova, ele morou na casa de um muçulmano. Entretanto, sendo ele mesmo muito piedoso, deu ao movimento que dirigia um caráter profundamente religioso. "Acontecia-me ficar preocupado", escreveu Nehru, "com essa influência crescente da religião sobre a nossa política, viesse ela dos hindus ou dos muçulmanos. Isso não me agradava de modo algum." Acrescenta que era muito difícil, pelo menos em certos pontos, levar Gandhi a modificar suas atitudes: "Ele era tão firme, tão ancorado em certas ideias, que o resto parecia sem importância... Do momento em que os meios eram bons, também o fim só podia ser bom."

Aos 70 anos, Gandhi estava mais convencido disso do que nunca. Dotado de uma admirável saúde, tendo-se imposto, sem que esta se alterasse, inúmeros jejuns muito duros, suportando longas caminhadas, o calor, o desconforto, e venerado por todos, desejava viver até 125 anos. Entretanto, enquanto ele acreditava num nacionalismo unificador, o líder muçulmano Yinnah desejava a divisão da Índia: a criação de um

Estado muçulmano. Quando, depois da Segunda Guerra Mundial, os ingleses, consentindo em retirar-se, encorajaram a formação de um governo provisório, os muçulmanos recusaram-se a entrar nesse governo: exigiam as províncias onde a maioria dos habitantes eram muçulmanos. Desencadearam-se então terríveis massacres: em Calcutá, onde houve, dos dois lados, milhares de mortos; em Bihar, onde 10.000 muçulmanos foram mortos. Com 77 anos de idade, Gandhi foi para a região de Noaklabi, onde se haviam refugiado hindus. Visitou 49 aldeias, pregando a não violência, morando muitas vezes na casa de muçulmanos. Novos massacres sucediam-se no Penjab, em Delhi. No dia em que completou seus 78 anos, Gandhi declarou: "Só há angústia em meu coração. Perdi todo o desejo de viver por muito tempo." Disse também: "Não estou mais de acordo com o que meus mais caros amigos estão fazendo." E ainda: "Na Índia, tal como se apresenta hoje, não há mais lugar para mim... Não tenho nenhum desejo de viver, se a Índia tem que submergir num dilúvio de violência." Só recebia cartas rancorosas: dos hindus, porque lhes reprovava as violências, dos muçulmanos porque se opunha à cisão. Convencidos de que só esta podia evitar a guerra civil, os membros do Congresso acabaram por votá-la em 14 de junho de 1947. Gandhi ficou "desesperado" com isso. A divisão era, para ele, uma "tragédia espiritual". No dia (que esperara durante toda a vida) em que a independência foi proclamada — 15 de agosto de 1947 —, ele recusou-se a tomar parte nas solenidades. Os indianos haviam traído os princípios de não violência que, a seus olhos, contavam mais do que a própria independência. "Se Deus me ama, não me deixará na Terra por mais que um momento", dizia ele. Visitava os campos de refugiados, fazia discursos públicos, fazia tudo para reconciliar as duas comunidades: em vão. No Paquistão, os hindus eram massacrados; nas Índias, era a vez dos muçulmanos, e os sikhs eram vítimas de chacinas nos dois países. Gandhi interrogava-se: "Haverá algo errado comigo?" Ele, que sempre procurara viver harmoniosamente, constatava: "Estou longe de possuir meu equilíbrio." A tão desejada independência só lhe trouxe o desespero. E morreu de modo violento, assassinado por um hindu que o considerava um traidor.

Foi vítima dessa contrafinalidade que Sartre descreveu, e que é um momento inelutável do desenrolar da História: a práxis imobilizava-se em prático-inerte; sob essa forma, ela é de novo apreendida pelo conjunto do mundo, que lhe desfigura o sentido. Um homem que morre jovem pode não assistir a esse retorno das coisas: mas, com o tempo, ele fatalmente se produz. Einstein foi uma vítima inocente. A responsabilidade de Gandhi é, ao contrário, evidente: Nehru pressentira com angústia a catástrofe que ia desencadear os fanatismos religiosos que Gandhi atiçava. Obstinado pela ideia da não violência, este não percebeu a violência latente no seio das duas comunidades. Preferiu o princípio à realidade, o meio ao fim: e o resultado contradisse o projeto de toda a sua vida. Há poucos destinos mais trágicos para um homem, do que o de ver sua ação radicalmente pervertida no momento em que se realiza.

Não foi por acaso que o balanço dessas três velhices se traduziu por fracassos. O homem político é feito para fazer a História, e para ser morto por ela. Dela encarna um certo momento ao qual, não importa o que faça, não se pode subtrair. Mesmo que se adaptasse ao novo curso das coisas, continuaria, aos olhos do público, o homem de tal tática, de tal método, de tal decreto. Clemenceau era o homem da guerra: o pós-guerra logo o afastou. Do mesmo modo Churchill, que levara a Inglaterra à vitória, pareceu a seu país obsoleto, assim que esta foi conquistada. Gandhi conduziu a Índia à independência: mas a independência criou uma situação que exigia que todos os seus princípios fossem renegados. Há velhos que ficam cegos, e que conseguem ignorar o desmentido que os acontecimentos lhes infligem: só conseguem parecer mais atrasados.

Já que foram banidos do poder para que se adotasse uma linha diferente da deles, os velhos homens políticos que caíram em desgraça culpam o presente e não pressagiam nada de bom para o futuro próximo; de qualquer modo, uma ação não é uma obra: ela só pode sobreviver através da lembrança, e não perpetuar-se materialmente; para além do desenrolar aventuroso da História, o que o homem de ação pode esperar legar à posteridade é apenas a memória do que ele realizou, e de sua figura. A maioria atribui a isso uma extrema importância. Afastados de suas funções — e por vezes, mesmo enquanto as estão exercendo — escrevem memórias que são sempre apologias deles mesmos, ataques contra seus adversários, e cujo valor histórico é geralmente contestável. Advogam sua causa diante das gerações futuras, contra a época atual que, a seus olhos, não lhes fez plenamente justiça.

Percebe-se que, em quase todos os campos, com raríssimas exceções, a relação do velho com o tempo no qual vive tem-se transformado profundamente. É o que exprime a curiosa expressão: "No meu tempo". Cuja estranheza Aragon, em *Blanche ou l'oubli*, observou. O tempo que o homem considera como o seu é aquele no qual ele concebe e executa seus projetos; chega um momento em que, pelas diversas razões que vimos, esses projetos fecham-se por trás dele. A época pertence aos homens mais jovens que nela se realizam através de suas atividades, que animam com seus projetos. Improdutivo, ineficaz, o homem idoso apresenta-se a si mesmo como um sobrevivente. É por esse motivo também que ele se inclina tanto a voltar-se para o passado: é o tempo que lhe pertenceu, no qual se considerava um indivíduo que goza de todos os seus direitos, um ser vivo.

Seu tempo era também aquele que era povoado pelas pessoas de sua idade. Os lutos são menos numerosos hoje, do que outrora. Antigamente, um homem de 50 anos tinha, em média, visto morrer seus pais, seus tios, suas tias, muitos irmãos e irmãs, provavelmente sua mulher e alguns de seus filhos. A vida era uma sequência de enterros, e chegar à velhice condenava à solidão. Nos nossos dias, aos 50 anos, muitas pessoas só perderam na família os avós. Mas se alguém atinge 70, 80 anos, já viu morrer a maioria de seus contemporâneos, e flutua, solitário, num século povoado de pessoas mais jovens. Mesmo na minha idade, minha relação com as diversas gerações transformou-se; só resta uma mais antiga do que a minha, extremamente dispersa, e com a morte a espreitá-la. A minha geração, outrora fervilhante, empobreceu-se muito. A que representava a meus olhos a juventude compõe-se de homens feitos, pais, e mesmo avós, instalados em suas vidas. Se quiser ter, sobre determinado assunto, um ponto de vista realmente jovem, tenho que dirigir-me à geração abaixo. Em alguns anos, atingirei o que Mme. de Sévigné chama o "grau de superioridade na nossa família". A partir daí, estamos ameaçados pela solidão e suas tristezas. Aos 82 anos, em 1702, Ninon de Lenclos constatava com melancolia que aqueles que vivem muito tempo têm "o triste privilégio de continuar sós num mundo novo".[237] Do triste castelo onde se recolhera, Casanova escrevia: "A maior infelicidade de um homem é a de sobreviver a todos os seus ami-

[237] Lembramo-nos de que, ao descrever os Struddburg, Swift pressentira esse exílio.

gos." O grande velho de quem Rétif, em *La Vie de mon père*, fala com veneração, diz a um jovem interlocutor: "Meu filho, não invejes meu destino nem minha velhice. Faz 40 anos que perdi o último dos amigos de minha infância, e que sou como um estranho no meio da minha pátria e da minha família. Não tenho mais ninguém que se veja como meu semelhante, meu amigo, meu companheiro. Uma vida demasiado longa é um flagelo." Ele diz não ter nenhum sentimento para com seus bisnetos que, por sua vez, o ignoram: "Aí está a verdade, meu caro amigo, e não os belos discursos dos bem-falantes das cidades."

O velho não viu morrer apenas as pessoas de sua geração: com bastante frequência, um outro universo substituiu o seu. Viu-se que certos velhos acolhem essa mudança com prazer e mesmo com orgulho: mas apenas na medida em que ela não conteste seu passado. Se a mudança põe de novo em questão tudo o que fizeram, tudo o que amaram ou tudo aquilo em que acreditaram, sentem-se no exílio.

Foi esse um dos aspectos da velhice que impressionou Balzac, e que ele traduziu com felicidade: o velho sobrevive à sua época e a si mesmo. É o caso do coronel Chabert, tido como morto em Eylau, e que, após anos de vida errante, retorna a Paris para se fazer reconhecer, para reencontrar sua mulher e sua fortuna. Seu próprio aspecto físico indica seu estado: "O velho soldado estava seco e magro. Sua fronte propositalmente oculta sob os cabelos da peruca emprestava-lhe um toque de mistério. Seus olhos pareciam cobertos por uma catarata transparente... O rosto, pálido, lívido como a lâmina de uma faca... parecia morto... A aba do chapéu que cobria a fronte do velho projetava um sulco negro no alto do rosto. Esse efeito bizarro, embora natural, fazia sobressair, pela aspereza do contraste, as rugas brancas, as sinuosidades frias, o sentimento descolorido daquela fisionomia cadavérica. Enfim, a ausência de qualquer movimento no corpo, de qualquer calor no olhar combinava com uma certa expressão de decência triste." Sua mulher, casada de novo e rica, de posse do dinheiro que pertencia a Chabert, recusa-se a devolvê-lo a este, que não tem força para empenhar-se em processos: "Ele aflorava uma dessas doenças para as quais a medicina não tem nome... afecção que seria preciso chamar de *spleen* da infelicidade." Por generosidade, ele decide permanecer legalmente morto. Mas o comportamento de sua mulher inspira-lhe uma tal repulsa, que pensa em matar-se. Desaparece; torna-se um vagabundo que se faz chamar de Hyacinthe. Acaba indo parar em Bicêtre.

Um outro sobrevivente é *Facino Cane*, que aparece ao narrador quando toca clarineta num casamento: "Imaginem a máscara de gesso de Dante, iluminada pela luz vermelha do candeeiro e encimada por uma floresta de cabelos de um branco prateado. A impressão amarga e dolorosa dessa cabeça magnífica era ampliada pela cegueira, pois seus olhos mortos reviviam pelo pensamento; escapava deles uma espécie de luz ardente, produzida por um desejo único, incessante, inscrito numa fronte abaulada, atravessada por rugas semelhantes à orla de um velho muro... Encontrava-se algo grande e despótico nesse velho Homero que guardava em si mesmo uma Odisseia condenada ao esquecimento. Era uma grandeza tão real, que ainda triunfava sobre sua abjeção, era um despotismo tão vigoroso, que dominava a pobreza. Nenhuma das violentas paixões que conduzem o homem tanto ao bem quanto ao mal, que fazem dele um condenado ou um herói, faltava naquele rosto nobremente esculpido, lividamente italiano, sombreado por sobrancelhas grisalhas que projetavam sua sombra sobre cavernas profundas. Existia um leão naquela jaula de ferro, um leão cuja ira se esgotara inutilmente contra o ferro das barras. O incêndio do desespero extinguira-se nas cinzas; a lava resfriara-se; mas os sulcos, os transtornos, um pouco de fumaça, atestavam a violência da erupção, as devastações do fogo." O homem é, na verdade, o descendente de um nobre patrício de Veneza; após extravagantes aventuras, ele se viu de novo despojado de toda a sua fortuna, e cego. Tanto nele como em Chabert, a sobrevivência é acompanhada de uma decadência através da qual emerge a grandeza.

É preciso citar também o bizarro e inquietante velho que Balzac descreve, no início de *Sarrasine*: "Criatura sem nome na linguagem humana, forma sem substância, ser sem vida ou vida sem ação... Ele usava uma calça de seda negra, que flutuava em torno de suas coxas descarnadas, formando pregas como uma vela de barco arriada. Um anatomista teria reconhecido subitamente os sintomas de um horrível raquitismo, ao ver as perninhas que serviam para sustentar aquele corpo estranho. Dir-se-iam dois ossos em cruz sobre um túmulo. Um sentimento de profundo horror pelo homem apoderava-se do coração, quando uma fatal atenção revelava a quem o olhasse as marcas impressas pela decrepitude naquela máquina frágil. O desconhecido usava um colete branco, bordado de ouro, à moda antiga, e sua roupa branca era de uma alvura ofuscante. Um jabô de renda da Inglaterra um tanto ruço, cuja riqueza faria inveja a uma rainha, formava colmeias amarelas sobre seu peito; mas nele, essa renda era mais um farrapo do que um ornamento. No meio desse jabô, um diamante de valor incalculável cintilava como o sol. Esse luxo antiquado, esse tesouro intrínseco e sem sabor faziam sobressair mais ainda o rosto desse ser bizarro. A moldura era digna do retrato. O rosto negro era anguloso e cavado em todos os sentidos. O queixo era cavado; as têmporas eram cavadas; os olhos perdiam-se em órbitas amareladas. Os ossos maxilares, tornados salientes por uma indescritível magreza, desenhavam cavidades no meio de cada face... Os anos tinham colado tão fortemente nos ossos a pele amarela e fina daquele rosto, que ela descrevia nele, por toda parte, uma multidão de rugas... tão profundas e tão apertadas quanto as folhas nas bordas de um livro... Mas o que contribuía mais para dar a aparência de uma criação artificial ao espectro que apareceu diante de nós era o carmim e o branco que reluziam nele... Seu crânio cadavérico escondia-se sob uma peruca loura, cujos incontáveis cachos traíam uma pretensão extraordinária." Balzac descreve as joias que o cobrem. "Enfim, essa espécie de ídolo japonês conservava nos lábios azulados um riso fixo e parado. Se o velho virava os olhos para os presentes, parecia que os movimentos daqueles globos incapazes de refletir uma luz estavam acoplados por um artifício imperceptível." Esse homem havia sido outrora o célebre castrado Zambinella que, vestido de mulher, cantava nos teatros de Roma. Dotado de uma beleza perturbadora, devastara os corações, homens tinham-se matado por ele. Um deles, o escultor Sarrasine, lhe havia predito esse destino atroz: "Deixar-te a vida não significa condenar-te a algo pior que a morte?"

Tolstói retratou admiravelmente um homem do século XVIII, isolado no século XIX: o velho príncipe Bolkonski, pai do príncipe André. Inspirou-se, para descrevê-lo, no que lhe haviam contado sobre seu avô materno, Nicolas Volkonski; este tiranizava sua filha, a mãe do autor, a qual tinha uma governanta francesa, Mlle. Henissienne. Esse retrato tem, portanto, o valor de um documento. O velho príncipe usa uma casaca bordada e empoa os cabelos: quando ele aparece, sentimo-nos transportados para uma outra época. Goza de boa saúde, tem dentes sólidos. Não tem mais nenhuma influência real na sociedade, mas é respeitado. Organizado até a mania, cercando-se de um cerimonial imutável, sua exigente dureza aterroriza os que o cercam.

Conservou certas atividades, e até dedica a estas boa parte de seu tempo; mas essas atividades têm qualquer coisa de obsoleto. Ele constrói, planta e sobretudo tranca-se em seu laboratório para entregar-se a pesquisas, à maneira dos amantes da ciência do século XVIII. Fiel aos velhos costumes, e encerrado nos preconceitos de seu tempo, zomba dos militares da nova escola, e não leva Bonaparte a sério. Certa manhã, enquanto se vestia, pede a seu filho que lhe exponha os planos da próxima campanha, mas não o escuta. Está inteiramente a par da situação política e militar; mas encara o mundo atual com ironia e desdém. Ele tem "um riso frio, seco e desagradável". É um tirano doméstico. Aterroriza a filha Marie, oprime-a e recusa-se a separar-se dela. Por causa dele, ela não se casa. Fica furioso por seu filho querer casar-se novamente com Natacha, e recebe tão mal esta última — de roupão e gorro de algodão, com observações desagradáveis — que ela deixa a casa, magoada. Ao envelhecer, permanece robusto, perde apenas um dente, mas torna-se cada vez mais irritadiço e cético com relação aos acontecimentos deste mundo. Depois, adoece um pouco e acusa a filha de enervá-lo propositalmente. André toma o partido da irmã; o velho príncipe, a princípio, fica aborrecido, parece confuso, depois salta: "Fora daqui! Nunca mais ponhas de novo os pés nesta casa." Sua razão começa a declinar. Deixa-se enganar pela governanta francesa, Mlle. Bourienne. Tem caprichos. Tranca-se durante oito dias em seu gabinete, depois retorna a suas construções e plantações. Mostra-se amuado com Mlle. Bourienne, e também com a filha desta. Finge ignorar a guerra. Sempre atarefado, dorme pouco e muda de quarto todas as noites. Enquanto o inimigo já está no Dniepre, ele afirma que este não conseguirá transpor o Niemen. Cada vez menos leva em consideração a realidade. Seu filho envia-lhe uma carta alarmante, e ele finge que ela anuncia uma derrota francesa. Depois relê a carta e compreende subitamente o perigo; ordena à filha que parta e faz uma cena violenta porque esta se recusa a deixá-lo, embora, no fundo, fique muito feliz com isso. Quando os franceses chegam, ele veste seu uniforme de gala com todas as condecorações para ir ver o general em chefe. Mas no caminho tem um ataque, e fica três semanas paralisado do lado direito. Sofre, tenta em vão falar. Então, enternece-se diante da dedicação da filha e acaricia-lhe os cabelos. Consegue murmurar: "Obrigado por tudo." Pede para ver seu filho e se lembra de que está no exército.

"A Rússia está perdida, eles perderam-na", diz, em voz baixa, marcando com esse *eles* sua hostilidade a uma época que não reconhece como sua. Explode em soluços. Depois acalma-se e pouco depois morre, abandonando sobre o leito um pequeno cadáver encarquilhado.

Um sobrevivente: aos olhos de outrem, é um morto em *sursis*. Mas será assim que ele mesmo se vê? Como sentirá a proximidade de seu fim?

O contexto social influencia a relação do velho com a morte. Em certas sociedades, a população inteira se deixa perecer com indiferença, por miséria fisiológica, ou porque as circunstâncias lhe causam repulsa pela vida: então, a morte não é problema para ninguém. Em outras, as pessoas cercam-se, na velhice, de um ritual que valoriza essa velhice a ponto de torná-la desejável — embora certos indivíduos desejem escapar-lhe. A velhice não tem, nas sociedades tradicionais, nas quais o pai conta como certo que seus descendentes prolongarão sua obra, a mesma característica que tem nas sociedades industriais de hoje. Entretanto, há, na morte, um elemento que transcende a História: ao destruir nosso organismo, ela aniquila nosso ser no mundo.[238] Da Antiguidade até nossos dias, há constantes nos testemunhos que descrevem a atitude dos velhos diante da morte.

Essa atitude varia com as idades. A revelação da morte perturba a criança. O jovem detesta a ideia da morte, embora seja mais capaz do que outros de afrontá-la livremente. Revolta-se, se a vida lhe é tomada. Mas muitas vezes não hesita em arriscá-la, em doá-la. É que ele não lhe atribui tanto valor, senão pelo fato de que a destina a outra coisa que não ela mesma; seu amor à vida é feito de uma generosidade que pode levá-lo a sacrificá-la. O adulto tem mais prudência. Está preso a interesses, e é através destes que se recusa a desaparecer: o que será de sua família, de seus bens, de seus empreendimentos? Ele não pensa com muita frequência em seu fim porque está absorvido por suas atividades, mas evita correr riscos, e cuida da saúde.

Para o velho, a morte não é mais um destino geral e abstrato: é um acontecimento próximo e pessoal. "Sim, a ideia de concessão à perpetuidade da vida, essa ilusão na qual a maioria dos homens vive, na qual eu vivera até agora, essa ilusão, eu não a tenho mais", escreve Edmond de Goncourt em seu *Journal*, em 17 de agosto de 1889. Todo velho sabe

[238] Mesmo que esperemos ressuscitar num outro mundo, a morte nos arranca deste.

que morrerá logo. Mas o que significa, neste caso, saber? Observemos a construção negativa da frase de Goncourt: ele não se crê mais imortal. Mas como é que nos pensamos mortais?

A morte pertence àquela categoria na qual alinhamos a velhice, e que Sartre chama de "irrealizáveis"; o por-si não pode atingi-la, nem se projetar em sua direção; ela é o limite externo de minhas possibilidades, e não minha própria possibilidade. Estarei morta para os outros, não para mim: é o outro que é mortal, no meu ser. Conheço-me mortal — assim como me conheço velha — tomando o ponto de vista dos outros em relação a mim. Esse conhecimento é, portanto, abstrato, geral, posto em exterioridade. Minha "mortalidade" não constitui o objeto de nenhuma experiência íntima. Eu não a ignoro; levo-a em consideração praticamente em minhas previsões, minhas decisões, na medida em que me trato como um outro: mas não a vivo. Posso tentar aproximar-me dela através de fantasmas, imaginar meu cadáver, a cerimônia fúnebre. Posso sonhar com minha ausência: mas sou ainda eu que sonho com ela. Minha morte persegue-me no âmago de meus projetos, como o inelutável avesso deles: mas eu não a realizarei jamais; eu não realizo minha condição de mortal.

Do mesmo modo que esse irrealizável, a velhice pode ser assumida de diversas formas, sua relação com esse outro irrealizável, a morte, não é estabelecida de antemão. Cada indivíduo a escolhe, em função do conjunto de sua situação e de suas opções anteriores. Um homem idoso que se sente ainda muito jovem ficará tão revoltado diante da proximidade da morte quanto ficaria um quadragenário acometido de doença incurável. Ele não mudou; sua vitalidade e o interesse que tem pelo mundo estão intactos: e um veredicto exterior lhe comunica que suas chances de vida estão reduzidas a uma dezena de anos! Casanova, que não suportava que o chamassem de velho, apesar de sua tristeza, de sua solidão, de sua decadência, continuava apaixonadamente curioso em relação ao futuro. "Oh, morte! Morte cruel!", escreve ele, aos 70 anos. "A morte é um monstro que expulsa do grande teatro o espectador atento, antes que uma peça que lhe interessa infinitamente termine. Esta simples razão deve bastar para fazer com que esse monstro seja detestado." Aos 70 anos, Wells — antes da guerra de 1940 — comparava-se a uma criança a quem se acabou de dar belos brinquedos e que se manda dormir em seguida: "Não tenho a menor vontade de arrumar meus brinquedos. Detesto a ideia de partir." Mesmo que se tenha a consciência da própria idade, enquanto se está empenhado num projeto, detesta-se a morte, que o interromperá: foi o caso de Renoir, que nunca teria desejado parar de pintar e de progredir.

Pode acontecer que, com a passagem dos anos, essa repugnância se atenue. Moral e fisicamente destruído, Swift escrevia a Bolingbroke: "Quando eu tinha a sua idade, pensava com frequência na morte; mas agora, ao cabo de uma dezena de anos, esse pensamento jamais me deixa e me aterroriza menos. Concluo daí que a Providência reduz ao mesmo tempo nossos temores e nossas forças." Esse pessimista dá provas de um curioso otimismo, quando supõe um providencial equilíbrio entre nosso estado fisiológico e nossas ansiedades. É preciso procurar uma outra explicação para este fato, à primeira vista paradoxal: com bastante frequência, quanto mais próxima, menos a morte amedronta. Freud supôs[239] que, quanto mais se acumulavam os anos, mais a "pulsão de morte" sobrepujava o desejo de viver. Mas a maioria dos psicanalistas abandonou esta ideia; Freud não explica a relação entre a idade e a pulsão da morte. Por que motivo, então, a indiferença à morte aumenta com o tempo?

Na verdade, a ideia de que a morte se aproxima é errônea. Ela não está nem próxima, nem distante: ela não é. Uma fatalidade exterior pesa sobre o vivente em qualquer idade; em nenhum lugar está fixado o momento em que se realizará. O velho sabe que se extinguirá "logo": a fatalidade está tão presente aos 70 anos quanto aos 80, e a palavra "logo" permanece tão vaga aos 80 anos, quanto aos 70. Não é justo falar de uma relação com a morte: o fato é que o velho — como todo homem — só tem relação com a vida. O que está em questão é sua vontade de sobreviver. Há uma expressão que diz bem o que quer dizer: acabar com a vida. Desejar ou aceitar a morte significa positivamente: desejar ou aceitar acabar com a vida. É normal que esta última pareça cada vez menos suportável, à medida que se agrava a decadência senil.

---

[239] Em 1920, quando escreveu *Além do princípio do prazer.* Ele pensava, então, que todo ser vivo tem uma tendência fundamental a retornar ao estado inorgânico. Repetiu essa afirmação até o fim de sua vida. No entanto, algumas de suas cartas mostram que, por vezes, duvidava dessa tese.

Para convencer-se disso, basta lembrar os males e as mutilações que essa decadência acarreta. Em primeiro lugar, a dor física. Freud reconheceu-o: foi ela, e não uma pulsão de morte, que o fez desejar desaparecer.[240] É o desejo de todos que são torturados por seu corpo. Por outro lado, viver demais é sobreviver àqueles que amamos. Fundamentalmente egoístas, ou presos a seus projetos, alguns velhos, como Tolstói, cultivam a insensibilidade, e se resignam com facilidade a esses lutos. Para outros, mais empenhados em suas afeições, essas perdas tiram o desejo de permanecer no mundo. Victor Hugo, depois da morte de Juliette, começou a desejar a morte. Verdi não esperava outra coisa, depois de ter perdido a mulher.

Quando o mundo se transforma ou se revela de um modo que torna intolerável a permanência nele, o homem jovem conserva a esperança de uma mudança; isso não acontece com o velho, a quem não resta mais nada a não ser desejar a morte, como fizeram Anatole France, Wells, Gandhi. Ou então, é sua própria situação que o homem idoso não pode mais esperar superar, e que lhe parece penosa. Goncourt escreve, em seu *Journal*, em 3 de abril de 1894: "No meu estado de sofrimento contínuo, nesta sucessão de crises que aparecem todas as semanas, e com o insucesso de minhas últimas tentativas literárias, e com as esmagadoras retomadas de sucesso de pessoas em que não reconheço nenhum talento, e ainda, meu Deus, com uma certa incerteza sobre a profundidade de minhas amizades mais íntimas, a morte me parece menos negra do que há alguns anos."

Sobretudo, mesmo que nenhum infortúnio particular atinja o velho, ele geralmente perde suas razões de viver ou descobre a ausência delas. Se a morte nos preocupa, é porque ela é o avesso inelutável de nossos projetos: quando cessamos de agir, de empreender, não resta nada que ela possa quebrar. Para explicar a resignação de certos velhos à morte, invoca-se o desgaste, a fadiga; mas se bastasse ao homem vegetar, ele poderia contentar-se com essa vida morosa. Só que, para ele, existir é transcender-se. A decadência biológica acarreta a impossibilidade de se superar, de se apaixonar, ela mata os projetos, e é nesta perspectiva que torna a morte aceitável.

---

[240] Cf. pp. 543 ss.

Mesmo que o homem idoso conserve forças e saúde, e mesmo que a sociedade não o tenha arrancado brutalmente de suas atividades, seus desejos e projetos definham, como vimos, por causa de sua finitude. O programa estabelecido em nossa infância só nos permite fazer, conhecer e amar um número limitado de coisas; quando este está completo, quando estamos no fim da linha, a morte é indiferente, ou mesmo misericordiosa: ela nos livra desse enfado que os antigos chamavam a *satietas vitae*. Gide suportava mal que o fim de sua vida estivesse condenado às repetições, a um constante repisar. Sabia que não tinha mais nada a dizer, nem a descobrir. Escreve, em 7 de setembro de 1946: "Creio ser sincero ao dizer que a morte não mais me amedronta muito." E, aos 80 anos, em *Ainsi soit-il*: "Minha inapetência física e intelectual ficou tão grande, que não sei mais muito bem o que me mantém vivo, a não ser o hábito de viver. Inteiramente resignado a morrer." Churchill dizia, aos 80 anos: "Para mim dá no mesmo morrer. Já vi tudo o que havia para ver." Tomada ao pé da letra, a frase é estúpida: o mundo de amanhã ele não viu. Entende-se melhor Casanova, quando este se queixa de ser expulso antes do fim do espetáculo. Mas na verdade, é Churchill quem tem razão: esse mundo novo seria percebido com seu velho olhar; ele o apreenderia dentro das perspectivas que sempre haviam sido as suas; só compreenderia o que pudesse associar ao já visto — o resto lhe teria escapado.

É por uma razão um tanto diferente que a ideia da morte me desola menos que outrora: essa razão é estar ausente do mundo, e era a essa ausência que eu não podia resignar-me. Mas tantas ausências já provocaram vazios em mim! Meu passado está ausente, ausentes os amigos mortos, os amigos perdidos, e tantos lugares na terra aonde não voltarei nunca mais. Quando a ausência tiver tragado tudo, isso não fará mais muita diferença.

Há velhos que são devorados pelo medo de morrer. Citaram-me um homem de 91 anos, rico, ativo, célebre, casado com uma mulher muito jovem, que toda noite, ao se deitar, é vítima de uma angústia atroz. Expressa essa angústia perguntando-se como ficará sua mulher depois de sua morte. Bem sabe que, jovem, bela, rica, provavelmente irá chorar por ele, mas sabe também que o futuro dela está assegurado. É sua própria situação que o amedronta. Entretanto, os psiquiatras afirmam que a morte só obceca o velho quando já no passado ele tinha um medo mórbido dela. Os fatos clínicos demonstram que, assim como as outras neuroses, a obsessão da morte tem suas raízes na infância e na adolescência.[241] Está frequentemente ligada a ideias de culpa: se o sujeito é crente, imagina com terror que vai ser precipitado no inferno.

Segundo os testemunhos que colhi, o medo da morte não é, geralmente, o inverso de um ardente amor à vida: ao contrário. "A morte era a minha vertigem porque eu não amava a vida", escreve Sartre, falando de sua infância. Do mesmo modo que os pais, os esposos ansiosos não são os que amam mais, mas aqueles que sentem uma carência no âmago de seus sentimentos; as pessoas que não se sentem bem na própria pele são as que mais assiduamente ruminam a morte. E não se deve pensar que aqueles que — como Lamartine — chamam-na desesperadamente, desejam-na realmente: ao falar incessantemente nela, demonstram apenas que a morte os obceca.

Vejo uma confirmação de que a ansiedade dos velhos diante da morte é excepcional na maneira pela qual eles negligenciam sua saúde. Jogam, como vimos, com o equívoco entre velhice e doença: mas esse equívoco não seria mantido se o homem idoso estivesse constantemente atormentado pelo medo de morrer.

Pesquisadores interrogaram os pensionistas de uma residência da CNRO: pensavam eles na morte? E como? Eis suas respostas: "um dia, vai ter que acontecer"; "pensamos, pensamos frequentemente"; "quando não consigo mais respirar, seria uma libertação"; "quando tenho ideias negras, penso"; "mais vale morrer, mas não sofrer"; "vivemos para morrer"; "há pessoas que pensam. Mas a mim, isso não choca"; "eu não penso nisso. Estamos aqui para deixar lugar para os outros"; "já comprei um túmulo para mim"; "sabemos que temos que morrer"; "penso frequentemente. Seria uma libertação para mim"; "não penso. Vemos sempre gente morrer"; "é a vida. A morte é a continuação da vida. Pensamos nisso quando estamos deprimidos"; "não é preciso saber quando se vai morrer"; "um dia vai ter que acontecer"; "penso nisso desde que vim para cá. Na cidade, pensava menos. Não gostaria de me arrastar,

[241] Segundo o psicanalista americano Martin Grotjhan, as angústias de castração dos velhos devem ser analisadas antes da angústia da morte: muitas vezes esta última dissimula uma angústia de castração que ressuscita a da infância, e de maneira tão aguda que suscita o desejo de morrer.

de sofrer"; "penso mesmo muitas vezes"; "ricos ou pobres, todos chegamos lá. É a vida que é assim"; "faz pena. Há pessoas que morreram na Casa, que eram mais jovens do que eu"; "vamos ter que chegar lá". Em que medida essas respostas são sinceras? O sujeito pode fingir por pudor, para esconder de si mesmo sua ansiedade, para fazer boa figura. Mas a convergência de todas as respostas é significativa. A morte parece preferível ao sofrimento. É evocada quando se está deprimido: não parece que seja ela que provoque a depressão, mas antes que se revele em seu ameaçador absurdo, quando o presente parece sinistro. Ela não é um objeto de preocupação. Temos preocupações a propósito de realidades bem definidas, e que nos escapam: a saúde, o dinheiro, o futuro próximo. A morte é de uma outra espécie. Pelo fato de ser um irrealizável, aparece como uma perspectiva vaga e indefinida. Sua fatalidade é apreendida de fora. "Ricos ou pobres, todos chegamos lá." Pensamos na morte, sem conseguir pensá-la.

"Não é preciso saber quando se vai morrer": esta resposta é significativa. Se o prazo estivesse fixado e iminente, em vez de se perder num momento vago e longínquo, a atitude do velho provavelmente não seria a mesma. Eurípides observa, em *Alceste*, que os velhos se queixam de sua condição e pretendem desejar a morte: mas, encostados na parede, esquivam-se. O pai de Admeto recusa-se ferozmente a descer aos Infernos em seu lugar. Tolstói, quando velho, dizia que lhe era indiferente morrer, mas Sonia aborrecia-se com os cuidados que ele tomava com a saúde. "Todos os velhos dão mais valor à vida do que as crianças, e saem dela com maior má vontade", escreve Rousseau nas *Rêveries*. "É que, tendo sido feitas todas as obras para essa mesma vida, eles veem, no fim, que se esforçaram em vão." Há malícia nessa observação. Rousseau pensava que é preciso gozar o presente, e não sacrificá-lo a um futuro que o nada irá tragar. Na verdade, não é o despeito de ter trabalhado em vão que faz detestar a morte. E essa recusa não é universal. Mas o fato é que um bom número de velhos apegam-se à vida, mesmo depois de ter perdido todas as razões de viver; descrevi, em *Uma noite muito suave*, a maneira pela qual minha mãe, aos 78 anos, agarrou-se à vida até o último suspiro. É então a condição biológica do sujeito — a que chamamos vagamente sua vitalidade — que determina sua revolta ou seu consentimento. Tão crente quanto minha avó, enquanto esta achou repousante deixar este mundo, minha mãe teve da morte um medo animal. Muitas pessoas idosas conhecem o medo, e ter medo é realizar no próprio corpo a recusa de morrer. O que frequentemente ameniza a morte dos velhos é que a doença acabou de esgotá-los, e também que eles não se dão conta do que lhes está acontecendo.

Entretanto, há também mortes lúcidas e calmas: quando física e moralmente todo desejo de viver extinguiu-se, o velho prefere um sono eterno à luta, ou ao enfado cotidiano. A prova de que, na velhice, a morte não aparece como o pior dos males é o número de velhos que resolvem "acabar com a vida". Nas condições que hoje a sociedade proporciona à maioria deles, sobreviver é uma provação vã, e se compreende que muitos prefiram abreviar a vida.

# VII

## — VELHICE E VIDA COTIDIANA —

**Enfraquecido, empobrecido,** exilado no seu tempo, o velho permanece, no entanto, o homem que era. Como consegue ele, no dia a dia, arranjar-se com tal situação? Que chances lhe deixa ela? Que defesas ele lhe opõe? Pode adaptar-se, e a que preço?

Já que toda qualificação é uma limitação, não podemos supor que, ao se desqualificar, o indivíduo ganhe em abertura no mundo? Fica dispensado de trabalhar, não está mais voltado para o futuro: não goza então de uma disponibilidade que lhe permita descansar no presente? Claudel, octogenário, escreve em seu Diário: "Ontem, suspira um! Amanhã, suspira outro! Mas é preciso ter atingido a velhice para compreender o sentido retumbante, absoluto, irrecusável, insubstituível, desta palavra: hoje!" Alguns dizem sentir então como uma felicidade o simples fato de viver: "Nunca", escreve Jouhandeau, "me senti ligado ao mundo por um fio mais tênue, como se a cada instante ele fosse romper-se, o que leva ao auge minha volúpia de ainda ser." E também: "É uma coisa extraordinária sobreviver a si próprio. Não se dá valor a mais nada e se fica muito mais sensível a tudo." Mauriac[242] diz mais ou menos a mesma coisa: "Não me sinto desligado de nada nem de ninguém. Mas, doravante, viver bastaria para me ocupar. Este sangue que aflui ainda à minha mão pousada em meu joelho, este mar que sinto bater dentro de mim, este fluxo e refluxo que não são eternos, este mundo tão perto de acabar exigem uma atenção de todos os instantes, de todos estes instantes antes dos últimos: a velhice é isso." "Não gostaria de pensar em nada a não ser em que eu existo e estou aí."

Bem mais que a juventude, a idade avançada seria então a época do *carpe diem*: o momento em que "se colhe o que se semeou", diz Fontenelle. "A estação do uso, e não mais dos labores", diz d'Aubigné. É falso. A sociedade de hoje, como vimos, só concede lazeres aos velhos tirando-lhes os meios materiais para aproveitá-los. Os que escapam à

---

[242] *Nouveaux mémoires intérieurs.*

miséria e ao desconforto têm que administrar um corpo que se tornou frágil, predisposto à fadiga, frequentemente deficiente ou tolhido por dores. Os prazeres imediatos lhes são interditados ou avaramente dosados: o amor, a mesa, o álcool, o fumo, o esporte, a caminhada. Só os privilegiados podem compensar, em parte, essas frustrações: passear de carro em vez de caminhar, por exemplo.

Mesmo em relação a esses privilegiados, podemos duvidar que o gozo do momento presente lhes satisfaça. Muitos escritores idosos queixam-se da aridez de seus dias. "O tempo tomou minhas mãos entre as suas. Não há mais nada a colher em dias sem flores", diz Chateaubriand. Segundo ele, é o peso do passado que torna sombrio o presente. "Quando já se viu a catarata do Niágara, não existe mais outra queda-d'água. Minha memória opõe sem cessar minhas viagens a minhas viagens, montanhas a montanhas, e minha vida destrói minha vida. A mesma coisa me acontece em relação à sociedade e aos homens." Stendhal, que, no entanto, não estava realmente velho, queixa-se, nas *Promenades dans Rome*: "Ai de mim! Toda ciência se parece num ponto com a velhice, cujo pior sintoma é a ciência da vida, que impede de se apaixonar, de fazer loucuras por nada. Eu gostaria, depois de ter visto a Itália, de encontrar em Nápoles a água do Letes, esquecer tudo, e depois recomeçar a viajar, e passar meus dias assim." Schopenhauer exprime um ponto de vista análogo: "A velhice só tem uma semiconsciência da vida... Insensivelmente, o intelecto se embota de tal maneira pelo longo hábito das mesmas percepções que cada vez mais tudo acaba por deslizar nele, sem impressioná-lo." Aragon, em *La Mise à mort*, fala com nostalgia "desse frescor desaparecido do mundo". Escreve ele em *Le Roman inachevé*:

"Sinto-me sempre estranho entre os outros
Ouço mal, perco o interesse por tantas coisas,
O dia não mais tem para mim seus doces reflexos
[cambiantes;
A primavera que retorna é sem metamorfose,
Não mais me traz o peso dos lilases;
O perfume das rosas me faz crer que me recordo."

Jouhandeau também sentiu a submersão do presente num passado por demais conhecido: "Tudo toma, à medida que envelhecemos, o aspecto de uma lembrança, mesmo o presente. Consideramo-nos a nós mesmos como já passados." Ninguém exprimiu melhor esse desgaste do mundo e a tristeza que provoca em nós do que Andersen numa carta que escrevia aos 69 anos: "Se vou ao jardim, entre as rosas, que têm elas (e mesmo os caramujos em seus talos) a me dizer que já não tenham dito? Se olho para as largas folhas dos nenúfares, lembro-me de que Thornbeline já terminou sua viagem. Se escuto o vento, ele já me falou de Valdemar Daae e não conhece outra história melhor. Nos bosques, sob o velho carvalho, lembro-me de que faz muito tempo que ele me contou seu último sonho. Assim, não tenho mais nenhuma impressão nova, e é triste."

Como explicar esse silêncio das coisas? Chateaubriand contradiz-se quando, tendo evocado com razão o "deserto do passado", pretende que nossas lembranças poderiam obliterar nossas atuais percepções. Estas têm uma evidência e uma intensidade bem superiores. Em certo sentido, o desejo de Stendhal se realiza: bebemos a água do Letes. Eu revejo Roma todo ano com a mesma alegria, sua presença sobrepuja todas as imagens que eu guardara dessa cidade; e mesmo as impressões antigas, confusamente ressuscitadas através do instante, enriquecem-na, embelezam-na. É graças a essa intensidade do presente que Aragon pode escrever, no fim do poema do qual citei o início:

"Quando eu pensava ultrapassado o limiar da sombra
O frêmito de outrora retorna em minha ausência
E minha fronte é acariciada, como por mão amiga.
O dia, no mais fundo de mim, começa a renascer."

Nossas lembranças não podem desqualificar nossa experiência atual; é antes a consciência de ter esquecido tantas coisas que a desvaloriza: nós a esqueceremos também. Quando jovens, imaginamos que nos lembraremos de tudo sempre: mas escapamos ao tempo porque dispomos de um futuro infinito. O instante me tirava o fôlego quando eu pensava apreender nele a eternidade; era eternamente indelével. Desde que meu futuro está limitado, os instantes não são mais eternos, não me dão mais o absoluto: perecerão inteiros ou cairão em cinzas que meu túmulo tragará comigo. Em suas longas caminhadas fantasiosas, Rousseau encantava-se com o vagabundear de seus devaneios; ao voltar à casa de Mme. de Warens, num momento em que não a amava mais, a precisão do objetivo defraudava sua imaginação, o encanto dissipava-se. "Eu estava onde estava, ia aonde ia, nunca mais longe." Essa aridez é o quinhão de muitos de nós ao passarmos dos 60 anos: sabemos demais para onde vamos. Em 10 de maio de 1925, Freud escrevia a Lou: "A mudança não é, talvez, muito visível, tudo permaneceu tão interessante quanto outrora, as qualidades também não sofreram grandes modificações, mas falta uma espécie de ressonância; eu, que não sou músico, vejo aí a mesma diferença que se observa nos sons ao usar ou não o pedal." Vailland mostra Don Cesare levando, aos 70 anos, a mesma vida que levava outrora, mas "suas palavras ressoam num mundo sem eco". A analogia das duas comparações é impressionante. Na juventude, o mundo é infinitamente rico de sentido e de promessas; o menor incidente desperta inúmeros ecos. Mais tarde, num universo reduzido à dimensão do nosso breve futuro, as vibrações extinguem-se.

Os valores e os fins que encontramos fora de nós são fruto de nossos investimentos. É nossa ausência de paixão, é nossa inércia que cria o vazio à nossa volta. As rosas e os nenúfares de Andersen calam-se porque a vontade de escrever deixou-o. Todas as morais do instante são errôneas porque desconhecem a verdade do tempo; os três "ekstases" temporais só se podem colocar juntos; o presente não é; o por-si só existe transcendendo-se para o futuro a partir do passado, e é à luz de nossos projetos que o mundo se descobre; ele se empobrece se esses projetos se reduzem. Renunciar a nossas atividades não é ter acesso a delícias preguiçosas das quais essas atividades nos teriam frustrado: é, esterilizando o futuro, despovoar o universo. Se as percepções são "embotadas" pelo hábito, se as coisas parecem fanadas e já devoradas pelo passado, não é porque arrastávamos conosco lembranças demasiado ricas: é porque nossa visão é animada por projetos novos.

Tanto quanto o jovem, o velho não pode satisfazer-se com aquela imobilidade com a qual sonha Mauriac, quando pretende que "viver" bastaria para ocupá-lo; ele próprio demonstra o contrário: nunca escreveu tanto como em seus últimos anos de vida. Não querer nada, não fazer nada é condenar-se à sinistra apatia na qual mergulham tantos aposentados. O triste é que é difícil encontrar razões para agir quando são vedadas as antigas atividades. Raros são os indivíduos aos quais o lazer permite o desabrochar de uma vocação contrariada ou aos quais revela possibilidades inesperadas. Dois exemplos desse gênero são célebres na América. Lilian P. Martin deixou a Universidade de Stanford para tornar-se "conselheira principal" da velhice. Aos 65 anos, ela aprendeu a usar uma máquina de escrever; aos 77 anos, a dirigir um carro; aos 88 anos, subiu o Amazonas de barco. Aos 99 anos, com quatro assistentes de 60 anos, empreendeu a exploração de uma fazenda de 25 hectares. A velha mulher a quem se chamou Ma Moses, tendo ficado, aos 74 anos, incapacitada para os trabalhos manuais, começou a pintar miniaturas. Aos 100 anos, realizou a mais célebre de suas obras, uma *Véspera de Natal*. Morreu em Nova York, aos 101 anos.

São casos excepcionais. Vimos que no próprio interior da nossa práxis, muitas vezes é impossível trilhar caminhos inéditos. Com mais razão ainda, pretender inventar para si, arbitrariamente, interesses e prazeres, é ilusório. "Só os prazeres de que se desfrutou antes dos 30 anos podem satisfazer sempre", observava Stendhal. Churchill, que dedicava muito tempo à pintura, queixava-se, no entanto: "É difícil inventar interesses para si próprio no fim da vida."

É por esse motivo que a idade nos tira o prazer de nos instruirmos. É muito raro que se queira, como Sócrates, saber por saber, no momento: informamo-nos em certa perspectiva. Do contrário, para quê? A ausência de projeto mata o desejo de conhecer: "Na verdade", escreve Saint-Évremond, idoso, "procuro mais nos livros o que me agrada do que o que me instrui. À medida que tenho menos tempo para praticar as coisas, tenho menos curiosidade de aprendê-las." Rousseau fez, nas *Rêveries*, uma observação análoga: "Assim retido na estreita esfera de meus antigos conhecimentos, não tenho, como Sólon, a felicidade de poder instruir-me a cada dia, envelhecendo; e preciso mesmo me defender do perigoso orgulho de querer aprender o que doravante não tenho condição de saber bem." Um dos traços mais impressionantes nos idosos é sua inapetência intelectual, a tal ponto que, com 82 anos, André Siegfried dizia: "A velhice nada mais é senão o declínio da curiosidade." Stuart Mill nos diz de seu pai: "Ele considerava a vida humana uma triste coisa quando o frescor da juventude e o da curiosidade fanam": associava muito naturalmente um ao outro.

Mauriac, em *Mémoires intérieurs*, sobretudo no segundo volume, constata frequentemente sua falta de curiosidade pelos livros e discos novos. Espantou-se com a "preocupação maníaca com informação e cultura" que Gide conservou até uma idade avançada. E no entanto, mesmo em Gide, vemos instalar-se, pouco a pouco, a indiferença. Em seu *Journal*, ele anota, em 30 de julho de 1941: "O fim da vida. Último ato um tanto moroso; evocações do passado, repetições. Seria desejável alguma renovação inesperada, e não se sabe o que inventar." Aos 80 anos, em *Ainsi soit-il*, escreve ele: "Não sinto ainda nenhum enfraquecimento de minhas faculdades intelectuais, mas usá-las em benefício de quê?"

A ausência de curiosidade do velho e seu desinteresse são reforçados por seu estado biológico. Prestar atenção ao mundo o fatiga. Muitas vezes ele não tem mais força para afirmar nem mesmo os valores que tinham dado sentido a sua vida. Assim, quando Proust vê pela última vez M. de Charlus, esse homem outrora soberbo perdeu seu orgulho aristocrático. Cruzando com Mme. de Sainte-Euverte, que outrora desdenhava, cumprimenta-a como se ela fosse uma rainha. "Passado todo o seu esnobismo, ele o aniquila de um só golpe com a timidez aplicada, com o zelo medroso com o qual tirou o chapéu." A razão do seu gesto era, provavelmente, diz Proust, "uma espécie de brandura física, de desprendimento das realidades da vida, tão impressionante naqueles que a morte já fez entrar em sua sombra".

A indiferença intelectual e afetiva do homem idoso pode reduzi-lo a uma total inércia. Swift, velho, não se sentia mais interessado por nada: "Acordo num tal estado de indiferença a tudo o que possa acontecer no mundo e no meu círculo mais próximo, que... ficaria certamente na cama o dia inteiro se a decência e o medo da doença não me expulsassem do leito."

Os indivíduos cuja velhice é mais favorecida são aqueles que têm interesses polivalentes. Uma readaptação é mais fácil para eles do que para outros. Afastado do poder, Clemenceau passou a escrever. Se é politicamente engajado, um sábio que viu diminuir suas atividades sempre encontra um meio de atuar. Mesmo nesse caso, é duro para um homem renunciar àquilo que foi o centro de suas preocupações. Na maior parte das pessoas, vemos estabelecer-se um círculo vicioso: a inação desencoraja curiosidade e paixão, e nossa indiferença despovoa o mundo no qual não percebemos mais nenhuma razão para agir. A morte instala-se em nós e nas coisas.

Há uma paixão à qual o velho está predestinado: a ambição. Não tendo mais poder sobre o mundo e, portanto, não sabendo mais quem é, ele quer aparecer. Perdeu sua imagem: esforça-se para reencontrá-la fora de si mesmo. Cobiça condecorações, honras, títulos, uma farda de acadêmico. Extinta sua vitalidade, ele ignora a plenitude de seus verdadeiros desejos, das paixões que visam a um objeto real: procura simulacros. O exemplo mais impressionante é o de Pétain, em quem De Gaulle denunciava, desde 1925, "dois fenômenos igualmente fortes e, no entanto, contraditórios: o desinteresse senil de tudo, e a ambição senil de tudo". Na verdade, esses dois traços, longe de se contradizerem, explicam-se um pelo outro: é porque não dá concretamente valor a nada que o velho quer absolutamente tudo, isto é, qualquer coisa; querer tudo, dessa maneira vazia, é não querer absolutamente nada. Encontra-se nas pessoas muito jovens a mesma ambiguidade. "Eu quero tudo, imediatamente", diz a Antígona de Anouilh. É porque ela tem as mãos vazias. Lembro-me da insistência com que eu escrevia no meu Diário, aos 18 anos: "Eu direi tudo. Quero dizer tudo." Ao passo que eu não tinha precisamente nada a dizer. Quando não tem mais no coração nem interesse, nem curiosidade, nem afeição, então o indivíduo está maduro para a ambição vazia e para a vaidade que é correlativo dela.

Em sua juventude, Pétain tinha uma grande independência intelectual; contra a doutrina em voga da ofensiva a qualquer preço, ele defendia em suas aulas a teoria da contraofensiva; reivindicava para a França artilharia pesada, o que fez com que fosse detestado pelo Ministério da Guerra. Isso repercutiu na sua promoção: "Fui velho tenente, velho capitão, velho coronel, velho em todos os meus postos", dizia ele, com amargura. Sua frieza, sua dureza e sua presunção impressionavam os que o cercavam. Fayolle, que era seu amigo, anotava, em novembro de 1914, que Pétain "não hesita em demitir os medíocres e em mandar fuzilar os que abandonam a luta. Fiz", diz ele, "nos primeiros encontros, um papel de açougueiro". E em janeiro de 1915, como Pétain mandava amarrar e jogar nas trincheiras inimigas 25 soldados que haviam tido uma das mãos mutiladas por um tiro de fuzil, Fayolle anotava ainda: "Caráter, energia! Onde termina o caráter e começa a ferocidade, a selvageria?" Quando visita os feridos — observou o coronel Bouvard — "permanece sempre imperturbável, fechado, como se estivesse indiferente". Gallieni dizia dele: "Esse homem é um pedaço de gelo." As sangrentas repressões que Pétain ordenou ao longo da guerra atestam isso. Entretanto, ele recusava-se a desperdiçar o material humano. Foi considerado o vencedor de Verdun. Obteve a mais alta distinção militar: o título de marechal da França.

"Ele se gaba", observara Fayolle; e um dos oficiais de Pétain: "Gosta de se vangloriar." Com a idade, sua vaidade cresce. Presidente do Conselho Superior de Guerra, inspetor-geral do exército, não perdoava a Foch a glória que este atingira: em seu discurso na Academia Francesa, em 1930, reprovou-o por ter assinado o armistício. Nunca perdoou a De Gaulle por ter assinado sozinho, em 1938, o livro *La France et son armée*, do qual tivera a ideia 15 anos antes, mas do qual não escrevera uma linha sequer.

Desde 1914 viveu obcecado pelo medo de perder a memória. E, com efeito, esta logo enfraqueceu. O general Laure constatava: "A memória enfraquece. No que se refere aos fatos antigos, o marechal está perfeito. Quanto aos fatos novos, ele não os assimila ou assimila mal." Provavelmente era por "desinteresse senil" que ele não fixava mais o presente. Sua saúde era magnífica; o coronel Bouvard atribuía isso à "indiferença que permite belas velhices". Pois seu egoísmo impressionava a todos os que se aproximavam dele: "O marechal é agora um homem de coração árido. Não tem mais generosidade nem firmeza", escrevia De Gaulle. Tinha ausências, "vazios" — cada vez mais longos. Loustaunau-Lacau dizia que, em certos dias, deveria escrever-se na sua testa: "Fechado por motivo de velhice." Ele constatava também: "A chegada do carro que espera o interessa tanto ou tão pouco quanto a queda de um ministério ou a morte de um homem conhecido." Pétain atribuía uma enorme importância a tudo o que lhe dizia respeito, e os grandes acontecimentos que não tocavam nele diretamente o deixavam frio.

Não pensava, em 1938, em tomar o poder. Aborrecia-se com a campanha de Gustave Hervé: "É de Pétain que precisamos." A Jacquinot, que lhe diz: "O senhor vai ser presidente do Conselho", responde: "Só posso trabalhar três ou quatro horas por dia." Entretanto, segundo De Gaulle, sua ambição não diminuía. "Nada nem ninguém sustará mais o marechal no caminho da ambição senil. E dá vazão a seu orgulho. Não controla mais seus demônios interiores." Aceita ser enviado como embaixador na Espanha junto a Franco. De Gaulle diz ainda: "Ele aceita a embaixada. Aceitará o que quer que seja, tão dominado está pela ambição senil. É terrível e lamentável. Não está mais em condições de assumir responsabilidades." Na Espanha, os lapsos de memória multiplicaram-se: "Há duas ou três horas de Pétain por dia", dizia um de seus subordinados.

Sua indiferença ao momento presente e a fixação no passado explicam certos fatos de que a palavra "decrepitude" não basta para dar conta. De volta a Paris e nomeado ministro de Estado em junho de 1940, ele quase não abria mais a boca. Um dia, entretanto — conta Laurent Eynac —, quando lhe perguntaram como explicava a derrota francesa, respondeu: "Talvez tenhamos renunciado cedo demais aos columbófilos e aos pombos-correios." Lembra-se evidentemente do importante papel dos pombos-correios durante a defesa do forte de Vaux. A ambição senil explica o fato de ele ter aceitado assinar o armistício. Mas também estava convencido de que o armistício assinado por Foch em 11 de novembro de 1918 havia sido um grave erro, que levara a França a perder definitivamente a guerra: chorara quando Foch o concedera aos alemães. Imaginava que o armistício de 1940 acarretaria, para a Alemanha, um desastre análogo: "O precedente o obceca", observava um de seus familiares.

Falava incessantemente da pátria, da salvação da França, do bem dos franceses; mas Weygand observou que, quando ele assinou o armistício — de cujas cláusulas opressivas nos lembramos —, lia-se em seu rosto uma dissimulada satisfação: era ele que tinham vindo procurar para salvar a pátria. Pensava lograr uma estrepitosa desforra sobre aqueles que outrora tinham prejudicado sua carreira, sobre aqueles que, mais tarde, haviam pretendido partilhar sua glória. Durante os anos que se seguiram, deixou-se inebriar pelas adulações, pelas ovações, pelas aparências de poder, a ponto de declarar alegremente: "Tenho mais poder que Luís XIV", ao passo que estava nas mãos dos alemães, que governavam diretamente a metade do país. Um pouco mais tarde, disse ao conde de Paris: "Eu renovo a tradição real. Visito as províncias. Oferecem-me presentes. É como na realeza." Dois anos depois do armistício, a marechala diz ao casal Massis esta frase terrível: "Se soubessem como ele está feliz nesses dois últimos anos!"

Bonhomme, que era seu ajudante de ordens e desfrutava de sua intimidade, observava: "Sua insensibilidade de grande velho aumenta. À medida que os anos passam, as catástrofes deslizam sobre ele." E Darlan dizia: "Esse homem fabrica neve carbônica." Insensível a tudo, obstinado em sua vaidade, toda comunicação com ele estava cortada. Nada nem ninguém podiam atingi-lo. Quando deixou que fossem tomadas as primeiras medidas contra os judeus, o general Mordacq lhe disse: "Senhor marechal, o senhor desonra sua farda." "Que se danem", respondeu ele, que, no entanto, só vivia falando de honra.

Como muitos grandes velhos, acontecia-lhe dar sinais aparentes de emotividade, mas esta não transparecia em suas atitudes. Seu chefe de gabinete, Du Moulin de Labarthète, conta: "Vi esse velho lúgubre, cínico e cruel chorar como uma criança diante da notícia do martírio dos fuzilados de Chateaubriand." Durante um momento, ele compreendeu que se desonrava e falou em se entregar à prisão. No dia seguinte, porém, deixou-se facilmente dissuadir disso. Derramou algumas lágrimas pela sorte dos habitantes da Alsácia-Lorena; mas, quando Robert Schuman veio lhe falar deles, cortou logo: "Essas histórias complicariam a revitalização e a situação da França." Um relatório sobre a *blitz* do Vél' d'Hiv[243] pareceu tocá-lo, mas recuperou-se rápido: "É verdade que esses judeus nem sempre tiveram uma boa influência sobre a França."

Suas ausências e sua surdez muitas vezes eram simuladas: ele evitava os diálogos. Era capaz — pelo menos durante várias horas por dia — de entender o que lhe diziam. Mas a ligação entre a inteligência e a vontade não se fazia mais. "A correia de transmissão partiu-se", dizia Bonhomme; e também: "Ele se tornou um monstro de egoísmo: é a idade." Quando os alemães exigiram que aposentasse Weygand, Bonhomme pediu a François Valentin — o diretor-geral da Legião criada por Vichy — para convencê-lo a não ceder. Diante de umas 15 testemunhas consternadas, fez uma cena terrível, e Valentin chegou a dizer: "Tome cuidado, um dia os franceses cuspirão sobre suas estrelas." Pétain olhou à sua volta, como se pedisse socorro, mas nada respondeu. Valentin anotou: "A lucidez é total. Mas a idade arruinou a vontade." De tempos em tempos, dizia: "Estou desonrado. Preciso partir..." Mas não partia.

Atribuía grande importância à comida. Quando Michel Clemenceau foi pedir-lhe para não deixar que caíssem nas mãos dos alemães Reynaud e Mandel, que estavam encarcerados no forte do Portalet, ele desculpou-se: "Não posso fazer nada." E acrescentou: "Fique conosco.

---

[243] Primeiras prisões de judeus efetuadas pelos alemães em Paris: 13.000 pessoas ficaram retidas no Vélodrome d'Hiver antes de serem conduzidas ao campo de Drancy — 16 e 17 de julho de 1942. (N.T.)

Hoje tenho boas lagostas da Córsega." Quando o coronel Solborg foi perguntar-lhe, em nome da Casa Branca, se aceitaria partir para Alger sem que os alemães soubessem, Pétain só falou do passado: a Grande Guerra, Pershing, a força expedicionária americana. Depois, tirou um cardápio do bolso: "Ah! Temos um bom prato hoje."

Sempre fora um grande mulherengo, e sua sexualidade não estava inteiramente extinta. "Certas noites, conta Le Roy Ladurie,[244] então ministro da Agricultura, quando a marechala está dormindo, nós acompanhamos o marechal, com dois ou três amigos de longa data. Num quarto do hotel du Parc, a mulher de um explorador célebre dança, lasciva, nua até a cintura. O velho soldado aprecia muito o espetáculo."

Quando Hitler escapou de um atentado, ele quis enviar-lhe um telegrama para felicitá-lo; seu médico, o doutor Ménétrel, que tinha sobre ele uma influência considerável, tentou dissuadi-lo. Em vão. Ele assinou o telegrama. Gabriel Jeantet o viu ao entrar no escritório. "Senhor marechal, o senhor se desonra." "Que devo fazer?", disse Pétain. "Isto." Jeantet rasgou o telegrama. Pétain não reagiu. Um pouco mais tarde, na presença do general Von Neubron, ele percebeu uma mosca pousada num mapa do *front* e esmagou-a, gritando: "Olhem! Um boche! Eu o mato." Acrescentou com ar ameno: "Temos demasiada tendência a generalizar."

Levado para Sigmaringen, declarou que se considerava prisioneiro. Mas Ménétrel suplicava-lhe em vão que mantivesse esse papel. Não rompeu com Brinon, escolhido pelos alemães para ser o chefe de um "governo-simulacro". Mantinha relações cordiais com Bentler-Fink, que o tinha enganado e que o obrigara a levá-lo para a Alemanha. Ménétrel dizia, acabrunhado, que Pétain "fugia sempre das situações claras" e que nem mesmo tinha "a coragem de defender o próprio nome". Entretanto, quando o marechal soube que seu processo ia ser aberto, encontrou dignidade bastante para voltar voluntariamente à França. No processo, depois de ler uma declaração escrita por seus advogados, fez-se de surdo e não respondeu a nenhuma pergunta. No fim, disse a seus advogados: "É interessante, esse negócio. Aprendi uma porção de coisas."

---

[244] Citado por Tournoux, Pétain e De Gaulle. O fato é também relatado por Jules Roy. "Se os franceses soubessem!", dizia Bonhomme.

No cativeiro, lia um pouco; tentou aprender inglês. A partir de 1949, perdeu completamente a lucidez. Confundia as duas guerras. Num dia 11 de novembro, deu um forte soco na mesa: "Mas que diacho, os boches! Eu os derrotei."

Seus últimos anos não são significativos: já em certo grau de decrepitude mental, nem mesmo se pode mais falar de indiferença, e, quanto à ambição, as circunstâncias não mais a favoreciam. Mas, durante os anos de Vichy, percebe-se, como através de uma lente de aumento, o horror e a miséria dessa ambição "no vazio" de que muitos velhos são vítimas. Eles não procuram fazer nada: só lhes importa o personagem com o qual se confundem e ao qual estão prontos a sacrificar o que quer que seja, incluindo os próprios valores que fingem exaltar. A contradição é flagrante em Pétain, que se pensa soberano enquanto é instrumento servil dos alemães; só falando de "honra" e "pátria", ele se desonra e trai seu país. Obstinadamente fechado em si mesmo, surdo à voz de outrem, a pretensão e o egoísmo tornam perigoso o ambicioso se as circunstâncias lhe concedem algum poder.

A ambição só é permitida a um punhado de privilegiados, e muitos conhecem a futilidade dela. Em geral, os velhos não têm remédio contra o vazio de sua existência. Salvo quando seu organismo esgotado só aspira ao repouso, sua inapetência no seio de um mundo descorado os condena ao tédio. Schopenhauer pretende que os velhos não conhecem o enfado, porque para eles o tempo passa rápido demais. Entretanto, ele lembra o dito de Aristóteles: "A vida está no movimento." Ele próprio afirma que "a atividade é necessária à felicidade". "Uma inação completa torna-se bem depressa insuportável, escreve ainda, pois ela gera o mais horrível tédio."

Com efeito. Se a existência não se transcende em direção a fins, se ela recai inerte nela mesma, provoca aquela "náusea" que Sartre descreveu. Os jovens frequentemente a sentem: eles ainda não têm poder sobre o mundo, estão reduzidos à sua presença nua; para eles, assim como para o velho, o mundo se cala; por meio de um círculo do qual parece impossível sair, esse silêncio congela suas esperanças. Eu me aborreci duramente durante dois ou três anos de minha juventude porque, egressa do universo da infância, ainda não tinha entrado no dos adultos, não tinha acesso a nada e não imaginava que algo poderia algum dia solicitar-me. Entretanto, desse ponto de vista, há uma grande diferença entre o jovem e o homem idoso; o primeiro não é indiferente ao mundo; projetos confusos e desejos precisos o agitam: ele se aborrece porque a sociedade, seus pais e sua situação cerceiam seus impulsos. Assim que a opressão afrouxa, que se propõe uma abertura, que ocorre um encontro ou um acontecimento propício, o círculo é quebrado, reencontra-se a curiosidade, retoma-se o prazer de viver. Ao passo que o velho se aborrece porque as circunstâncias ou sua indiferença o desligaram de seus projetos e porque sua curiosidade[245] extinguiu-se. Vimos como, nos asilos, e mesmo fora deles, um abismo vertiginoso se cava: o tédio se torna tão profundo que suprime toda possibilidade e até mesmo todo desejo de se distrair.

Se um velho fica amuado com seu tempo, não encontra nele nada que possa arrancá-lo de sua melancolia. Mas, mesmo que permaneça atento ao que o cerca, a ausência de objetivo torna sombria sua vida. Gide escrevia, em 19 de setembro de 1941: "A alma, não tendo mais objetivo, vítima por inteiro do lazer, entedia-se." Mais tarde, em *Ainsi soit-il*, ele descreve, com o nome de anorexia, a extinção de todo desejo em si mesmo: "Não tenho mais grande curiosidade pelo que a vida ainda possa me trazer... Estou farto de dias e não sei mais muito bem em que empregar o tempo que me resta na Terra. Anorexia, face horrivelmente inexpressiva do tédio." Por vezes, ele tinha a impressão de não pertencer mais ao mundo dos vivos. Escreve, em 10 de novembro de 1942: "Num novo cenário, é o mesmo ato da mesma peça que continua. Faz já muito tempo que eu deixei de ser. Simplesmente ocupo o lugar de alguém que tomam pela minha pessoa."

As palavras "cenário" e "peça" exprimem um sentimento de "desrealização" que é ainda mais nítido nesta passagem de *Ainsi soit-il*: "Surpreendi-me ontem perguntando-me com a maior seriedade do mundo

---

[245] Baudelaire, jovem ainda, ele mesmo acometido de *spleen*, viu bem a relação entre a incuriosidade e o tédio:

"Nada iguala o arrastar-se dos trôpegos dias,
Quando, sob o rigor das brancas invernias,
O tédio, taciturno exílio da vontade,
Assume as proporções da própria eternidade."

(Baudelaire, Charles. *As flores do mal*. Tradução de Ivan Junqueira. Rio de Janeiro: Nova Fronteira, 1985.)

se realmente eu ainda estava vivo. O mundo inteiro estava ali, e eu o percebia perfeitamente! Mas seria mesmo eu que o percebia?... Tudo existia e continuava a ser sem a minha ajuda. O mundo não tinha nenhuma necessidade de mim. E durante muito tempo eu me ausentei." Gide descreve aqui uma experiência de despersonalização análoga à que se observa em certos psicastênicos: nada mais lhes interessa, nada mais os solicita, não têm mais projetos; o mundo lhes parece um cenário de papelão, e eles mesmos parecem mortos-vivos.

Quanto às pessoas idosas que continuam a trabalhar, fazem-no muitas vezes sentindo, no fundo, um desencanto pelo fato de terem tomado consciência de seus limites. Vimos que certos artistas superam-se no fim da vida: a última *Pietà* de Miguel Ângelo é a mais bela. Mas, mesmo então, eles sabem que só realizaram a sua obra. Essa cansativa monotonia faz nascer nele um "para quê?" desolado. É essa interrogação que se lê no último autorretrato de Rembrandt. Enquanto continuava a esculpir, Miguel Ângelo, velho, via sua obra com um olhar desiludido. Chamava suas estátuas de "fantoches".

Em um de seus poemas,[246] Yeats imagina um espírito zombeteiro dialogando com um velho escritor. Esse último começa por felicitar-se:

"A obra está pronta, murmurou, envelhecido,
Tal como eu a concebera em criança;
Enfureçam-se os tolos, mas em nada falhei.
À perfeição alguma coisa levei.
Mais alto, porém, cantava aquele espírito: E então?"

Verdi escreveu sem alegria suas últimas óperas — as mais belas. Os velhos criadores são particularmente sensíveis ao "perfume de tristeza" que deixa no coração tudo o que se realizou. Eles não "reencontraram seu ser" e doravante sabem que não poderão reencontrá-lo, quaisquer que sejam suas realizações.

O fato de não ter mais objetivos, de não mais encontrar exigências, condena o velho ao enfado; há uma compensação, à qual alguns atribuem grande valor: não têm mais que fazer qualquer esforço, a preguiça lhes é permitida. Lembramo-nos de que Fontenelle e Emerson

[246] "What then?" (E então?).

admiram na velhice o fato de esta permitir descer abaixo de si mesmo. "A indolência não deixa de ser suave", dizia Saint-Évremond, ao envelhecer. Segundo Jouhandeau, a última idade representa "as verdadeiras férias grandes depois da estafa dos sentidos, do coração e do espírito que foi a vida". "A aproximação da velhice traz uma espécie de lazer absoluto. Não temos mais que nos estressar para obter determinado sucesso... Que descanso!" "O privilégio da velhice: ela não tem nada a ganhar nem a perder." Os velhos só raramente têm complexos de culpa: a idade lhes serve de desculpa e de álibi, suprimindo a competição profissional. E também a competição sexual: a impotência e a frigidez são justificadas por ela. Todas as deficiências tornam-se normais: os desatinos, a incompetência. Algumas taras são suprimidas: a feiura é, por assim dizer, reabsorvida pela degradação que os anos infligem; há mulheres que parecem mesmo retrospectivamente belas, ao passo que sua juventude fora ingrata. As pessoas para quem a condição de adulto fora penosa, com dificuldades de adaptação, descobrem vantagens em ficar velhas.

Só que a indulgência da qual se beneficiam custa caro: desculpam-se, no detalhe, suas inferioridades, porque os velhos são considerados definitivamente inferiores; não têm mais nada a perder porque já perderam tudo. Estão livres de seus complexos de culpa: o preço que pagam por isso é que a maioria deles tem um amargo sentimento de decadência. Os adultos os tratam como crianças, como objetos. O fato é que, tanto biologicamente quanto econômica e socialmente, sua situação degradou-se. Em todos os testes aos quais se submetem, manifesta-se uma repulsa por sua própria pessoa, tanto mais profunda quanto mais baixo é seu nível econômico, e que pode acarretar depressões duráveis.

"Não é a morte que me desagrada, é a decadência", escreve Ballanche. "Sinto-o bem em Mme. Récamier, em M. de Chateaubriand; quer dizer que sinto quanto essa triste impressão existe para eles." Um homem que tenha exercido certo poder não se resigna a perdê-lo. Churchill agarrou-se obstinadamente a esse poder; Pétain preferiu o simulacro dele à honra. Afastados de suas funções, os altos executivos, os capitães de indústria, os diretores de firmas, mesmo que conservem seu *status*, não são mais que almas penadas. Mesmo em casos que parecem particularmente favoráveis, a pessoa idosa sofre ao se ver diminuída. Sorridente, amável, cercada de amigos, Ninon de Lenclos, idosa, escrevia a Saint-Évremond: "Todo mundo diz que tenho que me queixar menos do tempo do que qualquer outra; de qualquer maneira, se alguém me tivesse proposto uma tal vida, eu me teria enforcado." Aos 58 anos, Virginia Woolf anotava em seu Diário, em 29 de dezembro de 1940: "Detesto a dureza da velhice. Sinto-a chegar. Sinto-me ranger. Estou exasperada."

"O pé menos pronto a pisar o orvalho.
O coração menos sensível a novas emoções
E menos pronta a explodir a esperança esmagada."

"Acabo de abrir Matthew Arnold e recopiei essas linhas."

O descontentamento pode exacerbar-se em revolta; é o caso de Ionesco: "Como posso aceitar essa situação? Como se pode admitir viver e admitir que o tempo caia tão pesadamente sobre nós como uma carga de burro? Inadmissível. Deveríamos revoltar-nos." (*Mémoires en miette*)

E em Leiris: "Há no fundo de mim algo destruído e que não posso esperar ver reconstituir-se: essa velhice que sempre me fez tanto medo acabou por instalar-se, e a crise, para mim tão dura quanto efêmera, terá sido o combate de retaguarda ou o último tiro disparado antes de me entregar — cada dia me convenço mais disso." (*Fibrille*)

A revolta é vã; acabamos por resignar-nos, mas não sem lamento. A maioria dos velhos mergulha na melancolia. Aristóteles já observava: "Eles não sabem mais rir." O doutor Baumgartner observou: "Uma das características mais constantes e mais nítidas, no plano mental do homem que envelhece, é certamente a perda da alegria." Com mais de 60 anos, Casanova escreve numa carta: "Quanto a minhas Memórias, creio que as deixarei de lado, pois desde a idade de 50 anos só consigo registrar coisas tristes, e isso me entristece." Ballanche escreve: "Mme. Récamier continua a ver a situação com tristeza, Chateaubriand vê a si mesmo com tristeza, Ampère vê o tempo com tristeza... A tristeza toma conta de mim."

Do *Journal* de Edmond de Goncourt, embora ele fale pouco de si mesmo, emerge uma profunda tristeza. Ele escreve, em 17 de junho de 1890: "O peso da velhice e o sentimento das deficiências que se traem em meio ao afastamento dos amigos e de conhecidos que deixam Paris tingem-me a alma de negro."

Gide, em seus últimos anos, tentava, em seu *Journal* e mais ainda em sua correspondência, fazer boa figura. Entretanto, de Saint-Paul-de-Vence, ele confia a Martin du Gard, em 1º de julho de 1949: "Acabo de passar alguns dias *atrozes*, de depressão opaca; por causa de um não-sei-quê no coração que fraquejava, por causa da atmosfera irrespirável (para mim) desses lugares, por causa de minha solidão (Pierre e Claude partiram de carro por três dias), por causa do ócio... *Atrozes*."

De Sorrento, em 15 de junho de 1950, ele escreve: "Apesar da presença de Catherine e de Jean Lambert, a despeito de um tempo esplêndido, de uma viagem maravilhosa, de um estado de saúde quase satisfatório, acabo de passar uma série de dias dos mais penosos da minha longa existência. Ainda não saí do túnel, mas ao menos entrevejo a libertação."

Em 11 de julho de 1950: "Ai de mim! O apetite falta, assim como... o resto e a curiosidade. Não sei bem aonde ir ou que rumo tomar para ter direito de esperar alguma verdadeira, profunda e durável alegria."

Uma jovem mulher escreveu-me falando de seu pai: "Aos 70 anos, ele sofre apenas de males anódinos, na maior parte do tempo imaginários. Está triste, está cada vez mais frequentemente triste. Lê tristemente, superficialmente, escuta-nos tristemente, ri tristemente. Outro dia, assobiava em seu quarto e se interrompeu bruscamente. Deve ter se perguntado: para quê?"

A tristeza das pessoas idosas não é provocada por um acontecimento ou por circunstâncias singulares: ela se confunde com o enfado que as devora, com o amargo e humilhante sentimento de sua inutilidade, de sua solidão no seio de um mundo que só lhes tem indiferença.

A decadência senil não é apenas penosa de suportar em si mesma, mas põe o homem idoso em perigo no mundo. Já se viu: ele vegeta à beira da doença, à beira da miséria. Experimenta um sentimento angustiante de insegurança que sua impotência exacerba.

As pessoas condenadas à passividade são vítimas da preocupação. Na medida em que não age, a mulher consome-se em inquietações. O mesmo acontece com os velhos; ruminam no vazio perigos que não têm meios de afastar. Mesmo que nenhuma ameaça pese sobre eles, basta que se saibam desarmados para se preocuparem: a tranquilidade de que gozam parece-lhes precária; o futuro está carregado de possibilidades amedrontadoras, uma vez que eles não mais o dominam.

A catástrofe que se abateu sobre eles é que passaram brutalmente do estado de adulto responsável para o de um objeto dependente. Essa dependência coloca-os à mercê de outrem, e eles a sentem, mesmo nos momentos em que ela não se faz sentir. Isso emerge, por exemplo, de uma pesquisa feita numa residência da CNRO. Os pensionistas interrogados deviam, na verdade, permanecer ali até a morte. Mas eles não chegavam a acreditar nisso. Muitos tinham medo de ser mandados embora e de ficar de novo na rua, sem nenhum recurso. O próprio conforto de que gozavam os preocupava. Diziam: "É difícil acreditar que se poderá continuar esse negócio... Tenho medo de que isso não possa continuar...Vejo que aqui não somos ainda muito numerosos. Então, perguntamos: por quê? Será que o custo é demasiado alto? Sim, então pergunto-me se, com tão pouca gente, isso vai continuar... É tão bonito: perguntamo-nos se isso vai durar... Eles devem saber o que fazem. Mas, enfim, isso nos intriga um pouco..."

Quando minha avó materna consentiu, porque estava desgastada e com algumas deficiências, em se instalar na casa de meus pais, tornou-se desconfiada e um tanto dissimulada. Desconfiava que sua presença pesava a meu pai. Não lhe faltava nada; entretanto, escondia em seu armário e em diversos esconderijos pedaços de pão de centeio e biscoitos, que roía às escondidas.

O velho permanece em atitude de defesa, mesmo quando todas as garantias de segurança lhe são dadas, porque não tem confiança nos adultos: é sua dependência que ele vive sob a forma da desconfiança. Sabe que os filhos, os amigos, os sobrinhos que o ajudam a viver — financeiramente, ou cuidando dele, ou hospedando-o — podem recusar-lhe essas ajudas ou restringi-las; podem abandoná-lo ou dispor dele contra sua vontade: obrigá-lo a mudar de residência, por exemplo, o que é um dos seus terrores. Conhece a duplicidade dos adultos. Teme que lhe façam favores em nome de uma moral convencional que não implica respeito nem afeição por ele; tratam-no — pensa — de acordo com os imperativos da opinião: esta última pode ser contornada ou contar menos que certas comodidades. As desgraças que o velho teme — doença, deficiências, aumento do custo de vida — são tanto mais temíveis quanto suscetíveis de acarretar mudanças nefastas na conduta de outrem. Longe de esperar que seu irreversível declínio natural seja sustado ou compensado pelo comportamento de seus parentes, ele suspeita que esses últimos precipitarão o curso desse declínio: por exemplo, se ficar muito cheio de deficiências, será colocado no asilo.

As pessoas casadas não são menos ansiosas que as outras, ao contrário. As angústias de um unem-se às do outro, mantendo-as: cada qual fica duplamente preocupado, pelo cônjuge e por si mesmo.

O velho procura defender-se da precariedade objetiva de sua situação, de sua ansiedade íntima: é preciso interpretar — pelo menos em grande parte — como defesas a maior parte de suas atitudes. Há uma que é comum a quase todos: eles refugiam-se nos hábitos. "Há uma marca da idade que me impressiona mais que todos os sinais físicos: a formação de hábitos", anotava O.W. Holmes. O fato é indubitável. Mas a palavra "hábito" tem mais de um sentido, e é preciso distinguir uns dos outros.

O hábito é o passado enquanto é, não representado, mas vivido por nós sob a forma de atitudes e de comportamentos; é o conjunto das montagens e dos automatismos que nos permitem andar, falar, escrever etc. Numa velhice normal, eles não se alteram, e seu papel até mesmo cresce, pois são colocados a serviço de uma rotina. Há rotina quando a atividade que eu exerço hoje toma como modelo aquela que exerci na véspera, que copiava a da antevéspera, e assim por diante. Para nadar, utilizo antigas montagens, mas posso inventar um itinerário novo. A rotina é recomeçar a cada dia o mesmo passeio. É nesse sentido que a parte do hábito geralmente cresce com os anos. Na rotina, conta um princípio de economia, e em todas as idades as pessoas ocupadas lhe reservam um lugar. É uma perda de tempo ter que deliberar sobre coisas de pouca importância. Adota-se de uma vez por todas certo horário, certa disposição do espaço, um fornecedor, tal restaurante. Mas quando se é jovem, as regras são frouxas, deixam um espaço para a improvisação, para o capricho, para novas escolhas. O velho acolhe com inquietude a novidade; escolher amedronta-o; seu complexo de inferioridade traduz-se por hesitações, por dúvidas. Para ele, é cômodo repousar sobre regras já confirmadas. As montagens e os automatismos são colocados a serviço de comportamentos repetitivos: o mecanismo do andar é utilizado para refazer, sem se afastar, o mesmo passeio. Os hábitos poupam adaptações árduas, fornecem respostas antes que se tenha tido que fazer perguntas. Ao envelhecer, observamos os hábitos mais estritamente do que no passado. Kant sempre se submetera a uma severa disciplina, mas na velhice fizera dela uma religião. Tolstói, quando velho, organizava rigorosamente seus dias. Paradoxalmente, o hábito é ainda mais necessário aos ociosos do que àqueles que são ativos: se não querem enterrar-se na mole estagnação dos dias, precisam opor a ela o rigor de um emprego do tempo bem definido. Suas vidas revestem-se então de uma quase-necessidade. O velho escapa ao fastio de um excessivo lazer povoando-o de tarefas, de exigências que se traduzem, para ele, em obrigações; evita, assim, fazer-se a angustiante pergunta: que fazer? A cada instante ele tem o que fazer. Lembro-me de como meu avô organizara suas ocupações: leitura dos jornais, inspeção de suas roseiras, refeições, sesta e passeio sucediam-se numa ordem imutável.

O papel do hábito, sob sua dupla forma de automatismo e de rotina, é tanto mais essencial para o velho quanto mais degradada está sua vida psíquica. Entre outras coisas, o hábito pode compensar as deficiências da memória. Foi descrito[247] em detalhe o caso de uma mulher que perdera quase totalmente a memória e que, no entanto, comportava-se de maneira adaptada. Ela não reconhecia as pessoas, mas estava consciente da categoria social à qual pertenciam e tratava de maneira diferente as enfermeiras, os médicos, as faxineiras e os outros pensionistas. Sabia que perdera a memória e irritava-se quando alguém queria fazê-la evocar lembranças, mas seu juízo estava são, era capaz de ter discernimento, gostava de gracejar. Vivia sem passado nem futuro, num perpétuo presente. As montagens e a rotina só podem operar se o mundo exterior estiver organizado com exatidão e se não apresentar nenhum problema: cada coisa deve estar no seu lugar, cada acontecimento deve produzir-se na hora devida. É em parte por isso que a mínima desordem irrita o velho de um modo que pode parecer doentio. É também porque a cortina de ritos e de costumes, por trás da qual ele se esconde, garante-lhe um mínimo de segurança: se alguém infringe uma dessas regras, não se pode mais saber até onde sua tirania está sujeita a se desencadear. Defensivas, as manias têm também um caráter mais ou menos agressivo: fazer respeitá-las é, no estado de impotência ao qual o velho está reduzido, a única maneira de impor sua vontade. É assim que, em *Guerra e paz*, o velho príncipe Bolkonski cerca-se de hábitos rígidos

---

[247] Paul Courbon, *Journal de Psychologie*, 1921.

para manifestar sua autoridade. É o caso de Goethe, aos 81 anos, depois da morte de seu filho: ele retomou nas mãos a direção da casa, até então muito mal-administrada; fez reinar à sua volta uma ordem minuciosa. Dormia com as chaves de seus armários debaixo do travesseiro e pesava, ele mesmo, cada manhã, o pão que devia ser consumido durante o dia.

Vê-se que o velho tem mais de uma razão para se apegar a seus hábitos, mas ele também adquire o hábito de ter hábitos, o que o leva a se obstinar em manias despidas de significação. Jogar cartas todas as tardes, num certo café, com certos amigos, é um hábito que, na origem, foi inventado e escolhido, e cuja repetição cotidiana tem um sentido. Mas se o jogador fica furioso ou desconcertado porque a sua mesa está ocupada, é porque instalou em si uma exigência inerte que o impede de se adaptar à situação. Tais manias criam impossibilidades: uma viagem ao estrangeiro será recusada porque não se encontraria lá o tipo de comida ao qual se está acostumado. Se o velho se deixa invadir por essas manias, esclerosa-se e mutila-se.

Ao contrário, quando um hábito está bem integrado à vida, ele a enriquece: há nele uma espécie de poesia. Se determinado rito — por exemplo, entre os ingleses, a cerimônia do chá — repete exatamente aquele que observei na véspera e que observarei amanhã, o momento presente é um passado ressuscitado, um futuro antecipado, eu os vivo juntos, no modo do para-si; atinjo — ilusoriamente, pois a síntese não se efetua realmente — essa dimensão de ser que o vivente procura. Através do hábito, opera-se uma cristalização análoga à que Stendhal descreve a propósito do amor: tal objeto, tal bem, tal atividade adquirem a propriedade de nos manifestar o mundo inteiro. Sartre conta, em *O ser e o nada*, como lhe foi penoso, em certo momento de sua vida, decidir não fumar mais: "Ser-suscetível-de-ser-encontrado-fumando--por-mim: tal era a qualidade concreta que se estendera universalmente sobre as coisas. Parecia-me que eu ia arrancá-la delas e que, em meio a esse empobrecimento universal, valia um pouco a pena viver." O velho, mais que qualquer outro, atribui valor à poesia do hábito: confundindo passado, presente, futuro, esta o subtrai ao tempo, que é seu inimigo, e lhe confere aquela eternidade que ele não encontra mais no instante.

Já que o hábito confere ao mundo certa qualidade, e ao desenrolar do tempo certa sedução, em qualquer idade perde-se alguma coisa quando se renuncia a um hábito. Mas quando somos jovens, não nos perdemos a nós mesmos porque é no futuro, na realização dos projetos, que situamos nosso ser. O velho teme a mudança porque, temendo não mais saber adaptar-se ao futuro, não vê nele uma abertura, mas apenas uma ruptura com o passado. Como não faz nada, identifica-se com o quadro e o ritmo de sua vida anterior: sair dela é separar-se do seu próprio ser. "Quando ficamos velhos", escreve Flaubert a Caroline, "os hábitos são de uma tirania da qual não podes fazer ideia, pobre criança. Tudo o que se vai, tudo o que nos deixa, tem o caráter do irrevogável, e sentimos que a morte está no nosso encalço."

Assim, o hábito assegura ao velho uma espécie de segurança ontológica. Através do hábito, o velho sabe quem é. O hábito o protege contra suas ansiedades difusas, assegurando-lhe que amanhã repetirá hoje. Só que essa construção, que ele opõe ao arbitrário de outrem e aos perigos com os quais esse arbitrário povoa o mundo, está, ela mesma, em perigo no mundo, dependente das vontades de outrem. Porque é a sua defesa contra a angústia, o hábito torna-se o objeto no qual se concentram todas as angústias: à ideia de ter que abandoná-lo, o velho sente que "a morte está no seu encalço".

E, com efeito, se ocorre essa infelicidade, muitas vezes o idoso fica intolerável. Minha avó consentiu em instalar-se na casa de meus pais porque essa decisão amadurecera longamente nela. Mas um velho brutalmente transplantado, mesmo que seja para a casa dos filhos, fica desorientado e muitas vezes desesperado: um em cada dois desses desenraizados morre no mesmo ano. Também não é excepcional ver morrer com algumas horas ou alguns dias de intervalo os dois membros de um velho casal: entre a ligação sentimental e o hábito, é difícil fazer a separação.

Valorizar os próprios hábitos implica estar apegado às próprias posses; as coisas que nos pertencem são, por assim dizer, hábitos cristalizados: o indicativo de certos comportamentos repetitivos de apropriação. Ter um jardim é poder recomeçar nele cada tarde o passeio costumeiro; aquela poltrona espera que eu me sente nela toda noite. Também a propriedade garante uma segurança ontológica: o possuinte é a razão de ser de suas posses. Meus objetos são eu mesmo. "A totalidade das minhas posses reflete a totalidade do meu ser."[248] O proprietário

[248] Sartre, *O ser e o nada.*

mantém com sua propriedade uma relação mágica. O velho, como não lhe é mais permitido se fazer ser fazendo, para ser, quer ter. É a razão dessa avareza[249] que se observa tão frequentemente nele. Esta última diz respeito a objetos concretos: o velho detesta que suas coisas sejam usadas ou mesmo tocadas. A avareza fixa-se também no seu equivalente abstrato, o dinheiro. O dinheiro representa uma segurança quanto ao futuro, protege o velho contra a precariedade de sua situação; essa explicação racionalista é insuficiente: isso salta aos olhos quando se vê uma nonagenária morrer na miséria, com um pé-de-meia escondido sob o colchão. O dinheiro é sinônimo de poder, é uma força criadora: o velho identifica-se magicamente com ele. Experimenta uma satisfação narcísica por contemplar e tocar essa riqueza na qual se reconhece. E nela encontra, também, a proteção que lhe é tão necessária. "A posse é uma defesa contra o outro":[250] através do que tenho, recupero um objeto assimilável ao meu ser para outrem, e, portanto, não cabe a outrem decidir quem eu sou. Contra aqueles que pretendem não ver nele mais que um objeto, o velho, graças a seus bens, assegura-se de sua identidade.

Entretanto, aí ainda, seu sistema defensivo está em perigo no mundo: outrem pode roubar-lhe ou extorquir-lhe dinheiro. A avareza torna-se mania, toma formas neuróticas, porque a propriedade, na qual o velho busca um refúgio contra a ansiedade, torna-se objeto de sua ansiedade. Ao mesmo tempo que é uma defesa, a avareza é muitas vezes uma forma de agressão em relação a outrem. O velho vinga-se de seus filhos recusando-se a ajudá-los financeiramente ou, se eles são seus dependentes, impondo-lhes um padrão de vida miserável: é a única forma de poder que ele conserva, e experimenta um prazer maligno em fazer com que os filhos sintam isso.

A ansiedade leva o homem idoso a tomar medidas gerais e radicais contra os ataques do mundo exterior. Ele não pode suprimir esse mundo: pode reduzir suas relações com ele. Em muitos velhos, a desconfiança

---

[249] Em Freud, a avareza explica-se por um retorno à fase anal. Mas essa ideia de "retorno" parece muito obscura, e a explicação da avareza pelo erotismo anal, insuficiente.

[250] Sartre, *O ser e o nada*.

acarreta uma ruptura de comunicação. Para eles, é intelectualmente difícil abrir-se às ideias novas. Mas também fecham-se voluntariamente: qualquer intervenção de outrem contém uma ameaça. As palavras são armadilhas. Eles pensam que se quer manobrá-los. Recusam-se a ouvir. Assim se explica a surdez da qual muitos deles são acometidos; as palavras deslizam neles quando não é do seu interesse acolhê-las: caso contrário, tornam-se milagrosamente capazes de apreendê-las.[251] Surdos, são também mais ou menos mudos, pelo menos sobre certos assuntos. Particularmente no que toca a seus recursos econômicos, são dissimulados, fazem segredo de tudo. Quanto menos se souber quanto têm, menos se poderá interferir nos seus negócios.

Muitas vezes eles se fecham ainda mais radicalmente em si mesmos; defendem-se não somente por atitudes, mas operando um trabalho interior sobre seus sentimentos. Eles se "descomprometem", diz o gerontologista americano Cummings, isto é, cortam suas relações afetivas com outrem. Sentem tanto mais necessidade disso quanto mais vulneráveis estão psiquicamente. Não se sabe precisamente por que, pois a maneira como a senescência afeta o sistema nervoso é mal conhecida, mas o fato é que seu sistema neurovegetativo é instável: nisso eles se assemelham às crianças. Têm variações de humor, suas emoções se exprimem com excesso, choram facilmente. A partir dos 73 anos, Goethe tinha lágrimas nos olhos por qualquer motivo. Tolstói idoso chorava muito: quando ouvia música, quando o aclamavam, quando Sonia estava doente, quando ela cuidava dele com dedicação. Churchill velho chorava com muita frequência. Dostoiévski dotou o príncipe Sokólski dessa emotividade infantil: seu rosto móvel "passa de uma gravidade extrema a uma alegria excessiva"; soluça por qualquer coisa. Desmancha-se em lágrimas quando, depois de uma separação, reencontra o adolescente. Nos *Demônios*, Trofimovitch, aos 53 anos, já tem tudo de um velho: sombrio, ansioso, é com a face banhada em lágrimas que, por fidelidade a suas opiniões, ele deixa a rica viúva que o fazia viver. No meio de uma conferência em que defende suas ideias, explode em soluços convulsivos.

Essas reações são extenuantes e estão sujeitas a ocasionar consequências fatigantes ou nocivas: se nos apiedamos de alguém, é preciso

---

[251] Vimos um exemplo disso em Pétain.

ajudá-lo, dar-lhe tempo, dinheiro. Para poupar suas forças e se precaver contra os perigos, o velho se empareda em si mesmo. É surpreendente que Tolstói tenha manifestado, na morte de seus filhos, tão grande aridez de coração. Ele começara a se endurecer por volta dos 58 anos. Perdera um filho de 4 anos e declarara que outrora se teria entristecido, mas que, no momento, a morte de um filho lhe parecia "razoável e boa", uma vez que era desejada por Deus e o aproximava d'Ele. Tinha 67 anos quando morreu, com a idade de 7 anos, Vanitchka, que ele parecia amar muito. Ficou arrasado. Mas no dia do enterro, declarava que ali estava um acontecimento "misericordioso", já que o aproximava de Deus. Logo entregou-se de novo ao trabalho e afirmou em cartas: "Não há morte; ele não está morto, já que o amamos." Sua filha preferida, Macha, morreu em 1906, com a idade de 35 anos. Ele segurou-lhe a mão durante a agonia. Mas escreveu em seu Diário: "É um acontecimento de caráter carnal e, por conseguinte, indiferente." Ele não entrou no cemitério. Voltou para seu escritório e escreveu: "Acabam de levá-la, de transportá-la para ser amortalhada. Graças a Deus, conservo um bom moral." O exagero na expressão das emoções era acompanhado de uma carência da sensibilidade. É um traço que encontramos também em Goethe velho e num grande número de pessoas idosas.

Tolstói e Goethe sempre haviam sido egocêntricos. A velhice é menos árida nos indivíduos que, em sua idade adulta, foram capazes de sentimentos calorosos. Eles permanecem atentos aos outros. Mas em que medida, em que condições? É difícil dar uma resposta geral a essa pergunta. Pode-se apenas fazer algumas observações. A relação dos velhos entre eles é ambígua. Têm prazer em estar juntos, na medida em que têm lembranças e uma mentalidade comum. Alguns deles — por exemplo, Clemenceau — cultivam com predileção suas mais antigas amizades. Mas também são, uns para os outros, espelhos nos quais não lhes é agradável ver-se: os sinais de senilidade que ali descobrem irritam-nos. Nos últimos tempos de sua longa amizade, Gide reprovava a *"petite dame"*[252] por não ouvir bem e por contradizê-lo com frequência. Por vezes, estabelece-se entre homens muito idosos uma tola compe-

[252] "Senhorita" — tratamento afetuoso dado por Gide a sua secretária e amante. (N.T.)

tição: toca os brios de cada um o fato de o outro ter sobrevivido por tanto tempo quanto ele. Conheci um que esperava com impaciência a morte de seus últimos rivais: desejava ser o único a deter certas lembranças e a poder contá-las. Mas a atitude mais comum entre velhos é a indiferença sobretudo entre os homens. As mulheres velhas têm mais interesses comuns e, consequentemente, mais cumplicidade e mais motivos de disputa.

Em muitos velhos casais, os esposos vivem sob o mesmo teto, mas inteiramente separados. Em outros, como vimos, suas relações são ansiosas, exigentes e ciumentas: indispensáveis um ao outro, eles não se ajudam a viver. Um pequeno número se entende verdadeiramente bem.

O equilíbrio afetivo das pessoas idosas depende sobretudo de suas relações com os filhos. Essas relações muitas vezes são difíceis. O filho não superou totalmente seu rancor juvenil contra o pai; foi à medida que o matou simbolicamente que chegou a isto: desligou-se do pai, ou mesmo o suplantou. Quando viu, de repente, seu filho um adulto, o pai atravessou uma fase de "sentimento edipiano invertido": foi-lhe necessário reconstruir suas relações com seu filho; segundo a maneira mais ou menos harmoniosa pela qual conseguiu realizar isso — o que dependeu dele e do filho —, os sentimentos que tem por este na velhice são afetuosos, ambivalentes ou hostis. É sobretudo contra os filhos que se elabora a atitude reivindicatória e desconfiada do velho; ele se dá conta de que os filhos suportam impacientemente a autoridade que ele conserva ou a carga na qual se transformou. Normalmente a filha ama e admira o pai, não tem que matá-lo para se realizar, sua afeição por ele permanece pura, e é retribuída: Antígona e Cordélia ilustram essa relação. Mas por vezes, quando a filha se casa, o pai tem ciúme, sente-se abandonado e demonstra rancor para com ela, que, por seu lado, adota muitas vezes a atitude habitual aos adultos: superioridade e impaciência. O amor da mãe por seu filho é um dos menos ambivalentes que existem; se ele fica solteiro, é para ela, na velhice, uma fonte de felicidade. Se ele se casa, também ela sente-se abandonada, fica amargurada e tem ciúme da nora. Com a filha, a mãe procura uma identificação. Mas a filha nem sempre superou a clássica hostilidade da adolescência; mantém sua vontade de se libertar da mãe mantendo-a a distância;[253]

[253] É o caso de Mme. de Grignan com Mme. de Sévigné.

a velha mulher sofre com isso e fica com raiva da filha. Por seu lado, atravessou uma fase de "sentimento edipiano invertido" quando a filha, tornada adulta, ameaçou sua própria juventude: suas relações ulteriores dependem muito da maneira como essa crise tiver sido superada. Quanto às relações dos pais com os cônjuges de seus filhos, são muito variáveis. A rivalidade entre a sogra e a nora é clássica. Entretanto, uma jovem mulher que tenha sido privada do amor materno pode transferir para a mãe do marido seus sentimentos filiais, e a mulher idosa pode encontrar nela a afeição que não conseguira inspirar nas próprias filhas: a relação das duas é, então, muito positiva e calorosa. O caso é bastante comum por causa da frequência do fracasso das relações entre mãe e filha. Podem ocorrer transferências análogas na relação da jovem mulher com seu sogro e do genro com a sogra, mas é muito mais raro. É ainda mais raro que uma verdadeira afeição una o genro ao sogro. Todas essas indicações são apenas aproximativas. Em grande parte, as relações entre as duas gerações dependem das afinidades que os indivíduos têm ou não entre si.

Os sentimentos mais calorosos e mais felizes das pessoas idosas são aqueles que elas nutrem por seus netos. No início, esses sentimentos não são muito simples. Pode acontecer que, tanto para os homens quanto para as mulheres, a existência de netos torne mais difícil a fase do "Édipo invertido": numa pesquisa que citei sobre a consciência da idade num grupo de professores de 55 anos, os que eram avós diziam sentir-se, por causa disso, mais velhos. A atitude da avó começa, muitas vezes, por ser muito ambivalente. Se ela é hostil a sua filha, é também hostil às crianças através das quais a filha se afirma e lhe escapa; se ama a filha e se identifica com ela, ama seus netos, mas fica despeitada por só representar junto a eles um papel secundário. Ama seu filho nos rebentos dele, mas esses rebentos são também os filhos da nora, de quem tem ciúme. Pelo fato de que a mulher geralmente se valoriza como mãe, a rivalidade com a filha ou com a nora pode, nesse plano, ser muito aguda. A mulher supera menos facilmente que o homem a desagradável impressão de recuar uma geração quando nascem netos. O homem não rivaliza com seus filhos nem com seus genros no plano da paternidade. Por outro lado, pede-se muito menos assistência a ele. Por causa disso, será, em geral, mais indiferente que a avó. Mas se acaba envolvido na vida dos netos, seus sentimentos serão tão calorosos quanto os da avó e menos ambíguos. Hugo e o avô de Sartre gostavam de brincar de avós, mas nem por isso deixavam de amar sinceramente e muito seus netos. Freud chorou e perdeu todo o prazer de viver quando seu neto morreu.

Na maior parte do tempo, quando os netos atingem uma dezena de anos, quando o avô e a avó assumem sua velhice, a condição de avós lhes traz muitas satisfações. Tudo o que faz a ambivalência da condição parental — desejo de identificação, de compensação, sentimento de culpa ou de frustração — é poupado aos avós. Eles podem amar os filhos com toda a gratuidade, com toda a generosidade, pelo fato de que não têm mais, em relação a eles, nem direito nem responsabilidade; não é aos avós que cabe a tarefa ingrata de educar, de dizer não, de sacrificar ao futuro o momento presente. Assim, a criança lhes manifesta frequentemente muita ternura; encontra neles um recurso contra a severidade dos pais; não sente, em relação a eles, o ciúme, o desejo de identificação, os rancores e as revoltas que dramatizam suas relações com seu pai e sua mãe. Quando os netos se tornam adolescentes ou adultos, nada, em sua história anterior, pesa nas relações que mantêm com seus avós. Estes últimos encontram, na afeição que os netos lhes manifestam, uma desforra contra a geração intermediária; sentem-se rejuvenescer ao contato de sua juventude. Fora de qualquer ligação familiar, a amizade dos jovens é preciosa para as pessoas idosas: ela lhes dá a impressão de que esse tempo em que vivem permanece o seu tempo, ela ressuscita sua própria juventude, transporta-os para o infinito do futuro: é a melhor defesa contra a melancolia que ameaça a idade avançada. Infelizmente, tais relações são raras, uma vez que jovens e velhos pertencem a dois mundos entre os quais há pouca comunicação.

As relações com os filhos e netos ocupam, em geral, um lugar maior na vida das mulheres do que na dos homens. A idade as fez cair de menor altura que os homens, e conservam mais possibilidades de ação: menos amarguradas, menos reivindicativas, elas se "descomprometem" menos. Estão também mais habituadas a viver para os outros e através deles. Idosas, continuam atentas aos outros, para o melhor e para o pior.

Em geral, mesmo que conserve afeição por sua família e por seus amigos, a pessoa idosa distancia-se deles. O egocentrismo do idoso lhe é facilitado pela indiferença que pouco a pouco toma conta dele, mas o velho também cultiva deliberadamente esse egocentrismo. É uma defesa e uma desforra: já que não é tratado como devia ser, e já que só pode contar consigo mesmo, o velho se dedica por inteiro à sua própria pessoa. A um amigo que lhe reprovava seu silêncio, Roger Martin du Gard respondeu, aos 70 anos, com esta carta muito significativa: "Acontece que eu envelheço, que minhas atividades se reduzem, que me retiro do mundo cada dia um pouco mais. Desde o meu luto, tenho dificuldade em me interessar por outra coisa que não seja minha própria sorte (e mesmo assim...), e minha atenção reduz-se a algumas preocupações pessoais, entre as quais meu trabalho[254] ocupa o maior espaço. Isso não quer dizer que eu traia minhas amizades: mas a vitalidade dessas amizades estiola-se, como a própria vitalidade... Canso-me depressa, atinjo toda noite o limite de minhas forças, tenho necessidade de muito sono e de paz, meus dias são curtos, e a própria primavera não me parece mais prolongar o dia. É forçoso que eu evite me dispersar, ensimesmar-me, concentrar-me nos dois universos estranhamente incomunicáveis que agora carrego em mim: o vasto e desértico universo do meu passado, onde vagueio uma parte do tempo; e o outro, limitado, encolhido, de um presente ao meu alcance... Instalo para mim um chalezinho na ruidosa floresta do mundo."

Esse retiro conduz, por vezes, à paz. Foi assim com Rousseau. No começo, ele suportou mal o peso dos anos. Explicando, nas *Rêveries*, por que quer continuar a crer em Deus, ele traça um quadro sombrio de seu estado: "Hoje, que meu coração está oprimido pela angústia, minha alma esmagada pelos desgostos, minha imaginação espavorida, minha cabeça perturbada pelas misérias tão terríveis que me cercam; hoje, que todas as minhas faculdades, enfraquecidas pela velhice e pelas angústias, perderam seu êmulo, iria eu privar-me, sem motivo, de todos os recursos que me tinha preparado?" Um pouco mais tarde, ele começa a se resignar: "Reduzido à minha solidão, alimento-me, é verdade, de minha própria substância, mas esta não se esgota, e eu me basto a mim mesmo, embora rumine, por assim dizer, no vazio, o pensamento de que minha imaginação esgotada e minhas ideias extintas não fornecem mais alimento ao meu coração. Minha alma ofuscada, obstruída pelos meus órgãos, acabrunha-se a cada dia e, sob a carga dessas pesadas massas, não

---

[254] Ele trabalhava sem muita convicção num longo romance, iniciado muitos anos antes e que não acabou.

tem mais vigor para projetar-se, como outrora, para fora do seu velho invólucro." Mas nos dois últimos anos de Rousseau, o céu dele clareou: "Reencontrei a serenidade, a paz, a própria felicidade, já que cada dia de minha vida me lembra com prazer o da véspera, e não desejo nada mais para o dia seguinte." E mais longe: "Pressionado de todos os lados, permaneço em equilíbrio porque, não estando preso a mais nada, só me apoio em mim."

Rousseau, que sofria de um delírio de perseguição, cansou-se desse delírio: parou de se preocupar com as maquinações feitas contra ele. Conseguiu isso através de uma exaltação de seu eu, que era outra forma de paranoia, mas que lhe trouxe a tranquilidade.

Geralmente, o ensimesmar-se não basta para proteger o velho contra outrem: sua afetividade está concentrada nos limites de seu estreito universo, mas não suprimida. Ele continua vulnerável em seu corpo, em seus hábitos, em suas posses. Subsistem ameaças, e a ansiedade permanece.

A decadência e a desconfiança do velho geram nele não apenas insensibilidade em relação a outrem, mas também hostilidade. Do mesmo modo que a situação da mulher a incita ao ressentimento, a do velho acarreta uma atitude de reivindicação. A idade se abate sobre nós de surpresa, e experimentamos um obscuro sentimento de injustiça: esse sentimento traduz-se numa quantidade de revoltas e de rejeições. A pessoa idosa considera-se vítima do destino, da sociedade, de seus parentes; todos a prejudicaram, não cessam de prejudicá-la. Pode acontecer que desenvolva em si uma cólera que a leve à beira da loucura. Uma correspondente me escreve, a propósito de uma tia de 80 anos: "Ela tornou-se progressivamente louca de infelicidade e de angústia à ideia de estar velha. Seu sofrimento é de tal maneira insuportável que não voltarei mais a visitá-la. Nem bem se passam dez minutos depois que chegamos, e ela nos expulsa, pretextando que quer ir dormir. Não quer mais sair para fazer compras porque a cumprimentam pelo andar alerta e pela saúde maravilhosa (é verdade). 'Eles me horripilam, não posso mais suportá-los.' Tudo é irrisório, grotesco, caricato, diante da intensidade do seu infortúnio. Ela não faz mais nada. Não se veste mais, não se despe mais. Vagueia o dia inteiro como uma fera acuada, gemendo, arrastando uma dor que não a incomoda em lugar nenhum. 'Ah! Se pelo menos eu tivesse uma doença de verdade, ao menos poderiam cuidar de mim!' E ela começa a não mais reconhecer-se, a não mais lembrar-se de seu passado; não é porque a cabeça esteja fraca, é porque não quer mesmo lembrar. Tudo o que não é a sua infelicidade é uma insuportável ironia. Era uma mulher muito inteligente, pouco culta, muito ativa, de uma alegria e de uma originalidade inesgotáveis."

Geralmente o rancor do velho não se evidencia tão abertamente nem com tanta virulência; fica incubado nele. O idoso sente-se excluído de seu tempo, sobrevive mais do que vive. Vê posto em discussão tudo aquilo que quis, que amou, tudo aquilo em que acreditou: revolta-se contra essa perda radical.

A queda é tanto mais penosa quanto mais alto tenha sido o lugar ocupado pelo sujeito ou quanto mais poder e prestígio ele tenha detido. Se lhe resta um pouco de autoridade, por exemplo, no seio da família, o velho abusa disso: é uma compensação e uma vingança. Foi assim que o príncipe Bolkonski tornou-se um tirano doméstico. É o caso do herói de Tanizaki, que experimenta um prazer maligno em recusar dinheiro à filha: reduzido a um estado de dependência física, tira sua desforra demonstrando que seus parentes dependem economicamente de seus caprichos. Um homem que sempre teve um caráter melancólico escolherá, em seus últimos anos, mostrar-se odioso. Chateaubriand o era deliberadamente com Mme. Récamier.

Wagner não se resignava à velhice, sentia-a como uma humilhação. Fazia Cosima pagar por isso; reprovava a afeição de que a mulher cercava Liszt, o velho pai dela; tinha explosões de cólera que a faziam chorar.

Entretanto, são sobretudo as gerações ascendentes que suscitam no velho cólera ou ódio, porque ele se sente lesado por elas. Compraz-se em predizer-lhes um futuro catastrófico; assim, Goethe, em 1828, falando com Eckermann sobre a humanidade, dizia: "Vejo vir o tempo em que Deus não encontrará mais alegria nela e em que deverá aniquilar tudo de novo para fazer uma criação rejuvenescida." Ele considerava a literatura francesa contemporânea uma "literatura de desespero". "Levar até a loucura o exagero do horrível, do execrável, do atroz, do indigno, com uma confusão repugnante, eis sua obra satânica." Depois de 1830, profetizou uma era de barbárie e chegou a declarar, em 1831: "Já estamos nela em cheio." Pouco antes de sua morte, escreveu: "Uma doutrina confusa, saída de uma agitação confusa, governa o mundo."

Saint-Évremond já notara essa propensão dos velhos a se fechar em sua época e a tirar de sua ignorância um sentimento de superioridade:

"Parece que o longo uso da vida os fez desaprender de viver entre os homens... Tudo o que fazem lhes parece virtude; põem na conta do vício tudo o que não podem fazer... Daí vem essa autoridade imperativa, que se atribuem, de censurar tudo." Alain observa: "É um fato bem conhecido o velho louvar sua juventude e culpar o que o cerca."

É assim que, enclausurado no passado, Edmond de Goncourt se mostra amuado com seu tempo: "Não há mais nada nos jornais, dizia ele. Escrevia em seu *Journal* em 7 de abril de 1895: "Oh! Esse tempo! — uma insanidade no entusiasmo, Mallarmé, Villiers de L'Isle-Adam, os grandes homens da juventude!" E, em 31 de março de 1896: "O lado velhusco, professoral, dogmático, das jovens revistas, e nelas o entusiasmo irracional, fanático, pelas literaturas estrangeiras!"

No início da Primeira Guerra Mundial, Rodin, que acabava de ter a saúde alterada por um leve ataque, dizia a Judith Cladel: "Estamos numa época totalmente decadente; a guerra marca o estado de espírito atual; é a época bárbara; a ignorância domina, e os restauradores matam a escultura... A Europa acabou... Ficará como a Ásia." Vimos que Clemenceau, do fundo de seu retiro, desprezava sua época, fazendo-se de Cassandra.

Esses preconceitos podem irritar. Mas é preciso compreendê-los. Esquecido, desconsiderado pelas novas gerações, o homem idoso recusa seus juízes no presente e até mesmo o julgamento das futuras gerações.

Tiranizar, perseguir os outros, profetizar desastres: isso só cabe ao pequeno número daqueles que conservam algum prestígio. A maioria não tem nenhum. São eles que tiranizamos, que perseguimos, que injuriamos. Mesmo se nos conduzimos corretamente com eles, tratamo-los como objetos, e não como sujeitos. Não os consultamos, não levamos em consideração o que dizem. Eles sentem-se em perigo nos olhares que lhes são dirigidos, suspeitando neles a malevolência. O doutor Johnson dizia a Boswell: "As pessoas têm uma tendência má a supor que um velho não goza mais de todas as suas faculdades. Se um jovem, ao deixar uma reunião, não se lembra mais do lugar onde deixou seu chapéu, isso não é nada e só faz rir. Mas, se a mesma distração ocorre com um velho, as pessoas encolhem os ombros e dizem: 'Está perdendo a memória'."

Mauriac escreve em *Nouveaux Mémoires intérieurs*: "Não é o que entristece menos, nessa última virada da idade, o fato de as pessoas esperarem o pior no que nos diz respeito... Se a mão treme ao pousar na mesa uma xícara de café, esse tremor é registrado. Até os elogios feitos ao nosso bom aspecto não deixam de nos acabrunhar. Faz-se um escarcéu sobre a postura tão jovem de um velho, ao passo que ninguém teria a ideia de querer persuadir um corcunda de que suas costas são mais retas do que parecem."

Os velhos sabem-se incapazes de medir as próprias falhas: poderiam estar já deficientes ou pelo menos muito enfraquecidos, sem se dar conta disso. Interpretam, com ou sem razão, os olhares, os sorrisos, as palavras dos que os cercam. É nesse contexto que se desencadeiam revides — mau humor, caprichos, gestos desastrados propositais, lamentações e cenas — que parecem muitas vezes injustificados. O velho grita antes que alguém o maltrate, melindra-se por qualquer coisa. E, na verdade, numa dada circunstância, talvez não tivesse nenhuma razão para zangar-se; mas está permanentemente melindrado, é um esfolado vivo. Tudo o fere, incluindo os esforços que se fazem para lidar bem com ele.

Lesado, rejeitado, revida recusando-se a entrar no jogo. O mundo dos adultos não é mais o seu: recusa as regras e mesmo a moral desse mundo. Não se impõe mais esforço algum. Procura cinicamente seu interesse ou seu prazer. Acha que "tudo é permitido". Diz tudo que lhe vem à cabeça, permitindo-se observações desagradáveis, maldades. Não controla mais seus impulsos, não porque seja incapaz disso, mas porque não vê mais razão para fazê-lo. Paul Courbon fez, em 1930, uma exposição detalhada de um caso desse gênero. O sujeito é uma mulher de 72 anos, que levou uma vida afortunada e mundana. Ficou viúva aos 60 anos, com uma filha que foi preciso internar em virtude de demência precoce. Só e desamparada, seu gênio mudou. Agia e falava sem refletir, com o risco de se arrepender em seguida. Com os empregados domésticos, mostrou-se tão mesquinha e avara que eles a deixaram; ela contratou outros, que ficaram apenas alguns meses, depois outros, que só aguentaram algumas semanas. Em seguida, quando uma empregada se apresentava, ela declarava logo que a pessoa não lhe convinha: imaginava que estivesse mancomunada com os porteiros, que detestava. Acusava estes últimos de serem insolentes, de fazer mal o trabalho, de extraviar de propósito a correspondência. Chegara ao ponto de mandar endereçar cartas e encomendas para a casa dos porteiros do prédio vizinho. Tinha brigas com todos os seus fornecedores: os preços eram demasiado altos, a qualidade insuficiente. Com seus parentes e amigos, mostrava-se suplicante e agressiva. Chegava à casa deles a qualquer hora, falava sem parar ou adormecia, partia bruscamente ou demorava demais a ir embora. Brigou com a maior parte deles, porque os crivava de observações desagradáveis. Estava brigada também com o síndico de seu prédio, a quem perseguia na rua para enchê-lo de reclamações. Não parava de dar queixas na polícia. Era odiosa com seus médicos, e com os de sua filha. Na casa de saúde onde esta última estava internada, temiam-na: brigava com as enfermeiras; para evitar ter que ir ao toalete, urinava no aquecedor e acusava o gato. Tinha rusgas constantes com seus vizinhos. Entretanto, tinha influência sobre ela uma amiga, em cuja presença comportava-se corretamente. Durante três anos, fez as refeições com essa amiga no mesmo restaurante, onde se mostrava inteiramente normal. Com o tempo, sua memória enfraqueceu, e um elemento paranoico apareceu em seu comportamento. Mas durante sete anos, tornou-se insuportável pela "incontinência mental senil". No entanto, era capaz de reflexão e dava provas disso não só com a amiga, mas também ao gerir muito bem sua fortuna.

Há casos nos quais os comportamentos inadaptados do velho não encerram intencionalidade. Eles se explicam por seu declínio psíquico: é o caso da caduquice e das repetições, tão características da senilidade. O velho está voltado para o passado, sem poder sobre o futuro, e é vítima das preocupações: ressuscita indefinidamente as mesmas lembranças, rumina em voz alta as mesmas inquietações; é condenado à estagnação pelo enfraquecimento de sua memória e por sua incapacidade de adquirir o que quer que seja de novo. Mas quase sempre suas aparentes aberrações são mais ou menos negligenciadas. Um gerontologista de San Francisco, o doutor Louis Kuplan, inventou a noção de "delinquência senil"; esta seria devida, assim como a delinquência juvenil, ao fato de sentir-se excluído; não se manifestaria por violências, mas por "comportamentos antissociais". O doutor Kuplan cede à tendência de tomar os velhos por uma espécie que é descrita do exterior, como fazem os entomologistas. Ele esquece que são os homens que inventam seu próprio comportamento a partir de sua situação. Muitas de suas atitudes são protestatórias; é que sua condição demanda o protesto. Um traço que impressiona nos pensionistas de asilo — sobretudo os homens — é a sujeira. Mas o que fazer? Eles foram descartados como refugo: por que observariam as regras da decência e da higiene? Em relação aos parentes, o rancor lhes dita comportamentos que podem parecer neuróticos e que são, de fato, atitudes de agressão ou de autodefesa. Certo velho cai de cama, para não mais se levantar, pretextando reumatismos: isso acontece depois de uma querela com seus filhos. Outro, que o filho afastou dos negócios, passeia nu em seu jardim: simboliza com esse despojamento — tal como Lear ao arrancar as roupas — aquele que lhe foi infligido. As incontinências urinárias e fecais muitas vezes são vinganças. Recusar-se a comer, a sair e a se lavar, cometer inconveniências são, em geral, maneiras de reivindicar. O mesmo acontece com esta anomalia que muitas vezes encontramos no velho: a vadiagem. Por falta de ter em casa um papel satisfatório, o avô passa dias a vaguear, sem prevenir a família: ele não sabe o que procura, mas fica com a impressão de procurar; demonstra, assim, aos seus, que pode passar sem eles e compraz-se em pensar que os deixa preocupados.

Há uma impressionante descrição de velhice feminina em *Os Golovlev*, de Saltykov-Chtchedrine; o drama de Arina Petrovna é o mesmo que viveram Lear e o velho Fouan de *La Terre*, drama geralmente masculino: a privação da posse. O romancista russo, inspirando-se em um ou vários modelos reais — encontrados em sua família —, fez uma descrição espantosamente nuançada e viva das reações de sua heroína.

Latifundiária, dura com os outros e consigo mesma, impiedosamente avara, Arina Petrovna só vivera, desde a juventude, para aumentar seus domínios. Conseguiu isso com o suor do rosto, infligindo-se as mais extremas fadigas e grandes privações. Desconcertada com a emancipação dos servos, não sabendo mais como organizar sua vida, ela tem a fraqueza, embora a idade não tenha abatido ainda seu vigor físico, de repartir seus bens entre seus descendentes: dois filhos e as duas filhas de sua filha morta. Obsequioso, astucioso, o mais velho, Judas, consegue espoliá-la quase inteiramente. Ela deixa Golovlevo, onde agora Judas é o senhor, para se instalar em casa do mais moço, Paulo, um bêbado com quem se estabelece uma espécie de sinistra coexistência. Mas ele cai gravemente doente e agoniza. Arina Petrovna, até então indomável, não sabendo mais o que fazer de si mesma, já que detesta o filho mais velho, mergulha numa depressão bestificada: "Enfim ela sentou-se e se pôs a chorar... Era um desespero amargo e total, acrescido de uma obstinação impotente. Não só a velhice como também as deficiências, o abandono, tudo parecia demandar a morte como a única saída apaziguadora; mas ao mesmo tempo... as lembranças do passado a estimulavam e a ligavam à Terra... Uma angústia, uma angústia mortal apoderara-se do seu ser... Durante toda a sua vida, em nome da família, impusera-se privações, torturara-se, mutilara toda a sua existência e bruscamente apercebia-se de que não tinha família!" Vimos que essa lucidez desolada é muitas vezes o quinhão dos velhos e que muitas vezes, também, ao mesmo tempo que ela os faz desejar a morte, faz com que se agarrem à vida porque, como diz Rousseau, eles não suportam a ideia de que esta vida tenha sido vã, "que se tenham esforçado à toa".

Quando Paulo morreu, não querendo ter nada a ver com Judas, Arina Petrovna emprega o pequeno capital que lhe resta na recuperação da propriedade de suas netas — a Pogorielka — e ali se instala com as órfãs. Então, não tendo mais nenhum objetivo na vida, o peso dos anos acabrunha-a bruscamente: "Arina Petrovna nunca tivera ideia de que chegaria um dia em que ela seria uma boca inútil; ora, esse dia apresentou-se furtivamente no instante preciso em que, pela primeira vez, ela se convenceu de que suas forças morais e físicas estavam minadas. Esses instantes chegam sempre de improviso; embora o homem talvez já esteja atingido há muito tempo, domina-se ainda, aguenta firme, e depois, de repente, abate-se traiçoeiramente sobre ele o último golpe... é esse golpe que transforma instantaneamente e sem apelação um homem ainda valente numa ruína." Arina não encontrava grandes dificuldades na gestão de sua propriedade, mas não tinha mais prazer em cuidar dela, e suas forças haviam diminuído. "Ela padeceu das deficiências senis que a impediam de sair de casa... A velha agitava-se, debatia-se, mas estava reduzida à impotência."

Suas netas sonhavam em ir embora. Para grande surpresa delas, a avó acolheu sem cólera seu pedido. Em primeiro lugar, porque, ao perder as forças físicas, seu gênio autoritário abrandara-se; mas também porque — como às vezes acontece — sua velhice desencantada lhe havia aberto o espírito: "Não era só a fraqueza senil que entrava em jogo nessa transformação, mas também a compreensão de algo melhor e mais justo. Os últimos golpes do destino não a tinham apenas derrotado; haviam também iluminado, em seu horizonte intelectual, alguns recantos nos quais, até então, seu pensamento aparentemente jamais penetrara."

Tendo compreendido, à luz de um sinistro presente, a legitimidade de certas aspirações, ela não teve a força de se opor e deixou que as duas jovens partissem.

Mas então se fez um insuportável vazio à sua volta. Ela sentiu que "ganhara de repente uma liberdade ilimitada, tão ilimitada que não via mais, diante de si, do que um espaço vazio". Mandou murar um grande número de cômodos, conservou apenas dois quartos, despediu seus domésticos, salvo duas velhas. "A sensação do vazio não tardou a penetrar até nos dois quartos onde ela acreditara defender-se. Uma solidão irremediável e um triste ócio, eis os dois inimigos com os quais ela se encontrava face a face... A obra de destruição física e moral veio logo em seguida, obra tanto mais cruel quanto menos resistência lhe opunha sua vida ociosa... Havia aborrecido e cansado todo mundo: e agora era ela que estava farta de tudo e de todos." Tão ativa outrora, caíra numa ociosidade sonolenta que "pouco a pouco corrompera sua vontade e suscitara inclinações que alguns meses antes Arina Petrovna nunca teria imaginado, nem mesmo em sonho. Essa mulher forte e reservada, que ninguém teria mesmo sonhado chamar de velha, era doravante uma ruína, para quem não existiam mais nem o passado nem o futuro, mas apenas o minuto presente que tinha para viver". Dormitava durante a maior parte do dia. "Depois estremecia, despertava e, durante um longo momento, sem qualquer pensamento preciso, mantinha o olhar fixo na distância... A melhor parte de seu ser vivia naqueles campos desnudos." Ela os contemplava sem pensar em nada e recaía em sua sonolência senil. Por vezes, voltavam-lhe lembranças, mas "sem continuidade, por fragmentos". Algumas apertavam-lhe o coração, e ela desmanchava-se em lágrimas; depois, perguntava a si mesma com surpresa por que chorava. "Ela vivia como se pessoalmente não tomasse parte na existência."

As noites eram uma tortura. Naquela velha casa isolada, tinha medo de tudo: do silêncio, da escuridão, dos barulhos, das luzes e das sombras. Às seis horas, já estava de novo de pé, esgotada. Comia pouco e mal. Sofria com o frio. "Quanto mais se enfraquecia, mais forte falava nela o desejo de viver. Ou antes... o desejo de se oferecer doçuras junto a uma ausência total da ideia de morte. Outrora, ela temia a morte; agora, parecia tê-la esquecido completamente. Desejava tudo o que havia recusado a si mesma... A tagarelice, a complacência interesseira e a gula desenvolviam-se nela com rapidez espantosa." Sonhava com as boas iguarias que comia outrora em Golovlevo e com o conforto da casa: ali, era a "boa vida". Pouco a pouco, perdeu a força para manter o rancor contra o filho. "A passagem do despotismo impertinente à submissão e à bajulação não era mais que uma questão de tempo... Judas... de repente deixou de ser detestável." As velhas ofensas caíam por si mesmas no esquecimento, e Arina Petrovna deu os primeiros passos para uma aproximação. Pediu a seu filho produtos de Golovlevo — cogumelos, peixe, galinha —, e ele convidou-a a ir comê-los em sua casa. Arina Petrovna aceitou e voltou lá muitas vezes para se regalar e dormir à noite em segurança. Mostrou-se muito amável para com a concubina de Judas: os três jogavam cartas. Ela acabou por viver na casa desse filho tão odiado e morreu sob seu teto.

Vê-se que um preconceito deve ser radicalmente afastado: é a ideia de que a velhice traz a serenidade. Desde a Antiguidade, o adulto tentou ver sob uma luz otimista a condição humana; atribuiu às idades que não eram a sua as virtudes que não tinha: a inocência à criança, a serenidade aos velhos. Quis considerar o fim da vida a resolução de todos os conflitos que a dilaceram. É, aliás, uma ilusão cômoda: ela permite, a despeito de todos os males pelos quais nos sabemos oprimidos, pensar que os velhos são felizes e abandoná-los à própria sorte. De fato, a solidão os rói: o teste de Rorschach permite descobri-la em todas as pessoas idosas, mesmo aquelas que pretendem ignorá-la e se dizem satisfeitas com sua condição. Segundo os protocolos de Rorschach, estabeleceu-se em 1956, na América, um retrato típico do velho: "As pessoas idosas são desconfiadas, ansiosas e evasivas em sua abordagem do teste de Rorschach... demonstram uma vida interior introvertida, sem maturidade, com cores fantásticas e irreais... manifestam dificuldades em suas relações com outrem: poucas necessidades afetivas... rigidez, estereotipias, impotência intelectual." Encontramos todos esses traços no velho, e eles nos pareceram respostas a suas dificuldades.

O doutor Reverzy, que cuidou de inúmeros velhos, escreve, em seu prefácio para *A grande sala*, de Jacoba Van Velde: "Só mesmo os romancistas, bons ou maus, creem em velhices felizes. Só há uma velhice: o destino da entrevada de hospital e o da grande dama sentada em sua poltrona se reúnem... Esses seres humanos semipetrificados assemelham-se estranhamente, entretanto, aos adultos e às crianças que foram. E muitas vezes não ficaram melhores que antes. Neles, o querer viver não se extinguiu. O desejo, a paixão e o capricho sobrevivem. A nenhum daqueles que encontrei a experiência dos anos comunicara aquela sabedoria ou aquela serenidade dos bons avós dos livros."

Na verdade, a sorte da grande dama é mais favorecida do que a das pensionistas de asilo: o que Reverzy quer dizer é que a grande dama também é vítima das preocupações e da angústia. Ele tem razão; mas o que eu não aceito é a severidade de sua descrição. Por que o velho deveria ser melhor do que o adulto ou a criança que foi? Já é bastante difícil permanecer um homem quando tudo lhe foi tirado: saúde, memória, recursos materiais, prestígio, autoridade. A luta que o velho empreende para isso tem aspectos lastimáveis ou irrisórios: suas manias, sua avareza, sua dissimulação podem irritar ou fazer sorrir, mas na verdade essa luta é patética. É a recusa de cair abaixo do humano, de se tornar esse inseto, esse objeto inerte ao qual os adultos pretendem reduzi-lo. Há algo heroico em querer conservar num tal despojamento um mínimo de dignidade.

—✦—

Um indivíduo debilitado que luta para permanecer um homem: certos velhos recusam tal definição. Jouhandeau afirma: "O velho, não sendo mais sensível aos mesmos espetáculos e aos mesmos concertos que o jovem, nem por isso divisa neles horizontes menos extraordinários e percebe tons menos maravilhosos." Assim como a criança não é um homem inacabado, o velho não seria um adulto mutilado, mas um indivíduo completo, que vive uma experiência original.[255] Talvez. Mas enquanto o universo infantil tem sido muitas vezes descrito em sua singularidade, o mundo dos velhos, tal como estes o evocam em seus livros, não se distingue do mundo dos adultos a não ser por carências. A sabedoria dos velhos não me deixa menos cética. Gide faz eco a Montaigne — e eu concordo com ele — quando escreve, em seu *Journal*, em 25 de janeiro de 1931: "Desprezo de todo o coração essa espécie de sabedoria à qual só se chega por resfriamento ou lassidão."

Entretanto, a hipótese que eu indicava no início deste capítulo não é de se rejeitar inteiramente: pode acontecer que a desqualificação do

---

[255] Foi a tese que sustentou, em 1860, Jacob Grimm, num célebre discurso que citei.

velho seja acompanhada de um enriquecimento e de uma liberação. Bernard Shaw, que tivera, entre 50 e 60 anos, um grande medo da morte e da esclerose, declarou que, depois dos 60 anos, começara "sua segunda infância". Ele experimentava um delicioso sentimento de liberdade; de aventura, de irresponsabilidade. Numa entrevista dada quando completou seus 70 anos, Giono declarou ter a mesma impressão. Pouco antes de sua morte, Paulhan dizia: "É muito interessante a velhice: experimentamos uma quantidade de sentimentos que só pensávamos existir nos livros."[256]

Em seu pequeno livro *On Old Age*, John Cowper Powys faz o elogio da velhice. Segundo ele, é então lícito ao indivíduo praticar "essa atividade passiva através da qual nosso organismo humano se funde com o Inanimado". A felicidade da velhice é poder aproximar-se do Inanimado. Tornamo-nos cada vez mais sós. O Inanimado é solitário: "Entre um velho que se esquenta ao Sol e um fragmento de sílex que o Sol aquece há uma indizível reciprocidade." O homem enfim desobrigado de suas tarefas pode entregar-se às alegrias da contemplação: Powys conta que, quando criança, surpreendeu seu avô sentado no sofá, imóvel, contemplando as luzes e sombras da noite: "Lembra-te, Johnny, disse o avô, que na minha idade eu só posso fazer isso." Ele não tinha razão de se desculpar, pensa Powys. O velho tem direito à inação: enfim, chega de deveres! Enfim temos paz! Caímos então fora da lei. Como as crianças, somos amorais, e essa amoralidade traz "um equilíbrio mágico, uma iluminação interior".

O fato é que Powys viveu sua velhice como um desabrochar. Ele nunca se sentira à vontade na sua condição de adulto; ficava preso a tarefas — cursos, conferências — que lhe pesavam e que o desviavam dos únicos prazeres válidos a seus olhos: a contemplação e o sonho. Suas atitudes pareciam muitas vezes bizarras, mesmo para seus amigos. Com a idade, suas excentricidades começaram a parecer normais. Pôde abandonar-se às alegrias da "inação". De fato, de seus lazeres nasceu um grande número de belos livros que exigiram um trabalho considerável. Ele é um desses raros indivíduos a quem a aposentadoria permite a realização de uma vocação até então recalcada.

---

[256] Churchill também dizia que a velhice era uma experiência espantosa: mas dizia isso numa época em que já apresentava sérias perturbações mentais.

Seu caso é excepcional. Mas é verdade que, de maneira geral, a velhice tem certas vantagens. Ser colocado à margem da humanidade é escapar às restrições, às alienações que são seu quinhão; a maioria dos velhos não se beneficia dessa sorte, mas ela se oferece a certo número deles, e alguns aproveitam-na.

O indivíduo que perde com sua profissão seu estatuto social sente-se dolorosamente reduzido a nada. Mergulha no abatimento ou, se é um privilegiado, para se consolar de não mais ser, procura aparecer: fica ávido de funções, de papéis, de títulos, de honras. Entretanto, pode extrair de sua miséria uma verdade, uma força: Lear, quando perde tudo, despe-se de seus ouropéis e denuncia os disfarces com os quais até ali tinha sido ludibriado. Rejeitadas pela sociedade, o que acontece com muitas pessoas idosas é não se preocuparem mais em agradar a essa mesma sociedade. Encontramos nelas aquela indiferença à opinião que Aristóteles chamava de "impudência" e que é o esboço de uma liberação. Esta os dispensa da hipocrisia. Pesquisadores perguntaram a um grupo de velhos de diferentes idades o que contava mais para eles na existência; os de 60 a 70 anos evocaram a afeição de seus parentes, ocupações; os de 80 anos responderam brutalmente: "comer", o que, realmente, era verdade também para a maioria dos outros. Os pensionistas do Victoria Plaza, satisfeitos com suas novas condições de vida, diziam: "Enfim! Posso ser eu mesmo! Não sou a mulher de Fulano, o funcionário de Sicrano: sou eu mesmo." Não se definiam mais por sua função social: sentiam-se indivíduos, autorizados a decidir sobre seus comportamentos não de acordo com determinadas regras, mas segundo seus próprios gostos. "Posso enfim fazer tudo o que quero!", diziam também. Os habitantes da Cidade do Sol, de que falei, não têm nenhuma atividade cultural nem qualquer dessas atividades que chamamos de "construtivas": é que, como disse um observador que cuidava deles desde a fundação da comunidade, não se sentem mais obrigados a ter essas atividades. Antes, a pressão social os obrigava a isso; eles fingiam interessar-se: agora são realmente eles mesmos.

No caso das mulheres, em particular, a última idade representa uma liberação: submetidas durante toda a vida ao marido, dedicadas aos filhos, podem enfim preocupar-se consigo mesmas. As burguesas japonesas, severamente contidas, têm frequentemente uma velhice vigorosa: citaram-me casos de mulheres que se divorciaram aos 70 anos para gozar seus últimos anos e não deixaram de se felicitar por isso. A revolta de uma velha mulher contra as obrigações e as proibições que até então a haviam cerceado constituem o tema tratado por Brecht em *A velha dama indigna*, de que se fez um filme. Viúva aos 72 anos, a heroína, para grande escândalo da família, hipoteca sua casa e se dá todos os prazeres de que tem vontade: passear de carro aberto, beber vinho tinto, ir ao cinema, dormir tarde, rolar na cama de manhã. Ela não respeita mais os tabus sociais: frequenta um sapateiro que pertence a um meio inferior ao seu. Ela pisoteia o ideal de dignidade que até então lhe havia sido imposto. Prefere seguir seus impulsos. É verdade que muitas mulheres obstinam-se em manter os valores dos quais viveram e pretendem impô-los às jovens gerações. Mas sua situação lhes oferece uma possibilidade de não se alienar.

A liberdade é intimidante, e é por isso que às vezes o homem idoso a recusa. Quando Gide recebeu o prêmio Nobel, Sartre lhe disse: "Pronto! Agora você não tem mais nada a ganhar nem a perder: está livre para agir e falar à vontade." "Oh! Livre, livre...", disse Gide, num tom duvidoso. E não foi nos seus últimos anos que escreveu os livros mais provocantes. Outros, entretanto, ao avançar na idade, sentem-se libertados da preocupação com a opinião. Assim, Mauriac escreve no *Bloc-notes* de 28 de julho de 1953: "Eis a vantagem do declínio: somos demasiado conhecidos, estamos por demais em evidência, há muito tempo, para que nossos ditos, para o bem ou para o mal, possam mudar algo no espírito das pessoas." Em sua juventude, ele não se comprometera politicamente. A agressão fascista na Etiópia e a guerra civil espanhola lhe haviam arrancado, segundo sua própria expressão, um "fraco grito". Sob a ocupação, escrevera o *Cahier noir*. Depois, "adormecera de novo". Depois do prêmio Nobel — que recebeu no dia dos massacres de Casablanca —, eu fui, escreve ele, "despertado da minha letargia, decidido a me comprometer de novo, e (que) depois da matança de Casablanca o drama marroquino me fez retomar contato com jovens católicos: voltei a ser o Mauriac do Sillon, de 1904, o Mauriac dos bascos e da guerra da Espanha: France-Maghreb nasceu". Numa outra passagem, voltando a esse período, ele escreve: "Daí em diante, engajei-me." Protestou em artigos contra a tortura na Argélia e participou de manifestações. Em 1958, por admiração a De Gaulle e talvez por cansaço, retirou-se da luta.

Livre e audacioso em seus escritos, Voltaire conduzira sua vida com uma prudência que muitas vezes beirava a duplicidade. Foi apenas na velhice que tomou partido ativamente contra a intolerância e a injustiça. Tinha 66 anos quando soube do caso Calas. Tomou todas as providências para se informar. Viajou para encontrar pessoas que lhe pudessem prestar essas informações, interrogou os membros da família. Tendo formado uma opinião, agiu junto a suas relações. Publicou em 1762 — aos 68 anos — um libelo que sublevou a opinião e acabou por obter a anulação do julgamento. Assumira todas as despesas do processo. Três anos mais tarde, tomou o partido dos esposos Sirven, acusados de terem jogado num poço a filha porque esta quisera converter-se: ela era louca e se tratava, na verdade, de um suicídio. Eles conseguiram fugir abandonando todos os seus bens e foram executados simbolicamente. Voltaire bateu-se até 1771 para obter a reabilitação deles. Depois da execução do cavaleiro de La Barre, em 1776, ele conheceu dias de terror e se refugiou em Clèves. Mas conseguiu recuperar-se, e interveio em muitos outros casos. No caso Montbailli, em que os dois esposos foram acusados de parricídio, o marido foi executado; a mulher grávida foi provisoriamente poupada, e durante sua detenção Voltaire conseguiu demonstrar a inocência do casal.

Há em certos velhos algo indomável e mesmo heroico: eles arriscam com indiferença uma vida à qual não dão mais valor. Malesherbes tinha 72 anos quando, em 1792, defendeu Luís XVI: "Nada pôde impedi-lo, no processo, de dizer 'o Rei' e (ao falar com ele) 'Sire'. — Quem, então, vos torna tão ousado? — disse-lhe um membro da Convenção. — O desprezo pela vida."[257] Preso em outubro de 1793, ele recusou-se a se defender e foi tranquilamente para a guilhotina depois de ter o cuidado de dar corda ao relógio. Sem chegar a arriscar a cabeça, outros estão prontos a arriscar a reputação ou a carreira. Assim, o doutor Spock, o célebre pediatra americano, inculpado por sua luta contra a guerra do Vietnã, declarou, em 1968 — tinha 80 anos: "Na idade em que estou, por que não ousaria protestar ao lado de Stokely Carmichael?"

No caso de homens que durante toda a vida souberam correr riscos, acontece frequentemente sua audácia adquirir, nos últimos anos de vida, um brilho particular. Russell sempre foi obstinado e corajoso,

---

[257] Michelet, *Histoire de la Révolution Française.*

mas nunca o demonstrou de maneira tão espetacular quanto em 1961, com a idade de 89 anos; membro do Comitê dos Cem contra as armas nucleares, ele convidou o público a uma manifestação não violenta e, apesar da interdição da polícia, sentou-se no chão, no meio dos outros: sua idade e seu nome davam ao ato um estardalhaço que excluía a impunidade, e ele foi, com efeito, condenado a sete dias de prisão. O Conclave fazia da velhice uma ideia falsa quando, julgando-o inofensivo, escolheu para papa o cardeal Roncalli. Este último sempre fizera o que julgava dever fazer, sem se deixar intimidar por nada. O pontificado abriu-lhe imensas possibilidades, e ele explorou-as. Com o nome de João XXIII, três meses depois de sua eleição, sem pedir a opinião de ninguém e dobrando todas as oposições, empreendeu uma reforma da Igreja e convocou um concílio cujos trabalhos foram em grande parte inspirados por ele: embora interrompidos, estimularam uma transformação cuja amplitude só faz crescer a cada dia. É um espetáculo comovente um homem velho, de corpo débil, que ainda arde de uma paixão intrépida. Octogenário Émile Kahn, presidente da Liga dos Direitos do Homem, mal se aguentava de pé quando serviu de testemunha no processo Ben Saddok. Lendo uma carta de seu filho, que descrevia as torturas infligidas na Argélia a combatentes da FLN, ele acusou o governo e o exército com uma virulência que muitas testemunhas mais jovens poderiam invejar.

No plano intelectual, a velhice pode também ser liberatória: ela livra das ilusões. A lucidez que traz é acompanhada de um desencanto que muitas vezes é amargo. Na infância e na juventude, a existência é vivida como uma ascensão; nos casos favoráveis — seja porque se está progredindo na profissão, seja porque a educação dos filhos traz alegrias, seja porque o padrão de vida se eleva ou porque os conhecimentos se enriquecem —, a ideia de ascensão persiste na idade madura. De repente, descobrimos que não vamos mais para nenhum outro lugar a não ser para o túmulo. Fomos içados para um cume que é o ponto de partida de uma queda. "A vida é uma longa preparação para algo que nunca chega" — disse Yeats. Chega um momento em que sabemos que não nos preparamos para mais nada e compreendemos que fomos logrados ao acreditar que caminhávamos para um fim. Essa finalidade que nossa história se atribuía vê-se incontestavelmente anulada. Então revela-se o seu caráter de "paixão inútil". Uma tal descoberta suprime em nós a vontade de viver, declara Schopenhauer: "Foram-se aquelas ilusões que davam à vida seu encanto e à atividade seu estímulo. Só aos 60 anos compreendemos bem o primeiro verseto do Eclesiastes." Mais duramente, escrevia Tolstói em sua velhice: "Só se pode viver quando se está embriagado de vida; assim que se dissipa a embriaguez, percebemos que tudo não passa de embuste, estúpido embuste."

Se tudo fosse inutilidade ou embuste, não restaria mais nada, com efeito, a não ser esperar a morte. Mas admitir que a vida não encerre sua própria finalidade não significa que ela não possa voltar-se para fins. Há atividades que servem os homens e há, entre estes, relações nas quais eles se alcançam em sua verdade. Essas atividades e essas relações não alienadas, não mitificadas permanecem quando são banidas as quimeras. Podemos continuar desejando comunicar-nos com os outros através da escrita, mesmo quando as imagens juvenis da celebridade já se dissiparam. Por um curioso paradoxo, muitas vezes é no momento em que, envelhecido, começa a duvidar de sua obra que o homem velho a eleva ao mais alto grau de perfeição. Foi assim com Rembrandt, Miguel Ângelo, Verdi, Monet. É possível que suas próprias dúvidas contribuam para enriquecê-la. Muitas vezes também, trata-se de uma coincidência: a idade traz mestria e liberdade, e ao mesmo tempo uma tendência à contestação. Agir "colocando entre parênteses" a ação é chegar à autenticidade; esta é mais difícil de assumir que a mentira, mas, quando a atingimos, só temos motivos para nos felicitar. Aí está o que a idade traz de mais valioso: ela varre os fetichismos e as miragens.

Poderíamos ter nos livrado disso tudo mais cedo, objetarão. Eu, por exemplo, já aceitei há muito tempo a ideia de que, para o vivente, a procura do ser é vã: jamais o por-si vai se realizar como em si. Deveria ter me resignado a esse fracasso fatal e não sonhar com o absoluto cuja ausência deplorei no fim de *Sob o signo da História*. Mas, do mesmo modo que prever não é saber, saber não é vivenciar. Toda verdade é devinda. A da condição humana só se realiza ao termo do nosso próprio devir.

A liberdade e a lucidez não servem para grande coisa se nenhum objetivo nos solicita mais: elas têm um grande valor se ainda somos habitados por projetos. A maior sorte do velho, mais do que gozar de uma boa saúde, é sentir que, para ele, o mundo está ainda povoado de fins. Ativo, útil, escapa ao tédio e à decadência. O tempo em que vive permanece o seu, e os comportamentos defensivos ou agressivos que caracterizam habitualmente a última idade não lhe são impostos. Sua velhice é, por assim dizer, passada em silêncio. Isso supõe que, na idade madura, ele se tenha engajado em projetos que desafiam o tempo: na nossa sociedade de exploração, essa possibilidade é recusada à imensa maioria dos homens.

Já disse que as doenças mentais são mais frequentes nos velhos do que em qualquer outra faixa etária.[258] Entretanto, elas foram muito mal conhecidas até o fim do século XIX; eram todas reduzidas a um único tipo: a demência senil. Foi o médico suíço Wille que abriu, em 1873, uma nova era: seus estudos sobre a questão foram seguidos de muitos outros. Em 1895, realizou-se em Bordéus um congresso sobre as psicoses dos velhos. Desde então, os trabalhos sobre as neuroses e as psicoses de involução multiplicaram-se. Entretanto, sendo a velhice uma "anomalia normal", muitas vezes fica difícil traçar uma fronteira entre as perturbações psíquicas que normalmente acompanham a senescência e as que têm um caráter patológico. Algumas mudanças de humor e de comportamento que parecem justificadas pela situação constituem, na verdade, os pródromos de uma doença; outras que parecem neuróticas explicam-se pelas circunstâncias. De qualquer modo, os casos francamente patológicos são numerosos. Os velhos são fisicamente frágeis; são socialmente deserdados, o que tem graves repercussões sobre seu estado mental, seja diretamente, seja através da deterioração orgânica que resulta disso; sua situação existencial e sua condição sexual são propícias ao desenvolvimento das neuroses e das psicoses.

Um indivíduo torna-se neurótico quando "não consegue encontrar na identificação de seu próprio personagem boas relações com outrem e um equilíbrio interior satisfatório".[259] Então, apresenta um conjunto de sintomas que são, na verdade, defesas contra uma situação insuportável. Inúmeros psiquiatras insistem nessa "fraqueza da identificação" que domina a personalidade neurótica. Ora, uma das maiores dificuldades do homem idoso é precisamente conservar o sentimento de sua identidade. O próprio fato de se saber velho o transforma num outro, de

---

[258] Lembro que, nos EUA, em 100.000 sujeitos de uma mesma faixa etária, o número de doentes mentais é 2,3 abaixo de 15 anos, 76,3 entre 25 e 34, 93 entre 35 e 54 anos, 236,1 entre os velhos.

[259] Ey, *Manuel de psychiatrie.*

quem não consegue realizar a existência para si mesmo. Por outro lado, perdeu sua qualificação e seu papel social: não se define por mais nada, não sabe mais quem é. Quando a "crise de identificação" não é superada, o que acontece com frequência, o velho vive perturbado.

Por outro lado, os psicanalistas — e, com eles, muitos psiquiatras — consideram que as neuroses manifestam um conflito sexual que tem suas raízes quer na história infantil do sujeito, quer em suas dificuldades atuais. O velho é, mais que o adulto, vítima de sua infância, pois as censuras e as defesas da idade madura desmoronam; nesse momento, sua situação sexual é difícil de viver, já que sua libido permanece, embora muitas vezes o investimento genital não lhe seja mais possível. Essas situações devem ser assumidas através de um organismo deficiente. Concebe-se que, com bastante frequência, o que se chama uma "adaptação normal" às circunstâncias seja possível.

As neuroses que encontramos com mais frequência entre os velhos são:

1º *Neuroses de caráter, de tipo paranoide*. As reações que se observam normalmente na maioria desses casos são levadas ao extremo: os sujeitos protegem-se com uma verdadeira "armadura de caráter". Sua desconfiança e agressividade exacerbam-se. Desenvolvem temas hipocondríacos: queixam-se de males diversos, de algias, de doenças, de cefaleias, de perturbações digestivas; reprovam os que os cercam por não cuidar da saúde deles, por não lhes dar atenção. Tornam-se exigentes e muitas vezes atormentados por um ciúme mórbido. Seu gênio é muito caprichoso: têm acessos de agitação. A doutora Dolto distingue nas mulheres idosas dois tipos de temperamento: existem as passivas, voltadas para si mesmas, que odeiam a vida, o movimento, as emoções e que têm um medo patológico da morte; outras manifestam hipertrofia do eu e tendências paranoicas.

2º *Neuroses de angústia*. Segundo Freud, estas manifestam uma distância entre a libido sexual somática e sua elaboração psíquica. Ora, essa distância existe na maioria dos velhos. Vimos que, também por outras razões, eles são normalmente devorados pela ansiedade. No estado de depressão neurótica em que muitos mergulham, levam ao extremo o tédio, a tristeza e a preocupação habituais na maioria deles.

3º *As neuroses histérico-hipocondríacas* têm sempre em sua origem uma neurose latente que a senescência fez eclodir; nesse caso, a origem do conflito é infantil; os sintomas constituem simbolicamente um compromisso entre o desejo e a defesa. O sujeito exerce sobre seus parentes uma tirania afetiva, refugia-se na doença, exige cuidados, entrega-se a uma chantagem afetiva; finge-se acometido de dores que não sente; por vezes, opera-se nele uma conversão somática de sua angústia recalcada. Sofre de pruridos, de dores diversas, de perturbações digestivas ou urinárias.

4º Muito mais raramente, observam-se nos velhos neuroses obsessivas ou fóbicas.

Certos gerontologistas — entre outros o doutor Blajan-Marcus e o doutor Pequignot — estimam que as neuroses do indivíduo idoso têm sempre suas raízes na infância e na juventude. O fato é reconhecido no caso das neuroses histérico-hipocondríacas. Entretanto, Freud admite a existência de neuroses "atuais", nas quais o sujeito se defenderia contra conflitos presentes. E essa noção convém a muitas das angústias dos velhos: sua situação — no plano sexual, mas também em todos os outros planos — justifica a constituição desse sistema defensivo que é a neurose.

As neuroses não mobilizam toda a personalidade do sujeito. Fala-se de psicose quando a personalidade é totalmente alterada e adquire uma nova estrutura. A psicose mais comum entre os velhos é a melancolia de involução, que foi isolada e descrita por Kraepelin, em 1896. Ela se abate principalmente sobre as mulheres. É muito característica da senescência, já que os sujeitos que atinge não haviam apresentado anteriormente em sua vida mental nenhum acidente patológico. Compreenderemos facilmente que a idade avançada predisponha a esse tipo de neurose se considerarmos o que é a melancolia em sua generalidade.

É um "estado de depressão intensa, vivenciado com um sentimento de dor moral e caracterizado pelo retardamento e pela inibição das funções psíquicas e psicomotoras". Freud aproximou-a do luto. O melancólico, embora não tendo perdido ninguém, comporta-se como se tivesse perdido algo; é o seu eu que ele se queixa de ter perdido: eu não sou nada, não consigo nada, diz ele. Essa perda suscita um sentimento penoso de desvalorização — constata, entre outros, Minkowski —, e por esse motivo o sujeito é levado a voltar-se para seu passado. A melancolia, diz ainda Minkowski, é uma "doença do tempo". O futuro está barrado, o sujeito não se projeta mais para ele e só vê ali uma perspectiva de morte. No presente, ele é apenas impotência; sente-se existir no vazio; padece de um tédio mortal: "Grande estepe sem começo nem fim, cuja monotonia nada vem cortar", dizia a infanta Eulália. O melancólico está "cheio de vazio". Petrifica-se no seio de um universo devastado, em que nada mais lhe interessa, nada mais lhe causa emoção. Para de viver. O nada do presente o torna escravo de seu ser no passado: ele submete-se à fatalidade deste. Se é ansioso, é porque carrega o peso do passado: teme pelo futuro por causa daquilo que ele mesmo foi e fez anteriormente. Não pode intervir para impedir as consequências disso. Está condenado à passividade.

Essa descrição do melancólico convém à maioria dos velhos: perda do eu, desvalorização, futuro limitado, tédio, impotência. Não é, portanto, de surpreender que, reciprocamente, o velho seja muitas vezes um melancólico.

Entretanto, nem todos o são e, para que tal ou tal indivíduo se torne um melancólico, são necessárias circunstâncias singulares. A melancolia de involução começa muitas vezes a se manifestar no momento de uma emoção: luto, separação, mudança de moradia; ou então é provocada por uma situação vital que a senescência torna difícil. Os sinais precursores são o tédio, a repugnância, a astenia, a hipocondria, remorsos e um sentimento de culpa sexual.

O doente apresenta os mesmos sintomas que os melancólicos mais jovens. Sua psicose pode assumir diversas formas: pode ser simples, caracterizada pelo estupor, ansiosa ou delirante. Em todos esses casos, um traço ainda se acrescenta àqueles que descrevi acima: um sentimento de culpa. O doente, diz Freud, reencontra sua agressividade contra esse eu que lhe escapa. Eu disse que normalmente tal sentimento só se encontra raramente no velho; mas é preciso ver bem que forma ele toma aqui: o sujeito não se acusa, no presente, de uma deficiência ou de um erro pelo qual seria responsável. Sua culpa é imposta; é infligida por uma fatalidade inscrita no passado e contra a qual ele nada pode. É uma violência que o destino lhe faz.

Na melancolia "estuporosa", o doente se imobiliza; permanece imóvel, não fala. Literalmente, para de viver. Essa paralisia pode ir até a catatonia. É frequente nos velhos porque há neles uma perturbação do esquema corporal,[260] de tal modo que, quando assumem uma atitude,

[260] Manifesta, como vimos, nas interpretações que faz de Rorschach.

conservam-na por não saber modificá-la; após uma contração, são incapazes de comandar a seus músculos um relaxamento, e muitas vezes, mesmo, os músculos antagonistas fazem oposição a isso.

Se escapa a essa petrificação, pelo menos o velho fica estreitamente aprisionado em hábitos, recusa a mínima novidade, todos os seus gestos são estereotipados, e ele os repete indefinidamente. Por vezes, fecha-se num mutismo total, outras vezes emite impulsivamente palavras aparentemente despidas de significação. Opõe um negativismo obstinado a regras exteriores, aos pedidos ou às ordens dos outros. Não tem mais qualquer espécie de atividade. Segundo os psicanalistas, essa regressão seria intencional; ela realizaria um desejo inconsciente; o doente teria perdido a possibilidade de investir sua libido num objeto diferente de si mesmo e retornaria ao autoerotismo. Mas a maioria dos psiquiatras pensa que a regressão é mais imposta do que "realizada"; ela depende de estruturas psicopatológicas organicamente determinadas. As perturbações deficitárias da senescência suscitam uma autodepreciação à qual o sujeito reage parando de viver.

Em vez de uma retratação passiva, a defesa de certos melancólicos é uma agitação ansiosa. O doente entra numa agitação mental; desenvolve ideias pessimistas, repete temas de negação: o mundo não existe; ele próprio não existe mais. Frequentemente essa ansiedade toma uma forma hipocondríaca: mais da metade dos hipocondríacos tratados nos hospitais tem mais de 60 anos e é, na maioria, mulher. Preocupam-se com seu corpo ou com uma parte de seu corpo, que acreditam estar doente. Alguns vivem, no que diz respeito a sua saúde, num estado permanente de pânico, traduzido em perturbações da respiração, náuseas ou diarreia, todos os sintomas orgânicos de enormes medos. A agitação atinge, por vezes, paroxismos: o doente rola no chão e urra, durante cenas que assumem a forma de uma histeria. A melancolia ansiosa dos velhos assume, às vezes, formas agudas: eles têm febre, não comem mais ou não assimilam mais os alimentos, e essa desnutrição pode acarretar a morte.

Na melancolia delirante, que muitas vezes é acompanhada de ilusões, de alucinações e de delírios oníricos, o sujeito sistematiza seu sentimento de culpa e se defende dele projetando-o em outrem: acredita-se perseguido. As autoacusações e as ideias de perseguição são, por vezes, repisadas durante anos sob uma forma cristalizada. Às vezes, também o doente as enriquece com interpretações. Alguns fazem delírios de negação.

Todos os melancólicos têm desejos de morte. Não se sentem mais existir e gostariam de se aniquilar inteiramente. Já que a morte é a única perspectiva que o futuro lhes propõe, eles desejam que ela os atinja o mais rápido possível. Inúmeros são os que cedem à tentação do suicídio.

Observam-se no melancólico perturbações físicas: perturbações digestivas, cardiovasculares, neurovegetativas. Naqueles que é possível submeter a testes, não se percebe deficiência intelectual sensível; mas, dada sua agitação ou seu negativismo, é muito difícil medir suas aptidões mentais.

Encontram-se muitos melancólicos nos asilos de velhos: os pensionistas são ali tratados como objetos e são praticamente apartados do mundo; o sentimento do seu nada torna-se agudo neles.

Por vezes, a crise não dura mais que seis a sete meses; mas há apenas remissão: na maior parte do tempo, o sujeito recidiva. Às vezes, as melancolias "evoluem mal". O estado ansioso, ou o delírio, ou a catatonia se instala definitivamente. Ou então produz-se uma degradação intelectual, consecutiva à parada da vida psíquica.

Os *estados maníacos*, que constituem defesas contra a depressão melancólica, são raros nas pessoas idosas. Em compensação, encontra-se nelas um número bastante grande de *psicoses delirantes crônicas*. A paranoia desenvolve-se quando as relações de realidade do eu com o mundo são perturbadas. Algumas vezes o eu ganha uma tal expansão que absorve toda a realidade, tornando-se o mundo plástico e não oferecendo mais nenhuma resistência. Outras vezes, ao contrário, o eu se retrata, o mundo o esmaga, o sujeito faz um "delírio de inferioridade", sente-se culpado e indigno de existir. Outras vezes, ainda, o delírio é um intermediário entre esses dois extremos: o eu permanece, como no primeiro caso, o centro do mundo, mas enquanto esse último o acusa e o pune exageradamente pelos erros que ele tenha podido cometer: é o delírio persecutório. No velho, as relações do eu — que ele mais ou menos perdeu — com um mundo sobre o qual não tem mais poder são profundamente perturbadas. Ele fica predisposto à paranoia.

Kraepelin isolou e descreveu um *delírio de prejuízo senil* que, segundo ele, desenvolve-se sobretudo nas mulheres. É um delírio persecutório, gerado pelo estado de desconfiança e de irritabilidade comum a muitos velhos. Os doentes queixam-se dos prejuízos que sofrem, no que diz respeito a sua saúde: têm indisposições devidas à comida; acusam os fornecedores ou pensam que seus parentes os envenenam. Como certos histéricos, queixam-se de uma "desidratação do cérebro", de um "deslocamento de seu esqueleto". Acreditam-se também lesados em suas propriedades: roubaram-lhes objetos, alguém forçou fechaduras ou deslocou móveis; descobrem em seus quartos traços de passos ou de dedos. Suspeitam que o cônjuge os trai. As ideias delirantes não chegam, neles, a se organizar em sistema; são instáveis, de tal modo que não se chega à demência. Mas seu estado implica um enfraquecimento da faculdade de julgar e grande irritabilidade afetiva.

Não se admite mais hoje que o "delírio persecutório" constitua uma entidade nosológica. Mas na *paranoia de involução* que Kleist descreveu em 1912, e cuja existência é ainda reconhecida, encontra-se mais de um dos traços indicados por Kraepelin. No contexto de uma constituição hipoparanoica — suscetibilidade, desconfiança, obstinação, ciúme, orgulho, irritabilidade —, o velho desenvolve ideias delirantes que não chegam a se constituir em sistema e não desembocam na demência, mas que o afastam da realidade. Essas ideias são frequentemente acompanhadas de importantes perturbações alucinatórias. São encontradas sobretudo nas mulheres e são favorecidas pelas deficiências da audição e da visão. Por vezes, o sujeito entrega-se à megalomania: imagina-se dotado de espantosas capacidades, pensa que os jovens conspiram para impedi-lo de manifestá-las. Mas quase sempre é vítima de um delírio persecutório que alimenta com interpretações. Os temas principais desse delírio são os que Kraepelin indicara: o idoso sente-se atingido na saúde, nas propriedades; é vítima do ciúme. Muitas vezes, entre 70 e 80 anos, o sujeito muda de humor e de gênio. A memória, a capacidade de atenção e o juízo enfraquecem. Ele se torna misantropo, rabugento, desconfiado. Acusa a mulher de enganá-lo. Um velho de 70 anos contava que sua mulher "tinha uma barraca de prostituição na *foire du Trône*".[261] Outro ouvia, no meio da noite, alguém chamá-lo de "corno" e se levantava para procurar os amantes de sua mulher. Outro ouvia as gabolices de rivais imaginários e via

---

[261] *Foire du Trône*: festa popular com data marcada, em Paris, no estilo dos parques de diversões. (N.T.)

uma forma sombria alongar-se contra sua porta à noite. Por vezes, o ciumento suspeita que sua mulher quer envenená-lo; pode acontecer que ele a sequestre. Um velho ciumento sequestrou sua mulher, mantendo-a presa durante seis anos, reduzindo-a a um terrível estado de miséria fisiológica.

A doença mental dos velhos que é conhecida há mais tempo — a ponto de englobar com esse nome todas as outras — é a *demência senil*. Sua frequência aumentou nesses últimos anos pelo fato de que o número de pessoas idosas cresceu. Atinge sobretudo as mulheres. Socialmente, ganhou considerável importância e coloca difíceis problemas, por causa da desintegração da família, que acarreta a hospitalização dos doentes. As condições de vida têm grande influência sobre a aparição e o desenvolvimento da demência, porque sustam ou, ao contrário, precipitam a involução orgânica. Fisiologicamente, o cérebro do demente senil é atrofiado, seu peso diminui consideravelmente. Observa-se também uma atrofia dos neurônios, lesões intercelulares e placas senis.

Psiquicamente, a demência pode anunciar-se de diversas maneiras. Muitas vezes, o início é insidioso; há um déficit progressivo da memória e uma esclerose mental cada vez mais avançada. Em outros casos, a doença começa por um episódio agudo: agitação, um estado confusional, ideias delirantes, do tipo das que acabamos de descrever. Ou então o sujeito apresenta uma síndrome de depressão.

Em seguida, observa-se uma desorganização do comportamento social; o sujeito tem atividades confusas, fantásticas, pratica atos absurdos e que podem ser perigosos: não fechar o gás, jogar em qualquer lugar um fósforo aceso. Em certas áreas, entretanto, um conjunto de automatismos pode ajudá-lo a parecer menos atingido do que na verdade está. Há alguns que dormitam durante todo o dia. Outros são bulímicos. Na maioria deles, observa-se turbulência noturna: dormem mal e se agitam.

Um traço comum a todos é a perda progressiva da memória. Há uma amnésia retrógrada mais ou menos semelhante àquela que Ribot descreveu; o sujeito não fixa mais o presente, e suas lembranças se destroem, indo do instável ao estável, do desorganizado ao organizado, do recente ao antigo. A ausência de fixação e o esquecimento acarretam no sujeito uma desorientação temporoespacial: ele não sabe nem em que momento nem onde vive. Essa ignorância muitas vezes acarreta uma deambulação amnésica,[262] ficando o doente incapaz de situar-se e, portanto, de reencontrar seu caminho. Há nele uma alteração do tempo vivido, sobre a qual Minkowski insiste muito. Na falta de ter um passado, ele vive unicamente no presente, mas um presente que apreende numa generalidade intemporal: nunca alguma coisa lhe parece nova: "Eu o conheço há muito tempo, eu o reconheci logo", diz uma doente a um médico que vê pela segunda vez. O doente dispõe-se logo a organizar o presente com base no modelo de um passado que nunca existiu. Outra doente acolhe o doutor que vem examiná-la em seu quarto de asilo dizendo-lhe num tom mundano: "Estou desolada: se tivesse sido prevenida de sua visita, teria preparado um almoço", como se tivesse o hábito de convidá-lo a compartilhar sua refeição. Na falta de uma lembrança verdadeira, o doente inventa para esse presente um antecedente imediato, desprovido de qualquer realidade; dir-se-ia que, em face do vazio de sua memória, ele tem necessidade de afirmar a continuidade da duração; "acaba de" fazer tal ou tal coisa; seu filho "acaba de" visitá-lo; o doutor "acaba de" lhe dizer... etc.

A amnésia atinge a linguagem: o doente esquece a princípio os nomes próprios, depois as palavras abstratas, depois as palavras concretas. Assim como em muitas afasias, as atividades práticas são perturbadas. A atenção diminui, a percepção torna-se vaga, o que acarreta falsos reconhecimentos. Em sua vida pessoal, falta juízo ao sujeito: ele tem reações aberrantes ou descontroladas. Mas pode fazer sobre outrem e sobre o mundo em geral reflexões pertinentes.

As perturbações de caráter são importantes; o doente irrita-se, recrimina. Fica rigidamente apegado a suas propriedades. Diz coisas sem nexo, repete as mesmas queixas durante horas. Em geral, não se dá conta de seu estado. Entretanto, certos sujeitos têm consciência, por momentos, desse estado: quando isso acontece, ficam desolados e choram.

À medida que seu estado se deteriora, o sujeito tem reações cada vez mais inadaptadas. Cede a todos os seus impulsos, particularmente no plano sexual, em que estes são numerosos. Os desejos não são mais censurados, ele os manifesta e esboça a realização deles. Isso o leva a atos

[262] Não confundir com as fugas em que o velho vai embora intencionalmente de sua casa e vagueia sem perder o sentido do espaço e do tempo.

que remetem à medicina legal. Do ponto de vista fisiológico, entretanto, sua saúde pode permanecer bastante boa.

A evolução do quadro se dá em alguns meses ou alguns anos; pode ser intercalada de episódios análogos àqueles que marcam seu início: agitação, confusão, delírio. Desemboca na demência e na caquexia, que leva à morte.

Uma forma singular da demência senil é a *presbiofrenia*, que foi descrita pela primeira vez em 1906; ela tem as mesmas características anatômicas que a demência senil. É encontrada sobretudo nas mulheres. Caracteriza-se por amnésia de fixação, desorientação temporoespacial e fabulação compensatória. O sujeito conserva certo acervo. As mulheres, sobretudo, podem enganar: apresentam-se com uma postura correta e mesmo cuidada, falam com afabilidade; à primeira vista, parecem normais. Mas em todos os presbiofrênicos, as perturbações amnésicas são consideráveis. Em compensação, o doente inventa lembranças, sonha, tem falsos reconhecimentos. É um "delírio de memória" imaginativo que quase sempre é um delírio de grandeza. O sujeito tem uma visão panorâmica e otimista de sua vida. Pretende ter frequentado os grandes deste mundo, possuir fortunas. Acontece-lhe desmentir ele próprio essas invenções e rir delas.

Outra forma de demência que se encontra frequentemente nos velhos é a *demência arteriopática*. Sua frequência aumentou muito pelo fato de que a população idosa cresceu e também porque as condições de vida tornaram-se mais difíceis para o velho. Está ligada às lesões provocadas pela arteriosclerose cerebral. Manifesta-se a partir dos 60 anos, sobretudo nos homens, provavelmente porque eles consomem mais álcool e fumo, e porque padecem com mais frequência de estafa. Apresenta-se, em muitos casos, sob formas menores, muito variadas.

1º O sujeito padece organicamente de uma arteriosclerose periférica e de hipertensão arterial. Manifesta astenia psíquica, fadiga, cefaleias; fica triste, não consegue fixar mais a atenção, fica hiperemotivo e pode acontecer que uma emoção — particularmente o choque da aposentadoria — o faça mergulhar na hipocondria.

2º O sujeito é acometido de melancolia ansiosa ou marcada pelo estupor.

3º Pode acontecer — raramente, no entanto — que seja vítima de uma excitação maníaca.

4º Frequentemente, ao contrário, o sujeito cai em estados confusionais.

5º Ele delira.

A demência propriamente dita é muitas vezes consecutiva a um icto apoplético que provoca graves déficits. Pode também começar por estados depressivos ou confusionais. Toma, às vezes, a forma de uma demência lacunar, tendo o doente consciência de suas perturbações intelectuais e afetivas. Quase sempre a deterioração psíquica é aí análoga à da demência senil, com a qual foi durante muito tempo confundida. As perturbações da memória são importantes: amnésia, dismnésia, erros grosseiros dos quais às vezes o sujeito toma consciência. As possibilidades de atenção diminuem. As associações de ideias são pobres, a imaginação estéril, a vida mental muito reduzida e de grande monotonia. Um traço marcante é a incontinência emocional: o doente ri e chora espasmodicamente. Seu enfraquecimento intelectual é, segundo os testes, menos profundo do que se poderia pensar: sua inteligência está antes obnubilada e indisponível do que destruída.

Quando se produzem lesões sub-bulbares bilaterais, fala-se de *síndrome* pseudobulbar, que se caracteriza por hipertensão, por perturbações da fonação e da deglutição; o sujeito ri e chora espasmodicamente; produz sons estranhos, que mais parecem latidos ou relinchos do que risos. Caminha em pequenos passos e, nos casos de ataxia, em que é impossível ficar imóvel em pé, é obrigado a marcar passo no mesmo lugar. Perde o controle de seus esfíncteres.

As *demências atróficas pré-senis*, isto é, as doenças de Pick e de Alzheimer, são tipos de demência senis precoces, provenientes de perturbações bulbares.

É preciso acrescentar que certas perturbações orgânicas que podem ser encontradas fora da senescência produzem-se também nos velhos. Há casos de paralisia geral devida à sífilis, que se declaram depois dos 60 anos: como nas outras idades, os doentes fazem frequentemente delírios de grandeza. Intoxicações cerebrais, edemas e tumores do cérebro podem acarretar delírios e alucinações; por vezes a cura é possível. Certas doenças mentais dependem não do cérebro, mas de outros órgãos, em particular do sistema nervoso e das glândulas endócrinas.

As neuroses são muitas vezes cuidadas com sucesso através de tratamentos inspirados na psicanálise. As pessoas idosas aceitam bem esses tratamentos porque gostam de mergulhar de novo em seu passado. Opõem menos resistência à lembrança do que os mais jovens. Mesmo fatos penosos, eles os admitem mais facilmente: a realidade de que até então se fugira é aceita. Só que os idosos tiram proveito mais lentamente dessa tomada de consciência, pelo próprio fato de ela realizar-se sem conflito. Muitas perturbações são eficazmente tratadas com uma medicação química.

Pensa-se hoje que a maioria desses problemas poderia ser evitada se a condição social dos velhos fosse menos miserável. Bastide[263] escreve: "Pode-se perguntar se a senilidade é uma consequência da senescência, se ela não seria antes um produto artificial da sociedade que rejeita os velhos." Ele cita o doutor Repond: "Estamos mesmo autorizados a indagar se o velho conceito de demência senil, pretenso resultado de perturbações cerebrais, não deve ser completamente revisto — e se essas pseudodemências não são o resultado de fatores psicossociológicos, agravados rapidamente por colocações em instituições inadequadamente equipadas e dirigidas, como também por internações em hospitais psiquiátricos onde esses doentes ficam entregues a eles mesmos, privados dos estímulos psicológicos necessários, frustrados em qualquer interesse vital e não tendo outra coisa a esperar senão um fim cuja rapidez todos concordam em desejar. Chegamos mesmo a pretender que o quadro clínico das demências senis é talvez um artefato, devido, na maior parte dos casos, à carência de cuidados e de esforços de prevenção e de reabilitação."

---

[263] *Sociologie des maladies mentales.*

# VIII

## — ALGUNS EXEMPLOS DE VELHICES —

**Quando o velho não é vítima** de condições econômicas e fisiológicas que o reduzem ao estado de sub-homem, permanece, ao longo das alterações da senescência, o indivíduo que foi: sua última idade depende em grande parte de sua maturidade. A atitude aberta de Voltaire valeu-lhe, apesar de cruéis deficiências, uma bela velhice, enquanto Chateaubriand se reservou um fim soturno. Martirizados os dois na carne, Swift, o misantropo, e Whitman, o amante da vida, reagiram de maneiras muito diferentes: os furores do primeiro agravaram seus males, e o otimismo do segundo o ajudou a superar suas provações. Entretanto não há — longe disso — justiça imanente. A doença e o contexto social podem arruinar o fim de uma existência ativa e generosa. As opções anteriores e os acidentes presentes interferem para dar a cada velhice o seu aspecto. Dar-nos-emos conta disso examinando alguns casos individuais.

É muito raro, mas pode acontecer que a velhice seja considerada o coroamento de uma existência. Foi o caso, como vimos, de Cornaro, de Fontenelle, que a tinham preparado durante toda a vida prudente e comedida que levaram. É, com o maior brilho, o caso de Victor Hugo, que, jovem ainda, concedera aos velhos um lugar de honra em sua obra. Seu exemplo faria pensar que, conscientemente ou não, preparamos para nós, no começo da vida, certa velhice; casualidades, em particular acidentes biológicos, podem desfigurá-la, mas, no que depende do indivíduo, ele a definiu por sua maneira de viver. Vimos que o ódio aos homens que inspirou a Swift a sinistra evocação dos Struddburg o levou a se tornar, ele mesmo, em seus últimos anos de vida, uma espécie de Struddburg. Em Booz, Eviradnus, Jean Valjean, Hugo desenhou a figura do patriarca que sonhava tornar-se: ele se tornou esse patriarca.

Sabe-se que escrevera, aos 14 anos: "Quero ser Chateaubriand ou nada." Na verdade, era com a glória de Napoleão que ele sonhava.

O prefácio de *Marion Delorme* o confirma. Escreve ele, nesse prefácio: "Por que não viria agora um poeta que seria, com relação a Shakespeare, o que Napoleão é com relação a Carlos Magno?" Poeta, vidente, profeta, ele queria ser o papa do universo espiritual e esperava que a idade lhe conferisse esse poder: conduziu-se de maneira a que essa esperança não fosse desmentida. Lamartine, em 1848, condenou-se a uma horrível velhice. Hugo salvou a sua quando, em 1852, partiu para o exílio. Tornou-se o glorioso símbolo que sonhara ser.

Vimos que, na idade avançada, a vida sexual de Hugo permaneceu ativa; até 1878, sua saúde era excelente. Em 1873, Goncourt sentia-se incomodado ao vê-lo sem chapéu, transbordante de vida, ao lado de seu filho François-Victor, este lívido em sua espreguiçadeira. Orgulhava-se de poder ainda subir as escadas de quatro em quatro degraus e parecia acreditar-se invulnerável: "O velho homenzinho está mais jovem e mais encantador do que nunca", anotava Flaubert, em 1877. Ele permanecia alegre e jovial. Seus "olhinhos puxados lançavam em torno de si uma espécie de fogo de artifício de alegria", observa um familiar, falando de seus últimos anos. Seu potencial de trabalho não diminuía. Parecia-lhe, às vezes, que a inspiração lhe faltava, que não lhe restava mais que o conhecimento do ofício. Em 1869, escreveu em versos secretos:

"Passamos, ao envelhecer, do tripé à escrivaninha...
Adeus, soberbo ardor, adeus voo faccioso...
Acabou, somos agora burgueses do Hélicon
Na varanda de um chalé alugado, à beira do abismo."

Entretanto, em 7 de janeiro desse mesmo ano, ele escreve numa carta: "Oh! eu sei bem que não envelheço e que, ao contrário, cresço; e é por isso que sinto que a morte se avizinha. Que prova da alma! Meu corpo declina, meu pensamento cresce; na minha velhice, há uma eclosão." Ele havia publicado em 1866 *Les Travailleurs de la mer*, que havia tido enorme sucesso. Trabalhava no *L'Homme qui rit*. Fato inteiramente excepcional: a idade não esgotara sua imaginação romanesca. Voltou ao teatro com *Torquemada*. Estourou a guerra. Ele foi para Bruxelas e pediu um passaporte para Paris: queria alistar-se como guarda nacional, dizia. Seus papéis secretos mostraram que tinha ambições mais altas: esperava que a República lhe oferecesse plenos poderes, já que, do fundo do exílio, fora a alma da oposição. Estava decidido a aceitar e a se aposentar assim que a França estivesse salva. Quando chegou a Paris, o governo provisório já estava constituído, sem que se tivesse recorrido a ele. Entretanto, uma imensa multidão o esperava na estação e o aclamou. De uma sacada, e depois de sua caleça, teve que discursar por quatro vezes: "Vós me pagais em uma hora 20 anos de exílio" — disse ele. Recebeu inúmeras visitas. Decepcionado por ter sido deixado de lado pelos republicanos, tentava, entretanto, agir. Escreveu um *Apelo aos alemães*, que não foi ouvido, e um *Apelo aos parisienses*: "Todos ao fogo, cidadãos!" Lia-se *Les Châtiments* nos teatros, e as receitas serviram para comprar três canhões. Eleito deputado por Paris, ele recusou-se a ajudar os amigos da Comuna a derrubar o governo provisório: face ao inimigo, julgava a aventura demasiado perigosa. Mas a Assembleia Nacional só lhe inspirava repulsa. Anotou: "Irei a Bordéus com a ideia de trazer de lá o exílio." Presidiu a esquerda da Assembleia. Recusou-se a assinar o "horrível tratado" proposto por Thiers. Defendeu Garibaldi, de quem se queria anular a eleição; impediram-no de falar; apresentou, então, sua demissão.

Perdera a mulher em 1868. Em Bordéus, seu filho Charles morreu de apoplexia, e ele reconduziu seu caixão a Paris, e depois partiu para acertar sua sucessão em Bruxelas. As violências da Comuna o chocavam, mas num poema, "Pas de représailles" ("Sem represálias"), conjurava o governo de Versalhes a não aplicar punições. Os fuzilamentos o indignaram: 6.000 prisioneiros foram massacrados, contra 64 reféns. Anunciou que daria asilo aos proscritos. O governo belga o expulsou, e ele foi para o Luxemburgo. Dali, continuou a protestar contra as represálias. Escrevia *L'Année terrible, Quatre-vingt-treize*, poemas para uma nova *Légende des siècles*. De volta a Paris, não foi bem acolhido. Obteve de Thiers que Rochefort não fosse proscrito. Foi derrotado nas eleições de janeiro de 1872; não lhe perdoavam discursos em favor dos partidários da Comuna. Partiu de novo para Guernsey. Continuou a trabalhar nas obras esboçadas e começou o *Théâtre en liberté*. Escreveu também poemas que apareceram em *Les Quatre Vents de l'esprit, Toute la lyre, Dernière gerbe*. Voltou a Paris em 1873; perdeu em dezembro seu filho François-Victor. Escrevia poemas que contam entre os mais belos. O que distingue essas últimas criações é uma mistura de audácia inventiva e de repetições. Ele joga com as palavras e as imagens mais livremente do que nunca — ousadia alguma o amedronta: é um aventureiro. Entretanto, o virtuosismo dos ritmos, dos voos e das quedas tem qualquer coisa de mecânico. É uma poesia de surpreendente juventude e, no entanto, marcada pela idade.

Hugo gostava de ler suas últimas obras para seus amigos. "Senhores — disse-lhes, uma noite —, tenho 74 anos e começo minha carreira." Leu *Le Soufflet du père*. Recebia inúmeros amigos políticos que desejavam vê-lo entrar na vida pública. Foi eleito senador. Pediu que fosse votada a anistia para os partidários da Comuna: só obteve dez votos. Pronunciou um discurso contra a dissolução da Câmara, desejada por Mac-Mahon: a esquerda o aclamou; a dissolução foi votada por 149 votos contra 130; mas, nas eleições, os republicanos obtiveram 326 cadeiras contra 200, e Mac-Mahon pediu demissão. Era, para Hugo, uma incontestável vitória.

Em 1877, publicou *L'Art d'être grand-père*, monumento erigido à infância e também a si mesmo. Fora para seus filhos e para sua filha Adèle — que acabava de ser internada — um pai tirânico. Mas tinha um amor sincero por seus netos: preocupava-se muito com eles, desolava-se por se separar deles, escrevia-lhes longas cartas. Amava as antíteses: não se cansa de explorar o espetacular contraste entre suas duas facetas: a do terrível gigante que faz tremer os grandes deste mundo e a do avô bonachão:

"Em nosso tempo de choques e de furores, sou Belluaire,
e aos imperadores declarei guerra... [fui]
por quarenta anos orgulhoso, triunfante, indomável,
e eis-me vencido por um netinho amável."

Ou ainda: "Em sua casa, até o trovão deve ser bonachão."

Em outros momentos, pretende esquecer deliberadamente grandeza e glória:

"... Triste, infinito na paternidade
Não passo de um bom velho e teimoso sorriso
Queridinhos meus! Que avô sem medida sou eu!"

Tanta complacência pode fazer sorrir; mas o fato é que ele podia orgulhar-se de sua vida. Pode-se pensar também que, para realizar sua velhice — que, para ele, como para todos, permanecia um irrealizável —, valia-se de fantasias: possuía todo um arsenal destas. Eviradnus já era o velho guerreiro diante do qual tremem os imperadores. Hugo inventa outras: "Tenho a ancilose altaneira e pesada do rochedo."

A decadência física que torna o velho mais do que nunca escravo de seu corpo, ele a transforma numa mineralização que o libertaria do orgânico.

Mas vê-se sobretudo como um personagem sagrado, um "sacerdote de direito". Escreve, em *L'Épée*:

"Do povo o Ancião por direito é sacerdote.
É o costume, em nossos montes. Fronte alguma deixa de se curvar
Diante desse augusto sacerdócio, a velhice."

Já se viu: tanto quanto a beleza, a velhice aproxima do céu. Mas a essência de seu pensamento é mais radical ainda: o velho é o próprio Deus. Quando a pequena Jeanne fala: "Deus, o bom velho avô, ouve maravilhado."

Se Deus é o bom velho avô, este último é semelhante a Deus. O mundo que Deus criou evoca, a ponto de se confundirem os dois, o que Hugo criou em sua obra; ele fala de ambos ao mesmo tempo quando escreve:

"Não exijo eu que Deus sempre se observe
Pois é preciso tolerar algum excesso de verve
Em tão grande poeta..."

As antíteses da natureza são identificadas com as de Hugo em seus versos. Deus é um grande poeta; o velho poeta é Deus. Num outro poema, datado de 1870, ele escreve:

"Meu verso sangrento, fumegante, amargo
... É o vômito de Deus sobre o vosso opróbrio."

Em 1877, ele escreveu ainda *L'Histoire d'un crime*, mas, em 1878, depois do ataque que sofreu, teve que parar; os compêndios que seus discípulos publicaram continham versos já antigos. A partir daquele ano, "houve como a descida de mais um degrau, tanto na saúde quanto na mente do belo velho", a anotou Mme. Alphonse Daudet.

Sua família o levara, logo depois do dia 28 de junho, para Guernsey, e um testemunho relata que, "na sala vermelha, à noite, ele tinha momentos de abatimento mortal; pousava a fronte nas mãos apoiadas na beira da lareira e, inclinado mas de pé, permanecia por longo tempo imóvel". Torturada pelo ciúme, Juliette o torturava a tal ponto que, numa noite de agosto, chegou a fazê-lo chorar. Fora sempre econômico, ao mesmo tempo que muito generoso. Pouco a pouco tornou-se avaro. Fascinado pelas quantias, então enormes, que ganhava, fazia-se rogar para conceder a Juliette os modestos subsídios de que ela necessitava. Entretanto, experimentava ainda grandes felicidades. Seu 79º aniversário foi celebrado como uma festa nacional: 600.000 pessoas desfilaram sob suas janelas, um arco do triunfo fora erigido em sua homenagem. A avenida de Eylau foi logo depois batizada como avenida Victor-Hugo, e houve ali um novo desfile em sua honra, no dia 14 de julho. Até a burguesia se aliara a ele: acabaram anistiando os partidários da Comuna. Alguns dias depois de seu aniversário, quando chegou ao Senado, toda a Assembleia se levantou e o aplaudiu. Ele acolhia essas homenagens com lágrimas de felicidade. Não era, como Andersen, atormentado por rancores de infância nem dilacerado, como Tolstói, por contradições insuperáveis, mas plenamente conciliado consigo mesmo. Essa apoteose, esse encontro de uma velhice poderosa com a glória, ele o desejara desde o início; toda a sua vida orientara-se para essa glória, que lhe proporcionava uma satisfação sem restrições.

Viu Juliette morrer; ficou profundamente abalado com essa perda e passou a desejar sua própria morte: "Que vai ser de mim até morrer?"

E também: "Minha vida tem tantos lutos que não tem mais festas."

Estava fisicamente enfraquecido e debilitado. Tendo ficado meio surdo, silencioso, com o olhar amedrontado, já não trabalhava mais. Levantava-se ao meio-dia e levava apenas uma vida vegetativa. Camille Saint-Saëns escreve: "Que tristeza! Nada para o tempo, e essa bela inteligência começa a dar sinais de desvario." Entretanto, ele encarava seu fim com tranquilidade. Seu neto relata: "Ele nos falava do fim que sentia chegar, com uma serenidade tão plácida que nunca nos deu a horrível visão da morte."

Estava farto de glória: "Já é tempo de eu esvaziar o mundo", disse ele um dia. Acreditava na imortalidade. Escrevera, desde 1860: "Creio em Deus, creio na alma." Morrer era encontrar Deus, isto é, um outro si mesmo, e ele encarava com uma alegre curiosidade esse *tête-à-tête*. Disse a uma amiga: "Estou velho, vou morrer. Verei Deus. Ver Deus! Falar com ele! Que grande coisa! Que lhe direi? Penso nisso com frequência. Preparo-me para isso." Não se perguntava o que Deus lhe diria. Morreu aos 83 anos, sem aceitar receber um padre.

É uma grande sorte para um homem idoso poder permanecer até a morte empenhado em seus projetos. Mas pode acontecer que, com a idade, se atribua menos valor a esses projetos e que se tire deles, portanto, menos alegria. Citarei dois exemplos de homens que conservaram até o fim seu poder criador e que, no entanto, morreram desencantados: Miguel Ângelo e Verdi.

Miguel Ângelo era, por assim dizer, doente de nascença. Com a idade e as preocupações, sua saúde acabou de se deteriorar. Sua velhice foi um combate incessante, ao mesmo tempo contra os homens e contra um corpo que os tormentos esgotavam. Quando Paulo III foi nomeado papa, fazia trinta anos que ele trabalhava no túmulo de Júlio II, cujo projeto era grandioso: um imenso mausoléu para o qual executara ou esboçara dez estátuas, mas a má vontade do próprio Júlio II e de seus descendentes não lhe havia permitido terminá-lo. Paulo III exigiu que ele se dedicasse a pintar no muro da Sistina o Juízo Final. Teve que ceder. Dormia e comia pouco, tinha tonteiras: em 1540 ou 1541, caiu de um andaime e feriu gravemente a perna. Tinha 65 anos. Quando o Juízo foi inaugurado, em 25 de dezembro de 1541, valeu ao pintor uma glória imensa, mas também se reprovou a obscenidade da obra. O papa Paulo III exigiu depois que pintasse os afrescos da capela Paulina; ele se queixava da excessiva fadiga que lhe provocava a execução dessas pinturas: o afresco não convém à velhice, dizia. Tinha grandes dificuldades de dinheiro: os herdeiros de Júlio II o acusavam de ter gastado uma fortuna trabalhando no mausoléu e exigiam o reembolso desses gastos. O papa lhe dizia que não se preocupasse com isso e que se dedicasse inteiramente à sua pintura. "Mas pinta-se com a cabeça, e não com as mãos — respondeu Miguel Ângelo... Quem não tem seus próprios pensamentos se desonra, e é por isso que não faço nada de bom enquanto tenho essas preocupações." Sentia-se velho, doente, tinha medo da morte. Mas era apoiado em sua vida difícil por sólidas amizades. Falei de Cavalieri, que ele conhecera aos 57 anos, que certamente amou — platonicamente ou não, impossível saber — e que lhe foi apaixonadamente dedicado até o último suspiro do mestre. Tinha uma grande afeição por seu aluno Urbino, que trabalhava com ele nos afrescos da capela Paulina e que era para ele um firme arrimo na velhice. Mas sobretudo era intelectualmente muito ligado a Vittoria Colonna, que conheceu quando tinha 63 anos, e ela 46. Era feia, e ele a considerava "um grande amigo". Apreciava suas opiniões sobre a arte. Em suas conversas, em suas cartas, tratavam de um assunto que apaixonava os dois: a reforma da Igreja. Miguel Ângelo ficou profundamente contristado quando Vittoria morreu: "Amava-me muito, e eu não tinha menos afeição por ela."

Em 1544, caiu tão gravemente doente que se pensou que corria perigo de vida: agradeceu a seu médico Riccio por tê-lo "arrancado à morte". Em 1545, teve que renunciar definitivamente a realizar o mausoléu de Júlio II tal como o havia sonhado: relegaram-no a um canto de *San Pietro in Vincoli*, onde apenas a estátua de Moisés leva a marca do seu gênio. Enquanto continuava os afrescos encomendados pelo papa, ocupou-se das fortificações de Roma, trabalhou na construção do palácio Farnese, fez plantas da praça e dos palácios do Capitólio. Esculpiu em 1548 o busto de Brutus. Quando, em 1549, a capela Paulina foi concluída, parou de pintar. Dedicou-se à escultura e à arquitetura.

Nomeado em 1547 arquiteto da paróquia de São Pedro, só aceitou esse encargo contra a vontade e teve que enfrentar as perseguições da seita de Sangallo, que o detestava: em diversas circunstâncias, o papa preferia as plantas de Miguel Ângelo às de Sangallo. Este último morreu em 1546, mas seus amigos permaneciam fiéis à sua lembrança. Eles haviam desfigurado a obra que Bramante deixara inacabada; Miguel Ângelo, que exigira plenos poderes, começou por destruir tudo o que traía o projeto original: acusaram-no de tirania, de megalomania. Para impor suas ideias, passava os dias na obra. Sua saúde lhe causava sempre graves preocupações: "No que se refere ao meu mal de não conseguir urinar, estive muito doente; rugi noite e dia, sem jamais descansar, e, segundo a opinião dos médicos, padeço de cálculos nos rins." Novamente, viu-se em perigo de vida.

Em 1555, após 25 anos de trabalho em comum e de íntima amizade, perdeu Urbino. Então, não desejou outra coisa senão morrer. Durante toda a vida, estivera obcecado pela ideia da morte. Ainda bem jovem, em suas cartas e poemas, falava de sua "morte próxima", queixava-se de estar "não apenas velho, mas já na lista dos mortos. Descreveu em seus poemas a maneira como sentia sua pele secar e encarquilhar-se. Ao envelhecer, tentou vencer sua angústia e considerar a morte uma libertação que abre à alma as portas do paraíso. Quando ficou sem Urbino, do fundo do coração começou, então, a desejar a morte. Via-se privado não só de um amigo que lhe era caro, mas de um apoio que a idade lhe tornava indispensável. Escreveu a um amigo: "Enquanto era vivo, ele era a minha vida, ao morrer ensinou-me a morrer, não com tristeza, mas com o desejo da morte." E, num soneto:

"... Sua morte
Me atrai, e me leva a outra estrada escolher
Para mais cedo chegar aonde me espera e com ele viver."

Na mesma época, escreve a Vasari: "Não tenho mais gosto por nada, a não ser por morrer." Descreve-se:

"Pobre, velho e obrigado a servir a outrem,
Sou um homem acabado ou prestes a morrer."

Viveu ainda oito anos, e o fim de sua vida foi muito sombrio. Sofria por se sentir velho, fraco, doente. "Sou traído pela fuga dos meus dias e por meu espelho", escreve ele. A idade o impede de controlar as obras de São Pedro de tão perto quanto seria preciso, escreve a Vasari. E, como os operários não param de inventar novos pretextos para não terminá-las, "se pudéssemos morrer de vergonha e de dor, eu não estaria mais vivo", escreve ele. Em 1558, numa carta a Ammannati, queixa-se de sua velhice, de sua visão deficiente: "Estou velho, cego e surdo, em desacordo com minhas mãos e minha pessoa." Ouvia mal, tinha zumbidos nos ouvidos.

Mas o que, acima de tudo, tornou mais triste sua última idade foi sua mudança de atitude para com sua arte. Ele sempre fora extremamente piedoso e pensava que a única justificativa da arte era servir a Deus, mas pensava também que, pintando e esculpindo com amor, realmente servia à divindade. Segundo ele, era o próprio Deus que guiava a mão de um artista de boa vontade; imitar, com estátuas ou pinturas, as belezas da criação, significava render-lhe homenagem. Essa convicção que o sustentara durante toda a vida vacilou no fim. Já em 1538, ouvindo dizer que a nobreza portuguesa não dava nenhum valor à pintura, respondeu: "Eles têm razão". Em 1554, um de seus sonetos atesta que ele não via mais na arte senão uma ocupação frívola, que o desviara da preocupação com sua salvação:

"Assim, agora, essa louca paixão
Que me fez tomar a arte por ídolo e monarca
Fez-me saber o imenso peso do erro que carregava
E a fonte de infortúnio que é para o homem seu anseio."

Em outro, ele escreve:

"As frivolidades do mundo me roubaram
O tempo que me era dado para contemplar Deus."

Ao enviar esses sonetos a Vasari, ele lhe escreve: "Quando tiverdes 80 anos, entendereis o que sinto."

Chamava suas estátuas de "meus fantoches". Pensava que errara ao dedicar-se à arte em vez de se dar por completo a Deus. Enganara-se ao acreditar que cumpria uma missão divina: não fizera mais que comprometer sua salvação. Esse desencanto explica-se pelo aumento da intensidade de seus sentimentos religiosos, pela iminência da morte, para a qual se preparava com medo, e também por todos os tormentos que tinha que suportar, além da grande fadiga.

Entretanto, continuou a trabalhar. Fez belos projetos para a porta Pia. A construção de São Pedro avançava, mas ele não conseguiu fazer triunfar sua concepção de conjunto nem seu projeto de fachada. Apenas a cúpula ficou de acordo com seus sonhos. Torturado pela gota, à noite não conseguia dormir. Vagava pelo ateliê e esculpia, atacando o mármore com o cinzel, com um vigor de rapaz. Esculpiu sua mais bela Pietà. Por vezes, à noite, para se distrair de suas dores, passeava a cavalo nas ruas desertas de Roma. Sentia-se intelectualmente enfraquecido. Escreveu a Vasari: "A memória e o cérebro partiram para me esperar alhures." Em seus poemas, a ideia da morte retornava constantemente. Em 1561, aos 86 anos, teve uma síncope: permaneceu durante muito tempo abatido e com um comportamento um tanto estranho. Entretanto, sua energia permanecia indomável. Em 1563, seu principal colaborador, nomeado por ele chefe das obras de São Pedro, foi apunhalado por seus inimigos, que mandaram prender, acusando de roubo, um de seus melhores ajudantes, Gaeta. Ele interveio junto ao papa, que mandou soltar Gaeta. Miguel Ângelo nomeou-o, então, chefe das obras. O conselho de administração pôs no lugar dele certo Nanni, que quis agir como chefe. Miguel Ângelo enfrentou-o e conseguiu que o lugar fosse dado a Gaeta. Tinha então 88 anos. Pouco depois, tendo se resfriado durante uma de suas andanças noturnas, morreu, crivado de dores, sem ver terminada a cúpula de São Pedro.

O paradoxo de sua velhice é que, convencido de que "a arte e a morte não ficam bem juntas" — ideia que exprime com frequência em seus sonetos —, desejoso de se dedicar à sua salvação, à oração, a Deus, queixando-se sem cessar do cansaço, das confusões, dos erros espirituais com os quais pagou as "coisas divinas" que fez, nem por isso deixou de continuar até o fim a criar, a lutar pela obra que edificava; suas cartas e seus poemas são sombrios, desiludidos: e, no entanto, é nesse momento que, com a cúpula de São Pedro, com a Pietà Rondanini, ele atinge os mais altos cumes.

Apesar de sua magnífica saúde, Verdi não aceitou de boa vontade a velhice. Ele tinha 68 anos quando se inaugurou com grande pompa sua estátua no Scala de Milão; isso lhe causou um vivo desprazer: "Isto significa que estou velho (é verdade, ai de mim!), que sou um veterano bom para os Inválidos... Deplorei esta cerimônia e continuo deplorando-a." Pouco tempo antes, ele refizera e melhorara muito uma de suas antigas obras, *Simon Boccanegra*, que fora representada com grande sucesso. Pôs-se a trabalhar de novo *Don Carlos*, cujos ensaios ele mesmo dirigiu, aos 71 anos, e que teve uma calorosa acolhida, que não lhe provocou nenhuma alegria: "Pobres artistas que muita gente tem a... digamos, bondade de invejar, escravos de um público na maioria das vezes ignorante (é um mal menor), caprichoso e injusto." Célebre no mundo inteiro, era, na Itália, uma espécie de monumento nacional. Cada vez que ele aparecia no teatro, num concerto ou mesmo na rua, suscitava ovações. Mas sentia intensamente esse desencanto que é comum a muitos criadores em sua última idade. Tendo recebido de seu amigo Boito o libreto de *Otello*, o diretor do Scala, Faccio, pressionava-o para que compusesse a música. Ele respondeu-lhe: "Então você acha que devo mesmo terminar esse *Otello*? Mas por quê? Para quem? Para mim, isso é indiferente! Para o público, mais ainda." Vivia muito no campo, com a mulher, que amava, cuidando de suas terras e de suas fazendas: mandou construir nelas um hospital. Viajava, visitava exposições; levava uma vida aparentemente agradável. Mas uma grande tristeza o habitava: "A vida nasce, desaparece, na maior parte do tempo inutilmente; chega-se à idade das doenças e das deficiências, e depois... *Amen*." Dizia muitas vezes, escandalizado: "Trabalhar tanto e ter que morrer!" Perdeu Carcano, um de seus melhores amigos: "Quando chegamos à nossa idade, cada dia cava-se um vazio maior à nossa volta!", escreveu ele numa carta. E numa outra, no dia de seus 72 anos: "Hoje é o dia terrível: faço 72 anos. Como estes passaram depressa, apesar de todos esses acontecimentos tristes ou alegres, apesar de todas essas estafas, de todas essas fadigas. Na nossa idade, sente-se uma espécie de necessidade de se apoiar em alguém. Há alguns anos, parecia-me poder bastar-me a mim mesmo, não precisar de ninguém. Presunçoso! Começo a compreender que estou... muito velho." Queixava-se cada vez mais frequentemente de estar física e mentalmente fatigado, e se irritava contra a natureza, que lhe tirava as forças. Perdeu outra de suas mais caras amigas.

Entretanto, durante os anos 1884-85 — aos 72 e 73 anos —, trabalhou muito assiduamente em *Otello*. Estava esgotado, mas satisfeito com sua obra, quando entregou a partitura a Faccio. Ele mesmo ensaiou sua ópera. Vieram celebridades de todas as partes do mundo para assistir à primeira representação. Verdi foi aclamado, e, na Itália inteira, Otello arrebatou um sucesso triunfal. Entretanto, a obra desconcertou por sua novidade.

Em 1888, no 50º aniversário de sua primeira obra, celebrou-se seu jubileu; as cerimônias, a enxurrada de cartas assinadas pelos mais ilustres nomes, todos esses testemunhos de sua imensa glória, ele os acolheu com melancolia: tudo aquilo não passava, a seus olhos, de uma agitação vã. Quis fazer, em contrapartida, algo que julgasse útil e fundou uma casa de repouso para os músicos: dedicou muito tempo a esse projeto.

Sempre quisera escrever uma ópera bufa. Em 1889, iniciou *Falstaff*. Mas trabalhou pouco na obra. Perdeu os amigos que lhe restavam, Prioli e Muzio. Faccio ficou esclerosado. Essas mortes o fizeram "perder o equilíbrio", disse ele, durante o inverno de 1890. Estava por demais acabrunhado para poder compor. Entretanto, em 1893, a ópera estava terminada, e em janeiro Verdi dirigiu os ensaios, durante seis a oito horas por dia. Tinha então 80 anos, e seu equilíbrio físico e moral provocava espanto em seus médicos. Lombroso escreveu: "A anomalia é tão grande, tão extraordinária que pode perturbar as ideias daqueles que fizeram pesquisas sobre esse assunto." Corrado Ricci o descreve com admiração: "Uma nuvem de cabelos brancos une-se à barba, formando uma auréola. Alto, ereto, esbelto, quando ele anda, todos se voltam para olhá-lo; vivo em seu modo de falar e de relembrar os nomes, as datas; lúcido quando expõe suas ideias sobre a Arte."

*Falstaff* arrebatou um triunfo. Em Milão, em Roma, fizeram-se ovações ao autor. Em Paris, também, seu sucesso foi imenso. Mas sua saúde declinava; de tempos em tempos tinha um pequeno ataque. Compunha peças de música religiosa, mas suportava mal seu estado. "Estou velho, muito velho, canso-me rápido." "Sem estar muito doente, tenho mil problemas. Minhas pernas mal me sustentam, e quase não ando mais. Minha visão piora, não posso mais ler durante muito tempo. Em suma, mil deficiências." A morte de sua mulher foi um grande golpe: "Estou só. Triste, triste, triste."

Fez executar, em Paris e depois em Turim, seus *Pezzi sacri*, que foram muito bem acolhidos. Mas isso não dissipou sua melancolia. Em 1901, escreve ele: "Embora os médicos me digam que não estou doente, sinto que tudo me fatiga. Não posso mais ler, não posso mais escrever. Vejo pouco, sou ainda menos sensível às coisas, e sobretudo minhas pernas não me sustentam mais. Não vivo, vegeto... Nada mais tenho a fazer neste mundo." Que iria deixar pouco depois, fulminado por uma hemiplegia.

Pode acontecer que, prolongando sem descontinuidade a vida de adulto, a velhice seja, por assim dizer, passada em silêncio. Para isso, é preciso que ela se desenrole em circunstâncias favoráveis. E também que a vida anterior do velho lhe forneça um conjunto de interesses intelectuais e afetivos que resistam ao peso dos anos. Um bom exemplo é o de Lou Andreas-Salomé, essa mulher notável que foi amada por Nietzsche, por Rilke e por muitos outros, e que se tornou, aos 50 anos, discípula e amiga de Freud. Desde sua juventude, ela conquistara a independência; trabalhara muito escrevendo romances medíocres, que não superestimava, mas que haviam arrebatado grandes sucessos. Curiosa, ativa, voluntariosa, amava apaixonadamente a vida e, quando — apenas aos 35 anos — descobriu a sexualidade, reservou-lhe um lugar enorme em sua existência, assim como em sua concepção do mundo. Em sua obra *Die Erotik*, estudou as relações entre o sexo e a arte. Em 1911, descobriu Freud, que lhe trazia a confirmação científica de suas intuições: dedicou-se, então, à psicanálise. Com mais de 60 anos, adotou a profissão de psicoterapeuta e obteve excelentes resultados, que a enchiam de alegria. Escrevia um pouco, sobretudo sobre assuntos psicanalíticos. Seu marido — que contava pouco para ela — morreu em 1920, e, durante alguns anos, ela teve sérias dificuldades financeiras. Vivia na Alemanha, numa grande casa de campo administrada por uma velha criada. Seu trabalho e a amizade de Freud — com quem trocava inúmeras cartas — e de Anna Freud enchiam sua existência. Discordava do mestre num ponto importante. Ela amara demasiado o amor físico para não ver na sexualidade uma realização magnífica e exaltante do indivíduo. Freud tinha do homem e de sua vida sexual uma visão decididamente pessimista. No entanto, essa diferença não prejudicava o entendimento dos dois. Aos 70 anos, ela escreveu *Minha gratidão para com Freud*, em que prestava uma homenagem pública ao sábio e ao homem; criticava, no entanto, as ideias dele sobre o processo criador: ao longo de toda a sua vida, fora sempre esse o assunto que mais lhe interessara. Freud elogiou calorosamente esse trabalho: "É uma verdadeira síntese, que permite esperar que o feixe de nervos, de músculos e de artérias, resultado da transformação do corpo pelo escalpelo analítico, poderá ser reconstituído num organismo vivo." Lou orgulhou-se desse elogio. "Meus trabalhos psicanalíticos me tornam tão feliz que, mesmo que fosse bilionária, não renunciaria a eles", escrevia ela.

Em seus últimos anos, essa felicidade viu-se severamente ameaçada. O nazismo triunfava: ora, ela era judia, e a terrível irmã de Nietzsche odiava-a. Levava uma vida tão discreta, que não foi perturbada. Seu corpo fraquejou. Sofria de diabetes e teve um câncer no seio, que foi preciso extirpar. Só avisou aos amigos na volta do hospital e, depois de colocar enchimentos no corpete, disse, sorrindo: "Nietzsche tinha razão, afinal de contas. Agora tenho realmente um peito falso." Ela conservava intacto o interesse pela vida, pelas ideias, pelas pessoas. Dizia sentir-se unida a tudo o que existe numa "imensa comunidade de destino". Sua generosidade e sua inteligência valiam-lhe inúmeras amizades. Pessoas que haviam gostado de seus livros — moças, entre outras, iam vê-la com frequência. Mas sobretudo ela, que sempre reservara um espaço tão grande para as relações masculinas, fez ainda preciosas amizades, platônicas mas estreitas, com dois rapazes. Com König, um professor de filosofia, tinha longas conversas intelectuais. Suas relações eram mais íntimas e mais profundas com Pfeiffer. Ele lhe contou sua vida e lhe pediu conselhos: ela tornou-se indispensável para ele. Tinha grande confiança no jovem e o presenteou com toda a sua propriedade literária. Decidiu escrever a autobiografia, porque sua história tinha, pensava ela, um sentido reconfortante e porque lhe parecia, portanto, útil dar um testemunho público dela. Durante seus últimos meses, padeceu de uma intoxicação urêmica. Pfeiffer vinha todos os dias, conversavam, ele lia-lhe páginas das Memórias que ela escrevera: Lou sentia prazer em mergulhar de novo em seu passado. Alguns dias antes de sua morte, murmurou, num tom surpreso: "Durante toda a minha vida não fiz outra coisa senão trabalhar. E, no fundo, por quê?" Seus novos amigos não tinham conseguido substituir os que ela havia perdido, pois disse também: "Se deixo meus pensamentos vagarem, não encontro ninguém. O melhor, afinal de contas, é a morte." Morreu dormindo, em 5 de junho de 1937. Nem tudo foi fácil nessa velhice. Vê-se por sua correspondência com Freud que, por vezes, ela achava a dor física "desesperadora". Mas não desesperou. Tinha dado demais ao mundo para que este deixasse de lhe retribuir à altura.

Não se deve pensar, entretanto, que, por uma espécie de justiça imanente, uma vida rica e corajosa seja sempre recompensada por uma "bela velhice". Males físicos e as circunstâncias políticas e sociais podem tornar o fim muito sombrio. Foi assim com Freud. Sua existência apresentou uma notável continuidade: superando seu passado, ele o conservava. Inovador ousado e grande trabalhador, ao mesmo tempo que amedrontava sua época, conseguiu impor-lhe suas ideias; homem de caráter inflexível e intrépido, marido, pai amante e amado, deveria ter tido uma velhice fecunda e serena. Na verdade, sem conseguir abatê-lo — em 1938, aterrorizou, só com a presença e o olhar, os nazistas que tinham ido fazer investigações em sua casa —, essa velhice foi para ele uma pesada provação, por causa do estado de sua saúde, da ascensão do nazismo, dos temores que lhe inspirava o futuro da psicanálise, da perda de seu poder criador.

Em 1922, aos 66 anos, sofrendo de perturbações cardíacas, escrevia: "Em 13 de março deste ano, entrei bruscamente na verdadeira velhice. Desde aí, o pensamento da morte não me abandonou mais." Foi no ano seguinte que sofreu uma primeira operação no palato: desconfiou que se tratava de um câncer, pois pediu ao médico que lhe desse meios de morrer com decência se estivesse condenado a longos sofrimentos. Suportava com dificuldade os que experimentava; escreveu, então, a Lou Andreas-Salomé: "Partilho inteiramente sua opinião sobre a depressão que sentimos diante dos males físicos particularmente dolorosos; como você, eu os acho desesperadores e os diria até ignóbeis se fosse possível culpá-los como a uma pessoa." Um mês mais tarde, perdeu um neto de quatro anos, que amava muito.[264] Foi a única vez na vida em que foi visto chorando: "Creio não ter nunca sentido tal tristeza...", escreveu a amigos. "Trabalho coagido e forçado; no fundo, tudo tornou-se indiferente para mim." E a outros confiou que perdera totalmente o prazer de viver. "É o segredo da minha indiferença — que os outros chamam de coragem — com relação ao perigo que corre minha própria vida." Nesse mesmo ano, o comitê que dirigia na Áustria os trabalhos psicanalíticos, e ao qual atribuía uma grande importância, ameaçou desagregar-se. "Sobrevivi ao comitê que devia me suceder", escreveu ele. "Talvez sobreviva à Associação Internacional. É preciso esperar que a psicanálise sobreviva a mim. Mas isso torna sombrio o fim da vida." Deplorava a própria esterilidade: "Não tenho mais nenhuma ideia nova. Não escrevi uma linha."

Estava penosamente consciente da ameaça que pesava sobre si. Escrevia a Abraham, em 4 de maio de 1924: "Aparentemente em vias de me curar, tenho profundamente marcada em mim a convicção pessimista do meu fim próximo, convicção que se alimenta das pequenas misérias e das sensações desagradáveis provocadas sem cessar pela minha cicatriz, por uma espécie de depressão senil que está centrada na distorção entre um desejo de viver irracional e uma resignação de bom senso. Sinto, além disso, uma necessidade de descanso e uma aversão contra o comércio dos homens." Em 13 de maio de 1924, escreve a Lou: "Aceitei bem todas as terríveis realidades, mas são as eventualidades que suporto mal; não posso me acostumar à ideia de viver sob uma

---

[264] Três anos mais cedo, perdera a filha Sofia, que era a mãe da criança.

constante ameaça... Seis horas de psicanálise foi tudo o que conservei da minha capacidade de trabalho... A quantas coisas devemos renunciar! Em compensação, cobrem-nos de honras pelas quais não teríamos levantado sequer o dedo mínimo."

Tornava-se menos sensível que outrora às coisas e às pessoas, ele, que consagrara tanta paixão ao ato de viver. Assegurando a Rank sua amizade, escreveu-lhe, aos 68 anos: "Embora eu considere agora as coisas *sub specie aeternitatis* e não possa mais interessar-me por elas com a mesma paixão que outrora, uma mudança que afetasse nossas relações não poderia deixar-me indiferente." A Lou, em 10 de maio de 1925: "Uma carapaça de insensibilidade forma-se lentamente à minha volta; constato-o sem me queixar. É uma evolução natural, um modo de começar a se tornar inorgânico. É o que se chama, creio, 'desprendimento próprio da idade avançada.' Isso deve ter relação com uma virada decisiva na relação entre as duas pulsões cuja existência eu supus... Afora isso, minha existência continua ainda suportável. Creio mesmo ter descoberto algo fundamental para o nosso trabalho; mas guardo-o ainda para mim durante algum tempo." É em grande parte em consideração a sua família que ele se obrigava a continuar a viver, mas escrevia a Pfister, em 11 de outubro de 1925: "Estou cansado, como é normal estar depois de uma existência laboriosa, e creio ter honestamente merecido o descanso. Os elementos orgânicos que durante tanto tempo aguentaram firme juntos tendem a se separar. Quem desejaria obrigá-los a permanecer reunidos por mais tempo?"

De todos os seus discípulos, aquele cujos trabalhos mais apreciava e com quem contava para fazer progredir a psicanálise era Abraham, que morreu em dezembro de 1925. Freud escreve a Jones: "A confiança absoluta que ele me inspirava dava-me — como a todos nós — um sentimento de segurança. Devemos continuar a trabalhar e a nos sustentar mutuamente... É preciso que a obra prossiga; comparados a ela, não temos nenhuma importância." Inquietava-se com as resistências que a psicanálise encontrava: "O mundo desenvolveu certo respeito pelos meus trabalhos, mas, até aqui, a análise só foi admitida pelos analistas."

Escrevia ensaios, iniciou a autobiografia. Mas teve que se submeter a outra operação de extrema gravidade: extirparam-lhe uma parte do palato e uma parte do maxilar, substituindo-as por uma enorme prótese que o feria a tal ponto que, às vezes, era obrigado a tirá-la; essa prótese o tornava meio surdo, incomodava-o quando comia e quando falava. Só aceitava os cuidados de sua filha Anna. Além disso, tinha perturbações cardíacas: "O número das minhas diversas perturbações físicas me faz perguntar por quanto tempo poderei continuar meu trabalho profissional, em particular desde que renunciar ao doce hábito de fumar fez baixar meus interesses intelectuais. Tudo isso lança uma sombra ameaçadora sobre o futuro próximo."

Em 1926, falando com o americano Viereck, ele diz: "Talvez os deuses sejam clementes ao tornar-nos a vida mais desagradável quando ficamos velhos. No fim, a morte parece menos intolerável do que os múltiplos fardos que carregamos." Ele não podia mais trabalhar: "Meu estado geral desvia-me definitivamente do trabalho — inclino-me a crer...", escreve ele a Jones em 20 de março de 1926. Mas conservava uma confiança intacta no valor de suas ideias: "A contradição e o reconhecimento são completamente indiferentes quando se tem uma certeza", escreveu ele a Lou.

O comitê, que finalmente sobrevivera, reuniu-se para festejar seus 70 anos. Mas seu melhor discípulo e amigo, Ferenczi, começou a se afastar dele. No congresso de Innsbruck, houve discussões. Ele não parava de sofrer; foi preciso trocar sua prótese. "Detesto meu maxilar mecânico porque o mecanismo devora tanta força preciosa." Começou a escrever *O futuro de uma civilização*. Mas a dor dificultava seu trabalho. E também escrevia a Jones, em 1º de janeiro de 1929: "A facilidade de conceber ideias, que me era própria outrora, deixou-me, com o avanço da idade." Não dava mais muito valor ao que escrevia. A propósito de seu último livro, escreve a Lou, em 28 de julho de 1929: "Este livro... parece-me, certamente com razão, inteiramente supérfluo quando o comparo aos meus trabalhos anteriores, que respondiam sempre a alguma necessidade interior. Mas que outra coisa poderia eu fazer? Não é possível fumar e jogar cartas durante todo o dia. Não posso mais fazer longas caminhadas, e a maior parte das coisas que se tem para ler deixou de me interessar." Quando, três anos mais tarde, ele trocou com Einstein uma correspondência sobre a paz, julgou sua própria contribuição sem indulgência: baixava suas pretensões no que dizia respeito ao seu trabalho, diz ele, como o fizera em relação a sua prótese. Teve que se submeter a cinco operações naquele ano. Teve a tristeza de ver Ferenczi encerrado numa casa de loucos. E a revista psicanalítica, o *Verlag*, que vivia de seus direitos de autor, estava ameaçada de desaparecer, pois seus livros não se vendiam mais.

Não perdera, no entanto, nada de sua virulência e de sua agressividade. Quando, em 1933, Hitler chegou ao poder, Viereck, primo do Kronprinz, aprovou publicamente uma carta na qual este último negava as perseguições raciais. Freud escreveu-lhe carta indignada: "Eu lhe direi simplesmente, portanto, que lamento que o senhor se tenha rebaixado a apoiar mentiras tão lamentáveis quanto as contidas na carta do seu imperial primo... Com meu profundo pesar." O futuro era angustiante: "Não me sinto mais ansioso quanto ao futuro da psicanálise. Ele está assegurado e sei que está em boas mãos. Mas o futuro de meus filhos e de meus netos está em perigo. E minha própria impotência é aflitiva!" Apesar de sua ansiedade e de sua tortura, ele iniciou, em 1934, seu livro sobre *Moisés e o monoteísmo*. Mas duvidava de si mesmo. Escreveu, em 2 de maio de 1935, a Zweig: "Desde que não posso mais fumar à vontade, não desejo mais escrever... ou talvez esse pretexto me sirva para mascarar a esterilidade da velhice." E a Lou, em 16 de maio: "Não sei se poderei ainda criar alguma coisa: não creio, mas não tenho tempo para isso, a tal ponto me é necessário cuidar de minha saúde." Para Wittkowski, em 6 de janeiro de 1936: "Minha capacidade de produção esgotou-se. Parece ser demasiado tarde para que ela retorne."

Sua impotência intelectual, suas indisposições e sua luta contra um corpo abatido tornavam-se, para ele, cada vez mais odiosas: só não se permitia o suicídio para não fazer mal aos seus: "Se estivesse sozinho — disse ele a Jones —, há muito tempo já teria acabado com a vida." Desejava morrer: "Penso ter descoberto que o desejo do descanso eterno não é algo elementar e original: exprime a necessidade de ficar livre do sentimento de inadequação que afeta a idade, em particular nos pequenos detalhes da vida."

No mês de junho de 1935, ele escreve a Thomas Mann, a propósito de seu 60º aniversário, dizendo que não lhe deseja uma longa velhice: "De acordo com minha experiência pessoal, penso que é bom que um destino misericordioso limite em tempo oportuno a duração da nossa vida." Escreveu a Stefan Zweig, em 18 de maio de 1936: "Embora eu tenha sido excepcionalmente feliz no meu lar... Não posso, entretanto, habituar-me às misérias e à angústia da velhice, e encaro com nostalgia a passagem do nada." Em 6 de dezembro de 1936, ele escrevia a Maria

Bonaparte, dizendo que estava torturado "entre o desejo de descanso, o temor de novos sofrimentos acarretados pelo prolongamento da vida e a dor antecipada de ficar separado de tudo aquilo a que se está ainda ligado". No início de 1937, foi autorizado a fumar um pouco e sofria menos, mas sua clientela diminuía: "É compreensível que os doentes não corram para um analista cuja idade oferece tão poucas garantias", escreveu ele. Trabalhou de novo um pouco; terminou o *Moisés II*. O que lhe era mais penoso é que agora duvidava de que a psicanálise pudesse sobreviver-lhe. Em 17 de outubro de 1937, escrevia a Zweig: "Minha obra está atrás de mim, como você mesmo diz. Ninguém pode saber com antecedência como a posteridade a julgará. Eu mesmo não estou tão certo assim... O futuro imediato parece sombrio para a minha psicanálise também. Em todo caso, durante as semanas ou os meses que ainda me restam para viver, nada de divertido pode me acontecer." Em 1933, ele acreditava no futuro da psicanálise, mas, a partir daquela época, o nazismo triunfara; em 1933, os livros de Freud haviam sido queimados publicamente em Berlim; em 1934, a psicanálise estava inteiramente liquidada na Alemanha. Em 1936, a Gestapo apreendera tudo o que pertencia ao *Verlag* (que foi definitivamente confiscado em 1938). Pessoalmente, Freud pensava não poder apresentar nada de novo. Seu *Moisés*, continuação de *Totem e tabu*, escrito 25 anos mais cedo, parecia-lhe mais ou menos mera repetição: "Um velho não encontra mais ideias novas", escreveu ele, a propósito de si mesmo. "Só lhe resta repetir-se." E também: "Não partilho a ideia de meu contemporâneo Bernard Shaw, que pretende que os homens só se tornariam capazes de fazer alguma coisa de bom se lhes fosse permitido viver trezentos anos. O prolongamento da duração da existência não serviria para nada, a menos que as condições de vida fossem totalmente transformadas." Alhures, ele fala do "declínio das faculdades criadoras que a idade avançada acarreta".

Segundo esses textos, é sobretudo o peso do passado que Freud julgava esterilizante. Penso, entretanto, que essa esclerose devia-se, em grande parte, à redução do seu futuro. Em 1897, quando compreendeu que suas teorias sobre a histeria eram errôneas, escrevera a Fliess: "Aqui entre nós, sinto-me antes vitorioso que derrotado." As histéricas que iam consultá-lo não tinham sido violadas por seus pais, como pretendiam: haviam sonhado sê-lo, o que era muito mais interessante. Para explorar essa descoberta, ele tinha diante de si o que lhe parecia uma eternidade: podia fazer alegremente uma cruz sobre o passado. No momento, a proximidade do seu fim lhe cortava todo o entusiasmo. Não pensava em mais nada de novo porque não ousava mais.

Depois do Anschluss, partiu para a Inglaterra. Londres acolheu-o calorosamente, e ele descobriu a extensão de sua celebridade. Mas uma nova intervenção cirúrgica, a mais dolorosa de todas, o fez suportar o martírio. Temia por suas irmãs, que haviam permanecido na Áustria.[265] Duvidava do futuro de sua obra. Seu último ano foi muito sombrio. Conservava todo o seu juízo, seu caráter permanecia indomável: era uma grande prova de coragem e de altruísmo não se permitir o suicídio, por amor de sua mulher e sobretudo da filha Anna. Morreu em 1939. Fora submetido a 33 intervenções, a partir de 1923.

Chateaubriand detestou sua velhice. "A velhice é um naufrágio", dizia ele. Desde a idade de 30 anos, ele a temera. Jovem ainda, desolava-se: "Infeliz de mim, que não posso envelhecer e estou sempre envelhecendo." Durante seus últimos anos, não diferiu muito do homem que fora antes. Oscilara sempre entre uma ambição apaixonada e o desprezo dos bens deste mundo. Desejara a glória, mas denuncia a futilidade desta. Queixava-se de transformar em cinza tudo aquilo em que tocava. Tão logo satisfazia seus desejos, mergulhava no tédio. Ardente ou desiludido, era sempre a exaltação do seu eu que procurava. Sua velhice conformou-se a esse esquema, mas as cores dela foram mais sombrias.

Sentia-se amargamente ressentido contra os Bourbons pela ingratidão que haviam demonstrado para com ele. Ministro de Estado em 1816, fora destituído por ter atacado, em *La Monarchie selon la Charte*, o decreto de 5 de setembro. Em seus artigos do *Conservateur*, lutou duramente contra Decazes: conseguiu derrubá-lo. Chefe reconhecido dos "homens ultramonarquistas", o governo concedeu-lhe uma legação em Berlim. Em 1821, foi inscrito de novo na lista dos ministros de Estado e enviado como embaixador em Londres. Foi nomeado plenipotenciário no Congresso de Verona, o que o encheu de alegria; tornou-se, ao voltar, ministro das Relações Exteriores. Mas Luís XVIII e Villèle o detestavam. Em vez de apoiar na Câmara dos Pares um projeto de lei elaborado por Villèle sobre a conversão das rendas, silenciou, e

[265] E que morreram, as três, na câmara de gás.

o projeto foi rejeitado. Considerou-se que ele quisera derrubar Villèle, e Luís XVIII o expulsou. Para afastá-lo, enviaram-no em missão de embaixada em Roma. Com o coração cheio de rancor, pensava que a monarquia se perdia por não seguir seus conselhos. Em 1830, era de novo ministro; recusou-se a prestar juramento a Luís Filipe: "Infelizmente, não sou uma criatura do presente, não quero capitular com o destino." Abandonou suas funções e sua pensão de parlamentar. Pediu demissão do cargo de ministro de Estado. Mostrava-se orgulhoso dessa aposentadoria espalhafatosa. "Eu era o homem da Restauração possível, da Restauração com todos os tipos de liberdade. Essa Restauração me tomou por inimigo; perdeu-se: tenho que suportar o seu destino", escreveu ele. E, no entanto, fazia-se de vítima: "Ele é bem ridículo — disse, nessa ocasião, a duquesa de Broglie. Quer sempre que lamentemos os infortúnios que ele mesmo se impõe."

Tinha 62 anos. Fazia muito tempo que pensava que um homem idoso deve renunciar às paixões e ao prazer. Já em 1822, aos 54 anos, escrevia: "Não demoremos aqui embaixo; vamo-nos antes de ter visto fugir nossos amigos e esses anos que o poeta julgava os únicos dignos da vida... O que encanta na idade das ligações torna-se, na idade abandonada, um objeto de sofrimentos e de desgostos. Não se deseja mais a volta dos meses risonhos à terra; antes se teme essa volta... essas coisas que provocam a necessidade e o desejo da felicidade vos matam. Tais encantos, vós os sentis ainda, mas eles não são mais para vós: a juventude que goza deles ao vosso lado, olha-vos desdenhosamente e vos deixa com ciúme... Podeis amar, mas não se pode mais amar-vos... A vista de tudo o que renasce, de tudo o que é feliz, vos reduz à dolorosa memória de vossos prazeres."

Em 1823, escrevia um poema, "Délie", para uma mulher que amava e que o amava:

"Sinto o amor, mas não posso inspirá-lo
A glória, ai de mim! só rejuvenesce um nome."

Pensava estar idoso demais para que alguma mulher o amasse por ele mesmo. Quando, aos 62 anos, foi amado por uma jovem de 16, repeliu-a: "Nunca me senti tão envergonhado: inspirar uma espécie de afeição na minha idade parecia-me verdadeiramente ridículo; quanto mais pudesse estar lisonjeado por essa esquisitice, mais me sentia humilhado, considerando-a, com razão, uma zombaria." Ele explicou essa recusa nas páginas às quais chamou *Amour et vieillesse.*

Não se retirara da vida política. Pensava ter um grande papel a representar: colocando sua pena a serviço dos legitimistas, esperava derrubar Luís Filipe. Escrevia "memoriais", "cartas abertas". Aliou-se à duquesa de Berry, o que lhe valeu ser preso e encarcerado; ao fim de pouco tempo, foi impronunciado e posto em liberdade. Em *Mémoire sur la captivité de la duchesse*, proclamou: "Madame, vosso filho é o meu rei." Foi levado ao tribunal no dia seguinte àquele em que a duquesa declarou publicamente ter se casado em segredo na Itália. Foi absolvido. A duquesa suplicou-lhe que fosse defender sua causa em Praga, junto à família real, no exílio; ela queria conservar seu título de princesa francesa e seu nome. Chateaubriand aceitou a missão. Obteve que ela conservasse seu título. Em seguida, foi a Veneza para encontrar a duquesa, que o enviou de novo a Praga; ela desejava que Carlos X declarasse oficialmente a maioridade de seu filho. Chateaubriand resolveu o assunto. Ele tinha pelo antigo rei sentimentos ambíguos: o homem o enternecia, o monarca o feria.

Afetava um radical desprezo por sua época: "Mediocridade dos homens e das coisas durante os anos 1831-32", anota ele. Mais do que nunca, dizia-se desiludido. Escreve a uma amiga, Hortense Allart: "Poder e amor, tudo me é indiferente, tudo me importuna... Vi um século maior, e os anões que chafurdam hoje na literatura e na política não me causam nenhuma impressão." Escreve a um amigo, em junho de 1834: "Estou sempre como me vistes, sem fé, sem esperança e, nos tempos que correm, até tenho dificuldade em conservar alguma caridade. A sociedade se vai, e (não) renascerá." Nesse ano, publicou um ensaio, *L'Avenir du monde*, no qual predizia a ruína da civilização.

A derrota dos legitimistas estava, então, consumada, mas ele continuou a escrever contra Luís Filipe. Essa atitude lhe valia amizades em todos os partidos de oposição: legitimistas, republicanos, bonapartistas. Em particular, ficou muito ligado a Armand Carrel. Foi vê-lo em Sainte-Pélagie; conduziu seu enterro. Mas muitas dessas alianças desfaziam-se com a mesma rapidez com que se tinham estabelecido. Ele defendeu a liberdade de imprensa em 1835, numa carta endereçada a *La Quotidienne*; nem por isso a lei que proibia atacar a realeza deixou de ser aplicada. Nesse mesmo ano, ele teve um fracasso literário: sua tragédia *Moïse* foi encenada e acolhida com gargalhadas; teve apenas cinco representações.

Fisicamente, já declinara bastante. Lamennais escreve, em 1834: "Não o via fazia dez anos. Achei-o mudado e espantosamente envelhecido, a boca encovada, o nariz afilado e enrugado como o nariz dos mortos, os olhos afundados nas órbitas." Sentia-se perdido num mundo que não era mais o seu. Escreveu, com amargura: "Os velhos de outrora eram menos infelizes; estranhos à juventude, não eram estranhos à sociedade. Agora, um retardatário no mundo não só viu os homens morrer, mas viu também morrer as ideias: princípios, costumes, fatos, prazeres, dores, sentimentos, nada se assemelha ao que ele conheceu. É de uma raça diferente da espécie humana, no meio da qual termina seus dias." Nenhum homem idoso confessou tão francamente quanto ele o ódio que sente pela juventude. Na segunda parte de *Amour et vieillesse*, ele faz com que René diga, ao envelhecer: "O espetáculo da felicidade das novas gerações que se elevavam à minha volta inspirava-me os transportes do mais negro ciúme; se tivesse podido aniquilá-las, eu o teria feito nos transportes da vingança e do desespero." Cego pelo ressentimento, ele declarou, numa carta escrita em 1834, que a literatura estava inteiramente morta na França.

Recusara uma pensão devida à sua condição de par, oferecida por Carlos X, e passava por cruéis dificuldades de dinheiro. Em 1836, decidiu-se a vender antecipadamente as *Mémoires d'outre-tombe* a uma sociedade em comandita. Viveu, então, confortavelmente, numa casa da rua du Bac, onde se instalou, não longe de Mme. Récamier. Fazia muito tempo que já não lhe tinha mais amor. Ela — provavelmente sem ser sua amante[266] — amara-o apaixonadamente. Havia entre eles uma amizade muito grande e muito íntima. Ele levava uma vida muito regrada. Levantava-se às seis horas, tomava o café da manhã com a mulher e trabalhava durante toda a manhã com suas secretárias. À tarde, ia à casa de Mme. Récamier. Sua vida afetiva não era alegre. Entre Mme. de Chateaubriand e ele, o desentendimento chegava às vezes ao ódio. A partir de 1835, Mme. Récamier esteve muitas vezes doente; tinha nevralgias que lhe impediam quase completamente o uso da palavra.

[266] Parece que ela não teve relações com nenhum homem por questões fisiológicas.

Vida mundana ele não tinha. Por vezes, Juliette reunia amigos: a partir de 1834, ele leu diante deles fragmentos das *Mémoires d'outre-tombe*. Mas não aceitava quase nenhum convite: "Não sou mais deste mundo", dizia ele. Esse sentimento de exílio era muito intenso nele: "E eu, espectador sentado numa plateia vazia, camarotes desertos, luzes apagadas, permaneço o único do meu tempo diante da cortina descida, com o silêncio e a noite." Sempre sentira tédio: começou a se entediar ainda mais. "Quem quer que seja que prolongue sua carreira, vê suas horas se resfriarem", escreve ele, em 1836. Não encontra mais, no dia seguinte, o interesse que sentia na véspera. Nem mesmo sonhava mais: "Não tendo mais futuro, não tenho mais sonhos. Não vivo mais senão pelos lábios; tenho o *spleen*, verdadeira doença." Loménie dizia dele: "Esse pobre grande homem entedia-se horrivelmente; nada mais o toca; nada o distrai; não tem mais gosto por nada; o mundo torna-se cada vez mais estranho para ele." No "Prefácio testamentário" das *Mémoires*, ele evoca "o tédio dessas horas derradeiras e abandonadas que ninguém quer, e das quais não se sabe o que fazer. No fim da vida, está uma idade amarga; nada agrada porque não se é digno de nada; não servindo para ninguém, sendo um fardo para todos, perto da última morada, só se tem que dar um passo para chegar lá. De que serviria sonhar numa praia deserta? Que sombras amáveis se perceberiam no futuro?"

Não se havia resignado sem pena a vender suas *Mémoires*: elas seriam lançadas no dia seguinte ao de sua morte, apesar de a edição só estar prevista para 50 anos depois. "Hipotequei meu túmulo", dizia ele, tristemente. Entretanto, trabalhava intensamente na obra. A partir de 1830, resolvera aumentá-la e completá-la. Desejava fazer das *Mémoires* a "epopeia" de seu tempo. Reescreveu a primeira parte e inseriu-a entre um prefácio testamentário, datado de 1º de dezembro de 1833, e uma conclusão sobre *L'Avenir du monde*. Em 1836, empreendeu a redação da segunda parte. Em 1837, instalou-se em Chantilly para escrever *Le Congrés de Vérone*, que publicou em 1838. Era uma defesa da Restauração, mas nuançada de severas críticas; Chateaubriand fazia ali sua própria apologia. Fora ele que desencadeara em 1823 a guerra da Espanha e se vangloriava disso. Reprovava a França por estar adormecida na paz; exortava-a a declarar à Inglaterra uma guerra que seria fácil, escrevia ele, "se não nos alarmássemos com alguns sacrifícios necessários". Nada perdera de seu talento: nunca foi melhor na narrativa. Mas o livro provocou um desagrado geral, tanto entre os republicanos quanto entre os legitimistas, e mais ainda estes últimos; suas críticas irritaram a família real, que, daí em diante, considerou-o um inimigo.

Com os anos, a indiferença rabugenta de Chateaubriand com relação a seu século agravou-se. Escrevia a Vinet: "Não creio em mais nada em política, em literatura, em fama, em afeições humanas. Parece-me que tudo isso são as mais vãs e deploráveis quimeras." Presa de uma melancolia narcisista, ele se queixa sem cessar; geme sobre os tormentos passados; faz constantes alusões a sua morte próxima, ao seu túmulo. É o homem encarniçadamente perseguido pelo infortúnio e que logo se vai extinguir, com o coração dilacerado. Volta incansavelmente à repulsa que lhe inspiram o presente e o futuro. Em 1839, escreve: "Sinto uma tal repulsa por tudo, um tal desprezo pelo presente e pelo futuro imediato, uma tão firme certeza de que doravante os homens, tomados no conjunto como público (e isso por vários séculos), serão lamentáveis, que enrubesço ao usar meus últimos momentos para narrar coisas passadas, para pintar um mundo acabado, cuja linguagem e cujo nome não mais se compreenderão."

"Depois de Napoleão, o nada; não se vê aparecer nem império, nem religião, nem bárbaros; a civilização ascendeu ao seu mais alto ponto, mas civilização material, infecunda, que nada mais pode produzir, pois não se pode dar a vida senão pela moral; só se chega à criação dos povos pelas vias do céu. As estradas de ferro só nos conduzirão com mais rapidez ao abismo."

"A velhice — relata Vitrolles — ainda aumentara a aridez de seu coração e a melancolia de seu temperamento. Ainda inteiramente preocupado com a própria fama, não perdoava o mundo por lhe sobreviver. Suas previsões eram todas sinistras, mas vagas e indefinidas como sonhos maus."

Em 1841, evoca de novo o nada do futuro: "A civilização atual, decomposta, não passa pela barbárie; perde-se nela mesma; o vaso que a contém não derramou o licor num outro vaso; é o vaso que está quebrado, e o licor esparramado."

Não se resignava à velhice: "Os anos são como os Alpes: nem bem atravessamos os primeiros, já vemos se elevarem outros. Ai de mim! Essas mais altas e últimas montanhas são desabitadas, áridas e brancas."

Como muitos velhos, tinha o choro fácil. Disse ter feito "um louco esbanjamento de lágrimas" ao escrever à duquesa de Berry; perto de Carlos X, seus olhos umedeciam-se de emoção. "Um nada o fazia chorar", anotou seu cabeleireiro. Defendia-se contra essa emotividade cercando-se de uma carapaça de insensibilidade; sempre tivera o coração árido; tornou-se um monstro de egoísmo. Com Mme. Récamier, mostrava-se odioso. Esta disse a Loménie, em 1841: "M. de Chateaubriand tem muita nobreza, um imenso amor-próprio, uma enorme delicadeza: está pronto a fazer todos os sacrifícios pelas pessoas que ama. Mas verdadeira sensibilidade não tem sombra. Causou-me mais de um sofrimento." Alphonse de Custine relata: "M. de Chateaubriand ainda não completou 75 anos, e tudo lhe falta, mas sobretudo ele se falta a si mesmo. Todas as noites dá a essa pobre mulher seu último adeus... Encontramo-la chorando como uma jovem... Definha, desola-se, e nem ela nem seus amigos podem fazer o que quer que seja contra essa velha criança mimada." A duquesa de Dino anota, em 1842: "(Barante) me disse também que M. de Chateaubriand, que ele encontra na Abbaye-aux-Bois, em casa de Mme. Récamier, tornou-se resmungão, taciturno, descontente com tudo e com todos. A tarefa de Mme. Récamier é difícil, pois trata-se de acalmar a irritação de um orgulho doente e de suprir as emoções do sucesso."

Acabara suas *Mémoires* — que continuou, entretanto, a rever até a morte — em 1841. Em 1843, instigado por seu confessor, iniciou uma *Vie de Rancé*. Vivia cada vez mais emparedado em si mesmo. Escrevia cartas, sobretudo a mulheres. Mas não lia mais nada. "Não é a vista que lhe falta para a leitura: é o próprio gosto da leitura", anotou Ballanche. Em sociedade, era taciturno e resmungão. Passava muito mal: a partir de 1840, foi torturado por reumatismos e por acessos de tosse. Todos os retratos que seus contemporâneos deixaram dele a partir dessa data são sinistros. Uma única exceção: Custine, em 1840, escreve: "M. de Chateaubriand está mais vigoroso do que nunca e mais verdadeiro do que em sua juventude... Desde o momento em que não espera fazer mais nada, ganhou sinceridade... Agrada-me mais como está agora." Mas três anos mais tarde, ele acha essa "sinceridade" inconveniente: "A velhice torna o grande escritor invejoso e impudente. Ele diz tudo o que calava antes." Nesse mesmo ano, Ballanche preocupa-se com a saúde de seu amigo: "M. de Chateaubriand está cruelmente caído... A verdadeira velhice chegou."

Apesar de tudo, Chateaubriand foi capaz de ir a Londres para encontrar o duque de Bordeaux. Foi uma das maiores alegrias de sua velhice. O príncipe manifestou-lhe os mais calorosos sentimentos: vinha sentar-se à beira de seu leito, passeava sozinho com ele de carro. Chateaubriand sentiu-se "maravilhado e cheio de esperança", mas sua felicidade só se manifestava através de lágrimas: "Fico ali, a chorar como um bobo", anota ele. Cuvillier-Fleury escreveu a amigos: "Chateaubriand esteve lamentável e não soube fazer outra coisa senão chorar... Parecia mais uma dessas carpideiras que seguem os enterros do que um precursor convencido do renascimento legitimista, e suas lágrimas desesperaram seus amigos."

Em 1844, sofreu um choque que acabou de abalá-lo: Émile Girardin compra o direito de publicar as *Mémoires d'outre-tombe* sob a forma de folhetim no *La Presse* antes que fossem publicadas em volume. O contrato assinado em 1836 não previra essa eventualidade, e nenhuma disposição a proibia. Ele soltou um grito de indignação num prefácio que permaneceu inédito: "Sem respeito pela minha vontade absoluta, sem deferência pela minha memória, vão vender minhas ideias no varejo." Estava ferido como escritor e em sua dignidade de homem. Retomou de novo seu manuscrito, suprimindo passagens que, dessa nova perspectiva, pareciam-lhe indiscretas. Só em 1847 a obra tomou sua forma definitiva.

Em 1845, Chateaubriand teve ainda forças para ir a Veneza, para ali encontrar uma segunda vez o duque de Bordeaux. Mas estava cada vez mais silencioso, imóvel e melancólico. Em 1846, Manuel ficou impressionado com seu aspecto: "Estava velho, muito velho, e era como se estivesse envergonhado de sua condição, tão abatido que o velho deformara o homem." Exagerava a surdez, trancava-se durante horas no mutismo e permanecia imóvel em sua poltrona, como se estivesse paralisado.

Por instantes, retornava à vida: "Pois bem! — escreve Sainte-Beuve. Aquele homem que vimos, no fim, parado, mudo, enfadonho, dizendo não a tudo tem momentos encantadores, clarões." Mas pouco a pouco petrificou-se por completo. Hugo escreve, em 1847: "(Alexis de Saint-Priest) vira esta manhã M. de Chateaubriand, quer dizer, um espectro. M. de Chateaubriand está completamente paralisado: não anda mais, não se mexe mais. Apenas sua cabeça vive. Estava muito vermelho, com o olhar triste e apagado. Levantou-se e pronunciou alguns sons ininteligíveis."

Sua mulher morreu em 1847. Mme. Récamier ficara cega: Chateaubriand era transportado para a cabeceira dela, e os dois davam-se as mãos em silêncio. Ele não tinha mais que uma semiconsciência do que estava acontecendo. Em fevereiro de 1848, o conde de Estourmel observa: "Nada iguala a profunda indiferença com a qual M. de Chateaubriand, outrora tão apaixonado em política, aceita as revoluções... Quando lhe contaram a queda do governo de julho, limitou-se a dizer: "Está bem. Isso tinha que acontecer." Morreu no dia seguinte às jornadas de junho.

O caso de Lamartine tem qualquer coisa de exemplar e de extremo. Eu disse — e já vimos — que a boa e a má sorte tornam ilusória a ideia de justiça imanente. Entretanto, foi pelos erros de sua juventude e de sua maturidade que Lamartine pagou duramente em sua última idade.

Quando jovem, amara o dinheiro, o luxo, o mundanismo, a glória. A que conquistara como poeta não lhe bastava. Sua ambição era a de se tornar um grande homem político. Narcisista, presunçoso, vaidoso, bancava o grande senhor e devorou várias heranças. Depois de sofrer um fracasso, foi eleito para a Academia. Sua popularidade literária era então imensa. Ardente legitimista, assim que teve a idade necessária, fez campanha para deputado: foi derrotado uma primeira vez, depois eleito. Como lhe repugnava colocar-se à direita ou no centro, optara por se situar "no teto": acima dos partidos. Amigo de Lamennais — que, aliás, rompeu com a política flexível que praticava —, desejava uma "redução" da injustiça social. Descobrira a existência do proletariado. Mas tinha medo e aconselhava a não se mexer com aquela classe: "Encontrareis ali o que sempre foi cegueira, insensatez, ciúme cruel de qualquer superioridade social, covardia e crueldade." Latifundiário, ardentemente apegado a seus bens, desejava antes de tudo a manutenção da ordem; mas era hostil ao desenvolvimento do capitalismo e ao mundo dos negócios. Atacava os homens do banco, as concentrações industriais, a feudalidade do dinheiro, o que lhe valeu muitos inimigos entre os abastados. Todos reprovavam sua versatilidade. Eleito pelos legitimistas, pronunciou-se em 1834 pela liberdade e depois apoiou leis reacionárias.

Furioso contra os conservadores que lhe haviam infligido várias derrotas — haviam-lhe recusado a presidência da Câmara —, rompeu em 1843 com a monarquia burguesa e entrou na oposição. Cheio de admiração por si mesmo, acreditando saber tudo, pensava cada vez mais que estava votado a um grande destino político. Decidiu ser o arauto da democracia. "Pensai que amastes demasiado o luxo, os cavalos, o jogo. Temei amar demasiado a popularidade", disse-lhe um amigo. Com efeito, era sua última paixão. Em 1848, pensou que tivesse chegado a sua hora. A oposição triunfava. O povo reivindicava a República. Ele se fez o campeão desta. Mas na verdade temia profundas transformações sociais. Só defendeu a República porque via nela a forma mais conservadora da sociedade; com efeito, ela implica o sufrágio universal que oferece uma "saída", uma "via de evaporação" para o "vulcão popular". Como, em 1848, os camponeses são em muito maior número que o proletariado, e como eles votarão evidentemente em conservadores, será o próprio povo que vai se opor aos "vermelhos". Fundando a República, o objetivo de Lamartine é salvar a ordem. E é esse jogo duplo que lhe vale seu triunfo de fevereiro. Os republicanos veem nele o homem que fez a República; os outros, o homem que soube contê-la. É assim que, aos 58 anos, ele aparece como o "homem da salvação comum".

Em 27 de fevereiro, escreve a sua sobrinha: "Legitimistas, católicos, republicanos aliam-se a mim como a um único partido." Em 23 de abril, foi eleito em dez departamentos, com 10 milhões de votos. Escrevia: "A meu ver, sou um verdadeiro milagre. Não posso ser visto em lugar algum sem despertar uma arruaça de amor." Mas o equívoco sobre o qual repousava essa unanimidade teria fatalmente que se dissipar; percebeu-se então que, longe de conciliar em si a direita e a esquerda, Lamartine não representava nem uma nem outra e foi, então, reduzido a nada.

A direita foi a primeira a se sentir traída. Desejaria que ele tivesse tomado sozinho o poder e tivesse colocado sob suas ordens homens dela, que varreriam os republicanos e fariam logo deflagrar a guerra civil; ele não quis enterrar tão rapidamente a obra da qual se orgulhava. Recusou o papel de liquidador e obteve a nomeação de uma comissão executiva de cinco membros. A partir daquele momento, foi odiado; só foi eleito para a comissão em quarto lugar, antes de Ledru-Rollin, que apoiava e era considerado um extremista. A imprensa de direita e os salões investiram contra ele. Acusaram-no de ter suscitado os acontecimentos de 15 de maio, quando 150.000 parisienses convocados pelos Clubes invadiram a Assembleia. Em 21 de maio, no Campo de Marte, a Guarda Nacional não o aclamou. Entretanto, toda a sua política preparava o massacre que fez com que o povo o detestasse. Fez com que Cavaignac fosse nomeado ministro da Guerra e deixou-o açambarcar poderes consideráveis. No início de junho, consentiu no fechamento das Oficinas nacionais. Quando percebeu que ia haver derramamento de sangue, reivindicou, para impedir a sublevação, um prodigioso desdobramento da força militar, que não conseguiu obter. Pediu demissão em 24 de junho, assim como toda a comissão. Cavaignac mandou metralhar os operários e exerceu, durante alguns meses, uma verdadeira ditadura: a Guarda Nacional participou do massacre. Lamartine escreveu a sua sobrinha Valentine: "Não tenho mais um único cabelo louro, tudo está branco como o inverno." E também: "Estou acabado como homem de Estado e como tribuno, aquele vigor abateu-se." Fora bem presunçoso e inconsciente, por não prever que sua duplicidade desembocaria fatalmente nesse desastre: o proletariado não poderia suportar que se apoiassem nele para estabelecer um regime que esmagaria suas reivindicações; os abastados só podiam abafar a revolta dos trabalhadores com o derramamento de sangue.

Lamartine ainda fez um discurso aplaudido sobre a eleição do presidente, exigindo que este fosse nomeado pelo sufrágio universal; mas, candidato sem ser candidato, colheu apenas 17.910 votos, contra um milhão e meio para Cavaignac, e cinco milhões e meio para Bonaparte: "Foi deitar-se pensando ter a França à sua cabeceira; adormeceu na embriaguez de si mesmo; sonhou com a ditadura; despertou: estava só", escreve Louis Blanc. Toda a sua velhice foi tragicamente marcada por esses acontecimentos; nunca se recuperou. Dissipara dois ou três milhões de herança, o dote de sua mulher, cinco ou seis milhões que suas obras lhe haviam rendido. No fim de 1843, já devia 1,2 milhões de francos, e sua dívida cresceu por causa de suas especulações desastrosas. Pôs-se a escrever freneticamente para pagar aos credores; sua mulher não conseguia copiar tão rapidamente quanto ele produzia. Os jornais que fundou foram varridos pelo golpe de 2 de dezembro, e ele perdeu ainda mais dinheiro. Deixou seu belo apartamento na rua de l'Université por uma casa mais modesta; mas conservava quatro moradias, um exército de domésticos, cavalos; comprava coletes e sapatos às dúzias. Os oficiais de justiça e os credores importunavam-no. Pensava ter o gênio dos negócios, não ouvia nenhum conselho; colheitas más e bancarrotas sucediam-se: "Mais do que nunca estou numa embrulhada, cansado da luta e da vida: esperar e desesperar é pior do que um simples desespero. Cheguei a esse ponto", escreve a ele, aos 65 anos. Pilhava livros de História para redigir *Vidas de grandes homens*. Chamavam-no de escritor público; falava-se da "desconsideração de sua velhice"; insultavam-no nos jornais, zombava-se dele. Conservava, no entanto, um orgulho infantil que beirava a parafrenia: pensava que o sucesso lhe era devido, que os reveses eram uma vingança do destino, que o mundo e Deus só se preocupavam com ele. Começou a redigir um *Cours familier de littérature*, que começou a ser publicado em 1856. Mendigou subscrições num prefácio: "Meus anos, como o fantasma de Macbeth, passam as mãos por cima do meu ombro, mostrando-me com o dedo não coroas, mas um sepulcro, e quisera Deus que eu já estivesse ali deitado." A lembrança dos acontecimentos de 1848 o obcecava: "Felizes os homens que morrem na labuta, atingidos pelas revoluções nas quais se envolveram! A morte é um suplício, sim, mas é também seu asilo. E o suplício de viver, pensais que não conta nada?"

Seu nome ainda representava alguma coisa, já que, em 1857, os amigos de Flaubert desejavam que ele interviesse para defender *Madame Bovary*; ele tratou de se esquivar. Sentia-se cada vez mais abatido pela vida: "A vida é um pelourinho se não é um cadafalso. O que é melhor: 20 anos de uma agonia de espírito ou a machadada de um segundo?" Parara de escrever versos; compôs, no entanto, o célebre poema "La Vigne et la maison" ("A vinha e a casa"), no qual um velho, perdido no meio de um mundo que o esquece, evoca suas lembranças:

"Que fardo pesa sobre ti, oh, minh'alma,
Nesse velho leito dos dias, que o enfado revolveu."

Ele, que fora um almofadinha, andava com uma casaca surrada, salpicada de fumo. Pediu que se abrisse uma subscrição nacional em seu benefício. Mas tinha tanta vergonha disso que dizia: "Queria estar morto." E também: "Estou tão humilhado com o meu infortúnio que não ouso mais ir visitar um amigo por medo de encontrar lá um inimigo." Amigos, por assim dizer, não tinha mais. Na Academia, evitavam falar com ele, que ficava no seu canto: "Meu crime é ter servido e descontentado todos os partidos, impedindo-os de se matarem entre si à vontade nos dias de anarquia", escrevia ele, amargamente, num dos inúmeros manifestos em que defendia sua causa. Por mais que os multiplicasse, a subscrição não rendia. Fazia uma propaganda tão impudica de si mesmo que um americano lhe propôs exibir-se durante dois anos na América, repetindo de cidade em cidade seu discurso sobre a bandeira vermelha."[267] Foi obrigado a mandar cortar as árvores de uma de suas propriedades para sobreviver, mas se recusava a vender suas terras. A municipalidade de Paris concedeu-lhe uma casa bastante bonita, às portas da cidade, mas nem por isso ele deixou de ficar enrascado e desesperado: "Tem acessos de desespero que me põem fora de mim", dizia sua mulher.

Retornava incessantemente a seu passado político para se desolar. Sustentava que o homem de Estado é superior ao poeta, chegava a lamentar ter escrito algum dia. Afora essas ruminações, só falava de dinheiro: seus interlocutores ficavam exaustos. Em 1860, acabou por concordar em vender Milly. Os credores logo se precipitaram: desfilaram quatrocentos em 17 dias. No dia da venda, entrou no quarto de sua sobrinha Valentine com um feixe de hera na mão: "E tudo o que me resta de Milly", disse, explodindo em soluços. Um pouco mais tarde, disse a um amigo: "Meu caro, quereis ver o homem mais infeliz que existe? Olhai para mim!"

Sua mulher morreu em 1863, e ele desposou secretamente Valentine. Em 1867, começou a perder a razão. E passou pela humilhação de ver o Império votar uma pensão para ele. No dia 1º de maio, teve um ataque. Cada vez mais enclausurado em si mesmo, ficou quase mudo. Uma noite, no momento em que ia deitar-se, sentou-se num degrau da escada: "Para quê? Para que dormir, recomeçar o trabalho? Que me deixem quieto!" Em 1868, no campo, acontecia-lhe frequentemente fugir depois do jantar, e o encontravam nos campos. Morreu naquele ano.

"Essa velhice atroz, ele a deveu em parte aos defeitos que haviam marcado sua juventude e sua maturidade: frivolidade infantil, capricho,

---

[267] Durante as jornadas revolucionárias de 1848, Lamartine fez um discurso em defesa da bandeira tricolor, contra a opinião da multidão, que exigia a substituição da bandeira branca monarquista pela bandeira vermelha do socialismo operário. Lamartine conseguiu convencer a multidão. (N. T.)

vaidade, desejo de aparecer, presunção, ausência de senso crítico, imprevidência. Mas antes de tudo, ela foi o preço que pagou por seu comportamento em 1848. Mostrara-se ali plenamente como era, na verdade. Por amor à popularidade, fizera-se de conciliador e caíra na armadilha desse fingimento, embora não passasse de um hipócrita. Homem de direita por seu gosto pelo dinheiro e pela dissipação, pelo respeito aos valores aristocráticos e pela vontade de manter a ordem, pretendera passar por liberal, defendendo a República que, na verdade, convinha a seus propósitos reacionários. Fizera-se odiar por todos. Os abastados, que de antemão desconfiavam dele, desonraram-no porque não se sujeitara a ser apenas um instrumento dócil. Entretanto, servira à alta burguesia contra o povo, do qual fingira desposar a causa, e acabara por "escorregar no sangue dos operários".

# Conclusão

**A velhice não é uma conclusão** necessária da existência humana. Nem mesmo representa, como o corpo, o que Sartre chamou a "necessidade de nossa contingência". Um grande número de animais morre — como no caso dos efêmeros — depois de se ter reproduzido, sem passar por um estágio degenerativo. Entretanto, é uma verdade empírica e universal que, a partir de certo número de anos, o organismo humano sofre uma involução. O processo é inelutável. Ao cabo de um tempo, ele acarreta uma redução das atividades do indivíduo; com muita frequência, uma diminuição das faculdades mentais e uma mudança de atitude com relação ao mundo.

A última idade tem sido, por vezes, valorizada, por razões políticas ou sociais. Certos indivíduos — como, por exemplo, na antiga China, as mulheres — puderam encontrar nela um refúgio contra a dureza da condição de adulto. Outros comprazem-se com ela por uma espécie de pessimismo vital: se o querer-viver aparece como uma fonte de infelicidade, é lógico preferir-lhe uma semimorte. Mas a imensa maioria dos homens acolhe a velhice em meio à tristeza ou à revolta. Ela inspira mais repugnância do que a própria morte.

E com efeito, mais do que a morte, é a velhice que se deve opor à vida. Desta, a velhice é a paródia. A morte transforma a vida em destino; de certo modo, a morte salva a vida, conferindo-lhe a dimensão do absoluto: "Tal como nele mesmo, enfim, a eternidade o transforma."[268] Ela abole o tempo. Os últimos dias desse homem que enterramos não têm mais verdade do que os outros; sua existência tornou-se uma totalidade da qual todas as partes estão igualmente presentes enquanto apreendidas pelo nada. Victor Hugo, ao mesmo tempo e para sempre, aos 30 anos e aos 80. Mas quando ele tinha 80 anos, a vivência do presente obliterava o passado. Essa supremacia é melancólica nos casos — quase todos — em que o presente é uma degradação ou mesmo um desmentido

---

[268] Citação de célebre verso do poeta Mallarmé, no soneto "Le Tombeau d'Édgar Poe", dedicado a este.

daquilo que foi. Os antigos acontecimentos e o saber adquirido conservam seu lugar numa vida extinta: eles foram. Quando a lembrança se esvai, eles mergulham numa noite irrisória: a vida desfaz-se malha por malha, como um agasalho gasto, só deixando nas mãos do velho fiapos de lã sem forma. Pior ainda, a indiferença que tomou conta dele contesta suas paixões, suas convicções, suas atividades: é o que acontece quando M. de Charlus arruína com uma barretada o orgulho aristocrático que fora sua razão de ser ou quando Arina Petrovna se reconcilia com um filho odiado. De que valeu ter trabalhado tanto se percebemos, segundo o dito de Rousseau, que nos esforçamos à toa, se não atribuímos mais nenhum valor aos resultados obtidos? O desprezo de Miguel Ângelo por seus "fantoches" é dilacerante; se o acompanharmos em sua última idade, sentiremos tristemente, com ele, a inutilidade de seus esforços. Morto, esses momentos de desânimo nada podem contra a grandeza de sua obra. Nem todos os velhos são demissionários. Muitos, ao contrário, distinguem-se por sua obstinação. Mas então muitas vezes tornam-se caricaturas de si mesmos. Sua vontade persevera por uma espécie de força de inércia, sem razão, ou mesmo contra toda a razão. Começaram por querer, visando a um determinado fim. Agora, querem porque quiseram. De maneira geral, neles, os hábitos, os automatismos e as escleroses tomam o lugar das invenções. Há verdade neste dito de Faguet:[269] "A velhice é uma contínua comédia representada por um homem para enganar os outros e a si mesmo, e é cômica sobretudo porque ele representa mal."

A moral prega a aceitação serena dos males que a ciência e a técnica são impotentes para suprimir: a dor, a doença, a velhice. Suportar corajosamente o próprio estado que nos enfraquece seria, pretende ela, um modo de nos engrandecer. Na falta de outros projetos, o homem idoso poderia engajar-se neste. Mas isso não passa de um jogo de palavras. Os projetos só dizem respeito às nossas atividades. Suportar a idade não é uma delas. Crescer, amadurecer, envelhecer, morrer: a passagem do tempo é uma fatalidade.

Para que a velhice não seja uma irrisória paródia de nossa existência anterior, só há uma solução — é continuar a perseguir fins que deem

---

[269] Ele escreveu contra a velhice um pequeno ensaio irado: *Les Dix Commandements de la vieillesse* (*Os dez mandamentos da velhice*).

um sentido à nossa vida: dedicação a indivíduos, a coletividades, a causas, trabalho social ou político, intelectual, criador. Contrariamente ao que aconselham os moralistas, é preciso desejar conservar, na última idade, paixões fortes o bastante para evitar que façamos um retorno sobre nós mesmos. A vida conserva um valor enquanto atribuímos valor à vida dos outros, através do amor, da amizade, da indignação, da compaixão. Permanecem, então, razões para agir ou para falar. Aconselha-se frequentemente as pessoas a "preparar" sua velhice. Mas, se isso significa apenas juntar dinheiro, escolher o lugar da aposentadoria, arranjar *hobbies*, não se terá, quando chegar a hora, avançado nada. Mais vale não pensar demais na velhice, mas viver uma vida de homem bastante engajada, bastante justificada, para que se continue a aderir a ela mesmo quando já se perderam todas as ilusões e quando já se arrefeceu o ardor vital.

Só que essas possibilidades só são concedidas a um punhado de privilegiados: é na última idade que se cava mais profundamente o fosso entre estes últimos e a imensa maioria dos homens. Comparando-os, poderemos responder à pergunta feita no início deste livro: O que há de inelutável no declínio dos indivíduos? Em que medida a sociedade é responsável por esse declínio?

Já vimos: a idade em que começa a decadência senil sempre dependeu da classe à qual se pertence. Hoje em dia, um mineiro é, aos 50 anos, um homem acabado, ao passo que, entre os privilegiados, muitos carregam alegremente seus 80 anos. Iniciado mais cedo, o declínio do trabalhador será também muito mais rápido. Durante seus anos de "sobrevivência", seu corpo deteriorado será vítima das doenças e das deficiências, ao passo que um velho que tenha tido a sorte de poupar sua saúde pode conservá-la mais ou menos intacta quase até a morte.

Ao envelhecer, os explorados são condenados, se não à miséria, pelo menos a uma grande pobreza, a moradias desconfortáveis e à solidão, o que acarreta neles um sentimento de decadência e uma ansiedade generalizada. Mergulham numa bestificação que repercute no organismo; mesmo as doenças mentais que os afetam são em grande parte produto do sistema.

Se conserva saúde e lucidez, nem por isso o aposentado deixa de ser vítima deste terrível flagelo: o enfado. Privado de seu poder sobre o mundo, é incapaz de substituir esse poder, já que, fora de seu trabalho, seus lazeres eram alienados. O operário manual nem mesmo consegue matar o tempo. Sua ociosidade melancólica desemboca numa apatia que compromete o que lhe resta de equilíbrio físico e moral.

O dano que sofreu ao longo de sua existência é mais radical ainda. Se o aposentado fica desesperado com a falta de sentido de sua vida presente, é porque o sentido de sua existência sempre lhe foi roubado. Uma lei, tão implacável quanto a *loi d'airain*,[270] permitiu-lhe apenas reproduzir sua vida e recusou-lhe a possibilidade de inventar justificativas para ela. Quando escapa às pressões de sua profissão, não percebe mais que um deserto à sua volta; não lhe foi permitido engajar-se em projetos que teriam povoado o mundo de objetivos, de valores e de razões de ser.

Aí está o crime de nossa sociedade. Sua "política da velhice" é escandalosa. Mais escandaloso ainda, porém, é o tratamento que inflige à maioria dos homens na época de sua juventude e de sua maturidade. A sociedade pré-fabrica a condição mutilada e miserável que é o quinhão deles na última idade. É por culpa da sociedade que a decadência senil começa prematuramente, que é rápida, fisicamente dolorosa, moralmente horrível e a razão por que esses indivíduos chegam à última idade com as mãos vazias. Explorados, alienados, quando a força os deixa, tornam-se fatalmente "refugos", "destroços".

É por isso que todos os remédios que se propõem para aliviar a depressão dos velhos são tão irrisórios: nenhum deles poderia reparar a sistemática destruição de que os homens foram vítimas durante toda a sua existência. Mesmo que se cuide deles, não se conseguirá devolver-lhes a saúde. Mesmo que se construa para eles residências decentes, não se poderá inventar-lhes a cultura, os interesses, as responsabilidades que dariam um sentido à sua vida. Não digo que seja inteiramente inútil melhorar, no presente, sua condição, mas isso não traz nenhuma solução ao verdadeiro problema da última idade: como deveria ser uma sociedade para que, em sua velhice, um homem permanecesse um homem?

A resposta é simples: seria preciso que ele fosse sempre tratado como homem. Pela sorte que destina a seus membros inativos, a sociedade desmascara-se; ela sempre os considerou material. Confessa que, para ela, só o lucro conta e que seu "humanismo" é pura fachada. No século

[270] Lei de bronze — nome dado por Lassalle à lei que reduz, em regime capitalista, o salário do operário ao mínimo vital. (N.T.)

XIX, as classes dominantes associavam explicitamente o proletariado à barbárie. As lutas operárias conseguiram integrá-lo à humanidade. Mas apenas enquanto ele é produtivo. Quando os trabalhadores envelhecem, a sociedade afasta-se deles, como de uma espécie estranha.

Eis aí por que a questão é amortalhada num silêncio premeditado. A velhice denuncia o fracasso de toda a nossa civilização. É o homem inteiro que é preciso refazer, são todas as relações entre os homens que é preciso recriar se quisermos que a condição do velho seja aceitável. Um homem não deveria chegar ao fim da vida com as mãos vazias e solitário. Se a cultura não fosse um saber inerte, adquirido de uma vez por todas e depois esquecido; se fosse prática e viva; se, através dela, o indivíduo tivesse sobre o seu meio um poder que se realizasse e se renovasse ao longo dos anos, em todas as idades ele seria um cidadão ativo, útil. Se não fosse atomizado desde a infância, fechado e isolado entre outros átomos, se participasse de uma vida coletiva, tão cotidiana e essencial quanto sua própria vida, jamais conheceria o exílio. Em lugar algum, em tempo algum, tais condições se realizaram. Embora os países socialistas se aproximem um pouco mais delas que os capitalistas, estão ainda bem distantes.

Na sociedade ideal que acabo de evocar, pode-se imaginar que a velhice, por assim dizer, não existiria. Como acontece em certos casos privilegiados, o indivíduo, secretamente enfraquecido pela idade mas não aparentemente debilitado, seria um dia acometido de uma doença à qual não resistiria; morreria sem ter passado por uma degradação. A última idade seria realmente conforme à definição que dela dão certos ideólogos burgueses: um momento da existência diferente da juventude e da maturidade, mas com seu próprio equilíbrio e deixando aberto ao indivíduo um grande leque de possibilidades.

Estamos longe disso. A sociedade só se preocupa com o indivíduo na medida em que este rende. Os jovens sabem disso. Sua ansiedade no momento em que abordam a vida social é simétrica à angústia dos velhos no momento em que são excluídos dela. Nesse meio-tempo, a rotina mascara os problemas. O jovem teme essa máquina que vai tragá-lo e tenta, por vezes, defender-se com pedradas; o velho, rejeitado por ela, esgotado, nu, não tem mais que os olhos para chorar. Entre os dois, a máquina gira, esmagando homens que se deixam esmagar porque nem sequer imaginam que podem escapar. Quando compreendemos o que é a condição dos velhos, não podemos contentar-nos em reivindicar uma "política da velhice" mais generosa, uma elevação das pensões, habitações sadias, lazeres organizados. É todo o sistema que está em jogo, e a reivindicação só pode ser radical: mudar a vida.

# Apêndices

# I

## — OS CENTENÁRIOS —

**É preciso dizer algumas** palavras sobre uma categoria de velhos muito particulares: os centenários. Em 1959, havia na França entre 600 e 700 deles, dos quais a maioria encontrava-se na Bretanha. A maior parte não ultrapassa os 102 anos. Entre 1920 e 1942, nenhum falecimento ocorreu depois dos 104 anos. Há muito mais mulheres do que homens entre os centenários: o doutor Delore, que dirigiu a pesquisa de 1959, estima que a proporção seja superior a 4 em 5. Contou 24 mulheres num conjunto de 27 indivíduos. Elas haviam exercido as mais diversas profissões. Aposentadas há 30 ou 40 anos, viviam no campo, em casa dos filhos ou dos netos; algumas encontravam-se no asilo, ou em casas de repouso. Haviam perdido o marido entre 20 e 40 anos mais cedo. Sua situação econômica era muito modesta. Todas eram magras: nenhuma chegara a passar dos 60 quilos. Eram gulosas, mas comiam pouco. Muitas delas eram robustas; os homens também: um deles, com mais de 99 anos, jogava bilhar. Algumas tremiam um pouco, ouviam mal, tinham a vista fraca, mas não eram surdas nem cegas. Dormiam bem. Ocupavam-se em ler, em tricotar, em passear um pouco. Lúcidas, tinham boa memória, um temperamento independente, e até mesmo alegre, um vivo senso de humor e o gosto das relações sociais. Autoritárias, tratavam como jovens os filhos de 70 anos. Queixavam-se às vezes da nova geração; mas essa época lhes interessava, e se mantinham a par do que se passava. A hereditariedade parecia um dos fatores de sua longevidade. Não tinham nenhum antecedente patológico, e não haviam sofrido de nenhuma afecção crônica. Não pareciam temer a morte. Seu comportamento era, no conjunto, muito diferente do comportamento dos velhos menos idosos. Seria por gozarem de uma excepcional saúde física e moral que haviam sobrevivido? Ou a satisfação de ter vivido tanto lhes daria a serenidade? A pesquisa não responde a essa pergunta.

O doutor Grave E. Bird apresentou à Sociedade Oriental de Psicologia um estudo desenvolvido durante 20 anos, e que tem por objeto 400 pessoas de mais de 100 anos. Suas conclusões estão de acordo com as do doutor Delore: "A maior parte dos indivíduos deste grupo arquitetam para o futuro planos precisos, interessam-se pelos assuntos públicos, manifestam entusiasmos juvenis, têm suas manias, um agudo senso de humor, o apetite sólido, uma resistência extraordinária. Gozando, em geral, de uma perfeita saúde intelectual, são otimistas e não exprimem o mínimo medo da morte."

Centenários observados nos EUA davam a mesma impressão: eram ativos e felizes. Visher observou dois homens de mais de 100 anos que eram ativos, felizes, e que pareciam gozar de boa saúde: entretanto, a autópsia revelou que eles tinham inúmeros órgãos doentes.

Em 1963, a imprensa cubana dedicou uma página a alguns velhos que eram mais do que centenários. Entre estes últimos, havia um antigo escravo negro particularmente interessante, cujas lembranças um etnólogo recolheu, num gravador. A comparação dos dados históricos indica que ele realmente vivera os 104 anos que se atribuía. Sua memória excelente — embora um tanto embaralhada quanto a certos períodos — permitiu-lhe recapitular toda a sua vida. Tinha cabelos brancos, gozava de boa saúde; um tanto desconfiado no início das entrevistas, acolheu depois com bastante boa vontade as perguntas de seu interlocutor, e respondia copiosamente. Estava em perfeito gozo das faculdades intelectuais.[271]

Muitos dos pretensos centenários que encontramos em regiões retiradas provavelmente não o são: na falta de certidões de nascimento, podem atribuir-se de boa-fé uma idade fantasiosa. Mas os que realmente ultrapassaram os 100 anos são quase sempre indivíduos excepcionais.

[271] *Esclave à Cuba*, de Miguel Barnet, ed. Gallimard.

# II

## — R.E. BURGER: QUEM CUIDA DAS PESSOAS IDOSAS?[272] —

**Aproximadamente um** americano em dez tem mais de 65 anos, e essa proporção aumenta a cada ano. Dois terços desses americanos sofrem de alguma doença crônica — hipertensão, artrite, diabetes, ou outra... E, no entanto, só existem 30.000 instituições, de naturezas diversas, destinadas a cuidar deles, não permitindo o número de leitos o atendimento a mais do que um em cada 50. Além disso, a maioria das pessoas idosas não preenche as condições exigidas pelas leis *Medicare* e *Medicaid*. A renda média de uma pessoa sozinha de mais de 65 anos é de 1.055 dólares por ano, e 30% — sós ou casados — vivem na pobreza. Para um atendimento mesmo muito limitado, a família precisa, portanto, ter a possibilidade de pagar o equivalente a um salário mensal líquido.

O problema financeiro colocado pelas instituições para velhos é o reflexo de um problema mais fundamental. Qual o lugar das pessoas idosas na América? A maior parte dos americanos considera aceitável a hipótese segundo a qual as pessoas idosas sentem-se muito melhor quando convivem umas com as outras. Parecemos acreditar que suas necessidades médicas são particulares, e que são tratadas com mais eficácia se as grupamos entre elas; que seus interesses e sua sensibilidade são protegidos quando se encontram entre pessoas de sua idade, e que são mais felizes e vivem mais tempo quando estão longe das pressões do mundo, da juventude e da concorrência. Todas essas hipóteses são fundamentalmente errôneas, mas é fácil entender quais as pressões que nos levaram a elas. Não fomos capazes de atacar o problema essencial das pessoas idosas — o da readaptação. Em 1966, um estudo que tinha por objeto 2.000 pacientes amparados pela Previdência Social (*Welfare patients*), nos *nursing homes* de Nova York, concluiu que "uma readaptação satisfatória dos velhos que moravam nos *nursing homes* é praticamente irrealizável, e não é rendosa para a sociedade... O máximo esforço com

---

[272] Artigo publicado na *Saturday Review* de 25 de janeiro de 1969. Robert E. Burger é, com Richard Garvin, o autor de *Onde eles vão para morrer* (*Where they go to die*).

vistas a uma adaptação deveria ser feito mais cedo, e em outros lugares que não esses estabelecimentos". Temos o hábito de considerar esses estabelecimentos não como um lugar de readaptação, mas como o "último recurso" para os velhos "difíceis". O princípio que está na base de toda readaptação (manutenção da atividade do paciente) tornou-se sistematicamente inaplicável pelos métodos de recrutamento e de financiamento desses estabelecimentos. Os velhos que estão presos ao leito recebem indenizações mais elevadas da Previdência Social; necessitam de menos atenção, mas é raro voltarem para suas casas.

A industrialização rápida da América privou também nossos velhos das responsabilidades e das funções que tinham numa sociedade agrária. Tornados improdutivos, eles se sentem logo indesejáveis. E assim se exerce uma dupla pressão que tende a cortá-los da sociedade, já que, por seu lado, os jovens consideram essa tendência como psicologicamente justificada. O pessoal de nível superior se aposenta mais cedo, já que o fato de ter atingido os 50 anos o afasta da corrida pela promoção. O operário compra um título numa aldeia de aposentadoria (a idade máxima, outrora 53 anos, baixou agora para 45) porque seus filhos adultos não têm mais contatos com ele.

Essas pressões psicológicas, que tendem a acentuar o fosso entre jovens e velhos, foram reforçadas de maneira paradoxal por uma corrente vinda de outra fonte. O milagre que tornou a velhice possível para tantos americanos tornou-a também mais decepcionante. A medicina moderna fez com que a duração média de vida do homem americano passasse de 49 anos, em 1900, a quase 70, nos dias de hoje. E, no entanto, aos 65 anos, um homem pode esperar viver ainda 14 anos — contra 13 anos, em 1900. Prolongamos a duração da vida em geral, e formamos, assim, um grupo mais importante de velhos, mas não prolongamos a duração da vida dos velhos. E, o que é pior, nada fizemos para remediar o vazio e a dependência de sua vida. Em vez disso, jogamos sobre seus ombros e sobre os de sua família o fardo dos cuidados médicos de que necessitam. A "solução" americana (*nursing homes*, casas para velhos, casas de repouso, aldeias de aposentadoria) nos coloca o seguinte problema: será realmente melhor para as pessoas idosas serem afastadas da sociedade? Escamoteamos o problema das exigências terríveis da atenção médica exigida pelos velhos, afastando simplesmente os doentes da vista do público.

As últimas inovações no mercado de valores, segundo a jornalista financeira Sylvia Porter, são os negócios que dizem respeito aos *nursing homes*. Antes mesmo que o programa *Medicare* fosse votado e operacionalizado, as firmas como Holiday Inn e os hotéis Sheraton já tinham previsto a instauração de cadeias de *nursing homes*. Pelo menos sete dessas cadeias têm agora acionistas no público e, segundo o *Business Week*, esses negócios estão numa ascensão vertiginosa. Em comparação com esse súbito florescimento, os programas financiados no plano federal são evidentemente muito insuficientes, pois só preveem a construção de casas para as pessoas idosas no quadro do auxílio aos economicamente fracos. Por outro lado, facilidades em matéria de impostos tornaram possível a gestão, por organismos religiosos, de grupos de apartamentos para velhos. Seria de se supor então que, embora isso continue a custar muito caro para as famílias, a atenção que se dá aos velhos começa a estar na medida de seus problemas médicos ou sociais.

Um erro falseia o problema na base, no entanto. O *Medicare* só cobre uma pequena minoria de velhos — aqueles que requerem cuidados pós-hospitalares durante um período de 100 dias, no máximo. Segundo a lei (título 18 do ato de Previdência Social de 1967), são amparados pelo *Medicare* os pacientes que necessitam de certas comodidades para receberem tratamento médico, e que necessitam de cuidados consideráveis, isto é, cuidados que dependem de um hospital, e não atendimento de duração ou de natureza considerável. A ideia do *Medicare* era a de retirar dos hospitais os velhos, quando pudessem ser tratados de maneira adequada num *nursing home* próximo a um hospital, antes de retornar a suas casas. Para cada doente que preencha as condições exigidas, o *Medicare* dá aos *nursing homes* 16 dólares por dia (para quarto, refeições e cuidados médicos). De modo algum isso busca resolver o problema dos velhos que querem retirar-se da sociedade.

As cadeias de *nursing homes*, de que tentam apropriar-se os meios financeiros, floresceram para responder a uma necessidade bem precisa: a de dispensar atendimentos de curta duração, e que dependem de um hospital. O fato de que um tal mercado se tenha aberto para responder às necessidades definidas, entretanto, de maneira restritiva pelo título 18 do ato, permite-nos deduzir qual era o triste estado dos *nursing homes* antes do *Medicare*. Para corresponder às condições impostas pelo *Medicare*, um *nursing home* deve ter um médico e uma enfermeira à sua disposição, em caso de necessidade, durante 24 horas integrais; mas já que o *nursing home* depende por definição de um hospital, isso não coloca nenhum problema. O recrutamento de especialistas de fisioterapia — impostos pelo *Medicare* — não passa, também, de uma questão de dinheiro, pois não há uma verdadeira falta deles. Quanto às "comodidades" de que fala a lei *Medicare*, são os *nursing homes*. Entretanto, tendo a expressão sido utilizada a torto e a direito, pareceu necessária uma nova terminologia. Esses estabelecimentos são oficialmente chamados de "Casas de atendimento com orientação médica".

As "Casas de atendimento com orientação não médica" — o que é uma contradição nos termos — completam o mercado, no que concerne ao atendimento de longa duração, ou aos últimos cuidados que se devem dispensar aos velhos. Esses estabelecimentos — assim como os que são mais corretamente denominados casas de repouso ou casas para velhos — constituem o objeto de um outro artigo do ato de Previdência social, o título 19. Com o nome de *Medicaid* (mas geralmente confundido com o *Medicare*), essa legislação tem um campo de aplicação muito mais vasto, e concerne à harmonização dos programas estabelecidos por cada Estado. Mas o *Medicaid* — não apresenta na verdade nada de novo, no que concerne às pessoas idosas, e em muitos casos não melhora a qualidade do atendimento previsto pelos programas de Previdência Social de cada Estado. As diversas instituições recebem do *Medicaid* as mesmas subvenções que recebiam quando vigoravam os programas anteriores (uma média de 300 dólares por mês e por paciente) com a única diferença de que a contribuição financeira de Washington é mais importante. O *Medicaid* não faz mais que dar certas indicações de base, no que concerne à assistência médica exigida pelos cidadãos de todas as idades, mas que pertencem a certas categorias definidas pela renda. No Estado de Nova York, todos conhecem bem o extenso programa posto em execução pelo governador Rockefeller, no quadro do *Medicaid*, que atinge cerca de uma pessoa em cada dez no Estado. Além de ter permitido ao público tomar consciência do fato de que as quantias exigidas para o atendimento médico do público são astronômicas, o programa *Medicaid* deixou, no início, a expectativa de que se fosse uniformizar e tornar obrigatório um certo nível de qualificação dos médicos e dos estabelecimentos implicados.

Mas o *Medicaid* revelou-se ineficaz para regulamentar os estabelecimentos que, segundo essa lei, recebem subvenções para cuidar das pessoas idosas. São as repartições competentes de cada Estado que determinam os doentes que serão amparados pelo *Welfare* ou M.A.A. (Auxílio médico às pessoas idosas), e os estabelecimentos que as atenderão.

Isso resulta das pressões exercidas pelas associações de *nursing homes*, quando da redação das cláusulas essenciais do *Medicaid*. Há anos que as autoridades responsáveis de cada Estado esbarram no mesmo problema: como impor certas normas aos estabelecimentos para velhos, dado que muitos não possuem as qualidades exigidas, e que uma estrita aplicação da lei estaria sujeita a piorar a situação de seus pacientes? Quando são ameaçados de ter que fechar, porque violam constantemente as regulamentações, os diretores desses estabelecimentos duvidosos não fazem mais que dar de ombros: "O que vamos fazer, então? Jogá-los na rua?"

Dos cerca de 30.000 estabelecimentos que dispensam atendimento de longa duração aos velhos, mais da metade não pretende responder às condições exigidas. Na maior parte dos estados, a lei impõe a presença, durante oito horas por dia, de uma enfermeira diplomada, ou que tenha feito um estágio de qualificação; isso para as casas que atendem doentes M.A.A. Mas o nível das enfermeiras qualificadas não está na medida dos problemas psicológicos ou médicos dos velhos que são ali atendidos. E a falta de enfermeiras diplomadas nos hospitais — embora ali se ofereçam bons salários — permite imaginar o nível do atendimento dispensado pelas enfermeiras nos *nursing homes*. Estas últimas têm um salário médio de 2,40 dólares por hora, se são diplomadas; as enfermeiras não diplomadas têm em média 1,65 dólar, e a média nacional dos salários pagos ao pessoal dos *nursing homes* é inferior a 1,25 dólar. O termo "auxiliar de enfermagem" passou para a linguagem corrente da profissão, e é utilizado pela administração desses *nursing homes* para justificar os baixos salários. Se um serviço encarregado da verificação descobre que um desses estabelecimentos não obedece às regulamentações que lhe impõem a presença efetiva de uma enfermeira profissional, concede-se a ele um "prazo de tolerância", até que regularize a situação.

Alguns desses estabelecimentos tiram proveito desses prazos de tolerância durante mais de um ano. O Serviço de Saúde do Oregon não faz mais que explicitar um problema muito comum, quando declara que "é enganar o público chamar esses estabelecimentos para velhos de 'casas de atendimento médico', quando nenhum atendimento pode ali ser dispensado".

Por seu lado, os estados são cúmplices desse engodo, quando se recusam a reorganizar seus serviços competentes nesse campo. E os 300 dólares que cada estado paga por cada paciente amparado não fazem mais que subvencionar estabelecimentos que ficam aquém do nível exigido, além de favorecerem a multiplicação destes.

Na outra extremidade da profissão médica situa-se uma outra prática escandalosa e igualmente nociva. É que médicos são os fundadores ou os responsáveis por *nursing homes* para os quais enviam seus clientes, sem esclarecê-los sobre o tipo de participação que têm neles. Há vários anos, a União dos Consumidores denunciou essa prática como "um escândalo vergonhoso, que deve rapidamente atrair a atenção da Associação Médica Americana (AMA)". Mas essa Associação defende muitas vezes interesses aparentados aos da Associação dos *nursing homes.* Longe de ser levado em consideração, esse problema foi abertamente repelido pelos novos promotores de *nursing homes.* O Centro de atendimento *Four Seasons*, sociedade anônima, é um desses inúmeros negócios que financiam seus estabelecimentos vendendo títulos aos médicos. O *Four Seasons* admite o fato de que 50% de seus leitos são ocupados por clientes enviados pelos médicos acionistas.

Há uma ameaça ainda mais perigosa do que esse conflito de interesse; é a pressão, tanto moral quanto financeira, exercida pelo corpo médico, que faz com que os *nursing homes* sejam considerados como a solução para o problema das pessoas idosas. A readaptação à vida normal não parece ser o campo em que se fariam investimentos rentáveis.

Pode-se retrucar que pelo menos esses novos estabelecimentos, dirigidos por médicos, estão elevando o nível escandalosamente baixo que essa indústria conheceu nos últimos 30 anos. Mas para cada estabelecimento novo, que oferece quartos individuais, salão de beleza, hora de coquetéis e fisioterapia, subsistem dezenas que fazem todas as economias possíveis para tirar um certo proveito da subvenção de 300 dólares mensais concedida pelo Estado.

Segundo a Associação Nacional de Prevenção contra o Fogo, o lugar mais propenso ao incêndio que se pode encontrar na América é um *nursing home.* Os incêndios são particularmente amedrontadores nesses estabelecimentos porque suas vítimas não têm, ali, qualquer defesa. Essa Associação declara que o número de vítimas desses incêndios poderia ser consideravelmente reduzido ou suprimido, se um sistema de extintores fosse exigido em toda parte. Entretanto, num bom número de estados, um tal regulamento foi sistematicamente combatido pelas associações de *nursing homes*, com o argumento de que essa despesa suplementar causaria o fechamento de um grande número de casas. Durante o incêndio mais terrível da história de Ohio, 63 velhos pereceram carbonizados num edifício moderno de concreto — e, no entanto, a Associação desse estado opôs-se com sucesso a um regulamento relativo aos extintores, o que poderia talvez ter tornado tais incêndios impossíveis.

Outro escândalo é a maneira pela qual a própria saúde dos velhos é ameaçada. Segundo os gerontologistas, um dos tratamentos mais perigosos para os velhos não psicóticos é a inatividade forçada. Em função do sistema de auxílios *Medicaid* (assim como de outras indenizações *Welfare*, que existiam antes do *Medicaid*), os doentes são mantidos no leito com mais frequência do que é necessário, para justificar um suplemento de 3 a 5 dólares. É também mais fácil cuidar deles quando estão acamados; o risco de quedas que custariam caro aos seguros é, assim, afastado; e são também hóspedes mais assíduos! Mas o fato de ficar preso ao leito é apenas o primeiro dentre os perigos que se faz correr a saúde do velho. Nos estabelecimentos de tipo comum, em virtude da falta de pessoal, não se vira com suficiente frequência o doente no leito para evitar as temíveis úlceras de decúbito (escaras), que são feridas abertas tão dolorosas quanto difíceis de curar. É comum também administrar medicamentos sem discernimento, seja para acabar com os doentes, seja por medida de economia, e isso leva a problemas médicos insolúveis — pelo menos para um pessoal não qualificado. O público não tem consciência do mal que fazemos aos velhos quando os privamos dessas pequenas satisfações e das atividades de que é feita a vida, e que, com muita frequência, dão um objetivo à existência. A comida, por exemplo, é um problema constante nos estabelecimentos de categoria inferior. Mesmo nos estados onde encontramos os melhores *nursing homes*, a alimentação cotidiana de cada paciente custa em média 94 *cents* por dia — e é a quantia que os próprios estabelecimentos declaram para ter direito ao máximo de subvenções por parte do Estado. Os velhos não têm a impressão de ter um objetivo na vida, nem de algum dia realizar o que quer que seja, e esse vazio é explorado por certos membros pouco escrupulosos, para jogar com sua autoridade, para defender-se quando outros abusos se evidenciam, ou para ter a sensação da própria importância. Faz-se pouco caso da vida privada dos pacientes, e aí está uma das queixas ouvidas com maior frequência pelos visitantes. Acontece muitas vezes de os diretores conduzirem visitas de grupos de eventuais clientes, sem ter jamais a mínima palavra de desculpa ou de explicação para os pensionistas pasmos ao se verem assim expostos.

O mais grave abuso talvez seja a falta de respeito pela pessoa do paciente. Esta ocorre, por vezes, intencionalmente. O contrato "atendimento vitalício" (*lifecare*), bem conhecido de todos, não passa de uma simples apólice de seguro, paga globalmente e adiantado, pelo paciente ou por sua família, e que garante ao idoso um leito enquanto viver. Mas tanto faz continuar vivo ou morrer, o dinheiro ficará nas mãos daqueles para quem o falecimento prematuro do paciente só será lucro. Ora, tirando do paciente seu desejo de viver — com grosserias, tormentos e afrontas cotidianas —, um *nursing home* pode muito bem matar um velho. Mesmo que os contratos *lifecare* não passem de uma espécie de aposta razoável feita pelas duas partes, o ressentimento experimentado por um velho que se sente demais não pode deixar de ter seus efeitos.

A despeito de inúmeros artigos nos jornais, a despeito dos testemunhos volumosos por ocasião de certas sessões no Congresso, e de relatos intermináveis feitos pelas enfermeiras, pelos pacientes e por suas famílias, a atitude oficialmente adotada pela indústria dos *nursing homes* é, em primeiro lugar, a de negar que haja um problema, e em segundo, a de considerar qualquer documento que ponha esses abusos em evidência como uma embrulhada administrativa. Quando o procurador geral da Califórnia mandou publicar um relatório acusando médicos, farmacêuticos, hospitais e *nursing homes* de um estelionato de 8 milhões de dólares contra o *Medical*, os porta-vozes desses grupos declararam que a acusação não era fundada. "Só uma pequena minoria de pessoas" parece sempre ser culpada. E, no entanto, o Estado, que paga uma média de 140.000 dólares por ano a cada *nursing home* subvencionado pelo *Medical*, assegura que a maioria desses estabelecimentos entregam-se a práticas desonestas (falsas faturas, contas adulteradas etc.).

O Departamento da Saúde, Educação e Previdência Social (H.E.W.) prometeu rever as leis *Medicare* e *Medicaid*, depois do escândalo da Califórnia. Essa revisão poderia muito bem ser a oportunidade de um estudo que tivesse por objeto os problemas sociais e médicos colocados pelos nossos estabelecimentos para velhos — e não apenas uma pesquisa sobre os procedimentos duvidosos em matéria de contas.

Tem-se, portanto, a esperança de que legisladores e organismos federais examinem as soluções que, com toda a certeza, poderiam substituir essas instituições que cuidam das pessoas idosas. Numa área semelhante, a dos deficientes mentais, a "desinstitucionalização" já começou. Na Inglaterra, três quartos da aldeia de Botton compõem-se de adultos mentalmente deficientes, que têm, assim, o grau de isolamento exigido por sua doença, mas que, ainda assim, escapam à atmosfera do hospital e ao aprisionamento psicológico da instituição. Durante recentes conferências nos Estados Unidos, especialistas no assunto reivindicaram que se pusesse um fim aos "prêmios" que o Estado concede às instituições especializadas para qualquer doente, o que prejudica a busca de qualquer outra forma de atendimento.

No que concerne às soluções alternativas, pode-se visualizar duas linhas de ação: que a ênfase seja colocada muito mais na readaptação, e que se tratem os velhos como pessoas, não como doentes. Para que isso tenha um amplo sucesso, seria preciso que a readaptação (social, psicológica e física) aparecesse como tão rentável quanto os "últimos cuidados". O *Medicare*, que se limita ao atendimento médico importante e de curta duração, é um primeiro passo nesse sentido. Infelizmente, porém, esse espírito novo foi afogado no meio das condições mais vagas colocadas pelo *Medicaid*.

É possível que o meio mais simples de encorajar a readaptação seja pagar os auxílios *Medicare* ou *Medicaid* diretamente às pessoas implicadas, em vez de subvencionar as instituições que as atendem. Poderiam ser pagos auxílios às famílias, para tratamentos médicos precisos, sob supervisão médica, e igualmente para que certos cuidados sejam dispensados aos velhos em domicílio, quando estes não têm parentes adultos perto de si. Se esse método parece menos eficaz do que o atendimento de massa dispensado numa instituição, considere-se o sucesso da *Homemakers*. Esta sociedade anônima com fim lucrativo está agora estabelecida em cerca de 15 grandes cidades, e dispensa tanto atendimento quanto uma ajuda em domicílio, a preços bem inferiores aos dos *nursing homes* ou das casas de aposentadoria. Serviços semelhantes são prestados em alguns distritos urbanos por grupos filantrópicos.

O fato essencial é que o *Medicare* não dá atendimento em domicílio a não ser em caso de urgência, e que o *Medicaid* limita esse atendimento a quatro horas por dia. Um número demasiado grande de velhos, necessitando desesperadamente de alguma ajuda ou alguma atenção, cai na armadilha dos regulamentos de cada estado ou dos regulamentos federais, pela simples razão de que esses regulamentos são estabelecidos segundo as necessidades rígidas dos diversos estabelecimentos, e não correspondem à variedade das necessidades individuais. No momento, os serviços dos HEW estão estudando uma forma "intermediária" com relação ao *Medicare*, que levaria em consideração necessidades médicas menos limitadas do que as das convalescenças pós-hospitalares. Como nos engajamos tanto na via dos estabelecimentos para velhos, essa perspectiva nos dá ao menos um pouco de esperança.

As emendas feitas ao *Medicaid*, e que devem ser aplicadas em 1969, mostram que o Congresso não deixou de reconhecer os defeitos do sistema atual. Embora a aplicação dessas emendas seja sempre da competência dos diferentes estados, está previsto que os serviços prestados não se limitarão mais ao atendimento dispensado pelos estabelecimentos para velhos e que, por outro lado, um nível mais elevado de qualificação será exigido desses estabelecimentos — os proprietários dos *nursing homes* deverão ser conhecidos pelo público, as despesas farmacêuticas deverão ser verificadas e o nível do atendimento dado será comparável ao do *Medicare*. Os regulamentos que dizem respeito à segurança em caso de incêndio deverão ser aplicados em todos os estabelecimentos que dependem do *Medicaid*, antes de 31 de dezembro de 1969.

Uma estreita aplicação das cláusulas do *Medicaid* no nível de cada estado seria necessária para que desaparecesse a ameaça que constituem os estabelecimentos subequipados. As associações de *nursing homes* devem compreender que a aplicação da lei — bem como a ampla divulgação de documentos, tais como o relatório do promotor-geral da Califórnia — só pode ajudá-las, e não prejudicá-las. Numa sociedade baseada na concorrência e no lucro, as necessidades de bons *nursing homes* não estão perto de desaparecer. E ao mesmo tempo, 20 milhões de velhos americanos têm necessidade de ser atendidos com justiça, humanidade e respeito; e essa necessidade fundamental não pode permanecer insatisfeita.

Charles Boucher, chefe dos serviços médicos no ministério britânico da Saúde, declara: "Nossa filosofia é que as pessoas idosas querem permanecer em suas casas, em meio a suas posses e suas lembranças. Seja numa casa confortável ou desconfortável, grande ou pequena, isso não tem importância. Consideramos que é ali que eles devem ficar... é ali que se sentem seguros e amparados. É tentador acreditar que é uma questão de instituições especializadas, mas penso que esta solução seria um pouco como condenar os velhos carros ao ferro-velho."

Copyright *Saturday Review, Inc.*, 1969. (Tradução para o francês de Françoise Olivier.)

# III

## — A CONDIÇÃO DOS VELHOS TRABALHADORES NOS PAÍSES SOCIALISTAS —

**Enquanto o empregado paga** uma contribuição (menor que a do empregador) na França, na Grécia, na Itália, em Portugal, na Turquia, e duas vezes mais elevada na Islândia — na URSS e nas democracias populares a Previdência Social é financiada inteiramente por organismos públicos e sociais, salvo na Hungria, onde é exigida uma contribuição aos trabalhadores. Sendo a economia desses países planificada, sua política da velhice integra-se no conjunto do plano, e não é contrariada pelo jogo dos interesses particulares. O destino das pessoas idosas deveria ser ali preparado de maneira melhor do que nos países capitalistas. Infelizmente, não parece que seja sempre assim.

As fontes das minhas informações são diversas. São, por vezes, relatórios oficiais. Outras vezes, informações fornecidas por particulares. Tanto num caso como no outro, é difícil apreciar o valor exato dessas informações. Transmito-as com todas as reservas, a título de indicações.

Na URSS, segundo fontes oficiais, eis como a situação se apresenta: contam-se 20 milhões de pessoas com mais de 60 anos; mais ou menos 10% da população. O direito à Previdência Social, inscrito na Constituição em 1936, tinha sido reconhecido desde a instauração do regime soviético. Sua aplicação estendeu-se e se precisou progressivamente. Até 1964, os camponeses dos colcoses não se beneficiavam da Previdência: amparavam-se por meio de caixas de seguro mútuo. Em 1964, uma legislação social particular foi instaurada para eles. Membros de cooperativas, artistas, pessoas do lar beneficiam-se também de um regime especial. Todos os assalariados beneficiam-se do regime geral. A pensão é concedida aos homens aos 60 anos, se têm 25 anos de atividade assalariada, e às mulheres aos 55 anos, com 20 anos de atividade assalariada; no que toca aos trabalhos penosos, a aposentadoria é fixada para os homens aos 50 anos, com 20 anos de atividade assalariada, e para as mulheres aos 45 anos, com 15 anos de atividade assalariada. São previstos aumentos por ultrapassagem de ao menos 10 anos do número de anos de trabalho exigido. O orçamento de Estado das pensões, que era de 2,9 bilhões de rublos em 1955, foi aumentado por uma lei, em 1956; em 1965, era de 10,5 bilhões de rublos.

Quanto mais baixo é o salário, mais elevado é o coeficiente que lhe é aplicado para calcular a pensão: até um salário mensal de 35 rublos, o pensionista recebe 100%; acima de 100 rublos, ele só recebe a metade. A pensão máxima é fixada em 120 rublos. Os pensionistas têm o direito de trabalhar até atingir um salário mensal de 100 rublos; seu trabalho é controlado por comissões de Previdência Social: cerca de 2% de aposentados trabalham (inclusive os trabalhadores dos colcoses).

É tradição, mesmo nas cidades, os velhos pais morarem com seus filhos. Encoraja-se essa solução em todos os países socialistas, por causa da crise de habitação. Nesses países, as mulheres trabalham numa enorme proporção. São aposentadas mais cedo do que os homens, para que as avós pensionistas substituam a mãe em casa. Falei dos inconvenientes dessa fórmula. Uma avó que assume as tarefas da mãe tira delas pouca gratificação; não passa de uma suplente com autoridade duvidosa. As crianças podem ser-lhe tiradas, como por exemplo, se o jovem casal vai fixar-se num lugar distante, aonde ela não poderá segui-lo. Mas pelo menos os velhos não acabam os dias na solidão.

Por outro lado, na URSS, eles podem também viver sozinhos; moram em habitações clássicas, e em "Lares". Nesses últimos anos, um número importante de pessoas idosas foram alojadas em imóveis especiais, onde ocupam os andares inferiores. Existe um grande número de casas de aposentadoria, situadas em geral nas zonas suburbanas. Na maioria, o conforto é modesto, mas se propõem aos pensionistas inúmeras atividades culturais e distrações. Eles são muito menos abandonados pelas famílias e pela sociedade do que entre nós.

Sendo a integração do cidadão à vida política e social muito mais estreita, a pessoa idosa não se sente excluída da comunidade — conserva atividades, quer no seio do Partido, quer em seu bairro, em sua casa etc.

O nível de vida, no conjunto do país, é mais baixo do que na França. Mas o salário do aposentado está muito menos distante daquele que recebia antes, do que entre nós; ele tem uma vida muito mais decente do que os nossos economicamente fracos.

Este quadro é, talvez, um tanto otimista demais. É preciso não esquecer que, na URSS — e na maioria dos países socialistas —, o salário oficial não representa mais que cerca de 60% dos recursos reais dos trabalhadores. É sobre essa soma que sua pensão é calculada. Para conhecer a verdadeira condição dos aposentados, seria preciso saber se o "trabalho clandestino" e os "arranjos" que permitem equilibrar o orçamento permanecem possíveis para as pessoas idosas. Caso contrário, seu nível de vida sofre uma queda considerável.

Recebi da Hungria o seguinte relatório.

Como em todos os outros lugares do mundo, a velhice é acompanhada, na Hungria, de problemas que dizem respeito, ao mesmo tempo, a cada um dos indivíduos implicados e ao conjunto da sociedade. O leque dos problemas da velhice compõe-se, por um lado, de elementos gerais inerentes aos danos da idade, e, por outro lado, de elementos que dependem especificamente da forma da sociedade. Esta última categoria de elementos é, por conseguinte, variável, de acordo com os países. Os traços específicos da Hungria desenham o quadro que se segue.

Ao longo dos últimos 25 anos, o traçado demográfico atesta um envelhecimento da população. Este decorre da conjunção da progressão demográfica com o prolongamento da longevidade média.

Sabe-se que, depois da onda de natalidade do início dos anos 50, a década seguinte foi marcada por um nítido refluxo; enquanto em 1954 o recorde em termos de natalidade atingira 23%, em 1962 baixara até 12,9%. E, embora ao longo dos últimos três anos, essa tendência descendente tivesse sido substituída por uma curva ascendente — para atingir, em 1968, a proporção de 15% —, o longo processo anterior havia, de qualquer modo, causado um relativo envelhecimento da população.

Simultaneamente, também na sua acepção absoluta, a população da Hungria envelheceu, devendo-se esse fenômeno ao conjunto das medidas sociais, econômicas, sanitárias e culturais intervindas ao longo dos últimos 25 anos, e que tiveram como resultado prolongar a duração média da vida. Com efeito, em 1941, a longevidade previsível no nascimento era, na Hungria, 54,9 anos para os homens, e 58,2 anos para as mulheres; atualmente, essas mesmas previsões são de 67 anos para os homens e 71,8 anos para as mulheres. Assim, desde o fim da Segunda Guerra Mundial, o número e a proporção de pessoas idosas, com 60 anos ou mais, aumentaram consideravelmente. Em 1941, contavam-se nesse país 997.400 pessoas de mais de 60 anos, ou seja, 10,7% da população; em 1949, essas cifras passaram a 1.073.000 e 11,6%; em

1960, subiram para 1.372.700 e 13,8%; em 1968, as cifras mais recentes atestam 1.685.000 pessoas de mais de 60 anos, representando 16,4% da população.

Em vista desse processo de envelhecimento da população húngara, o grupo de pesquisas demográficas do Serviço Central de Estatísticas prevê que em 1975 a porcentagem de pessoas idosas com 60 anos ou mais será de 18,5%. E mesmo que a taxa de nascimentos tivesse novamente uma ascensão vertiginosa, esse processo de envelhecimento nem por isso deixaria de continuar, pois, de geração em geração, a longevidade média provavelmente não deixará de se prolongar ainda. Assim, nos nossos dias, a média das chances de longevidade dos homens e das mulheres de idade avançada apresenta-se da seguinte maneira:

| Idade presente (anos) | Chances dos homens (anos) | Chances das mulheres (anos) |
|---|---|---|
| 60 | +15,88 | +18,33 |
| 70 | +9,75 | +10,99 |
| 80 | +5,27 | +5,76 |

Na Hungria também, os três principais problemas dos velhos residem nos meios de vida, na doença e na solidão. O Estado socialista contribui significativamente para a atenuação desses problemas — por um lado, através do sistema dos auxílios sociais e, por outro lado, por intermédio do conjunto de sua política social. A esse respeito, convém notar a importância das mudanças e progressos que ocorreram com relação à situação de 25 anos atrás. De maneira mais geral, a modificação dos princípios foi radical. Assim, ao passo que antes, pelas diferenças quantitativas e qualitativas de seus auxílios segundo as diversas categorias de trabalhadores, os antigos serviços de seguros sociais procediam a discriminações, a nova legislação, sendo elaborada à medida que se instaurava o socialismo, criou uma Previdência Social homogênea. Na prática, essas mudanças e progressos exprimiram-se no fato de que, por um lado, o número de beneficiários dos auxílios sociais não parou de aumentar, acabando por englobar também os camponeses que, antes da Liberação de 1945, eram excluídos de vez do benefício de qualquer previdência social; por outro lado, à medida que o Estado se consolidava economicamente, a importância dos auxílios teve um aumento contínuo e notável. Nos nossos dias, 97% da população húngara — portanto praticamente seu conjunto — beneficia-se da Previdência Social. Entretanto, essa cifra estatística de 97% demanda explicações, a partir de dois pontos de vista. Em primeiro lugar, do ponto de vista da evolução; com efeito, de 31% em 1938, a 47% em 1950, depois 85% em 1960, a proporção dos beneficiários não parou de aumentar. Em segundo lugar, do ponto de vista dos 3% ausentes da cifra estatística dos beneficiários; trata-se aqui sobretudo de velhos que haviam exercido outrora profissões liberais, e que, portanto, não se haviam preocupado em garantir aposentadorias para si; embora hoje também não sejam pensionistas, em caso de doença, e, se necessitarem, usufruem, entretanto, de certos auxílios sociais, atendimento gratuito, gratuidade dos medicamentos e da hospitalização. Assim, na Hungria, a velhice inscreve-se na perspectiva da assistência da sociedade socialista.

Quanto aos meios de vida, são assegurados para a grande maioria (três quartos) dos velhos, pela lei dita homogênea das pensões e aposentadorias. Um pouco menos de um quarto dos velhos que não se beneficiam desses pagamentos, porque não garantiram o direito a eles, obtêm, no entanto, do Estado auxílios regulares, salvo se a boa situação material de suas famílias é tal que possa permitir mantê-los. A propósito dessa categoria de velhos, note-se ainda que o número dos beneficiários regulares dos auxílios do Estado eleva-se a 150.000, e que mesmo aqueles que estão sob o encargo de suas famílias usufruem dos diversos auxílios médicos e hospitalares da Previdência Social.

Se a lei das pensões e aposentadorias é dita "homogênea", é porque ela garante direitos iguais e idênticos a todos os trabalhadores. Com efeito, antes da Liberação, o regime das aposentadorias era concebido de tal maneira que procedia a discriminações segundo as classes e camadas sociais, concedendo privilégios a uma ou outra dentre elas, o que não deixava de causar descontentamentos. A primeira lei homogênea das pensões e aposentadorias da Hungria socialista data de 1º de janeiro de 1952; a segunda (que ampliava a primeira) foi promulgada em 1º de outubro de 1954; quanto à terceira, atualmente em vigor, que modificou várias vezes as precedentes e estendeu suas vantagens, existe desde 1º de janeiro de 1959.

Os traços essenciais desse sistema de pensões e de aposentadorias são os seguintes: ele interessa tanto aos operários quanto aos funcionários públicos, aos trabalhadores intelectuais, aos membros das cooperativas agrícolas e artesanais e aos artesãos privados, portanto a todas as camadas da sociedade; estende seu benefício igualmente aos membros das famílias dos segurados e aos que têm direito a auxílio, cobre a velhice e a invalidez; diz respeito mais especialmente aos velhos, mas, em caso de falecimento de alguém que tenha direito à aposentadoria, ele garante os pagamentos à viúva, aos pais ou aos avós que estivessem antes sob o encargo do falecido.

Atualmente, a idade da aposentadoria para os assalariados está fixada em 55 anos para as mulheres, e 60 anos para os homens; na agricultura cooperativa, essa idade é fixada aos 60 anos para as mulheres e 65 para os homens; quanto àqueles que trabalharam durante 25 anos, no caso dos homens, e 20 anos, no caso das mulheres, em empregos nocivos à saúde, a idade da pensão da velhice avançou em cinco anos. A lei das pensões e das aposentadorias procede, aliás, a uma enumeração detalhada desses trabalhos insalubres; ela define as diferenças entre suas categorias, concedendo, por exemplo, uma vantagem particular àqueles que trabalharam durante 15 anos em lugares onde a pressão atmosférica ultrapassava a unidade.

O montante da aposentadoria é determinado pelo número de anos de serviço e pela média dos salários percebidos. Para obter uma aposentadoria integral, era preciso ter trabalhado, em 1969, durante 24 anos; a partir de 1970, esse tempo de serviço deverá ser de 25 anos; quanto àqueles que podem provar pelo menos dez anos de trabalho (portanto, um tempo inferior para a obtenção da aposentadoria integral), percebem uma aposentadoria parcial. O cálculo do montante das aposentadorias integrais ou parciais baseia-se em dois elementos constitutivos: a aposentadoria de base e a aposentadoria complementar; a aposentadoria de base é dada por 50% da média dos salários percebidos, sendo dado o complemento (que se aplica também às aposentadorias parciais) pelos anos de serviço completados desde 1º de janeiro de 1929, equivalendo cada um destes a 1% da aposentadoria de base.

A amplitude que ganhou, ao longo da última década, o sistema húngaro de pensões e aposentadorias, pode ser utilmente ilustrada pelo quadro (apresentado abaixo) do crescimento do número dos beneficiários e dos encargos orçamentários crescentes assumidos pelo Estado.

Embora o regime húngaro de pensões e aposentadorias figure entre os mais evoluídos do mundo, sabe-se que ele apresenta problemas que esperam uma solução. Assim, por exemplo, existem notáveis diferenças entre os montantes de aposentadorias estabelecidos no passado, e os mais recentemente estabelecidos, e isto apesar de as antigas aposentadorias terem sido aumentadas muitas vezes. Do mesmo modo, aparecem diferenças entre as aposentadorias calculadas segundo o mesmo sistema, mas em épocas diferentes; com efeito, em virtude do aumento regular dos salários nominais, as aposentadorias calculadas agora são de montante superior às calculadas anteriormente.

| Anos | Número de pensionistas aposentados (em milhares) | Incidências orçamentárias (em milhões de forintes) |
|---|---|---|
| 1959 | 623 | 3.722 |
| 1960 | 636 | 4.427 |
| 1961 | 796 | 5.080 |
| 1962 | 912 | 5.737 |
| 1963 | 983 | 6.421 |
| 1964 | 1.046 | 6.992 |
| 1965 | 1.101 | 7.712 |
| 1966 | 1.156 | 8.711 |
| 1967 | 1.213 | 9.514 |
| 1968 | 1.269 | 10.339 |
| 1969 | 1.319 | - |

Com esses problemas e com vários outros ainda, as autoridades preocupam-se. Assim, recentemente, durante conversações entre o governo e o Conselho Central dos Sindicatos, foi colocado que a ascensão dos preços em 1969 e nos anos precedentes reduziu o valor real das aposentadorias — embora numa medida ainda modesta; o secretário-geral do Conselho Central dos Sindicatos pediu, então, ao governo, para tomar as medidas necessárias à salvaguarda do poder aquisitivo dos aposentados. As novas leis, as medidas das autoridades e, mais recentemente, as iniciativas tomadas pelas empresas levam muito em consideração os interesses e as necessidades dos velhos. Assim, a lei recentemente promulgada, que diz respeito ao funcionamento das cooperativas agrícolas, estipula que ninguém pode ser excluído do número de membros de uma cooperativa por motivo de velhice ou de incapacidade de trabalho; além disso, independentemente do trabalho devido, em princípio, à cooperativa, os velhos e os inválidos não podem ser privados do gozo das terras de seus domínios domésticos.

Recentemente, o ministro da Saúde Pública promulgou decretos que trazem um aumento dos auxílios sociais regulares, e ordenam um aumento dos auxílios materiais aos inválidos de guerra. Os velhos operários (do mesmo modo, aliás, que os docentes, por exemplo) podem continuar a trabalhar, mesmo depois de se aposentarem, em seus antigos locais de trabalho, ou então em centros sociais de emprego criados pelos conselhos locais; dedicado a tarefas fáceis, seu tempo de trabalho é evidentemente reduzido, e essas atividades lhes permitem ganhar em geral 500 forintes por mês — e, em certos empregos, 800 — que vêm completar o baixo montante de suas pensões. Em Debrecen (Hungria oriental), a Indústria Medicor (que tem no mundo inteiro instalações médicas e cirúrgicas apreciadíssimas) pagou, neste ano, participação nos lucros, mesmo a seus velhos trabalhadores atualmente aposentados. No município de Kocs (Hungria ocidental), a cooperativa agrícola de produção cultiva à máquina, gratuitamente, as terras domésticas dos velhos membros, e assegura, também gratuitamente, o transporte em domicílio das colheitas.

O outro grande problema da velhice é a doença; a prevenção e o atendimento aos doentes são assegurados pela organização húngara da Saúde Pública, cujo corpo médico é de um valor científico conhecido mesmo no estrangeiro. Na Hungria, todos podem usufruir dos auxílios médicos da Previdência Social, quer por ter direito ao auxílio, quer como membro da família de um segurado, e, na falta de uma dessas qualificações, em caso de velhice necessitada; esses auxílios englobam o atendimento médico gratuito, a hospitalização e as intervenções cirúrgicas, sendo os medicamentos fornecidos mediante uma ínfima participação material do doente, assim como os curativos, as águas medicinais, as próteses dentárias, as cadeiras de rodas e os aparelhos auditivos. Embora as estatísticas não detalhem os auxílios médicos por categoria de idades, podemos deduzir delas que as necessidades dos velhos são homogeneamente satisfeitas.

Atualmente — e mais exatamente segundo os dados do fim do ano de 1969 —, na Hungria, contam-se 21.865 médicos, portanto 21,3 para cada 10.000 habitantes; o número de distritos médicos é 3.549, ficando, assim, 1.895 habitantes sob os cuidados de um médico de distrito que assegura as consultas não especializadas. O número de leitos de hospital, de sanatórios e de estabelecimentos hidroterapêuticos eleva-se a 82.465, ou seja, 80,3 para cada 10.000 habitantes; para cada 100 leitos de hospital, contam-se cerca de 10 médicos, 36 enfermeiras e outros auxiliares hospitalares. Convém, também, mencionar, particularmente em relação aos velhos, que, desde 1952, a prevenção do câncer foi organizada em todo o país; graças à rede que foi assim criada em 1968, 60 estações de cancerologia procederam a 510.000 exames preventivos. Simultaneamente, a parte dos velhos foi considerável no consumo farmacêutico que, em 1968, elevou-se a um valor de 3.488 milhões de forintes.

Neste capítulo dos cuidados médicos, convém enfim mencionar os que remetem à gerontologia; não se poderia, efetivamente, esquecer os trabalhos desses geriatras que, no espaço de pouco tempo, obtiveram notáveis resultados em suas pesquisas sobre a condição da velhice, sobre os males que a afetam, e particularmente sobre os meios de remediá-los. O grupo de jovens médicos especialistas dessa disciplina atua sob a égide da Comissão de Gerontologia da Academia Húngara de Ciências; suas atividades são previstas sob o título de "Os Fundamentos Biológicos do Envelhecimento e suas Incidências Sociais", no plano nacional de pesquisas a longo termo. Recentemente, um Instituto de Pesquisas Gerontológicas começou a funcionar em Budapeste. Com o nome de Gerovit, um medicamento de fabricação húngara — estimulador do metabolismo basal, acelerador da circulação sanguínea e rico em vitaminas — já é apreciado em muitos países estrangeiros.

Quanto ao terceiro problema, o da solidão dos velhos, é ilustrado pelos dados estatísticos que se seguem. Um pouco mais de três quartos dos velhos vivem no meio familiar; 33,9% dentre eles são apenas o casal; 7,9% vivem com o cônjuge e seu (ou seus) filho(s); 5,5% com o cônjuge e o (ou os) filho(s) destes últimos; 7,5% apenas com o filho; 11,8% apenas com o filho e a família deste último; 1% com o neto (ou neta); 6% com outros parentes; 2% com outras pessoas conhecidas. Entretanto, uma em cada quatro das pessoas idosas com mais de 60 anos vive sozinha, e praticamente não pode contar com o auxílio de uma família. A maioria desses solitários está nessa situação porque nunca teve filhos, e os outros (a minoria) por causa da ingratidão ou do egoísmo de seus filhos. Alguns dos aposentados são condenados à solidão porque seus filhos emigraram para o estrangeiro. Pode-se, portanto, estimar em cerca de 400.000 o número dos velhos que ficaram absolutamente sós, tendo a sociedade, assim, o dever de atenuar sua solidão.

A sociedade esforça-se efetivamente para remediar essa situação. Presentemente existem no país — sob a gestão do Estado, de conselhos locais ou da Igreja — 242 casas de aposentadoria que abrigam 25.520 velhos. Os pensionistas só participam em um terço das despesas efetivas de moradia, comida e outras. As autoridades preveem, no entanto, um aumento dessa participação nas despesas, apenas, bem entendido, nos casos dos velhos relativamente abastados. Com efeito, enquanto no passado o abrigo em casas de aposentadoria era motivado sobretudo por recursos insuficientes, atualmente as principais causas disso residem antes na solidão e na impossibilidade em que muitos velhos se veem de poder cuidar eles mesmos de suas casas.

A maior parte desses estabelecimentos está à altura de sua missão, pela qualidade da moradia, da comida e do atendimento que oferece; a título de exemplos podemos citar a Casa dos Velhos de Szeged (cidade da Hungria meridional); em Budapeste, o Lar dos Veteranos do Movimento Operário e a Casa de Aposentadoria dos Velhos Atores, em Leanyfalu (localidade balneária às margens do Danúbio), o Lar da Igreja Reformada. Em todos eles, encontramos uma biblioteca, televisão, rádio, uma sala de estar e uma sala de jogos. Isso não impede, entretanto, que o número de lugares nessas casas seja ainda insuficiente para atender a todas as demandas; atualmente, cerca de 6.000 velhos esperam uma possibilidade de se mudar para um desses estabelecimentos.

O que se chama de "contratos vitalícios" destina-se igualmente a atenuar um pouco os problemas da solidão e dos meios de vida. Em geral, trata-se de velhos que, dispondo de uma grande moradia, firmam um contrato desse tipo com jovens casais que são atingidos pela crise da habitação. Nos termos desses contratos, os jovens comprometem-se a zelar pela manutenção do (ou dos) detentor(es) da habitação, obtendo em troca o direito a dispor de uma parte dessa moradia, e a garantia de poder instalar-se ali definitivamente após o falecimento do (ou dos) locatário(s) titular(es). Para assegurar a proteção dos interesses dos velhos e impedir os abusos, o governo húngaro deu recentemente poder aos conselhos locais para controlar as situações de fato antes da assinatura de um contrato e para zelar, depois, para que este seja escrupulosamente respeitado.

Entretanto, mesmo num país socialista, resolver o problema da solidão dos velhos não é coisa simples. Há, na verdade, velhos que vivem sozinhos por livre e espontânea vontade, por razões sentimentais ou materiais. Após um casamento que só deixa boas lembranças, há muitos que não conseguem acostumar-se à ideia de uma nova união, e, por outro lado, muitas vezes são apegados à sua moradia e à sua situação material favorável. Assim, 40% dos aposentados húngaros vivem na província, em suas próprias casas, e se constatou que, em 68,9% dessas casas, os coeficientes de habitação são melhores do que no país em geral; essas vantagens os fazem preferir antes a solidão.

Assim sendo, o Estado e a sociedade esforçam-se por trazer seu apoio aos velhos. Em inúmeros lugares, as organizações locais da Frente Popular Patriótica, ou do Conselho Nacional das Mulheres Húngaras montaram lares e clubes onde os velhos podem passar seus dias; funcionam atualmente 250 deles, nos quais 7.000 velhos e velhas usufruem dos auxílios gratuitos que lhes são ali oferecidos. Atualmente está-se criando, também, uma rede de assistentes sociais que visitam regularmente os velhos em suas casas para dispensar-lhes atendimento. Acrescentemos, enfim, que os velhos se beneficiam de assinaturas gratuitas em cinemas e estádios, para assistir aos espetáculos de sua escolha, e que têm direito a passes gratuitos nos bondes e nos ônibus das cidades do interior, e em Budapeste.

Na Romênia, não existia, antes da última guerra, nenhum sistema de Previdência Social. Sobre aquele que se estabeleceu depois da guerra, recebi, de um médico de Bucareste, a nota que se segue, e que comunico a meus leitores com todas as reservas.

O problema deve ser considerado sob dois aspectos diametralmente opostos: 1º, os pensionistas ditos "sociais", isto é, as pessoas que não têm efetivamente direito à pensão, pelo fato de que não trabalharam numa instituição do Estado durante o número de anos exigido; 2º, os pensionistas do Estado.

*Primeira categoria*:

a) As possibilidades materiais de subsistência estão reduzidas ao mínimo. Eles recebem uma "indenização de velhice" mensal de cerca de 300 *lei* (90 F). Não é preciso dizer que esta quantia é irrisória (corresponde ao preço de um par de sapatos). Entretanto, àqueles que podem fisicamente fazê-lo, é permitido ocupar certos empregos: empregos esses, evidentemente, subalternos e modestissimamente remunerados. Assim que são empregados, param de receber a "indenização de velhice". Entretanto, esse trabalho pode permitir-lhes atingir o número de anos exigidos (25 anos) para solicitar uma pensão devida a todos, desde que tenham dedicado esses anos de trabalho a uma instituição do Estado; mas trata-se aí de casos excepcionais, uma vez que um velho raramente pode esperar ainda 25 anos de trabalho depois da idade legal da aposentadoria. Essa pensão, se concedida, é calculada de acordo com o último salário percebido.

Essa categoria de pensionistas "sociais" é composta de pessoas que não podem justificar uma atividade de assalariado antes de 23 de agosto de 1944, a saber: os grandes e pequenos comerciantes, os médicos que tenham tido consultórios particulares, sem ter antes ocupado um emprego nos hospitais do Estado, os pequenos artesãos que possuem suas próprias oficinas etc.

Todas essas categorias, consideradas como tendo exercido atividades de exploração, são condenadas a levar uma vida extremamente precária, tanto materialmente, quanto socialmente.

b) *As pensões no meio rural*. Há três anos, tendo constatado o sucesso de sua política de coletivização, o Estado decidiu conceder pensões aos camponeses que estivessem incapazes de assegurar seus rendimentos pelo trabalho, quer por motivo de doença, quer por incapacidade de trabalho, ou ainda em virtude da idade. Todos esses recebem doravante uma pensão mensal de 40 *lei* (12 F); mas um pão custa, de acordo com a qualidade da farinha, 2 ou 3 lei, e um litro de óleo, 12 *lei*.

Os camponeses pensionistas não se beneficiam de atendimento médico gratuito, e nem mesmo de hospitalização gratuita. (As outras categorias de pensionistas beneficiam-se de medicamentos gratuitos, com a condição de que sua aposentadoria não ultrapasse 550 *lei* por mês.)

Levando em consideração o fato de que os empregos são prioritariamente concedidos aos jovens, os velhos não têm qualquer garantia de se manterem nos lugares que poderiam encontrar depois da idade da aposentadoria. Isso se aplica também, aliás, às pessoas que já estão num emprego quando chega a idade da aposentadoria: a partir desse momento, mesmo que o estado físico e psicológico permita a continuação de suas atividades, eles são afastados quando um jovem é considerado igualmente apto a ocupar as mesmas funções. Essa regra aplica-se sem discernimento aos operários, aos intelectuais, e mesmo aos homens de ciência.

Em compensação, a participação dos velhos na vida social é um fenômeno muito difundido. Os membros do Partido continuam suas atividades no seio das organizações do Partido às quais pertencem, e podem ser utilizados em certas missões de propaganda, como também em certos trabalhos de controle (inspeções das instalações hospitalares, da alimentação pública etc.).

As pessoas que não pertencem ao Partido podem ser também utilizadas em certas atividades de caráter social. Certas categorias de velhos podem ser admitidas nos "Lares de Velhos", onde encontram habitação, alimentação e assistência médica. Os critérios de admissão estão de acordo com a situação familiar do interessado e com sua condição física (prioridade para os deficientes). A seleção, extremamente rigorosa, é determinada pelo número insuficiente de leitos; os motivos são muitas vezes de ordem política. O favoritismo reina. Além disso, os velhos internados no Instituto de Geriatria dirigido pela famosíssima doutora Aslan são também uma espécie de categoria de elite.

Considerado sob o aspecto ético, o problema dos velhos é ainda mais delicado. As lições da revolução social, os *slogans* de luta e de ação de uma sociedade em vias de criação ("o que é antigo deve desaparecer, o que é novo deve conquistar seu lugar") tiveram sérias repercussões nas relações entre gerações. Os velhos são, assim, considerados com desconfiança, e geralmente julgados irrecuperáveis para a revolução que se realiza no país.

*Segunda categoria:*

*Os pensionistas do Estado*

Esses últimos, tendo dedicado 25 anos de atividade no seio de uma empresa do Estado, veem-se, no momento da aposentadoria, numa situação nitidamente melhor: a pensão concedida permanece muito próxima do último salário percebido.

Entretanto, a categoria que, de longe, é a mais favorecida, é constituída pelas pessoas que tenham pertencido aos quadros políticos: serviço de segurança, mas também, por exemplo, os militares. Estes chegam bem mais rapidamente do que os outros à aposentadoria (idade fixada, para todas as categorias: 60 anos para os homens, 55 para as mulheres); mas eles podem, ao mesmo tempo que recebem a pensão (muito elevada), ocupar novos empregos e assim acumular rendimentos e pensão.

Na Tchecoslováquia, a população envelheceu. Há trinta anos, 10% apenas tinham mais de 60 anos; hoje, eles são 17%. Entretanto, a população ativa reduziu-se, porque a duração dos estudos prolongou-se. A aposentadoria é fixada aos 60 anos para os homens, e exige 25 anos de trabalho; se o número de anos é mais elevado, a pensão é aumentada. Ela representa 50% do salário dos cinco ou dez últimos anos; 75% se o trabalhador tem 35 anos de vida ativa. No que se refere às mulheres, a idade da aposentadoria é 57 anos, se elas não têm filhos; 55 anos, se criaram um filho, 53 se criaram dois, 52 se criaram três ou mais. Os mineiros, os pilotos, os homens que exercem profissões perigosas podem pedir aposentadoria aos 55 anos. Em todas as profissões, pode-se prolongar as atividades enquanto se for capaz de exercê-las, mas então só se recebe a metade da pensão (que é acrescentada ao salário). Como a mão de obra qualificada é insuficiente, o Estado encoraja certos trabalhadores a recuar a idade da aposentadoria. Entre os intelectuais e o pessoal de nível superior, muitos só estão qualificados aos 50 anos, pois continuam a estudar durante a idade madura: podem, depois, prestar serviços durante muito tempo. A sorte dessa categoria de idosos é que a sociedade tem necessidade deles.

A situação é outra no que se refere aos trabalhadores manuais não qualificados: suas capacidades físicas diminuem depois dos 50 anos e, se pedissem a aposentadoria tarde, a base do salário seria diminuída. Como seu trabalho não os apaixona muito e os fatiga, eles aspiram ao descanso. Sobretudo as mulheres: aos 55 anos, elas ficam felizes por permanecer no lar, por ajudar os filhos, por cuidar dos netos. Entre os homens que têm profissões liberais, muitos, uma vez aposentados, entregam-se a ocupações que lhes agradam, e que podem ter um grande interesse: entram em serviços públicos, propõem planos, dão consultorias.

As pensões foram elevadas em 8% pela lei de 1964, que modificou a de 1956, que, por sua vez, modificou a lei de 1948: esse aumento é insuficiente, dada a alta dos preços. Há cinco anos,[273] houve, nos jornais, discussões sobre a condição dos velhos: estes últimos queixavam-se de que não lhes foi reconhecido nenhum direito, embora os tivessem adquirido pelos anos de vida ativa. Suas reações à aposentadoria são mais ou menos as mesmas que na França: a inatividade lhes pesa; sentem-se inúteis; perambulam em seus locais de trabalho e olham os outros trabalharem. Muitas vezes, e sobretudo se têm dificuldades pessoais, caem doentes e morrem. Ou então, acabam com a vida: o número de suicídios aumenta com a idade.

Nos hospitais, 70% dos velhos internados não têm ninguém para cuidar deles. Uma vez curados, as famílias não vêm buscá-los. Embora a Tchecoslováquia possua o número de leitos mais elevado da Europa, esse número é ainda extremamente insuficiente.

O problema da habitação existe para todos, de uma maneira dramática; os jovens casais moram com seus pais, e, às vezes, cada um dos dois membros mora com sua própria família. É comum três gerações viverem sob o mesmo teto, o que não tem consequências felizes.

Os serviços de atendimento, de saúde, de auxílio caseiro são irrisórios. Quando os velhos ficam doentes, impotentes e negligenciados pelos filhos que trabalham, não há ninguém para cuidar deles.

Foram os jovens que julgaram escandalosa essa situação, que era aceita pelos adultos. A partir de janeiro de 1968 — abertura da "nova via" — eles protestaram por todo o país e suscitaram uma explosão de interesse pela velhice. Organizações locais, até então negligenciadas, floresceram. Há maior preocupação com os velhos. Criam-se refeitórios onde eles podem fazer as refeições. Há clubes que organizam distrações para eles. Teatros e cinemas oferecem-lhes espetáculos a preços reduzidos. Graças à revolta dos jovens, a sociedade tomou consciência da gravidade do problema, e procura resolvê-lo.

---

[273] Escrito em novembro de 1968.

O caso da Iugoslávia é interessante porque esse país passou de uma economia socialista para uma economia que, a partir de 1960, concede um espaço cada vez maior ao lucro: a condição dos velhos ressente-se disso.

A sociedade iugoslava tem uma consciência aguda dos problemas da velhice. Discutiu-a muito, e tomou medidas para protegê-la. Até 1° de janeiro de 1965, a condição para receber uma pensão completa era, para os homens, ter 55 anos de idade e 35 anos de trabalho, e para as mulheres, ter 50 anos de idade e 30 anos de vida ativa. A lei lhes concedia, em princípio, 72% do salário médio (mas, na Eslovênia, eles recebiam apenas 62%). No que se refere aos membros do Partido, o tempo passado durante a guerra conta em dobro no cálculo dos anos ativos. Os que combateram desde 1941 têm direito a uma pensão igual a seu último salário. O leque das aposentadorias era pouco amplo, já que o leque dos salários — oficialmente declarados — é muito estreito: os mais altos atingem apenas três vezes e meia os mais baixos. A opção do Estado era assegurar uma vida decente aos velhos, mesmo que o orçamento necessário parecesse ultrapassar suas possibilidades. Os encargos que tem que assumir são muito pesados; dado o número de homens cuja saúde foi gravemente comprometida pela guerra, há no país um milhão de pensionistas contra quatro milhões de assalariados. Os trabalhadores contribuem, ao mesmo tempo que o Estado. O dinheiro não é depositado em caixas especiais, mas serve para investimentos: fábricas, construções etc.

A partir de 1960, a economia iugoslava, ligada à economia mundial, ajusta seus preços de acordo com os dos países capitalistas; tenta alinhar sua produtividade com a do mercado mundial. Tende, portanto, a reduzir as despesas "inúteis"; em particular, as acarretadas pela manutenção dos inativos. Elevou-se a idade da aposentadoria: para os homens, ela é 60 anos (com 40 anos de vida ativa), e para as mulheres, 55 (com 35 anos de vida ativa). Em princípio, as pensões foram elevadas em 85% do salário. Na verdade, na Eslovênia, elas baixaram para 59%.

Nesse ponto, há uma luta das gerações. Os velhos alegam que deram suas forças para criar a prosperidade de que o país goza hoje; reivindicam agora os benefícios disso. É uma dívida que se contraiu com eles. Acham injusto que a vida se tenha tornado melhor para todos, menos para eles. Reivindicam uma integração não apenas material, mas também política. São representados na administração que aplica as leis, mas gostariam de sê-lo também nas assembleias políticas que fazem as leis; gostariam de fazer parte do parlamento local, que cuida, entre outras coisas, do orçamento local e dos problemas sociais. Têm seu próprio organismo: o Comitê para a gestão dos inválidos e dos pensionistas, que pertence ao Parlamento da Previdência Social. Todos são coletivamente membros de sindicatos. Entre seus meios de luta, é preciso contar seus jornais. Na Eslovênia, a publicação mensal *Upokojence* vende 110.000 exemplares a mais do que qualquer outra.

O problema da velhice coloca-se de maneira muito diferente, de acordo com as repúblicas. Nas repúblicas rurais, a civilização patriarcal mantém-se; o homem reina sobre a mulher, e o ancião sobre o adulto. Rende-se um verdadeiro culto à velhice. As diversas gerações moram sob o mesmo teto. Na Eslovênia e na Croácia — de que já falei até aqui — colocam-se os problemas da habitação. Na Eslovênia, há 42 casas com 3.000 lugares, para as pessoas idosas. Há também 33 lares recreativos. Em Belgrado, a situação é, sob esse ponto de vista, deplorável. Um artigo escrito em 14 de abril de 1968 sublinha que existem apenas 600 lugares para os velhos nas casas de aposentadoria. "É difícil ser velho em Belgrado. Constroem-se muitos apartamentos de uma ou duas peças; mas é difícil para os velhos obtê-los. Em geral, não há lugar para eles..."

Em termos gerais, entretanto, considera-se que a condição dos velhos é satisfatória materialmente, mas não psicologicamente, nem moralmente. Muitos estão em más condições de saúde porque suportaram a guerra, a prisão, os campos de concentração. A maioria não está integrada à sociedade, que os rejeita. O problema dos velhos membros do Partido é particularmente mal resolvido.

Há entre eles 50.000 antigos oficiais. 80% deles eram aldeões, e sua entrada na Resistência não lhes permitiu realizar estudos, ou uma aprendizagem: ficaram sem qualificação. Foram utilizados na administração, mas agora uma geração mais qualificada vem tomar o lugar; não se tem mais necessidade deles, que ficam amargos e exigentes. Citaram-me um antigo oficial que é pensionista aos 42 anos: sua mulher trabalha numa livraria e ele se encarrega dos trabalhos caseiros. Citaram-me também um coronel de 48 anos que pertenceu ao Partido desde 1941 (entre estes, 9 em 10 foram mortos), e que tem quatro filhos; é porteiro numa fábrica cujo diretor é um antigo realista que ele é obrigado a cumprimentar humildemente. Pessoas desse tipo tornam-se inimigas do socialismo. Mesmo nos casos menos extremos, há uma frustração: o Partido é tudo, o indivíduo, nada. Muitos recusaram-se a se dobrar à disciplina do Partido: não são mais nada. Perderam todas as razões para viver.

# IV

## — ALGUNS DADOS ESTATÍSTICOS SOBRE A SEXUALIDADE DAS PESSOAS IDOSAS —

**Segundo o relatório Kinsey,** o apogeu da sexualidade estaria situado, para o macho, em torno dos 16 anos. Na juventude, o número de coitos seria de dois a três por semana para os solteiros, e de quatro a oito para os homens casados. A média baixaria até 1,8 aos 50 anos, para os dois grupos; até 1,3 aos 60 anos, e 0,9 aos 70 anos. Kinsey estudou o caso de 87 machos brancos e de 39 negros de mais de 60 anos. As frequências médias de ejaculação eram de uma vez por semana aos 65 anos, de 0,3 aos 75 anos, e menos de 0,1 nos octogenários. Aos 60 anos, 6% estavam absolutamente inativos; aos 70 anos, 30%; e a curva continua a baixar. Mas há casos excepcionais. Um sujeito branco de 70 anos ejaculava em média sete vezes por semana. Um negro de 88 anos ia para a cama de uma a quatro vezes por semana com a mulher de 90 anos. Aos 70 anos, um quarto dos brancos estão impotentes; aos 75, mais da metade. Entre 71 e 86 anos, um certo número de sujeitos se masturba, e se observam, entre 76 e 80 anos, poluções noturnas.

Outras pesquisas, de menor envergadura, seguiram-se à de Kinsey. Em 1959, a revista *Sexology* interrogou 6.000 pessoas inscritas no Who's Who. Responderam 800 homens, todos eles com mais de 65 anos. 70% dos homens casados tinham uma vida sexual regular: em média, quatro coitos por mês. Mesmo no grupo dos 104 sujeitos com idade entre 75 e 92 anos, a metade declarou ejacular normalmente; 6 dizem ter contatos sexuais mais de oito vezes por mês. Um quarto pratica o onanismo, ou desde sempre, ou a partir dos 60 anos. Um grande número, mesmo passados os 75 anos, tem ereções matinais.

Em 1960, os doutores G. Newman e C.R. Nichols interrogaram, na Carolina do Norte, 250 indivíduos brancos e negros dos dois sexos, de 60 a 93 anos de idade. O estudo durou sete anos. 149 sujeitos estavam casados e viviam com seus cônjuges. O número de relações sexuais variava de uma vez cada dois meses a três vezes por semana. Depois dos 75 anos, o número diminuía nitidamente. Os negros eram sexualmente mais ativos que os brancos, os homens mais que as mulheres, as pessoas com nível de vida médio ou inferior mais que as das classes abastadas. (É talvez o que explica a diferença de comportamento entre brancos e negros, pertencendo estes últimos a meios mais modestos.) Naqueles que haviam tido uma vida sexual muito rica, esta se prolongava; nos outros, não. Quanto aos 101 sujeitos solteiros ou viúvos, apenas sete tinham uma atividade sexual. A fraca atividade das mulheres devia-se, provavelmente, ao fato de que seus maridos eram mais idosos do que elas.

Em 1961, na Filadélfia, o doutor Freeman examinou 74 homens de 71 anos de idade, em média. 75% tinham ainda desejos eróticos, mas apenas 55% os satisfaziam. O número de ejaculações variava de três vezes por semana a uma vez cada dois meses; pelo menos 42% diziam que aos 60 anos seus desejos haviam diminuído; 25% tinham-se tornado, então, impotentes. Aos 80 anos, 22% confessavam ainda desejos, mas apenas 17% tinham contatos sexuais. 36% tinham sonhos eróticos, 25% reagiam aos estímulos visuais.

Num estudo escrito na França em 1963, o doutor Destrem traz observações complementares. Segundo ele, entre 60 e 70 anos, o comportamento do velho é semelhante ao do adulto. Depende muito das aptidões anteriores. O trabalhador manual permanece mais sexuado do que o intelectual. O solteiro e o viúvo de longa data não têm o mesmo comportamento que os velhos casados. Entre estes, o hábito e a existência de solicitações eróticas mantêm a vida sexual. Ao passo que uma viuvez recente acarreta muitas vezes a impotência. A frequência do coito é de cerca de uma vez por semana aos 60 anos, e de uma vez cada 15 dias aos 70. A masturbação, bastante frequente, segue o mesmo ritmo que o coito normal. Entre 70 e 80 anos, os homens casados conservam uma atividade sexual, embora diminuída. Os viúvos padecem de desejo reprimido, e alguns se masturbam.

Direção editorial
*Daniele Cajueiro*

Editora responsável
*Ana Carla Sousa*

Produção editorial
*Adriana Torres*
*Laiane Flores*
*Mariana Oliveira*

Revisão
*Ana Grillo*
*Perla Serafim*
*Sabrina Primo*
*Aline Rocha*
*Allex Machado*
*Anna Beatriz Seilhe*

Capa
*Fernanda Mello*

Diagramação
*Ranna Studio*

Este livro foi impresso em 2025, pela Corprint, para a Nova Fronteira.
O papel do miolo é Avena 70g/m² e o da capa é cartão 250g/m².